全国中级导游等级考试教材
QUANGUO ZHONGJI DAOYOU DENGJI KAOSHI JIAOCAI

导游知识专题

DAOYOU ZHISHI ZHUANTI

全国中级导游等级考试教材编写组 编

中国旅游出版社

责任编辑：刘志龙
责任印制：冯冬青
封面设计：中文天地

图书在版编目（CIP）数据

导游知识专题 / 全国中级导游等级考试教材编写组
编. -- 4版. -- 北京：中国旅游出版社，2022.8（2024.8重印）
全国中级导游等级考试教材
ISBN 978-7-5032-7008-6

Ⅰ.①导…　Ⅱ.①全…　Ⅲ.①导游—资格考试—教材
Ⅳ.①F590.63

中国版本图书馆CIP数据核字（2022）第142239号

书　　名：导游知识专题

作　　者：全国中级导游等级考试教材编写组编
出版发行：中国旅游出版社
　　　　　（北京静安东里6号　邮编：100028）
　　　　　http://www.cttp.net.cn　E-mail: cttp@mct.gov.cn
　　　　　营销中心电话：010-57377103，010-57377106
　　　　　读者服务部电话：010-57377107
排　　版：北京中文天地文化艺术有限公司
印　　刷：三河市灵山芝兰印刷有限公司
版　　次：2022年8月第4版　2024年8月第3次印刷
开　　本：720毫米×970毫米　1/16
印　　张：31.25
字　　数：465千
定　　价：65.00元
ＩＳＢＮ　978-7-5032-7008-6

《导游知识专题》编委会

目　录

专题一
政策与旅游法规

一、党的十九大报告相关内容

（一）习近平新时代中国特色社会主义思想

1. 党的十九大大会主题

2017 年 10 月 18 日，中国共产党第十九次全国代表大会开幕，大会主题是：不忘初心，牢记使命，高举中国特色社会主义伟大旗帜，决胜全面建成小康社会，夺取新时代中国特色社会主义伟大胜利，为实现中华民族伟大复兴的中国梦不懈奋斗。

2. 新时代我国社会主要矛盾

我国社会主要矛盾已经转化为人民日益增长的美好生活需要和不平衡不充分的发展之间的矛盾。

3. 中国特色社会主义进入新时代的重大意义

中国特色社会主义进入新时代，从中华民族复兴的历史进程看，意味着近代以来久经磨难的中华民族迎来了从站起来、富起来到强起来的伟大飞跃，迎来了实现中华民族伟大复兴的光明前景。

从科学社会主义发展进程看，意味着科学社会主义在 21 世纪的中国焕发出强大生机活力，在世界上高高举起了中国特色社会主义伟大旗帜。

从人类文明进程看，意味着中国特色社会主义道路、理论、制度、文化不断发展，拓展了发展中国家走向现代化的途径，给世界上那些既希望加快发展又希望保持自身独立性的国家和民族提供了全新选择，为解决人类问题

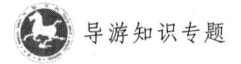

贡献了中国智慧和中国方案。

4. 习近平新时代中国特色社会主义思想的丰富内涵

习近平新时代中国特色社会主义思想的丰富内涵集中表现为党的十九大报告提出的"八个明确":

（1）明确坚持和发展中国特色社会主义，总任务是实现社会主义现代化和中华民族伟大复兴，在全面建成小康社会的基础上，分两步走在本世纪中叶建成富强民主文明和谐美丽的社会主义现代化强国。

（2）明确新时代我国社会主要矛盾是人民日益增长的美好生活需要和不平衡不充分的发展之间的矛盾，必须坚持以人民为中心的发展思想，不断促进人的全面发展、全体人民共同富裕。

（3）明确中国特色社会主义事业总体布局是"五位一体"、战略布局是"四个全面"，强调坚定道路自信、理论自信、制度自信、文化自信。

（4）明确全面深化改革总目标是完善和发展中国特色社会主义制度、推进国家治理体系和治理能力现代化。

（5）明确全面推进依法治国总目标是建设中国特色社会主义法治体系、建设社会主义法治国家。

（6）明确党在新时代的强军目标是建设一支听党指挥、能打胜仗、作风优良的人民军队，把人民军队建设成为世界一流军队。

（7）明确中国特色大国外交要推动构建新型国际关系，推动构建人类命运共同体。

（8）明确中国特色社会主义最本质的特征是中国共产党领导，中国特色社会主义制度的最大优势是中国共产党领导，党是最高政治领导力量，提出新时代党的建设总要求，突出政治建设在党的建设中的重要地位。

5. 习近平新时代中国特色社会主义思想的历史地位

习近平新时代中国特色社会主义思想，是对马克思列宁主义、毛泽东思想、邓小平理论、"三个代表"重要思想、科学发展观的继承和发展，是马克思主义中国化最新成果，是党和人民实践经验和集体智慧的结晶，是中国特色社会主义理论体系的重要组成部分，是全党全国人民为实现中华民族伟大复兴而奋斗的行动指南，必须长期坚持并不断发展。

（二）新时代中国共产党的历史使命

1.实现中华民族的伟大复兴

新时代中国共产党的历史使命是实现中华民族的伟大复兴。实现中华民族伟大复兴的中国梦，必须进行伟大斗争、必须建设伟大工程、必须推进伟大事业。

伟大斗争，伟大工程，伟大事业，伟大梦想，紧密联系、相互贯通、相互作用，其中起决定性作用的是党的建设新的伟大工程。推进伟大工程，要结合伟大斗争、伟大事业、伟大梦想的实践来进行，确保党在世界形势深刻变化的历史进程中始终走在时代前列，在应对国内外各种风险和考验的历史进程中始终成为全国人民的主心骨，在坚持和发展中国特色社会主义的历史进程中始终成为坚强领导核心。

2.“两个一百年”奋斗目标和任务要求

（1）“两个一百年”奋斗目标

到建党一百年时建成经济更加发展、民主更加健全、科教更加进步、文化更加繁荣、社会更加和谐、人民生活更加殷实的小康社会，然后再奋斗三十年，到新中国成立一百年时，基本实现现代化，把我国建成社会主义现代化国家。

（2）任务要求

第一个阶段（2020年到2035年）。在全面建成小康社会的基础上，再奋斗十五年，基本实现社会主义现代化。到那时，我国经济实力、科技实力将大幅跃升，跻身创新型国家前列；人民平等参与、平等发展权利得到充分保障，法治国家、法治政府、法治社会基本建成，各方面制度更加完善，国家治理体系和治理能力现代化基本实现；社会文明程度达到新的高度，国家文化软实力显著增强，中华文化影响更加广泛深入；人民生活更为宽裕，中等收入群体比例明显提高，城乡区域发展差距和居民生活水平差距显著缩小，基本公共服务均等化基本实现，全体人民共同富裕迈出坚实步伐；现代社会治理格局基本形成，社会充满活力又和谐有序；生态环境根本好转，美丽中国目标基本实现。

第二个阶段（2035年到本世纪中叶）。在基本实现现代化的基础上，再奋斗十五年，把我国建成富强民主文明和谐美丽的社会主义现代化强国。到

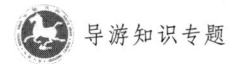

那时，我国物质文明、政治文明、精神文明、社会文明、生态文明将全面提升，实现国家治理体系和治理能力现代化，成为综合国力和国际影响力领先的国家，全体人民共同富裕基本实现，我国人民将享有更加幸福安康的生活，中华民族将以更加昂扬的姿态屹立于世界民族之林。

（三）新时代中国特色社会主义建设的战略部署

1. 推动社会主义文化繁荣兴盛

（1）牢牢掌握意识形态工作领导权

（2）培育和践行社会主义核心价值观

（3）加强思想道德建设

（4）繁荣发展社会主义文艺

（5）推动文化事业和文化产业发展

2. 加强社会保障和治理

（1）脱贫攻坚

（2）健康中国战略

3. 加快生态文明体制改革、建设美丽中国

（1）推进绿色发展

（2）着力解决突出环境问题

（3）加大生态系统保护力度

（4）改革生态环境监管体制

二、旅游方针政策

（一）2021年习近平总书记关于文化和旅游工作的重要论述

1. 坚持文化和旅游融合发展

（1）加强文化遗产保护

2021年5月15日，习近平在中央全面深化改革委员会第十九次会议上的讲话中指出，要本着对历史负责、对人民负责的态度，建立分类科学、保护有力、管理有效的城乡历史文化保护传承体系。

2021年6月25日，习近平在十九届中央政治局第三十一次集体学习时的讲话中指出，要用心用情用力保护好、管理好、运用好红色资源。要深入开展红色资源专项调查，加强科学保护。

2021年7月16日，习近平在致第44届世界遗产大会的贺信中指出，中国践行新发展理念，本着对历史负责、对人民负责的精神，认真履行《保护世界文化和自然遗产公约》，不断提高遗产保护能力和水平。中国愿同世界各国和联合国教科文组织一道，加强交流合作，推动文明对话，促进交流互鉴，支持世界遗产保护事业，共同守护好全人类的文化瑰宝和自然珍宝，推动构建人类命运共同体。

2021年8月23日至24日，习近平在河北承德考察时的讲话中指出，我国是世界文化和自然遗产大国。承德避暑山庄底蕴深厚，在民族交往交流交融、宗教与社会适应、传统文化保护和传承、人与自然和谐相处等方面具有重要历史价值和时代意义。要保护好、传承好、利用好中华优秀传统文化，挖掘其丰富内涵，以利于更好坚定文化自信、凝聚民族精神。

2021年9月13日至14日，习近平在陕西榆林考察时的讲话中指出，绥德是黄土文化的重要发源地之一，非物质文化遗产资源丰富，孕育发展了优秀民间艺术，展现了陕北人民的热情、质朴、豪迈。民间艺术是中华民族的宝贵财富，保护好、传承好、利用好老祖宗留下来的这些宝贝，对延续历史文脉、建设社会主义文化强国具有重要意义。要坚持以社会主义核心价值观为引领，坚持创造性转化、创新性发展，找到传统文化和现代生活的连接点，不断满足人民日益增长的美好生活需要。

2021年11月24日，习近平在中央全面深化改革委员会第二十二次会议上的讲话中指出，要加强文物保护利用和文化遗产保护传承，提高文物研究阐释和展示传播水平，让文物活起来，成为加强社会主义精神文明建设的深厚滋养，成为扩大中华文化国际影响力的重要名片。

（2）倡导生态绿色发展

2021年2月3日至5日，习近平在贵州看望慰问各族干部群众时的讲话中指出，要牢固树立绿水青山就是金山银山的理念，守住发展和生态两条底线，努力走出一条生态优先、绿色发展的新路子。

2021年3月7日，习近平在参加十三届全国人大第4次会议青海代表团审议时的讲话中指出，要优化国土空间开发保护格局，严格落实主体功能区布局，加快完善生态文明制度体系，正确处理发展生态旅游和保护生态环境的关系，坚决整治生态领域突出问题，在建立以国家公园为主体的自然保护

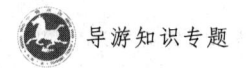

地体系上走在前头，让绿水青山永远成为青海的优势和骄傲，造福人民、泽被子孙。

2021年6月7日至9日，习近平在青海考察时的讲话中指出，要牢固树立绿水青山就是金山银山理念，切实保护好地球第三极生态。要把三江源保护作为青海生态文明建设的重中之重，承担好维护生态安全、保护三江源、保护"中华水塔"的重大使命。要继续推进国家公园建设，理顺管理体制，创新运行机制，加强监督管理，强化政策支持，探索更多可复制可推广经验。

2021年10月12日，习近平在《生物多样性公约》第十五次缔约方大会领导人峰会上发表题为《共同构建地球生命共同体》的主旨讲话中指出，为加强生物多样性保护，中国正加快构建以国家公园为主体的自然保护地体系，逐步把自然生态系统最重要、自然景观最独特、自然遗产最精华、生物多样性最富集的区域纳入国家公园体系。中国正式设立三江源、大熊猫、东北虎豹、海南热带雨林、武夷山等第一批国家公园，保护面积达23万平方公里，涵盖近30%的陆域国家重点保护野生动植物种类。

（3）弘扬红色文化

2021年2月20日，习近平在党史学习教育动员大会上的讲话中强调，要在全社会广泛开展党史、新中国史、改革开放史、社会主义发展史宣传教育，普及党史知识，推动党史学习教育深入群众、深入基层、深入人心。要鼓励创作党史题材的文艺作品特别是影视作品，抓好青少年学习教育，让红色基因、革命薪火代代传承。

2021年3月30日，习近平对革命文物工作作出指示，加强革命文物保护利用，弘扬革命文化，传承红色基因，是全党全社会的共同责任。各级党委和政府要把革命文物保护利用工作列入重要议事日程，加大工作力度，切实把革命文物保护好、管理好、运用好，发挥好革命文物在党史学习教育、革命传统教育、爱国主义教育等方面的重要作用，激发广大干部群众的精神力量，信心百倍为全面建设社会主义现代化国家、实现中华民族伟大复兴的中国梦而奋斗。

2021年6月18日，习近平在参观"'不忘初心、牢记使命'中国共产党历史展览"时的讲话中指出，党的历史是最生动、最具有说服力的教科书。我们党的一百年，是矢志践行初心使命的一百年，是筚路蓝缕奠基立业的一百年，是创造辉煌开辟未来的一百年。回望过往的奋斗路，眺望前方的奋进路，必须把党的历史学习好、总结好，把党的宝贵经验传承好、发扬好，铭记奋斗历程，担当历史使命，从党的奋斗历史中汲取前进力量。要教育引导广大党员、干部通过参观学习，更加自觉地不忘初心、牢记使命，增强"四个意识"，坚定"四个自信"，始终在思想上政治上行动上同党中央保持高度一致，坚定理想信念，学好用好党的创新理论，赓续红色血脉，发扬光荣传统，发挥先锋模范作用，团结带领全国各族人民，更好立足新发展阶段、贯彻新发展理念、构建新发展格局，全面做好改革发展稳定各项工作，汇聚起全面建设社会主义现代化国家、实现中华民族伟大复兴中国梦的磅礴力量。

2021年9月30日，习近平在《求是》杂志发表的题为《用好红色资源 赓续红色血脉 努力创造无愧于历史和人民的新业绩》的署名文章中指出，红色资源是我们党艰辛而辉煌奋斗历程的见证，是最宝贵的精神财富，一定要用心用情用力保护好、管理好、运用好。一是要加强科学保护。红色资源是不可再生、不可替代的珍贵资源，保护是首要任务。要本着对历史负责、对人民负责的态度，深入开展红色资源专项调查，加强红色遗址、革命文物保护工作，统筹好抢救保护和预防性保护、本体保护和周边保护、单点保护和集群保护等。二是要开展系统研究。统筹研究力量，强化研究规划，积极开展革命史料的抢救、征集和研究工作，加强革命历史研究，深入挖掘红色资源背后的思想内涵，准确把握党的历史发展的主题主线、主流本质，旗帜鲜明反对和抵制历史虚无主义。三是要打造精品展陈。坚持政治性、思想性、艺术性相统一，把好导向关、聚焦主题，用史实说话，着力打造高质量精品展陈，增强表现力、传播力、影响力，生动传播红色文化。四是要强化教育功能。围绕革命、建设、改革各个历史时期的重大事件、重大节点，研究确定一批重要标识地，讲好党的故事、革命故事、英雄的故事，彰显时代特色，使之成为教育人、激励人、塑造人的大学校。要设计符合青少年认知特点的教育活动，建设富有特色的革命传统教育、爱国主义教育、青少年思想道德教育基地，引导他们从小在心里树立红色理想。

（4）全面实施乡村振兴

2021年2月25日，习近平在全国脱贫攻坚总结表彰大会上的讲话中指出，各行各业发挥专业优势，开展产业扶贫、科技扶贫、教育扶贫、文化扶贫、健康扶贫、消费扶贫。乡村振兴是实现中华民族伟大复兴的一项重大任务。要围绕立足新发展阶段、贯彻新发展理念、构建新发展格局带来的新形势、提出的新要求，坚持把解决好"三农"问题作为全党工作重中之重，坚持农业农村优先发展，走中国特色社会主义乡村振兴道路，持续缩小城乡区域发展差距，让低收入人口和欠发达地区共享发展成果，在现代化进程中不掉队、赶上来。全面实施乡村振兴战略的深度、广度、难度都不亚于脱贫攻坚，要完善政策体系、工作体系、制度体系，以更有力的举措、汇聚更强大的力量，加快农业农村现代化步伐，促进农业高质高效、乡村宜居宜业、农民富裕富足。

2021 年 3 月 22 日至 25 日，习近平在福建考察时的讲话中指出，要加快推进乡村振兴，立足农业资源多样性和气候适宜优势，培育特色优势产业。要以实施乡村建设行动为抓手，改善农村人居环境，建设宜居宜业美丽乡村。要推进老区苏区全面振兴，倾力支持老区苏区特色产业提升、基础设施建设和公共服务保障等。

2021 年 4 月 25 日至 27 日，习近平在广西考察时的讲话中指出，全面推进乡村振兴，要立足特色资源，坚持科技兴农，因地制宜发展乡村旅游、休闲农业等新产业新业态，贯通产加销，融合农文旅，推动乡村产业发展壮大，让农民更多分享产业增值收益。

2021 年 8 月 23 日至 24 日，习近平在河北承德考察时的讲话中指出，产业振兴是乡村振兴的重中之重，要坚持精准发力，立足特色资源，关注市场需求，发展优势产业，促进一二三产业融合发展，更多更好惠及农村农民。要加强农村基础设施和公共服务体系建设，加快补齐公共卫生服务这块短板，完善基层公共卫生设施，加强乡村精神文明建设，开展健康知识普及，倡导文明健康、绿色环保的生活方式。

2021 年 10 月 15 日，习近平在《求是》杂志发表的题为《扎实推动共同富裕》的署名文章中指出，要全面推进乡村振兴，加快农业产业化，盘活农村资产，增加农民财产性收入，使更多农村居民勤劳致富。要加强农村基础设施和公共服务体系建设，改善农村人居环境。

2. 促进文化和旅游交流互鉴

（1）落实"一带一路"倡议

2021年1月26日，习近平在同白俄罗斯总统卢卡申科通电话时强调，双方要推动共建"一带一路"合作高质量发展，扎实推进中白工业园建设，在抗疫、经贸、教育、科技、文化、地方等领域开展更多合作。

2021年2月8日，习近平在同越共中央总书记、国家主席阮富仲通电话时强调，中方愿同越方加快"一带一路"倡议和"两廊一圈"战略对接，推动两国跨境经济合作区建设，探索在医疗卫生、数字经济、人文等领域的交流合作。

2021年2月25日，习近平在同哥伦比亚总统杜克通电话时强调，双方要继续相互支持，对接好共建"一带一路"倡议同"哥伦比亚—中国倡议"，在能源、基础设施、电信等传统合作基础上，积极拓展农牧业、新能源、数字经济、创意产业等新领域合作，深化文化、教育、体育、地方等领域交流合作。

2021年4月29日，习近平在同乌兹别克斯坦总统米尔济约耶夫通电话时强调，中方愿同乌方以明年庆祝两国建交30周年为契机，全面提升中乌合作规模、质量、水平，加强共建"一带一路"倡议和"新乌兹别克斯坦"规划对接，推进互联互通，深化贸易投资合作，扩大教育、文化、旅游、地方、体育等领域合作，继续加强疫苗合作。

2021年6月21日，习近平在同坦桑尼亚总统哈桑通电话时强调，中方愿同坦方加强政党交流合作和治国理政经验交流，将共建"一带一路"、落实中非合作论坛北京峰会成果同坦方发展战略对接，拓展农业、交通、通信、旅游、能源等领域合作，鼓励和支持更多中国企业赴坦桑尼亚投资兴业，加强抗疫合作，不断丰富中坦全面合作伙伴关系内涵。

2021年6月24日，习近平在同斐济总理姆拜尼马拉马通电话时强调，中方愿同斐方加强战略对接，共建"一带一路"，深化贸易投资、基础设施、交通通信、旅游等领域合作，继续实施好菌草、农业技术合作等项目，助力斐济经济社会发展。

2021年7月13日，习近平在同乌克兰总统泽连斯基通电话时强调，中方愿同乌方继续加强疫苗、中医药领域等合作，助力乌方战胜疫情。双方要

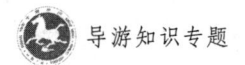

以高质量共建"一带一路"为契机，推动基础设施、中欧班列等项目合作，加强农产品合作，扩大人文交流合作。

2021年9月7日，习近平在同意大利总理德拉吉通电话时强调，中方愿同意方一道，把握好新时期中意全面战略伙伴关系正确发展方向，坚持相互尊重，维护中意友好，深化互利合作，为不同制度、不同文化国家发展关系树立榜样。双方应以共建"一带一路"合作为引领，推动各领域合作走深走实。双方应共同办好明年中意文化和旅游年活动，特别是要相互坚定支持办好北京冬奥会和2026年米兰冬奥会，以此为契机加强两国冰雪运动和产业合作。

（2）构建人类命运共同体

2021年1月1日，习近平在《求是》杂志发表的题为《共同构建人类命运共同体》的署名文章中指出，人类文明多样性是世界的基本特征，也是人类进步的源泉。世界上有200多个国家和地区、2500多个民族、多种宗教。不同历史和国情，不同民族和习俗，孕育了不同文明，使世界更加丰富多彩。文明没有高下、优劣之分，只有特色、地域之别。文明差异不应该成为世界冲突的根源，而应该成为人类文明进步的动力。每种文明都有其独特魅力和深厚底蕴，都是人类的精神瑰宝。不同文明要取长补短、共同进步，让文明交流互鉴成为推动人类进步的动力、维护世界和平的纽带。

2021年7月6日，习近平在中国共产党与世界政党领导人峰会上发表的题为《加强政党合作　共谋人民幸福》的主旨讲话中指出，我们要担负起凝聚共识的责任，坚守和弘扬全人类共同价值。各国历史、文化、制度、发展水平不尽相同，但各国人民都追求和平、发展、公平、正义、民主、自由的全人类共同价值。我们要本着对人类前途命运高度负责的态度，做全人类共同价值的倡导者，以宽广胸怀理解不同文明对价值内涵的认识，尊重不同国家人民对价值实现途径的探索，把全人类共同价值具体地、现实地体现到实现本国人民利益的实践中去。

2021年9月26日，习近平在致2021年世界互联网大会乌镇峰会的贺信中指出，中国愿同世界各国一道，共同担起为人民谋进步的历史责任，激发数字经济活力，增强数字政府效能，优化数字社会环境，构建数字合作格局，筑牢数字安全屏障，让数字文明造福各国人民，推动构建人类命运共同体。

2021 年 10 月 25 日，习近平在中华人民共和国恢复联合国合法席位 50 周年纪念会议上的讲话中指出，我们应该携手推动构建人类命运共同体，共同建设持久和平、普遍安全、共同繁荣、开放包容、清洁美丽的世界。人类是一个整体，地球是一个家园。任何人、任何国家都无法独善其身。人类应该和衷共济、和合共生，朝着构建人类命运共同体方向不断迈进，共同创造更加美好未来。推动构建人类命运共同体，不是以一种制度代替另一种制度，不是以一种文明代替另一种文明，而是不同社会制度、不同意识形态、不同历史文化、不同发展水平的国家在国际事务中利益共生、权利共享、责任共担，形成共建美好世界的最大公约数。

2021 年 11 月 22 日，习近平在中国—东盟建立对话关系 30 周年纪念峰会上发表的题为《命运与共　共建家园》的讲话中指出，要倡导和平、发展、公平、正义、民主、自由的全人类共同价值，深化文明交流互鉴，用好地区多元文化特色和优势。要积极考虑疫后有序恢复人员往来，继续推进文化、旅游、智库、媒体、妇女等领域交流，使双方民众更加相知、相亲、相融。

（3）其他国际交流活动

2021 年 1 月 25 日，习近平在世界经济论坛"达沃斯议程"对话会上的致辞中指出，各国历史文化和社会制度差异自古就存在，是人类文明的内在属性。没有多样性，就没有人类文明。多样性是客观现实，将长期存在。差异并不可怕，可怕的是傲慢、偏见、仇视，可怕的是想把人类文明分为三六九等，可怕的是把自己的历史文化和社会制度强加给他人。各国应该在相互尊重、求同存异的基础上实现和平共处，促进各国交流互鉴，为人类文明发展进步注入动力。

2021 年 2 月 9 日，习近平在中国—中东欧国家领导人峰会上的主旨讲话中指出，我们要加强文化、教育、旅游、体育、媒体、出版、智库、青年、地方等领域交流合作。中方愿以北京 2022 年冬奥会、冬残奥会为契机同中东欧国家深化体育合作。我们将在年内举行新一届教育政策对话和高校联合会会议，支持复旦大学在匈牙利开设校区。我们要加强特色旅游产品联合开发和旅游人才联合培养。

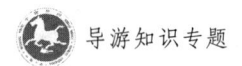

2021年5月26日，习近平在同西班牙首相桑切斯通电话时的讲话中指出，中方愿同西方扩大双边贸易往来，积极推进港口物流、智慧城市、清洁能源等合作项目，加强同拉美、非洲第三方合作，深化两国人文交流。

2021年7月5日，习近平在同法国总统马克龙、德国总理默克尔举行视频峰会时的讲话中指出，扩大互利共赢合作。中方愿同欧方尽早举行第二十三次中欧领导人会晤，办好战略、经贸、人文、数字、气候领域高级别对话，推进中欧清单产品互认互保，为双方百姓日常生活带来更多实惠。

2021年11月17日，习近平在同以色列总统赫尔佐格通电话时的讲话中指出，中方愿同以方深化科技、农业、医疗卫生等领域合作，拓展文化、教育、旅游、体育等领域交流合作，厚植两国友好民意基础。

2021年11月29日，习近平在中非合作论坛第八届部长级会议开幕式上发表的题为《同舟共济，继往开来，携手构建新时代中非命运共同体》的主旨演讲中指出，中国愿支持所有非洲建交国成为中国公民组团出境旅游目的地国。在华举办非洲电影节，在非洲举办中国电影节。举办中非青年服务论坛和中非妇女论坛。

3. 建设社会主义文化强国

（1）坚定文化自信

2021年3月22日，习近平在福建考察时的讲话中指出，我们走中国特色社会主义道路，一定要推进马克思主义中国化。如果没有中华文明五千年文明，哪里有什么中国特色？如果不是中国特色，哪有我们今天这么成功的中国特色社会主义道路？我们要特别重视挖掘中华五千年文明中的精华，弘扬优秀传统文化，把其中的精华同马克思主义立场观点方法结合起来，坚定不移走中国特色社会主义道路。

2021年4月19日，习近平在清华大学考察时的讲话中指出，美术、艺术、科学、技术相辅相成、相互促进、相得益彰。要发挥美术在服务经济社会发展中的重要作用，把更多美术元素、艺术元素应用到城乡规划建设中，增强城乡审美韵味、文化品位，把美术成果更好服务于人民群众的高品质生活需求。要增强文化自信，以美为媒，加强国际文化交流。

2021年5月31日，习近平在十九届中央政治局第三十次集体学习时的讲话中指出，要加快构建中国话语和中国叙事体系，用中国理论阐释中国实践，用中国实践升华中国理论，打造融通中外的新概念、新范畴、新表述，更加充分、更加鲜明地展现中国故事及其背后的思想力量和精神力量。要加强对中国共产党的宣传阐释，帮助国外民众认识到中国共产党真正为中国人民谋幸福而奋斗，了解中国共产党为什么能、马克思主义为什么行、中国特色社会主义为什么好。要围绕中国精神、中国价值、中国力量，从政治、经济、文化、社会、生态文明等多个视角进行深入研究，为开展国际传播工作提供学理支撑。要更好推动中华文化走出去，以文载道、以文传声、以文化人，向世界阐释推介更多具有中国特色、体现中国精神、蕴藏中国智慧的优秀文化。要注重把握好基调，既开放自信也谦逊谦和，努力塑造可信、可爱、可敬的中国形象。

2021年11月11日，习近平在党的十九届六中全会第二次全体会议上的讲话中指出，中国共产党人的历史自信，既是对奋斗成就的自信，也是对奋斗精神的自信。"看似寻常最崎岖，成如容易却艰辛。"回望百年，我们党什么样的困难没有经历过，什么样的挑战没有遇到过？大革命失败，已经发展到6万多党员的党只剩下了1万多党员。王明"左"倾错误造成的失败，给革命根据地和白区革命力量造成极大损失，革命成果几乎毁于一旦。"文化大革命"十年内乱，使党、国家、人民遭到新中国成立以来最严重的挫折和损失。但是，我们党在人民支持下，依靠自己的力量战胜困难、修正错误、走向光明，可以说是几度绝处逢生、几度柳暗花明。正是在这样的千锤百炼中，我们党愈益强大和成熟起来。学习和总结党的历史，就要从中增强道路自信、理论自信、制度自信、文化自信，咬定青山不放松，风雨无阻向前进。

（2）发展文化事业和文化产业

2021年10月15日，习近平在《求是》杂志发表的题为《扎实推动共同富裕》的署名文章中指出，促进共同富裕与促进人的全面发展是高度统一的。要强化社会主义核心价值观引领，加强爱国主义、集体主义、社会主义教育，发展公共文化事业，完善公共文化服务体系，不断满足人民群众多样化、多层次、多方面的精神文化需求。要加强促进共同富裕舆论引导，澄清各种模糊认识，防止急于求成和畏难情绪，为促进共同富裕提供良好舆论环境。

2021年10月26日，习近平在致人民出版社成立100周年的贺信中指出，希望人民出版社赓续红色血脉，始终紧跟中国特色社会主义发展步伐，着力传播马克思主义和党的创新理论；始终坚持为人民出好书理念，着力展现党和国家发展历程、丰富人民群众精神文化生活；始终坚持高质量发展，着力深化改革创新，为推动社会主义文化繁荣发展、建设社会主义文化强国作出新的更大的贡献。

2021 年 11 月 6 日，习近平在致新华社建社 90 周年的贺信中指出，在全面建设社会主义现代化国家新征程上，新华社要在党的领导下，把握正确政治方向，坚定理想信念，坚守人民情怀，赓续红色血脉，坚持守正创新，加快融合发展，加强对外传播，努力建成国际一流新型全媒体机构，为实现中华民族伟大复兴的中国梦、推动构建人类命运共同体作出新的更大的贡献。

2021 年 12 月 3 日，习近平在致中国人民对外广播事业创建 80 周年的贺信中指出，80 年来，在党的领导下，对外广播事业弘扬光荣传统、不忘初心使命，宣传党的主张，全面宣介中国发展，积极讲好中国故事、传播中国声音。希望你们不断开拓创新，加强国际传播能力建设，打造具有强大引领力、传播力、影响力的国际一流新型主流媒体，为实现中华民族伟大复兴的中国梦、推进人类命运共同体作出新的更大的贡献。

2021 年 12 月 14 日，习近平在中国文联十一大、中国作协十大开幕式上的讲话中指出，中国文联、中国作协要发挥文联、作协系统的组织优势，创新工作体系，做好对新的文艺组织和新的文艺群体的教育引导工作，向基层文艺工作者倾斜，用事业激励人才，让人才成就事业，广泛组织动员各领域各层次各方面文艺工作者投身党的文艺事业。

（3）强化内部建设

2021 年 1 月 18 日至 20 日，习近平在北京、河北考察，并主持召开北京2022 年冬奥会和冬残奥会筹办工作汇报会上的讲话中指出，推动京津冀协同发展，努力在交通、环境、产业、公共服务等领域取得更多成果。要积极谋划冬奥场馆赛后利用，将举办重大赛事同服务全民健身结合起来，加快建设京张体育文化旅游带。

2021 年 3 月 5 日，习近平在参加十三届全国人大四次会议内蒙古代表团审议时的讲话中指出，内蒙古地广人稀，农牧民生活居住比较分散，生态环境脆弱，在巩固拓展脱贫攻坚成果、推进乡村振兴上难度大、挑战多，要坚决守住防止规模性返贫的底线。要发展优势特色产业，发展适度规模经营，促进农牧业产业化、品牌化，并同发展文化旅游、乡村旅游结合起来，增加农牧民收入。

2021年4月25日至27日，习近平在广西考察时的讲话中指出，桂林是一座山水甲天下的旅游名城。这是大自然赐予中华民族的一块宝地，一定要呵护好。要坚持以人民为中心，以文塑旅、以旅彰文，提升格调品位，努力创造宜业、宜居、宜乐、宜游的良好环境，打造世界级旅游城市。

2021年7月21日至23日，习近平在西藏考察时的讲话中指出，推动西藏高质量发展，要坚持所有发展都要赋予民族团结进步的意义，都要赋予改善民生、凝聚人心的意义，都要有利于提升各民族群众获得感、幸福感、安全感。要扬长避短，因地制宜，深化改革开放，加快铁路、公路及其他重大基础设施建设，发展特色产业，加快建设国家清洁能源基地，统筹发展和安全，走出一条符合西藏实际的高质量发展之路。

2021年8月27日至28日，习近平在中央民族会议上的讲话中指出，民族地区要立足资源禀赋、发展条件、比较优势等实际，找准把握新发展阶段、贯彻新发展理念、融入新发展格局、实现高质量发展、促进共同富裕的切入点和发力点。要加大对民族地区基础设施建设、产业结构调整支持力度，优化经济社会发展和生态文明建设总体布局，不断增强各族群众获得感、幸福感、安全感。要支持民族地区实现巩固脱贫攻坚成果同乡村振兴有效衔接，促进农牧业高质高效、乡村宜居宜业、农牧民富裕富足。要完善沿边开发开放政策体系，深入推进固边兴边富民行动。

（4）弘扬时代精神

2021年2月3日至5日，习近平在贵州看望慰问各族干部群众时的讲话中指出，要结合即将开展的党史学习教育，从长征精神和遵义会议精神中深刻感悟共产党人的初心和使命，落实新时代党的建设总要求，实事求是、坚持真理、科学应变、主动求变、咬定目标、勇往直前，走好新时代的长征路。要深入学习党的创新理论，加强党史学习教育，同时学习新中国史、改革开放史、社会主义发展史，不断提高政治判断力、政治领悟力、政治执行力。

2021年2月20日，习近平在党史学习教育动员大会上的讲话中强调，在一百年的非凡奋斗历程中，一代又一代中国共产党人顽强拼搏、不懈奋斗，涌现了一大批视死如归的革命烈士、一大批顽强奋斗的英雄人物、一大批忘我奉献的先进模范，形成了井冈山精神、长征精神、遵义会议精神、延安精神、西柏坡精神、红岩精神、抗美援朝精神、"两弹一星"精神、特区精神、抗洪精神、抗震救灾精神、抗疫精神等伟大精神，构筑了中国共产党人的精神谱系。我们党之所以历经百年而风华正茂、饱经磨难而生生不息，就是凭着那么一股革命加拼命的强大精神。这些宝贵精神财富跨越时空、历久弥新，集中体现了党的坚定信念、根本宗旨、优良作风，凝聚着中国共产党人艰苦奋斗、牺牲奉献、开拓进取的伟大品格，深深融入我们党、国家、民族、人民的血脉之中，为我们立党兴党强党提供了丰厚滋养。

2021年12月14日，习近平在中国文联十一大、中国作协十大开幕式上的讲话中指出，广大文艺工作者要树立大历史观、大时代观，眼纳千江水、胸起百万兵，把握历史进程和时代大势，反映中华民族的千年巨变，揭示百年中国的人间正道，弘扬以爱国主义为核心的民族精神和以改革创新为核心的时代精神，弘扬伟大建党精神，唱响昂扬的时代主旋律。

（二）关于实施乡村振兴战略

实施乡村振兴战略，是党的十九大作出的重大决策部署。中共中央、国务院于2018年1月2日发布了《关于实施乡村振兴战略的意见》（中发〔2018〕1号）。

1. 总体要求

（1）指导思想

全面贯彻党的十九大精神，以习近平新时代中国特色社会主义思想为指导，加强党对"三农"工作的领导，坚持稳中求进工作总基调，牢固树立新发展理念，落实高质量发展的要求，紧紧围绕统筹推进"五位一体"总体布局和协调推进"四个全面"战略布局，坚持把解决好"三农"问题作为全党工作重中之重，坚持农业农村优先发展，按照产业兴旺、生态宜居、乡风文明、治理有效、生活富裕的总要求，建立健全城乡融合发展体制机制和政策体系，统筹推进农村经济建设、政治建设、文化建设、社会建设、生态文明建设和党的建设，加快推进乡村治理体系和治理能力现代化，加快推进农业农村现代化，走中国特色社会主义乡村振兴道路，让农业成为有奔头的产业，让农民成为有吸引力的职业，让农村成为安居乐业的美丽家园。

（2）目标任务

到 2020 年，乡村振兴取得重要进展，制度框架和政策体系基本形成。农业综合生产能力稳步提升，农业供给体系质量明显提高，农村一二三产业融合发展水平进一步提升；农民增收渠道进一步拓宽，城乡居民生活水平差距持续缩小；现行标准下农村贫困人口实现脱贫，贫困县全部摘帽，解决区域性整体贫困；农村基础设施建设深入推进，农村人居环境明显改善，美丽宜居乡村建设扎实推进；城乡基本公共服务均等化水平进一步提高，城乡融合发展体制机制初步建立；农村对人才吸引力逐步增强；农村生态环境明显好转，农业生态服务能力进一步提高；以党组织为核心的农村基层组织建设进一步加强，乡村治理体系进一步完善；党的农村工作领导体制机制进一步健全；各地区各部门推进乡村振兴的思路举措得以确立。

到 2035 年，乡村振兴取得决定性进展，农业农村现代化基本实现。农业结构得到根本性改善，农民就业质量显著提高，相对贫困进一步缓解，共同富裕迈出坚实步伐；城乡基本公共服务均等化基本实现，城乡融合发展体制机制更加完善；乡风文明达到新高度，乡村治理体系更加完善；农村生态环境根本好转，美丽宜居乡村基本实现。

到 2050 年，乡村全面振兴，农业强、农村美、农民富全面实现。

（3）基本原则

①坚持党管农村工作

②坚持农业农村优先发展

③坚持农民主体地位

④坚持乡村全面振兴

⑤坚持城乡融合发展

⑥坚持人与自然和谐共生

⑦坚持因地制宜、循序渐进

2. 提升农业发展质量，培育乡村发展新动能

乡村振兴，产业兴旺是重点。必须坚持质量兴农、绿色兴农，以农业供给侧结构性改革为主线，加快构建现代农业产业体系、生产体系、经营体系，提高农业创新力、竞争力和全要素生产率，加快实现由农业大国向农业

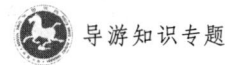

强国转变。

（1）夯实农业生产能力基础

（2）实施质量兴农战略

（3）构建农村一二三产业融合发展体系

（4）构建农业对外开放新格局

（5）促进小农户和现代农业发展有机衔接

3.推进乡村绿色发展，打造人与自然和谐共生发展新格局

乡村振兴，生态宜居是关键。良好生态环境是农村最大优势和宝贵财富。必须尊重自然、顺应自然、保护自然，推动乡村自然资本加快增值，实现百姓富、生态美的统一。

（1）统筹山水林田湖草系统治理

（2）加强农村突出环境问题综合治理

（3）建立市场化多元化生态补偿机制

（4）增加农业生态产品和服务供给

4.繁荣兴盛农村文化，焕发乡风文明新气象

乡村振兴，乡风文明是保障。必须坚持物质文明和精神文明一起抓，提升农民精神风貌，培育文明乡风、良好家风、淳朴民风，不断提高乡村社会文明程度。

（1）加强农村思想道德建设

（2）传承发展提升农村优秀传统文化

（3）加强农村公共文化建设

（4）开展移风易俗行动

5.加强农村基层基础工作，构建乡村治理新体系

乡村振兴，治理有效是基础。必须把夯实基层基础作为固本之策，建立健全党委领导、政府负责、社会协同、公众参与、法治保障的现代乡村社会治理体制，坚持自治、法治、德治相结合，确保乡村社会充满活力、和谐有序。

（1）加强农村基层党组织建设

（2）深化村民自治实践

（3）建设法治乡村

（4）提升乡村德治水平

（5）建设平安乡村

6. 提高农村民生保障水平，塑造美丽乡村新风貌

乡村振兴，生活富裕是根本。要坚持人人尽责、人人享有，按照抓重点、补短板、强弱项的要求，围绕农民群众最关心最直接最现实的利益问题，一件事情接着一件事情办，一年接着一年干，把乡村建设成为幸福美丽新家园。

（1）优先发展农村教育事业

（2）促进农村劳动力转移就业和农民增收

（3）推动农村基础设施提挡升级

（4）加强农村社会保障体系建设

（5）推进健康乡村建设

（6）持续改善农村人居环境

7. 打好精准脱贫攻坚战，增强贫困群众获得感

乡村振兴，摆脱贫困是前提。必须坚持精准扶贫、精准脱贫，把提高脱贫质量放在首位，既不降低扶贫标准，也不吊高胃口，采取更加有力的举措、更加集中的支持、更加精细的工作，坚决打好精准脱贫这场对全面建成小康社会具有决定性意义的攻坚战。

（1）瞄准贫困人口精准帮扶

（2）聚焦深度贫困地区集中发力

（3）激发贫困人口内生动力

（4）强化脱贫攻坚责任和监督

8. 推进体制机制创新，强化乡村振兴制度性供给

实施乡村振兴战略，必须把制度建设贯穿其中。要以完善产权制度和要素市场化配置为重点，激活主体、激活要素、激活市场，着力增强改革的系统性、整体性、协同性。

（1）巩固和完善农村基本经营制度

（2）深化农村土地制度改革

（3）深入推进农村集体产权制度改革

（4）完善农业支持保护制度

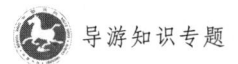

9. 汇聚全社会力量，强化乡村振兴人才支撑

实施乡村振兴战略，必须破解人才瓶颈制约。要把人力资本开发放在首要位置，畅通智力、技术、管理下乡通道，造就更多乡土人才，聚天下人才而用之。

（1）大力培育新型职业农民

（2）加强农村专业人才队伍建设

（3）发挥科技人才支撑作用

（4）鼓励社会各界投身乡村建设

（5）创新乡村人才培育引进使用机制

10. 开拓投融资渠道，强化乡村振兴投入保障

实施乡村振兴战略，必须解决钱从哪里来的问题。要健全投入保障制度，创新投融资机制，加快形成财政优先保障、金融重点倾斜、社会积极参与的多元投入格局，确保投入力度不断增强、总量持续增加。

（1）确保财政投入持续增长

（2）拓宽资金筹集渠道

（3）提高金融服务水平

11. 坚持和完善党对"三农"工作的领导

实施乡村振兴战略是党和国家的重大决策部署，各级党委和政府要提高对实施乡村振兴战略重大意义的认识，真正把实施乡村振兴战略摆在优先位置，把党管农村工作的要求落到实处。

（1）完善党的农村工作领导体制机制

（2）研究制定中国共产党农村工作条例

（3）加强"三农"工作队伍建设

（4）强化乡村振兴规划引领

（5）强化乡村振兴法治保障

（6）营造乡村振兴良好氛围

（三）关于加快建设全国统一大市场

建设全国统一大市场是构建新发展格局的基础支撑和内在要求，为从全局和战略高度加快建设全国统一大市场，中共中央、国务院于2022年3月25日发布了《关于加快建设全国统一大市场的意见》。

1. 总体要求

（1）指导思想

以习近平新时代中国特色社会主义思想为指导，全面贯彻党的十九大和十九届历次全会精神，弘扬伟大建党精神，坚持稳中求进工作总基调，完整、准确、全面贯彻新发展理念，加快构建新发展格局，全面深化改革开放，坚持创新驱动发展，推动高质量发展，坚持以供给侧结构性改革为主线，以满足人民日益增长的美好生活需要为根本目的，统筹发展和安全，充分发挥法治的引领、规范、保障作用，加快建立全国统一的市场制度规则，打破地方保护和市场分割，打通制约经济循环的关键堵点，促进商品要素资源在更大范围内畅通流动，加快建设高效规范、公平竞争、充分开放的全国统一大市场，全面推动我国市场由大到强转变，为建设高标准市场体系、构建高水平社会主义市场经济体制提供坚强支撑。

（2）工作原则

①立足内需，畅通循环

②立破并举，完善制度

③有效市场，有为政府

④系统协同，稳妥推进

（3）主要目标

①持续推动国内市场高效畅通和规模拓展。

②加快营造稳定公平透明可预期的营商环境。

③进一步降低市场交易成本。

④促进科技创新和产业升级。

⑤培育参与国际竞争合作新优势。

2. 强化市场基础制度规则统一

（1）完善统一的产权保护制度

（2）实行统一的市场准入制度

（3）维护统一的公平竞争制度

（4）健全统一的社会信用制度

3. 推进市场设施高标准联通

（1）建设现代流通网络

（2）完善市场信息交互渠道

（3）推动交易平台优化升级

4.打造统一的要素和资源市场

（1）健全城乡统一的土地和劳动力市场

（2）加快发展统一的资本市场

（3）加快培育统一的技术和数据市场

（4）建设全国统一的能源市场

（5）培育发展全国统一的生态环境市场

5.推进商品和服务市场高水平统一

（1）健全商品质量体系

（2）完善标准和计量体系

（3）全面提升消费服务质量

6.推进市场监管公平统一

（1）健全统一市场监管规则

（2）强化统一市场监管执法

（3）全面提升市场监管能力

7.进一步规范不当市场竞争和市场干预行为

（1）着力强化反垄断

（2）依法查处不正当竞争行为

（3）破除地方保护和区域壁垒

（4）清理废除妨碍依法平等准入和退出的规定做法

（5）持续清理招标采购领域违反统一市场建设的规定和做法

8.组织实施保障

（1）加强党的领导

（2）完善激励约束机制

（3）优先推进区域协作

（4）形成工作合力

（四）关于进一步激发文化和旅游消费潜力

为提升文化和旅游消费质量水平，增强居民消费意愿，国务院办公厅于2019年8月23日印发《国务院办公厅关于进一步激发文化和旅游消费潜力的意见》（国办发〔2019〕41号）。

1. 总体目标

以习近平新时代中国特色社会主义思想为指导，顺应文化和旅游消费提质转型升级新趋势，深化文化和旅游领域供给侧结构性改革，从供需两端发力，不断激发文化和旅游消费潜力。努力使我国文化和旅游消费设施更加完善，消费结构更加合理，消费环境更加优化，文化和旅游产品、服务供给更加丰富。推动全国居民文化和旅游消费规模保持快速增长态势，对经济增长的带动作用持续增强。

2. 主要任务

（1）推出消费惠民措施

（2）提高消费便捷程度

（3）提升入境旅游环境

（4）推进消费试点示范

（5）着力丰富产品供给

（6）推动旅游景区提质扩容

（7）发展假日和夜间经济

（8）促进产业融合发展

（9）严格市场监管执法

3. 保障措施

（1）强化政策保障

（2）加强组织领导

（五）关于促进消费扩容提质加快形成强大国内市场

为顺应居民消费升级趋势，加快完善促进消费体制机制，进一步改善消费环境，发挥消费基础性作用，助力形成强大国内市场，国家发展改革委等23部门于2020年2月28日联合印发《关于促进消费扩容提质加快形成强大国内市场的实施意见》（发改就业〔2020〕293号）。

1. 大力优化国内市场供给

（1）全面提升国产商品和服务竞争力

（2）加强自主品牌建设

（3）改善进口商品供给

（4）进一步完善免税业政策

2. 重点推进文旅休闲消费提质升级

（1）丰富特色文化旅游产品

（2）改善入境旅游与购物环境

（3）创新文化旅游宣传推广模式

3. 着力建设城乡融合消费网络

（1）结合区域发展布局打造消费中心

（2）优化城乡商业网点布局

（3）加强消费物流基础设施建设

4. 加快构建"智能＋"消费生态体系

（1）加快新一代信息基础设施建设

（2）鼓励线上线下融合等新消费模式发展

（3）鼓励使用绿色智能产品

（4）大力发展"互联网＋社会服务"消费模式

5. 持续提升居民消费能力

（1）促进重点群体增收激发消费潜力

（2）稳定和增加居民财产性收入

6. 全面营造放心消费环境

（1）强化市场秩序监管

（2）积极推进消费领域信用体系建设

（3）畅通消费者维权渠道

三、新型冠状病毒肺炎疫情防控工作部署

（一）习近平总书记关于统筹推进新冠肺炎疫情防控和经济社会发展工作的重要讲话

2020 年 2 月 23 日，中共中央召开统筹推进新冠肺炎疫情防控和经济社会发展工作部署会议，习近平总书记出席会议并发表重要讲话，就前一段疫情防控、当前加强疫情防控重点、统筹推进疫情防控和经济社会发展工作和加强党对统筹推进疫情防控和经济社会发展工作的领导等方面作了阐述。

1. 关于前一段疫情防控工作

习近平强调，新冠肺炎疫情发生后，党中央高度重视，迅速作出部署，全面加强对疫情防控的集中统一领导，要求各级党委和政府及有关部门把人民群众生命安全和身体健康放在第一位，采取切实有效措施，坚决遏制疫情蔓延势头。党中央审时度势、综合研判，及时提出坚定信心、同舟共济、科学防治、精准施策的总要求，及时制定疫情防控战略策略，把提高收治率和治愈率、降低感染率和病亡率作为突出任务来抓，把武汉和湖北作为全国主战场，加强对武汉和湖北防疫的统一指挥，统筹抓好其他地区防控工作，加强医用物资和生活必需品应急保供，切实维护社会稳定，加强宣传教育和舆论引导，积极争取国际社会支持。

习近平指出，在这场严峻斗争中，各级党组织和广大党员、干部冲锋在前、顽强拼搏，广大医务工作者义无反顾、日夜奋战，人民解放军指战员闻令而动、敢打硬仗，广大人民群众众志成城、守望相助，广大公安民警、疾控工作人员、社区工作人员等坚守岗位、日夜值守，广大新闻工作者不畏艰险、深入一线，广大志愿者等真诚奉献、不辞辛劳，党和国家有关部门和人大、政协以及各人民团体等主动担责，社会各界和港澳台同胞、海外侨胞纷纷捐款捐物，为疫情防控作出了重大贡献。

习近平强调，这次新冠肺炎疫情，是新中国成立以来在我国发生的传播速度最快、感染范围最广、防控难度最大的一次重大突发公共卫生事件。对我们来说，这是一次危机，也是一次大考。经过艰苦努力，目前疫情防控形势积极向好的态势正在拓展。实践证明，党中央对疫情形势的判断是准确的，各项工作部署是及时的，采取的举措是有力有效的。防控工作取得的成效，再次彰显了中国共产党领导和中国特色社会主义制度的显著优势。

2. 关于当前加强疫情防控重点工作

习近平强调，在充分肯定成绩的同时，各级党委和政府必须高度警惕麻痹思想、厌战情绪、侥幸心理、松劲心态，继续毫不放松抓紧抓实抓细各项防控工作，不获全胜决不轻言成功。习近平提出7项重点工作：第一，坚决打好湖北保卫战、武汉保卫战；第二，全力做好北京疫情防控工作；第三，科学调配医疗力量和重要物资；第四，加快科技研发攻关；第五，扩大国际和地区合作；第六，提高新闻舆论工作有效性；第七，切实维护社会稳定。

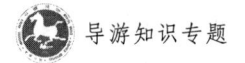

3.关于统筹推进疫情防控和经济社会发展工作

习近平指出，新冠肺炎疫情不可避免会对经济社会造成较大冲击。越是在这个时候，越要用全面、辩证、长远的眼光看待我国发展，越要增强信心、坚定信心。综合起来看，我国经济长期向好的基本面没有改变，疫情的冲击是短期的、总体上是可控的。习近平就有序复工复产提出8点要求：第一，落实分区分级精准复工复产；第二，加大宏观政策调节力度；第三，全面强化稳就业举措；第四，坚决完成脱贫攻坚任务；第五，推动企业复工复产；第六，不失时机抓好春季农业生产；第七，切实保障基本民生；第八，稳住外贸外资基本盘。

4.关于加强党对统筹推进疫情防控和经济社会发展工作的领导

习近平指出，打好、打赢这场疫情防控的人民战争、总体战、阻击战，必须加强党对统筹推进疫情防控和经济社会发展工作的领导。各级党组织要认真履行领导责任，特别是抓落实的职责，把党中央各项决策部署抓实抓细抓落地。各级干部特别是领导干部要增强必胜之心、责任之心、仁爱之心、谨慎之心，勇当先锋，敢打头阵，主动担当、积极作为。要在斗争一线考察识别干部，对表现突出的干部要大力褒奖、大胆使用，对不担当不作为、失职渎职的要严肃问责，对在斗争一线表现突出的先进集体和个人，要根据情况分层分级予以表彰和嘉奖。要关心关爱广大基层干部和深入基层的各级干部特别是湖北、武汉等疫情严重地区的干部群众，及时帮助他们解决遇到的实际困难和问题，坚决纠正形式主义、官僚主义做法。要推动防控资源和力量下沉，充分调动社会力量共同参与疫情防控。要针对这次应对疫情中暴露出的明显短板，总结经验、吸取教训，提高应对突发重大公共卫生事件的能力和水平。

（二）文化和旅游部关于新型冠状病毒肺炎疫情防控的工作部署

1.科学精准实施跨省旅游"熔断"机制

2022年5月，结合疫情形势和旅游市场实际情况，文化和旅游部发布《关于加强疫情防控　科学精准实施跨省旅游"熔断"机制的通知》。

（1）对出现中高风险地区的县（市、区、旗）和直辖市的区（县），立即暂停旅行社及在线旅游企业经营进出该地的跨省团队旅游及"机票＋酒店"业务。

（2）待无中高风险地区后，恢复旅行社及在线旅游企业经营进出该地的跨省团队旅游及"机票＋酒店"业务。

（3）跨省团队旅游及"机票＋酒店"业务暂停及恢复具体事宜由各省级文化和旅游行政部门通过门户网站及时公布。旅行社及在线旅游企业要密切关注各地疫情动态，及时调整旅游产品和团队行程。

（4）各地要深刻认识做好疫情防控工作的重要性，指导督促旅行社及在线旅游企业严格执行《旅行社新冠肺炎疫情防控工作指南（第四版）》，压实企业主体责任，强化关键环节管理，扎实做好疫情防控工作；要加强对旅行社及在线旅游企业疫情防控措施落实情况的督导检查，严肃查处违法违规经营活动。

2. 旅行社新冠肺炎疫情防控工作指南

为贯彻落实党中央、国务院关于疫情防控战略部署，统筹疫情防控和经济社会发展，切实做好旅行社疫情防控工作，结合当前疫情防控形势，文化和旅游部于2022年5月31日印发实施《旅行社新冠肺炎疫情防控工作指南（第四版）》。

（1）总体原则

坚持常态防控、坚持精准防控。

（2）行前管理

旅行社在行前要加强风险研判、控制组团规模、配备防护用品、加强宣传引导、加强行前排查。

（3）行程管理

旅行社在行程中要加强行程管理、落实防控措施、规范导游防护、倡导文明旅游。

（4）企业内部管理

旅行社要加强场所管理、做好员工监测、加强教育培训、建立工作台账。

（5）应急处置

旅行社应建立协同机制、做好应急处置。

（6）保障措施

各地文化和旅游行政部门要加强组织领导、加强监督检查、加强日常

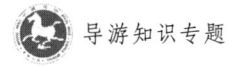

调度。

四、香港特别行政区维护国家安全法律制度

（一）总则

1. 香港特别行政区基本法的根本性条款

《香港特别行政区基本法》第1条和第12条规定是香港特区基本法的根本性条款，香港特别行政区（以下简称"香港特区"）是中华人民共和国不可分离的部分，是中华人民共和国的一个享有高度自治权的地方行政区域，直辖于中央人民政府。

2. 中央人民政府及香港特区维护国家安全的职责

《中华人民共和国香港特别行政区维护国家安全法》（以下简称《香港维护国家安全法》）第3条规定，中央人民政府对香港特区有关的国家安全事务负有根本责任。香港特区负有维护国家安全的宪制责任，应当履行维护国家安全的职责。香港特区行政机关、立法机关、司法机关应当依据有关法律规定有效防范、制止和惩治危害国家安全的行为和活动。

3. 香港特区居民享有的权利和自由

《香港维护国家安全法》第4条规定，香港特区维护国家安全应当尊重和保障人权，依法保护香港特区居民根据香港特区基本法和《公民权利和政治权利国际公约》《经济、社会与文化权利的国际公约》适用于香港的有关规定享有的包括言论、新闻、出版的自由，结社、集会、游行、示威的自由在内的权利和自由。

4. 香港特区机构、组织和个人维护国家安全的义务

《香港维护国家安全法》第6条规定，维护国家主权、统一和领土完整是包括香港同胞在内的全中国人民的共同义务。在香港特区的任何机构、组织和个人都应当遵守本法和香港特区有关维护国家安全的其他法律，不得从事危害国家安全的行为和活动。香港特区居民在参选或者就任公职时应当依法签署文件确认或者宣誓拥护中华人民共和国香港特区基本法，效忠中华人民共和国香港特区。

（二）香港特区维护国家安全的职责和机构

1. 职责

（1）完善维护国家安全法律

《香港维护国家安全法》第 7 条规定，香港特区应当尽早完成香港特区基本法规定的维护国家安全立法，完善相关法律。

（2）切实执行维护国家安全法律

《香港维护国家安全法》第 8 条规定，香港特区执法、司法机关应当切实执行本法和香港特区现行法律有关防范、制止和惩治危害国家安全行为和活动的规定，有效维护国家安全。

（3）加强维护国家安全和防范恐怖活动

《香港维护国家安全法》第 9 条规定，香港特区应当加强维护国家安全和防范恐怖活动的工作。对学校、社会团体、媒体、网络等涉及国家安全的事宜，香港特区政府应当采取必要措施，加强宣传、指导、监督和管理。第 10 条规定，香港特区应当通过学校、社会团体、媒体、网络等开展国家安全教育，提高香港特区居民的国家安全意识和守法意识。

（4）香港特区行政长官职责

《香港维护国家安全法》第 11 条规定，香港特区行政长官应当就香港特区维护国家安全事务向中央人民政府负责，并就香港特区履行维护国家安全职责的情况提交年度报告。如中央人民政府提出要求，行政长官应当就维护国家安全特定事项及时提交报告。

2. 机构

（1）国家安全委员会

《香港维护国家安全法》第 12 条规定，香港特区设立维护国家安全委员会，负责香港特区维护国家安全事务，承担维护国家安全的主要责任，并接受中央人民政府的监督和问责。第 14 条规定，香港特区维护国家安全委员会的职责为：分析研判香港特区维护国家安全形势，规划有关工作，制定香港特区维护国家安全政策；推进香港特区维护国家安全的法律制度和执行机制建设；协调香港特区维护国家安全的重点工作和重大行动。香港特区维护国家安全委员会的工作不受香港特区任何其他机构、组织和个人的干涉，工作信息不予公开。香港特区维护国家安全委员会作出的决定不受司法复核。

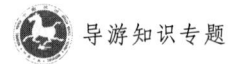

（2）国家安全事务顾问

《香港维护国家安全法》第15条规定，香港特区维护国家安全委员会设立国家安全事务顾问，由中央人民政府指派，就香港特区维护国家安全委员会履行职责相关事务提供意见。国家安全事务顾问列席香港特区维护国家安全委员会会议。

（3）警务处维护国家安全部门

《香港维护国家安全法》第16条规定，香港特区政府警务处设立维护国家安全的部门，配备执法力量。第17条规定，警务处维护国家安全部门的职责为：收集分析涉及国家安全的情报信息；部署、协调、推进维护国家安全的措施和行动；调查危害国家安全犯罪案件；进行反干预调查和开展国家安全审查；承办香港特区维护国家安全委员会交办的维护国家安全工作；执行本法所需的其他职责。

（4）律政司国家安全犯罪案件检控部门

《香港维护国家安全法》第18条规定，香港特区律政司设立专门的国家安全犯罪案件检控部门，负责危害国家安全犯罪案件的检控工作和其他相关法律事务。

（三）中央人民政府驻香港特区维护国家安全机构

《香港维护国家安全法》第48条规定，中央人民政府在香港特区设立维护国家安全公署。中央人民政府驻香港特区维护国家安全公署依法履行维护国家安全职责，行使相关权力。驻香港特区维护国家安全公署人员由中央人民政府维护国家安全的有关机关联合派出。

1. 维护国家安全公署职责

《香港维护国家安全法》第49条规定，驻香港特区维护国家安全公署的职责为：

（1）分析研判香港特区维护国家安全形势，就维护国家安全重大战略和重要政策提出意见和建议；

（2）监督、指导、协调、支持香港特区履行维护国家安全的职责；

（3）收集分析国家安全情报信息；

（4）依法办理危害国家安全犯罪案件。

2. 维护国家安全公署工作机制

《香港维护国家安全法》第52条规定，驻香港特区维护国家安全公署应当加强与中央人民政府驻香港特区联络办公室、外交部驻香港特区特派员公署、中国人民解放军驻香港部队的工作联系和工作协同。第 53 条规定，驻香港特区维护国家安全公署应当与香港特区维护国家安全委员会建立协调机制，监督、指导香港特区维护国家安全工作。驻香港特区维护国家安全公署的工作部门应当与香港特区维护国家安全的有关机关建立协作机制，加强信息共享和行动配合。第 54 条规定，驻香港特区维护国家安全公署、外交部驻香港特区特派员公署会同香港特区政府采取必要措施，加强对外国和国际组织驻香港特别行政区机构、在香港特区的外国和境外非政府组织和新闻机构的管理和服务。

3. 维护国家安全公署管辖范围

《香港维护国家安全法》第 55 条规定，有以下情形之一的，经香港特区政府或者驻香港特别行政区维护国家安全公署提出，并报中央人民政府批准，由驻香港特区维护国家安全公署对本法规定的危害国家安全犯罪案件行使管辖权：

（1）案件涉及外国或者境外势力介入的复杂情况，香港特区管辖确有困难的；

（2）出现香港特区政府无法有效执行本法的严重情况的；

（3）出现国家安全面临重大现实威胁的情况的。

4. 维护国家安全公署管辖案件的程序性规定

《香港维护国家安全法》第 56 条规定，根据本法第 55 条规定管辖有关危害国家安全犯罪案件时，由驻香港特区维护国家安全公署负责立案侦查，最高人民检察院指定有关检察机关行使检察权，最高人民法院指定有关法院行使审判权。第 57 条规定，根据本法第 55 条规定管辖案件的立案侦查、审查起诉、审判和刑罚的执行等诉讼程序事宜，适用《中华人民共和国刑事诉讼法》等相关法律的规定。根据本法第 55 条规定管辖案件时，本法第 56 条规定的执法、司法机关依法行使相关权力，其为决定采取强制措施、侦查措施和司法裁判而签发的法律文书在香港特区具有法律效力。对于驻香港特区维护国家安全公署依法采取的措施，有关机构、组织和个人必须遵从。第 58 条规定，根据本法第 55 条规定管辖案件时，犯罪嫌疑人自被驻香港特区维护国家安全公署第一次讯问或者采取强制措施之日起，有权委托律师作为辩护人。辩护律师可以依法为犯罪嫌疑人、被告人提供法律帮助。犯罪嫌疑人、被告人被合法拘捕后，享有尽早接受司法机关公正审判的权利。第59条规定，根据本法第55条规定管辖案件时，任何人如果知道本法规定的危害国家安全犯罪案件情况，都有如实作证的义务。

5. 维护国家安全公署及其人员的权利

《香港维护国家安全法》第60条规定，驻香港特区维护国家安全公署及其人员依据本法执行职务的行为，不受香港特别行政区管辖。持有驻香港特区维护国家安全公署制发的证件或者证明文件的人员和车辆等在执行职务时不受香港特区执法人员检查、搜查和扣押。驻香港特区维护国家安全公署及其人员享有香港特区法律规定的其他权利和豁免。第61条规定，驻香港特区维护国家安全公署依据本法规定履行职责时，香港特区政府有关部门须提供必要的便利和配合，对妨碍有关执行职务的行为依法予以制止并追究责任。

（四）罪行和处罚

1. 分裂国家罪

《香港维护国家安全法》第20条规定，任何人组织、策划、实施或者参与实施以下旨在分裂国家、破坏国家统一行为之一的，不论是否使用武力或者以武力相威胁，即属犯罪：将香港特区或者中华人民共和国其他任何部分从中华人民共和国分离出去；非法改变香港特区或者中华人民共和国其他任何部分的法律地位；将香港特区或者中华人民共和国其他任何部分转归外国统治。犯前款罪，对首要分子或者罪行重大的，处无期徒刑或者10年以上有期徒刑；对积极参加的，处3年以上10年以下有期徒刑；对其他参加的，处3年以下有期徒刑、拘役或者管制。第21条规定，任何人煽动、协助、教唆、以金钱或者其他财物资助他人实施本法第20条规定的犯罪的，即属犯罪。情节严重的，处5年以上10年以下有期徒刑；情节较轻的，处5年以下有期徒刑、拘役或者管制。

2. 颠覆国家政权罪

《香港维护国家安全法》第22条规定，任何人组织、策划、实施或者参与实施以下以武力、威胁使用武力或者其他非法手段旨在颠覆国家政权行为之一的，即属犯罪：推翻、破坏中华人民共和国宪法所确立的中华人民共和国根本制度；推翻中华人民共和国中央政权机关或者香港特区政权机关；严重干扰、阻挠、破坏中华人民共和国中央政权机关或者香港特区政权机关依法履行职能；攻击、破坏香港特区政权机关履职场所及其设施，致使其无法正常履行职能。犯前款罪，对首要分子或者罪行重大的，处无期徒刑或者10年以上有期徒刑；对积极参加的，处3年以上10年以下有期徒刑；对其他参加的，处3年以下有期徒刑、拘役或者管制。第23条规定，任何人煽动、协助、教唆、以金钱或者其他财物资助他人实施本法第22条规定的犯罪的，即属犯罪。情节严重的，处5年以上10年以下有期徒刑；情节较轻的，处5年以下有期徒刑、拘役或者管制。

3. 恐怖活动罪

《香港维护国家安全法》第24条规定，为胁迫中央人民政府、香港特区政府或者国际组织或者威吓公众以图实现政治主张，组织、策划、实施、参与实施或者威胁实施以下造成或者意图造成严重社会危害的恐怖活动之一的，即属犯罪：针对人的严重暴力；爆炸、纵火或者投放毒害性、放射性、传染病病原体等物质；破坏交通工具、交通设施、电力设备、燃气设备或者其他易燃易爆设备；严重干扰、破坏水、电、燃气、交通、通讯、网络等公共服务和管理的电子控制系统；以其他危险方法严重危害公众健康或者安全。犯前款罪，致人重伤、死亡或者使公私财产遭受重大损失的，处无期徒刑或者10年以上有期徒刑；其他情形，处3年以上10年以下有期徒刑。第25条规定，组织、领导恐怖活动组织的，即属犯罪，处无期徒刑或者10年以上有期徒刑，并处没收财产；积极参加的，处3年以上10年以下有期徒刑，并处罚金；其他参加的，处3年以下有期徒刑、拘役或者管制，可以并处罚金。本法所指的恐怖活动组织，是指实施或者意图实施本法第24条规定的恐怖活动罪行或者参与或者协助实施本法第24条规定的恐怖活动罪行的组织。第26条规定，为恐怖活动组织、恐怖活动人员、恐怖活动实施提供培训、武器、信息、资金、物资、劳务、运输、技术或者场所等支持、协助、便利，或者制造、非法管有爆炸性、毒害性、放射性、传染病病原体等物质以及以其他形式准备实施恐怖活动的，即属犯罪。情节严重的，处5年以上10年以下有期徒刑，并处罚金或者没收财产；其他情形，处5年以下有期徒刑、拘役或者管制，并处罚金。有前款行为，同时构成其他犯罪的，依照处罚较重的规定定罪处罚。第27条规定，宣扬恐怖主义、煽动实施恐怖活动的，即属犯罪。情节严重的，处5年以上10年以下有期徒刑，并处罚金或者没收财产；其他情形，处5年以下有期徒刑、拘役或者管制，并处罚金。第28条规定，关于恐怖活动罪的规定不影响依据香港特别行政区法律对其他形式的恐怖活动犯罪追究刑事责任并采取冻结财产等措施。

4. 勾结外国或者境外势力危害国家安全罪

《香港维护国家安全法》第29条规定，为外国或者境外机构、组织、人员窃取、刺探、收买、非法提供涉及国家安全的国家秘密或者情报的；请求外国或者境外机构、组织、人员实施，与外国或者境外机构、组织、人员串谋实施，或者直接或者间接受外国或者境外机构、组织、人员的指使、控制、资助或者其他形式的支援实施以下行为之一的，均属犯罪：对中华人民共和国发动战争，或者以武力或者武力相威胁，对中华人民共和国主权、统一和领土完整造成严重危害；对香港特区政府或者中央人民政府制定和执行法律、政策进行严重阻挠并可能造成严重后果；对香港特区选举进行操控、破坏并可能造成严重后果；对香港特区或者中华人民共和国进行制裁、封锁或者采取其他敌对行动；通过各种非法方式引发香港特区居民对中央人民政府或者香港特区政府的憎恨并可能造成严重后果。犯前款罪，处3年以上10年以下有期徒刑；罪行重大的，处无期徒刑或者10年以上有期徒刑。本条第1款规定涉及的境外机构、组织、人员，按共同犯罪定罪处刑。第30条规定，为实施本法第20条、第22条规定的犯罪，与外国或者境外机构、组织、人员串谋，或者直接或者间接接受外国或者境外机构、组织、人员的指使、控制、资助或者其他形式的支援的，依照本法第20条、第22条的规定从重处罚。

5. 其他处罚规定

（1）公司、团体等法人或者非法人组织实施危害国家安全罪行

《香港维护国家安全法》第31条规定，公司、团体等法人或者非法人组织实施本法规定的犯罪的，对该组织判处罚金。公司、团体等法人或者非法人组织因犯本法规定的罪受到刑事处罚的，应责令其暂停运作或者吊销其执照或者营业许可证。第32条规定，因实施本法规定的犯罪而获得的资助、收益、报酬等违法所得以及用于或者意图用于犯罪的资金和工具，应当予以追缴、没收。

（2）从轻、减轻和免除处罚的情形

《香港维护国家安全法》第33条规定，有以下情形的，对有关犯罪行为人、犯罪嫌疑人、被告人可以从轻、减轻处罚；犯罪较轻的，可以免除处罚：在犯罪过程中，自动放弃犯罪或者自动有效地防止犯罪结果发生的；自动投案，如实供述自己的罪行的；揭发他人犯罪行为，查证属实，或者提供重要线索得以侦破其他案件的。被采取强制措施的犯罪嫌疑人、被告人如实供述执法、司法机关未掌握的本人犯有本法规定的其他罪行的，按前款第二项规定处理。

（3）不具有香港特区永久性居民身份的人实施危害国家安全罪行

《香港维护国家安全法》第34条规定，不具有香港特区永久性居民身份的人实施本法规定的犯罪的，可以独立适用或者附加适用驱逐出境。不具有香港特区永久性居民身份的人违反本法规定，因任何原因不对其追究刑事责任的，也可以驱逐出境。

（4）犯危害国家安全罪行的其他法律后果

《香港维护国家安全法》第35条规定，任何人经法院判决犯危害国家安全罪行的，即丧失作为候选人参加香港特区举行的立法会、区议会选举或者出任香港特区任何公职或者行政长官选举委员会委员的资格；曾经宣誓或者声明拥护中华人民共和国香港特区基本法、效忠中华人民共和国香港特区的立法会议员、政府官员及公务人员、行政会议成员、法官及其他司法人员、区议员，即时丧失该等职务，并丧失参选或者出任上述职务的资格。前款规定资格或者职务的丧失，由负责组织、管理有关选举或者公职任免的机构宣布。

6.效力范围

《香港维护国家安全法》第36条规定，任何人在香港特区内实施本法规定的犯罪的，适用本法。犯罪的行为或者结果有一项发生在香港特区内的，就认为是在香港特区内犯罪。在香港特区注册的船舶或者航空器内实施本法规定的犯罪的，也适用本法。第37条规定，香港特区永久性居民或者在香港特区成立的公司、团体等法人或者非法人组织在香港特区以外实施本法规定的犯罪的，适用本法。第38条规定，不具有香港特区永久性居民身份的人在香港特区以外针对香港特区实施本法规定的犯罪的，适用本法。第39条规定，本法施行以后的行为，适用本法定罪处刑。

五、英雄烈士保护法律制度

（一）英雄烈士的历史功勋

《中华人民共和国英雄烈士保护法》（以下简称《英雄烈士保护法》）第2条规定，国家和人民永远尊崇、铭记英雄烈士为国家、人民和民族作出的牺牲和贡献。近代以来，为了争取民族独立和人民解放，实现国家富强和人民幸福，促进世界和平和人类进步而毕生奋斗、英勇献身的英雄烈士，功勋彪炳史册，精神永垂不朽。

（二）英雄烈士的褒扬

《英雄烈士保护法》第3条规定，英雄烈士事迹和精神是中华民族的共同历史记忆和社会主义核心价值观的重要体现。国家保护英雄烈士，对英雄烈士予以褒扬、纪念，加强对英雄烈士事迹和精神的宣传、教育，维护英雄烈士尊严和合法权益。全社会都应当崇尚、学习、捍卫英雄烈士。第4条规定，各级人民政府应当加强对英雄烈士的保护，将宣传、弘扬英雄烈士事迹和精神作为社会主义精神文明建设的重要内容。县级以上人民政府负责英雄烈士保护工作的部门和其他有关部门应当依法履行职责，做好英雄烈士保护工作。军队有关部门按照国务院、中央军事委员会的规定，做好英雄烈士保护工作。县级以上人民政府应当将英雄烈士保护工作经费列入本级预算。

（三）英雄烈士的纪念缅怀活动

《英雄烈士保护法》第5条规定，每年9月30日为烈士纪念日，国家在首都北京天安门广场人民英雄纪念碑前举行纪念仪式，缅怀英雄烈士。县级以上地方人民政府、军队有关部门应当在烈士纪念日举行纪念活动。举行英雄烈士纪念活动，邀请英雄烈士遗属代表参加。第6条规定，在清明节和重要纪念日，机关、团体、乡村、社区、学校、企业事业单位和军队有关单位根据实际情况，组织开展英雄烈士纪念活动。

（四）人民英雄烈士纪念碑的法律地位

《英雄烈士保护法》第7条规定，国家建立并保护英雄烈士纪念设施，纪念、缅怀英雄烈士。矗立在首都北京天安门广场的人民英雄纪念碑，是近代以来中国人民和中华民族争取民族独立解放、人民自由幸福和国家繁荣富强精神的象征，是国家和人民纪念、缅怀英雄烈士的永久性纪念设施。人民

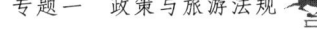

英雄纪念碑及其名称、碑题、碑文、浮雕、图形、标志等受法律保护。

（五）弘扬传承英雄烈士精神

《英雄烈士保护法》第 15 条规定，国家鼓励和支持开展对英雄烈士事迹和精神的研究，以辩证唯物主义和历史唯物主义为指导认识和记述历史。第 16 条规定，各级人民政府、军队有关部门应当加强对英雄烈士遗物、史料的收集、保护和陈列展示工作，组织开展英雄烈士史料的研究、编纂和宣传工作。国家鼓励和支持革命老区发挥当地资源优势，开展英雄烈士事迹和精神的研究、宣传和教育工作。第 17 条规定，教育行政部门应当以青少年学生为重点，将英雄烈士事迹和精神的宣传教育纳入国民教育体系。教育行政部门、各级各类学校应当将英雄烈士事迹和精神纳入教育内容，组织开展纪念教育活动，加强对学生的爱国主义、集体主义、社会主义教育。第 18 条规定，文化、新闻出版、广播电视、电影、网信等部门应当鼓励和支持以英雄烈士事迹为题材、弘扬英雄烈士精神的优秀文学艺术作品、广播电视节目以及出版物的创作生产和宣传推广。第 19 条规定，广播电台、电视台、报刊出版单位、互联网信息服务提供者，应当通过播放或者刊登英雄烈士题材作品、发布公益广告、开设专栏等方式，广泛宣传英雄烈士事迹和精神。

（六）实行英雄烈士遗属抚恤优待制度

《英雄烈士保护法》第 20 条规定，国家鼓励和支持自然人、法人和非法人组织以捐赠财产、义务宣讲英雄烈士事迹和精神、帮扶英雄烈士遗属等公益活动的方式，参与英雄烈士保护工作。自然人、法人和非法人组织捐赠财产用于英雄烈士保护的，依法享受税收优惠。第 21 条规定，国家实行英雄烈士抚恤优待制度。英雄烈士遗属按照国家规定享受教育、就业、养老、住房、医疗等方面的优待。抚恤优待水平应当与国民经济和社会发展相适应并逐步提高。国务院有关部门、军队有关部门和地方人民政府应当关心英雄烈士遗属的生活情况，每年定期走访慰问英雄烈士遗属。

（七）英雄烈士名誉荣誉的法律保护及其相关法律责任

《英雄烈士保护法》第 22 条规定，禁止歪曲、丑化、亵渎、否定英雄烈士事迹和精神。英雄烈士的姓名、肖像、名誉、荣誉受法律保护。任何组织和个人不得在公共场所、互联网或者利用广播电视、电影、出版物等，以侮辱、诽谤或者其他方式侵害英雄烈士的姓名、肖像、名誉、荣誉。任何组织

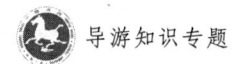

和个人不得将英雄烈士的姓名、肖像用于或者变相用于商标、商业广告，损害英雄烈士的名誉、荣誉。公安、文化、新闻出版、广播电视、电影、网信、市场监督管理、负责英雄烈士保护工作的部门发现前款规定行为的，应当依法及时处理。

《英雄烈士保护法》第25条规定，对侵害英雄烈士的姓名、肖像、名誉、荣誉的行为，英雄烈士的近亲属可以依法向人民法院提起诉讼。英雄烈士没有近亲属或者近亲属不提起诉讼的，检察机关依法对侵害英雄烈士的姓名、肖像、名誉、荣誉，损害社会公共利益的行为向人民法院提起诉讼。

《英雄烈士保护法》第26条规定，以侮辱、诽谤或者其他方式侵害英雄烈士的姓名、肖像、名誉、荣誉，损害社会公共利益的，依法承担民事责任；构成违反治安管理行为的，由公安机关依法给予治安管理处罚；构成犯罪的，依法追究刑事责任。

六、宗教事务管理法律制度

（一）总则

1. 公民宗教信仰自由

《宗教事务条例》第2条规定，任何组织或者个人不得强制公民信仰宗教或者不信仰宗教，不得歧视信仰宗教的公民（以下称信教公民）或者不信仰宗教的公民（以下称不信教公民）。信教公民和不信教公民、信仰不同宗教的公民应当相互尊重、和睦相处。

2. 宗教事务管理原则

《宗教事务条例》第3条规定，宗教事务管理坚持保护合法、制止非法、遏制极端、抵御渗透、打击犯罪的原则。

3. 国家依法保护正常的宗教活动

《宗教事务条例》第4条规定，国家依法保护正常的宗教活动，积极引导宗教与社会主义社会相适应，维护宗教团体、宗教院校、宗教活动场所和信教公民的合法权益。宗教团体、宗教院校、宗教活动场所和信教公民应当遵守宪法、法律、法规和规章，践行社会主义核心价值观，维护国家统一、民族团结、宗教和睦与社会稳定。任何组织或者个人不得利用宗教进行危害国家安全、破坏社会秩序、损害公民身体健康、妨碍国家教育制度，以及其他损害国家利益、社会公共利益和公民合法权益等违法活动。任何组织或者个人不得在不同宗教之间、同一宗教内部以及信教公民与不信教公民之间制造矛盾与冲突，不得宣扬、支持、资助宗教极端主义，不得利用宗教破坏民族团结、分裂国家和进行恐怖活动。

4. 各宗教坚持独立自主自办的原则

《宗教事务条例》第5条规定，各宗教坚持独立自主自办的原则，宗教团体、宗教院校、宗教活动场所和宗教事务不受外国势力的支配。宗教团体、宗教院校、宗教活动场所、宗教教职人员在相互尊重、平等、友好的基础上开展对外交往；其他组织或者个人在对外经济、文化等合作、交流活动中不得接受附加的宗教条件。

5. 宗教事务管理体制

《宗教事务条例》第6条规定，各级人民政府应当加强宗教工作，建立健全宗教工作机制，保障工作力量和必要的工作条件。县级以上人民政府宗教事务部门依法对涉及国家利益和社会公共利益的宗教事务进行行政管理，县级以上人民政府其他有关部门在各自职责范围内依法负责有关的行政管理工作。乡级人民政府应当做好本行政区域的宗教事务管理工作。村民委员会、居民委员会应当依法协助人民政府管理宗教事务。各级人民政府应当听取宗教团体、宗教院校、宗教活动场所和信教公民的意见，协调宗教事务管理工作，为宗教团体、宗教院校和宗教活动场所提供公共服务。

（二）宗教团体

1. 成立、变更和注销

《宗教事务条例》第7条规定，宗教团体的成立、变更和注销，应当依照国家社会团体管理的有关规定办理登记。宗教团体章程应当符合国家社会团体管理的有关规定。宗教团体按照章程开展活动，受法律保护。

2. 职能

《宗教事务条例》第8条规定，宗教团体具有下列职能：

（1）协助人民政府贯彻落实法律、法规、规章和政策，维护信教公民的合法权益；

（2）指导宗教教务，制定规章制度并督促落实；

（3）从事宗教文化研究，阐释宗教教义教规，开展宗教思想建设；

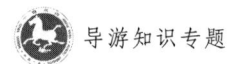

（4）开展宗教教育培训，培养宗教教职人员，认定、管理宗教教职人员；

（5）法律、法规、规章和宗教团体章程规定的其他职能。

3. 其他规定

《宗教事务条例》第9条规定，全国性宗教团体和省、自治区、直辖市宗教团体可以根据本宗教的需要按照规定选派和接收宗教留学人员，其他任何组织或者个人不得选派和接收宗教留学人员。第10条规定，宗教院校、宗教活动场所和宗教教职人员应当遵守宗教团体制定的规章制度。

（三）宗教活动场所的管理

1. 种类与设立条件

（1）种类。《宗教事务条例》第19条规定，宗教活动场所包括寺观教堂和其他固定宗教活动处所。寺观教堂和其他固定宗教活动处所的区分标准由省、自治区、直辖市人民政府宗教事务部门制定，报国务院宗教事务部门备案。

（2）设立条件。《宗教事务条例》第20条规定，设立宗教活动场所，应当具备下列条件：①设立宗旨不违背本条例第四条、第五条的规定；②当地信教公民有经常进行集体宗教活动的需要；③有拟主持宗教活动的宗教教职人员或者符合本宗教规定的其他人员；④有必要的资金，资金来源渠道合法；⑤布局合理，符合城乡规划要求，不妨碍周围单位和居民的正常生产、生活。

2. 设立程序

（1）筹备设立的审批。《宗教事务条例》第21条规定，筹备设立宗教活动场所，由宗教团体向拟设立的宗教活动场所所在地的县级人民政府宗教事务部门提出申请。县级人民政府宗教事务部门应当自收到申请之日起30日内提出审核意见，报设区的市级人民政府宗教事务部门。设区的市级人民政府宗教事务部门应当自收到县级人民政府宗教事务部门报送的材料之日起30日内，对申请设立其他固定宗教活动处所的，作出批准或者不予批准的决定；对申请设立寺观教堂的，提出审核意见，报省、自治区、直辖市人民政府宗教事务部门审批。省、自治区、直辖市人民政府宗教事务部门应当自收到设区的市级人民政府宗教事务部门报送的材料之日起30日内，作出批准或者不予批准的决定。宗教活动场所的设立申请获批准后，方可办理该宗教活动场所的筹建事项。

（2）登记。《宗教事务条例》第22条规定，宗教活动场所经批准筹备并建设完工后，应当向所在地的县级人民政府宗教事务部门申请登记。县级人民政府宗教事务部门应当自收到申请之日起30日内对该宗教活动场所的管理组织、规章制度建设等情况进行审核，对符合条件的予以登记，发给《宗教活动场所登记证》。第23条规定，宗教活动场所符合法人条件的，经所在地宗教团体同意，并报县级人民政府宗教事务部门审查同意后，可以到民政部门办理法人登记。

（3）终止和变更登记。《宗教事务条例》第24条规定，宗教活动场所终止或者变更登记内容的，应当到原登记管理机关办理相应的注销或者变更登记手续。

3. 组织管理

《宗教事务条例》第25条规定，宗教活动场所应当成立管理组织，实行民主管理。宗教活动场所管理组织的成员，经民主协商推选，并报该场所的登记管理机关备案。第26条规定，宗教活动场所应当加强内部管理，依照有关法律、法规、规章的规定，建立健全人员、财务、资产、会计、治安、消防、文物保护、卫生防疫等管理制度，接受当地人民政府有关部门的指导、监督、检查。

4. 行政管理

（1）宗教事务部门的职责。《宗教事务条例》第27条规定，宗教事务部门应当对宗教活动场所遵守法律、法规、规章情况，建立和执行场所管理制度情况，登记项目变更情况，以及宗教活动和涉外活动情况进行监督检查。宗教活动场所应当接受宗教事务部门的监督检查。

（2）经销宗教物品和开展活动。《宗教事务条例》第28条规定，宗教活动场所内可以经销宗教用品、宗教艺术品和宗教出版物。第31条规定，有关单位和个人在宗教活动场所内设立商业服务网点、举办陈列展览、拍摄电影电视片和开展其他活动，应当事先征得该宗教活动场所同意。

（3）重大事故或者事件的防范。《宗教事务条例》第29条规定，宗教活动场所应当防范本场所内发生重大事故或者发生违犯宗教禁忌等伤害信教公民宗教感情、破坏民族团结、影响社会稳定的事件。发生前款所列事故或者事件时，宗教活动场所应当立即报告所在地的县级人民政府宗教事务部门。

（4）修建大型露天宗教造像。《宗教事务条例》第30条规定，宗教团体、寺观教堂拟在寺观教堂内修建大型露天宗教造像，应当由省、自治区、直辖市宗教团体向省、自治区、直辖市人民政府宗教事务部门提出申请。省、自治区、直辖市人民政府宗教事务部门应当自收到申请之日起30日内提出意见，报国务院宗教事务部门审批。国务院宗教事务部门应当自收到修建大型露天宗教造像报告之日起60日内，作出批准或者不予批准的决定。宗教团体、寺观教堂以外的组织以及个人不得修建大型露天宗教造像。禁止在寺观教堂外修建大型露天宗教造像。

（5）宗教活动场所建设及改建、新建、扩建、异地重建。《宗教事务条例》第32条规定，地方各级人民政府应当根据实际需要，将宗教活动场所建设纳入土地利用总体规划和城乡规划。宗教活动场所、大型露天宗教造像的建设应当符合土地利用总体规划、城乡规划和工程建设、文物保护等有关法律、法规。第33条规定，在宗教活动场所内改建或者新建建筑物，应当经所在地县级以上地方人民政府宗教事务部门批准后，依法办理规划、建设等手续。宗教活动场所扩建、异地重建的，应当按照本条例第21条规定的程序办理。

（6）宗教活动场所与景区关系的处理。《宗教事务条例》第34条规定，景区内有宗教活动场所的，其所在地的县级以上地方人民政府应当协调、处理宗教活动场所与景区管理组织及园林、林业、文物、旅游等方面的利益关系，维护宗教活动场所、宗教教职人员和信教公民的合法权益，保护正常的宗教活动。以宗教活动场所为主要游览内容的景区的规划建设，应当与宗教活动场所的风格、环境相协调。

（7）临时活动地点。《宗教事务条例》第35条规定，信教公民有进行经常性集体宗教活动需要，尚不具备条件申请设立宗教活动场所的，由信教公民代表向县级人民政府宗教事务部门提出申请，县级人民政府宗教事务部门征求所在地宗教团体和乡级人民政府意见后，可以为其指定临时活动地点。在县级人民政府宗教事务部门指导下，所在地乡级人民政府对临时活动地点的活动进行监管。具备设立宗教活动场所条件后，办理宗教活动场所设立审批和登记手续。临时活动地点的宗教活动应当符合本条例的相关规定。

（四）宗教活动

1. 信教公民的集体宗教活动的规范

《宗教事务条例》第40条规定，信教公民的集体宗教活动，一般应当在宗教活动场所内举行，由宗教活动场所、宗教团体或者宗教院校组织，由宗教教职人员或者符合本宗教规定的其他人员主持，按照教义教规进行。

2. 非宗教得团体、院校、活动场所等的规范

《宗教事务条例》第41条规定，非宗教团体、非宗教院校、非宗教活动场所、非指定的临时活动地点不得组织、举行宗教活动，不得接受宗教性的捐赠。非宗教团体、非宗教院校、非宗教活动场所不得开展宗教教育培训，不得组织公民出境参加宗教方面的培训、会议、活动等。

3. 大型宗教活动的规范

《宗教事务条例》第42条规定，跨省、自治区、直辖市举行超过宗教活动场所容纳规模的大型宗教活动，或者在宗教活动场所外举行大型宗教活动，应当由主办的宗教团体、寺观教堂在拟举行日的30日前，向大型宗教活动举办地的设区的市级人民政府宗教事务部门提出申请。设区的市级人民政府宗教事务部门应当自受理之日起15日内，在征求本级人民政府公安机关意见后，作出批准或者不予批准的决定。作出批准决定的，由批准机关向省级人民政府宗教事务部门备案。大型宗教活动应当按照批准通知书载明的要求依宗教仪轨进行，不得违反本条例第4条、第5条的有关规定。主办的宗教团体、寺观教堂应当采取有效措施防止意外事故的发生，保证大型宗教活动安全、有序进行。大型宗教活动举办地的乡级人民政府和县级以上地方人民政府有关部门应当依据各自职责实施必要的管理和指导。

4. 教育与宗教相分离原则的适用

《宗教事务条例》第44条规定，禁止在宗教院校以外的学校及其他教育机构传教、举行宗教活动、成立宗教组织、设立宗教活动场所。

5. 宗教出版物及印刷品管理

《宗教事务条例》第45条规定，宗教团体、宗教院校和寺观教堂按照国家有关规定可以编印、发送宗教内部资料性出版物。出版公开发行的宗教出版物，按照国家出版管理的规定办理。涉及宗教内容的出版物，应当符合国

家出版管理的规定，并不得含有下列内容：①破坏信教公民与不信教公民和睦相处的；②破坏不同宗教之间和睦以及宗教内部和睦的；③歧视、侮辱信教公民或者不信教公民的；④宣扬宗教极端主义的；⑤违背宗教的独立自主自办原则的。

第46条规定，超出个人自用、合理数量的宗教类出版物及印刷品进境，或者以其他方式进口宗教类出版物及印刷品，应当按照国家有关规定办理。

6. 互联网宗教信息服务管理规范

《宗教事务条例》第47条规定，从事互联网宗教信息服务，应当经省级以上人民政府宗教事务部门审核同意后，按照国家互联网信息服务管理有关规定办理。第48条规定，互联网宗教信息服务的内容应当符合有关法律、法规、规章和宗教事务管理的相关规定。互联网宗教信息服务的内容，不得违反本条例第45条第2款的规定。

（五）法律责任

1. 对侵犯公民宗教信仰自由和信教公民合法权益的处罚

《宗教事务条例》第62条规定，强制公民信仰宗教或者不信仰宗教，或者干扰宗教团体、宗教院校、宗教活动场所正常的宗教活动的，由宗教事务部门责令改正；有违反治安管理行为的，依法给予治安管理处罚。侵犯宗教团体、宗教院校、宗教活动场所和信教公民合法权益的，依法承担民事责任；构成犯罪的，依法追究刑事责任。

2. 对宗教极端主义以及利用宗教从事违法犯罪活动的处罚

《宗教事务条例》第63条规定，宣扬、支持、资助宗教极端主义，或者利用宗教进行危害国家安全、公共安全，破坏民族团结、分裂国家和恐怖活动，侵犯公民人身权利、民主权利，妨害社会管理秩序，侵犯公私财产等违法活动，构成犯罪的，依法追究刑事责任；尚不构成犯罪的，由有关部门依法给予行政处罚；对公民、法人或者其他组织造成损失的，依法承担民事责任。宗教团体、宗教院校或者宗教活动场所有前款行为，情节严重的，有关部门应当采取必要的措施对其进行整顿，拒不接受整顿的，由登记管理机关或者批准设立机关依法吊销其登记证书或者设立许可。

3. 对擅自举行大型宗教活动或活动过程中发生违法行为的处罚

《宗教事务条例》第64条规定，大型宗教活动过程中发生危害国家安全、公共安全或者严重破坏社会秩序情况的，由有关部门依照法律、法规进行处置和处罚；主办的宗教团体、寺观教堂负有责任的，由登记管理机关责令其撤换主要负责人，情节严重的，由登记管理机关吊销其登记证书。擅自举行大型宗教活动的，由宗教事务部门会同有关部门责令停止活动，可以并处 10 万元以上 30 万元以下的罚款；有违法所得、非法财物的，没收违法所得和非法财物。其中，大型宗教活动是宗教团体、宗教活动场所擅自举办的，登记管理机关还可以责令该宗教团体、宗教活动场所撤换直接负责的主管人员。

4. 对宗教团体、院校、活动场所违法行为的处罚

《宗教事务条例》第 65 条规定，宗教团体、宗教院校、宗教活动场所有下列行为之一的，由宗教事务部门责令改正；情节较重的，由登记管理机关或者批准设立机关责令该宗教团体、宗教院校、宗教活动场所撤换直接负责的主管人员；情节严重的，由登记管理机关或者批准设立机关责令停止日常活动，改组管理组织，限期整改，拒不整改的，依法吊销其登记证书或者设立许可；有违法所得、非法财物的，予以没收：①未按规定办理变更登记或者备案手续的；②宗教院校违反培养目标、办学章程和课程设置要求的；③宗教活动场所违反本条例第 26 条规定，未建立有关管理制度或者管理制度不符合要求的；④宗教活动场所违反本条例第 54 条规定，将用于宗教活动的房屋、构筑物及其附属的宗教教职人员生活用房转让、抵押或者作为实物投资的；⑤宗教活动场所内发生重大事故、重大事件未及时报告，造成严重后果的；⑥违反本条例第 5 条规定，违背宗教的独立自主自办原则的；⑦违反国家有关规定接受境内外捐赠的；⑧拒不接受行政管理机关依法实施的监督管理的。

《宗教事务条例》第 66 条规定，临时活动地点的活动违反本条例相关规定的，由宗教事务部门责令改正；情节严重的，责令停止活动，撤销该临时活动地点；有违法所得、非法财物的，予以没收。

《宗教事务条例》第 69 条规定，擅自设立宗教活动场所的，宗教活动场所已被撤销登记或者吊销登记证书仍然进行宗教活动的，或者擅自设立宗教院校的，由宗教事务部门会同有关部门予以取缔，有违法所得、非法财物的，没收违法所得和非法财物，违法所得无法确定的，处 5 万元以下的罚款；

有违法房屋、构筑物的，由规划、建设等部门依法处理；有违反治安管理行为的，依法给予治安管理处罚。非宗教团体、非宗教院校、非宗教活动场所、非指定的临时活动地点组织、举行宗教活动，接受宗教性捐赠的，由宗教事务部门会同公安、民政、建设、教育、文化、旅游、文物等有关部门责令停止活动；有违法所得、非法财物的，没收违法所得和非法财物，可以并处违法所得 1 倍以上 3 倍以下的罚款；违法所得无法确定的，处 5 万元以下的罚款；构成犯罪的，依法追究刑事责任。

《宗教事务条例》第 71 条规定，为违法宗教活动提供条件的，由宗教事务部门给予警告，有违法所得、非法财物的，没收违法所得和非法财物，情节严重的，并处 2 万元以上 20 万元以下的罚款；有违法房屋、构筑物的，由规划、建设等部门依法处理；有违反治安管理行为的，依法给予治安管理处罚。

5. 对违反宗教出版物和互联网宗教信息服务规范的处罚

《宗教事务条例》第 68 条规定，涉及宗教内容的出版物或者互联网宗教信息服务有本条例第 45 条第 2 款禁止内容的，由有关部门对相关责任单位及人员依法给予行政处罚；构成犯罪的，依法追究刑事责任。擅自从事互联网宗教信息服务或者超出批准或备案项目提供服务的，由有关部门根据相关法律、法规处理。

6. 对擅自组织公民出境参加宗教活动、开展宗教教育培训、在国民教育学校传教的处罚

《宗教事务条例》第 70 条规定，擅自组织公民出境参加宗教方面的培训、会议、朝觐等活动的，或者擅自开展宗教教育培训的，由宗教事务部门会同有关部门责令停止活动，可以并处 2 万元以上 20 万元以下的罚款；有违法所得的，没收违法所得；构成犯罪的，依法追究刑事责任。在宗教院校以外的学校及其他教育机构传教、举行宗教活动、成立宗教组织、设立宗教活动场所的，由其审批机关或者其他有关部门责令限期改正并予以警告；有违法所得的，没收违法所得；情节严重的，责令停止招生、吊销办学许可；构成犯罪的，依法追究刑事责任。

7. 对违法修建大型露天宗教造像的处罚

《宗教事务条例》第 72 条规定，违反本条例规定修建大型露天宗教造像

的，由宗教事务部门会同国土、规划、建设、旅游等部门责令停止施工，限期拆除，有违法所得的，没收违法所得；情节严重的，并处造像建设工程造价 5% 以上 10% 以下的罚款。投资、承包经营宗教活动场所或者大型露天宗教造像的，由宗教事务部门会同工商、规划、建设等部门责令改正，并没收违法所得；情节严重的，由登记管理机关吊销该宗教活动场所的登记证书，并依法追究相关人员的责任。

8. 对宗教教职人员违法行为的处罚

《宗教事务条例》第 73 条规定，宗教教职人员有下列行为之一的，由宗教事务部门给予警告，没收违法所得和非法财物；情节严重的，由宗教事务部门建议有关宗教团体、宗教院校或者宗教活动场所暂停其主持教务活动或者取消其宗教教职人员身份，并追究有关宗教团体、宗教院校或者宗教活动场所负责人的责任；有违反治安管理行为的，依法给予治安管理处罚；构成犯罪的，依法追究刑事责任：①宣扬、支持、资助宗教极端主义，破坏民族团结、分裂国家和进行恐怖活动或者参与相关活动的；②受境外势力支配，擅自接受境外宗教团体或者机构委任教职，以及其他违背宗教的独立自主自办原则的；③违反国家有关规定接受境内外捐赠的；④组织、主持未经批准的在宗教活动场所外举行的宗教活动的；⑤其他违反法律、法规、规章的行为。

9. 对假冒宗教教职人员违法行为的处罚

《宗教事务条例》第 74 条规定，假冒宗教教职人员进行宗教活动或者骗取钱财等违法活动的，由宗教事务部门责令停止活动；有违法所得、非法财物的，没收违法所得和非法财物，并处 1 万元以下的罚款；有违反治安管理行为的，依法给予治安管理处罚；构成犯罪的，依法追究刑事责任。

七、突发事件应对法律制度

（一）总则

1. 突发事件界定、种类和级别

（1）突发事件及其种类

《中华人民共和国突发事件应对法》（以下简称《突发事件应对法》）第 3 条第 1 款规定，突发事件是指突然发生，造成或者可能造成严重社会危害，

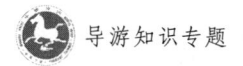

需要采取应急处置措施予以应对的自然灾害、事故灾难、公共卫生事件和社会安全事件。

（2）级别

《突发事件应对法》第3条第2款、第3款规定，按照社会危害程度、影响范围等因素，自然灾害、事故灾难、公共卫生事件分为特别重大、重大、较大和一般四级。法律、行政法规或者国务院另有规定的，从其规定。突发事件的分级标准由国务院或者国务院确定的部门制定。

2. 应急管理体制

《突发事件应对法》第4条规定，国家建立统一领导、综合协调、分类管理、分级负责、属地管理为主的应急管理体制。

3. 突发事件应对原则及风险评估

《突发事件应对法》第5条规定，突发事件应对工作实行预防为主、预防与应急相结合的原则。国家建立重大突发事件风险评估体系，对可能发生的突发事件进行综合性评估，减少重大突发事件的发生，最大限度地减轻重大突发事件的影响。

4. 社会动员机制

《突发事件应对法》第6条规定，国家建立有效的社会动员机制，增强全民的公共安全和防范风险的意识，提高全社会的避险救助能力。

5. 应急机构及职责

《突发事件应对法》第7条规定，县级人民政府对本行政区域内突发事件的应对工作负责；涉及两个以上行政区域的，由有关行政区域共同的上一级人民政府负责，或者由各有关行政区域的上一级人民政府共同负责。突发事件发生后，发生地县级人民政府应当立即采取措施控制事态发展，组织开展应急救援和处置工作，并立即向上一级人民政府报告，必要时可以越级上报。突发事件发生地县级人民政府不能消除或者不能有效控制突发事件引起的严重社会危害的，应当及时向上级人民政府报告。上级人民政府应当及时采取措施，统一领导应急处置工作。法律、行政法规规定由国务院有关部门对突发事件的应对工作负责的，从其规定；地方人民政府应当积极配合并提供必要的支持。

《突发事件应对法》第8条规定，国务院在总理领导下研究、决定和部署特别重大突发事件的应对工作；根据实际需要，设立国家突发事件应急指挥机构，负责突发事件应对工作；必要时，国务院可以派出工作组指导有关工作。县级以上地方各级人民政府设立由本级人民政府主要负责人、相关部门负责人、驻当地中国人民解放军和中国人民武装警察部队有关负责人组成的突发事件应急指挥机构，统一领导、协调本级人民政府各有关部门和下级人民政府开展突发事件应对工作；根据实际需要，设立相关类别突发事件应急指挥机构，组织、协调、指挥突发事件应对工作。上级人民政府主管部门应当在各自职责范围内，指导、协助下级人民政府及其相应部门做好有关突发事件的应对工作。

《突发事件应对法》第 9 条规定，国务院和县级以上地方各级人民政府是突发事件应对工作的行政领导机关，其办事机构及具体职责由国务院规定。

6. 决定、命令的公布及应对措施的采取

《突发事件应对法》第 10 条规定，有关人民政府及其部门作出的应对突发事件的决定、命令，应当及时公布。第 11 条规定，有关人民政府及其部门采取的应对突发事件的措施，应当与突发事件可能造成的社会危害的性质、程度和范围相适应；有多种措施可供选择的，应当选择有利于最大程度地保护公民、法人和其他组织权益的措施。公民、法人和其他组织有义务参与突发事件应对工作。

7. 其他相关规定

（1）财产征用。《突发事件应对法》第 12 条规定，有关人民政府及其部门为应对突发事件，可以征用单位和个人的财产。被征用的财产在使用完毕或者突发事件应急处置工作结束后，应当及时返还。财产被征用或者征用后毁损、灭失的，应当给予补偿。

（2）时效、程序的中止。《突发事件应对法》第 13 条规定，因采取突发事件应对措施，诉讼、行政复议、仲裁活动不能正常进行的，适用有关时效中止和程序中止的规定，但法律另有规定的除外。

（3）武装力量的参与。《突发事件应对法》第 14 条规定，中国人民解放军、中国人民武装警察部队和民兵组织依照本法和其他有关法律、行政法规、军事法规的规定以及国务院、中央军事委员会的命令，参加突发事件的

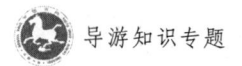

应急救援和处置工作。

（4）国际交流与合作。《突发事件应对法》第15条规定，中华人民共和国政府在突发事件的预防、监测与预警、应急处置与救援、事后恢复与重建等方面，同外国政府和有关国际组织开展合作与交流。

（5）同级人大的监督。《突发事件应对法》第16条规定，县级以上人民政府作出应对突发事件的决定、命令，应当报本级人民代表大会常务委员会备案；突发事件应急处置工作结束后，应当向本级人民代表大会常务委员会作出专项工作报告。

（二）突发事件预防与应急准备

1. 建立健全突发事件应急预案体系

《突发事件应对法》第17条规定，国家建立健全突发事件应急预案体系。国务院制定国家突发事件总体应急预案，组织制定国家突发事件专项应急预案；国务院有关部门根据各自的职责和国务院相关应急预案，制定国家突发事件部门应急预案。地方各级人民政府和县级以上地方各级人民政府有关部门根据有关法律、法规、规章、上级人民政府及其有关部门的应急预案以及本地区的实际情况，制定相应的突发事件应急预案。应急预案制定机关应当根据实际需要和情势变化，适时修订应急预案。应急预案的制定、修订程序由国务院规定。

《突发事件应对法》第18条规定，应急预案应当根据本法和其他有关法律、法规的规定，针对突发事件的性质、特点和可能造成的社会危害，具体规定突发事件应急管理工作的组织指挥体系与职责和突发事件的预防与预警机制、处置程序、应急保障措施以及事后恢复与重建措施等内容。

2. 建立健全安全管理制度

《突发事件应对法》第22条规定，所有单位应当建立健全安全管理制度，定期检查本单位各项安全防范措施的落实情况，及时消除事故隐患；掌握并及时处理本单位存在的可能引发社会安全事件的问题，防止矛盾激化和事态扩大；对本单位可能发生的突发事件和采取安全防范措施的情况，应当按照规定及时向所在地人民政府或者人民政府有关部门报告。

《突发事件应对法》第24条规定，公共交通工具、公共场所和其他人员密集场所的经营单位或者管理单位应当制定具体应急预案，为交通工具和有关场所配备报警装置和必要的应急救援设备、设施，注明其使用方法，并显著标明安全撤离的通道、路线，保证安全通道、出口的畅通。有关单位应当定期检测、维护其报警装置和应急救援设备、设施，使其处于良好状态，确保正常使用。

《突发事件应对法》第64条规定，有关单位有下列情形之一的，由所在地履行统一领导职责的人民政府责令停产停业，暂扣或者吊销许可证或者营业执照，并处5万元以上20万元以下的罚款；构成违反治安管理行为的，由公安机关依法给予处罚：①未按规定采取预防措施，导致发生严重突发事件的；②未及时消除已发现的可能引发突发事件的隐患，导致发生严重突发事件的；③未做好应急设备、设施日常维护、检测工作，导致发生严重突发事件或者突发事件危害扩大的；④突发事件发生后，不及时组织开展应急救援工作，造成严重后果的。前款规定的行为，其他法律、行政法规规定由人民政府有关部门依法决定处罚的，从其规定。

3. 建立健全应急管理培训制度

《突发事件应对法》第25条规定，县级以上人民政府应当建立健全突发事件应急管理培训制度，对人民政府及其有关部门负有处置突发事件职责的工作人员定期进行培训。第26条规定，县级以上人民政府应当整合应急资源，建立或者确定综合性应急救援队伍。人民政府有关部门可以根据实际需要设立专业应急救援队伍。县级以上人民政府及其有关部门可以建立由成年志愿者组成的应急救援队伍。单位应当建立由本单位职工组成的专职或者兼职应急救援队伍。县级以上人民政府应当加强专业应急救援队伍与非专业应急救援队伍的合作，联合培训、联合演练，提高合成应急、协同应急的能力。第27条规定，国务院有关部门、县级以上地方各级人民政府及其有关部门、有关单位应当为专业应急救援人员购买人身意外伤害保险，配备必要的防护装备和器材，减少应急救援人员的人身风险。第28条规定，中国人民解放军、中国人民武装警察部队和民兵组织应当有计划地组织开展应急救援的专门训练。

4. 应急演练、宣传教育的组织与开展

《突发事件应对法》第29条规定，县级人民政府及其有关部门、乡级人民政府、街道办事处应当组织开展应急知识的宣传普及活动和必要的应急演练。居民委员会、村民委员会、企业事业单位应当根据所在地人民政府的要求，结合各自的实际情况，开展有关突发事件应急知识的宣传普及活动和必要的应急演练。新闻媒体应当无偿开展突发事件预防与应急、自救与互救知识的公益宣传。第30条规定，各级各类学校应当把应急知识教育纳入教学内容，对学生进行应急知识教育，培养学生的安全意识和自救与互救能力。教育主管部门应当对学校开展应急知识教育进行指导和监督。

5. 突发事件应对工作的经费保障

《突发事件应对法》第31条规定，国务院和县级以上地方各级人民政府应当采取财政措施，保障突发事件应对工作所需经费。第32条规定，国家建立健全应急物资储备保障制度，完善重要应急物资的监管、生产、储备、调拨和紧急配送体系。设区的市级以上人民政府和突发事件易发、多发地区的县级人民政府应当建立应急救援物资、生活必需品和应急处置装备的储备制度。县级以上地方各级人民政府应当根据本地区的实际情况，与有关企业签订协议，保障应急救援物资、生活必需品和应急处置装备的生产、供给。第33条规定，国家建立健全应急通信保障体系，完善公用通信网，建立有线与无线相结合、基础电信网络与机动通信系统相配套的应急通信系统，确保突发事件应对工作的通信畅通。第34条规定，国家鼓励公民、法人和其他组织为人民政府应对突发事件工作提供物资、资金、技术支持和捐赠。第35条规定，国家发展保险事业，建立国家财政支持的巨灾风险保险体系，并鼓励单位和公民参加保险。第36条规定，国家鼓励、扶持具备相应条件的教学科研机构培养应急管理专门人才，鼓励、扶持教学科研机构和有关企业研究开发用于突发事件预防、监测、预警、应急处置与救援的新技术、新设备和新工具。

（三）突发事件的监测与预警制度

1. 突发事件监测制度

（1）信息系统的建立。《突发事件应对法》第37条规定，国务院建立全国统一的突发事件信息系统。县级以上地方各级人民政府应当建立或者确定本地区统一的突发事件信息系统，汇集、储存、分析、传输有关突发事件的信息，并与上级人民政府及其有关部门、下级人民政府及其有关部门、专业机构和监测网点的突发事件信息系统实现互联互通，加强跨部门、跨地区的信息交流与情报合作。

（2）信息的收集。《突发事件应对法》第38条规定，县级以上人民政府及其有关部门、专业机构应当通过多种途径收集突发事件信息。县级人民政府应当在居民委员会、村民委员会和有关单位建立专职或者兼职信息报告员制度。获悉突发事件信息的公民、法人或者其他组织，应当立即向所在地人民政府、有关主管部门或者指定的专业机构报告。

（3）信息报送和报告。《突发事件应对法》第39条规定，地方各级人民政府应当按照国家有关规定向上级人民政府报送突发事件信息。县级以上人民政府有关主管部门应当向本级人民政府相关部门通报突发事件信息。专业机构、监测网点和信息报告员应当及时向所在地人民政府及其有关主管部门报告突发事件信息。有关单位和人员报送、报告突发事件信息，应当做到及时、客观、真实，不得迟报、谎报、瞒报、漏报。

（4）隐患和预警信息的评估及报告。《突发事件应对法》第40条规定，县级以上地方各级人民政府应当及时汇总分析突发事件隐患和预警信息，必要时组织相关部门、专业技术人员、专家学者进行会商，对发生突发事件的可能性及其可能造成的影响进行评估；认为可能发生重大或者特别重大突发事件的，应当立即向上级人民政府报告，并向上级人民政府有关部门、当地驻军和可能受到危害的毗邻或者相关地区的人民政府通报。

（5）监测制度的建立健全。《突发事件应对法》第41条规定，国家建立健全突发事件监测制度。县级以上人民政府及其有关部门应当根据自然灾害、事故灾难和公共卫生事件的种类和特点，建立健全基础信息数据库，完善监测网络，划分监测区域，确定监测点，明确监测项目，提供必要的设备、设施，配备专职或者兼职人员，对可能发生的突发事件进行监测。

2.突发事件的预警制度

（1）预警级别

根据《突发事件应对法》第42条第2款规定，可以预警的自然灾害、事故灾难和公共卫生事件的预警级别，按照突发事件发生的紧急程度、发展态势和可能造成的危害程度分为一级、二级、三级和四级，分别用红色、橙色、黄色和蓝色标示，一级为最高级别。

（2）发布、报告和通报。《突发事件应对法》第43条规定，可以预警的自然灾害、事故灾难或者公共卫生事件即将发生或者发生的可能性增大时，县级以上地方各级人民政府应当根据有关法律、行政法规和国务院规定的权限和程序，发布相应级别的警报，决定并宣布有关地区进入预警期，同时向上一级人民政府报告，必要时可以越级上报，并向当地驻军和可能受到危害的毗邻或者相关地区的人民政府通报。

《突发事件应对法》第46条规定，对即将发生或者已经发生的社会安全事件，县级以上地方各级人民政府及其有关主管部门应当按照规定向上一级人民政府及其有关主管部门报告，必要时可以越级上报。

《突发事件应对法》第63条规定，地方各级人民政府和县级以上各级人民政府有关部门违反本法规定，不履行法定职责的，由其上级行政机关或者监察机关责令改正；迟报、谎报、瞒报、漏报有关突发事件的信息，或者通报、报送、公布虚假信息造成后果的，根据情节对直接负责的主管人员和其他直接责任人员依法给予处分。

（3）应对措施。《突发事件应对法》第44条规定，发布三级、四级警报，宣布进入预警期后，县级以上地方各级人民政府应当根据即将发生的突发事件的特点和可能造成的危害，采取下列措施：①启动应急预案；②责令有关部门、专业机构、监测网点和负有特定职责的人员及时收集、报告有关信息，向社会公布反映突发事件信息的渠道，加强对突发事件发生、发展情况的监测、预报和预警工作；③组织有关部门和机构、专业技术人员、有关专家学者，随时对突发事件信息进行分析评估，预测发生突发事件可能性的大小、影响范围和强度以及可能发生的突发事件的级别；④定时向社会发布与公众有关的突发事件预测信息和分析评估结果，并对相关信息的报道工作进行管理；⑤及时按照有关规定向社会发布可能受到突发事件危害的警告，宣传避免、减轻危害的常识，公布咨询电话。

《突发事件应对法》第45条规定，发布一级、二级警报，宣布进入预警期后，县级以上地方各级人民政府除采取本法第44条规定的措施外，还应当针对即将发生的突发事件的特点和可能造成的危害，采取下列一项或者多项措施：①责令应急救援队伍、负有特定职责的人员进入待命状态，并动员后备人员做好参加应急救援和处置工作的准备；②调集应急救援所需物资、设备、工具，准备应急设施和避难场所，并确保其处于良好状态、随时可以投入正常使用；③加强对重点单位、重要部位和重要基础设施的安全保卫，维护社会治安秩序；④采取必要措施，确保交通、通信、供水、排水、供电、供气、供热等公共设施的安全和正常运行；⑤及时向社会发布有关采取特定措施避免或者减轻危害的建议、劝告；⑥转移、疏散或者撤离易受突发事件危害的人员并予以妥善安置，转移重要财产；⑦关闭或者限制使用易受突发事件危害的场所，控制或者限制容易导致危害扩大的公共场所的活动；⑧法律、法规、规章规定的其他必要的防范性、保护性措施。

《突发事件应对法》第63条规定，地方各级人民政府和县级以上各级人民政府有关部门违反本法规定，不履行法定职责的，由其上级行政机关或者监察机关责令改正；未按规定及时发布突发事件警报、采取预警期的措施，导致损害发生的，根据情节对直接负责的主管人员和其他直接责任人员依法给予处分。

（4）预警级别的调整及解除

《突发事件应对法》第47条规定，发布突发事件警报的人民政府应当根据事态的发展，按照有关规定适时调整预警级别并重新发布。有事实证明不可能发生突发事件或者危险已经解除的，发布警报的人民政府应当立即宣布解除警报，终止预警期，并解除已经采取的有关措施。

（四）应急处置与救援

《突发事件应对法》第48条，突发事件发生后，履行统一领导职责或者组织处置突发事件的人民政府应当针对其性质、特点和危害程度，立即组织有关部门，调动应急救援队伍和社会力量，依照本章的规定和有关法律、法规、规章的规定采取应急处置措施。

1.应急处置措施

（1）自然灾害、事故灾难或公共卫生事件。《突发事件应对法》第49条，自然灾害、事故灾难或者公共卫生事件发生后，履行统一领导职责的人民政府可以采取下列一项或者多项应急处置措施：①组织营救和救治受害人员，疏散、撤离并妥善安置受到威胁的人员以及采取其他救助措施；②迅速控制危险源，标明危险区域，封锁危险场所，划定警戒区，实行交通管制以及其他控制措施；③立即抢修被损坏的交通、通信、供水、排水、供电、供气、供热等公共设施，向受到危害的人员提供避难场所和生活必需品，实施医疗救护和卫生防疫以及其他保障措施；④禁止或者限制使用有关设备、设施，关闭或者限制使用有关场所，中止人员密集的活动或者可能导致危害扩大的生产经营活动以及采取其他保护措施；⑤启用本级人民政府设置的财政预备费和储备的应急救援物资，必要时调用其他急需物资、设备、设施、工具；⑥组织公民参加应急救援和处置工作，要求具有特定专长的人员提供服务；⑦保障食品、饮用水、燃料等基本生活必需品的供应；⑧依法从严惩处囤积居奇、哄抬物价、制假售假等扰乱市场秩序的行为，稳定市场价格，维护市场秩序；⑨依法从严惩处哄抢财物、干扰破坏应急处置工作等扰乱社会秩序的行为，维护社会治安；⑩采取防止发生次生、衍生事件的必要措施。

（2）社会安全事件。《突发事件应对法》第50条规定，社会安全事件发生后，组织处置工作的人民政府应当立即组织有关部门并由公安机关针对事件的性质和特点，依照有关法律、行政法规和国家其他有关规定，采取下列一项或者多项应急处置措施：①强制隔离使用器械相互对抗或者以暴力行为参与冲突的当事人，妥善解决现场纠纷和争端，控制事态发展；②对特定区域内的建筑物、交通工具、设备、设施以及燃料、燃气、电力、水的供应进行控制；③封锁有关场所、道路，查验现场人员的身份证件，限制有关公共场所内的活动；④加强对易受冲击的核心机关和单位的警卫，在国家机关、军事机关、国家通讯社、广播电台、电视台、外国驻华使领馆等单位附近设置临时警戒线；⑤法律、行政法规和国务院规定的其他必要措施。严重危害社会治安秩序的事件发生时，公安机关应当立即依法出动警力，根据现场情况依法采取相应的强制性措施，尽快使社会秩序恢复正常。

（3）严重影响国民经济正常运行的。《突发事件应对法》第51条规定，发生突发事件，严重影响国民经济正常运行时，国务院或者国务院授权的有关主管部门可以采取保障、控制等必要的应急措施，保障人民群众的基本生活需要，最大限度地减轻突发事件的影响。

（4）影响或辐射的单位。《突发事件应对法》第56条规定，受到自然灾害危害或者发生事故灾难、公共卫生事件的单位，应当立即组织本单位应急救援队伍和工作人员营救受害人员，疏散、撤离、安置受到威胁的人员，控制危险源，标明危险区域，封锁危险场所，并采取其他防止危害扩大的必要措施，同时向所在地县级人民政府报告；对因本单位的问题引发的或者主体是本单位人员的社会安全事件，有关单位应当按照规定上报情况，并迅速派出负责人赶赴现场开展劝解、疏导工作。突发事件发生地的其他单位应当服从人民政府发布的决定、命令，配合人民政府采取的应急处置措施，做好本单位的应急救援工作，并积极组织人员参加所在地的应急救援和处置工作。

2. 应急处置与救援的相关义务

（1）征用财产权、请求支援权。《突发事件应对法》第52条规定，履行统一领导职责或者组织处置突发事件的人民政府，必要时可以向单位和个人征用应急救援所需设备、设施、场地、交通工具和其他物资，请求其他地方人民政府提供人力、物力、财力或者技术支援，要求生产、供应生活必需品和应急救援物资的企业组织生产、保证供给，要求提供医疗、交通等公共服务的组织提供相应的服务。履行统一领导职责或者组织处置突发事件的人民政府，应当组织协调运输经营单位，优先运送处置突发事件所需物资、设备、工具、应急救援人员和受到突发事件危害的人员。

（2）发布相关信息。《突发事件应对法》第53条规定，履行统一领导职责或者组织处置突发事件的人民政府，应当按照有关规定统一、准确、及时发布有关突发事件事态发展和应急处置工作的信息。

（3）相关组织和公民。《突发事件应对法》第55条规定，突发事件发生地的居民委员会、村民委员会和其他组织应当按照当地人民政府的决定、命令，进行宣传动员，组织群众开展自救和互救，协助维护社会秩序。第57条规定，突发事件发生地的公民应当服从人民政府、居民委员会、村民委员会或者所属单位的指挥和安排，配合人民政府采取的应急处置措施，积极参加应急救援工作，协助维护社会秩序。

（4）禁止编造、传播虚假信息。《突发事件应对法》第54条规定，任何单位和个人不得编造、传播有关突发事件事态发展或者应急处置工作的虚假信息。

八、旅行社法律制度

（一）旅行社的设立与变更

1. 旅行社的设立

（1）条件。《中华人民共和国旅游法》（以下简称《旅游法》）第28条规定，设立旅行社，招徕、组织、接待旅游者，为其提供旅游服务，应当具备

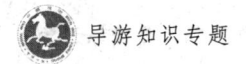

下列条件，取得旅游主管部门的许可，依法办理工商登记：①有固定的经营场所；②有必要的营业设施；③有符合规定的注册资本；④有必要的经营管理人员和导游；⑤法律、行政法规规定的其他条件。

（2）程序。根据《旅行社条例》的规定，申请设立旅行社的程序为：①向旅游行政管理部门提出申请；②向受理申请的旅游行政管理部门提交相关申请文件；③受理申请的旅游行政管理部门审查申请并作出许可与否的决定。

《旅行社条例》第6条规定，申请经营国内旅游业务和入境旅游业务的，应当取得企业法人资格，并且注册资本不少于30万元。第7条规定，申请经营国内旅游业务和入境旅游业务的，应当向所在地省、自治区、直辖市旅游行政管理部门或者其委托的设区的市级旅游行政管理部门提出申请，并提交符合本条例第6条规定的相关证明文件。受理申请的旅游行政管理部门应当自受理申请之日起20个工作日内作出许可或者不予许可的决定。予以许可的，向申请人颁发旅行社业务经营许可证；不予许可的，书面通知申请人并说明理由。第8条规定，旅行社取得经营许可满两年，且未因侵害旅游者合法权益受到行政机关罚款以上处罚的，可以申请经营出境旅游业务。第9条规定，申请经营出境旅游业务的，应当向国务院旅游行政主管部门或者其委托的省、自治区、直辖市旅游行政管理部门提出申请，受理申请的旅游行政管理部门应当自受理申请之日起20个工作日内作出许可或者不予许可的决定。予以许可的，向申请人换发旅行社业务经营许可证；不予许可的，书面通知申请人并说明理由。

2. 旅行社分社的设立

《旅行社条例》第10条规定，旅行社设立分社的，应当向分社所在地的市场监督管理部门办理设立登记，并自设立登记之日起3个工作日内向分社所在地的旅游行政管理部门备案。旅行社分社的设立不受地域限制。分社的经营范围不得超出设立分社的旅行社的经营范围。

3. 旅行社服务网点的设立

《旅行社条例》第11条规定，旅行社设立专门招徕旅游者、提供旅游咨询的服务网点（以下简称旅行社服务网点）应当依法向市场监督管理部门办理设立登记手续，并向所在地的旅游行政管理部门备案。旅行社服务网点应当接受旅行社的统一管理，不得从事招徕、咨询以外的活动。

4. 旅行社的变更

《旅行社条例》第 12 条规定，旅行社变更名称、经营场所、出资人、法定代表人等登记事项或者终止经营的，应当到市场监督管理部门办理相应的变更登记或者注销登记，并在登记办理完成之日起 10 个工作日内，持已变更的企业法人营业执照或者注销文件向原许可的旅游主管部门备案，换领或者交回旅行社业务经营许可证。

（二）旅行社的经营原则与经营范围

1. 经营原则

《旅行社条例》第 4 条规定，旅行社在经营活动中应当遵循自愿、平等、公平、诚信的原则，提高服务质量，维护旅游者的合法权益。

2. 经营范围

《旅游法》第 29 条规定，旅行社可以经营下列业务：①境内旅游；②出境旅游；③边境旅游；④入境旅游；⑤其他旅游业务。

（三）旅游服务质量保证金与旅行社责任保险

1. 旅游服务质量保证金制度

（1）存入要求

《旅行社条例》第 13 条规定，旅行社应当自取得旅行社业务经营许可证之日起 3 个工作日内，在国务院旅游行政主管部门指定的银行开设专门的质量保证金账户，存入质量保证金，或者向作出许可的旅游行政管理部门提交依法取得的担保额度不低于相应质量保证金数额的银行担保。其中，经营境内旅游业务和入境旅游业务的旅行社，应当存入保证金 20 万元；经营出境旅游业务的旅行社，应当增存保证金 120 万元，经营境内旅游业务、入境旅游业务和出境旅游业务的旅行社，应当存入保证金 140 万元。旅行社每设立一个经营境内旅游业务和入境旅游业务的分社，应当向其保证金账户增存 5 万元；每设立一个经营出境旅游业务的分社，应当向其保证金账户增存 30 万元。

（2）使用范围

《旅游法》第 31 条规定，旅行社应当按照规定交纳旅游服务质量保证金，用于旅游者权益损害赔偿和垫付旅游者人身安全遇有危险时紧急救助的费用。《旅行社条例》第 15 条规定，有下列情形之一的，旅游行政管理部门可以使用旅行社的质量保证金：①旅行社违反旅游合同约定，侵害旅游者合法权益，经旅游行政管理部门查证属实的；②旅行社因解散、破产或者其他原因造成旅游者预交旅游费用损失的。第16条规定，人民法院判决、裁定及其他生效法律文书认定旅行社损害旅游者合法权益，旅行社拒绝或者无力赔偿的，人民法院可以从旅行社的质量保证金账户上划拨赔偿款。

2. 旅行社责任保险制度

《旅游法》第56条规定，国家根据旅游活动的风险程度，对旅行社、住宿、旅游交通以及本法第47条规定的高风险旅游项目等经营者实施责任保险制度。《旅行社责任保险管理办法》（以下简称《办法》）第2条规定，在中华人民共和国境内依法设立的旅行社，应当投保旅行社责任保险。旅行社责任保险的保险期间为1年。

（1）保险责任范围。《办法》第4条规定，旅行社责任保险的保险责任，应当包括旅行社在组织旅游活动中依法对旅游者的人身伤亡、财产损失承担的赔偿责任和依法对受旅行社委派并为旅游者提供服务的导游或者领队人员的人身伤亡承担的赔偿责任。具体包括下列情形：①因旅行社疏忽或过失应当承担赔偿责任的；②因发生意外事故旅行社应当承担赔偿责任的；③国务院旅游行政主管部门会同中国保险监督管理委员会规定的其他情形。

（2）赔偿。《办法》第20条第3款规定，旅行社对旅游者、导游或者领队人员应负的赔偿责任确定的，根据旅行社的请求，保险公司应当直接向受害的旅游者、导游或者领队人员赔偿保险金。旅行社怠于请求的，受害的旅游者、导游或者领队人员有权就其应获赔偿部分直接向保险公司请求赔偿保险金。保险公司收到赔偿保险金的请求和相关证明、资料后，应当及时做出核定；情形复杂的，应当在30日内作出核定，但合同另有约定的除外。保险公司应当将核定结果通知旅行社以及受害的旅游者、导游、领队人员；对属于保险责任的，在与旅行社达成赔偿保险金的协议后10日内，履行赔偿保险金义务。

《办法》第23条规定，因第三者损害而造成保险事故的，保险公司自直接赔偿保险金或者先行支付抢救费用之日起，在赔偿、支付金额范围内代位行使对第三者请求赔偿的权利。旅行社以及受害的旅游者、导游或者领队人员应当向保险公司提供必要的文件和所知道的有关情况。

（四）旅行社的权利义务与经营规范

1. 权利

（1）自主签订旅游合同的权利。

（2）收取合理旅游费用的权利。

（3）要求旅游者正确履行合同的权利，具体内容如下：①要求旅游者如实提供旅游所必需的个人信息，按时提交相关证明文件；②要求旅游者遵守旅游合同约定的旅游行程安排，妥善保管随身物品；③出现突发公共事件或者其他危急情形，以及旅行社因违反旅游合同约定采取补救措施时，要求旅游者配合处理防止扩大损失，以将损失降到最低限度；④拒绝旅游者提出的超出旅游合同约定的不合理要求；⑤制止旅游者违背旅游目的地的法律、风俗习惯的言行；⑥对于损害其合法权益的旅游者，有权要求赔偿其合理损失。

2. 经营规范与义务

（1）依法从事旅游经营活动。包括取得经营许可，合法安排旅游活动，依法选择供应商。

《旅游法》第28条规定，设立旅行社，招徕、组织、接待旅游者，为其提供旅游服务，应当取得旅游主管部门的许可，依法办理工商登记。未经许可经营旅行社业务的，由旅游主管部门或者市场监督管理部门责令改正，没收违法所得，并处1万元以上10万元以下罚款；违法所得10万元以上的，并处违法所得1倍以上5倍以下罚款；对有关责任人员，处2000元以上2万元以下罚款。旅行社未经许可经营出境旅游、边境旅游业务的，除依照前款规定处罚外，并责令停业整顿；情节严重的，吊销旅行社业务经营许可证；对直接负责的主管人员，处2000元以上2万元以下罚款。

《旅游法》第33条，旅行社及其从业人员组织、接待旅游者，不得安排参观或者参与违反我国法律、法规和社会公德的项目或者活动。旅行社安排旅游者参观或者参与违反我国法律、法规和社会公德的项目或者活动的，由旅游主管部门责令改正，没收违法所得，责令停业整顿，并处2万元以上20万元以下罚款；情节严重的，吊销旅行社业务经营许可证；对直接负责的主管人员和其他直接责任人员，处2000元以上2万以下罚款，并暂扣或者吊销导游证。

《旅游法》第34条规定，旅行社组织旅游活动应当向合格的供应商订购产品和服务。旅行社向不合格的供应商订购产品和服务的，由旅游主管部门或者有关部门责令改正，没收违法所得，并处5000元以上5万元以下的罚款；违法所得5万元以上的，并处违法所得1倍以上5倍以下罚款；情节严重的，责令停业整顿或者吊销旅行社业务经营许可证；对直接负责的主管人员和其他直接责任人员，处2000元以上2万元以下罚款。

（2）依法提供诚信服务。包括发布真实、准确的信息，公平开展市场竞争，按照规定安排领队或导游，维护导游、领队的合法权益。

《旅游法》第32条规定，旅行社为招徕、组织旅游者发布信息，必须真实、准确，不得进行虚假宣传，误导旅游者。第48条第2款规定，发布旅游经营信息的网站，应当保证其信息真实、准确。旅行社进行虚假宣传，误导旅游者的，由旅游主管部门或者有关部门责令改正，没收违法所得，并处5000元以上5万元以下罚款；违法所得5万元以上的，并处违法所得1倍以上5倍以下罚款；情节严重的，责令停业整顿或者吊销旅行社业务经营许可证；对直接负责的主管人员和其他直接责任人员，处2000元以上2万元以下罚款。

《旅游法》第35条规定，旅行社不得以不合理的低价组织旅游活动，诱骗旅游者，并通过安排购物或者另行付费旅游项目获取回扣等不正当利益。旅行社组织、接待旅游者，不得指定具体购物场所，不得安排另行付费旅游项目。但是，经双方协商一致或者旅游者要求，且不影响其他旅游者行程安排的除外。旅行社若违反上述规定，旅游者有权在旅游行程结束后30日内，要求旅行社为其办理退货并先行垫付退货货款，或者退还另行付费旅游项目的费用。旅行社违反本法第35条规定的，由旅游主管部门责令改正，没收违法所得，责令停业整顿，并处3万元以上30万元以下罚款；违法所得30万元以上的，并处违法所得1倍以上5倍以下罚款；情节严重的，吊销旅行社业务经营许可证；对直接负责的主管人员和其他直接责任人员，没收违法所得，处2000元以上2万元以下罚款，并暂扣或者吊销导游证。

《旅游法》第36条规定，旅行社组织团队出境旅游或者组织、接待团队入境旅游，应当按照规定安排领队或者导游全程陪同。旅行社违反上述规定的，由旅游主管部门责令改正，没收违法所得，并处5000元以上5万元以下罚款；情节严重的，责令停业整顿或者吊销旅行社业务经营许可证；对直接负责的主管人员和其他直接责任人员，处2000元以上2万元以下罚款。

《旅游法》第38条规定，旅行社应当与其聘用的导游依法订立劳动合同，支付劳动报酬，缴纳社会保险费用。旅行社临时聘用导游为旅游者提供服务的，应当全额向导游支付导游服务费用。旅行社安排导游为团队旅游提供服务的，不得要求导游垫付或者向导游收取任何费用。旅行社未向临时聘用的导游支付导游服务费用或要求导游垫付或者向导游收取费用的，由旅游主管部门责令改正，没收违法所得，并处5000元以上5万元以下罚款；情节严重的，责令停业整顿或者吊销旅行社业务经营许可证；对直接负责的主管人员和其他直接责任人员，处2000元以上2万元以下罚款。

（3）依法履行报告义务。《旅游法》第55条规定，旅游经营者组织、接待出入境旅游，发现旅游者从事违法活动；出境旅游者在境外非法滞留，随团出境的旅游者擅自分团、脱团；入境旅游者在境内非法滞留，随团入境的旅游者擅自分团、脱团；应当及时向公安机关、旅游主管部门或者我国驻外机构报告。旅行社未履行报告义务的，由旅游主管部门处5000元以上5万元以下罚款；情节严重的，责令停业整顿或者吊销旅行社业务经营许可证；对直接负责的主管人员和其他直接责任人员，处2000元以上2万元以下罚款，并暂扣或者吊销导游证。

（五）包价旅游服务合同制度

《旅游法》第111条规定，包价旅游合同，是指旅行社预先安排行程，提供或者通过履行辅助人提供交通、住宿、餐饮、游览、导游或者领队等两项以上旅游服务，旅游者以总价支付旅游费用的合同。

1. 履行告知义务

《旅游法》第62条规定，订立包价旅游合同时，旅行社应当向旅游者告知下列事项：①旅游者不适合参加旅游活动的情形；②旅游活动中的安全注意事项；③旅行社依法可以减免责任的信息；④旅游者应当注意的旅游目的地相关法律、法规和风俗习惯、宗教禁忌，依照中国法律不宜参加的活动等；⑤法律、法规规定的其他应当告知的事项。

2. 按照约定履行合同

《旅游法》第69条规定，旅行社应当按照包价旅游合同的约定履行义务，不得擅自变更旅游行程安排。经旅游者同意，旅行社将包价旅游合同中的接

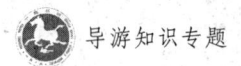

待业务委托给其他具有相应资质的地接社履行的，应当与地接社订立书面委托合同，约定双方的权利和义务，向地接社提供与旅游者订立的包价旅游合同的副本，并向地接社支付不低于接待和服务成本的费用。地接社应当按照包价旅游合同和委托合同提供服务。

3. 合法转让权利义务

《旅游法》第64条规定，旅游行程开始前，旅游者可以将包价旅游合同中自身的权利义务转让给第三人，旅行社没有正当理由的不得拒绝，因此增加的费用由旅游者和第三人承担。

4. 变更和解除

（1）法定解除情形及处理

《旅游法》第65条规定，旅游行程结束前，旅游者解除合同的，组团社应当在扣除必要的费用后，将余款退还旅游者。

《旅游法》第66条规定，旅游者有下列情形之一的，旅行社可以解除合同：①患有传染病等疾病，可能危害其他旅游者健康和安全的；②携带危害公共安全的物品且不同意交有关部门处理的；③从事违法或者违反社会公德的活动的；④从事严重影响其他旅游者权益的活动，且不听劝阻、不能制止的；⑤法律规定的其他情形。因前款规定情形解除合同的，组团社应当在扣除必要的费用后，将余款退还旅游者；给旅行社造成损失的，旅游者应当依法承担赔偿责任。

《旅游法》第63条规定，旅行社招徕旅游者组团旅游，因未达到约定人数不能出团的，组团社可以解除合同。但是，境内旅游应当至少提前7日通知旅游者，出境旅游应当至少提前30日通知旅游者。因未达到约定人数不能出团的，组团社经征得旅游者书面同意，可以委托其他旅行社履行合同。组团社对旅游者承担责任，受委托的旅行社对组团社承担责任。旅游者不同意的，可以解除合同。因未达到约定的成团人数解除合同的，组团社应当向旅游者退还已收取的全部费用。

（2）不可抗力及已尽合理注意义务的不能避免事件的合同解除变更及处理

《旅游法》第67条规定，因不可抗力或者旅行社、履行辅助人已尽合理注意义务仍不能避免的事件，影响旅游行程的，按照下列情形处理：①合同不能继续履行的，旅行社和旅游者均可以解除合同。合同不能完全履行的，旅行社经向旅游者作出说明，可以在合理范围内变更合同；旅游者不同意变更的，可以解除合同。②合同解除的，组团社应当在扣除已向地接社或者履行辅助人支付且不可退还的费用后，将余款退还旅游者；合同变更的，因此增加的费用由旅游者承担，减少的费用退还旅游者。③危及旅游者人身、财产安全的，旅行社应当采取相应的安全措施，因此支出的费用，由旅行社与旅游者分担。④造成旅游者滞留的，旅行社应当采取相应安置措施。因此增加的食宿费用，由旅游者承担；增加的返程费用，由旅行社与旅游者分担。

（六）旅游市场信用管理

1. 失信主体认定

文化和旅游市场失信主体分为严重失信主体和轻微失信主体。

（1）严重失信主体认定情形：①因欺骗、故意隐匿、伪造、变造材料等不正当手段取得许可证、批准文件的，或者伪造、变造许可证、批准文件的；②发生重大安全事故，属于旅游市场主体主要责任的；③因侵害旅游者合法权益，造成游客滞留或者严重社会不良影响的；④受到文化和旅游主管部门吊销旅行社业务经营许可证、导游证行政处罚的；⑤未经许可从事旅游市场经营活动，特别是造成重大事故或者恶劣社会影响的；⑥其他应当认定为严重失信主体的情形。

认定程序：文化和旅游主管部门将旅游市场主体和从业人员认定为严重失信主体，应当遵守告知、陈述与申辩、认定、决定与送达程序。

（2）轻微失信主体认定情形：①存在"捂票炒票"、虚假宣传、未履行相关义务、违反公序良俗等行为，造成不良社会影响的；②因故意或者重大过失严重损害旅游者合法权益，但尚不符合严重失信主体认定情形的；③在旅游经营活动中存在安全隐患，未在指定期限内整改完毕的；④拒不配合投诉处置、执法检查，拒不履行行政处罚决定，造成不良社会影响的；⑤ 12个月内受到文化和旅游主管部门两次较大数额罚款行政处罚，造成不良社会影响的；⑥其他应当认定为轻微失信主体的情形。12个月内第3次认定为轻微失信主体的，应当认定为严重失信主体。

认定程序：符合轻微失信主体认定标准的，由县级以上地方人民政府文化和旅游主管部门依法作出决定。认定部门应当向行政相对人出具《轻微失信主体认定决定书》并送达。

符合轻微失信主体认定标准的，在作出决定前，经文化和旅游主管部门约谈督促，改正违法行为、履行赔偿补偿义务、挽回社会不良影响的，可以不认定为轻微失信主体。

2. 信用管理措施

（1）守信良好主体。文化和旅游主管部门对守信情况良好的旅游市场主体和从业人员，可以采取加强宣传、公开鼓励、提供便利服务等激励措施。

（2）严重失信主体。文化和旅游主管部门对旅游市场严重失信主体实施期限为3年的信用管理措施：①适当提高抽查比例和频次，纳入重点监管对象；②将失信信息提供给有关部门查询，供其在相关行政管理、公共服务、评优评先等活动中参考使用；③将失信信息提供给各类市场主体查询，供其在市场活动中参考使用；④旅行社因被吊销旅行社业务经营许可证而被认定为严重失信主体的，其主要负责人5年内不得担任任何旅行社的主要负责人；⑤导游、领队因被吊销导游证而被认定为严重失信主体的，旅行社有关管理人员因旅行社被吊销旅行社业务经营许可证而被认定为严重失信主体的，自处罚之日起3年内不得重新申请导游证或者从事旅行社业务；⑥旅行社因侵犯旅游者合法权益受到罚款以上行政处罚而被认定为严重失信主体的，自处罚之日起2年内不得申请出境旅游业务；⑦法律、行政法规和党中央、国务院政策文件规定的其他管理措施。

（3）轻微失信主体。文化和旅游主管部门对轻微失信主体实施期限为1年的信用管理措施：①依据法律、行政法规和党中央、国务院政策文件，在审查行政许可、资质资格等时作为参考因素；②加大日常监管力度，提高随机抽查的比例和频次；③将失信信息提供给有关部门查询，供其在相关行政管理、公共服务等活动中参考使用；④在行政奖励、授予称号等方面予以重点审查；⑤法律、行政法规和党中央、国务院政策文件规定的其他管理措施。

九、导游领队法律制度

（一）导游执业许可制度

1. 从事导游服务、领队服务的条件

《旅游法》第37条规定，参加导游资格考试成绩合格，与旅行社订立劳动合同或者在相关旅游行业组织注册的人员，可以申请取得导游证。第 39 条规定，从事领队业务，应当取得导游证，具有相应的学历、语言能力和旅游从业经历，并与委派其从事领队业务的取得出境旅游业务经营许可的旅行社订立劳动合同。

2. 导游证管理制度

（1）申请。《导游管理办法》第 7 条规定，取得导游人员资格证，并与旅行社订立劳动合同或者在旅游行业组织注册的人员，可以通过全国旅游监管服务信息系统向所在地旅游主管部门申请取得导游证。

（2）核发与不予核发的情形。《导游管理办法》第 11 条规定，所在地旅游主管部门对申请人提出的取得导游证的申请，应当依法出具受理或者不予受理的书面凭证。需补正相关材料的，应当自收到申请材料之日起 5 个工作日内一次性告知申请人需要补正的全部内容；逾期不告知的，收到材料之日起即为受理。所在地旅游主管部门应当自受理申请之日起 10 个工作日内，作出准予核发或者不予核发导游证的决定。不予核发的，应当书面告知申请人理由。

《导游管理办法》第 12 条规定，具有下列情形的，不予核发导游证：①无民事行为能力或者限制民事行为能力的；②患有甲类、乙类以及其他可能危害旅游者人身健康安全的传染性疾病的；③受过刑事处罚的，过失犯罪的除外；④被吊销导游证之日起未逾 3 年的。

（3）换发。《导游管理办法》第 13 条规定，导游证的有效期为 3 年。导游需要在导游证有效期届满后继续执业的，应当在有效期限届满前 3 个月内，通过全国旅游监管服务信息系统向所在地旅游主管部门提出申请，并提交规定的材料。旅行社或者旅游行业组织应当自导游提交申请之日起 3 个工作日内确认信息。所在地旅游主管部门应当自旅行社或者旅游行业组织核实信息之日起 5 个工作日内予以审核，并对符合条件的导游变更导游证信息。

（4）变更情形。《导游管理办法》第 15 条规定，导游应当自下列情形发生之日起 10 个工作日内，通过全国旅游监管服务信息系统提交相应材料，申请变更导游证信息：①姓名、身份证号、导游等级和语种等信息发生变化的；②与旅行社订立的劳动合同解除、终止或者在旅游行业组织取消注册后，在 3 个月内与其他旅行社订立劳动合同或者在其他旅游行业组织注册的；③经常执业地区发生变化的；④其他导游身份信息发生变化的。旅行社或者旅游行业组织应当自收到申请之日起 3 个工作日内对信息变更情况进行核实。所在地旅游主管部门应当自旅行社或者旅游行业组织核实信息之日起 5 个工作日内予以审核确认。

（5）撤销情形。《导游管理办法》第 16 条规定，有下列情形之一的，所在地旅游主管部门应当撤销导游证：①对不具备申请资格或者不符合法定条件的申请人核发导游证的；②申请人以欺骗、贿赂等不正当手段取得导游证的；③依法可以撤销导游证的其他情形。

（6）注销情形。《导游管理办法》第 17 条规定，有下列情形之一的，所在地旅游主管部门应当注销导游证：①导游死亡；②导游证有效期届满未申请换发导游证的；③导游证依法被撤销、吊销的；④导游与旅行社订立的劳动合同解除、终止或者在旅游行业组织取消注册后，超过 3 个月未与其他旅行社订立劳动合同或者未在其他旅游行业组织注册的；⑤取得导游证后出现本办法第 12 条第①项至第③项情形的；⑥依法应当注销导游证的其他情形。导游证被注销后，导游符合法定执业条件需要继续执业的，应当依法重新申请取得导游证。

（二）导游执业管理制度

1. 导游的职责

《导游管理办法》第 22 条规定，导游在执业过程中应当履行下列职责：

（1）自觉维护国家利益和民族尊严；

（2）遵守职业道德，维护职业形象，文明诚信服务；

（3）按照旅游合同提供导游服务，讲解自然和人文资源知识、风俗习惯、宗教禁忌、法律法规和有关注意事项；

（4）尊重旅游者的人格尊严、宗教信仰、民族风俗和生活习惯；

（5）向旅游者告知和解释文明行为规范、不文明行为可能产生的后果，引导旅游者健康、文明旅游，劝阻旅游者违反法律法规、社会公德、文明礼仪规范的行为；

（6）对可能危及旅游者人身、财产安全的事项，向旅游者作出真实的说明和明确的警示，并采取防止危害发生的必要措施。

2. 导游执业禁止性行为

《导游管理办法》第23条规定，导游在执业过程中不得有下列行为：

（1）安排旅游者参观或者参与涉及色情、赌博、毒品等违反我国法律法规和社会公德的项目或者活动；

（2）擅自变更旅游行程或者拒绝履行旅游合同；

（3）擅自安排购物活动或者另行付费旅游项目；

（4）以隐瞒事实、提供虚假情况等方式，诱骗旅游者违背自己的真实意愿，参加购物活动或者另行付费旅游项目；

（5）以殴打、弃置、限制活动自由、恐吓、侮辱、咒骂等方式，强迫或者变相强迫旅游者参加购物活动、另行付费等消费项目；

（6）获取购物场所、另行付费旅游项目等相关经营者以回扣、佣金、人头费或者奖励费等名义给予的不正当利益；

（7）推荐或者安排不合格的经营场所；

（8）向旅游者兜售物品；

（9）向旅游者索取小费；

（10）未经旅行社同意委托他人代为提供导游服务；

（11）法律法规规定的其他行为。

3. 纳入"不文明行为记录"的有关规定

《国家旅游局关于旅游不文明行为记录管理暂行办法》第3条规定，纳入"旅游不文明行为记录"的旅游从业人员行为主要包括：

（1）价格欺诈、强迫交易、欺骗诱导游客消费；

（2）侮辱、殴打、胁迫游客；

（3）不尊重旅游目的地或游客的宗教信仰、民族习惯、风俗禁忌；

（4）传播低级趣味、宣传迷信思想；

（5）国务院旅游主管部门认定的其他旅游不文明行为。

（三）导游的权利与义务

1. 权利

（1）人身权。《导游管理办法》第26条规定，导游在执业过程中，其人格尊严受到尊重，人身安全不受侵犯，合法权益受到保障。导游有权拒绝旅行社和旅游者的下列要求：①侮辱其人格尊严的要求；②违反其职业道德的

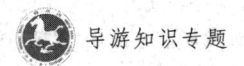

要求；③不符合我国民族风俗习惯的要求；④可能危害其人身安全的要求；⑤其他违反法律、法规和规章规定的要求。

（2）获得报酬权。《旅游法》第38条规定，旅行社应当与其聘用的导游依法订立劳动合同，支付劳动报酬，缴纳社会保险费用。旅行社临时聘用导游为旅游者提供服务的，应当全额向导游支付相关导游服务费用。

（3）履行职务权。《旅行社条例实施细则》第49条规定，旅行社及其委派的导游人员、领队人员在经营、服务中享有下列权利：①要求旅游者如实提供旅游所必需的个人信息，按时提交相关证明文件；②要求旅游者遵守旅游合同约定的旅游行程安排，妥善保管随身物品；③出现突发公共事件或者其他危急情形，以及旅行社因违反旅游合同约定采取补救措施时，要求旅游者配合处理防止扩大损失，以将损失降低到最低程度；④拒绝旅游者提出的超出旅游合同约定的不合理要求；⑤制止旅游者违背旅游目的地的法律、风俗习惯的言行。

（4）调整或变更接待计划权。《导游人员管理条例》第13条规定，导游人员应当严格按照旅行社确定的接待计划，安排旅游者的旅行、游览活动，不得擅自增加、减少旅游项目或者中止导游活动。导游人员在引导旅游者旅行、游览过程中，遇有可能危及旅游者人身安全的紧急情形时，经征得多数旅游者的同意，可以调整或者变更接待计划，但是应当立即报告旅行社。

（5）投诉举报和起诉权。《导游管理办法》第27条规定，旅行社有下列行为的，导游有权向劳动行政部门投诉举报、申请仲裁或者向人民法院提起诉讼：①不依法与聘用的导游订立劳动合同的；②不依法向聘用的导游支付劳动报酬、导游服务费用或者缴纳社会保险费用的；③要求导游缴纳自身社会保险费用的；④支付导游的报酬低于当地最低工资标准的。

旅行社要求导游接待以不合理低价组织的旅游团队或者承担接待旅游团队的相关费用的，导游有权向旅游主管部门投诉举报。

2. 义务

（1）维护国家利益和民族尊严。《导游人员管理条例》第11条规定，导游人员进行导游活动时，应当自觉维护国家利益和民族尊严，不得有损害国家利益和民族尊严的言行。有损害国家利益和民族尊严的言行的，由旅游主管部门责令改正；情节严重的，由省、自治区、直辖市人民政府旅游主管部门吊销导游证并予以公告；对该导游人员所在旅行社予以警告直至责令停业整顿。

（2）处置旅游突发事件。《导游管理办法》第24条规定，旅游突发事件发生后，导游应当立即采取下列必要的处置措施：①向本单位负责人报告，情况紧急或者发生重大、特别重大旅游突发事件时，可以直接向发生地、旅行社所在地县级以上旅游主管部门、安全生产监督管理部门和负有安全生产监督管理职责的其他相关部门报告；②救助或者协助救助受困旅游者；③根据旅行社、旅游主管部门及有关机构的要求，采取调整或者中止行程、停止带团前往风险区域、撤离风险区域等避险措施。

违反上述规定，由县级以上旅游主管部门责令改正，并可以处1000元以下罚款；情节严重的，可以处1000元以上5000元以下罚款。

（3）接受委派提供导游服务。《旅游法》第40条规定，导游为旅游者提供服务必须接受旅行社委派，不得私自承揽导游和领队业务。导游、领队违反规定，私自承揽业务的，由旅游主管部门责令改正，没收违法所得，处1000元以上1万元以下罚款，并暂扣或者吊销导游证。

（4）严格执行旅游行程安排。《旅游法》第41条第2款规定，导游和领队应当严格执行旅游行程安排，不得擅自变更旅游行程或者中止服务活动，不得向旅游者索取小费，不得诱导、欺骗、强迫或者变相强迫旅游者购物或者参加另行付费旅游项目。

《导游人员管理条例》第22条规定，导游有擅自增加或者减少旅游项目的、擅自变更接待计划的、擅自中止导游活动情形之一的，由旅游主管部门责令改正，暂扣导游证3至6个月；情节严重的，由省、自治区、直辖市人民政府旅游行政部门吊销导游证并予以公告。

《导游人员管理条例》第23条规定，导游向旅游者兜售物品或购买旅游者的物品，由旅游主管部门责令改正，处1000元以上3万元以下罚款；有违法所得的，并处没收违法所得；情节严重的，由省、自治区、直辖市人民政府旅游主管部门吊销导游证并予以公告；对委派该导游的旅行社予以警告，直至责令停业整顿。

《导游人员管理条例》第24条规定，导游进行导游活动，欺骗、胁迫旅游者消费或者与经营者串通欺骗、胁迫旅游者消费的，由旅游主管部门责令改正，处 1000 元以上 3 万元以下的罚款；有违法所得的，并处没收违法所得；情节严重的，由省、自治区、直辖市人民政府旅游主管部门吊销导游证并予以公告；对委派该导游的旅行社予以警告，直至责令停业整顿；构成犯罪的，依法追究其刑事责任。

（5）不得索要小费。《旅游法》第 102 条规定，导游向旅游者索要小费的，由旅游主管部门责令退还，处 1000 元以上 1 万元以下罚款，情节严重的，并暂扣或者吊销导游证。

（6）其他法定义务。导游除了要遵守以上义务，还应遵守按期报告信息变更情况、申请变更导游证信息、申请更换导游身份标识、依规参加培训、提供真实材料及信息等法律法规规定的其他义务。

（四）导游执业保障与激励制度

1. 执业酬劳保障

《导游管理办法》第 28 条规定，旅行社应当与通过其取得导游证的导游订立不少于 1 个月期限的劳动合同，并支付基本工资、带团补贴等劳动报酬，缴纳社会保险费用。旅行社临时聘用在旅游行业组织注册的导游为旅游者提供服务的，应当依照旅游和劳动相关法律、法规的规定足额支付导游服务费用；旅行社临时聘用的导游与其他单位不具有劳动关系或者人事关系的，旅行社应当与其订立劳动合同。

2. 执业安全保障

《导游管理办法》第 26 条第 2 款规定，旅行社等用人单位应当维护导游执业安全、提供必要的职业安全卫生条件，并为女性导游提供执业便利、实行特殊劳动保护。第 29 条规定，旅行社应当提供设置"导游专座"的旅游客运车辆，安排的旅游者与导游总人数不得超过旅游客运车辆核定乘员数。导游应当在旅游车辆"导游专座"就坐，避免在高速公路或者危险路段站立讲解。

3. 教育培训保障

《导游管理办法》第 31 条规定，各级旅游主管部门应当积极组织开展导游培训，培训内容应当包括政策法规、安全生产、突发事件应对和文明服务等，培训方式可以包括培训班、专题讲座和网络在线培训等，每年累计培训时间不得少于 24 小时。培训不得向参加人员收取费用。

4. 星级评价激励

《导游管理办法》第 30 条规定，导游服务星级评价是对导游服务水平的综合评价，星级评价指标由技能水平、学习培训经历、从业年限、奖惩情况、执业经历和社会评价等构成。导游服务星级根据星级评价指标通过全国旅游监管服务信息系统自动生成，并根据导游执业情况每年度更新一次。

十、旅游者法律制度

（一）消费者权益及其保护

1. 消费者的权利

《消费者权益保护法》第 7 至 15 条规定了消费者的 9 项权利，包括安全保障权、知情权、自主选择权、公平交易权、获得赔偿权、结社权、获得有关知识权、受尊重权和监督批评权。

2. 经营者的义务

《消费者权益保护法》第 16 至 29 条规定了经营者的 14 项义务，包括履行法定或约定的义务、听取意见和接受消费者监督的义务、安全保障义务、提供真实信息的义务、标明真实名称和标记的义务、出具购物凭证或服务单据的义务、保证商品或服务质量的义务、承担售后服务的义务、不得以格式合同等方式限制消费者权利的义务、尊重消费者人格权的义务、召回缺陷商品的义务、无理由退货的义务、非现场购物信息披露的义务、个人信息保护的义务。

3. 国家对消费者合法权益的保护

依据《消费者权益保护法》第 30 至 35 条规定，国家对消费者权益的保护主要通过以下三个途径：

（1）立法保护，指国家立法机关通过制定、修改、颁布、废止等立法活动来保护消费者的权益；

（2）行政保护，指通过行政执法和监督活动来实现对消费者权益的保护；

（3）司法保护，指司法机关通过审判活动来维护消费者的合法权益。

（二）旅游者的权利与义务

1. 权利

（1）公平交易。《旅游法》第 9 条规定，旅游者有权自主选择旅游产品和服务，有权拒绝旅游经营者的强制交易行为。旅游者有权知悉其购买的旅游产

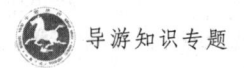

品和服务的真实情况。旅游者有权要求旅游经营者按照约定提供产品和服务。

（2）受尊重。《旅游法》第10条规定，旅游者的人格尊严、民族风俗习惯和宗教信仰应当得到尊重。

（3）特殊群体享受便利和优惠。《旅游法》第11条规定，残疾人、老年人、未成年人等旅游者在旅游活动中依照法律、法规和有关规定享受便利和优惠。

（4）请求救助和保护。《旅游法》第12条规定，旅游者在人身、财产安全遇有危险时，有请求救助和保护的权利。旅游者人身、财产受到侵害的，有依法获得赔偿的权利。

（5）其他权利。《旅游法》还在相关章节规定了旅游者的安全保障权、合同的任意解除权、合同的替换权、协助返程权、投诉举报权等权利，为旅游者参加旅游活动、实现旅游目的提供了保证。

2. 义务

（1）文明旅游。《旅游法》第13条规定，旅游者在旅游活动中应当遵守社会公共秩序和社会公德，尊重当地的风俗习惯、文化传统和宗教信仰，爱护旅游资源，保护生态环境，遵守旅游文明行为规范。

（2）不得损害他人合法权益。《旅游法》第14条规定，旅游者在旅游活动中或者在解决纠纷时，不得损害当地居民的合法权益，不得干扰他人的旅游活动，不得损害旅游经营者和旅游从业人员的合法权益。

（3）安全义务。《旅游法》第15条规定，旅游者购买、接受旅游服务时，应当向旅游经营者如实告知与旅游活动相关的个人健康信息，遵守旅游活动中的安全警示规定。旅游者对国家应对重大突发事件暂时限制旅游活动的措施以及有关部门、机构或者旅游经营者采取的安全防范和应急处置措施，应当予以配合。

（4）不得非法滞留、擅自分团或脱团。《旅游法》第16条规定，出境旅游者不得在境外非法滞留，随团出境的旅游者不得擅自分团、脱团。入境旅游者不得在境内非法滞留，随团入境的旅游者不得擅自分团、脱团。

（三）旅游不文明行为记录管理制度

1. 纳入"旅游不文明行为记录"的主要行为

《国家旅游局关于旅游不文明行为记录管理暂行办法》（以下简称《办

法》)第2条规定，旅游者不文明行为主要包括：①扰乱航空器、车船或者其他公共交通工具秩序；②破坏公共环境卫生、公共设施；③违反旅游目的地社会风俗、民族生活习惯；④损毁、破坏旅游目的地文物古迹；⑤参与赌博、色情、涉毒活动；⑥不顾劝阻、警示从事危及自身以及他人人身财产安全的活动；⑦破坏生态环境，违反野生动植物保护规定；⑧违反旅游场所规定，严重扰乱旅游秩序；⑨国务院旅游主管部门认定的造成严重社会不良影响的其他行为。

因监护人存在重大过错导致被监护人发生旅游不文明行为，将监护人纳入"旅游不文明行为记录"。

2. "旅游不文明行为记录"管理制度

（1）记录信息。《办法》第4条规定，"旅游不文明行为记录"信息内容包括："旅游不文明行为记录"信息内容包括：①不文明行为当事人的姓名、性别、户籍省份；②不文明行为的具体表现、不文明行为所造成的影响和后果；③对不文明行为的记录期限。

（2）评审。《办法》第8条规定，"旅游不文明行为记录"形成前应经"旅游不文明行为记录评审委员会"评审通过。评审主要事项包括：①事件是否应当纳入"旅游不文明行为记录"；②确定记录的信息保存期限；③记录是否通报相关部门；④对已经形成的记录的期限进行动态调整。

（3）动态管理。《办法》第9条规定，"旅游不文明行为记录"信息保存期限为1~5年，实行动态管理。①行为当事人违反刑法的，信息保存期限为3~5年；②行为当事人受到行政处罚或法院判决承担责任的，信息保存期限为2~4年；③行为未受到法律法规处罚，但造成严重社会影响的，信息保存期限为1~3年。

"旅游不文明行为记录"形成后，根据被记录人采取补救措施挽回不良影响的程度、对文明旅游宣传引导的社会效果，经评审委员会审议后可缩短记录期限。

（4）申辩。《办法》第11条规定，"旅游不文明行为记录"形成后，旅游主管部门应当将相关信息通报或送达当事人本人，并告知其有申辩的权利；当事人在接到申辩通知后30个工作日内，有权利进行申辩。旅游主管部门在接到申辩后30个工作日内予以书面回复。申辩理由被采纳的，可依

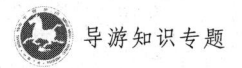

据当事人申辩的理由调整记录期限或取消记录。当事人申辩期间不影响信息公布。

（四）旅游者违反治安管理处罚制度

1. 扰乱公共秩序

《治安管理处罚法》第 23 条规定，扰乱公共汽车、电车、火车、船舶、航空器或者其他公共交通工具上的秩序的，处警告或者 200 元以下罚款；情节较重的，处 5 日以上 10 日以下拘留，可以并处 500 元以下罚款。

2. 妨害公共安全

《治安管理处罚法》第 34 条规定，盗窃、损坏、擅自移动使用中的航空设施，处 10 日以上 15 日以下拘留。在使用中的航空器上使用可能影响导航系统正常功能的器具、工具，不听劝阻的，处 5 日以下拘留或者 500 元以下罚款。

3. 侵犯他人人身权利

《治安管理处罚法》第 43 条规定，殴打他人的，或者故意伤害他人身体的，处 5 日以上 10 日以下拘留，并处 200 元以上 500 元以下罚款；情节较轻的，处 5 日以下拘留或者 500 以下罚款。

4. 妨害社会管理

《治安管理处罚法》第 63 条规定，刻划、涂污或者以其他方式故意损坏国家保护的文物、名胜古迹的，处警告或者 200 元以下罚款；情节较重的，处 5 日以上 10 日以下拘留，并处 200 元以上 500 元以下罚款。

十一、旅游纠纷法律制度

（一）合同的订立、履行与违约

1. 订立的基本原则

合同订立的基本原则包括平等原则、自愿原则、公平原则、诚实信用原则、合法原则。

2. 合同的效力

（1）生效的一般规定。《民法典》合同编第 502 条规定，依法成立的合同，自成立时生效，但是法律另有规定或者当事人另有约定的除外。依照法律、行政法规的规定，合同应当办理批准等手续的，依照其规定。未办理批准等手续影响合同生效的，不影响合同中履行报批等义务条款以及相关条款的效力。应当办理申请批准等手续的当事人未履行义务的，对方可以请求其承担违反该义务的责任。依照法律、行政法规的规定，合同的变更、转让、解除等情形应当办理批准等手续的，适用前款规定。

（2）无权代理所订合同的效力。合同编第503条规定，无权代理人以被代理人的名义订立合同，被代理人已经开始履行合同义务或者接受相对人履行的，视为对合同的追认。

（3）超越权限所订合同的效力。合同编第504条规定，法人的法定代表人或者非法人组织的负责人超越权限订立的合同，除相对人知道或者应当知道其超越权限外，该代表行为有效，订立的合同对法人或者非法人组织发生效力。

（4）超越经营范围所订合同的效力。合同编第505条规定，当事人超越经营范围订立的合同的效力，应当依照本法第一编第六章第三节和本编的有关规定确定，不得仅以超越经营范围确认合同无效。

（5）免责条款的效力。合同编第506条规定，合同中的下列免责条款无效：造成对方人身损害的；因故意或者重大过失造成对方财产损失的。

（6）争议解决条款的效力。合同编第507条规定，合同不生效、无效、被撤销或者终止的，不影响合同中有关解决争议方法的条款的效力。

3.合同的履行

（1）履行原则。合同编第509条规定，当事人应当按照约定全面履行自己的义务。当事人应当遵循诚信原则，根据合同的性质、目的和交易习惯履行通知、协助、保密等义务。当事人在履行合同过程中，应当避免浪费资源、污染环境和破坏生态。

（2）合同约定不明的处理。合同编第510条规定，合同生效后，当事人就质量、价款或者报酬、履行地点等内容没有约定或者约定不明确的，可以协议补充；不能达成补充协议的，按照合同有关条款或者交易习惯确定。第511条规定，当事人就有关合同的内容约定不明确，依照前条规定仍然不能确定的，适用下列规定：①质量要求不明确的，按照强制性国家标准履行；没有强制性国家标准的，按照推荐性国家标准履行；没有推荐性国家标准的，按照行业标准履行；②价款或者报酬不明确的，按照订立合同时履行地的市场价格履行；依法应当执行政府定价或者政府指导价的，按照规定履行；③履行地点不明确，给付货币的，在接受货币一方所在地履行；交付不动产的，在不动产所在地履行；其他标的，在履行义务一方所在地履行；④履行期限不明确的，债务人可以随时履行，债权人也可以随时请求履行，但是应当给对方必要的准备时间；⑤履行方式不明确的，按照有利于实现合同目的的方式履行；⑥履行费用的负担不明确的，由履行义务一方负担；因债权人原因增加的履行费用，由债权人负担。

（3）电子合同的履行。合同编第512条规定，通过互联网等信息网络订立的电子合同的标的为交付商品并采用快递物流方式交付的，收货人的签收时间为交付时间。电子合同的标的为提供服务的，生成的电子凭证或者实物凭证中载明的时间为提供服务时间；前述凭证没有载明时间或者载明时间与实际提供服务时间不一致的，以实际提供服务的时间为准。电子合同的标的物为采用在线传输方式交付的，合同标的物进入对方当事人指定的特定系统且能够检索识别的时间为交付时间。电子合同当事人对交付商品或者提供服务的方式、时间另有约定的，按照其约定。

（4）合同履行中特殊情况处理：①债权人分立、合并、变更住所。合同编第529条规定，债权人分立、合并或者变更住所没有通知债务人，致使履行债务发生困难的，债务人可以中止履行或者将标的物提存。②提前履行债务。合同编第530条规定，债权人可以拒绝债务人提前履行债务，但是提前履行不损害债权人利益的除外。债务人提前履行债务给债权人增加的费用，由债务人负担。③部分履行债务。合同编第531条规定，债权人可以拒绝债务人部分履行债务，但是部分履行不损害债权人利益的除外。债务人部分履行债务给债权人增加的费用，由债务人负担。④当事人名称变更、承办人变动。合同编第532条规定，合同生效后，当事人不得因姓名、名称的变更或者法定代表人、负责人、承办人的变动而不履行合同义务。⑤利用合同实施危害国家、社会利益的。合同编第534条规定，对当事人利用合同实施危害国家利益、社会公共利益行为的，市场监督管理和其他有关行政主管部门依照法律、行政法规的规定负责监督处理。

4.违约责任

（1）构成要件。根据合同编第577条，当事人一方不履行合同义务或者履行合同义务不符合约定的，应当承担等违约责任。

（2）承担方式。根据合同编第577条，违约责任的承担方式有继续履行、采取补救措施或者赔偿损失。

5. 防止损失扩大的义务

合同编第591条规定，当事人一方违约后，对方应当采取适当措施防止损失的扩大；没有采取适当措施致使损失扩大的，不得就扩大的损失请求赔偿。当事人因防止损失扩大而支出的合理费用，由违约方负担。

（二）包价旅游合同的形式、内容与违约责任承担

1. 形式和内容

《旅游法》第58条规定，包价旅游合同应当采用书面形式，包括下列内容：①旅行社、旅游者的基本信息；②旅游行程安排；③旅游团成团的最低人数；④交通、住宿、餐饮等旅游服务安排和标准；⑤游览、娱乐等项目的具体内容和时间；⑥自由活动时间安排；⑦旅游费用及其交纳的期限和方式；⑧违约责任和解决纠纷的方式；⑨法律、法规规定和双方约定的其他事项。

2. 违约责任的承担

（1）旅行社违约。《旅游法》第70条规定，旅行社不履行包价旅游合同义务或者履行合同义务不符合约定的，应当依法承担继续履行、采取补救措施或者赔偿损失等违约责任；造成旅游者人身损害或者财产损失的，应当依法承担赔偿责任。在旅游者自行安排活动期间，旅行社未尽到安全提示、救助义务的，应当对旅游者的人身损害、财产损失承担相应责任。旅行社具备履行条件，经旅游者要求仍拒绝履行合同，造成旅游者人身损害、滞留等严重后果的，旅游者还可以要求旅行社支付旅游费用1倍以上3倍以下的赔偿金。由于旅游者自身原因导致包价旅游合同不能履行或者不能按照约定履行，或者造成旅游者人身损害、财产损失的，旅行社不承担责任。

（2）地接社、履行辅助人违约。《旅游法》第71条规定，由于地接社、履行辅助人的原因导致违约的，由组团社承担责任；组团社承担责任后可以向地接社、履行辅助人追偿。由于地接社、履行辅助人的原因造成旅游者人身损害、财产损失的，旅游者可以要求地接社、履行辅助人承担赔偿责任，也可以要求组团社承担赔偿责任；组团社承担责任后可以向地接社、履行

辅助人追偿。但由于公共交通经营者的原因造成旅游者人身损害、财产损失的，由公共交通经营者依法承担赔偿责任，旅行社应当协助旅游者向公共交通经营者索赔。

（3）旅游者违约。《旅游法》第72条规定，旅游者在旅游活动中或者在解决纠纷时，损害旅行社、履行辅助人、旅游从业人员或者其他旅游者的合法权益的，依法承担赔偿责任。旅游者的不当行为主要表现为：①影响行程，阻碍合同的正常履行；②侵害他人的财产权；③侵害他人的人身权。

（三）电商务经营者的经营规范及电子商务合同的订立与履行

1. 电子商务经营者的经营规范

（1）依法取得行政许可、履行纳税义务。《中华人民共和国电子商务法》（以下简称《电商法》）第10至12条、26规定，电子商务经营者（以下简称"电商经营者"）应当依法办理市场主体登记、依法履行纳税义务，并依法享受税收优惠，依法需要取得相关行政许可的，应当依法取得行政许可。从事跨境电子商务应当遵守进出口监督管理的法律、行政法规和国家有关规定。

（2）符合保障人身、财产安全和环境保护要求。《电商法》第13条规定，电商经营者销售的商品或者提供的服务应当符合保障人身、财产安全的要求和环境保护要求，不得销售或者提供法律、行政法规禁止交易的商品或者服务。

（3）依法出具购货凭证或者服务单据。《电商法》第14条规定，电商经营者销售商品或者提供服务应当依法出具纸质发票或者电子发票等购货凭证或者服务单据。电子发票与纸质发票具有同等法律效力。

（4）首页显著位置公布营业信息《电商法》第15、16、33、34条的规定，电商经营者应当在其首页显著位置持续公示有关信息：①营业执照信息、与其经营业务有关的行政许可信息、属于依照本法第10条规定的不需要办理市场主体登记情形等信息，或者上述信息的链接标识；②应当提前30日公示自行终止从事电子商务的有关信息；③平台服务协议和交易规则信息或者上述信息的链接标识，并保证经营者和消费者能够便利、完整地阅览和下载；④修改平台服务协议和交易规则，应当在其首页显著位置公开征求意见，采取合理措施确保有关各方能够及时充分表达意见。修改内容应当至少在实施前7日予以公示。

（5）保障消费者的知情权和选择权。《电商法》第 17 条规定，电商经营者应当全面、真实、准确、及时地披露商品或者服务信息，保障消费者的知情权和选择权。不得以虚构交易、编造用户评价等方式进行虚假或者引人误解的商业宣传，欺骗、误导消费者。第 18 条规定，电商经营者根据消费者的兴趣爱好、消费习惯等特征向其提供商品或者服务的搜索结果的，应当同时向该消费者提供不针对其个人特征的选项，尊重和平等保护消费者合法权益。第 19 条规定，电商经营者搭售商品或者服务，应当以显著方式提请消费者注意，不得将搭售商品或者服务作为默认同意的选项。第 37 条规定，电商平台经营者在其平台上开展自营业务的，应当以显著方式区分标记自营业务和平台内经营者开展的业务，不得误导消费者。电商平台经营者对其标记为自营的业务依法承担商品销售者或者服务提供者的民事责任。第 39 条规定，电商平台经营者应当建立健全信用评价制度，公示信用评价规则，为消费者提供对平台内销售的商品或者提供的服务进行评价的途径。电商平台经营者不得删除消费者对其平台内销售的商品或者提供的服务的评价。第 40 条规定，电商平台经营者应当根据商品或者服务的价格、销量、信用等以多种方式向消费者显示商品或者服务的搜索结果；对于竞价排名的商品或者服务，应当显著标明"广告"。

（6）按照承诺或者约定交付商品或者服务。《电商法》第 20 条规定，电商经营者应当按照承诺或者与消费者约定的方式、时限向消费者交付商品或者服务，并承担商品运输中的风险和责任。

（7）押金的收取和退还。《电商法》第 21 条规定，电商经营者按照约定向消费者收取押金的，应当明示押金退还的方式、程序，不得对押金退还设置不合理条件。消费者申请退还押金，符合押金退还条件的，电商经营者应当及时退还。

（8）不得滥用市场支配地位。《电商法》第 22 条规定，电商经营者因其技术优势、用户数量、对相关行业的控制能力以及其他经营者对该电商经营者在交易上的依赖程度等因素而具有市场支配地位的，不得滥用市场支配地位，排除、限制竞争。

（9）保护用户个人信息。《电商法》第 23 条规定，电商经营者收集、使用其用户的个人信息，应当遵守法律、行政法规有关个人信息保护的规定。

第 25 条规范，有关主管部门依照法律、行政法规的规定要求电商经营者提供有关电子商务数据信息的，电商经营者应当提供。有关主管部门应当采取必要措施保护电商经营者提供的数据信息的安全，并对其中的个人信息、隐私和商业秘密严格保密，不得泄露、出售或者非法向他人提供。

（10）平台内经营者的管理。《电商法》第 27 条规定，电商平台经营者应当要求申请进入平台销售商品或者提供服务的经营者提交其身份、地址、联系方式、行政许可等真实信息，进行核验、登记，建立登记档案，并定期核验更新。电商平台经营者为进入平台销售商品或者提供服务的非经营用户提供服务，应当遵守本节有关规定。第 32 条规定，电商平台经营者应当遵循公开、公平、公正的原则，制定平台服务协议和交易规则，明确进入和退出平台、商品和服务质量保障、消费者权益保护、个人信息保护等方面的权利和义务。第 36 条规定，电商平台经营者依据平台服务协议和交易规则对平台内经营者违反法律、法规的行为实施警示、暂停或者终止服务等措施的，应当及时公示。第 38 条规定，电商平台经营者知道或者应当知道平台内经营者销售的商品或者提供的服务不符合保障人身、财产安全的要求，或者有其他侵害消费者合法权益行为，未采取必要措施的，依法与该平台内经营者承担连带责任。对关系消费者生命健康的商品或者服务，电商平台经营者对平台内经营者的资质资格未尽到审核义务，或者对消费者未尽到安全保障义务，造成消费者损害的，依法承担相应的责任。

（11）保障网络安全。《电商法》第 30 条规定，电商平台经营者应当采取技术措施和其他必要措施保证其网络安全、稳定运行，防范网络违法犯罪活动，有效应对网络安全事件，保障电子商务交易安全。电商平台经营者应当制定网络安全事件应急预案，发生网络安全事件时，应当立即启动应急预案，采取相应的补救措施，并向有关主管部门报告。

（12）记录保存商品和服务信息、交易信息。《电商法》第 31 条规定，电商平台经营者应当记录、保存平台上发布的商品和服务信息、交易信息，并确保信息的完整性、保密性、可用性。商品和服务信息、交易信息保存时间自交易完成之日起不少于 3 年；法律、行政法规另有规定的，依照其规定。

2.电子商务合同的订立与履行

（1）订立。《电商法》第 49 条规定，电商经营者发布的商品或者服务信息符合要约条件的，用户选择该商品或者服务并提交订单成功，合同成立。当事人另有约定的，从其约定。电商经营者不得以格式条款等方式约定消费者支付价款后合同不成立；格式条款等含有该内容的，其内容无效。

（2）履行。①交付时间。《电商法》第51条规定，合同标的为提供服务的，生成的电子凭证或者实物凭证中载明的时间为交付时间；前述凭证没有载明时间或者载明时间与实际提供服务时间不一致的，实际提供服务的时间为交付时间。②支付方式。《电商法》第53条规定，电商当事人可以约定采用电子支付方式支付价款。电子支付服务提供者应当向用户免费提供对账服务以及最近三年的交易记录。第54条规定，电子支付服务提供者提供电子支付服务不符合国家有关支付安全管理要求，造成用户损失的，应当承担赔偿责任。第55条规定，支付指令发生错误的，电子支付服务提供者应当及时查找原因，并采取相关措施予以纠正。造成用户损失的，电子支付服务提供者应当承担赔偿责任，但能够证明支付错误非自身原因造成的除外。第56条规定，电子支付服务提供者完成电子支付后，应当及时准确地向用户提供符合约定方式的确认支付的信息。

（四）侵权责任与侵权责任承担

1. 侵权纠纷的类型

以归责原则为标准，侵权纠纷分为一般侵权行为和特殊侵权行为。凡是适用过错责任原则的侵权行为属于一般侵权行为；适用作为例外的无过错责任、过错推定责任原则的侵权行为，则需要由法律作出特别的规定，因而称为特殊侵权行为。

2. 侵权责任的构成要件

侵权责任的构成要件：①加害行为；②损害；③因果关系；④过错。

3. 侵权责任的承担方式

《民法典》第179条规定，承担侵权责任的方式主要有：①停止侵害；②排除妨碍；③消除危险；④返还财产；⑤恢复原状；⑥赔偿损失；⑦赔礼道歉；⑧消除影响、恢复名誉。法律规定惩罚性赔偿的，依照其规定。以上承担侵权责任的方式，可以单独适用，也可以合并适用。依据《民法典》第187条规定，侵权人因同一行为应当承担民事责任、行政责任和刑事责任的，承担行政责任或者刑事责任不影响承担侵权责任。因同一行为应当承担侵权

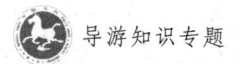

责任和行政责任、刑事责任，侵权人的财产不足以支付的，优先用于承担民事责任。

4.特殊侵权责任

（1）监护人责任。《民法典》侵权责任编第1188条规定，无民事行为能力人、限制民事行为能力人造成他人损害的，由监护人承担侵权责任。监护人尽到监护职责的，可以减轻其侵权责任。有财产的无民事行为能力人、限制民事行为能力人造成他人损害的，从本人财产中支付赔偿费用；不足部分，由监护人赔偿。第1189条规定，无民事行为能力人、限制民事行为能力人造成他人损害，监护人将监护职责委托给他人的，监护人应当承担侵权责任；受托人有过错的，承担相应的责任。第1169条第2款规定，教唆、帮助无民事行为能力人、限制民事行为能力人实施侵权行为的，应当承担侵权责任；该无民事行为能力人、限制民事行为能力人的监护人未尽到监护责任的，应当承担相应的责任。

（2）用人单位责任。侵权责任编第1191条规定，用人单位的工作人员因执行工作任务造成他人损害的，由用人单位承担侵权责任。用人单位承担侵权责任后，可以向有故意或者重大过失的工作人员追偿。劳务派遣期间，被派遣的工作人员因执行工作任务造成他人损害的，由接受劳务派遣的用工单位承担侵权责任；劳务派遣单位有过错的，承担相应的责任。第1192条规定，个人之间形成劳务关系，提供劳务一方因劳务造成他人损害的，由接受劳务一方承担侵权责任。接受劳务一方承担侵权责任后，可以向有故意或者重大过失的提供劳务一方追偿。提供劳务一方因劳务受到损害的，根据双方各自的过错承担相应的责任。提供劳务期间，因第三人的行为造成提供劳务一方损害的，提供劳务一方有权请求第三人承担侵权责任，也有权请求接受劳务一方给予补偿。接受劳务一方补偿后，可以向第三人追偿。

（3）经营者、管理者或者组织者责任。侵权责任编第1198条规定，宾馆、商场、银行、车站、机场、体育场馆、娱乐场所等经营场所、公共场所的经营者、管理者或者群众性活动的组织者，未尽到安全保障义务，造成他人损害的，应当承担侵权责任。因第三人的行为造成他人损害的，由第三人承担侵权责任；经营者、管理者或者组织者未尽到安全保障义务的，承担相应的补充责任。经营者、管理者或者组织者承担补充责任后，可以向第三人追偿。

（4）机动车交通事故责任。侵权责任编第1208条规定，机动车发生交通事故造成损害的，依照道路交通安全法律和本法的有关规定承担赔偿责任。《民法典》规定了机动车交通事故责任承担的几类情形：

第一，租赁、借用机动车的责任。侵权责任编第1209条规定，因租赁、借用等情形机动车所有人、管理人与使用人不是同一人时，发生交通事故造成损害，属于该机动车一方责任的，由机动车使用人承担赔偿责任；机动车所有人、管理人对损害的发生有过错的，承担相应的赔偿责任。

第二，转让而未过户的责任。侵权责任编第1210条规定，当事人之间已经以买卖或者其他方式转让并交付机动车但是未办理登记，发生交通事故造成损害，属于该机动车一方责任的，由受让人承担赔偿责任。

第三，机动车被盗窃、抢劫或者抢夺，以及盗开他人机动时的责任。侵权责任编第1215条规定，盗窃、抢劫或者抢夺的机动车发生交通事故造成损害的，由盗窃人、抢劫人或者抢夺人承担赔偿责任。盗窃人、抢劫人或者抢夺人与机动车使用人不是同一人，发生交通事故造成损害，属于该机动车一方责任的，由盗窃人、抢劫人或者抢夺人与机动车使用人承担连带责任。保险人在机动车强制保险责任限额范围内垫付抢救费用的，有权向交通事故责任人追偿。第1212条规定，未经允许驾驶他人机动车，发生交通事故造成损害，属于该机动车一方责任的，由机动车使用人承担赔偿责任；机动车所有人、管理人对损害的发生有过错的，承担相应的赔偿责任，但是另有规定的除外。

第四，挂靠营运的责任。侵权责任编第1211条规定，以挂靠形式从事道路运输经营活动的机动车，发生交通事故造成损害，属于该机动车一方责任的，由挂靠人和被挂靠人承担连带责任。

第五，转让拼装车、报废车造成的责任。侵权责任编第1214条规定，以买卖或者其他方式转让拼装或者已经达到报废标准的机动车，发生交通事故造成损害的，由转让人和受让人承担连带责任。

（5）高度危险活动的责任。侵权责任编第1240条规定，从事高空、高压、地下挖掘活动或者使用高速轨道运输工具造成他人损害的，经营者应当承担侵权责任；但是，能够证明损害是因受害人故意或者不可抗力造成的，不承担责任。被侵权人对损害的发生有重大过失的，可以减轻经营者的责

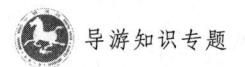

任。第 1243 条规定，未经许可进入高度危险活动区域或者高度危险物存放区域受到损害，管理人能够证明已经采取足够安全措施并尽到充分警示义务的，可以减轻或者不承担责任。

（五）旅游纠纷的解决

1. 解决途径

《旅游法》第 92 条规定，旅游者与旅游经营者发生纠纷，可以通过下列途径解决：

（1）双方协商；

（2）向消费者协会、旅游投诉受理机构或者有关调解组织申请调解；

（3）根据与旅游经营者达成的仲裁协议提请仲裁机构仲裁；

（4）向人民法院提起诉讼。

2. 最高人民法院关于民事诉讼证据的若干规定

（1）当事人举证。《民事证据规定》第 1 条规定，原告向人民法院起诉或者被告提出反诉，应当提供符合起诉条件的相应的证据。

当事人自认的形式。①陈述或承认。《民事证据规定》第 3 条规定，以在诉讼过程中，一方当事人陈述的于己不利的事实，或者对于己不利的事实明确表示承认的，另一方当事人无须举证证明。在证据交换、询问、调查过程中，或者在起诉状、答辩状、代理词等书面材料中，当事人明确承认于己不利的事实的，适用前款规定。②默示自认。第 4 条规定，一方当事人对于另一方当事人主张的于己不利的事实既不承认也不否认，经审判人员说明并询问后，其仍然不明确表示肯定或者否定的，视为对该事实的承认。③诉讼代理人自认。第 5 条规定，当事人委托诉讼代理人参加诉讼的，除授权委托书明确排除的事项外，诉讼代理人的自认视为当事人的自认。④共同诉讼人自认。第 6 条规定，普通共同诉讼中，共同诉讼人中一人或者数人作出的自认，对作出自认的当事人发生效力。必要共同诉讼中，共同诉讼人中一人或者数人作出自认而其他共同诉讼人予以否认的，不发生自认的效力。其他共同诉讼人既不承认也不否认，经审判人员说明并询问后仍然不明确表示意见的，视为全体共同诉讼人的自认。

自认的限制。《民事证据规定》第 7 条规定，一方当事人对于另一方当事人主张的于己不利的事实有所限制或者附加条件予以承认的，由人民法

院综合案件情况决定是否构成自认。第 8 条规定，《最高人民法院关于适用
〈中华人民共和国民事诉讼法〉的解释》（以下简称《民诉法解释》）第 96 条
第 1 款规定的事实，不适用有关自认的规定。自认的事实与已经查明的事实
不符的，人民法院不予确认。人民法院认为审理案件需要的证据包括：①涉
及可能损害国家利益、社会公共利益的；②涉及身份关系的；③涉及《民
事诉讼法》第 55 条规定诉讼的；④当事人有恶意串通损害他人合法权益可
能的；⑤涉及依职权追加当事人、中止诉讼、终结诉讼、回避等程序性事
项的。

自认的撤销。《民事证据规定》第 9 条规定，有下列情形之一，当事人
在法庭辩论终结前撤销自认的，人民法院应当准许：①经对方当事人同意
的；②自认是在受胁迫或者重大误解情况下作出的。人民法院准许当事人撤
销自认的，应当作出口头或者书面裁定。

免证事实。《民事证据规定》第 10 条规定，下列事实，当事人无须举证
证明：①自然规律以及定理、定律；②众所周知的事实；③根据法律规定推
定的事实；④根据已知的事实和日常生活经验法则推定出的另一事实；⑤已
为仲裁机构的生效裁决所确认的事实；⑥已为人民法院发生法律效力的裁判
所确认的基本事实；⑦已为有效公证文书所证明的事实。前款第②项至第⑤
项事实，当事人有相反证据足以反驳的除外；第⑥项、第⑦项事实，当事人
有相反证据足以推翻的除外。

证据原件（物）的提交原则。《民事证据规定》第 11 条规定，当事人向
人民法院提供证据，应当提供原件或者原物。如需自己保存证据原件、原物
或者提供原件、原物确有困难的，可以提供经人民法院核对无异的复制件
或者复制品。第 15 条规定，当事人以视听资料作为证据的，应当提供存储
该视听资料的原始载体。当事人以电子数据作为证据的，应当提供原件。电
子数据的制作者制作的与原件一致的副本，或者直接来源于电子数据的打印
件或其他可以显示、识别的输出介质，视为电子数据的原件。第 14 条规定，
电子数据包括：①网页、博客、微博客等网络平台发布的信息；②手机短
信、电子邮件、即时通信、通讯群组等网络应用服务的通信信息；③用户注
册信息、身份认证信息、电子交易记录、通信记录、登录日志等信息；④文
档、图片、音频、视频、数字证书、计算机程序等电子文件；⑤其他以数字

化形式存储、处理、传输的能够证明案件事实的信息。第 17 条规定，当事人向人民法院提供外文书证或者外文说明资料，应当附有中文译本。

（2）证据的调查收集和保全。关于调查取证的相关规定。《民事证据规定》第 20 条规定，当事人及其诉讼代理人申请人民法院调查收集证据，应当在举证期限届满前提交书面申请。申请书应当载明被调查人的姓名或者单位名称、住所地等基本情况、所要调查收集的证据名称或者内容、需要由人民法院调查收集证据的原因及其要证明的事实以及明确的线索。第 21 条规定，人民法院调查收集的书证，可以是原件，也可以是经核对无误的副本或者复制件。是副本或者复制件的，应当在调查笔录中说明来源和取证情况。第 22 条规定，人民法院调查收集的物证应当是原物。被调查人提供原物确有困难的，可以提供复制品或者影像资料。提供复制品或者影像资料的，应当在调查笔录中说明取证情况。第 23 条规定，人民法院调查收集视听资料、电子数据，应当要求被调查人提供原始载体。提供原始载体确有困难的，可以提供复制件。提供复制件的，人民法院应当在调查笔录中说明其来源和制作经过。人民法院对视听资料、电子数据采取证据保全措施的，适用前款规定。第 24 条规定，人民法院调查收集可能需要鉴定的证据，应当遵守相关技术规范，确保证据不被污染。

关于证据保全的相关规定。①申请。《民事证据规定》第 25 条规定，当事人或者利害关系人根据《民事诉讼法》第 81 条的规定申请证据保全的，申请书应当载明需要保全的证据的基本情况、申请保全的理由以及采取何种保全措施等内容。当事人根据《民事诉讼法》第 81 条第 1 款的规定申请证据保全的，应当在举证期限届满前向人民法院提出。法律、司法解释对诉前证据保全有规定的，依照其规定办理。②担保。第 26 条规定，当事人或者利害关系人申请采取查封、扣押等限制保全标的物使用、流通等保全措施，或者保全可能对证据持有人造成损失的，人民法院应当责令申请人提供相应的担保。担保方式或者数额由人民法院根据保全措施对证据持有人的影响、保全标的物的价值、当事人或者利害关系人争议的诉讼标的金额等因素综合确定。③方法。第 27 条规定，人民法院进行证据保全，可以要求当事人或者诉讼代理人到场。根据当事人的申请和具体情况，人民法院可以采取查封、扣押、录音、录像、复制、鉴定、勘验等方法进行证据保全，并制作笔录。在符合证据保全目的的情况下，人民法院应当选择对证据持有人利益影响最小的保全措施。④赔偿责任。第 28 条规定，申请证据保全错误造成财产损失，当事人请求申请人承担赔偿责任的，人民法院应予支持。

关于鉴定的相关规定。《民事证据规定》第 31 条规定，当事人申请鉴定，应当在人民法院指定期间内提出，并预交鉴定费用。逾期不提出申请或者不预交鉴定费用的，视为放弃申请。对需要鉴定的待证事实负有举证责任的当事人，在人民法院指定期间内无正当理由不提出鉴定申请或者不预交鉴定费用，或者拒不提供相关材料，致使待证事实无法查明的，应当承担举证不能的法律后果。

3. 最高人民法院审理旅游纠纷案件适用法律的规定

（1）为保护旅游者合法权益《最高人民法院关于审理旅游纠纷案件适用法律若干问题的规定》（以下简称《适用法律规定》）从请求权竞合、对合同霸王条款的认定、合同转让、旅游者单方解除合同、交通工具延误、证照问题、违约赔偿、遭受欺诈引起的赔偿、购物收费等问题引起纠纷产生责任的法律适用做出明确规定。

第一，请求权竞合。《适用法律规定》第 3 条规定，因旅游经营者方面的同一原因造成旅游者人身损害、财产损失，旅游者选择请求旅游经营者承担违约责任或者侵权责任的，人民法院应当根据当事人选择的案由进行审理。

第二，霸王条款认定。《适用法律规定》第 6 条规定，旅游经营者以格式条款、通知、声明、店堂告示等方式作出排除或者限制旅游者权利、减轻或者免除旅游经营者责任、加重旅游者责任等对旅游者不公平、不合理的规定，旅游者依据《消费者权益保护法》第 26 条的规定请求认定该内容无效的，人民法院应予支持。

第三，合同转让。《适用法律规定》第 10 条规定，旅游经营者将旅游业务转让给其他旅游经营者，旅游者不同意转让，请求解除旅游合同、追究旅游经营者违约责任的，人民法院应予支持。旅游经营者擅自将其旅游业务转让给其他旅游经营者，旅游者在旅游过程中遭受损害，请求与其签订旅游合同的旅游经营者和实际提供旅游服务的旅游经营者承担连带责任的，人民法院应予支持。第 11 条规定，除合同性质不宜转让或者合同另有约定之外，在旅游行程开始前的合理期间内，旅游者将其在旅游合同中的权利义务转让给第三人，请求确认转让合同效力的，人民法院应予支持。因前款所述原因，旅游者请求旅游经营者退还减少的费用的，人民法院应予支持。

第四，单方解除合同。《适用法律规定》第12条规定，旅游行程开始前或者进行中，因旅游者单方解除合同，旅游者请求旅游经营者退还尚未实际发生的费用，人民法院应予支持。

第五，公共交通工具延误。《适用法律规定》第16条规定，因飞机、火车、班轮、城际客运班车等公共客运交通工具延误，导致合同不能按照约定履行，旅游者请求旅游经营者退还未实际发生的费用的，人民法院应予支持。合同另有约定的除外。

第六，证照纠纷。《适用法律规定》第21条规定，旅游经营者因过错致其代办的手续、证件存在瑕疵，或者未尽妥善保管义务而遗失、毁损，旅游者请求旅游经营者补办或者协助补办相关手续、证件并承担相应费用的，人民法院应予支持。因上述行为影响旅游行程，旅游者请求旅游经营者退还尚未发生的费用、赔偿损失的，人民法院应予支持。

第七，违约赔偿。《适用法律规定》第15条第1款规定，旅游经营者违反合同约定，有擅自改变旅游行程、遗漏旅游景点、减少旅游服务项目、降低旅游服务标准等行为，旅游者请求旅游经营者赔偿未完成约定旅游服务项目等合理费用的，人民法院应予支持。

第八，欺诈赔偿。《适用法律规定》第15条第2款规定，旅游经营者提供服务时有欺诈行为，旅游者依据《消费者权益保护法》第55条第1款规定请求旅游经营者承担惩罚性赔偿责任的，人民法院应予支持。

第九，购物收费。《适用法律规定》第20条规定，旅游者要求旅游经营者返还下列费用的，人民法院应予支持：①因拒绝旅游经营者安排的购物活动或者另行付费的项目被增收的费用；②在同一旅游行程中，旅游经营者提供相同服务，因旅游者的年龄、职业等差异而增收的费用。

（2）为公平合理的分配旅游活动中的责任，保护旅游者和旅游经营者合法权益，《适用法律规定》对因擅自转让旅游业务、地接社违约、旅游者自行安排活动、旅游者脱团、行李丢失、自由行产品等问题引起纠纷产生责任的法律适用做出明确规定。

第一，擅自转让业务。《适用法律规定》第 10 条第 2 款规定，旅游经营者擅自将其旅游业务转让给其他旅游经营者，旅游者在旅游过程中遭受损害，请求与其签订旅游合同的旅游经营者和实际提供旅游服务的旅游经营者承担责任的，人民法院应予支持。第 14 条规定，旅游经营者准许他人挂靠其名下从事旅游业务，造成旅游者人身损害、财产损失，旅游者依据《民法典》第 1168 条的规定请求旅游经营者与挂靠人承担连带责任的，人民法院应予支持。

第二，地接社违约。《适用法律规定》第 13 条规定，签订旅游合同的旅游经营者将其部分旅游业务委托旅游目的地的旅游经营者，因受托方未尽旅游合同义务，旅游者在旅游过程中受到损害，要求作出委托的旅游经营者承担赔偿责任的，人民法院应予支持；旅游经营者委托除前款规定以外的人从事旅游业务，发生旅游纠纷，旅游者起诉旅游经营者的，人民法院应予受理。

第三，自行安排活动。《适用法律规定》第 17 条规定，旅游者在自行安排活动期间遭受人身损害、财产损失，旅游经营者未尽到必要的提示义务、救助义务，旅游者请求旅游经营者承担相应责任的，人民法院应予支持。同时，前款规定的自行安排活动期间，包括旅游经营者安排的在旅游行程中独立的自由活动期间、旅游者不参加旅游行程的活动期间以及旅游者经导游或者领队同意暂时离队的个人活动期间等。

第四，旅游者脱团。《适用法律规定》第 18 条规定，旅游者在旅游行程中未经导游或者领队许可，故意脱离团队，遭受人身损害、财产损失，请求旅游经营者赔偿损失的，人民法院不予支持。

第五，行李丢失。《适用法律规定》第 19 条规定，旅游经营者或者旅游辅助服务者为旅游者代管的行李物品损毁、灭失，旅游者请求赔偿损失的，人民法院应予支持。同时列举了四种除外情形：损失是由于旅游者未听从旅游经营者或者旅游辅助服务者的事先声明或者提示，未将现金、有价证券、贵重物品由其随身携带而造成的；损失是由于不可抗力造成的；损失是由于旅游者的过错造成的；损失是由于物品的自然属性造成的。

第六，"自由行"产品。《适用法律规定》第 22 条规定，旅游经营者事先设计，并以确定的总价提供交通、住宿、游览等一项或者多项服务，不提

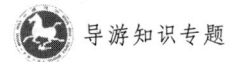

供导游和领队服务，由旅游者自行安排游览行程的旅游过程中，旅游经营者提供的服务不符合合同约定，侵害旅游者合法权益，旅游者请求旅游经营者承担相应责任的，人民法院应予支持。

（3）为平等保护市场主体，《适用法律规定》对因第三人责任、旅游者的原因、合同转让、费用支付等问题引起纠纷产生责任的法律适用做出明确规定。

第一，第三人责任。《适用法律规定》第4条规定，因旅游辅助服务者的原因导致旅游经营者违约，旅游者仅起诉旅游经营者的，人民法院可以将旅游辅助服务者追加为第三人。

第二，旅游者的原因。《适用法律规定》第8条第2款规定，旅游者未按旅游经营者、旅游辅助服务者的要求提供与旅游活动相关的个人健康信息并履行如实告知义务，或者不听从旅游经营者、旅游辅助服务者的告知、警示，参加不适合自身条件的旅游活动，导致旅游过程中出现人身损害、财产损失，旅游者请求旅游经营者、旅游辅助服务者承担责任的，人民法院不予支持。第18条规定，旅游者在旅游行程中未经导游或者领队许可，故意脱离团队，遭受人身损害、财产损失，请求旅游经营者赔偿损失的，人民法院不予支持。

第三，合同转让规则。《适用法律规定》第10条规定，旅游经营者将旅游业务转让给其他旅游经营者，旅游者不同意转让，请求解除旅游合同、追究旅游经营者违约责任的，人民法院应予支持。这表明，《规定》并未禁止旅行社转团，但前提是必须事先征得旅游者同意。

第四，支付合理费用。《适用法律规定》第11条第2款规定，在旅游行程开始前的合理期间内，因旅游者将其在旅游合同中的权利义务转让给第三人的原因，旅游经营者请求旅游者、第三人给付增加的费用，人民法院应予支持。第12条规定，旅游行程开始前或者进行中，因旅游者单方解除合同，旅游经营者请求旅游者支付合理费用的，人民法院应予支持。

专题二
中国共产党成立以来领导全国人民在革命、建设和改革进程中所取得的伟大成就

一、中国共产党历史

（一）新文化运动和五四运动

新文化运动是 1919 年五四运动爆发前后由蔡元培、陈独秀、李大钊、鲁迅、胡适等一些受过西方教育（当时称为新式教育）的人发起的一次"反传统、反儒教、反文言"的思想文化革新、文学革命运动。

1919 年 5 月 4 日前夕，陈独秀在其主编的《新青年》（1 期名为《青年杂志》2 期 1 版正式改名为《新青年》）刊载文章，提倡民主与科学（"德先生"与"赛先生"），批判传统纯正的中国文化，并传播马克思主义思想。

新文化运动是一次前所未有的思想解放和启蒙运动，为马克思主义在中国的传播开辟了道路。"五四"以后的新文化运动，更是成为宣传马克思主义及各种社会主义流派的思想运动，使旧民主主义的文化运动，转变为由马克思主义理论指导的新民主主义的文化运动。

辛亥革命的果实被袁世凯篡夺，中国遂陷入军阀混战的局面，袁世凯、张勋先后企图复辟帝制但遭到失败。北洋军阀直系冯国璋、曹锟，皖系段祺瑞，奉系张作霖争权夺利，连年混战，民不聊生。东西列强趁机加大对中国

的掠夺，中华民族危机重重。以陈独秀、李大钊、鲁迅、胡适为代表的先进知识分子开始总结辛亥革命的教训，提倡民主和科学，掀起了轰轰烈烈的新文化运动，启迪了民智。1917 年，俄国十月革命一声炮响，给中国送来了马克思主义，为中国革命指明了方向。1919 年中国外交在巴黎和会上遭受屈辱性失败，北京爆发彻底地反帝反封建的"五四"爱国运动，标志着工人阶级正式登上历史舞台，资产阶级领导的旧民主主义革命结束，无产阶级领导的新民主主义革命迎来伟大开端。促进了马克思主义在中国的传播，促进了马克思主义同中国工人运动的结合，为中国共产党的成立做了思想上、干部上的准备。

（二）中国共产党成立

1921 年 7 月 23 日，中国共产党第一次全国代表大会在上海法租界望志路 106 号（今兴业路 76 号）召开。国内各地的党组织和旅日的党组织派出 13 名代表，代表全国 50 多名党员。7 月 30 日晚，因法租界巡捕搜查会议地点，最后一天会议改在浙江嘉兴南湖的游船上举行。大会确定党的名称为"中国共产党"，党纲是"以无产阶级革命军队推翻资产阶级"；"采用无产阶级专政，以达到阶级斗争的目的——消灭阶级"；"废除资本家私有制"以及联合第三国际。大会选举陈独秀为中央局书记。一大宣告中国共产党正式成立，这是中国历史上开天辟地的大事，中国革命面目从此焕然一新。

（三）第一次国共合作

中共三大决定采取党内合作形式实行国共合作后，1924 年 1 月，中国国民党第一次全国代表大会召开，重新解释三民主义，事实上确立联俄、联共、扶助农工三大政策，标志着第一次国共合作正式形成。期间，爆发五卅运动、省港大罢工，统一广东革命根据地，发动北伐战争，湘鄂赣工农运动高涨。1927 年，蒋介石制造四一二反革命政变、汪精卫制造七一五反革命政变，疯狂屠杀共产党人、革命群众和国民党左派，国共合作宣告破裂。轰轰烈烈的大革命虽然失败了，但它沉重打击了帝国主义在华势力，基本推翻了北洋军阀的反动统治，使民主革命思想在全国范围内得到空前的传播，促进了中国广大民众的觉醒，推动了中国社会的进步。

（四）南昌起义

1927 年 7 月中旬，中共中央政治局临时常委会决定发动南昌起义，召集中央紧急会议讨论和决定大革命失败后的新方针。8月1日，在以周恩来为书记的中共中央前敌委员会（简称前委）领导下，贺龙、叶挺、朱德、刘伯承等人，率领中共所掌握和影响下的军队2万多人，在南昌打响武装反抗国民党反动派的第一枪。南昌起义在全党和全国人民面前树立起一面革命武装斗争的旗帜，标志着中国共产党独立领导革命战争、创建人民军队和武装夺取政权的开始。

（五）创建井冈山革命根据地

大革命失败后，在全党寻找中国革命新道路而进行的艰苦探索中，1927年10月，毛泽东率领秋收起义部队上湘赣两省交界的井冈山，进行创建革命根据地、开展工农武装割据的斗争，代表了中国革命发展的正确方向。1928年2月，井冈山革命根据地初步形成。农村包围城市、武装夺取政权思想的提出，标志着中国化的马克思主义即毛泽东思想的初步形成。这是马克思主义在中国的创造性地运用和发展，毛泽东是马克思主义中国化的伟大开拓者。

（六）红军长征

由于"左"倾教条主义的错误，中央苏区第五次反"围剿"失败。1934年10月至1936年10月，红军第一、第二、第四方面军和第二十五军，在党的领导下，血战湘江，四渡赤水，巧渡金沙江，强渡大渡河，飞夺泸定桥，鏖战独树镇，勇克包座，转战乌蒙山，击退上百万穷凶极恶的追兵阻敌，征服空气稀薄的冰山雪岭，穿越渺无人烟的沼泽草地，纵横十余省，长驱二万五千里，以非凡的智慧和大无畏的英雄气概，战胜千难万险，付出巨大牺牲，胜利完成震撼世界、彪炳史册的长征。

（七）抗日战争

1931年9月18日，日本关东军发动九一八事变，成为中国人民抗日战争的起点，中国人民不屈不挠的局部抗战揭开了世界反法西斯战争的序幕。1937年7月7日，日本侵略军发动卢沟桥事变，中国人民开始了全民族抗战。中国共产党制定和实施全面抗战路线和持久战的战略总方针，领导人民军队深入敌后发动群众，开展抗日游击战争，建立和发展抗日民主根据地；实行发展进步势力、争取中间势力、孤立顽固势力和坚持抗战反对妥协、坚持团结反对分裂、坚持进步反对倒退的方针；大力推进党的建设，确立毛泽东思想为党的指导思想。中国共产党成为全民族抗战的中流砥柱。1945 年 8 月 15 日，日本天皇裕仁以广播的形式发布《终战诏书》，日本无条件投降，9 月 2 日，日本代表在投降书上签字；9 月 3 日，成为中国人民抗日战争胜利纪念日。中国人民经过长达 14 年艰苦卓绝的斗争，终于取得了抗日战争的伟大胜利，宣告了世界反法西斯战争的完全胜利。中国人民抗日战争胜利是近代以来中国抗击外敌入侵的第一次完全胜利，成为中华民族走向复兴的转折点。

（八）解放战争

解放战争亦称第三次国内革命战争，是 1946 年 6 月至 1949 年 9 月中国人民解放军在中国共产党的领导下，为推翻国民党统治、解放全中国而进行的战争，是一场事关中国前途命运的决战 。全面内战爆发后，中国共产党领导解放区军民坚决以积极防御粉碎国民党军队的进攻，并积极推动国民党统治区的人民运动。随着形势的发展，中国共产党指挥人民解放军转入战略进攻，经过战略决战和战略追击，领导人民推翻了国民党反动统治，夺取了新民主主义革命的全国性胜利，基本上完成了争取民族独立和人民解放的历史任务。

二、取得的主要成就

（一）抗美援朝

1950 年 6 月 25 日，朝鲜内战爆发。美国政府立即进行武装干涉，并派遣第七舰队侵入台湾海峡，公然干涉中国内政，阻挠中国统一大业。10 月 19 日，中国人民志愿军跨过鸭绿江，10 月 25 日，志愿军打响了驻军朝鲜后的第一仗，后来，这一天被定为抗美援朝纪念日。志愿军战士发扬伟大的爱国主义精神和革命英雄主义精神，同朝鲜人民和军队一道，历经两年零 9 月艰苦卓绝的浴血奋战，赢得了抗美援朝战争的伟大胜利。19.7 万多名英雄儿女为了祖国、为了人民、为了和平献出了宝贵生命。在他们中涌现出特级英雄杨根思、黄继光，一级英雄邱少云、王海、于喜田、柴云振等 30 多万名英雄功臣和近 6000 个功臣集体，锻造了伟大抗美援朝精神。

（二）三大改造

1955 年夏季以后，农业合作化运动形成猛烈发展的群众性浪潮，手工业、资本主义工商业的社会主义改造也大大加快步伐。1956 年年底，我国基本完成了对生产资料私有制的社会主义改造，初步建立起公有制占绝对优势的社会主义经济制度。伴随着生产资料公有制的建立和发展，我国确立的社会主义政治制度及党和国家工作的各个方面也得到加强和改善。社会主义政治制度、经济制度的确立，为当代中国的一切发展和进步奠定了制度基础，这是中国共产党和中华人民共和国历史上一个重要里程碑。

（三）西藏民主改革

1959 年 3 月 10 日，西藏上层反动集团公然撕毁了 1951 年 5 月签订的《中央人民政府和西藏地方政府关于和平解放西藏办法的协议》（简称"十七条协议"），悍然发动了旨在分裂祖国的全面武装叛乱。1959 年 3 月 22 日，在北京的西藏工委书记张经武向西藏工委传达了《中共中央〈关于在西藏平息叛乱中实现民主改革若干政策问题〉的指示》。1959 年 3 月 28 日，中央政府宣布解散西藏地方政府，由西藏自治区筹备委员会行使西藏地方政府职权，领导西藏各族人民一边平叛一边进行民主改革，使百万农奴翻身获得了解放。5 月 31 日，中共中央对西藏工委《关于当前平叛工作中几个政策问题的决定》作出批示，决定采取边打边改，完成全区的民主改革。西藏工委在随后的两年中，按照中央所确定的方针，带领广大藏族群众，完成了西藏地区的民主改革。

党成功地领导了波澜壮阔的西藏民主改革运动。一个由人民当家作主的新西藏，屹立在世界的屋脊。民主改革使百万翻身农奴和奴隶有了属于自己的土地和牲畜，他们因而焕发出前所未有的生产积极性，政教合一的封建农奴制度从此被彻底摧毁，西藏同胞开始享有充分的民主权利。历史证明，任何将西藏从祖国大家庭中分离出去，永远维护封建农奴制统治的图谋，都将遭到可耻的失败。西藏上层反动集团发动的叛乱，迫使党加快了民主改革的进程，平叛胜利使西藏人民翻身求解放以及一系列相关政治问题得到及早解决，这是具有重大历史意义的事情。

（四）民族区域自治制度

民族区域自治制度是我国的一项基本政治制度，是中国特色解决民族问题正确道路的一个重要制度保障。按照《共同纲领》的规定，1952 年颁布《中华人民共和国民族区域自治实施纲要》，全国初步建立起一批民族自治地方，组成自治机关行使自治权利，民族区域自治迈出法律化、制度化的重要一步。根据几年来的实践，1954 年宪法将民族自治地方规范为自治区、自治州、自治县三级，县以下的少数民族聚居区设民族乡。到 1956 年，全国共建立 27 个自治州、43 个自治县。最早成立于 1947 年 5 月的内蒙古自治政府，在 1949 年 12 月改称内蒙古自治区人民政府。1955 年 10 月 1 日，新疆维吾尔自治区宣告成立。1958 年 3 月、10 月，分别成立广西壮族自治区、宁夏回族自治区。西藏自治区筹备委员会于 1956 年 4 月在拉萨成立，1965 年正式成立西藏自治区。随着 5 个民族自治区和相关自治州、自治县的先后成立，民族区域自治制度作为我国的基本政治制度得以实现。这对于中国在任何复杂的国际国内环境下，始终保持国家完整统一、促进民族团结互助和民族发展进步，具有重大而长远的意义。

（五）"三线"建设

20 世纪五六十年代，我国的基础工业、国防工业绝大部分分布在东北、华北和东南沿海一带，一旦发生战争，工业基础就可能被摧毁。1964 年 10 月，中央审时度势，做出了三线建设的重大战略决策。所谓"三线"是指中西部 13 个内陆省和自治区，与之相对是沿海和沿边省份，称为"一线"，介于一线、三线之间的中部地区称为"二线"。"三线"是按照经济建设和国防建设的战略布局需要划分的。三线建设的目的是调整工业布局，在中西部地区建设工业、科技和国防基地，以形成巩固的战略大后方，达到"备战备荒"的目的。

三线建设从 1964~1980 年共经历三个"五年计划"，投入资金 2052 亿元（占全国基本建设投资的 40%），投入人力 400 多万，兴建项目上千个。三线建设采用一线支援三线的方式，迅速在中西部地区建成成昆、川黔、贵昆、襄渝等十条铁路干线，建成攀枝花、六盘水、十堰、金昌等 30 多个新兴工业城市、四川攀枝花钢铁基地、湖北东风汽车公司、甘肃酒泉卫星发射中心、贵州六盘水煤炭工业基地以及著名的葛洲坝水利工程，都是三线建设的伟大成果。"三线建设"不仅建成了安全可靠的战略大后方，提高了国防能力，为中国后来的改革开放与和平发展创造了条件，它也是共和国历史上第一次西部大开发，极大地促进了中西部地区的发展。

"好人好马上三线，备战备荒为人民"。三线人用忠诚与担当，以不惧生死的勇气和智慧，创造了"奉献祖国、艰苦创业、团结协作、开拓创新"的三线精神，这是民族精神、奋斗精神的重要组成部分，也是值得我们永远铭记的红色记忆。

（六）大国外交

世界多极化加速发展，国际格局面临深刻调整。中国推进中国特色大国外交，形成全方位、多层次、立体化的外交布局，对外工作呈现鲜明的中国特色、中国风格、中国气派。中国提出和促进"一带一路"国际合作，倡导推动构建人类命运共同体，引领促进全球治理体系改革和建设，坚决维护国家主权、安全、发展利益，在国际上的影响力、感召力、塑造力显著提高，为世界和平与发展作出了新的重大贡献。

（七）改革开放

改革开放是中国共产党的一次伟大觉醒，正是这个伟大觉醒孕育了党从理论到实践的伟大创造。改革开放是中国人民和中华民族发展史上一次伟大革命，正是这个伟大革命推动了中国特色社会主义事业的伟大飞跃！我们解放思想、实事求是，大胆地试、勇敢地改，干出了一片新天地。从实行家庭联产承包、乡镇企业异军突起、取消农业税牧业税和特产税到农村承包地"三权"分置、打赢脱贫攻坚战、实施乡村振兴战略，从兴办深圳等经济特区、沿海沿边沿江沿线和内陆中心城市对外开放到加入世界贸易组织、共建"一带一路"、设立自由贸易试验区、谋划中国特色自由贸易港、成功举办首届中国国际进口博览会，从"引进来"到"走出去"，从搞好国营大中小企业、发展个体私营经济到深化国资国企改革、发展混合所有制经济，从单一公有制到公有制为主体、多种所有制经济共同发展和坚持"两个毫不动摇"，从传统的计划经济体制到前无古人的社会主义市场经济体制再到使市场在资源配置中起决定性作用和更好发挥政府作用，从以经济体制改革为主到全面深化经济、政治、文化、社会、生态文明体制和党的建设制度改革，党和国家机构改革、行政管理体制改革、依法治国体制改革、司法体制改革、外事体制改革、社会治理体制改革、生态环境督察体制改革、国家安全体制改革、国防和军队改革、党的领导和党的建设制度改革、纪检监察制度改革等一系列重大改革扎实推进，各项便民、惠民、利民举措持续实施，使改革开放成为当代中国最显著的特征、最壮丽的气象。

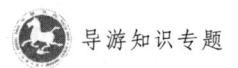

（八）中国特色社会主义

1982年9月1日至11日，党的第十二次全国代表大会在北京举行。邓小平在开幕词中响亮提出："把马克思主义的普遍真理同我国的具体实际结合起来，走自己的道路，建设有中国特色的社会主义"。"建设有中国特色的社会主义"的重大崭新命题的提出，回答了进入改革开放新时期后走什么样的道路这一全党和全国人民最为关心的重大问题，它成为指引改革开放和社会主义现代化建设的伟大旗帜。

（九）香港、澳门回归

1981年12月，中共中央做出1997年7月1日收回香港的决定。1982年10月，中英关于香港问题的谈判正式开始。1984年12月19日，中英两国政府正式签署《关于香港问题的联合声明》，确认中华人民共和国政府于1997年7月1日对香港恢复行使主权。1990年4月，七届全国人大三次会议审议通过《中华人民共和国香港特别行政区基本法》。1997年7月1日零时，中华人民共和国对香港恢复行使主权。习近平《在庆祝香港回归祖国20周年大会暨香港特别行政区第五届政府就职典礼上的讲话》中指出，香港回到祖国的怀抱，洗刷了民族百年耻辱，完成了实现祖国完全统一的重要一步。香港回归祖国是彪炳中华民族史册的千秋功业，香港从此走上同祖国共同发展、永不分离的宽广道路。

1986年6月，中国和葡萄牙两国政府开始就澳门问题举行谈判。1987年4月13日，中葡两国政府正式签署《关于澳门问题的联合声明》，宣布中国政府将于1999年12月20日对澳门恢复行使主权。1993年3月，八届全国人大一次会议审议通过《中华人民共和国澳门特别行政区基本法》。1999年12月20日零时，中华人民共和国对澳门恢复行使主权。澳门的胜利回归，是中国人民在完成祖国统一大业的道路上树立的又一座丰碑。习近平《在庆祝澳门回归祖国20周年大会暨澳门特别行政区第五届政府就职典礼上的讲话》中指出，饱经沧桑的澳门回到祖国怀抱，中华人民共和国澳门特别行政区宣告成立，开启了澳门历史新纪元。中华民族伟大复兴的前进步伐势不可挡，香港、澳门与祖国内地同发展、共繁荣的道路必将越走越宽广！

（十）脱贫攻坚

打赢脱贫攻坚，是全面建成小康社会的底线任务。在以习近平同志为核心的党中央坚强领导下，开展了声势浩大的脱贫攻坚人民战争。坚持开发式扶贫方针，引导和支持所有有劳动能力的贫困人口依靠自己的双手创造美好明天；组织易地扶贫搬迁，960 多万贫困人口摆脱了困境；以脱贫攻坚统揽贫困地区经济社会发展全局，开展产业扶贫、电商扶贫、光伏扶贫、旅游扶贫等；抓党建促脱贫攻坚，开展贫困识别、精准帮扶，巩固了党在农村的执政基础。脱贫攻坚取得了重大历史性成就：现行标准下 9899 万农村贫困人口全部脱贫，832 个贫困县全部摘帽，12.8 万个贫困村全部出列，区域性整体贫困得到解决，完成了消除绝对贫困的艰巨任务，创造了又一个彪炳史册的人间奇迹！在脱贫攻坚斗争中，1800 多名同志将生命定格在了脱贫攻坚征程上，生动诠释了共产党人的初心使命。脱贫攻坚伟大斗争，锻造形成了"上下同心、尽锐出战、精准务实、开拓创新、攻坚克难、不负人民"的脱贫攻坚精神。

（十一）乡村振兴

习近平总书记在十九大报告中正式提出"乡村振兴战略"，并写进党章，使其成为全党在相当长时期内要完成的总任务。习近平总书记指出：要坚持农业农村优先发展，按照"产业兴旺、生态宜居、乡风文明、治理有效、生活富裕"的总要求，建立健全城乡融合发展体制机制和政策体系，加快推进农业农村现代化。十九大报告提出的"乡村振兴战略"和 20 字总要求是未来一个时期中国三农工作的纲要。2018 年 9 月，中共中央、国务院印发了《乡村振兴战略规划（2018~2022 年）》。

（十二）全面建成小康社会

小康社会是中华民族自古以来追求的理想社会状态。改革开放之初，邓小平同志首先用"小康"来诠释中国式现代化，明确提出到 20 世纪末"在中国建立一个小康社会"的奋斗目标。党的十八大以来，中国共产党把人民对美好生活的向往作为奋斗目标，攻坚克难，砥砺前行。2021 年 7 月 1 日，在庆祝中国共产党成立一百周年大会上，习近平总书记庄严宣告：实现了第一个百年奋斗目标，全面建成了小康社会。全面建成小康社会的中国，经济持续健康发展，经济实力大幅提升。科技实力跨越式发展。产业结构优化升级。现代基础设施网络持续发展。人民民主不断扩大。文化更加繁荣发展。民生福祉显著提升。生态环境发生历史性变化。全面建成小康社会，实现了

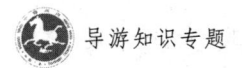

中国现代化建设的阶段性目标。

（十三）"一带一路"倡议

2013年秋，国家主席习近平在哈萨克斯坦和印度尼西亚先后提出共建"丝绸之路经济带"和"21世纪海上丝绸之路"，即"一带一路"倡议。在"一带一路"建设国际合作框架内，各方秉持共商、共建、共享原则，携手应对世界经济面临的挑战，开创发展新机遇，谋求发展新动力，拓展发展新空间，实现优势互补、互利共赢，不断朝着人类命运共同体方向迈进。2016年第71届联合国大会通过决议，首次写入"一带一路"倡议。中国坚持共建共商，推动"一带一路"高质量发展，建设和平之路、繁荣之路、开放之路、绿色之路、创新之路、文明之路，共建"一带一路"已成为当今世界深受欢迎的国际公共产品和国际合作平台。

（十四）构建人类命运共同体

2017年10月18日，习近平总书记在十九大报告中提出，世界命运握在各国人民手中，人类前途系于各国人民的抉择。中国人民愿同各国人民一道，推动人类命运共同体建设，共同创造人类的美好未来！2018年3月11日，第十三届全国人民代表大会第一次会议通过的宪法修正案，将宪法序言第12自然段中"发展同各国的外交关系和经济、文化的交流"修改为"发展同各国的外交关系和经济、文化交流，推动构建人类命运共同体"。推动构建人类命运共同体，鲜明体现了当代中国共产党人的全球视野，体现了中国将自身发展与世界发展相统一的世界胸怀，为人类社会实现共同发展、持续繁荣、长治久安绘制了蓝图，弘扬和平、发展、正义、民主、自由的全人类价值，引领人类进步潮流，得到国际社会的广泛认同。

（十五）两弹一星

1964年10月16日，我国第一颗原子弹爆炸成功。中国政府发表声明：在任何时候、任何情况下，都不会首先使用核武器。中国掌握核武器，完全是为了防御。1967年6月17日，我国第一颗氢弹空爆试验成功。1970年4月24日，我国第一颗人造地球卫星发射成功。

（十六）北斗导航

2007年4月14日，我国成功发射第一颗北斗二号导航卫星，正式开始独立自主建设我国第二代卫星导航系统。2017年11月5日，北斗三号第一、第二颗组网卫星以"一箭双星"方式成功发射，标志着北斗卫星导航系统全球组网的开始。这是和美国全球定位系统（GPS）、俄罗斯格洛纳斯系统、欧洲伽利略系统并列的全球卫星导航系统。2020 年 6 月 23 日 9 时，西昌卫星发射中心长征三号乙运载火箭成功将北斗系统第 55 颗导航卫星，即北斗三号最后一颗全球组网卫星送入太空。标志着我国自主建设、独立运行的北斗卫星导航系统完成全球组网部署。

（十七）高速公路和高速铁路

2000 年 12 月 18 日，京沪高速公路（北京至上海）全线贯通，全长 1262 千米。2012 年 4 月，雅西高速公路全线通车。雅西高速连接四川省雅安市和西昌市，全长 240 千米，2007 年动工。穿越大西南地质灾害频发的深山峡谷，被国内外专家学者公认为国内乃至全世界自然环境最恶劣、工程难度最大、科技含量最高的山区高速公路之一，被称作"云端上的高速公路"。

2008 年 8 月 1 日，我国第一条拥有完全自主知识产权、具有世界一流水平的高速铁路——京津城际铁路通车运营。截至 2021 年年底，我国高速铁路运营里程已达 4 万千米。

（十八）三峡水利工程

2006 年 5 月 20 日，长江三峡大坝全线建成，全长 2309 米，是三峡水利工程的重要组成部分。三峡水利工程全称为长江三峡水利枢纽工程，是世界上最大的水利枢纽工程。整个工程包括一座混凝重力式大坝，泄水闸，一座堤后式水电站，一座永久性通航船闸和一架升船机。工程分三期进行建设，总工期 18 年。在工程规模、科学技术和综合利用效益等许多方面都堪称世界级。

（十九）南水北调工程

2002 年 12 月 27 日，南水北调工程开工典礼在北京人民大会堂和江苏省、山东省施工现场同时举行。南水北调工程是我国的战略性工程，工程方案构想始于 1952 年毛泽东视察黄河。该工程主要为解决我国北方地区，尤其是黄、淮海流域的水资源短缺问题。工程分东、中、西三条线路，与长江、黄河、淮河和海河四大江河联系，构成以"四横三纵"为主体的总体布局，以实现我国水资源南北调配、东西互济的合理配置格局。

专题三
中国传统文化艺术

一、中国传统文化概述

（一）中国传统文化的概念

在定义中国传统文化是什么之前，先来看看什么是文化。

"文化"是"人文化成"一语的缩写，语出战国末年的《易经》卦辞："观乎天文，以察时变；观乎人文，以化成天下。"西汉刘向在《说苑》中将"文"与"化"二字联为一词，写道："圣人之治天下也，先文德而后武力。凡武之兴，为不服也。文化不改，然后加诛。"可见在中国古代"文化"的本义就是"以文教化"。随着时间的推移，空间的差异，"文化"已经成为一个内涵丰富的多维概念。

有关"文化"的定义，世界上至今下了两百多种。每种定义站在不同的角度见仁见智，各有所长，因此无法统一。

如果站在人类改造自身、社会和自然的立场上给"文化"下定义，可以认为，文化是人类诞生之后发生的现象，"文"就是"人文"，"文化"就是"人文化"，是人类面对自然界和人类社会，在与自然的斗争中顺应自然、改造自然，以及在改造社会、改造人本身的过程中所创造的一切。

从人类创造的文化所具有的形态看，有物质形态的文化、行为形态的文化、制度形态的文化和精神形态的文化。对任何民族来讲，其文化的内涵以及形态都是如此，中华民族也不例外。凡是文化都具有群体性或民族性、地域性、时代性；作为传统文化，其传承性的特征尤其突出。中国传统文化就是这样。

什么是中国传统文化？中国传统文化是指居住在中国地域内（有着鲜明的历史性、历时性）的中华民族及其祖先所创造的，并为中华民族世世代代所继承发展的，具有中国鲜明民族特色的文化。中国传统文化可以划分为物质、行为、制度、精神（社会意识）四种形式的文化内容。

我们强调中国传统文化的历史性、历时性是为了提醒大家不要忘记在中国大地上曾经还有过一些消失了的民族、群体参与创造过中华民族的文化，有的甚至没有留下文字记载（如红山文化）。中国传统文化的历时性仅指在其体系基本确定后一定时段内文化内容的构成上有所不同的情况（如儒家、道家在不同时期出现的新形式）。

通过考古发掘，我们不但发现了中国地面上原始人类所使用的石器、骨器、玉器、陶器、竹木器等生产、生活工具等，而且发现了反映其思想、观念、习俗、婚姻关系等的艺术作品和实物，这些都是远古社会给我们留下的物质文化产品。奴隶社会、封建社会留下来的物质文化载体很多，如各种建筑工程遗址、墓葬，青铜、铁质生产工具、兵器、生活用具，各种不同的文化用品、艺术品、生活用品等，不胜枚举。通过它们，可以推测出当时的人是怎样建造、制造这些工程、建筑、工具、用具的，不但可以了解当时的生产、生活状况，还可以由此了解和推测当时人们的思想、意识、观念、宗教活动、艺术活动、习俗、制度等。

除了从实物上，还可以从典籍中知道，中国传统文化中行为形态的文化也是丰富多彩的。它指生产活动、生活活动中人们的行为方式，集中表现在以礼俗、民俗、风俗形态出现的见之于动作的行为模式上。如古代酿酒、烧窑、开船、行军、开战前要先祭酒神、窑神、水神、路神、战神，祈求顺利、平安、胜利；婚礼举行时一整套迎亲、拜天地、祖宗父母、宾客、夫妻对拜以及入洞房、闹新房等仪式和行为；春节除夕守夜、包饺子、吃年饭、拜年、闹元宵、观花灯等，都属于行为形态的文化内容。其中很多一直延续到今天，又成为当代社会行为文化内容的组成部分。总之，凡是用行为举止表现的文化都属于行为形态的文化。

制度形态的文化内容在中国古代更引人注意，它包括各种各样规范人们行为活动的制度。从传说中开始于夏代的饮宴礼仪制度，到西周时形成的一整套"周礼"，以至延续到明清的各种典章制度，涉及范围广泛，内容完备严密。如"井田制""租庸调制""两税法""一条鞭法""摊丁入亩"和"分封制""郡县制""募兵制""府兵制"以及"九品中正制""科举制""改土归流""金瓶掣签"等，涉及土地、财税、人口、政治、军事、取士、建筑、少数民族事务等。仅看现在发现的秦代竹木简上所写的各项法律条文，就知道当时的法律制度已经相当完备了。其他如墓葬、住宅、官员服饰、车马轿、平民与商人的服色、天子至士进食的用具、食品、驿站交通、行文格式、公示形式等，这些从生到死、从衣食住行到书写布告等制度，都有严格的等级规定，不得逾越。中国古代的典章制度之多、全、细、详，在世界上是少见的。

精神形态文化的积淀在古代中国极其深厚。社会意识文化也可以称为精神文化，体现了人们的价值观念、审美情趣、思维方式等，是文化的核心部分。这一形态的文化包括属于社会心理层次的文化和属于社会意识形态层次的文化。前者如人们的要求、欲望、情绪、风尚等社会大众中流行的心理心态，后者如政治理论、法权观念、科技、哲学、宗教、文学、艺术等在内的意识形态观念。中国古代属于社会意识文化的，如中国人强烈的"均平"要求、对好利忘义的谴责、扶弱济贫、恻隐好善的心理，甚至阿 Q 精神，比比皆是。而各代各人不同的政治理论、社会观点，反映在先秦诸子百家、秦汉至明清的统治阶级思想和知识分子的各种学说里。至于科技，中国古代从最早记录日食，测量地球子午线，制造地动仪、浑天仪，发明指南针、火药、纸和印刷术，酿酒制曲，到修筑长城、大运河、故宫，以及把圆周率精确到小数点后第七位、最早提出勾股定理等。李约瑟博士称中国人古代有一些科学技术发明"走在那些创造出著名的'希腊奇迹'的传奇式人物的前面，和拥有古代西方世界全部文化财富的阿拉伯人并驾齐驱，并在公元前 3 世纪到公元 13 世纪之间保持一个西方所望尘莫及的科学知识水平"（《中国科学技术史·总论序言》）。而哲学、宗教、文学、艺术等方面的文化成果，仅以文字形式记录的书籍之多就达到汗牛充栋的地步，其内容可称浩如烟海。老庄以"道"为核心的哲学、杨朱以"为我"为核心的哲学，王弼、何晏的"玄学"、范缜的无神论、张载的"元气"说、王阳明的"心学"等，各成体系，如百花盛开。道教典籍浩繁，佛教宗派众多，艺术领域成就骄人。兵马俑、敦煌壁画、龙门石刻、曾侯乙墓编钟等，都是享誉全球的艺术杰作。哲学家、思想家、政治家、军事家、科学家、文学家、艺术家、宗教家等灿若群星，老子、孔子、孙武、张衡、祖冲之、李白、杜甫、玄奘、成吉思汗、李时珍等都是具有世界级影响的人物。精神形态的文化使中华民族的文化升华到极致，又和其他形态的文化一起，共同成为我国旅游的丰富人文资源。

以上展示中国传统文化的内容，主要用举例方式来表现，没有涉及的文化内容还很多。另外，从其他不同的角度看，文化还可以分为不同的类型。如从层次角度分，物质文化和精神文化属于主文化，制度文化和行为文化属于亚文化；从文化的历史演变角度分，有原始社会文化、奴隶制社会文化、封建制社会文化、近代文化、现代文化；从学科角度分，有哲学文化、科技文化、政治文化、经济文化、教育文化、历史文化、宗教文化、艺术文化等；从地域角度分，有西方文化、东方文化等；从功用角度分，有礼仪文化、服饰文化、饮食文化、健美文化等；从文化主体所在范围角度分，有校园文化、企业文化、寺庙文化、政府文化、城市文化、农村文化等。还有如官方文化与民间文化、雅文化与俗文化之分等。

（二）中国传统文化的特色

每一地域、每一民族的文化都有自己的特色，这是一种文化之所以区别于其他地域、民族文化的原因。和其他文化相比，中国传统文化具有以下特色：

1.中国传统文化历史悠久，传承连续而完整

中国是世界上四大文明古国之一。在中国地面上，发现了距今180多万年的山西芮城西侯度猿人和距今约170万年的云南元谋猿人。他们已经有了简单原始的渔猎生活，可能有了最初的用火熟食。距今五六十万年的北京猿人已被世界公认，已学会用火熟食，开始了人类饮食史和掌握自然力的一次革命。距今5000年左右时，以炎黄部落联盟为中心，开始形成了华夏族前身，至夏时形成华夏族。从此，经不断融合吸收，华夏族至汉代形成了稳固的、人口数量最大的汉族，并一直延续到今天。从华夏族形成开始，它与周边的民族共同生活在中国大地上，组成了中华民族大家庭，一起创造着中华民族的文化。可以这样讲，中国文化已经有180万年的历史；以华夏族开始形成为标志，中华民族文化的文明史也有5000年之久。

在世界四大文明古国中，古埃及、古巴比伦、古印度文明的创造者没有

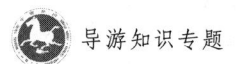

留下他们的后裔，现在居住在上述古文明发祥地的居民，都是鸠占鹊巢的外来者。这就是说，三大古文明已经中断，文明传承之火炬已经先后熄灭。只有在中国大地上，传承过程始终没有中断。传承的环节完整、过程连续。所以中国文化是世界上从数千年前传承到今天的唯一连续而完整的文化序列。

2. 中国传统文化的形成具有地域的多样性和民族的多元性

中国地处东半球，有着辽阔的国土，复杂的地形，虽然面对海洋，但着眼点仍然在大陆。植根于这一地域上的文化则属于典型的大陆文化。这一文化以中原的文化（如河南仰韶文化、西安半坡文化、河南龙山文化、西安客省庄文化等）为主，吸收了南方（如河姆渡文化、良渚文化、大溪文化、跨湖桥文化等）、北方（如红山文化、北京山顶洞人文化、磁山文化、后李文化等）、西方（如大地湾文化、马家窑文化、齐家文化等）、东方（如大汶口文化、山东龙山文化等）以及草原文化（如哈克文化）等多地域的文化因子，地跨黄河、长江、岭南、塞北、农耕区、畜牧区。在新石器时代，就有了南北东西的文化分野；至春秋战国时，则出现了各具特色的秦、三晋（赵、魏、韩）、燕、齐鲁、楚、吴、越、巴蜀、粤等地域文化。从秦汉开始，上述地域文化融合形成汉文化区域，并以此为中心逐渐形成包括周边山地、草原在内的中国大文化圈。

中华民族现在共有 13 亿多的人口，由包括汉族在内的 56 个民族组成。从很早的古代开始，其先祖就繁衍生息在这片土地上。就目前看，中国至少有 4000 多年文字可考的历史。各民族虽然在历史和文化的发展上程度不一，但是他们及其先祖之间共同联系、共同影响、共同缔造和发展了中华文化则是肯定的。正是中华文化的民族多元化才造就了今天中华民族文化的多元性。同时，我们不可忘记的是，历史上有一些参与了中华文明发展的民族消失了，但他们的某些文化因子仍被保留着，他们的创造仍被铭记在历史的纪功柱上。

3. 中国传统文化是融合儒家文化、道家文化和佛家文化（魏晋以后）为主体的文化

中国传统文化的共同体是不同文化元素的有机融合体。中原地区的汉族文化，在秦汉之后两千年的发展过程中，逐步形成了儒家文化、道家文化和佛家文化三位一体的文化结构，从而成为中国传统文化的核心，主宰了中国

古代文化两千多年的发展。

儒家文化主要是政治、伦理道德文化，即一般所说的经世致用的"治世"文化。"半部《论语》治天下"讲的就是儒家文化的实质功用。

道家文化原本是学术文化，而道家学说被道教利用后，使其具有了宗教文化的性质。道家文化主要是哲学文化，其社会文化部分在服从其哲学原则的前提下，以处静、处柔、处弱之势制动、制刚、制强。尤其是庄子的保命全性学说，为个人自我解脱提供了一个武器。当道家学说变为宗教学说之后，这种被神化的"道"，更成为摆脱精神桎梏以至肉体枷锁的有力手段。佛家文化则是纯粹的宗教文化，它以其深邃的宗教哲学给人们提供了因果报应、解脱尘世的宗教精神食粮。如果说儒家文化是"入世"文化，那么道、佛文化则是"出世"文化，三者相辅相成，互为表里，构成中国传统文化的主体。其功用表现在：无论谁上台，总是要运用儒家文化进行政治统治、社会治理和伦理道德的规范，这是社会发展、家庭存在、个人生存的第一要务；而道、佛文化则辅助儒家文化，一方面对统治阶级的统治给予说教劝善式的帮助，另一方面对被统治者，也对统治者中的信奉者提供精神解脱武器和精神庇护场所。最为典型的例子莫过于中国封建时代的知识分子，他们从小就学习儒家文化，力争进入统治者行列，实现"济世"理想。当抱负实现，或仕途坎坷时，则高唱归去来辞与佛道为侣而优游山林。这就是他们推崇向往的"达则兼济天下，穷则独善其身"的人生价值的充分实现，社会、家庭、个人利益全面兼顾的最高理想。纪昀《阅微草堂笔记》（卷四，44页）中有一段话，说得很切合实际："儒以修己为体，以治人为用；道以静为体，以柔为用；佛以定为体，以慈为用。其宗旨各别，不能一也。""儒为生民立命，而操其本于身；释道皆自为之学，而以余力及于物。故以明人道者为主，明神道者则辅之，亦不能专以释道治天下。此其不一而一，一而不一者也。盖儒如五谷，一日不食则饿，数日则必死。释道如药饵，死生得失之关，喜怒哀乐之感，用以解释冤愆，消除怫郁，较儒家为最捷；其福祸因果之说，用以悚动下愚，亦较儒家为易入。特中病则止，不可专服常服，致偏胜为患耳。"后有以儒家比食、道家比药、佛家比用物，其说有同于此者。

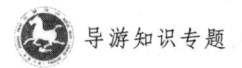

4. 中国传统文化内容广泛，内涵精深

中国传统文化以儒、道、佛文化为主体，然而不仅仅局限于儒、道、佛文化。如史前文化有著名的元谋猿人、北京猿人、蓝田猿人、丁村人、马坝人、柳江人、山顶洞人的文化，仰韶文化、河姆渡文化、大汶口文化、红山文化、龙山文化、良渚文化等；进入阶级社会后有二里头文化、先商和商文化、先周和周文化等；春秋战国时期和儒家、道家同时代，还有墨家、兵家、农家、名家、法家、纵横家、杂家等号称"百家"以及杨子、告子、鬼谷子、任子等"诸子"的文化。即使定儒学为一尊的西汉到清代，也有蔑视礼教，与儒家唱反调的不羁之行为和"狂悖"之论出现，更不用讲那些无法计量的表现为物质、行为、制度、社会意识中的社会风尚、心理、科学技术、文学、艺术等形态方面的其他文化内容了。

一般认为，作为高层社会意识形态之一的哲学是文化的核心和灵魂，是文化的最深层面，是文化发展的最高形态。中国传统文化内涵的精深最集中表现在中国古代哲学思想的精湛深邃上。以道家为代表的哲学思想深刻认识到宇宙有自己的法则，大自然、人类社会同出一"道"，都具有自己的运行规律，因而人应该遵"道"而顺应自然和社会规律，不可逆"道"而动。这种发展到后来被归纳为"天人合一"的哲学思想，在两千多年间均被唯物论者和唯心论者所宗，不管其作何解释，这一哲学主张人与自然、社会与自然该一致和谐的核心思想没有改变。时至今天，在工业革命强调征服自然而造成生态失衡、环境污染、能源危机以及利己主义、拜金主义人欲横流的后果之时，西方人转而求助于中国古代哲学，从中寻求根治弊病的良方，不是没有原因的。还有如"中和""中庸"等哲学思想、名家提出的辩证逻辑思维命题，各学派提出的人生哲学、政治哲理等，都是中国传统文化中耀眼的哲学成就和人类思想文化的精华。

5. 中国传统文化是胸怀广阔、海纳百川、兼收并蓄的文化

人们常说，中国有泱泱大国的风度，就是指这种胸襟开阔、兼收并蓄的文化风格。数千年历史证明，中国传统文化中的华夏—汉族文化，本身就是多元文化的融合。而中华民族文化，又是历史上和现代包括华夏族—汉族在内与其他各民族文化共同融合而成的文化。中华民族文化在其内部，各民族文化一直是互相影响、互相渗透、互助互长、共同发展的。如战国时赵武灵王的胡服骑射、汉灵帝掀起的胡食之风、北魏孝文帝的汉化改革、唐代盛行百余年的胡风之热，都是无数华夷文化交流的典范。在这个影响变化过程中，华夏族—汉族文化作为农耕文明文化一直处于高位即高势能状态，在与其周边的游牧文化或半农半牧文化交往中具有文化的优胜地位，即使在军事上被"夷狄"征服，即少数民族入主中原，但在文化上从来充满乐观和必胜信念，因为最终的结果是征服者在文化上被汉文化征服，征服民族或全部或部分被消融在汉文化的大海中。因此，中国传统文化总是用"以尊临卑""以华制夷"的心态来对付外来文化。所以，这可能也是汉文化对其他文化采取宽容态度的原因之一。

佛教传入中国，最终被改造为中国化的宗教，伊斯兰教、基督教也被大度地接收，并在中国数度大规模发展。至于域外之物、饮食、艺术等，中国传统文化从来持欢迎态度，来者不拒，为我所用。这种广阔的文化胸怀、海纳百川的文化精神、兼收并蓄的文化态度，无疑是优秀的传统。即使到鸦片战争以后，中国遭到西方列强的侵略，西方工业文化以高势能冲击中国传统文化之时，中国文化在痛苦之后还是清醒地认识到，不能一概排斥西方文化而将其拒之于门外，或采取鲁迅所说的"拿来主义"，或中西文化"互济""互相融合"，或取彼之长补我之短，以至激烈地喊出"打倒孔家店"口号，掀起新文化运动改造中国文化的浪潮。不管其结果如何，人们的评价怎样，作为中国传统文化的一种气度、精神，是应该给予肯定的。

6. 中国传统文化是世界古代东方文化的代表

世界东方，这里主要指东亚和东南亚。在这一广阔区域内，中华文化一直是时至近代社会的主流文化。以中国为中心，形成了一个中华文化圈，向东辐射至朝鲜半岛、日本列岛，向南辐射到越南。一两千年间，中国的政治制度、经济模式、建筑、文学、艺术、文字、中国化的佛教、饮食、服饰等多方面的文化对周边国家文化产生着巨大影响，其余韵至今不绝。

其实，中国文化不仅仅影响着东方周边国家，它对全世界的影响也是巨大的，四大发明的例子就足以证明。有人讲，没有四大发明，就不会有西方的资本主义，不会有现在的世界，这一番话很有道理。今天，西方很多有识之士在深入了解中国文化的基础上，客观地给中国文明以高度的评价。如汤因比说："实际上，中国从公元前221年以来，几乎在所有时代，都成为影响

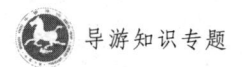

半个世界的中心。"（《展望二十一世纪——汤因比与池田大作对话录》）我们相信，随着世界范围内信息交流的日益深入，西方对中国文化的认识会更加客观公正。

中国文化发展到今天，作为这一伟大文化的继承人，我们对自己的文化应该有全面的、系统的、深刻而充分的认识。我们不但要为自己拥有如此博大精深的优秀传统文化感到骄傲和自豪，更要在去其糟粕、取其精华原则的指导下，继往开来，弘扬和繁荣我们的文化，走向光辉灿烂的明天。

二、中国戏剧

中国戏剧与希腊的悲喜剧、印度的梵剧并称为世界三大古老戏剧文化，有着悠久的历史。希腊的悲喜剧、印度的梵剧都已成为历史的遗迹，唯有中国戏剧不但流传了下来，而且在发展中日臻完美，显示出了其顽强的艺术生命力。

（一）中国戏剧的产生、发展及特点

中国戏剧起源于上古原始社会的民间舞蹈。

奴隶社会时期，随着阶级的分化，祭祀性的歌舞成为国家祭典仪式中的重要组成部分，并形成一系列严格的等级规定。屈原的《楚辞·九歌·云中君》中有"灵连蜷兮既留，烂昭昭兮未央"的诗句描写巫觋祀舞的情景。当时巫觋的表演已经从对动物的简单模仿逐渐进化而明显具备了装扮性和可观赏性，为中国戏剧的产生奠定了基础。西周末年，出现了专供贵族娱乐的艺人——"优"，也称"倡优""俳优"。优的特点是：全部由男性充任，能歌善舞，并善于模仿滑稽的动作以引人发笑。有时也利用幽默的语言来讽刺某些大人物或针砭时弊。《史记·滑稽列传》中记载的"优孟衣冠"记述优孟穿起孙叔敖的衣冠，模仿他的言谈举止，从外形与神态上扮演人物，可以说具有了表演性质，展现了戏剧艺术的萌芽。因此，后来常把登台演戏称为"优孟衣冠"。

中国封建制度的建立，统一封建国家的产生，为戏剧的发展提供了广阔的天空。汉代的物阜民丰有利于艺术的繁荣。包括角抵戏、歌舞、杂技、幻术等各种演出形式的"百戏"在汉代极为盛行。盛唐时期，南北文化的空前融会，中外文化的大规模交流，给艺术的兴旺创造了良好的社会氛围。由

俳优滑稽表演演变发展而来的"参军戏"成为唐代最主要的戏剧样式。与参军戏并存的还有唐代的歌舞戏。唐代宫廷还设有专门训练艺人的组织场所——梨园。据《新唐书·礼乐志》记载："玄宗既知音律，又酷爱法曲，选坐部伎子弟三百人，都于梨园。声有误者，帝必觉而正之，号'皇帝梨园弟子'。"所以后世的戏曲演员都称自己为"梨园子弟"，称戏曲界为"梨园行"，并把唐玄宗奉为梨园行的祖师爷。唐代音乐、舞蹈艺术的发展，叙事文学的出现，促进了各种艺术形式互相结合、互相渗透，对于后来戏剧的形成起到很大的推动作用。宋代，参军戏和其他歌舞杂戏进一步融合产生了"宋杂剧"。北宋时的杂剧没有严格的艺术内涵，各种滑稽表演、歌舞等都可以称之为杂剧。南宋时杂剧有了较严格的规范，剧本的结构、角色行当、演出内容和风格等都已经具备中国戏剧的雏形。由于南宋时中国北方处于金朝的统治之下，地域的隔离使宋杂剧逐渐演变成两种不同风格的艺术形式，即北方杂剧（金院本）和南方杂剧。到 12 世纪，南方杂剧逐渐演变为南戏，北方杂剧逐渐发展为元杂剧，至此，中国戏剧基本形成。

元代是中国古代戏剧史上的黄金时代。元杂剧，也称元曲，是在宋代北方杂剧（金院本）的基础上发展起来的，所以又叫北杂剧、北曲。元代涌现出了许多杰出的剧作家，其中关汉卿、马致远、白朴、郑光祖成就最高，号称"元曲四大家"。他们创作的《窦娥冤》《汉宫秋》《墙头马上》《倩女离魂》以及王实甫的《西厢记》对后来的戏曲艺术和戏曲文学有着深远的影响，在中国戏剧艺术和文学史上都占有相当重要的地位。元杂剧在元灭南宋以后逐渐流传到南方，元代后期趋于衰落。宋代南方杂剧逐渐发展为南戏。南戏是"南曲戏文"的简称，史称为宋元南戏，因其最早产生于温州等地，故又名"温州杂剧""永嘉杂剧"。南戏的曲调原出自南方民间小调，后在流传中不断发展，经过文人加工，又汲取了元杂剧的艺术成就，形成了包括歌、念、诵、舞蹈等组成的综合艺术。通过人物的表演来表现复杂而完整的故事，成为中国最早成熟的戏剧样式。

明代中叶，南戏发展成为一个新的剧种——传奇。传奇戏的出现，使中国戏剧发展进入一个新的阶段。特别是明代中叶至清代中叶陆续出现的大批优秀剧作，形成中国戏剧史上的又一个高峰。这一时期因地域差异而产生了各种不同的声腔。主要的四大声腔，即海盐腔、余姚腔、弋阳腔、昆山腔，对后世的戏曲影响颇深。昆山腔经著名音乐家魏良辅改革加工，逐渐流向全国各地，影响了许多地方戏曲。弋阳腔也在民间广泛流传，并不断演变，形成了一些新的地方声腔剧种。由于高雅难懂，被称为"雅部"的昆腔在清代中叶渐渐衰落，而根植于民间的"花部"（指除昆曲以外的所有声腔，包括各少数民族的戏曲剧种）则掀起了中国戏剧发展的新高潮。

清代戏剧舞台热闹非凡，各种声腔所代表的地方文化争奇斗艳，形成了昆腔、高腔、柳子腔、梆子腔、皮黄腔五大声腔体系，每一体系又分许多剧种，号称"三百声腔"。清代中期，"四大徽班"进北京后博采众长，形成了中国戏剧的典型代表——京剧。中华人民共和国成立后，在"百花齐放"的方针指导下，中国戏剧继承传统，面向未来，迎来了戏剧百花园的又一个春天。

中国戏曲是中国300多个剧种的概括和总称，其剧种之多、剧目之浩繁，居世界第一位。中国戏曲集文学、音乐、美术、舞蹈于一身，是世界剧坛上构成要素最为复杂的古老戏剧样式，是高度综合性的艺术。中国戏曲的虚拟性原则和程式化的表现形式是其最突出的特点。舞蹈表演的程式规范化、音乐节奏的板式韵律化、舞美和人物造型的图案装饰化以及剧本文学的诗词格律化，共同构成了中国戏曲和谐严谨、气韵生动、富有高度美感的文化品格。最能够代表中国戏曲特点的剧种是号称"中国三大国粹"之一的京剧。

（二）京剧

1. 京剧的产生与发展

京剧是在清代地方戏高度繁荣的基础上产生的。它形成于北京，是中国戏曲中最有代表性和影响力的剧种。京剧，原称皮黄、京调。清乾隆五十五年（1790年），四大徽班（三庆班、四喜班、春台班、和春班）陆续在北京演出，深得京师观众喜爱。徽班以唱徽调为主，二黄调是徽调的主要腔调。嘉庆、道光年间，以唱西皮腔为主的湖北汉调艺人进京，他们与徽班演员同台演出，相互影响，于是出现所谓"徽汉合流"。道光十四年（1834年）前后，湖北艺人余三胜、谭志道等人终于将西皮腔和二黄腔结合在一起，皮黄腔正式形成，京剧从此出现在中国的戏曲舞台上。

从道光十四年到19世纪末，号称"老三鼎甲"的程长庚、张二奎和余三胜，以他们精湛的技艺，为京剧艺术的形成和发展做出了贡献。同治六年

（1867 年），北京三庆班的一些艺人到了上海，使上海渐渐成为又一京剧中心，对南方京剧的发展起了极大的推动作用。在同治、光绪年间，出现了名列"同光十三绝"的京剧表演艺术家及不同流派的宗师，标志着京剧艺术的成熟。继"老三鼎甲"之后，"后三鼎甲"谭鑫培、孙菊仙、汪桂芬博采众长，锐意求新，为京剧表演艺术开拓了新天地。京剧在艺术形式上善于继承传统，并不断创新，以梅兰芳为代表的四大名旦的旦行艺术和以余叔岩、杨小楼为代表的生行艺术都达到了顶峰，代表着京剧艺术的鼎盛时期。

长期以来，京剧以演历史故事为主，传统剧目有 1300 多个，其中广为流传的有《将相和》《群英会》《空城计》《三岔口》《打渔杀家》等。抗日战争时期，在陕甘宁边区开始了京剧改革工作，编演了《逼上梁山》《三打祝家庄》等新剧目。中华人民共和国成立后，在"百花齐放，推陈出新"方针指导下，京剧更焕发出勃勃的生机。

2. 京剧的特点

（1）京剧的表演形式与程式

京剧在表演形式上的主要特征就是程式化。程式就是法式、规程的意思。就戏曲艺术来说，程式就是运用歌舞手段表现生活的一种规范化形式。以程式化来总结京剧表演的规律，是相对于写实的艺术风格而言的。其中包含两层意思，一是规律性，在京剧表演中，一切生活的自然形态都是按照戏曲审美的原则进行概括、总结的，使之成为较严整的技术格式；二是规范性，每种表演程式一旦形成，就成为同类剧目或同类人物的规范。各种动作的规范化，就是赋予表演以基本固定的格式。简单地说，表演程式就是把生活里的动作，按照一定的规范来进行提炼、概括、美化，形成有一定规律可循的艺术表现形式。

京剧表演中常见的程式化动作有起霸、趟马、走边、圆场等。起霸，是京剧表演中的出场动作套路，因首先见于明传奇《千金记·起霸》而得名，它集中了戏曲表演基本功中的很多动作和技巧，有机地组成一套连续的舞蹈，并赋予动作以鲜明生动的内容，用以表现古代武将出征前整盔束甲的情景。趟马，又称马趟子，主要由圆场、转身、挥鞭、勒马等动作组成，表现策马疾行的情节。走边，是戏曲中常见的武功表演程式，用于表现侦察、夜行、巡营等行动。圆场，是指演员在舞台上所走的路线呈圆圈形，周而复

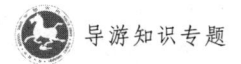

始，由慢到快，因此又称"跑圆场"。

京剧的程式并不仅仅局限于表演方面，在角色行当、脸谱化装、音乐、服装等方面，都有规范性的程式，程式是塑造戏曲舞台形象的手段，京剧是一门程式化的艺术。

（2）京剧的角色行当、脸谱、四功与五法

根据性别、年龄、身份、性格等差异，将剧中人物以艺术概括的方式分成许多角色行当，这是中国戏曲特有的表演体制。这种表演体制是戏曲的程式化在人物形象创造上的集中反映。每个行当，都是一个形象系统，同时是一个相应的表演程式系统。不同角色的面部化装、穿戴服饰和表演风格都有区别，每个行当都具有鲜明的造型表现力和形式美。传统戏曲中常见的角色行当有生、旦、净、丑四种类型。生，是扮演男性角色的一种行当，生行又分老生、小生、武生、娃娃生4个分支。旦，是京剧表演中唯一的扮演女性人物的行当。根据所扮人物年龄、性格、身份的不同而划分为正旦、花旦、武旦、彩旦、老旦等类型。净，一般演性格、品质或相貌上有特异之处的男性人物，因为在脸上勾画彩色脸谱，所以也称"花脸""花面"，又分为正净、副净、武净三大类。丑，由于化装时在鼻梁上抹以小块白粉而俗称"小花脸"，又同净角的大花脸（正净）、二花脸（副净）并列而俗称"三花脸"。在传统剧目中，丑扮演的人物种类繁多，有心地善良、语言幽默、行动滑稽的人物，也有奸诈刁恶、悭吝卑鄙的人物，分文丑、武丑两行。扮演女性角色时称"彩旦""丑旦""摇旦"或"丑婆子"。运用行当的程式，而不是直接用生活素材来创造角色，这是中国戏曲在塑造形象方法上的一大特点。正如中国绘画讲究寥寥数笔就勾勒出人物的形貌和神韵一样，行当的某些程式，也已经提炼到这种程度，举手投足间已凸显出角色精神气质上的特征。经过不断积累、不断创造、不断发展，循环往复，行当这种表演体制，不仅是戏曲表演程式创造形象的结果，也成为角色形象再创造的出发点。

脸谱，是传统戏曲演员面部化装的一种程式。用各种色彩在面部勾画成种种文样图案。各种人物大都有特定的谱式和色彩，借以突出人物的性格特征，表现对人物的褒贬，如红色表示忠勇，黑色表示粗直，白色表示奸诈等。脸谱主要用于净角，一般认为是从唐代乐舞大面所戴面具以及参军戏中副净的涂面逐渐演变而来。（注："大面"是传统戏曲角色行当之一，是京剧和某些地方戏中净的别称。）京剧脸谱可以按不同的标准进行分类。按谱色分，脸谱有粉白脸、油白脸、粉红脸、赭脸、黑脸、黄脸、蓝绿脸、金银脸等种类。按脸谱的勾画方法，基本上分为三类：揉脸、抹脸、勾脸。按脸谱的谱式，即构图式样分，主要有整脸、三块瓦脸和破脸三种。脸谱最初是用夸张的手法表现剧中人的性格、心理和生理上的特征，为整个剧情服务，发展到后来，本身就逐渐成为一种有民族特色的以人的面部为表现手段的图案艺术了。

中国戏曲表演讲究功法，有所谓的"四功五法"之说。"四功"即唱念做打。唱指唱功，要求字正腔圆，吐字清楚。念指念白，也称"道白"，戏曲界有"千斤话白四两唱"之说，可见念功在京剧舞台上的重要性。做功即表演，是各种舞蹈性很强的表演动作和姿势以及面部表情。各种做功都必须是程式化动作，各自含义不同。打指武打。"五法"是"手眼身法步"五种技艺方法的合称。手指手势，眼指眼神，身指身段，步指台步，法指以上四种技艺的规格和方法。四功五法是我国戏曲演员的基本修养。

（3）京剧的流派、名家与代表剧目

艺术流派的形成，往往是艺术自身高度发展的结果。在京剧形成百余年的历史中，艺术名家辈出，形成了各种风格独特的流派。根据地区和艺术风格不同，京剧分为"京派""海派"两大流派。以北京为基地的著名京剧演员有被称为"老生三杰""老三鼎甲"的咸丰、同治年间的程长庚、余三胜、张二奎，光绪年间并称"后三鼎甲""老生新三杰"的谭鑫培、孙菊仙、汪桂芬，以及民国初年以来的"四大须生"余叔岩、言菊朋、高庆奎、马连良；"四大名旦"梅兰芳、程砚秋、荀慧生、尚小云，都形成各具特点的艺术流派。以上海为基地的著名京剧演员有王鸿寿、汪笑依、潘月樵、夏月润、冯子和、林树森、李春来、盖叫天、周信芳、金少山等人。各派在艺术上独树一帜，表演唱腔精益求精，拥有独特的剧目、师承和传人。流派的发展和传承使得京剧艺术异彩纷呈。他们的传人如梅葆玖、李世济、李维康、叶少兰、袁世海、尚长荣、孙毓敏等，在现代京剧舞台上各展奇能，大放光彩。

由于四大名旦在京剧史上的重要地位，以及在国内、海外观众中的广泛影响，因此在这里重点介绍：

梅兰芳（1894—1961）嗓音圆润，唱腔流畅大方，扮相典雅，他的演唱

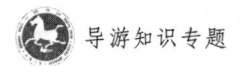

艺术集中体现了中国传统的美学原则，世称"梅派"。代表作有《贵妃醉酒》《霸王别姬》。

程砚秋（1904—1958）唱腔幽咽婉转、回肠荡气，世称"程派"。代表作有《青霜剑》《窦娥冤》。

荀慧生（1900—1968）扮相俏丽娇媚，做派活泼洒脱，世称"荀派"。代表作有《红娘》《杜十娘》。

尚小云（1900—1976）嗓音宽亮，行腔刚健峭拔，吐字清晰爽利，世称"尚派"。代表作有《梁红玉》《昭君出塞》。

（4）怎样欣赏京剧

京剧在长期的历史演变中，依托于中国传统文化的深厚背景，形成了自己独特的风格和完善的表演体系，欣赏京剧要在了解其特点的基础上，领略其歌诗舞乐，浑然天成的艺术魅力。

京剧是高度综合性的艺术。京剧融会了多种艺术的表现手段，包括：诗（文学）——剧本；绘画、雕塑、建筑——布景、灯光、道具、服装、化装；音乐——唱腔、配乐；舞蹈——演员的表演艺术，动作程式。在多种艺术成分中，演员的表演艺术居于中心地位，其他艺术因素，通过演员的演出结合在一起，生动、直观地带给人美的享受。

京剧的唱词受唐诗宋词的影响很大，近于诗词体，语句精练、紧凑，文学性很强，便于抒发感情。加之句尾的押韵，演唱起来十分动听。

京剧唱腔的音乐，是在西皮、二黄两种声腔的基础上发展而来的，既有中国民歌高亢、豪放的特点，又有中国传统文化所要求的委婉、细腻的韵味，高低起伏跌宕，令人回味无穷。京剧的念白是以北京话为基础，经过美化、夸张，而更加韵律化、更富有音乐性的表演性语言，通过介绍剧情和表达人物的思想感情，使得京剧人物形象更为丰满。

京剧舞台表演动静结合，表现最充分的就是激烈开打后的突然亮相。打是动态的表演，与音乐合拍，具有鲜明的节奏感；亮相是静态的表演，具有雕塑的美感。一动一静之中更对比出动的激烈和静的美观。生、旦、净、丑，亦庄亦谐、亦刚亦柔，尽显中国古典美学综合美之神韵。

京剧的化装受中国传统绘画技法的影响很大，化装艺术在借鉴中国画的"传神"与"写意"两方面的特点上，获得了极大的成功，从而使京剧化装在刻画人物方面具有高度的概括力和浓重的浪漫主义色彩。在脸谱中运用颜色来表现人物性格，既体现了中国传统的审美观点，又符合中华民族的欣赏习惯。

京剧的服装基本上是以明代日常生活的服装为基础，参照宋、元两代服装的式样，同时吸收了清代服装的某些特征，经过历代艺术家的美化形成的。具有夸张美感、概括力强、使用广泛的特点，反映了我国传统的审美情趣和文化意识。

京剧以虚拟和程式为主要表演特征。京剧采用表演的虚拟性以有限的舞台去表现无限的生活。

时空的虚拟：京剧舞台的时空是在人物的运动和制约下不断变化的，可以在舞台场景、人物不变的情况下，完成时空的转换。点上灯表示天黑了，唱一段后又吹了灯，就表示天亮了，已经过了一夜。手拿一支桨，舞台就表示水面；手拿刀枪，舞台就表示战场。舞台上的各种环境都是靠人物的表演来创造和体现的。这种时空的虚拟充分凸显了京剧艺术的主体"人"这一核心的表现力。京剧这种极其超脱灵动的时空形态，也与其连续性的上下场结构形式相关。演员由上场门出，门楣上书写"出将"；从下场门入，门楣上书写"入相"。这上下与出入，非同小可，它意味着一个不同于西方戏剧以景分幕的舞台体制。演员的上场下场，角色在舞台上的进进出出，实现着戏剧环境的转换并推动着剧情的发展。

人物的虚拟：京剧舞台上常有4个或8个穿相同衣服的演员，这类人物被称为"龙套"。龙套一般不说话，以相同的面孔、相同的动作出现，他们不是表现一个人物，而是表现一个群体。穿上军服就是千军万马，穿上宫装就是后宫佳丽。这种以一个小群体表现一群虚拟化了的人物形象，给京剧在展现众多人物方面提供了方便，配合时空虚拟，使京剧在众多历史题材的剧目中有了广阔的选择范围和多种展现手法。

道具的虚拟：京剧的道具非常简单，一条马鞭，就表示骑在马上，一支船桨，就表明坐在船中，不便于搬上舞台的道具，就采用完全虚拟的手法。另有一类虚拟的道具，则是将无形的东西有形化，最典型的是水旗和云旗的运用。道具的虚拟给观众留下了无限的想象空间，也给京剧艺术增添了无限的魅力。

虚拟的表演要求演员运用凝练、美化的程式动作去表现想象之中的对象。这些程式动作经过历代艺术家的锤炼，凝聚了他们的美学理想和对生活的感受，具有高度的形式美感。能够使观众感受到审美的愉悦。同时虚拟性也给剧作家和演员以极大的艺术表现自由，拓宽了戏剧表现生活的领域。在方寸舞台上，演员运用高超的演技，可以把观众带入江流险峰、军营山寨、行舟坐轿、登楼探海等广阔的生活联想中去，在观众的想象中共同完成艺术创造的任务。

京剧通过综合各种艺术表现手段，追求外在"形美"和内在的"神似"的神形兼备，使观赏者在感受中国传统文化博大精深的同时，领略京剧之美。

（三）其他剧种选介

1. 黄梅戏

流行于安徽和湖北、江西等省的部分地区。清乾隆末期由传入安徽安庆一带的湖北黄梅采茶调逐步发展而成。在剧目和音乐上，曾受青阳腔和徽调的影响。1926 年进入城市舞台。以歌舞并重为特色。唱腔分花腔、彩腔、正腔三类。中华人民共和国成立后整理的传统剧目《打猪草》《天仙配》《女驸马》等影响较广。在唱腔和表演方面都有突出成就的演员有严凤英等。

2. 豫剧

也称"河南梆子""河南高调"，流行于河南及临近各省的部分地区，系明代山陕梆子传入河南后，同当地民歌小调结合而成。一说由清代北曲弦索调演变而成。清乾隆年间已有职业班社。有豫东调和豫西调两大支流。以梆子击节、板胡为主要伴奏乐器。传统剧目近 800 个，中华人民共和国成立后整理了《穆桂英挂帅》，并编演了《朝阳沟》等现代戏。著名演员有常香玉等。

3. 昆剧

即"昆腔"，也叫"昆山腔""昆曲"。元末昆山（今属江苏）一带民间流行的南戏腔调，经顾坚等人整理加工，明初已有"昆山腔"之名。至嘉靖年间，魏良辅等吸收海盐、弋阳等腔和当地民间曲调加以丰富。曲调舒徐婉转，称"水磨调"。伴奏乐器有笛、箫、笙、琵琶和鼓、板、锣等。以演唱传奇剧本为主。表演上注重动作优美，舞蹈性强，形成了特有的风格。在舞台艺术上总结了过去的经验，创造了中国古代完整的民族戏曲表演体系。明万历以后，逐渐流传各地，对许多地方戏曲剧种产生深远影响，或同当地语言、曲调结合，成为地方化的昆曲（如北昆、湘昆等）；或成为当地剧种的腔调之一（如川剧、婺剧等），形成昆腔这一声腔系统。明末至清前期是昆腔的鼎盛时期，清中叶以后，由于思想上和艺术上日益脱离群众而逐渐衰落。中华人民共和国成立后进行艺术改革，整理改编《十五贯》等传统剧目，并编演新戏，获得了新生。

4. 越剧

流行于浙江、上海以及许多省区的大城市。清道光末年由浙江嵊县一带的曲艺"落地唱书调"为基础发展而成。初称"小歌班"或"的笃班"。1916 年进入上海，称"绍兴文戏"，受绍剧、京剧等剧种的影响，在表演、音乐等方面有较大发展。20 世纪 30 年代中，形成全部由女演员演出的"女子文戏"。抗日战争时期浙东敌后根据地曾对其加以改革；同时在上海受话剧、昆剧的影响，在表演上得到进一步发展，形成歌、舞并重的风格。1938 年始称越剧。中华人民共和国成立后整理改编了《梁山伯与祝英台》《红楼梦》《祥林嫂》等，并恢复了男女合演。著名演员有袁雪芬等。

5. 粤剧

流行于广东、广西南部和香港、澳门等地，在东南亚和大洋洲、美洲华侨聚居区也有演出。起源说法不一。一般认为始于清初，以弋、昆、秦、徽诸腔为基础吸收广东民间音乐逐步发展而成。因唱腔以梆黄（西皮、二黄）为主，故曾称"广东梆黄"。现存传统曲目 1500 多个，中华人民共和国成立后编演的《关汉卿》《搜书院》等影响较广。著名演员有千里驹、红线女等。

6. 秦腔

流行于陕西、甘肃、宁夏、青海、新疆等省区。一般认为秦腔是明中叶以前在陕西、甘肃、山西一带的民歌基础上形成，明末清初流传各地，对许多剧种都有不同程度的影响。音调激越高亢，为梆子腔系统中的代表剧种。流行于陕西的秦腔，以西安乱弹（中路秦腔）为主，又有同州梆子（东路秦腔）、西路秦腔（西府秦腔）和汉调桄桄（南路秦腔）等支派。传统剧目 2700 多个。抗日战争时期，陕甘宁边区文艺工作者曾用秦腔的形式，创作演

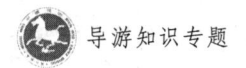

出《血泪仇》等现代戏，对于革命宣传和艺术改革都起了积极作用。中华人民共和国成立后整理的传统剧目《赵氏孤儿》《三滴血》等影响较广。

7. 吕剧

流行于山东以及河南、江苏、安徽等省的部分地区。清光绪末年由山东琴书演变而成。初称"化装扬琴""驴戏"，1950年改今名。腔调朴实简单，伴奏乐器有坠琴、扬琴、二胡、三弦等。中华人民共和国成立后编演了《李二嫂改嫁》等现代戏。

8. 川剧

流行于四川和云南、贵州的部分地区。清乾隆年间，昆腔、秦腔、胡琴、乱弹等剧种和当地民间灯戏经常同台演出，逐渐形成共同风格，清末统称"川剧"。表演细腻、幽默，有完整的程式动作。分川西派、资阳河派、川北河派、下川东派四个支派。传统剧目现存2000多个。中华人民共和国成立后整理编演的《柳荫记》《夫妻桥》等影响较广。

9. 汉剧

流行于湖北及河南、湖南、陕西、四川部分地区。清中叶已盛行。旧名"汉调""楚调"，1921年后改今名。分襄河、荆河、府河、汉河四个流派。对南方许多剧种有深远的影响。道光年间在北京同徽调合流，逐渐演变为京剧。抗战时期，汉剧艺人曾积极参加抗日宣传活动。中华人民共和国成立后整理的传统剧目《宇宙锋》等影响较广。

10. 沪剧

流行于上海和江苏、浙江的部分地区。起源于上海附近农村的民歌，清末形成上海滩簧（当地称"本滩"），在发展过程中曾受苏州滩簧的影响。后采用文明戏的演出形式，发展为舞台剧"申曲"。1941年改名"沪剧"。曲调富有江南乡土气息，擅长表现现代生活。中华人民共和国成立后编演了《罗汉钱》《星星之火》《红灯记》《芦荡火种》等剧目。

11. 晋剧

也叫"中路梆子""山西梆子"，流行于山西、内蒙古和冀北、陕北等地。一般认为系蒲州梆子流传至晋中后演变而成。一说系祁太秧歌和汾孝秧歌吸收蒲剧艺术发展而成。清咸丰、同治年间发展迅速。中华人民共和国成立后编演了《打金枝》《三上桃峰》等。

12. 湖南花鼓戏

流行于湖南、湖北、安徽、陕西、广东等省。是由民间歌舞花鼓灯发展而成的戏曲剧种，大多形成于清末。艺术风格同采茶戏、花灯戏、秧歌戏等近似。有的花鼓戏也称"采茶戏"或"灯戏"。

13. 江西采茶戏

由民间歌舞采茶灯发展而成的戏曲。流行于江西和湖北、湖南、安徽、福建、广东、广西部分地区。大多形成于清末。艺术风格同花鼓戏、花灯戏、秧歌戏等近似。

14. 藏戏

藏族戏曲剧种。流行于西藏自治区和青海、甘肃、四川、云南的部分地区。相传 14 世纪末、15 世纪初僧人汤东杰布为化募修桥而创。17 世纪脱离寺院宗教仪式，出现专业班社。演出分"顿"（开场式）、"雄"（正戏）、"扎西"（演出结束的集体歌舞）三部分。伴奏以鼓、镲为主。唱时有帮腔。过去多在广场演出，人物大多戴面具。剧目均有一定的神话和宗教色彩。1960 年后成为舞台剧，并整理演出了《朗莎雯波》《文成公主》《诺桑王子》等传统剧目。

15. 评剧

流行于我国华北、东北一带。19 世纪末在河北小曲"对口莲花落"基础上形成，20 世纪 30 年代以后，日趋成熟。又有"蹦蹦戏""平腔梆子戏""唐山落子""奉天落子""平戏""评戏"等称谓。1935 年采纳名宿吕海寰的建议，改称"评剧"，寓"评古论今"之意。1950 年以后，以《小女婿》《刘巧儿》《花为媒》《小二黑结婚》等剧目在全国产生很大影响，著名演员有新凤霞、小白玉霜、魏荣元等。

16. 话剧

以对话和动作为主要表现手段，也可以使用少量音乐、歌唱等形式的戏剧。中国早期话剧产生于 1907 年，当时称"新剧"或"文明戏"，五四运动后，欧洲戏剧传入中国，中国现代话剧兴起，当时称"爱美剧""白话剧"或"真新剧"，欧洲各国通称戏剧。1928 年，戏剧家洪深提议定名为"话剧"。郭沫若的《屈原》、老舍的《茶馆》、曹禺的《雷雨》等，都是我国著名的话剧。

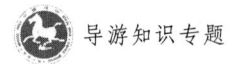

三、中国书法

（一）汉字书体及其演变

1.汉字的起源

汉字不仅是世界上最古老的文字之一，而且是世界上使用历史最长久的文字。汉字起源于图画和契刻。西安半坡和临潼姜寨等地陶器上发现的刻画符号，据专家分析，可能是汉字的萌芽。我国古代有仓颉造字之说，但实际上，汉字为一人所造之说是不确切的，汉字是在原始的图画记事的基础上由人民群众共同创造出来的，一些"史官"加以整理和系统化，创造出最初的系统的文字。如果仓颉确有其人，可能是一个搜集和整理文字的贤哲。

2.汉字书体的演变

汉字有着悠久的历史，从汉字的发展来看，可以分为古文字时期和今文字时期，古文字时期指自甲骨文至小篆，今文字时期指从隶书到楷书。

（1）古文字

①甲骨文

殷墟甲骨文是迄今为止所发现的最古老的成熟的汉字体系。我们今天所使用的汉字，是甲骨文的"直系后裔"。另外，在陕西周原也发现了西周的甲骨文。

甲骨文已表现出相当的成熟度，六书构字法在甲骨文中都可找到例证，许多汉字基本定型，在结构上至今没有大的改变，甲骨文已初具书法美了。

②金文

金文是铸或刻在青铜器上的古代文字。殷代金文在构形上和甲骨文相同，西周金文与甲骨文在构形上也很接近，但从字体上看，金文由于可以刻修，不像甲骨文那样一次成型，用笔方折，而是圆笔较多，线条自然，圆润，庄重，字形趋于工整，具有相当程度的书法美。

③篆书

篆书是指从西周到春秋战国时代的秦国官吏使用的文字，也就是官府办公用的文字。篆书一般分大篆和小篆两种。

广义的大篆，指先秦所有的文字，包括甲骨文、金文、籀文和春秋战国时代通行于各国的文字。狭义的大篆，是指籀文。今存石鼓文是这种字体的代表。石鼓文是我国最古的刻石文字，它的结字颇有法度，笔画遒劲流畅。

小篆，是秦统一后，推行"书同文"的政策，丞相李斯在秦大篆的基础上吸收各国文字整理而成。小篆是中国文字史上首次出现的全国统一的规范文字。《泰山刻石》《琅琊台刻石》相传是李斯小篆的代表，笔画圆浑，体势雄健，是秦篆书法的上乘之作。小篆比大篆更加规范化，而且更加抽象化，较大地减少了象形意味，将汉字的图案化进一步向符号化推进，篆书已具有显著的书法美，大篆雄浑，小篆古雅。

（2）今文字

①隶书

隶书是经过简化、草化篆书演变而来的一种书体。因秦国官吏最先使用并在秦朝时整理，故称秦隶。

西汉是秦隶转化为汉隶的时期，到了汉代后期，隶书得到了广泛的应用，汉字完成了由古文字到今文字的转变，文字史上称为"隶变"。汉代的隶书称为"汉隶""今隶"。

隶书变篆书圆转的线条为方折，比篆书的笔画大为减少，几乎摆脱了图案化，变成符号化的线条。汉隶笔画有轻有重，波（左撇）磔（右捺）分明，"蚕头燕尾"显然。汉隶的书法艺术已趋成熟，出现了大量风格不同的碑刻作品，如属于豪放一类的《石门颂》《孔宙碑》，属于工整一类的《礼器碑》《华岳庙碑》，属于秀丽一类的《乙瑛碑》《曹全碑》等。"隶变"是汉字史上的一次质的飞跃。

②楷书

楷书是从隶书发展演变而来的，兴于汉末，盛行于魏晋，完全成熟于唐代，一直沿用到今天，是通行时间最长的标准字体。

楷书便于书写，堪为学字的楷模，故称"楷书"，又称"正书"或"真书"。楷书同汉隶的基本结构相同，主要区别是笔法不同，反映出来就是字体结构不同和笔划在书写时的笔形不同，从这一点也说明书法是指写字之法，是先有法则，遵循相应的结字和运笔法则，法则应用于书写中就有不同的书法。楷书形体方正稳定，笔画平直明确，成为书写自然的文字，充分体现了汉字的书法美，著名者如欧阳询的《九成宫醴泉铭》、褚遂良的《雁塔圣教序》、颜真卿的《多宝塔碑》、柳公权的《玄秘塔碑》等，都是楷书书

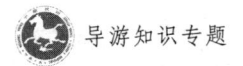

法的楷模之作。

③草书和行书

前面讲的甲骨文、金文、篆文、隶书、楷书，都是在一定历史阶段正式使用的文字，而草书、行书一直是辅助性的字体。

草书是隶书的草写体，起源于西汉，称为"隶草"；东汉章帝时盛行，称为"章草"。它保存了汉隶的波磔，虽有连笔，但字字独立。东晋以后楷书的草体，称"今草"。今草是借鉴章草变化而来并有所改变。形式连绵，字字顾盼呼应，贯通一气，笔画的连写多省略，书写简易快速，但不易辨认。唐代书法家张旭的"狂草"，变化多端，极难辨认，变成了纯书法的艺术品。

行书产生于东汉末年，由楷书变化而来，盛行于晋。一般称接近楷书的行书为行楷，称接近草书的行书为行草。行书近楷而不拘，近草而不放，笔画连绵，各字独立，成为魏晋以后日常使用的主要字体。

（二）中国书法的特色

1.汉字体势、意蕴是构成书法视觉形象美的基础

书法是一种诉诸视觉感官的造型艺术。书法艺术创造的是一种特殊的视觉形象美。如果说绘画、雕塑塑造的是具体生活形象的话，那么书法塑造的则是汉字的形象。早期的汉字不仅具有较浓的象形成分，同时也具有象征性的意蕴。汉字的创造，实质上就是一种直观的视觉形象和抽象的意蕴之间的巧妙结合。随着汉字的发展和演化，汉字的整体形态逐步增加了抽象性而减少了象形成分，但汉字构造基本原则没有变化，依然是直观的视觉形象与抽象意蕴的结合。这种结合的结果就是汉字的体势。

汉字自身的体势特点，正是书法艺术视觉形象的构成基础。历代书法家和书法理论家都深悟其中的道理，他们总是将自然万物的物象与人的意象紧紧连在一起，从而创造出书法艺术视觉形象美。例如，王羲之从群鹅戏水的景象中悟出书法的技巧；张旭从观赏公孙大娘舞剑器中获得启发，从而丰富了自己的狂草技法；黄庭坚曾说自己以前的书法常常是"意到笔不到"，直到晚年入川后，时常见到江上船夫荡桨的情景，才深有所悟，书法也有明显的长进；三国时书法家钟繇曾道："每见万物，皆书象之。"足见书法家对自然物象的重视。东晋卫夫人《笔阵图》中，把横比作"千里之阵云"，把竖

比作"万岁之枯藤"，把点比作"高峰之坠石"……总之，在书法家的眼中，字的一笔一画乃至整个字、整幅字都是生命的象征，或者是书法家对宇宙万物的一种观照。所以前人观王羲之书法为"龙跳天门、虎卧凤阙"，称钟繇的字好像"飞鸿戏海、舞鹤游天"，怀素的草书如"寒猿饮水撼枯藤，壮士拔山伸劲铁"，很有道理。

汉字的多种书体所体现的不同时代或不同类型的审美意识，赋予汉字体势美的丰富性和可变性，书法家又可以根据自己对汉字体势的理解和对自然、人生的领悟，在书法艺术的天地中作自由的驰骋，从而造就出书法艺术的丰富的视觉形象：或朴拙、粗犷，或潇洒、流畅，或端庄、严谨，或纵肆、奔放……

汉字意蕴的多变性，还体现在字与字合为词、词与词合为句、句与句又可组合成章。单字的意蕴总是随词、句、章的意蕴而有所变化。所以，书法家在重视单字的视觉形象美的同时，往往都没有忘记字与字之间组合起来的整体视觉形象美。汉字的章法美其实正是汉字体势美和意蕴美的拓展。所以书法艺术是一种奇妙的"形"的艺术，也是一种"意"的艺术，是一种汉字体势美和意蕴美相结合的造型艺术。

2. 笔墨、笔韵是书法视觉形象美的重要因素

书法艺术的视觉形象美，和我们祖先创造发明的笔、墨等工具有着重要的关系。书法家历来重视笔法、墨法，强调多种运笔、用墨的技巧，目的就在于增强书法的视觉形象美。所谓"笔韵""墨趣"是针对运笔、用墨而产生的审美效果而言的。

书法的视觉形象，主要是由毛笔带墨运行的笔迹墨相而形成的。前人在毛笔和墨的发明制作上，花费了很多心血，表现出了极大的聪明智慧，从而赋予笔和墨以特殊的功能。笔锋的柔韧而富有弹性，墨的黏稠度的可变性和光泽性，使笔墨能将书家指、腕、肘、肩的运动状态，十分精细微妙地表现出来。运动过程中力量的强弱、速度的疾徐、节奏的变化等，最终全由笔墨在宣纸上反映出来。如富有体积感、质感和色泽感的形态各异的笔画线条，以及这些笔画线条的组合形态，或沉稳凝重，或"绵里藏针"；或飘逸潇洒，或"八面出锋"；或丰腴敦厚，或瘦劲坚挺；或明快畅达，或滞涩跌宕……总之，在静态的笔迹墨相中，透露出书家运笔时的提按、使转、垂

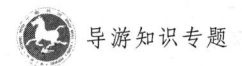

缩、映带等一系列复杂的运动情状。所谓笔韵、墨趣，就包含着这种运动的力感和韵律感。古代书法家又称之为"气韵"。所以，张怀瓘说气韵是"无声之音，无形之相"。笔韵构成墨趣，十分含蓄、抽象，而又耐人寻味，令人赞叹不已。所以书法艺术又是一种深邃的、意韵很强的造型艺术。

3. 书法艺术的情感性和个性是书法艺术的灵魂

没有情感和个性的作品，不能算作真正的艺术品，书法艺术也不例外。由于艺术门类的不同，艺术家表露情感、个性的方法也不一样。那么，书法艺术中，书家的情感、个性是怎样表露的呢？前人书论中有"书如其人""人正则书正""书为心画"等说法，即重视书法作品中（书家）精神美、性情美的创造。当然，书法艺术中情感、个性的表露要曲折得多，也抽象得多。广博的文艺修养和全面的智能结构，独立的高尚的人格是书法家成功的基石。人是最为天下贵的万物之灵长，而艺术是人类最高精神活动。在各类艺术中，书法是最自由、最心灵化的艺术。书家以真情面对人生，从万物中提取出生命的律动与活跃，用"淡然无极"的黑、白作为宇宙幽邃而丰富的总体之色；在线条的流动律变中体现出阴阳刚柔、运转不息、争斗拼搏而又相谐不悖的生命原则，并且融入主体精神的光辉，创造出"众美从之"的理想境界。它是无声的音乐，静态的舞蹈，抽象的绘画，是大自然气象万千的风云变幻，是书法家心潮起伏、波澜壮阔的图画，是中华民族的瑰宝，中国人民的骄傲，是华夏文明五千年的灵魂。

（三）中国书法流派、代表人物及著名书法作品

中国的书法遗产是一座无比丰富的艺术宝库，下面，我们以五种书体为线索，介绍历代中国书法流派、代表人物及著名作品。

1. 篆书

中国书法的开端在商代后期，当时的人们已有了将汉字书写得整齐美观的观念，在甲骨文中，出现了不同的书写风格，书法中雄浑、精细、奇恣等美学范畴初露端倪，西周青铜器的铭文更是绚丽多姿。

到战国时期，秦系书风出现了石鼓文，石鼓文作为大篆之典范，被称之为"书家第一法则"。它结字紧密，点画圆融，用笔圆健挺劲，圆中见方，布局章法开阔均衡。

秦统一中国后，推行书同文字的小篆。小篆的代表作《峄山碑》《泰山刻石》，碑文为李斯所书，"画如铁石，字若飞动"，字体结构谨严，笔画秀劲圆健。

　　值得一提的是，到清代，篆书异军突起，出现了许多金石文字学家兼篆书大家，其中有较大成就的为邓石如，他的篆书特点是挥洒自如，笔势流畅，神采飞动，生气勃勃。他的作品对当时和后世影响很大，被尊为碑学的典范，包世臣列其为神品。现代以写石鼓文著称的吴昌硕，可以说是邓石如一路篆书的继承者。

　　2. 隶书

　　东汉是隶书的成熟和鼎盛时期。当时碑刻盛行，民间无名书家大量涌现，作品蔚为大观，美不胜收，达到了中国隶书艺术的高峰。其代表作按风格区分，遒劲凝练者如《礼器碑》，厚重古朴者如《张迁碑》，飘逸秀丽者如《曹全碑》，工整精细者如《华岳庙碑》，奇纵恣肆者如《石门颂》。

　　3. 楷书

　　东汉之后的三国至魏晋南北朝，是隶书向楷书过渡时期。钟繇，善各体书，尤以楷书见长，后代奉为楷法之祖，与王羲之并称为"钟王"。王羲之，东晋人，字逸少，官至右将军，故世称"王右军"。他早年从卫夫人（铄）学书，后广泛学习张芝、钟繇等名家书写的优秀作品，继往开来，把古朴的书体变成娇美流便的今体，于楷书、行书、草书均有创造性的贡献，是中国书法史上一位划时代的人物，历来奉为书家典范，传世楷书有《黄庭经》等。王献之，羲之第七子，自幼从父学书最有成就，后世将他与其父并称。传世楷书作品有刻本《洛神赋》，又称"玉版十三行"。

　　唐代是中国书法史上楷书的高峰时期。初唐有欧、虞、褚、薛四大家，被称为"初唐四杰"，都以楷书见长。欧阳询，字体笔力遒劲，结构险中求稳，法度森严，真所谓增一分太长，减一分太短，极尽精致之能事。代表作为《九成宫醴泉铭》。虞世南的书法外柔内刚，点画圆润，结字平稳，给人以恬淡之感，时称"戈法"为最妙，代表作为《夫子庙堂碑》。褚遂良的代表作为《孟法师碑》，后期字日趋俊逸秀美，甚得媚趣，人曰为"美人婵娟，似不任乎罗绮"。代表作为《雁塔圣教序》。薛稷是褚的高足，结字疏朗，自成一家。宋徽宗赵佶的"瘦金书"由薛稷书法演化而成。传世书迹有《杳冥君铭》《信行禅师碑》等。

　　唐朝后期最重要的书法大家是颜真卿。他是"颜体"的开拓者，书坛革新领袖，中国书法史上继王羲之之后的又一位划时代人物。他44岁所写《多宝塔碑》，70岁的《颜勤礼碑》，标志着他新书风的形成到成熟，"颜体"的诞生。63岁以后的《大字麻姑仙坛记》，72岁的《颜氏家庙碑》，以及传世墨迹《自书告身帖》达到了颜字美的极致。颜字的价值，在于他突破了自二王至初唐四大家的"秀""雅"为尚的美学观念，而是以"雄"代"秀"，化纤巧为刚健，从而极大地丰富了中国书法艺术。

　　"楷书四大家"是指"颜柳欧赵"，颜真卿、柳公权、欧阳询、赵孟頫，其中赵孟頫是元代大家。赵孟頫书《胆巴碑》字体秀美，法度谨严，神采焕发，尤其在用笔上虽无大起落但颇具变化，以平和之态予以微妙表现，可谓平中见奇。柳公权是唐代和颜真卿齐名的大书法家，世人称其为"颜筋柳骨"，后来延申成为对学书者书法的很高评价，形容其艺术特点如颜体雄强浑厚，韧若筋带，如柳体风骨挺拔，结体谨严。

　　4.行书

　　行书是楷书的一种辅助书体。王羲之传世行书有摹本多种。最有代表性的是《兰亭序》，称"天下第一行书"，其书法风格清秀，点画遒美，行气流畅，为王书的杰构。传世临摹本中，以钤有唐中宗"神龙"小印的摹本（传即冯承素摹）神采飞逸，生动自然，最为接近真迹。

　　唐代颜真卿行书代表作《祭侄文稿》，变二王之妩媚为挺拔，变二王之秀润为苍劲，另辟蹊径，被称为"天下第二行书"。

　　宋行书代表者是苏、黄、米、蔡四大家。苏轼的行书用笔圆润，含蓄，精致，结字自然生动，笔墨浑厚而爽朗有神，特别以气韵见胜，充分展示出一代大文学家兼书法家的高深修养。有《前赤壁赋》《寒食诗帖》《答谢民师论文帖》等。黄庭坚行书的中锋线条凝练结实，纵横奇崛，结字作中紧外松的"放射状"，气势开张，自成一家风貌，有《松风阁诗》《寒食诗跋》《伏波神祠诗》等。米芾为书画家、书画理论家。其书法传统功力深厚又不拘成法，强调八面出锋，敢以侧锋取势，结字侧倒多姿，有"风樯阵马，沉着痛快"之评。传世有《蜀素帖》《多景楼诗》《虹县诗》等。蔡襄行书则以温淳婉媚的特色而著称。

　　此外，元代赵孟頫，其行书风格同楷书一样，以秀雅见长。清代郑燮，号板桥，书画家，"扬州八怪"之一。行书参以隶，北碑笔势，纵横奇崛，顽强地表现了不拘传统，藐视时尚的精神。

5.草书

草书在书法史上并没有形成一个独立的式样，它始终是一种辅助书体。张旭，"文宗时诏以（李）白歌诗、裴旻剑舞、张旭草书为三绝"。张旭为人放任不羁，又号"张癫"。他的草书连绵回绕，起伏跌宕。所谓"张妙于肥"，是说他的草书线条厚实饱满，有提按顿挫。唐代大文学家韩愈对他的草书艺术推崇备至。有《古诗四帖》传世。

怀素，继承张旭又有所发展，创造了"狂草"，称"以狂继癫"，草书如暴风骤雨、雷霆万钧，给人以昂扬激越的美感，同样体现了盛唐社会的时代风貌。他笔法精妙，在一泻千里的笔势中能保持中锋行笔，逆锋起笔，用锋尖在纸面上跳跃出遒劲凝练而富有圆转弹性的线条，达到了"折钗股"和"万岁枯藤"的艺术效果。故人称"藏真妙于瘦"。怀素的传世草书名作有《苦笋帖》《食鱼帖》《论书帖》《自叙帖》等，其中以《自叙帖》最佳。他的草书艺术对后世产生了巨大影响。如北宋黄庭坚的《诸上座帖》学怀素但更瑰丽多奇。现代毛泽东的《娄山关》《满江红》等草书作品，得怀素笔法而又融入了磅礴气势。

（四）怎样欣赏中国书法

中国书法以简练的线条造型，表现各种复杂的意境和情趣，它不仅是中国造型艺术精神的灵魂，而且是典型的东方美的艺术代表。

1.欣赏书法作品应把握三"性"

即书法作品的抒情性，欣赏进入的同步性和书法感受的双重性（文字意境美和书法意象美）。

（1）书法作品的抒情性

中国书法家"登山则情满于山，观海则意溢于海"，总是情真意切地将书写性情作为艺术的灵魂和最佳境界。中国书法要求"达其性情，形其哀乐""寄情于点画之间""书者，抒也""书者，心画也""欲书者先散怀抱，任情恣性，然后书之"。书圣王羲之的《兰亭序》抒发的是一种清静无为的静逸之气，寄情于山水之间的洒脱之情；而颜真卿的《祭侄文稿》则抒写的是一种忠义奋发之气，沉痛切肤的感情，慷慨悲壮的情怀，如排山倒海、火山喷发、奔腾不息，一泻千里；草圣张旭更是"脱帽露顶王公前，挥毫落纸如云烟""长叫三五声，挥笔如流星"，将情感的宣泄发挥到了极致，才达到了"变动似鬼神，不可端倪"的激荡人心的艺术效果。

（2）欣赏进入的同步性

从表面上看，书法是一种视觉艺术，"书画同源"就证明了书法同绘画同属于视觉艺术这一共性，但让我们听一听宋代书法理论家姜夔石破天惊的论述："余尝历观古之名书，莫不点划振动，如见其挥运之时。"在他的眼中，静止横卧纸面的线条和点，居然会"振动"起来——从静到动、从空间艺术变成了时间艺术。所谓"挥运之时"，即我们竟然能从书法作品中看到书法家在创作时挥笔作书的场景。由此可见，书法艺术兼具时、空两大属性，它的生存形态是空间性的，它的表现形态却更多地渗入了时间推移并留下了明确的痕迹，这样就要求我们在欣赏静止的书法作品时采用"同步式"的欣赏，意即细心揣摩、感觉、体会书法家在写作时的动作、表情、神态，甚至心理、情感、个性等各方面，体会书法艺术的旋律、节奏、推移等，做到与作者的感情息息相通、心心相印，去追索、发掘作者丰富的心灵世界和抒情过程，这样才是一种真正的体验。

（3）书法感受的双重性

所谓"书法家"，除了其在艺术上必须造诣独到之外，还必须在文学（学问）上有所积累，有所建树，一个一流的书法家，可以不是画家，不是政治家，不是经济学家，但是不能不是诗人、文学家。倘若缺乏后一个条件，他就很难在历史上占有地位。

从王羲之的《兰亭序》到苏东坡的《赤壁赋》，从唐代的颜真卿、张旭到宋代的黄庭坚、米芾，从元、明的董其昌、文徵明、傅山到清代的何绍基、邓石如、王铎，从近现代的于右任、赵之谦、吴昌硕，一直到历届书法家协会主席沙孟海、赵朴初、启功，无一不是诗文素养雄厚之大家，他们或有诗作传世，或有文集留存。其原因很简单，因为书法写的是字，不懂字，或不懂文学的人很难理解字是兼有艺术与文学的两重性。

所以，书法的欣赏应包括形式美和文字内容美两个重要方面。一幅成功的书作不但在艺术技巧上无懈可击，而且在文字内容上也应提供一种优美的意境。书法的欣赏不单单是"字"的欣赏，更是"书法"加"文学"的欣赏。书法欣赏活动是一种高级智力活动，必须调动两个范畴的能力，并同时获取文学意境美和书法意象美的双重感受与满足。

2.欣赏中国书法应把握"五美"

（1）书法作品的线条美

线条是书法的基础，是书法的灵魂，是书法家赖以生存延续生命的唯一媒介。书法同绘画的主要区别就在于，绘画所表现的是自然界实物的造型，书法所表现的则是抽象线条的造型，这是不可混淆的。也正因为如此，书法美的表现形式，是线条造型的美，表现在以下三方面：

①圆厚的立体感

没有圆厚的线条是单调、平面的。所谓"圆厚"，是一个立体而不是一个平面的概念。书家在运笔时让毛笔形成一种笔尖在中线运行的状态，即"中锋运笔"，这样线条中心是骨，四周是肉，骨藏于肉，肉附于骨，沈括称："映日照之，线条中心有一缕浓墨，日光映之不透。"这便是线条之骨。只有骨确立了，线条才饱满，才有生命力，才有一种立体感和浮雕感，从而表现出充实的力度。

线条在纸上是平铺的，然而在平铺之中，由于骨的确立，线条主干日光不透和四周略透，便构成了一个主体凸现的圆柱体，书法家称之为"绵裹铁"，即在平面上塑造了立体美，二维空间成了三维空间。或者以"锥画沙"来作形象化的说明，用锥尖在沙上划道，其沟痕自然是中间最深，两边及头尾渐浅。用中锋运笔，墨渗到纸上的情况也是如此。这种深藏不露、含蓄内在也正是中国艺术的基本特征。

②笔力的力量感

一定的力量本身就是一种美，如形容力透纸背、万毫齐力、笔力千钧等。所谓笔力，并不是一种蛮力，而是要对毛笔得心应手的一种控制，是一种控制的力量和协调的力量，是一种线条冲破纸面阻力、挣扎奋进的艺术效果。在传统书学中，常用"屋漏痕"来形容这种艺术效果。所谓"屋漏痕"，是说水滴从屋顶沿墙漏下，不是顺顺当当地一泻无余，而是一面要去克服墙面阻力，一面要缓缓滴下。人为地制造逆势涩行，"唯笔势欲行，如有物拒之，竭力与之争，斯不期而涩矣"。这样写出的线条，不轻滑，不飘浮，而是沉着、凝重、老辣、苍劲，有如"万岁枯藤"。如颜真卿的字，融篆、隶

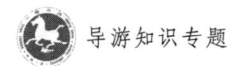

笔意于楷、行、草中，显示出强劲的笔力，人称"点如坠石，划如夏云，钩如屈金，戈如发弩，纵横有象，低昂有态"。用笔骨力雄强，筋肉丰实，结体方正饱满，端庄严整，气势宏大，横画轻细，竖画重粗，使每个字都有厚度，给人以一种浮雕之感。

③起伏的节奏感

书法线条里面熔铸了每一个细节和独特的生命价值，每位书家的活力都体现在线条的节奏感上，线条变化的节奏感是线条活泼的一种力的表现，它是跃动的生命的展示。每一点笔触的颤动，每一根线形的疾徐节奏，都显示出作者创作时的心理轨迹，暴露了作者内心的奥秘。一幅书法作品线条有粗有细、有屈有直、有肥有瘦、有浓有淡、有实有虚，运行过程有疾有涩、有轻有重、有连有断，这些阴阳变化形成一种节奏变化的美。书法作品最忌平直相似，千篇一律。这就像一首乐曲一样，要有主旋律，有主要的、反复出现的乐句，它是乐曲节奏旋律变化的基础。如果线条像一个高低不变的音无限延长，那就绝不是美妙的乐曲，只会使人听觉疲劳和厌烦，没有丝毫美感可言。

我们在欣赏一幅优秀书法作品时，伴随着视觉上笔痕墨迹的疾徐变化，可以感觉到书法的音乐美。赏析一幅好的书法作品就像聆听一首美妙的乐曲，那和谐的韵律、优美的节奏是反复出现的轻重适中的主线和以它为基调具有高低强弱变化的辅线组成的。这带给我们的美感是多种多样的：《兰亭序》如《春江花月夜》，静谧、悠然；《古诗四帖》如《十面埋伏》，激烈、急促；《自叙帖》则如同贝多芬的《命运交响曲》一样，澎湃激越、波澜壮阔。

（2）书法作品的结体美

①和谐自然之美

我们的汉字乃是"近取诸身，远取诸物"造出来的。汉字结构受中华文化思想，人身与外物形状构成的影响，表现出对称、均衡、稳定、平正的造字法则。即每字从平常的视角看来都是平正的，不偏不倚；但同时，在一字之内，又有险绝，仔细从笔画的搭配看又是取险绝之势的，汉字结体美的产生，其核心就是"平正"与"险绝"的对立统一。

比如几乎所有的横画都不是水平的，都呈左低右高之势，而且平行的横画与平行的竖画也多不平行，总有斜侧俯的细微变化，这样平行而不雷同，产生了一种笔画的节奏感和韵律感。所以，细究汉字每个字的构造，几乎没有一笔是横平竖直的。但整个字看起来重心平稳、均衡、稳定，得动中寓静、违而能和的艺术效果。我们看黄山谷《松风阁》和赵佶的瘦金体，中宫特紧且由中宫向外作辐射状，运用了一种均衡美的法则，造成了一种奇绝险劲的字势，显得潇洒舒展、飘逸俊秀、结构精细、字势俊美。

②流转变化之美

"变化"和"和谐"是艺术形式美的重要表现，书法的结体美同样具有富于变化的特点，不仅楷、隶、篆寓险绝于平正之中，行草书更是如此。王羲之曰"若平直相似，状若算子，上下方整，前后平齐，此不是书，但得其点画耳"。其《兰亭序》20个"之"字无一雷同，各具形态，这种避免一字万同的创造精神、审美意识是难能可贵的。

行草书因其打破了方块字的体势格局，因而在字势变化上有了尽量夸张的便利条件，可以说百态千姿，具有动感、力感，更具有舞蹈的造型美。成功的作品其字结体动静相依，巧险并施，寓险于巧，寓险于平，跌宕起伏，婀娜多姿，千变万化，气象万千。元赵孟頫认为："盖结字因时相传，用笔千古不易。"用笔古今变化较小，而结体变化甚大，特别是行草书结体的可变性极强，所以既能产生如行云流水、温和典雅的作品，也能产生如龙骧虎腾、纵横恣肆的作品。

（3）书法的章法美

所谓章法，即表现在一篇书作中字与字、行与行乃至通篇的相互关系的法则。我们在欣赏一幅字时，首先注意的不是点画笔势，也不是单字结构，而是整幅作品带给我们的总感觉，这种感觉就是通篇章法反映出来的。

①阴阳调和，气血贯通

章法布白向为历代书家所重视，清刘熙载《艺概》中称："书之章法有大小，小如一字及数字，大如一行及数行，一幅及数幅皆须有相避相形，相呼相应之妙。"又说："凡书，笔画要坚而深，体势要奇而稳，章法要变而贯。"章法上左顾右盼，相承启复，疏密有致，血脉贯通，才能给人一种音乐的旋律感和节拍感。在书法艺术中，线条美、结体美属于局部美，章法则是整体美。一件完美的艺术品，没有任何一部分比整体更重要。清笪重光《书筏》

云："精美出于挥毫，巧妙在于布白。"书法章法美的特质像音乐一样，由轻重、迟速，不同的提按、导逆所形成的粗细长短不同的线条，在书作中不断地反复出现直到终篇，形成了一幅作品的音乐属性——旋律。我们欣赏王羲之的《兰亭序》，其旋律是舒缓而宁静的，字里行间能够感受到从容、静谧、和谐、清逸之气。唐代大书法家褚遂良的书法，后人赞其章法是"字里金生，行间玉润"。极言其和谐典雅，清逸俊美。

古人云："章法须一气呵成，开合动荡，首尾一线贯注。"一幅优秀的书法作品，总是阴阳调和，气血贯通的。无论篆、隶、真、行、草，从第一字的第一笔到最后一字的最后一笔，总是有起有伏，有行有止，笔意相连，气脉贯通。

②计白当黑，虚实相生

章法追求的就是一种黑白两色在空间分隔的无尽变化，书法之妙也在于黑与白的无穷变化。计白当黑，虚实相生，即要求书家要有意识留心空白，精心留白。书法的空白，表现的空间意象不是为了烘托黑墨所表现的主体，而是书画家伸向宇宙空间的无尽的遐想。"书在有笔墨处，书之妙在无笔墨处，有处仅存迹象，无处仍存神韵。"所谓神韵，是一种"意象"，就好比人们夸赞齐白石先生的虾：白石先生在纸上画出的仅是几只栩栩如生的虾，欣赏者却在画面上见到"水"。之所以有如此奇妙的艺术效果，原因就在于：白石先生在画虾的同时，眼中、心中是有水存在的，即画的是"水中之虾"。书法家在挥笔创作之时，能否有意于"留白"，乃是造成布白之美的关键。作为欣赏者来说，则可以从作品的笔画线条、字势、字与字的组合、行与行的布置，以及墨色的运用等方面，去揣摩、品味书家在这方面的匠心。可以说，布白之美，是一种具象与意象的有机结合。

（4）书法的墨法美

中国书法历来最讲究笔墨趣味，笔情墨趣可以说是中国书法的主要特征。一幅中国书法作品倘若无笔墨趣味，只徒有物象，那它就是黯然失色的劣作，当摒弃于中国书法的大门之外。一幅书法作品要有笔韵、墨韵，即要运用活笔，写出活墨，关键在于：沉着痛快、酣畅淋漓，用墨燥润相间、浓活淡华、燥而不枯、浓而不滞、淡而不薄、润而不腻，有层次、有变化、有节奏、有韵律。特别是用墨的燥润变化，书家们都十分留意，或笔实墨饱，雄厚丰润；或渴笔干刷、险燥峻拔；浓墨濡染则大气磅礴，淡墨挥洒则飘逸俊秀。如《祭侄文稿》，既有颜楷笔酣墨饱、丰润浑厚的特点，又有渴笔飞白、燥险之笔，墨韵变化，生机盎然。怀素的《自叙帖》墨韵变化与笔势的跌宕起伏紧密结合，协调一致，相互生发，妙趣天成。米芾的《多景楼诗》《虹县诗》用墨极注意燥润相间的变化，圆润中有渴笔飞白，墨由重渐轻，由实渐虚，墨虚而笔实，神气溢扬。杜甫赞张旭："挥毫落纸如云烟。""云烟"二字最得墨韵之妙，真是既有笔情，又有墨趣。

因此，中国书法为什么能被不认识汉字的欧洲人、美洲人所接受？原因正在于中国书法这一特殊的由文字书写演变而成的独立艺术，透过笔墨的变化表现了书法家心灵波动起伏的轨迹，它像抽象绘画和无标题音乐一样能拨动观赏者的心弦，引起他们的共鸣，观赏者可以透过"心画"去追寻书家的"心声"。这种自然的艺术感染力既源于笔情，也来自墨趣。

（5）书法作品的神韵美

神韵美对于书法作品来说是最重要的，前人将书法作品的美分为三种境界："能品""妙品""神品"。所谓"能品"，是指仅能达到视觉形象美的作品。所谓"妙品"，是指在形象美的基础上具有巧妙之趣的作品。所谓"神品"，是指能在集众家之长的基础上，自辟蹊径，表现出自我精神、个性的作品。

"书，心画也。"清刘熙载曰："圣哲之书温醇，骏雄之书沉毅，畸士之书历落，才子之书秀颖。"书法与书家的禀赋、气质、阅历、见识、才学、修养、志趣、情操、心理直接相关，所谓"字如其人"讲的就是这个道理。所以对书法作品深入鉴赏时，必须"书外求书"，这样对书法的理解就会深化，走入书家意识境界的深层。

"喜气画兰，怒气画竹，各有所宜"，古往今来无数大书法家的思想情感、文化素养都是十分丰富的。苏东坡曰"退笔成山未足珍，读书万卷始通神"，只有全面深入地认识书家，才能深入品评书法。我们欣赏书法作品时，要因人及书，因书观人。如王羲之、虞世南，其书举止安和，秀逸潇洒，有一种恬静从容之美。怀素、张旭，字如渴骥奔泉，气势如虹，龙飞凤舞，尽情地展示生命的活力。柳公权文章妙古今，忠义贯日月，铁钩银划，心正笔正。欧阳询之字险劲秀拔，鹰击长空，英武之气咄咄逼人。李太白书新鲜秀活，呼吸清新，超凡脱俗，飘飘然有仙风道气。米芾之字八面出锋、痛快淋漓、欹纵变幻、雄健率真。黄鲁直之书气势开张，纵横奇崛，超卓之中寄深远之意。颜鲁公之字雄浑天成，精深博大，冠绝古今。所以，"学书在法，而其妙在人，法可以人人而传，而妙必胸中有之"。要想进入书法的艺术境界，一须人品正；二须学养厚；三须悟性高；四须方法妙。了解书家本人的主要经历、学识、修养、性格及当时的时代背景，有助于对书法作品的理解。同时要具备一定的书法理论修养，从各种艺术门类中，如音乐、绘画、文学、诗歌、舞蹈、建筑甚至武术、中医中汲取丰富的营养，才能使自己成为真正的"深识书者"。

四、中国绘画

在世界画坛上，唯有中国画以国家名称命名。中国画代表着我们民族艺术创造的精神，也代表着我们民族的审美心理，符合我们民族的审美习惯。东方和西方各自形成了一个绘画体系，二者既分庭抗礼，又相互影响。中国画被视为东方绘画的主流，在世界美术领域中，自具特色，别树一帜。

（一）中国绘画的特点

中国绘画伴随着中华民族发展的整个过程，分多种形式与门类。从中华民族发展历史遗存来看，中国绘画涉及彩陶、画像石、画像砖、壁画、漆画、帛画、宗教绘画等众多门类。根据旅游工作需要，本节主要涉及传统意义上的中国画。

1. 中国画的艺术形式

中国画一般是以卷轴式的样式展现的。中国绘画往往绘于宣纸或绫绢上，由于纸绢水分和颜料内含胶质，往往使纸绢皱折不平，不加装裱，很难欣赏。因而，在画家完成作品后，依画幅的窄阔、长短用纸绢、绫等材料衬托、加边，上下或左右装上木轴，便能突现出绘画的笔墨、色彩和作者的艺术风格，同时便于欣赏、张挂和珍藏。

中国画的装裱艺术，历史悠久，汉代以前还没有形成卷轴画。今天能看到的卷轴画一般是魏晋南北朝以后的作品。由于装裱技艺的成熟，中国画装裱形式分为挂轴、条幅、册页、手卷、横披、长卷、扇面、通屏和镜心等多种形式。在装裱画面的上下左右经常留有空白，这空白往往是画中空白的延续，可增加欣赏者想象的空间。长卷可以使画家从右到左精工描绘，欣赏者既可以手展目览，也可以先铺齐整，边走边看，目移景动，变化万端，如亲临其境。

2. 中国画的艺术特征和基本技法

中国画强调"外师造化，中得心源"，要求"意存笔先""画尽意在"，强调融物化我，创造意境，达到以形写神，形神兼备，气韵生动。由于书画同源，二者在达意抒情上，用笔技法上、线条运用上都有紧密关系，因此绘画同书法、篆刻、诗文相互影响，这便成为中国绘画显著的艺术特征。正是这种艺术特征，使诗、书、画、印相彰相益，形成了独有的中国画艺术特征。

每一种绘画都有特用的工具材料作为绘画的形式载体，借用特用的绘画材料和技法来达到绘画艺术表现目的。中国绘画借用宣纸、绫绢，通过笔墨点线进行艺术创作。在长期的绘画创作实践中，形成了特有的基本技法。概括起来，大致有以下几点：

（1）皴擦点染，描绘对象，抒发情怀。中国画用毛笔作画，笔有"尖、齐、圆、健"之分；笔落纸面，形成点簇；运笔轻重缓急，便形成线条；线条又分粗细浓淡；受画家情绪和描绘对象影响，线条便有了个性特征。与线并行是墨，墨有"焦、浓、轻、淡"之别，故"墨分五色"。所以笔墨是构成中国绘画的基本要素，笔性、笔趣、笔势均因人而异。一个中国画家的情思、意向、境趣、性格、风貌、技巧等在创作过程中，无不通过"笔墨"表现出来。

（2）不受空间、时间限制的构图方法。中国画注重内涵，重灵性、尚神韵、求意趣，因而在构图上不受视野束缚，采取散点透视和视觉记忆来布阵置势，部署构图。"竖划三寸，当千仞之高；横墨数尺，体百里之迥。"以高远、深远、平远之法画山，以阔远、迷远、幽远之法画水。其章法构图，广阔自由，以虚带实，以小见大，以大观小，这成为中国绘画的一大特点。

（3）高度概括，突出主题的表现手法。中国绘画在创作构思中，追求"化景物为情思""览物得意""写物创意""丈山尺树寸马分人"以高度概括的手法表现主题。如齐白石画虾就通过"删繁就简"的技法，将虾画得更为活鲜。

（4）不断吸收外来艺术的精华，经过汲取、净化丰富自己。每一种民族绘画，由于地域和材料不同，有优越性也有局限性。中国绘画艺术从不排外，从汉、唐直至明、清，曾大量吸收外来绘画，诸如印度和西域的宗教艺术而不断丰富自己的表现形式，这也是艺术发展的规律，正如山水画大家黄宾虹所说，在历史上，中国绘画"章法屡改，笔墨不移，不移者精神，屡改者面貌耳"。

（5）中国画诗、书、画、印的有机结合。中国画的一个表现形式是诗、书、画、印合为一体，有的作品寥寥数笔，几团墨色，旁边却题了不少字，有的半幅是诗、半幅是画，诗与画浑然天合。书画相通，书法中的抑扬顿挫，点撇竖捺往往与绘画特别是写意画在笔墨形态上相通。画、印同辉，西方画家完成作品后仅在画下方一角签个名字与日期，而中国画家则钤印章。但印章的意义不在留名。印章是画的组成部分。因此，有"印章虽小压千斤"之说。

3. 中国画的题画诗

中国绘画的题画诗是诗画交融的产物，也是我国传统审美习惯的结晶。中国传统绘画将设色布局、书法线条、诗歌意境以及印章融为一个整体。在一幅绘画的边角空白处，往往有画家本人或他人所题之诗。其内容或指明画意，或抒发观感，或品画论艺，这就是题画诗。题画诗在国画中的地位极为重要，一首成功的题画诗往往借助书法线条与画面互相呼应，体现了中国绘画特有的构图章法，也形成中国绘画的一大特色。宋代开始出现题画诗，现存中国画画面上出现题画诗最早的是北宋赵佶（徽宗）的《芙蓉锦鸡图》，宋代文人苏轼、黄庭坚以其聪颖妙慧，笔补造化，使题画诗获得空前发展。元代随着文人画的兴起，传统的绘图章法、审美准则发生变化。人们强调文学的情味、书法的意兴，题画诗逐渐成为构图的组成部分，融画意、诗情、书法为一体的新的绘画程式成为时尚。明清的题画诗更讲究艺术性，强调书画并工，附丽成观。尤其明清时的文人画"高情逸思，画之不足，题以发之"（方薰《山静居画论》），因而出现了沈周、文徵明、唐寅、徐渭等题画诗高手。郑板桥在《竹石》画所题"咬定青山不放松，立根原在破岩中。千磨万击还坚劲，任尔东西南北风"就是一首格调遒劲超拔的题画诗。另如，郑板桥在自己画的一幅《石峰》图中题诗道："谁与荒斋伴寂寥，一枝柱石上云霄。挺然直是陶元亮，五斗何能折我腰。"作者借冲天石柱的势态气韵，寓出自己如陶渊明一样不为五斗米折腰的坚毅刚直精神。

中国的题画诗不但在传统绘画中具有艺术功用和欣赏价值，而且具有以下价值：能够发掘画意，增加画趣。绘画是空间艺术，在表现上受到时空制约，而诗歌是语言艺术，不受时空限制，题画诗中画龙点睛，意具画外之效。能够因诗而知画，了解前人画迹。能丰富诗歌创作题材，能保存不少精到的艺术见解。因此，题画诗是中国传统诗歌颇具特色的一支，又是中国绘画章法的一个重要组成部分。

4. 中国画的题款

中国画的题款，也叫落款、款识，一般包括作画的时间、地点、画家姓名（或字号）以及标题、诗文印章等，是传统绘画的一个重要组成部分。

中国画落款也经历了一个漫长的历史过程。五代以前，画家一般不在画幅上落款署名，两宋时人们开始在画上落款。当时，有些画家常落款在画面极隐蔽处，一般不易为人察觉。元代题款流行。明清时期题款广为流行。纵观历代绘画，一般说来，院体画的落款，字小而少，画家自用印章也少而小。文人画作品，特别是遣兴率言之作，则往往为长款、长题，落款的字体、大小、墨色的浓淡，都与画面有关。

落款的位置很讲究。画家要注意到落款与画面的构图相呼应、统一。落款的类型一般分为：单款，也称名款，这是最简单、最普遍的一种；双款，即在作品上署有作者名款，还写上受画者的名字；画意款，它是在单款或双款之前，为画幅拟一个标题。长款分两类，一是字数多，二是字体大，这种落款，书、画兼工者大都采用，可以产生字画交相辉映的艺术效果。中国传统绘画的落款有很多成功的范例。例如近代吴昌硕、齐白石等人作品上的落款就是范例。

5. 书画同源

书画同源是常见的书画术语，意指中国绘画和中国书法的密切关系，既表现了两者的产生和发展相辅相成，又表现了两者在艺术上的相通相融。

在画史上，以先秦诸子的所谓"河图洛书"为书画同源的依据。唐代张彦远在《历代名画记·叙画之源流》中说："颉有四目，仰观垂象。因俪鸟龟之迹，遂定书字之形。造化不能藏其秘，故天雨粟；灵怪不能遁其形，故鬼夜哭。是时也，书画同体而未分，象制肇始而犹略。无以传其意，故有书；无以见其形，故有画。"此为最早的"书画同源"说。《殷契》古文，其体制间架，既是书法，又是图画。郑午昌说："是可谓书画混合时代。"

随着中国绘画与书法的发展，书画同源主要是指二者在抒情表意上、骨法用笔上、线条的运行上都有相互影响。二者都借绢素、宣纸、墨，通过毛笔作为表达艺术的工具；都通过点线和墨色变化描绘对象，抒发情趣；都强调临摹学习前人作品；都强调笔性、笔趣和笔势；都强调气韵生动，意到笔不到；都强调惜墨如金、计白当黑；都强调人品与作品的同一性，都强调学问与技艺的同促共进。由于绘画与书法篆刻的这些共性和相互影响，形成了显著的艺术共性。据《谈荟》记载，南唐李后主"善书"，作颤笔扭曲之状，遒劲如寒松霜竹，谓之金错刀。《宣和画谱》又记："后主又作金错刀画，亦清爽不凡，另为一格法，后主金错刀书用一笔三过之法，晚年变而为画，故颤掣乃如书法。"在中国画领域，书画同源理论深入人心，中国绘画本体论所强调的特征往往被掩盖，需要说明的是书画同源理论突出体现在"文人画"上，实际上即使有书画同源的立论，书法和绘画一定是有界线的，它们是两种不同的艺术形式。

6. 诗情画意

诗情画意是人们在读诗赏画时的感慨之语。有些诗如画，有些画如诗，在诗画共构的意境中，人们往往欣赏到一种如诗意如画境的美。苏东坡曾云："观摩诘之画，画中有诗，味摩诘之诗，诗中有画。"

"江流天际外，山色有无中"，是诗也是一幅画。"山含秋色近，燕渡夕阳迟"是诗亦是画。柳宗元诗"千山鸟飞绝，万径人踪灭。孤舟蓑笠翁，独钓寒江雪"就是一幅画。北宋范宽《寒江钓雪》、马远《寒江独钓》都是据柳宗元的诗意而画的名作。但由于对诗意理解不同，二人在钓雪钓鱼画面上有所不同。李商隐《登乐游原》诗"向晚意不适，驱车登古原。夕阳无限好，只是近黄昏"也是一幅画。南宋马麟就画有一幅《夕阳图》，在一幅小轴上把夕阳黄昏苍茫的诗意表现得淋漓尽致。"终日昏昏醉梦间，忽闻春尽强登山。偶过竹院逢僧话，又得浮生半日闲。"这是一首著名的诗。赵左依此诗画有一幅《竹院逢僧图》，通过墨色淡彩，使画达诗意。读苏东坡诗"竹外桃花三两枝，春江水暖鸭先知。蒌蒿满地芦芽短，正是河豚欲上时"，映在脑海的不正是一幅画吗？

同样的道理，赏画也如同读诗。傅抱石有一幅画，画之左上角苍松劲枝，叶茂而密，右下角画山一角，一携杖老者与一稚童正语，画面不题一字，画意里反映的却正是唐代诗人贾岛《山中问答》"松下问童子，言师采药去。只在此山中，云深不知处"的诗意。现代画家亚明有一幅水墨淡彩画，画中对角线下右下方画山一脉，巨松一棵，树冠下一高士闲卧，画意则表达了唐人太上隐者诗："偶来松树下，高枕石头眠，山中无历日，寒尽不知年。"极好地表达了山中静趣。

当然，不是所有的诗都是可以用画表达的。但诗画意境的相通是显而易见的。画家借写生、游历而"师法自然"，诗人借行万里路而赞美山川，在面对同一秀美山川用诗画形式来抒发感情，虽艺术形式不同，但心境相通。故而有诗云："我从画里写诗意，想见先生觅句时。"正好表明了画家与诗人在艺术上的关系。同样在一幅幅画作上，画家总是题以适当的诗来深化画意，使诗、画相映生辉。

（二）中国画的分类

绘画门类与风格的形成，往往受到人文地理、社会政治以及绘画所使用材料等众多因素的影响。中国绘画在其长期的历史发展过程中，形成了不少画科。单以表现手法、表现内容、不同的绘画载体以及不同的画幅形式，中国绘画就分有许多门类。现就中国画的门类作以下简介。

1.中国画的基本画科

关于中国画的基本画科，唐代张彦远的《历代名画记》分为六门，即人物、屋宇、山水、鞍马、鬼神、花鸟。北宋《宣和画谱》分为十门，即道释、人物、宫室、番族、鱼龙、山水、鸟兽、花木、墨竹、果蔬。明代陶宗仪《辍耕录》又分为十三科等。总之，是各有分法、代有不同。概括而言，按照绘画题材，中国画的基本画科主要分为人物、山水、花鸟三大基本画科。

人物画是以人物形象为主体的绘画，人物画又分为道释画、仕女画、肖像画、风俗画、历史故事画等。人物画从晚周、汉魏、六朝渐趋成熟。中国人物画力求将人物个性画得逼真传神，气韵生动，形神兼备。

早期人物画有两种著名的描法，就是"吴带曹衣"，即"吴带当风，曹衣出水"。这是指两种相对的衣服褶纹表现程式。相传，唐代吴道子画人物，笔势圆转，衣服飘举，而北齐曹仲达画佛像，笔法稠密重叠、衣服紧窄，后人因称"吴带曹衣"。这两种描法也流行于古代雕塑和铸像。还有一种人物画线描法，世称"春蚕吐丝"，画出的线条细韧柔和，连绵不辍，与铁线描相比不同，前者柔和，后者刚挺。顾恺之的线描，就达到很高水平，宛如"春蚕吐丝"。

山水画是以描写山川自然景色为主体的绘画。在中国画史上，山水画的出现要晚于人物画。它虽然出现在战国以前，但一直附属于别的画科，甚至在魏晋南北朝时，山水画也只是作为人物画陪衬的背景。在隋唐时，山水画已成为独立的创作题材。构图的丰富，技巧所能够表现的山石的肌理，树木与季节的关系，以及这些画面质素可以产生感染观者的力量。山水画发展到五代、北宋初已出现以关仝、范宽、李成为代表的"三家鼎峙，百代标程"的第一个山水画高峰。从宋朝以后以董源、巨然为代表的山水画大家的艺术成就逐步影响形成了山水画南宗体系。笔落纸上，心游万仞。米友仁曰："画乃心印"，至今，无论技巧与题材都没有任何一个时代与个别画家可以超越这个时期山水画所创造的艺术境界。从自然写实主义的角度来看，中国山水画的发展到"元四家"为代表达到新的高峰。以黄公望、倪瓒、吴镇、王蒙为代表的"元四家"，在五代北宋山水画的基础上，深受元初书画家赵孟頫的影响，把笔墨韵味在绘画中的作用提到了一个新的高度，突出了山水画的文学趣味，使诗、书、画有意识地融为一体，形成了以"文人画"为主流的山水画一代新风，对明清两代画坛影响极大。概括而言，中国山水画在表现上讲究经营位置和表达意境，山水画是最心灵化的艺术。中国山水画受老庄思想及禅宗思想影响至深，注重个体心灵的体悟，常常于静寂观照中，求返于自己内心深处的心灵节奏，以结合宇宙内部的生命节奏。"外师造化，中得心源"是中国山水画创作的最高追求，中国人在看云听水时获得的恬适虚静体悟天人合一的概念，这是艺术，也是哲学，也是宗教。界画指工笔山水画里以宫屋、屋宇、楼台亭阁等建筑物为题材，用界笔直尺画线的绘画，也称"宫室画"或"台阁画"。现存的唐懿德太子李重润墓道西壁的《阙楼图》，是我国目前现存最早的一幅大型界画，宋代著名绘画《黄鹤楼》《滕王阁图》也是界画。

　　花鸟画是以描写花卉、瓜果、竹石、鸟兽、虫鱼等为主体的中国画。花鸟画的肇始很早，为中国绘画的一大画科。在花鸟画科花卉分科中，明清以后以梅、兰、竹、菊"四君子"画最为传统常见。在中国传统绘画中还有"怪石"与"博古"等题材，古人将其称为"杂画"。

　　道释画或称宗教绘画，其题材虽属人物画一科，但由于佛教、道教等宗教在我国的影响，道释画在中国绘画中已成一独立画科。在佛教传入中国以前，道释画题材多为老子、圣贤、神灵或狗马、鬼魅而已。随着佛教传入中国，佛教艺术也传入中国，也刺激了中国画的发展。道释画一般是采用传统中国画勾线涂色法和外来晕染方法相结合，因而具有很强的立体感。道释画在中国存量很大，其中以甘肃敦煌和山西永乐宫最为著名。

　　按照中国绘画的基本技法，中国绘画又可分为工笔、写意、没骨等画科。其设色又可分为金碧、大小青绿、重彩、淡彩、浅绛等画科。在这些画科中，均有大家出现。比如，唐代李思训父子的金碧山水画，就具有极强的艺术感染力，代表着中国传统绘画极盛时代的豪华典丽的风格。而同时代的王维强调"画中有诗""意在笔先"，他开创的以水墨的浓淡渲染山水，独具神韵，形成了朴素、深远、韵味高清的风格。

　　2. 文人画

　　文人画，泛指封建社会文人、士大夫的绘画，故又称"士人画"，以区别于民间画工和宫廷画院画家的作品。文人画是士大夫词翰之余的消遣或自我表现，故又称之为"墨戏之作"。文人画画家普遍重视文化素养，在磨炼技艺的同时，无不潜心学术，以广博的知识增益其才智，最终使此种学养得以在笔下流露，从而在艺术上体现出书卷气和学术性的大家风度，文人画往往比较注重思想性的表达。

　　绘画最初是工匠们的专职。从魏晋开始到隋唐，上层社会开始普遍重视书画，于是出现了专职的文人画家。北宋后期，以苏轼、文同、米芾等为首的一批文人登上画坛，形成一支独立的绘画力量，与民间画工、宫廷画家鼎足而立。因此，一般认为文人画兴起于宋代而成熟于元代。文人画出现的客观与社会原因有三：一是在宋代中国画的写实成就已达到登峰造极的水平，二是元代中国社会政治环境的空前变化，三是与元代汉人所处社会地位的低落有关（当时汉人地位比乞丐还低一等），一些失意落寞的文人士大夫为抒发情感，以画为寄，这就刺激、提供了中国绘画一个新的发展方向。元代文人画趋于成熟，画家队伍日益庞大，至明清时，文人画已成为画坛主流。关于文人画的艺术特征，近代陈师曾在《文人画之价值》中指出："何谓文人画？即画中带有文人之性质，含有文人之趣味，不在画中考究艺术上之功夫，必须于画外看出许多文人之感想。此之所谓文人画。""文人画要素：第一人品，第二学问，第三才情，第四思想。具此四者，乃能完善。"据此可以看出文人画的主要特征是：作者必须是具有多方面文化修养之人，作画的目的主要用以抒发作者情趣，即为文人"墨戏之作"或"画不过意思而已"。作画题材主要是花鸟、竹石、水波烟云，很少画人物，多以物寓意。所以，林木窠石、梅、兰、竹、菊成为文人画的传统题材。因为在文人士大夫眼中，梅、兰、竹、菊为植物中之清品，须以文人之灵趣、学养、品格注之笔端，随意写出。作画方法随意而至，如苏东坡画竹用朱砂，有时画竹不分节，从根到顶一气而上。作画时在形象处理上强调神韵而忽视形态，以有意而思为目的，不似之似为最高境界。文人画的艺术形式强调诗、书、画、印相结合，强调诗、文、琴、棋为不可缺少的画外功，熔多种艺术于一炉，相互生辉，尽可能完美地体现出文人画的特征。

3. 院体画

在中国绘画史上，虽然画派林立，画科纷呈，但院体画的出现不能不引起我们的注意。所谓院体画，也叫院画或宫廷画。这种画是由封建帝王设立于宫廷的画院，特聘的画家为满足封建帝王的好恶或为其统治服务而画的。

宫廷画院的设置，有人认为肇始于五代，其实滥觞于汉、唐。汉代虽然无画院之设，却建有"画室"，唐代虽然无画院之名，实有画官专门应奉禁宫。这说明，宫廷画院的历史至少始于汉唐。从五代开始，宫廷设画院招募画家。至宋代，便设置"翰林图画院"，罗致四散在各地的画家。自宋历元到明清，宫廷均设画院。由于宫廷画院画家为取悦帝王，专依帝王宫室好恶而作画，因此，院体画一般虽然有很高的绘画技巧，却往往无鲜明的画家个性。

宫廷画院由帝王直接控制，入选画院的画家须经严格考核。尤其在宋徽宗时，画院达到了鼎盛时期，不少名家进入画院。一般说来，画院的画家是以"供奉"帝王为目的的画家，往往失掉了画家生命的自由创作精神。因此，许多文人画家、社会画家轻视院画。但是，不可否认，画院的画家不乏时代高手，这些人往往学识渊博，技巧精能。因此在封建帝王授意下，这些画家精能之至，亦通神妙。今日，我们常常提到的宋赵佶《芙蓉锦鸡图》，宋王希孟《千里江山图》，宋马远的《雪图》《寒江独钓》，南宋夏珪的《长江万里图》，清王翚等合制的《康熙南巡图》，清董诰的《御制诗意图》，清外籍传教士郎世宁画的不少战功图、牧马图以及花卉都是院体画的代表作。应当说明，院体画在南宋时代繁荣一时，以后便一蹶不振。

4.没骨画

没（读 mò）骨画，"没"是指淹没和含蓄的意思，是不用工笔程式步骤中的勾勒线的轮廓，也不同于写意画笔法的一种用色或墨直接渲染的技法，有没骨山水、没骨人物和没骨花鸟。没骨画法的精要是以运笔和设色有机融合在一起，体现兼工带写、依势行笔，重在意蕴，既区别于写意与工笔，又融合写意的用笔洒脱与工笔的色彩绚丽，一般认为没骨画法最早是南唐徐熙。影响最大的是以清代著名画家恽寿平为代表的"南田派"没骨花鸟，恽寿平与其时其他五位传统山水派大家"四王"和吴历并称为"清初六大家"。

5.泼墨画

泼墨画法实际上是一种大写意画法的延伸，是相对工笔细笔而言的粗笔画法。按照《辞海》（1990年12月第一版）的解释，是指"中国画的一种技法。相传唐王洽每于酒醋作泼墨画。后世泛指笔势豪放、墨如泼洒的画法为'泼墨'"。在中国绘画史上，以泼墨画山水始于唐代的王洽。概括而言，王洽以后，北宋的米氏父子，南宋的马远、夏珪，元代的高克恭、方从义，明代前期师法马远、夏珪的浙派画家戴进、吴伟，吴门画家沈周，以及明代后期至清代的董其昌、八大山人、石涛等人，都进一步发展和丰富了泼墨法。到了近现代，傅抱石、潘天寿、石鲁等人以及当代画家周昭华，又对泼墨法的运用有新的发展。泼彩画山水在古代绘画中没有看到很典型的作品。但是当泼墨画法应用于花卉之后，在花卉画家直接以色代墨去画花时，泼彩法也随之产生了，进而也影响到山水画。如清代金冬心的某些山水小品就应用了泼彩法。不过，泼彩法在中国山水画中的充分应用，从近代看来，应归功于张大千。

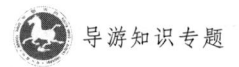

6. 壁画

壁画为中国绘画的一种。指绘制在土砖木石等各种质料壁面上的图画，按其所绘场所，可分为殿堂、墓室、寺观、石窟等壁画。中国壁画起源很早，如东汉王充《论衡·订鬼》云：黄帝时"门户画神荼、郁垒与虎"。以后各代壁画形迹屡见不鲜，如秦咸阳宫殿建筑遗址出土的壁画残片，为考古发掘中迄今发现的最早的壁画实物。西汉卜千秋墓及洛阳王城公园墓，则为完整的墓室壁画。敦煌莫高窟壁画，陕西乾县唐永泰公主、章怀太子墓室壁画，山西永济永乐宫壁画等则极为著名。我国壁画遗迹分布地域广泛，数量可观，时间上下绵延两千余年，题材内容十分丰富。殿堂和墓室壁画多描绘历史人物及故事、神话传说和贵族官吏富豪的奢华生活，并有生产、战争、社会习俗等场面，间有神灵异兽、山川花木、日月星云等图像。寺观、石窟壁画以道释神仙和宗教故事为主体，穿插生产、世俗生活场面。壁画表现技法多样，有白描、勾勒设色，水墨写意，青绿重彩、堆金沥粉等法。颜料多用矿物质，色泽经久不变。壁画制作者多为民间画工，除少数留存姓名外，绝大多数俱已湮没无闻。

7. 年画

年画为中国传统民间绘画，以吉祥、喜庆、欢乐、美好等事物，或以典故成语作为主题，有情节，易于理解，大都用于新年时张贴，装饰环境，含有祝福新年吉祥喜庆之意。传统民间年画多用木版水印制作，主要产地有天津杨柳青、苏州桃花坞、山东潍坊、河南朱仙镇、陕西凤翔、四川绵竹、广东佛山、福建泉州等。年画画面线条单纯、色彩鲜明、气氛热烈愉快、场面热闹。如"五谷丰登""春牛图""岁朝图""嘉穗图""戏婴图""合欢图""看花灯""胖娃娃"等，并有以神仙、历史故事、戏剧人物作题材的。很多年画常作为门画张贴之用，夹杂着"神祇护宅"观念，如"天官""秦琼、敬德"等。年画体裁（或形式）有门画（独幅或对开）四条屏和横竖的单开独幅等。年画历史悠久，早在汉代就有在门上画勇士，贴门画的风俗，宋代已有关于年画的记载，清代中期，尤其盛行。20世纪初，上海兴起"月份牌"年画。中华人民共和国成立后的年画，在传统基础上推陈出新，更加丰富多彩。

8. 风俗画

风俗画为中国人物画的一种，是以社会生活习俗为题材的人物画。始于汉代，绘制在墓室墙壁上或刻制于砖石上。唐代韩滉《田家风俗图》、五代李群《孟说举鼎图》、北宋张择端《清明上河图》、南宋左建《农家迎妇图》、朱光普《村田乐事图》、李嵩《货郎图》等，均为一代名作。南宋时在临安（今浙江杭州）流行一种"堂画"，亦称风俗画。年画中的《大庆丰收年》《万家村》等图很著名。清末吴友如《点石斋画报》中有很多作品，均属风俗画。中华人民共和国成立后的风俗画，反映了新的社会题材，新的人物风貌，呈现出一种旧貌变新颜的现象。

9. 画像石与画像砖

画像石和画像砖是我国古代祠堂、墓室及石阙上的装饰性石刻和砖刻。它始于西汉，风行于东汉，是随着厚葬之风的盛行而发展起来的，在我国绘画和雕塑史上占有重要地位。

从已发现的画像石和画像砖来看，画像石以山东、四川等地最多，其他各省如陕西、江苏、辽宁、山西、安徽等地也有。其中山东的武氏祠石刻、孝堂山郭氏画像、沂南画像石墓最为著名。画像砖主要分布在四川、河南、甘肃等地，以四川最多且颇具特色。画像石多为祠堂石室的壁画及墓门、楣、楹的装饰画；画像砖则往往嵌在墓室的壁上，多为方形，也有长方形、条形。从画像石和画像砖的表现内容和表现形式上看，它题材广泛，内容丰富，从封建贵族的奢侈享乐到劳动人民的艰辛，从伏羲女娲到凤舞龙潜，从舞乐百戏到亭台楼阁，全都刻画得栩栩如生，表现历史故事与战争田猎的题材也较为多见，具有浓厚的社会生活现实主义色彩，著名的有荆轲刺秦王、列女与孝子、皇帝与骑士、管仲与鲍叔等。

画像石和画像砖的雕刻技法一般分为两种：一种是用"平面浅浮雕"的方法，把画面突出在平面上，即先将石面（或砖面）打平磨光后，将要表现的画像在平面上画出，将图像外的砖石剔去薄薄一层，这种方法叫"阳刻浮雕""凸面线刻""减底阳刻法"。这种方法大多用于表现各种各样的人物形态。另一种是线条表现手法，即在平面上以各种凸出的直线或曲线，构成欲表现的图画，大凡简单的鱼、虫、花、鸟或建筑物等都用这种方法，如四川画像砖中的纪年砖、"卍"字宫砖和花砖等。画像石与画像砖具有很强的艺术特色和地域特点：山东的质朴厚重，古风益然；河南的雄健豪壮，泼辣有力；四川的精明活泼，纯朴自然。

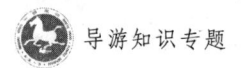

关于中国绘画的分类，须提的还应有漆画、帛画、连环画等，限于篇幅，略去不叙。

（三）中国绘画的主要流派

在中国绘画史上，由于各个不同的时代背景与人文条件，出现过不同的绘画流派，各派又都有其领军画家，创制过许多著名的绘画作品。毫无疑问，这些流派及其作品都是中国绘画历史宝库中极为宝贵的财富，现摘要述之。

1.历史上的著名画派

（1）元四家

"元四家"指黄公望、王蒙、倪瓒和吴镇。他们活动于元泰定元年（1324年）到至正十八年（1358年）前后三十多年间。主要活动在江浙一带，作画题材多以表现江南山水风光为主，技法上师承相通且彼此间融合沟通。他们都受儒家思想的熏陶，但同时又对佛、道探研很深，三种文化交融，致使他们在精神寄托和处世态度上都含有浓厚的超然物外，独善其身的遁世思想，追求寄情、忘我于自然的境界。反映在他们的山水画中，也自然以冷落、荒寒、超然逸世的意境为主。元四家的画风、笔墨趣味以及在画中注入的思想情趣对明清两代文人画有重大影响。

（2）吴门画派

该派活动于明代中后期的苏州地区。当时，随着手工业的发达，城市经济的繁荣，苏州成为比较富裕的大都市，画坛也十分活跃。由于苏州具有浓厚的文化气息和深厚的文人画传统，又有秀丽的自然风光和精美的园林艺术，丰富的古代绘画藏品以及当时正在流行的文学哲学思潮，于是出现了以文徵明、沈周、仇英、唐寅四大家为代表的画家群。因苏州别名"吴门"，故称吴门画派，亦称"明四家"。吴门画派崇尚北宋和元代山水画风格，当时在画坛影响极大，从学者甚众。吴门画派在苏州地区活动时间很长。继起者有董其昌、陈继儒等人。该派名家迭出，名作累世。

（3）清代的"四僧"和"四王"

明末清初之际，文人画在画坛上压倒一切。文人画虽然都强调以传统绘画为基础，对待传统的态度却有摹古与创新之别。于是出现创新与摹古两派。

创新一派以弘仁、髡残、八大山人、石涛四画僧为代表。四僧都是明末遗民画家。由于经历了明清鼎革，这些人内心忧愤，因此在绘画上不为成法所束缚，注重个性表现，作品多新颖别致，在绘画史上影响深远。这一派画家作品不被时人所重，但今天越来越凸显其艺术的光辉。

摹古一派以王时敏、王鉴、王翚和王原祁为代表。这一派以"正统"自居，领导画坛，左右时风，受士大夫和皇家称赞。该派一方面注重摹写古人笔墨神韵，一一寻真，不染他笔；一方面注意总结古人绘画经验。这一派的作品虽然笔笔都经过千锤百炼，但在创作上，守旧的成分多，创新的成分少，因而显不出充足的生活气息和艺术生机。

（4）扬州八怪

该派活跃于清乾隆年间，寓居在江苏扬州地区，有金农、黄慎、郑燮、李鳝、李方膺、汪士慎、高翔、罗聘等十五位画家。"八怪"一词，在扬州话里有"奇形怪状"之意，而且"八"字不能以数目的实数论。该派画家都有较高的文学素养和艺术成就，在艺术上大胆革新，注重表现个性，多以山水、人物、花卉为题材，讲究诗书画相结合，不合当时画坛流行的尚古之风，时人视其为"怪物"，遂有"扬州八怪"之称。"八怪"画的共同特点是以奔放的笔墨抒写心灵，强调笔墨上的个性表达，表现了文人画的一种朝气。该派画风对中国近代绘画有大影响。该派人物中又以郑板桥最为有名。

（5）海上画派

该派活跃于清代末年的上海。鸦片战争后，由于上海辟为商埠，经济发达，各地画家流入上海，使上海成为绘画活动中心，"海上画派"随之出现。该派画家群主要人物有赵之谦、任熊、任颐、虚谷、蒲华、吴昌硕、吴友如、钱慧安等。该派画家特点是在传统基础上能破格创新，重视人品学养，注重在民间艺术上发掘探索，并善于借鉴外来艺术，其作品多为雅俗共赏之作。其中吴昌硕提倡以金石之笔入画，创造了许多佳作巨构。

（6）岭南画派

岭南画派是辛亥革命前后创立于广东地区的新兴中国画流派。广东地处五岭之南，由于地理条件与海外交往频繁，当地居民富有开拓与改革精神，这就为该画派提供了客观条件。岭南画派肇始于居巢（1811—1865）、居廉（1828—1904）二人，完善于高剑父、高奇峰、陈树人三人。该派在继承中国传统绘画精神的同时，大力借鉴外来技法，特别融入日本和西方绘画技法，以现代建筑入画，创造出色彩鲜艳，水汽淋漓饱满，晕染柔和匀净，富有南国地方色彩的新风尚，在当代树帜屹立，影响甚大。孙中山在世时称赞广东这一兴起的新画派有"新时代美性及革命精神"。高剑父的《雨景图》等为著名画作。岭南派的再传人为关山月、黄幻吾等人。

2. 20 世纪中国画坛上的流派

20 世纪的中国绘画是中国画史上的一个辉煌时期。由于经济的发展和中外文化交流的频繁，尤其由于受欧洲文艺复兴运动和启蒙运动时期的艺术作品影响，更由于"五四"新文化运动的直接熏陶。当代的中国画家凡可称大师、巨匠者，都具有博大胸怀与民主、科学的精神，学贯中西，博古通今，其艺术作品无不体现出深邃的学养和豁达的境界。他们在中国画坛各种风格流派中，虽然尽呈其才多姿多彩，但是大体上可将其分为沿革传统和中西融合两种类型。

（1）沿革传统型

这个传统类型受外来文化影响主要体现在表现技法和主题内容上，没有在绘画技法上承接油画传统，在传承中国画上强调从传统中汲取养分推陈出新，技法上又可分为晋唐宋元的传统派和明清的写意传统派。两种风格前者以吴湖帆、谢稚柳、于非闇（亦称于非厂）、陆俨少、溥儒为代表，消化吸收古代传统，画风谨严规整且形成自身风格，注重所描绘对象的客观真实性即形神兼备，主观个性的表现和笔墨形式的表现则寓于真实性和绘画性之中；后者以黄宾虹、齐白石、潘天寿、傅抱石、唐云、程十发为代表，画风纵逸恣肆，大都一挥而就，不求形似，而注重个性情感的抒发，讲求形式自律的笔墨趣味，以不似之似求神似。例如，齐白石把写意花鸟画发展为大写意花鸟画；黄宾虹在山水积墨法上自成特色；潘天寿在画面构图上、用笔力度上自有风貌。传统派的画家常常具备深厚的传统文化修养。该派强调艺以人传，不可人以艺传，主张以文会友，以画会友的"雅"文化氛围。这类型沿袭到 1949 年后在继承传统的基础上融入技法创新，以李可染为代表，在继承前人传统的同时，更加注意"师法自然"。既吸收古代山水画的优秀传统，又强调对自然山川进行写生所得感受。李可染的画就表现出他对自然山川的独特认识，在一张宣纸上，千百次浓抹淡写，其浓墨层次分明黑白光亮

有致。李可染的墨法促进了中国山水画的发展。

（2）中西融合类型

中西融合类型则可以分为写实和现代两种风格。前者以徐悲鸿为代表。后者以林风眠、刘海粟为代表。一般而论，前者讲求以"素描"为一切造型艺术的基础，侧重于客观的"再现"方面。后者讲求形式的构成，侧重于主观的表现，例如徐悲鸿的画中西融合，既有西方绘画对形体塑造的追求，又特别强调中国画所具有的神韵追求；林风眠在画中注重对光的追求。这种类型发展到 20 世纪 90 年代则为"抽象水墨""现代水墨"，以吴冠中、张仃为代表。这两种风格的画家，基本上都是美术学院的"科班出身"，具有扎实的造型功底或构图意识。中西融合类型强调"人以艺传"的美术家身份。其中写实派注重于美术展览，现代派则偏重于与国际接轨的艺术交流。

3. 20 世纪 50～60 年代两个画派

自 20 世纪 50 年代后期起，中国画坛又兴起了两个画家群体，一个是以傅抱石为代表的"江苏画派"，另一个是以赵望云为代表的"长安画派"，在现代中国绘画史上，都具有重要的意义。

（1）江苏画派

江苏画派的代表人物为傅抱石，还有钱松嵒、亚明、魏紫熙、宋文治等画家。傅抱石在绘画上善于钻研与创新。他丰富了古人用以表现石头的"皴法"，发展为独特的变化多姿的"抱石皴"，强调把用墨与设色有机统一结合起来，使墨与色相得益彰，并创造出一整套画水的方法，使人观之，如闻其声。代表作有《井冈山黄洋界》《烟雨莽苍苍》《千峰送雨图》等。

（2）长安画派

该派以赵望云、石鲁、方济众、康师尧等画家为代表。赵望云是一个出身于农民家庭的朴素画家，他主张艺术创作要"一手伸向传统，一手伸向生活"提倡反映现实社会的新画风，强调画家要有气骨。因此，他的画注重生活气息，笔墨富有新意。石鲁的画曾被认为"怪、黑、乱"，但这正是他笔墨上创新的特点。石鲁对人物、山水、花鸟画均有很深造诣，《转战陕北》是其具有代表性的历史题材作品。

（四）怎样欣赏中国画

绘画是心灵的艺术。尽管绘画题材多种多样，绘画风格多姿多彩，面对一幅绘画作品自然会有仁者见仁，智者见智的情况。但是，绘画作为一门艺术，自然有其公认的评判标准。评价欣赏一幅绘画作品，应该从什么地方入手呢？

1. 如何评价中国绘画

（1）评价绘画的基本功

在一幅绘画上，画家用笔墨表达了自己的艺术情趣。作为一个欣赏者，首先要评价这幅绘画的基本功，这就是造型变型是否合理，用笔用墨设色是否协调，章法构图是否美观，笔墨技法是否创新。要公允评价绘画的基本功，一是要了解这个画家，二是要纵横比较，只有客观比较才能有正确的评价。

（2）评价绘画的画面语言

所谓画面语言，就是一幅绘画给人的客观印象。首先要看绘画的选题是否新颖，作品的气韵是否生动，作品的意境是否深邃，作品的格调是否高雅等。一幅成功的艺术作品应该具备独特人格精神、民族文化特色和时代精神三个要素。

（3）评价画家

中国人传统上喜欢名人字画。名人与字画名品是两个不同的标准。评价一幅画的价值，在评价了绘画的基本功和画面语言后，还应评价画家的人品、学识、才情和思想。绘画有"成教化，助人伦"的功效，欣赏绘画和崇尚画家学识人品是一个道理。

2. 如何欣赏中国绘画

（1）欣赏中国绘画的气韵

中国画，最玄最难的是气韵。所谓"气"和"韵"，是从整体上把握画家作画时的精神状态和作品完成后给人的感受，气韵之间是因果关系。最早提出"气韵"的是南齐的谢赫（459—532）。人们常说：气韵生动。中国绘画常见有两种情况：一种是有气而无韵，因而显得粗野、直露，缺乏深远的韵味。另一种是有韵无气，表现得柔弱无力。气韵生动是绘画的外在表现形式，也是中国画家对于超越画面形貌之外的神态神气一种冥冥追求。气韵要靠画家长期的感知能力和悟性，即画家的技法和修养才能产生。胸怀博大者，画不可能气短；内心清静者，笔下不可能有浊气。

（2）欣赏中国绘画的意境

每位画家都有自己的艺术风貌，都用自己丰富生动、变化多姿的笔墨技巧以创造"意境"，抒写自己的"意趣"。由于每个画家学识、技巧都不同，因此，反映其"意趣"的作品则大相径庭。从中国绘画意境上说，亦可一分为三：①庙堂之画，有富贵气，如晋唐的宗教和宋代的宫廷画，给人一种堂皇的气象；②山林之画，有高逸气，如元人的山水画，便具有一种清高的境界；③江湖市井之画，有穷酸媚俗气。应该说，心灵是意境的源泉。意境不可能全在画面。它一半在画面上，一半在画外，一半在画家心灵中，一半在观者心灵中，没有两种心灵的结合，就谈不上欣赏意境，欣赏艺术。

（3）欣赏中国绘画的笔墨

中国艺术中，通常认为"书画同源"，中国艺术的哲学性、艺术性，全反映在书画中。著名旅法华裔画家熊秉明认为："西方艺术只有雕刻绘画，在中国却有一门书法，是处在哲学和造型艺术之间的一环，比起哲学来，它更具体、更带生活气息；比起绘画雕刻来，它更抽象、更空灵。""书法是中国文化核心的核心。这是中国灵魂特有的园地。"那么，中国绘画中，也讲笔墨，而且强调笔墨是中国画的精髓。因为中国绘画艺术的最高境界，就是要有笔墨。以书法为基础的"用笔"更是在一种深邃的技术基础上，反映内在的学养。笔墨虽出之于手，实根于心。清方薰曰："笔墨之妙，画着意中之妙也。意奇则奇，意高则高，意远则远，意深则深，意古则古，庸则庸，俗则俗。"中国的毛笔有"尖、齐、圆、健"之分，用笔有"落、起、走、住、叠、围、回、藏"等各种阴阳不同之法，用墨有焦墨、淡墨、积墨、泼墨、破墨等法。笔墨与画家的主观情感相结合，线条从笔情墨趣中涓涓而出。凡属愉快感情的线条，无论为方、圆、粗、细，其迹是燥、湿、浓、淡，总是一泻千里，不作顿挫，转折也是不露圭角的。凡是表示不愉快情感的线条，就停顿，呈现一种艰涩状态，停顿过甚的就显示焦灼和忧郁感，有时纵笔风驰电掣，如兔起鹘落，纵横挥斫，锋芒毕露，就构成表示某种激情和绝忿。线条凭借其活力，赋形象以生命。笔墨之神在于画家气骨、人品、学识，而不单纯在笔。齐白石主张"粗阔笔墨之画，旨在传神，纤细笔墨之画，意在形似"。"作画妙在似与不似之间，太似为媚俗，不似为欺世。"这在齐白石画中经常见到。

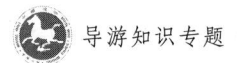

（4）欣赏中国绘画的不同画家群体的特点

中国绘画虽然分门别类呈万千之状，但从画家群体上划分，不外有三，即学院派、江湖派、自由艺术家。学院派画法，一画之成，往往平心静气用累月之功，务求形神兼备无懈可击。江湖派画法，讲究逸笔醉墨，不求形似，以无法为法，妙笔有自然天成之效。在学院派和江湖派兼有的画法上，齐白石认为"妙在似与不似之间"，黄宾虹认为"不似之似方为真似"。自由画家一般追求题材新颖以及笔墨的个性表现，也有一些自称为画家的旅游纪念品作者，一片庸脂俗粉，无雅字可言。

（5）欣赏诗、书、画、印

诗、书、画、印合为一体是中国画中文人画的一个重要特点，常可见有的作品，只有寥寥数笔，几团墨色却题写了不少字。有的半幅是画，半幅是诗。有的盖了多方印章。这几种艺术共存一纸，交相辉映。画中题诗，往往是画家对画中景物的描写，或抒发作画心境，或画赠友人的酬唱，画中诗往往既是绘画构图的一部分，也是画家经营运思之中的，诗与画具有浑然天成之妙。书画相通即所谓书画同源，许多画家本来就是书法家，以书入画，往往产生神采同丽之感。吴昌硕就是以书入画的高手，所以其画具有金石味。画、印同辉。在画上钤印的意义不在于留名，它也是画的组成部分，尤其是通幅水墨，一方红印盖在画上，与墨色相较，显得十分醒目，使画面更富艺术效果。印章的大小、多少、位置和印文内容都须与画面大小、画面内容相和谐，所以章有名章、闲章、引首章之别。中国画家追求诗、书、画、印四绝，这方面的名家高手有吴昌硕、齐白石等人。

（6）欣赏中国绘画的留虚空白

在传统中国绘画的文人画画面上常见画鸟数只，或写兰一丛，余者为大片空白，在外行看来这仿佛是一幅未完成之画。"留虚空白"体现了中国画论中的"计白当黑""惜墨如金"的观点。计白当黑是中国绘画构图系中的一个重要技法，具有"虚实相生"的效果。水墨画之惯常留白，不着形象。空白之处，冲虚饱满，"视之不见"，而观之有物：为云？为雾？是空？抑水？绘者不言，赏者明"白"。既不著象，何烦铅华？真可谓"不言而喻""无中生有"。明代顾疑远一言中的："气韵或在境中，或在境外。"比如在齐白石画虾的绘画中，大片空白可当水；在马远的山水图中，大片空白可当水天；在八大山人绘的八哥图中，空白可理解为目空一切的啸傲之气。因此，留虚空白是画家的一种绘画语言，尤其水墨画，妙在笔墨之外，贵能"虚中取实"，得"象外之趣"。清人恽格则谓："今人用心在有笔墨处，古人用心在无笔墨处，倘能于笔墨不到处，观古人用心，庶几拟议神明，进乎技矣。"

3. 中国古代绘画的名品杰作

中国古代绘画名品杰作灿若群星，有很多作品流传至今。这是一笔极为丰富的文化财富。在这些传世名画中，要举出一些名品杰作既易又难。为方便认识中国绘画的艺术光辉，只能挂一漏万地简介略述。

西汉《轪侯墓主生活图》。1972 年长沙马王堆汉墓中出土的一幅帛画。该图墨线细描，上彩，基本上和楚墓帛画的人像画法相似，但描写得更为生动细致，构图也复杂得多，色彩主要为朱、黄、黑、白等。

东汉《乐舞百戏图》。1972 年出土于内蒙古和林格尔。以黑、白、朱色画墓主和其家属坐观乐队及杂技人员演出情景，其中有载竿、倒立、跳丸、飞刀舞轮、对舞等，形象很是生动。

东晋顾恺之《女史箴图卷》。此图绢本设色。顾恺之博学有才气，世称"虎头三绝"——才绝、画绝、痴绝。此画依西晋张华所作《女史箴》中的故事，叙说关于女子的封建道德、节操问题。画用游丝描，人物形象生动，山、树和人的比例则大小不相称，表现了中国早期绘画的古拙状态。

东晋顾恺之《洛神赋图卷》，设色画。根据汉曹植所作《洛神赋》中的故事，分段描写赋名，构图连接。该画山川树石形态古拙，所谓"人大于山，水不容泛"，画树真像"伸臂布指"一样，表现了早期绘画的特点。

隋展子虔（传）《游春图卷》，大青绿设色画。春山平湖，游骑泛舟、花树繁密。山石、树干空勾轮廓，不加皴斫，即用青绿赭石涂染，树叶也很匀整平板。画法古拙，但人马、山树的比例已较合适。比《女史箴图卷》技法进步了许多。

唐阎立本（传）《历代帝王图卷》绢本设色。画了汉昭帝刘弗陵至隋炀帝杨广共 13 位皇帝，形象神态，刻画尽致；笔法线条，凝重有力。

唐李思训（传）《江帆楼阁图轴》，设色画。长松高岭，桃竹掩映；山径殿廊曲折，数人乘马及步行游赏。山外江天空洞，风帆缥缈。山石设青绿色，略有简单的皴斫。

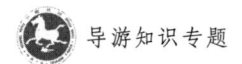

唐吴道子《天王送子图》(宋摹本),纸本、墨笔画。人物形象生动,神采奕奕,衣带飘扬,笔法流利。

唐王维(传)《雪溪图》,绢本、墨笔画、雪景山水。坡石有渍染而无勾皴。画面宁静清远。

唐周昉(传)《簪花仕女图卷》设色画。贵妇五人,女侍一人,有远近大小之分,纱衣长裙,髻发极高,又多插牡丹等花朵。衣纹笔法古拙,色彩多用朱紫、粉白,卷末画辛夷一株。

五代顾闳中《韩熙载夜宴图卷》(宋摹本),设色画。画南唐国大臣韩熙载夜间在家中饮宴中听笙乐观舞伎的场面。画分五段,用屏风床榻来分隔,构图极为巧妙,人物形象描写得非常细腻传神。

宋范宽《溪山行旅图》,绢本、墨笔画。山店市桥,人马杂沓,描写来往行旅之状。笔法圆润简朴,气势雄厚。

宋范宽《雪山萧寺图轴》,绢本,淡设色画。雪岭高耸,山坳深藏古寺,林木尽秃,倍见严寒景象,笔法雄劲削瘦。

宋赵佶《听琴图轴》,绢本设色。高松绿竹下,一人正坐抚琴,二人侧坐俯仰静听,童子侍侧。笔法细秀,设色精丽,人物刻画精微,神情毕露,为宣和画院高手杰作。

宋张择端《清明上河图卷》,绢本淡设色。画汴京当日繁盛热闹的城乡、街市、水道间的形形色色,刻画细致,是一幅反映古代社会生活情况的历史艺术名作。

宋王希孟《千里江山图卷》,绢本,大青绿设色。山石不见勾皴墨骨,丛树竹林,寺观庄院,茅舍瓦屋,桥亭舟楫,繁密不可胜计,水纹用笔纤细,一览无尽。

元黄公望《天池石壁图轴》,绢本,设色。这幅浅绛山水,重峦叠嶂,杂木长松,烟云流润,气势雄浑,构图繁而用笔简。

(五)中西绘画的比较

一般认为,从印度、中国等东方文明古国发展起来的绘画称为东方绘画,其中又以中国绘画为典型代表。从希腊、罗马绘画发展起来的以欧洲为中心的绘画为西方绘画。

中西绘画是在两种不同的社会历史条件下形成的艺术,因此,从艺术观念、审美情趣到具体技法都有很大的差异。这里所讲的西方绘画，主要是指西方油画。西方油画产生于 15 世纪前后，西方的绘画以前是工匠画，注重技巧，后来出现的"印象派"绘画越发展越接近中国画观念。在其 500 多年的历史发展过程中，又分为古典油画、近代油画和现代画三个阶段。受当时社会环境的影响，其绘画题材各有侧重。比如，古典油画题材多为宗教、神话故事，其间所发生的文艺复兴对西方绘画的根本影响是将"神"变为"人"，绘画逐渐接近现实生活。中国绘画形成于漫长的封建社会，受儒、道家思想的影响，绘画题材也有侧重。实际上东西方艺术越向高层次发展越接近，因为艺术所追求的思想和感情，东西方是一样的。为认识这两种绘画艺术，试作以下比较。

1. 散点透视与焦点透视

中国绘画是散点透视。用不同的视点观察物象，然后将不同空间、不同时间内的物象共绘一画，讲究"以形写神""形神兼备"。正是依据散点透视，才可"以咫尺之幅，写千里之遥"。如张择端的《清明上河图》、李公麟（传）的《蜀川胜概图》，就是用散点透视法绘成的。

西方绘画是焦点透视。即立足一点，描写物象，讲究"写形象真"。在视点集中之处，静观瞬间之物，油画的画框犹如窗框，观油画如凭窗静立赏景。

2. 写意与写实

从艺术的理念上讲，中国水墨画和西方油画没有什么区别，但表现方法和工具不同。画家的思想也不同，每个人都有独特的民族性和个性，所以画出的作品不一样。中国画从绘画技法上主要分为工笔和写意，中国画追求气韵生动，骨法用笔。尤其中国写意画追求画妙在"似与不似之间"，强调"不似之似为真似"。如画人则画其神采，画山则取山的气势，画花、鸟、虫、鱼则画其生机。以"传神写照"表达其意象万千，追求画意和境界。

西方绘画强调写实，追求客观再现，以具象美表达审美趣味。西方画中的风景画和静物画，入画之物，俱真俱实，如画人物，须毫发毕现，人体肌肤或柔嫩透明，或刚强健美，画果蔬则秀色可餐，观之有栩栩如生之感。

3. "点线结构"与"块面结合"

中国绘画是用尖锥毛笔通过"平、留、圆、重、变"等笔法筑成画面要素，通过点线或描或写物象形态。在表达"面"的时候，其笔法有工笔与写意两种。工笔是勾线设色，意笔是用书法笔法入画，讲究直抒胸臆，因此，点线结构既有"具象美"，又有"抽象美"。这种"点线结构"在表现"面"的时候，注重物象本身而忽略光影在视觉中的影响，一般不描绘光影，没有反光、高光、投影等，所以往往不如西方绘画"块面结合"那样"逼真"，所以，中国画在表现体积感时，是用皴、擦、点、染等积墨或三矾九染的渲染等技法实现的。

西方绘画是用扁平的"刷子"结构成一种"块面组合"形式。这种"块面结合"的技法善于表现物象的"质量感"和"体积感"。

4.墨分五色与色彩世界

中国绘画，特别是写意画，特别讲究水墨渲淡。用墨有焦墨、泼墨、渍墨、破墨等法，通过用水使墨有浓淡干湿之分称为墨分五色。因此一下笔，就要求有凸凹之形，即以线条和皴擦点染等笔法来表现物象的质感。用"墨分五色"来暗示色彩。中国画最高境界是气韵生动。

西方绘画要求画家对色彩有敏锐的感觉，并通过长期训练使色彩感觉与心理认知相结合，是画家用"感觉到的色彩"来表现物体之间形成的色彩关系。印象派对光影的表现为"近看鬼打架，远看一张画"，这就是西方油画运用色彩的妙处。画家往往匠心独运地选择特定的色调或强烈的对比构成油画的主题和意境。因此，欣赏油画就是欣赏画家用色彩表达情感的世界。

5.光影与透视

中国绘画由于"点线结构"的局限性，无法表现"块面"的"光影"和"透视"效果，仅以墨色、彩色的浓淡干湿表现出对象的明暗、阴阳，因而在表现光、色和透视方面是其薄弱环节。

西方绘画善于将物理学知识应用于绘画艺术，能十分"写真"地表达物象，用光表现物体的立体感、轮廓、深度和空间，追求"空间感"和"透视"效果。

在这方面，正如法籍华人艺术家熊秉明先生所说："西方人重分析，中国人重综合。西方人的油画追求写实，一切交代得清清楚楚，透视的前后左右，光线的明暗深浅；中国画重在写意，一切都含含糊糊，但一切似乎又都有。"

6. 构图

中国绘画在构图布局上要求空灵和单纯，讲究意境和情调，山水画构图方式有高远、深远、平远。因此，在视角上多以平视、仰视和俯视观察，使画中物象显出主次、虚实的分别，往往在构图上留出空白来"经营位置"，计白当黑，即有画处和无画处不是孤立的，而是有相互协调的作用。在外行看来，中国画仿佛是一幅未完成的画，这体现了中国人"凡事留有余地"的人生哲学观。

西方绘画在画面上全部绘图着色，用不同色彩表达、烘托主题。一幅西方油画，在完成后，似乎无法再添笔加彩，否则，就显多余，这体现了西方人追求凡事恰到好处的审美观念。

7. 诗、书、画、印与签名

中国绘画讲究诗书画印结合，尤其是宋代以后的文人画。书画同源，以书入画，有两层意思，一是指落款，就是画面上出现的画家或受画者的姓名，或者题画诗所用的书法。二是指用书写的笔法作画，有写生、写丹青、写山水等说法。诗书画印几种艺术在同一画面上交相辉映，共同构成中国绘画独特的艺术语言。

西方绘画完成后，画家仅在画面一角签名和注明日期。这种签名和日期不构成画面的有机部分。

8. 绘画形式与题材

中国绘画形式丰富多样，有中堂、挂轴、册页、长卷、通屏、扇面、镜心、横披等。题材有人物山水、花鸟虫鱼等，可反映宗教、民俗、宫廷、园林等社会生活。

西方绘画形式多为镜框式，形式较少。西方古典油画题材多为宗教、神话、风景和现实生活等。

9. 笔墨美学

由于中国绘画的"点线结构"，中国绘画特别注重笔墨技法的研究，注意笔墨功夫，讲究运笔用墨必须以一定的法则为依据。"气韵生动、骨法用笔"是中国画的最高标准，所以中国绘画注重于"笔墨"美学的研究。在绘画中要求无一滞笔，无一懈笔，无一复笔，笔笔都须交代清楚。

西方油画运用"块面结合"的技法，因此，虽有笔触、质感、肌理、材

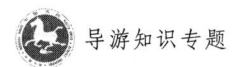

料等画面元素，没有关于笔墨的美学研究。

10. 留有余地与完美无缺

中国传统绘画，以书法为骨干，以诗意为灵魂。画家的主体意识潜藏于山水人物之间，通过勾、皴、点、染成深浅不一的意境，并且画面留有很多空白处，空白会让人产生美感、产生遐想。所以读中国画，不仅要读画，还要读懂"画外音"。看画如入深山，只觉连绵无尽，传达出天人合一的哲学思想。

西方油画强调空间架构，在以人为主要表现对象时，以解剖学为基础的写实主义表现手法能生动准确地刻画人的客观形体和生动色彩。在画布上全部涂上颜色，没有空白，在追求客观真实的艺术效果的同时能恰如其分地传达出人的精神面貌和内心世界。

概括而言，在绘画艺术上西方人重理，中国人重情。西方画求真，中国画写意。西方绘画受科学精神的支配或影响，中国绘画则受到诗的浸染和滋养。因为重理，西方画里的自然是冷静观摩的再造反映人的心理世界；因为重情，中国画里的自然是悠然静观的印象反映哲学思想。

（六）中西绘画差异的文化根源

绘画是一种视觉艺术，其艺术语言要素，如线条、形体、明暗、色彩、肌理等都与人类复杂的生活有着密切的关系。由各种绘画语言要素组成的各种形式结构，如构图、比例、韵律、空白、均衡、对称等，也与人们精神生活和情感生活的节奏相一致。从前文对中西绘画所作的简单比较中可以看出，中西方绘画有着明显不同的艺术表现形式。那么，中西方绘画差异的根源是什么？

中西方绘画的差异说到底就是文化的差异。具体说来，就是：

1. "一元论"与"二元论"的差异

中国人有感情主义传统，持有"一元论"的世界观，中国人的"一元论"世界观认为人与自然是统一的，人是自然的一部分，讲究"天人合一""道法自然"，认为"天不变，道亦不变"。主张万物与我为一，以天为本，将人看作自然的一部分。"一元论"世界观铸就了中国人独特的思维方式，对自然的眷恋使中国人将山川视作民族的母亲。因此中国的画家在创作绘画时主张"师法造化"，常常将山水万物作为自己感情抒发的寄托。

西方人有理性主义传统，认为天人二分，信奉"二元论"世界观。在理性主义思维之下，西方画家眼中自然是与人类相分的。

正是中西方不同的思维方式决定了中西绘画的差异。中国画表达的山水，能让人融入自然，如岸边垂钓、湖上泛舟、山中静卧，而西方风景画中很少看到人的存在，他们要表达的往往是一种独立的自然。

2. 农耕文化与海岛文化的差异

中国的地质地理是一种陆地文化，中国人长期以农耕为生。农耕文化会强化人们热爱自然，保持自然的心态。农耕文化表现在政治上是"先礼后兵"和"后发制人"，表现在军事上是"保存实力"和"避实就虚"，表现在建筑上是"内敛深沉"和"曲径通幽"，表现在哲学思想上是"中庸"和"和睦"。作为深受中国传统文化熏陶的中国画家，在绘画艺术上表现的是委婉、静谧和含蓄。体现了"崇尚自然"和"自我保护"的民族心态。

欧洲的地理特征有明显的海岛地域特征。长期的海岛生活，使欧洲人具有海岛文化特征。在海岛生活环境中，西方民族具有开放性、攻击性和侵略性。海岛文化表现在政治上是"以我为中心"，表现在军事上是"主动出击"，表现在建筑上是"张扬外露"，偏爱"山顶城堡"，好居高临下俯视世界。西方画家的作品表现的是直观、张扬和裸露。西方绘画所表现的哲学思想是以"我"为中心的"人本主义"，强调了"主动出击"和"暴露张扬"的民族心态。

3. "唯心"与"唯物"的差异

中国绘画以唯心主义思想为主。画家通过绘画表现了他对自然万物的认识，在很大程度上表现了自己的情绪和感觉到的意向。故在不同的画家笔下所描绘的美女的轮廓是不一样的。到了近代，画家受西方文化影响，注重客观表现，如傅抱石笔下的美女和张大千笔下的美女是不一样的。在中国古代宫廷画中可以看出程式化的特点，皇帝的头部一定在画面所有人中是最大的，官职最低的人头最小，这是传统尊卑有序观念在绘画上的体现。虽然这是因社会原因所致，但也基本体现出中国画家的构想是唯心。中国绘画受宗教思想影响力较少，但在传统绘画观念中重视儒家文化的道德规范，文人画则重视个人体验，所以在中国文人画绘画中能看出画家的心情，是高兴，是悲伤，都体现在画中，即所谓的"画为心声"。

　　西方绘画以唯物主义思想为主，作品偏向于写实。用笔画眼中所见，画什么就得像什么，画面上的空间和明暗具有纪实性，光线具有方向性。西方绘画看不出画家当时的心情，唯物主义下的写实传统局限了画家的想象空间。西方绘画受宗教影响力较大，总是出现耶稣、圣母等神圣的宗教题材。因宗教的神圣性，宗教人物是所有信徒中的神，画家在客观描绘中以其客观表现反映个人的思想感情。画家对题材的客观性不可能做出改变。这些方面体现了西方画家的唯物性。

　　总之，绘画是一种文化。中西方绘画的差异，说到底是文化差异。东方文化的心理结构图像符号是太极图，而西方文化的心理结构图像符号是十字架。

思考题

　　1.什么是中国传统文化？

　　2.中国传统文化具有什么特色？

　　3.中国戏曲的主要艺术特征是什么？

　　4.京剧有哪些主要的角色行当？

　　5.四大名旦的表演各有什么特点？

　　6.举例说明京剧如何表现超脱灵动的时空形态。

　　7.戏曲演员为什么又称"梨园子弟"？

　　8.中国的评剧和话剧著名的代表剧目有哪些？举出昆曲、黄梅戏、越剧、评剧的代表剧目和著名演员。

　　9.简述汉字书体的演变过程。

　　10.汉字有哪五种主要书体？各种书体书法艺术成就最高的是在什么时代？

　　11.结合名家名作谈一谈如何欣赏中国书法。

　　12.中国绘画有哪些艺术特征和基本技术因素？

　　13.中国文人画有哪些特点？

　　14.中国绘画有哪些基本画科和画派？特点如何？

　　15.欣赏中国绘画应该从哪些方面入手？

　　16.中国和西方绘画的主要差异在哪里？

专题四
哲学、宗教与民族

一、中国古代思想流派

中国古代产生了很多有关社会、政治、经济、军事、伦理、道德、哲学、科技、文学、艺术、宗教等方面的思想，构成了中国古代思想宝库的内容。这里不可能对中国古代思想进行全面的描述，而是仅仅从文化角度先对中国古代一些比较重要的思想流派作一简单概括，然后再对影响中国文化发展的儒、道、佛三家思想流派作稍细致的介绍。

（一）中国古代思想流派简述

从纵向看，远在夏代之前，就产生了尧、舜以"禅让"为形式、由部落民主推荐选举首领进行社会治理的思想，对这种思想的记忆虽然因时间久远而很模糊，但对后世儒家影响至深，成为他们津津乐道的"公天下"的"圣世"典范。

夏代开始出现的"家天下"的阶级社会统治思想经商代延续到西周，其开国君主也被后代包括儒家在内的一些学派推崇为"贤王"，号称"三代"。

一般认为，在尧、舜至"三代"之时，产生了两个极为重要的、影响至今的哲学思想体系。一个是"八卦易学体系"，一个是"阴阳五行体系"。"八卦"的产生传说的时间很早，有伏羲创八卦的说法（可能在父系氏族社会初期）。"易"则有夏代的"连山易"、殷代的"归藏易"、西周的"周易"之分。现在所能见到的《周易》，可能是西周初年整理而成的。春秋时期，主要是儒家学派继承了易学；道教产生后，则以太极八卦图为其标记，所以有"儒易"和"道易"之分。而研究的流派又有"学理易"和"术数易"之别。前者主要探究易理，后者主要发展占筮之术。

《周易》是古代一部占筮之书，它以乾、坤、坎、离、艮、兑、震、巽八卦，象征天、地、水、火、山、泽、雷、风八种自然事物和现象，每卦由三爻组成。八卦重复组合成六十四卦，重卦或复卦每卦六爻，共三百八十四爻。用这些卦和爻来象征自然界、人类社会的万事万物及其之间的各种关系。以每卦所附卦辞和每一爻所附爻辞进行解释以推断休咎。从现代研究角度看，《周易》卦、爻辞记录的古代人事及其他现象等，对探究古代社会具有很高的史料价值。传说为孔子所作的《易传》（解释《周易》之言），包含有大量当时社会、政治、伦理等观念思想，其中反映的朴素辩证观更为难得。《易传》是《周易》之外反映易学流派思想最重要的资料。至于把《周易》神秘化（尤其是术数派）的说法，是后人对《周易》内容的引申、附加附会之论；还有人说八卦是外星人的创造，则更是无稽之谈了。

"五行"一词，据《尚书·洪范》在夏代已出现。然而比较可信的说法是，从夏至商是阴阳五行说萌芽的时期，至春秋战国最终形成体系。"一阴一阳谓之道"，阴阳之道先于天、地、人、万物存在于一切事物中。阴阳既对立又统一，按照它固有的规律，在永不停息的运行中消长、变化、转化。阴阳平衡则遂顺，平衡打破则出现倒逆反常。五行为金、木、水、火、土，是构成万物之元素及其关系的象征性要素，亦永不停息地处于"金→水→木→火→土→金"相生与"金→木→土→水→火→金"相克的运行中。"阴阳"与"五行"结合，构建了万事万物的结构框架及其产生、发展、变化的关系模式，可用来解释自然界和人类社会的一切存在及相互关系，其中闪耀着辩证思维的火花。阴阳五行学说除同样被道家、儒家所继承外，至战国时还出现了以邹衍为代表的阴阳学派。而汉儒则把阴阳五行学说神秘化，把"天人合一"神化为"天人感应"，创造出迷信的谶纬经学。其后的道教则接过神秘化的阴阳五行说并加以改造，作为其创世说和解释一切事物、现象依存、变化关系的理论。

春秋战国时期，中国古代的思想出现了一次大整理、大结集、大展示。这一时期思想活跃，学派纷出，相互争鸣，形成我国古代学术思想最为开放、流派创建最为众多的黄金时代，为此后中国古代学术流派奠定了思想基础。因篇幅关系，这里简要介绍墨家、兵家和法家。

墨家的创始人墨翟是春秋时期人。墨家学说与儒家学说同为当时的"显学"，其弟子也"满天下"。简单概括墨家学说，可归结为"天志"观基础上的尚贤、尚同、节用、节葬、非乐、兼爱、非攻、非命、明鬼等。"天志"是以上天之意志作为度量万事万物是否合度、思想言论行为是否正确的标准。墨家虽然给它披上了神圣的外衣，但实质上是为了强调其标准的客观性。"尚贤"就是崇尚贤人贤政，"尚同"是提倡平等，"节用"是反对浪费提倡节俭，"节葬"是反对厚葬，"非乐"是反对温饱之外的奢靡，"兼爱"是爱一切人，"非攻"是反对诸侯间掠夺土地人口的战争，"非命"是反对宿命，"明鬼"是承认鬼神存在并以之辅助教化。墨家学说代表了以手工业者为主的下层百姓利益，虽然自西汉便中断了，但它的思想总是与后世农民起义或革命的愿望相通。如"杀人者死，伤人者刑"，就是墨家的律法；太平天国提出的"天必欲人之相爱相利""天下无大小国皆天之邑""人无幼长贵贱皆天之臣"，都能看出"天志""兼爱"的影子。

兵家在春秋时的代表人物是孙武，战国时的代表人物是孙膑。孙武著《孙子兵法》十三篇，孙膑著《孙膑兵法》。两书论证了古代的战争思想、战略战术原则，其中含有丰富的辩证思想。如战争以"不战而屈人之兵"为最上；而战则要求"知己知彼，百战不殆"等。著名的三十六计就是从兵书中归纳发展而来的。现代各国的军事家都从《孙子兵法》中汲取营养，日本学者称其为"世界古代第一兵书"。不但军事家，企业家、商业家也从中寻求韬略和经营管理思想。

法家学派是继承春秋子产提出法治主张、战国初期魏国李悝主持变法、著《法经》之后，至战国中期形成的学术流派。楚国的吴起、秦国的商鞅都是著名的变法者，其理论和实践都使所在国家国力增强。尤其是秦国，商鞅变法奠定了统一六国、兼并天下的经济、军事基础，实在是功不可没。法家的集大成者是韩非子，他著有《韩非子》一书，主要论述了法与国家治理的理论。韩非子的"法治"理论是一个"法""术""势"三位为一体的体系。它以法律为治理条例，以权术为驾驭群臣和保命全身的手段，以权势为推行法令的保证，使法制得以实现，三者有机结合，缺一不可。法家给新兴的封建地主阶级实行中央集权统治提供了完整而有效的理论，所以在秦代被作为实际上的官方学术而推崇。法家理论对历代帝王行使政治统治、玩弄权术阴谋，对封建社会改革家的变法等，都具有重要的指导意义。

春秋战国时期的学术思想流派还有很多，如主张以农耕安身立命的农家学派、提出"白马非马"辩证命题的名家学派、主张"为我"的杨朱学派、主张"连横""合纵"外交战略思想的纵横家学派、系统阐述阴阳五行学说的阴阳家学派、齐国著名的稷下学派、吕不韦门客杂家思想流派等，这里就不一一详述了。

（二）儒家思想流派

1.孔子学说的主要内容

儒家学派的创始人是孔子。孔子生活于春秋末期，一生致力于宣传推行自己的主张，奔波于列国之间，历尽艰辛。孔子开私人讲学之先风，培养了弟子三千多人，著名的有七十二人。孔子是我国古代伟大的思想家、政治家和教育家。他所创立的儒家学说为历代帝王提供了治国的理论依据，为知识分子安身立命指出了一条道路，所以被帝王奉为"大成至圣先师"，封为"文宣王"，被封建社会尊为"圣人"。儒家思想是两千多年来我国传统文化主体思想中的主流。孔子的言行思想，保存在由其弟子或再传弟子编纂的《论语》中，而通过《易传》《仪礼》《礼记》《春秋左传》及诸子著作等典籍也可以获得有关孔子的一些资料。

（1）孔子的"仁"学

"仁"是孔子学说的核心，也是儒家思想的核心。何谓"仁"？"仁者，爱人。"爱的范围由家庭中的父母兄弟开始推广到众人。怎么去爱？首先是"亲亲""事亲"，然后是"泛爱"。其方式是"己欲立而立人，己欲达而达人"，即先人后己；"己所不欲，勿施于人"，即推己及人。对个人来讲，只要做到"仁"，就会做到忠、恕、孝、友、恭、敬、宽、敏、惠、智、勇、信（诚），以致达到"圣人"的境界。对家庭来讲，就会出现父慈子孝、兄友弟恭的谐和关系。对国家来讲，就实现了"仁政"，即以仁德来推行政治教化，治理社会。仁学的提出，既关系到个人人格修养，又关系到家庭伦理，还关系到国家和社会治理的政治伦理。这与儒家倡导的"修齐治平"修养观是一致的。其最后的落脚点都在国家社会。所以，"仁"是最高的道德原则，"仁人"是最高尚的人格，"仁政"是最理想的政治统治。"仁学"是从宗法血亲关系出发，推广到社会的、由血统到政统到道统的理论，是中国传统文化伦理、社会、政治学说基本框架的理论基础。

（2）孔子的"礼治"观

"礼"是孔子学说中又一个重要内容。"礼"是"仁"的外在表现。"礼"是什么？是社会制度和礼节仪式。"礼"的功用是"整民"（治民），"政之舆"（推行政治统治的工具）。"道德仁义，非礼不成；教训正俗，非礼不备；分争辩讼，非礼不决；君臣上下、父子兄弟，非礼不定。"一句话，人际利害关系的调整、家庭关系的维系、等级统治秩序的维护、各种教化的推行，都要以"礼"为手段、工具，使之达到理想的要求。

礼有吉礼、凶礼、军礼之分，再细分明目还很多，涉及个人、家庭和社会的方方面面。它企图把人们的一切言行思想都纳入"礼"中，要求做到不失礼、不越礼，"非礼勿视，非礼勿听，非礼勿言，非礼勿动"，不能违背"礼"所规定的地位、权利、职责、义务，以维护"君君、臣臣、父父、子子"的等级秩序。"礼治"虽然承认社会成员作为社会细胞的地位、权利和义务，但又极大地摧残了个性的自由意志，造成后世强调义务、蔑视权利、重官轻民以至安分守己、保守因循的社会心理。然而，正是儒家的"仁"和"礼"，奠定了中国传统文化的精神和心理基础。

（3）孔子的认知、教育、修养观

孔子有一句名言："生而知之者，上也；学而知之者，次也；困而学之，又其次也；困而不学，民斯为下矣。"又有"学而时习之，不亦乐乎""吾十有五而志于学，三十而立……""我非生而知之者，好古，敏以求之者也""盖有不知而作之者，我无是也。多闻择其善而从之；多见而识之。知之次也"等话。由此可见，孔子主张人要勤奋学习，通过学习获得知识，在学习知识中寻找乐趣。虽然孔子推崇尧舜文武周公等"圣贤"是"生而知之者"，但当别人把他也归入"生而知之"一类时，他极力解释并说明自己是"学而知之者"，是"次也"一类中的人。可以说，在实质上孔子的认识观点是主张"学而知之"的。后来，人们都喜欢用"学而知之""学而时习之"来警示、鞭策自己。

作为一位大教育家，孔子提出了"有教无类""因材施教"的教育思想，即不分身份高低贵贱，只要愿意受教育，都要去教育培养他。每个人的资质都是不一样的，所以对不同的人给予不同的、适合其实际情况的教育方式。同时，还有教育者应当为人师表、言传身教等论说，这些都是我国传统教育思想中的精华。

孔子的学说是"经世致用"的学说。实现学说的是人，是一个个具体的人，而这样的人需要去培养。因此，儒家提出了"修齐治平"的修身观，即"修身、齐家、治国、平天下"。所谓修身，是从"正心"开始，以"克己复礼"为途径，进行自身素质的修养。这是第一步，也是最重要的一步。齐家，就是学习并管理好自己的家庭、家族。治国与治家同理，只有把家庭及家族事务处理好的人，才有可能会管理国家。治国，就是协助长官或君主治理国家。平天下是协助君主平定统一整个疆域。这是"经世致用"的最高境界，也是封建社会里知识分子追求的最高目标。修身的具体方法，有"自讼"（反复诘问自己对了还是错了）、"自省"（自己思考省悟）、"慎独"（越是在无人监督的情况下越是严格要求自己）等。孔子之后的继承者继续向前发展了这一思想，如曾子的"吾日三省吾身"，孟子的"尽心知性""养浩然之气"，宋明理学家的"主静""存理去欲""致良知"等。尤其是孟子"天将降大任于斯人也，必先苦其心志，劳其筋骨，饿其体肤，空乏其身，行拂乱其所为，所以动心忍性，曾益其所不能"的"苦劳饿乏乱"一段话，让我们从一个人只有经过磨炼、具备以前所没有的多种才能，方可承担大任的唯物角度去看，讲得非常正确。

总之，这种把个人修养与远大目标的实现、个人品质的提高与社会责任义务紧密结合的修身、修养观千百年来一直为中国社会所推崇尊奉。

2. 儒家流派的发展演变

（1）孟子的"仁政""民本""性善""气节"说

儒家发展到战国时代最著名的代表是孟子。孟子对儒家思想的发展是全面而深刻的，其主要表现为：①"仁政"理论。孟子把孔子提出的"仁政"学说发展为系统的"仁政"理论。孟子说，"以德行仁"才能得天下，才能使人心悦诚服。凡是行不仁者，天子虽有天下也可因之失去，老百姓则会失去已获得的生命。②"民本"思想。孟子提出了一个影响后代甚巨的理论，即得民心者得天下，失民心者失天下。人民、国家（社稷）、君主三者的轻重次序是"民为贵，社稷次之，君为轻"。这种以民为本的思想是中华文化中的精华。当然，孟子因此也被历代的君主及其追随者排斥，在很长时间内没有得到自己应有的地位。③"性善论"。孟子针对告子的人性无分善恶的观点提出了著名的"人之初，性本善"之说。孟子认为，人性本来是善的，其内容是"仁义礼智"，其发端是人人都具有的"恻隐""羞恶""辞让""是非"之心（意识），他认为这种"善端"是先天就存在于人性之中的，有的人因后天的种种原因改变了而已。因此，作为"人"，就要"清心寡欲""求其放心"（抛掉贪婪、龌龊、卑鄙、固执等想法念头），从而保持其"赤子之心"或回到"性善"的始端。④"气节"说。孟子提倡"善养浩然之气"，归结到"富贵不能淫，贫贱不能移，威武不能屈"精神的养成以及具备"乐以天下，忧以天下"的抱负胸怀，培养出了像文天祥、范仲淹这样的优秀人才。孟子的思想很多方面具有积极意义，唐以后，孟子的地位在儒家系统中不断提高，最终被称为"亚圣"。

（2）董仲舒的今文经学与阴阳五行学说结合的谶纬说

汉武帝时，大儒董仲舒提出了"罢黜百家，独尊儒术"的建议，被皇帝采纳，从此开辟了两千年以儒家之学为统治阶级之学的时代。董仲舒在今文经学中，把谶（预言吉凶）语与经学结合，大讲"天人感应"的"灾异""谴告"，先秦儒家思想的面目由此改变，被推上神学之途，同时孔子也被神化为一般人难以企及的"圣人"。

（3）宋明理（心）学

两宋时期，儒学发展中的又一个新形式——理学出现。以周敦颐、程颐与程颢、张载、朱熹为代表，形成濂、洛、关、闽四大学派。因周、程、朱主张宇宙的本原是"理"——天理，故称为"理学"。理即道，理学也称"道学"。理学提出了"格物致知""致良知""知行合一"的认识论。认为理学的要害在于"经世致用"而不是空谈道理。在伦理道德、人生观、价值观和历史观方面，理学也有系统的论述。不过，宋儒提出的"存天理、灭人欲""饿死事小，失节事大"等，使封建礼教对个性的摧残达到极致。

北宋理学家关中人张载主张气为宇宙本原，是理学中唯一的唯物论思想。他讲的"为天地立心，为生民立命，为往圣继绝学，为万世开太平"，体现了其学说鲜明的"经世致用"色彩。

理学中的"心学"派主张"心即理""吾心即宇宙""心外无物""心外

无理",其代表人物是明代的王阳明,他把心学发展到极致,是典型的主观唯心论。由此出发,他的"知行合一""致良知"具有不同于宋理学的心学特色。其"四句教"即"无善无恶心之体,有善有恶意之动,知善知恶是良知,为善去恶是格物",体现了其心学的主要思想。他的"破山中贼易,破心中贼难"是其"致良知"的一句名言。

宋明理学援引道教、佛教理论解释儒家学说,融儒、释、道为一体,体系独立而完备,把儒家思想发展到一个新的阶段。

（4）现代新儒学

现代新儒学是 20 世纪 20 年代开始形成的。此学说以儒家学说为主干,吸收道家、佛家心性之学,尤其是借助了西方科学思想和方法构建的儒学思想体系,以熊十力、梁漱溟、冯友兰等人最为著名。这一派别的产生是在西方文化强烈的冲击震撼下,同时看到了西方文化出现的危机,企图以改造后的儒家文化来振兴中国,救治西方文化的失误。其学说的思想价值在东南亚一些国家和地区,如新加坡等,得到一定程度的体现。

（三）道家思想流派

道家是春秋时期产生的学术派别之一,创始人是老子。战国时发展成以庄子为代表的学派,至魏晋时出现了以何晏、王弼为代表的"玄学"形式。

道教借《老子》为《道德经》,把道家的学术思想改变为宗教神学,故另当别论。

1.老子的思想

道家思想的核心存在于《老子》一书中。只有五千字的《老子》,使老子哲学成为世界东方最为精深的哲学,而老子也成为世界文化名人。

老子学说的核心是一个"道"字。"道"是什么?它没有名字、形状,看不见,摸不着,甚至无法用语言来表达,故而"玄之又玄"。老子在不得已的情况下才用"道"来称呼它。"道"是宇宙本原:"道生一,一生二,二生三,三生万物。"即由"道"产生了一个混沌之体,"一"又生出阴阳"二"者,"二"生出天、地、人"三"者,"三"生出自然界万物和人类社会。"道"又是宇宙间一切事物发展变化运行的规律:"人法地,地法天,天法道,道法自然。"这个不得已才称之的"道"当然来自"自然"。"德"是"道"的具体体现。老子在哲学上主静、取弱、居柔,因条件的改变而制动、胜强、克刚。从而体现了老子强调的正与反斗争转化的辩证思想（"祸兮福所倚，福兮祸所藏""正复为奇，善复为妖"），表现了极高的智慧和深刻的思辨性。在社会治理上，老子主张恢复到"小国寡民""鸡犬之声相闻，民至老死不相往来"的自给自足的小农生产状态甚至原始状态。主张"灭智弃圣""使民无知"，从而消除人与人、国与国之间的争夺与战争。遵循"天道"，还特别提出了"损有余而补不足"的救世方案。老子的社会思想反映了对社会发展的无奈心理。

老子提出的"无为无不为"是其哲学上的思想方法。所谓"无为"，指不要人为去干预"道"的运行，不要违背规律而动。这样，结果正好是因遵"道"，即遵照客观规律办事而获得成功——"无不为"，即"有为"。所以治理国家应"无为而治"，处事应该"不自我""不自矜"，就可以"有功""故长"。

《老子》中不但有自然哲学，有认识论，还有社会、人生、养生哲学等。他的很多思想奠定了中国传统文化思想的基础。但他主张以社会后退、消极保守来解决社会问题等观点则不可取。

2. 庄子的思想

庄子是战国中期继老子之后最著名的道家学派代表人物，故常以"老庄"连称。庄子在很多方面发展深化了老子的学说。总体上讲，庄子思想的特点是：玄思奇想，旷达高越，追求个性，恣肆无羁。

庄子仍以"道"为宇宙本原，但给予了更具体的说明。如"夫道，有情有信，无为无形，可传而不可受，可得而不可见；自本自根，未有天地，自古以固存；神鬼神帝，生天生地；在太极之先而不为高，在六极之下而不为深，先天地生而不为久，长于上古而不为老""莫知其始，莫知其终"。庄子主张以此出发去体"道"而得"道"，达到"天地与我并生""万物与我为一"的最高精神境界，即"返璞归真"。这一境界超越了时空的限制，突破了形骸的羁绊，进入精神的净化状态，是绝对自由的精神满足。所以历代封建知识分子都从这一角度到《庄子》中去获取精神寄托。在这一思想支配下，庄子主张"自恣适己"（自由放任，适己之意），宁做泥中曳尾之龟，而不愿被杀将壳高置庙堂之上做占卜之用（谢绝高官厚禄，以求自由自在）；宁为"无用之材得终天年"，而不愿因属可用之材被伐短命。故而，知"无用之用"之道，即为"大知（智）"；知"庖丁解牛"之理，就懂得了明哲保身的养生之道；知"庄生梦蝶"的道理，就明白了"物化"（只要自由精神在，无所谓此物化彼物）的精髓。活在人世要从"超世"（孤傲独行）、"顺世"（安时处顺）到达最高境界的"游世"（顺世而不失去自己的独立精神）。

庄子在哲学上是相对主义者，例如他讲"方生方死，方死方生；方可方不可，方不可方可；因是因非，因非因是""是亦彼也，彼亦是也；彼亦一是非，此亦一是非，果且有彼是乎？果且无彼是乎哉？"最后答案是"莫若以明"。庄子没有看到事物处在不断的变化发展之中，是相对的，但在一定条件下，又是有其规定性的。如果抹杀了这一规定性，就滑向了消极、无条件否定差别的一面。

总之，庄子以自己独有的语言发展了老子学说。对庄子的精神，我们既要看到它追求个性解放、实现自我价值、批判现实的一面，也要看到其消极的一面。《庄子》不但在思想上，而且在哲学、美学史上都有着非常重要的地位和价值。

3. 魏晋玄学

道家思想在魏晋之间重新抬头，主要是因为魏晋开国者在儒家眼里都是篡位者，正统的儒学家或不与之合作，或不敢冒生命危险去评论；而至此时之前，儒学解经已流于烦琐化、谶纬化而陷入荒诞，为人所指责。道家学说正好适应了个性要求自由解脱、清谈又可远离危险的实际，一时玄学大盛，成为当时的思想潮流。实际上，"玄学"是道、儒合流的思想，因此有人把它归到道家，有人归到儒家。

何谓"玄学"？《老子》中有"有"和"无""同出而异名，同谓之玄。玄之又玄，众妙之门"的话，"玄"为深远莫测之意。"玄学"则是从理论上探讨自然与人生的根本问题，以追求明晰自然本原之道理和理想人格为目标，具有强烈的思辨性，抽象而富含哲理，体现出当时特有的理性美、精神美、智慧美、语言美。"玄学"以对《周易》《老子》《庄子》三书的注解为形式，在其中发挥阐述自己的观点。

玄学中有以何晏、王弼为代表的"贵无"派，主张世界的本原是"无"，否定灾异感应和谶纬迷信，对老子的"有""无"说有所发展，西汉以来的经学第一次受到睥睨。以"竹林七贤"为代表的名士派主张"超名教（儒教）而任自然"，实际上对儒教进行了批判。以裴、郭象为代表的玄学家主张"贵有"，认为世界的本体是"有"而非"无"，以"有"生"有"。"物各自造"，没有造物主。他们调和儒道，提出"名教即自然"的主张，使魏晋玄学的发展在最后得到大总结。从此之后，中国传统文化形成儒、道、佛三家构成的主体格局。

（四）佛教思想流派

1. 佛教学说融入中国传统文化的过程

较为公认的说法是，佛教在西汉哀帝元寿元年（公元前 2 年）传入，至今已两千余年。在这一漫长岁月中，作为外来文化，佛教思想经历了被接受，进而融合、吸收成为中国传统文化思想主体组成部分的过程。

佛教从传入到魏晋以前的时期，对中国文化的影响不大，在百余年间基本上无声息，至三国时期，佛教才渐有影响。东汉时安世高翻译小乘佛教介绍禅法修行、支娄迦谶翻译大乘佛法介绍般若学，但他们都是西域人，还谈不上把佛教思想与中国文化融合的问题。三国时出现用道家术语表述佛理的译经现象，开始出现佛教思想与中国固有文化结合的趋势。

从魏晋开始，佛教思想开始与中国固有文化思想相融通。当时玄学风靡，而般若学中一些思想与玄学有相通之处，一些名僧便引玄入佛，用玄理来解释佛理，又反过来用佛理说明玄理。甚至有的僧人在生活上以追慕名士风度为时髦。佛教在上层人士中不断扩大传播范围，在民众中也形成了相当的影响。统治者中也不乏扶植奉佛之人，如后赵的石勒、石虎尊西域高僧佛图澄为"大和尚"，其弟子道安也极受前秦苻坚崇敬。尤其是名僧鸠摩罗什在后秦姚兴大力支持下，译经三百卷，为中国历史上第一次大规模翻译佛经。鸠摩罗什的译经一改以前生硬的"直译"为"意译"，使所译之经在语言上更符合汉语规则，文句更为通顺，表述更合经意。这是一次佛经翻译上的革命，为佛学思想中国化开辟了新的道路。他主持所译的《中论》等佛典，为此后佛教宗派的创立奠定了基础。东晋时期，一些佛教派别开始出现，如慧远的"莲社"、般若学的"六家七宗"等，开中原佛教立宗的先声。

南北朝统治者对佛教非常尊崇。梁武帝四次舍身同泰寺被赎回，魏文成帝和魏孝文帝大开云冈、龙门石窟。仅建康一地佛寺 500 多座，僧尼 10 万

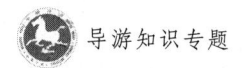
人以上；北朝寺院 3 万多座，僧尼多达 200 多万人。在佛教大兴情况下，因诵佛经的需要，出现了很多各类经论的经师、律师、论师，从而形成了不同观点的学派。

进入隋唐时代，中原佛教发展到鼎盛时期，佛教也由学派演进到宗派，佛教八大宗派天台宗、三论宗、法相宗、华严宗、律宗、密宗、净土宗、禅宗均在此时创立。尤其是净土宗和禅宗，一个以简便的口诵"南无阿弥陀佛"就可往生西方净土为方式，适应了中国一些上层统治者及广大普通群众简化成佛过程的需要；一个以"顿悟"为法门，完全成为中国思维方式的佛教。至此，佛教圆满完成了由外来宗教向本土宗教转化的过程。

此后的宋元明清，中国化的佛教与儒、道不断合流，你中有我，我中有你，使中国传统文化最终出现了宋明理学这一中国封建社会后期最重要的社会思潮。

2. 中原佛教的八大宗派

（1）天台宗

此宗以《法华经》《大智度论》《中论》等经典为依据创立，创始人是隋代的智顗。其学说的主要特点是：①确立定（止）、慧（观）双修原则，并强调教观双运，解行并重，由"一心三观"进而发展为空、假、中三谛相通（三谛圆融）；②短暂的心念活动即具有世间和出世间的一切现象（一念三千）。该宗在隋代创立，是中国佛教宗派中创立最早的。

（2）三论宗

此宗以《中论》《百论》和《十二门论》为典据，由隋代吉藏创立，也称"空宗"。该宗教义以真、俗（空、有）二谛为总纲，以彻悟中道实相为究竟。色（有）即是空，空即是色。世间和出世间一切万有都是众因缘和合而生，无有自性。为引导众生用假名来说有，此即"中道"（一切无所得）。

（3）唯识宗

又称法相宗、瑜伽宗、慈恩宗。该宗依据《成唯识论》，宣扬"万法唯识"观，故名。创始人为玄奘。其基本理论是：①外境非有，内景非无，即"唯识无境"；②重"转依"，即以认识上主张由迷转悟为目的；③不承认"众生皆有佛性"。此宗理论过于深奥烦琐且不合潮流，故仅传三代而止。

（4）华严宗

华严宗以《华严经》为根本经典，故名。又因实际创始人法藏号贤首，故又称贤首宗。其理论为"四法界说"。四法界为：事、理、理事无碍、事事无碍。用四句话说，就是万事万物即事，真心真如即理，理为事之根体，事为理之显现。按法界四个层次，认识达到"事事无碍"境界时，即可脱离苦海。

（5）律宗

以研习及传持戒律而得名。因主要依据是用大乘教义阐释小乘《四分律》而形成的宗派，故又称四分律宗。创始人道宣，因其常居西安的终南山，故又称南山律宗。其学说主要是心识戒体论，即僧人在受戒时所发生而领受在自心的法体，也就是授受的做法在心理上构成的一种防非止恶的功能。

（6）密宗

亦称密教，因此宗以方法奥秘，不经灌顶、不经传授、不得任意传习及显示别人，故称为密宗。此宗的依据是《大日经》和《金刚顶经》。此宗创始人是号称唐"开元三大士"的印度高僧善无畏、金刚智和不空。其理论主要是：①以地、水、风、火、空为"胎藏界"之"色法"，以"识"为"金刚界"之"心法"，"色心不二，金胎为一"，二者摄宇宙万有，而又皆具备于众生心中；②佛与众生无根本差异，众生如能修习密法而使"三业"清净，即可"即身成佛"。

（7）净土宗

净土宗以专修往生阿弥陀佛极乐净土为宗旨，故名。该宗的实际创立者为善导。该宗认为一心专念"南无阿弥陀佛"名号，就可借助佛力与念佛所行之业力结合，往生净土。该宗有完备的宗仪和行仪。

（8）禅宗

因主张以禅定概括佛教的全部修习，故名禅宗。该宗创始人是菩提达摩，至五祖弘忍下分成南北两派，创立者分别是南宗慧（亦称惠）能，北宗神秀，时称"南能北秀"。禅宗提倡心性本净，佛性本有，见性成佛。特别是慧能一派，主张"不立文字，直指心性，见性成佛"的"顿悟"观，对后世影响极大。该宗是完全中国化的佛教，也是目前中国佛教各宗派流传时间最长的一派。

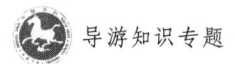

二、中国宗教文化概述

宗教是一种社会现象，也是一种历史现象，当然也是一种文化现象。作为社会现象，它是人类社会特有的，动物界无宗教可言；作为历史现象，它是社会发展到一定阶段的产物，又在社会发展的一定阶段消亡；作为文化现象，它是人类活动所创造的精神产品，是人类文化的一个组成部分，是高层意识形态的一部分。

宗教是如何产生的？恩格斯说过："一切宗教都不过是支配着人们日常生活的外部力量在人们头脑中的幻想的反映。在这种反映中，人间的力量采取了超人间的形式。"（《反杜林论》）这就是说，归根结底，宗教是人类在面对自己无力战胜的力量和无法解释的现象时，把这种力量、现象虚幻化、神奇化，使人间的变为神世的，使地面的变成天国的。所以说，是人创造了神，而不是神创造了人。宗教观念是对客观现实的歪曲，是颠倒了的人生观、世界观。

既然宗教是人类社会存在的反映，尽管它是虚幻的、歪曲反映，但它必然和自己赖以产生的群体所具有的特质相联系，即必定具有创造它的民族的民族性。如中华民族之神不同于西方的神，不但神的形貌、衣饰、生活场景有别，连神的道德规范、审美标准、审美情趣也各不相同。

宗教的功用是什么？从社会角度讲，宗教或提供一个使社会安定的劝善工具，或提供反抗一个统治的组织手段，或引导一个群体融入社会，或引导一个群体走向灭亡（如邪教）。从个人角度讲，或给予一个精神庇护所让人疗伤医痛，或提供一个人生价值的目标让人追求寻觅。当然，事物总是复杂的，多层面的，宗教也可以是统治阶级内部政治斗争的工具：李唐王朝尊崇道教，是为了给自己找一个君权神授的依据；武则天反对道一释二的顺序，排佛教于道教之前，以表示武周政权不同于李唐王朝且在佛护佑之下。宗教在这里成了《封神演义》中各路尊神祭起的法宝。

按照马克思的说法，宗教的灭亡是一个"消亡"过程，随着社会科学技术的不断进步，文明程度的不断提高，宗教将逐步失去自己赖以存在的基础，最终归于消亡。所以不能人为地用行政命令让宗教灭亡，也不能强迫人们不要去信仰宗教。我国《宪法》规定的公民有信仰的自由，也就是基于马克思主义历史唯物主义对待宗教的这一原理。

从文化角度讲，宗教是世界观、人生观。宇宙世界是哪里来的？宗教说是神创造的。人生在世为了什么？佛教说为了受苦，基督教说为了赎罪，道教说为了长生不老、肉身飞升。但目的是共同的：摆脱尘世的痛苦和罪愆，获得永生和欢乐。对教徒们来说，这就是人生的最高价值。这里有哲学，不但有人生哲学，还有道德哲学、伦理哲学、生活哲学等。

宗教还包摄着习俗，包摄着文学、艺术。如圣诞节已成为基督教信仰地区乃至世界性的节日，中国古代腊八节、祭灶节、中元节等节日无一不起源于宗教。唐代的变文、宝卷，禅者的诗词、敦煌的壁画、龙门的石刻、道教的音乐等，都是宗教留下的宝贵文化遗产。至于受宗教影响而产生的各种文化现象，其例更是不胜枚举了。

中国大地上从远古到现今存在过多少宗教，这是一个谁也说不清楚的问题。

我们只知道，山顶洞人的墓葬中撒着朱砂、半坡墓葬人头一律向西，那时可能已经产生了原始的宗教。两汉之际佛教才传入，东汉末道教才产生，唐代西方的景教、祆教（拜火教）、摩尼教（明教）、伊斯兰教传入中原，后来基督教数度传入、少数民族地区各种宗教的产生和外来宗教的传入。这些历史上存在过的和现在还存在的宗教，共同构成了中国的宗教文化。道教产生之前，那些方士、蛊巫的活动不能说与宗教无关。1949 年之前，我国很多少数民族信仰的还是比较原始的宗教。

由于篇幅关系，以下我们仅介绍佛教、道教、伊斯兰教和基督教文化，而且对这些宗教文化的介绍，也是选其中的一部分。

对导游人员来讲，在学习宗教文化有关内容时，一定要正确认识宗教的性质、功用及其产生、存在、消亡的原因、条件，尤为重要的是，要借助于哲学、社会科学和自然科学的知识和理性，正确对待宗教，反对"邪教"，抑制宗教中的消极因素，弘扬宗教中的积极因素。正确理解和把握我国的宗教政策，熟悉和了解、尊重国内外游客的宗教信仰和习俗，在导游工作中争取当一名优秀的"文化使者"。

三、中国的佛教

（一）佛教在中国传播简况

佛教自印度传入中国，经长期传播发展，形成了具有中国民族特色的中

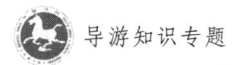

国佛教。受传入时间、途径、地区和民族文化、社会历史背景等不同因素的影响，中国佛教形成了三大系，即汉地佛教（汉语系）、藏传佛教（藏语系）和云南地区上座部佛教（巴利语系）。

1. 汉地佛教

汉地佛教是经克什米尔，越葱岭，沿天山山脉南北两路到达阳关和玉门关而传入我国的，故又称"北传佛教"。佛教传入我国汉地的年代，学术界以及佛教界一般以汉哀帝元寿元年（前2年）为佛教传入中国之始。佛教界以东汉明帝永平年间（一说明帝梦金人在永平七年，一说十年）作为佛教初传中国的时间。

三国两晋南北朝时期是奠定佛教思想传播的基础阶段。因这一阶段主要以译经为主，故又称为"译经阶段"。承汉之后，来自西域的高僧中翻译家众多，其中以号称"中国四大翻译家之一"的鸠摩罗什为最。

魏晋时期，中国佛教建立了自己的使戒制度，从此，出家僧人不再只是"剃发""染衣"，而且也都能"受具"（受了"具足戒"，方能成为正式的合格僧人）了。有了正式的中国僧人，这才标志着"中国佛教"有了正式的信徒。这一时期还有一个特点，就是大规模的石窟寺开始出现，如著名的敦煌石窟、云冈石窟均开凿于此时。在中国的南方，笃信佛教的梁武帝身体力行，大力弘扬佛教。在他的推动下，一时间南朝各地寺院如雨后春笋而起。

这一时期的重要特征是全方位接受印度佛教和婆罗门教的影响。例如，在雕刻手法方面，基本上采用犍陀罗艺术风格，人物形象清瘦秀骨，与隋唐之际的雍容华贵造型截然不同。大量石窟的出现与释迦牟尼在灵鹫山说法时所住的石室有密切的关系。我国南北朝开凿的一些重要的石窟均留有很浓重的印度痕迹。三国两晋南北朝时期的佛教，无论在思想上还是在经济上都为隋唐时期中国佛教的繁荣鼎盛创造了条件。

隋唐之际，佛教在政府的大力支持下，名僧辈出，创立了佛教八大宗派，并相继传播到海外。这一时期最大的特征就是佛教的世俗化。同时，宗派佛教的出现，则标志着佛教已经完成了中国化的过程，成为名副其实的"中国佛教"。例如在佛教建筑方面，中国的佛塔多为空心，可以登临。与早期印度多为单层实心的佛塔有明显不同。而且，中国的佛塔形式多种多样，有楼阁式、密檐式、金刚宝座式、亭阁式等，不像印度只有阿育王式一种。在佛像造型方面，一改秀骨清相为雍容华贵。表情由一脸严肃变为和蔼可亲，风格贴近俗世，贴近百姓。由于佛教为皇室尊奉，因此政府允许佛教寺庙可采用皇家宫殿建筑的轴线对称布局形式，屋顶也可用琉璃瓦覆盖等。这些都是印度佛教所无法获得的礼遇。

这一时期最根本的变化就是中国特色的佛教流派诞生了，其中最具代表性的就是禅宗和净土宗，它们在中国的影响至今仍然很大。

佛教经过几个世纪的发展演变，终于在中国汉地扎根、开花、结果了。

2. 藏传佛教

佛教最早在西藏传播大约在5世纪，但由于当时的吐蕃各部尚无文字，因此佛教的传播在藏地非常缓慢。7世纪前后，吐蕃赞普松赞干布分别迎娶尼泊尔的赤尊公主和唐王朝的文成公主，并为她们带去的佛像分别修建了大昭寺和小昭寺。其后经过了一个世纪，约在779年，吐蕃的第37代赞普赤松德赞请印度密教大师莲花生在山南修建了桑耶寺，这是西藏的第一座佛寺。该寺首次供奉"三宝"（佛、法、僧），成为西藏第一个出家僧团的修习之处。至"热巴巾"（通常又译热巴坚，是"赤祖德赞"的俗称，意谓"有辫子的人"）赤祖德赞时代，政府推出了"七户养僧"制度，即每七户人家要供养一名僧人。该制度的推行，为佛教在藏族地区的传播、普及迈出了非常坚实的一步。藏族历史将松赞干布、赤松德赞、赤祖德赞统治时代，称为"前弘期"，将他们三人并称为"祖孙三法王"。

9世纪中期，朗达玛登上赞普宝座，此人是本教势力的代表人物，他一上台就实施了一系列灭佛政策。在藏族史上将朗达玛统治时期称为"毁法时期"。

100年之后，佛教再次从安多、康巴地区传入西藏，开始了后世所称的"后弘期"。"后弘期"时代，代表奴隶主各个势力的宗教派别开始出现，按出现的时间顺序依次是宁玛派（红教，即"宁玛瓦"，意为"古旧"，以弘扬旧密法为主，故称旧派，是藏传佛教中历史最悠久的一派。多吉扎寺、敏珠林寺被视为宁玛派的祖庭）、噶举派（白教，即"教传"之意，意思是这一派传教的方法是师父传授于徒弟，徒弟要心领神会。该派注重密法，不重经典。其祖庭不一，不同的地域、派别有不同的祖庭。如直贡梯寺是藏传佛教直贡噶举派的祖庭，格丹曲廓林寺是噶玛噶举派红帽系祖庭，邓萨梯是帕珠噶举派的祖庭等）、萨迦派（花教，因该派地处萨迦，故名。该派寺庙外墙涂着象征文殊、观世音、金刚手三大菩萨的红白黑三色条纹，故称花教。其祖庭是萨迦寺）和噶当派（噶当，意为将佛的一切语言和教义，都摄在该派所传的教授之中，并据以修行。该派重视一切佛教经论，对藏传佛教义学影响甚大。由于格鲁派是在噶当派教义的基础上发展起来的，所以当格鲁派获得发展后，原来属于噶当派的寺院都变成了格鲁派的寺院，噶当派如今已不再单独地存在）。

不过，受奴隶主势力集团的控制，许多信仰佛教的僧侣只顾你争我夺，根本无视佛教的清规戒律。有的僧徒一不读经文，二不守清规，喝酒、赌博、盗窃、奸淫，胡作非为，使佛教再次陷入危机之境地。

1373年，年仅16岁的宗喀巴到西藏求法深造。宗喀巴，原名贡噶宁布，青海湟中人，他7岁出家，受沙弥戒，获法号"罗桑扎巴"（意为"善慧"）。他抵达西藏后，广拜高僧，潜心研佛，并开始研究藏医。1385年受"比丘戒"。1397年，他在原先倡导的辩经活动的基础上，创立了转法轮会（讲经法会），不久又创制出一套善规派的佛学体系。1409年，他创建了格鲁派的祖寺——甘丹寺，后来又先后建造了哲蚌寺、色拉寺。这三大寺的建成标志着后来成为西藏第一大宗派——格鲁派的最终形成。格鲁，意即"善律"，该派强调严守戒律，故名。因宗喀巴原为噶当派僧人，故该派也称为新噶当派。格鲁派一扫痼弊，使西藏佛教走向兴旺。

1643年，格鲁派弟子五世达赖在哲蚌寺建立格鲁派政权。固始汗退位后，又将政权交给五世达赖，西藏进入政教合一制度时代。

从此，藏传佛教进入其发展的鼎盛时期。那时西藏政府推行"二丁抽一""三丁抽二""四丁抽三"的送子入寺制度，再加上有39%的土地和农奴归寺院所有，这就使西藏的佛教人口剧增。

13世纪前后，藏传佛教又流传到蒙古地区。至今蒙古族、土族、裕固族等民族均信奉藏传佛教。

3. 上座部佛教

佛教由印度恒河一带传入斯里兰卡，再由斯里兰卡传入缅甸、泰国、柬埔寨、老挝等地，进而传入我国云南地区，史称"南传佛教"。因其经文均用巴利文编写，加之又信奉小乘佛教，而信奉小乘佛教的信徒多为参加佛门第二次集结时的上座长老，故名上座部巴利语系佛教。

巴利，本为古代印度的一种语言，流行区域多在古摩揭陀国一带，由于释迦牟尼是用此语言讲经说法的，所以弟子们也用这种语言诵记他的经教。在佛门中，"巴利"已不再是一种普通的、用来交流的语言的概念，而是"经典"的意思。

巴利语与梵语的区别在于，前者为古代俗语，后者为古代雅语。在我国诸多佛教经典中，绝少有从巴利文翻译的，大部分是从梵文翻译的。因此，上座部佛教不像汉地佛教和藏传佛教，几乎没有大规模的译经活动，这是上座部佛教的一大特点。

大约7世纪上叶，佛教经缅甸地区或由西藏传入我国云南大理地区，最初的佛教传入并不立塔建寺，经典也是口耳相传。在11世纪前后，受战争影响，佛教一度在云南消失。大约到13世纪时，佛教再次从泰国和缅甸传入我国云南的西双版纳和德宏一带。经泰国传入西双版纳地区的佛教，因其经文是用泰国的润文写的，故称为"润派佛教"；经缅甸传入德宏地区的佛教，为缅甸摆庄派的分支，故称"摆庄佛教"。1277年，缅甸金莲公主嫁与第19代宣慰使刀应勐，故缅甸国王派遣僧团携带三藏经典及佛像同来云南传教。此后在云南的景洪地区出现大批寺塔，上座部佛教逐渐盛行于这些地区的傣族之中。之后，又有德昂族、布朗族等族开始信奉上座部佛教，至今依然。不过现在云南的上座部佛教分为润派、摆庄派、多列派和左抵派四派，四派可分为11个支派。如流行于云南上座部佛教中心的西双版纳的两个主要派别就是"摆坝派"和"摆孙派"。前者又称"级那桑卡"，主张在山野修行，静心忏悔戒荤，不求他人施舍。后者则主张不必在山野修行，不必戒荤，可接受他人施舍。该派主张可成群出家，成为目前西双版纳信徒最多的宗佛教派。

（二）佛教的基本教义

1. 四圣谛

四圣谛是佛教创始人释迦牟尼最根本的思想。所谓"谛"，即"真理""真实"。所谓"圣谛"，即圣人所知之绝对正确的真理。四圣谛即苦、集、灭、道。

（1）苦谛

苦，就是逼恼的意思。佛教认为众生经常被看到或者没有看到的一切事物或一切现象所患累，所逼恼，所以说是苦。根据佛经说法，苦有三苦、八苦、一百零八苦等之说。所谓"八苦"，是指生苦、老苦、病苦、死苦、怨憎会苦、爱别离苦、求不得苦及五取蕴苦。三苦（苦苦、行苦、坏苦）是八苦的高度总结，"八苦"是"三苦"的具体表现。八苦中的前五苦属于三苦中的苦苦；五取蕴苦属于行苦；其他苦属于坏苦。这里重点介绍一下八苦。

生苦：人降生于世时，其过程就是受苦，俗传婴儿一出世就大哭。因此生是一种苦。

老苦：随着年龄增长，人的器官老化，变得人老珠黄、老态龙钟、老眼昏花，行动不便，生活不能自理，受人歧视，或无人照顾，苦不堪言。

病苦：人总是百病丛生，使身体备受折磨；常常还有心病，总是心事重重，故病也是一种无言的痛苦。

死苦：人有生就有死，当人的寿命享尽，或是遇到天灾人祸，就会有一种恐怖之心，不愿意去死，却无可奈何，这也是一个令人不得不接受的苦。

怨憎会苦：古人说"冤家路窄""仇人相见分外眼红"。佛门把各种怨恨交会的苦叫怨憎会苦。

爱别离苦：与至亲、相爱的人聚少离多，忍受着生离死别的痛苦，痛苦万分。

求不得苦：想尽各种办法和使用各种手段，希望获得自己所喜爱的东西或实现自己的崇高理想，但仍然得不到，这叫求不得苦。

五取蕴苦：所谓"蕴"，意为积聚，五蕴是指由色、受、想、行、识组成不同的聚合。所谓"取"，意思是执着获取。就分类看，"色"属于物质活动，"受""想""行""识"属于精神活动。人就是"五蕴"的聚合体，聚合起来就是来受苦。

（2）集谛

集，意为招感集取。集谛解释形成所有痛苦和烦恼的原因。佛门认为，"六根本烦恼"（或称为"十惑"）就是众生最根本的烦恼所在。这"十惑"分别是：

贪：财、色、名、食、睡五欲之贪。佛教认为芸芸众生一辈子都被这五欲牵着走，根本无法自我。

痴：不明事理，是非不分，顽固痴迷，执着己见。这叫愚痴。

嗔：生气。

佛教称以上三种烦恼为"三毒烦恼"。

慢：傲慢。佛门把"自己内心高举，看不起别人"的行为称为慢。

疑：对佛法因果道理产生怀疑。

身见：执着五蕴的身心里有一个我，乃至身心外有我。

边见：执着断、常二见。错误地执着"我"是永恒，是"常"；但人肯定要死，认识不到这一点，所以是"断见"。

邪见：各种不正确的思想。

见取见：执着地认为自己的见解是对的，别人的见解有问题。

戒禁取见：不正确的戒律观。

（3）灭谛

所谓"灭"，是指灭尽了贪、嗔、痴等烦恼的理想境界。这个理想境界就是不再有造作之心，超脱生死轮回，进入不生不灭、无苦无乐的涅槃境界。

（4）道谛

通往涅槃之路称为道谛，即解脱痛苦的方法。就方法而言，最基本的是"八正道"，佛门亦称为"八圣道"，它们是：

正见：正确的见解，亦即坚持佛教四谛的真理。"正见"就是要求修行者必须始终遵循正确的知见，否则就会变成"痴"者而误入歧途。

正思维：正确的意志、决意、思索，也就是不贪、不嗔、不痴的意思。

正语：善良的口业，包括不妄语、不两舌、不恶口、不绮语。即不妄语欺骗，不搬弄是非，不发表引起双方之间憎恨、敌意及不和的言论；不粗恶口骂人或苛刻、恶毒地讥讽；不空谈或花言巧语。

正业：正确的身业，即不杀生、不偷盗、不邪淫、不饮酒。只有坚持这些正确的行为，才可以积极地实践一切善行。

正命：是指正当的经济生活和谋生方式。

正精进：所谓"精"，即专精；所谓"进"，即进步。佛教亦将正精进释为正勤，即"未生善令生；已生善令住；未生恶令不住；已生恶令灭"，意思为未生的善要努力助长，已生的善要保持不灭，未生的恶要设法不使它萌芽，已生的恶要彻底断除。

正念：不生邪恶的心念。佛门要求信徒把心放在无常、无我、苦之上，唯此方可勇猛向道。

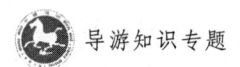

按佛门教义，"无常"意为宇宙一切现象，都是即生即灭如过眼烟云，没有不变的、永恒存在的"自体"。"无我"即"我"也是"无常"，不要执着于还有一个"我"。

正定：定，即禅定。正定即摈除杂念，专心致志。佛教认为"定"是修行的枢纽。

2. 十二因缘

十二因缘，亦称十二缘起支。它们互为因果，一个因造成一个果生起，此果又为后果之因，生生不断。依佛理的解释，即"此有故彼有，此灭故彼灭"。也称为"三世两重因果"。

这十二因缘分别是：

（1）无明

无明，即对佛理无知，这是堕入轮回的根源，当然是苦的根源。

（2）行

行，指意志的活动。因为无明才驱使堕入轮回的意志活动产生。这两"支"是过去世造的"业"，导致现在世之果。

（3）识

识，指投胎时的心识，属于精神活动。因为意志活动的牵引，也就是过去世所造"业"的"业力"作用，使心识到相应的地方投胎。

（4）名色

名指心，色指身；名色指身心。因为有"识"，才会有"名色"聚合的胎儿开始其身心发育。

（5）六入

六，即眼、耳、鼻、舌、身、意。"六入"即"六根"，终身因为有"六入"，才知道外在消息。因为有"名色"，"六根"才有了依托体，即胎儿由混沌之体发育出感觉器官和意识而在母体中长大。

（6）触

触，即触觉。因为有"六入"，才会有触觉。这里指胎儿的降生和幼儿阶段。

（7）受

受，即通过"触"对外界事物所获得的各种感受。

（8）爱

爱，即贪爱。包括爱自身和爱他物两种。因为有了感受才产生爱欲。

（9）取

取，对事物的一种执着，一种难以割舍的行为。有"爱"才会有"取"。

（10）有

有，即一生所造之"业"。不断地"取"才积聚了"有"。从"识"至"有"为现在世所做之"业"，但其中的"识""名色""六入""触""受"五支是过去世所造"业"导致的现在世的五果，"爱""取""有"三支是现在世所造未来世之因。

（11）生

生，即来世之生。今世所造之"业"必然引起果报，导致来世的再生，从而轮回至下一世。

（12）老死

老死，因有生才有死。这里的"生""死"指未来世。

十二因缘反复轮回流转，便形成三世两重因果。众生据自己所造"业力"即善恶之大小轮回于"六道"之中。此"业力"谁也不能改变，即使佛也不能，只能靠自己。

3.三法印

三法印，即"诸行无常""诸法无我"以及"涅槃寂静"。

三法印是佛教的特色，也是佛教与其他宗教最大的不同之处。三法印是佛教阐释人生、宇宙的三种基本原理。佛门还时常将"有漏（烦恼）皆苦"加上，称"四法印"。

（1）诸行无常

"行"的意思是造作和迁流变化。"诸行"就是指一切造作的迁流变化。佛教认为世间的一切物质和精神均处在一种因果相系生灭变化过程之中，即"诸法因缘生，诸法因缘灭"，故而一切都是无常的，即变动不居、转瞬即逝的，而不是永恒不变、永远存在的。

（2）诸法无我

佛教认为凡是有一定形貌，可保持一段时间，让众生可以感到存在的东西，即是"法"。诸法的意思是一切有造作和没有造作的法。佛教认为所有

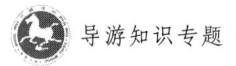

的"法"中都没有"我"的位置。因为"我"属于"五蕴"的聚合，也是因缘而生、因缘而灭的"无常"之物。"无我"的含义就是没有造作。从哲学上讲，"无我"是讲事物本身并没有一个永恒不变的主体存在。

（3）涅槃寂静

涅槃，是梵文 Nirvāna 的音译，中文称"圆寂"。"圆"意为圆满；"寂"意为寂静。它们连起来，就是达到"智慧福德圆满成就，永恒寂静的最安乐的境界"。

（三）佛教制度

1. 戒律

佛门一贯倡导"诸恶莫作，众善奉行"的精神，自唐代百丈大师制定清规以来，具有中国特色的戒律逐渐成为佛门信徒普遍遵循的规章制度。

（1）五戒

五戒为佛教最基本的戒条，凡是佛教徒都必须终身遵守。五戒分别是：不杀生、不偷盗、不邪淫、不妄语、不饮酒。

（2）八戒

八戒是八关斋戒的简称。它们分别是：无杀意、无贪意、无淫意、无妄语、不饮酒、无求安不为歌舞娼乐、无求安不贪睡以及奉法（过午不食）。

（3）十戒

十戒是指沙弥和沙弥尼所应接受的戒条。即不杀生、不偷盗、不邪淫、不妄语、不饮酒、不涂饰香鬘、不歌舞观听、不坐高广大床、不非时食、不蓄金银宝物。

（4）具足戒

具足戒是指比丘和比丘尼应接受的戒条。依佛门之规，凡年满 20 岁的沙弥掌握 250 条戒律，或者年满 20 岁的沙弥尼掌握 348 条戒律，可获取比丘和比丘尼的称号。凡获比丘或比丘尼称号者，即获得了正式僧人的资格。

（5）受戒

俗人出家为僧，按佛门戒律在剃发、换上袈裟后，要举行仪式，以示从此脱离尘俗和烦恼业障。元代的志德和尚发明了烧戒疤的方法，后来广传于汉地佛教区域。按这一规定，凡受沙弥戒的信徒要在头顶燃三炷香，凡受比丘戒的信徒要在头上燃十二炷香，以示"愿以肉身作香，燃点敬佛"。戒疤有一、二、三、六、九、十二几种。我国在 1983 年 12 月下令废除这一规定。

2. 度牒

度牒是僧籍身份凭证，旧时凡持有度牒的僧尼可免除赋役。此制度起于何时，目前尚无定论。一说起于南北朝之际。亦有一说，起于唐玄宗李隆基时期。

依据中国佛教协会第六届全国代表会议 1993 年 10 月通过的《全国汉传佛教寺院管理办法》第九条规定，申请出家的俗人，必须是无生理缺陷、有一定文化基础、父母许可、家庭同意、身体健康、爱国守法的人。入寺一年之后，经僧团考察合格，方可正式剃度，获得度牒。所有度牒由其常住寺院保管，外出参学期间，由留单寺院暂行保管。

3. 僧服制度

（1）汉地僧服

汉族地区南与热带接壤，北与寒带相邻，由于区域广阔，因此造成了僧侣的服装千差万别。但就其根本来说，以三衣或五衣为主。所谓"三衣"总称袈裟，是指安陀会、郁多罗僧和僧伽黎。其中，安陀会为 5 条布缝成的中宿衣，日常劳务或就寝时穿着。郁多罗僧为 7 条布缝的上衣，礼诵、听讲、说戒时穿。僧伽黎意译为"众聚时衣"共分九品，为 9 条至 25 条布缝成的大衣，是大和尚的庄严服饰。所谓"五衣"是在三衣之外加上僧却崎和涅槃僧。前者为肩衣，是三衣的内衬，后者为裙子。按佛门规定，衣服的颜色不能为纯色，所有新衣必须有一处有另一种颜色，以破坏衣色的整齐而免除贪著，此举称为"坏色"或"点净"。汉地僧衣，因补缀较多，故又称为"衲衣"。中国出家人在举行法会时，穿"海青"，又称大袍。

（2）藏传佛教僧服

藏传佛教的僧服是在融合印度、尼泊尔僧人服饰以及藏族传统服装的基础上形成的独具风格的服饰，总称为"喇嘛装"。喇嘛装的特点有：其一，所有僧服的腰胯处均有一条裹裙，赭色，藏语称"曼约合"，夏单冬棉。其二，所有僧装全身无纽扣，以腰带系裹。其三，所有僧帽为羽冠形，为黄色，藏语称"霞帽"。但活佛或主持重大法事活动的高僧，可戴桃形通人冠，俗称长耳僧冠。藏语称"班霞"。

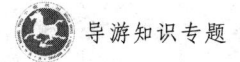

4. 寺院制度

（1）寺、院、庵

中国古代把官署称为寺，因东汉政府将印度高僧摄摩腾作为贵宾，安住在鸿胪寺，后又为其修建了专用的馆舍，即白马寺，因此，佛门称其庙宇为寺。寺是佛教僧人居所的泛称。院，本为寺内的别舍，后来亦单独作僧人居所出现，规模比寺要小。庵，指比丘尼的专用居所。

（2）十方丛林与子孙寺院

佛经《大智度论》谓"僧众和合居住于一处，犹如树木聚集之丛林，故以之为喻"。丛林通常指禅宗寺院，故亦称禅林。丛林制度的创始人是马祖道一和百丈怀海，所谓"马祖建丛林，百丈制清规"。十方的概念起源于古印度。当时，在古印度有一种寺院叫僧伽蓝，无论何地的比丘均可在此居住，故称十方僧物。我国佛门以寺院住持传承方式的不同，将寺院划分为十方院和子孙院两大类。十方院也称"十方丛林"，住持是公请各方名宿担当，并由官吏监督选拔。子孙寺院是相对十方丛林的一种称谓，起源于古印度一种仅供 2～3 人居住的居所，叫"蓝若"。这种寺院一般由自己所度的弟子轮流住持，是一种师资相承的世袭制，其与十方丛林的区别是：十方丛林可开坛传戒，子孙寺院则不可；十方丛林的住持每三年一任，可连选连任，而子孙寺院的住持一般是终身任职；十方丛林可接受游方僧，称为"挂单"（单，指僧人的行李，挂单便是将行李安放起来），而子孙寺院不接受挂单。1993 年，中国佛教协会颁布《汉传佛教寺院管理办法》规定所有的重点寺院，均应按十方丛林制度建立。

5. 饮食制度

按照印度佛制，比丘午后不吃食物。但我国汉族禅宗僧人有自耕的习惯，因劳动强度大，故而晚上可食一餐，佛门称之为"药食"。我国南方地区的僧人大多仍坚持过午不食的制度，最严格的只喝白水，连牛奶、茶、椰子水都不喝。

受大乘经典的影响，我国汉族僧人一般只吃素食，不吃肉食。这里需要解释的是"吃肉"和"吃荤"在佛门是两个不同概念。所谓"吃荤"，是专指大蒜、葱等气味浓烈，富于刺激的东西。

南传佛教的饭食，或是到别人家托钵乞食，或是由附近人家轮流送饭，所以他们有什么吃什么，不论素食或肉食。

藏传佛教地区蔬菜极少，不食肉不能生活，所以一般都吃肉。平时，信奉藏传佛教的僧侣常备一木碗或八宝瓷碗于怀中，以供在早诵时喝斋茶之用。另外，藏传佛教僧侣所用的餐具都为专用，不可混用。

6. 云南上座部佛教出家制度

信奉上座部佛教的傣族男子在 8 岁时必须出家。出家一般分两步：第一步是当见习和尚，傣语叫"科勇"；第二步是置办出家用具。请指定的寺院师父主持出家仪式，正式成为小和尚。以后既可逐级晋升为"大佛爷"，也可选择适当时间还俗。

7. 活佛转世制度

活佛转世制度是藏传佛教的独特产物。所谓"活佛"系汉族称谓，即"转世尊者"之意。"活佛"在藏语中称为"珠古"，是最常用的称谓，即"化身"，按藏传佛教说法，前世"活佛"圆寂后，其灵魂转移，后世化身为另一肉体的人，即转世灵童。

活佛转世制度，发端于 13 世纪藏传佛教噶玛噶举派的噶玛拔希。清朝制度规定，达赖和班禅互为师徒，即后一转世灵童以前一世的达赖或班禅为师。有时大活佛转世灵童的候选人不止一个，这时要确定转世灵童必须由中央政府派出大员主持"掣签"。此即为"金瓶掣签"制度。其余不是转世灵童的则作为"伴读"，成为以后的高僧。

目前藏传佛教活佛转世系统中，以格鲁派的达赖喇嘛（意为大海）和班禅额尔德尼（意为大学者）两大转世系统影响最大。

寻找转世灵童的方法有七种，分别是：按遗嘱、预言寻找法；依示现征兆寻访法；护法神降神谕示法；观湖显现幻景寻访法；秘密寻访法；辨认遗物选择法和金瓶掣签法。其中以"金瓶掣签"最为重要。此法起于清乾隆五十七年（1792 年）。自清朝以来，藏传佛教达赖和班禅转世灵童需在中央代表监督下，经金瓶掣签认定。它适用于蒙藏地区格鲁派四大活佛转世的认定。所有的签，一律用象牙制成，上有用汉、藏、满三种文字刻写的候选灵童的名字。中签者再经中央政府批准，即成为最终确认的转世灵童。自清顺治、康熙年间以后，未经中央批准，其转世的"化身"一律不予承认。

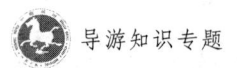

（四）佛教对中国文化的影响

佛教对中国文化的影响全面而深刻，涉及哲学、思想、政治、伦理道德、经济、科技、文学艺术、语言、民俗等方面，因为篇幅关系，下面仅就佛教对汉语语言、文学艺术的影响作一简介。

1. 佛教学术对汉语语言学的影响

其一，表现在词汇和词汇学方面。词汇是语言中最基本、最活跃的因素，佛教经典影响中国词汇的变化也最明显。由于译介佛典，汉语中增加了大量新词，约有三种情况：一是一些中国固有的词语，移用来表达佛教义理，从而具备全新的意义，如"心""空""真""观""定"等，今天已是表达佛理的专用名词；二是为译佛典而创造的词，如四谛、五蕴、真如、法界、缘起等；三是根据佛教观念新创的词，如判教、狂禅、万劫难复、回光返照、本来面目等。更有一些具备准确、鲜明表现力的词，渐渐融入一般用语当中，成为汉语中的常用词，如实际、唯心、正宗、思议、忏悔、因缘、真谛、法门、作业、报应、口头禅、大千世界等。此外，词汇学方面，即佛典传译对汉语词汇结构的影响也不容忽视：一是双音词或多音词的创造。中国上古语言以单音词为主，逐渐向复合词发展是语言的进化。因翻译佛典大量使用双音词与多音词，故对词汇的发展起了促进作用，例如赞助、希望、意识、烦恼、机会、结集、道场、火宅、假名、戏论、种子、习气等，这些词语本身以及在构词上的特点，对以后汉语词汇发展影响很大。二是传译佛典大量使用了音译词，因为归纳总结了音译的原则，对此后外文翻译产生了深远影响。三是引进梵语构词法，如佛家《六离合释》中的构词法对刘勰《文心雕龙》的影响就是典型的例子。

其二，佛典输入了许多新句法并发展了汉语固有的一些修辞形式。如颠倒词序、颠倒句序（如"法无名字""言语断故"）、提示疑问句、排比句法、反复重叠、长修饰语、长复合句等。这些梵语句法、修辞都深刻地影响了汉语语言的发展。

其三，语音学方面。梵语和中亚语文都是拼音文字，随着佛典译介，这些语言的语音知识给了中国人很大启发，造成了中国音韵学的巨大进步。一是"切音"的发明。中国古代注音用直言，如《说文解字》就是用某字某音的形式来注音的。如"音，音阴"。对音素尚未分解。由于梵语的启示，对汉语字音才进行了分析，分解出声母和韵母，从而发明了"反切"（如"音，一恩切"）。二是四声的发明。汉字读音用印度"声明"转读佛经有平、上、去三声，又把缀有【-k̄】、【-p̄】、【-t̄】辅音韵尾的字单独归为"入声"一类，于是声调共有了四类。南齐时沈约等人总结唱导佛经的心得，考文审音，总结出汉语的四声，进而归结为平仄两类，从而导致了近体格律诗的出现。

2. 佛教对中国文学的影响

许多佛典本身就是美文作品。如《维摩诘经》《法华经》《楞严经》等。中国文人深深为这些优美的作品所吸引、感染和启发。

首先在诗歌方面，盛唐以后禅宗发达，文人多兼通儒释，在诗文中平添一份脱俗逸趣。如谢灵运的山水诗具有明显的"空"的情趣，创造出了一种怡然自得的意境。唐代王维的诗作富于禅趣，最能塑造出空寂清净的意境，被称为"诗佛"。此外，北宋的王安石、苏轼、黄庭坚等也是长于此道的文人。还有历史上许多著名的"诗僧"，如唐代的王梵志、寒山、拾得、皎然，五代的齐己、贯休，清代的敬安，近代的太虚、苏曼殊等。他们都有诗与禅结合的作品。正如金代元好问概括的："诗为禅客添花锦，禅是诗家切玉刀。"其次，小说与说唱文学方面，佛教或为古代志怪和神魔小说直接提供了故事来源，或启发了作者的艺术构思。六朝时佛道两教盛行，时人喜欢谈鬼怪、说灵异，从而产生了干宝的《搜神记》、吴均的《续齐谐记》等志怪小说。王琰的《冥祥记》、刘义庆的《幽明录》还集中宣扬了佛像的威灵和信佛吃素的好处。

印度佛教以其上天入地、毫无拘束的幻想力以及因果报应、看破红尘的出世思想，对中国古代文学产生了极大的影响。以描写唐僧西天取经为中心的《西游记》，就是一部受印度佛教影响具有极大幻想空间的神话小说。在《西游记》中，如来佛成了至高无上、法力无边、神通广大的神，而观世音菩萨则成为一位了不起的女神。在《封神演义》中，菩萨也与现实中的人一样，成为小说中的角色。在古典名著《红楼梦》中，满篇浸透着佛教的出世思想。《三言》《二拍》更是充斥着因果报应思想。

二是说唱文学。中国僧徒在民间传教时用的是"转读""梵呗"和"唱导"三种方法，这种读、唱的结合，直接导致了通俗文学中说唱文学的发生和发展。僧徒唱佛经故事，说唱之文称"变文"，并配以图画称作"变相"。翻译之后就用梵语声律唱汉文偈颂，僧众以变文为话本进行通俗说唱，叫作"俗讲"。一般由两人主持，先由一人唱一段经文，再由一人详加解说，由于故事性和音乐性都很强，颇能吸引听众，达到了宣教目的，这种诗文合体的形式本身也引起了人们的兴趣，于是逐渐被人们接受，内容也由佛教经典扩及中国的历史和神话故事。前者如《维摩诘经讲经文》《大目乾连冥间救母变文》《降魔变文》，后者如《伍子胥变文》《汉将王陵变文》《王昭君变文》《董永变文》等，情节生动，通俗晓畅，情趣盎然，开创了文学创作自由灵活的风气。这种变文以后进一步演变为以唱为主的"宝卷"，并促成了同样以唱为主的弹词、鼓词、诸宫调和以讲为主的讲史小说、话本的发展。

3. 佛教对中国其他艺术的影响

中国古代艺术受佛教的刺激和影响，呈现出多姿多彩的局面。首先从建筑来看，佛教为了中国化，寺院不仅雄伟壮丽，而且贵贱者皆可游历，易于招徕信众。其间宗教性的装饰点缀，如莲花纹、石狮子等，也普遍地渗透到中国传统建筑装饰之中。尤其突出的是佛教把塔带到了中国。在印度塔原是坟冢，而中国人相信仙人喜欢住在人迹不到的高楼上，于是塔便被引入楼阁建筑中，其寓意变为佛教庄严的象征。其形式、用材也更富于变化。我国古塔数量之多、分布之广、层数之高、造型之美，在世界古建筑史上首屈一指，堪称古代建筑中的一枝奇葩。其次，从雕塑来说，中国早期的佛像塑造完全保持了印度式宽肩窄身、衣纹富丽、高鼻深目、端庄健美的犍陀罗风格，后来则渐渐与中国传统的圆雕艺术融为一体，佛像的衣饰、形象、态度都更为中国化，更加能反映中国人的审美情趣和审美理想。如早期北魏时开凿的大同云冈石窟和后期开凿的洛阳龙门石窟佛像雕塑，有着显著的区别，最能说明这一点。再次，从绘画来讲，中国古代传统画法以线条为主要表现手段，色彩采用平涂法；而印度和西域图画则重视色彩的晕染，用色彩浓淡创造出立体感。从南北朝到隋唐，中国传统的线和墨与外来的面与色不断交流、不断出新，从而改变了中国绘画的面貌。僧人中也出了不少著名画家，如明末清初的八大山人、石涛、弘仁、髡残并称为"四大画僧"。与绘画紧密联系的还有书法，僧人中自然少不了书法家，如隋代的智永、唐代的怀素、明末的八大山人、近代的弘一。八大山人与弘一作书萧散疏朗，有不食人间烟火气象，最能体现佛家的精神，堪称佛教书法。最后，佛教对音乐艺术的影响，虽然佛教"八戒"之一是"歌舞观听戒"，但那是为了戒斥僧人的贪图享受。为了弘法，佛教还是重视和利用音乐的。于是佛曲便与民间乐曲、宫廷乐曲交融互采，渐渐形成了具有"远、虚、淡、静"风格的中国佛曲，又与道曲相摄相入，发展为中国独特的佛教音乐。如明代北京智化寺的佛教音乐京音乐，从1446年建寺至今，一直以严格的师徒授受方式流传下来。其音乐既有悲怆的宗教色彩，典雅的宫廷韵味，又有纯朴浓郁的民间情调。

四、中国的道教

道教是我国古代土生土长的宗教。它曾对我国古代社会的政治制度、学术思想、宗教信仰、文学艺术、医药科学、民风民俗等各方面产生过重要影响。鲁迅先生说："中国的根柢全在道教。"

（一）道教的产生与发展简况

1.道教的渊源

道教的产生可以追溯到道教的前身——春秋战国时期的"道家"学说。道家是春秋战国时期诸子百家学派之一，这一学派的代表是老子和庄子。道家主张宇宙间的天地万物都源于一个神秘玄妙的母体——"道"（实为"自然"。"道"是不得已的命名而已）。道家认为"道"是超越现实世界一切事物的宇宙最高法则，是万物的本原。"道生一，一生二，二生三，三生万物，万物负阴抱阳，冲气以为和"。道教以此作为宗教创世神学的理论基础，突出了"道"的神秘性和超越性，把它神化为具有无限威力的宗教崇拜的偶像，成为人格化的最高神灵。

此外，道教还源于春秋战国时期"神仙家"的神仙信仰和成仙方术。并对其不断地加以补充和发展，追求肉身的长生不死或飞升成仙。于是"修仙得道"便成为道教的根本信仰和最高目标。

2.道教的产生和确立

东汉至魏晋南北朝，是道教的产生和确立时期。五斗米道是东汉时期在巴蜀、汉中地区形成的一个民间道教组织。创始人是沛国（今江苏沛县）人张陵。汉顺帝时，他客居蜀郡，学道于鹤鸣山中。后造作符书传道，入

"道"者出五斗米，故被称作"五斗米道"。又因张陵曾自称张天师，故又称"天师道"。

东汉末年，由于外戚、宦官垄断朝政，压制清议，豪强地主兼并土地，农民流离失所，加之灾疫流行，社会危机十分严重。这时，巨鹿人张角利用《太平经》传播道教。他以符水咒说之术为人治病，组织民众反抗汉朝统治。因病者大多痊愈，百姓信之。张角分遣弟子出使四方，十余年间，信徒多至数十万。张角以军事形式组织教徒，设置三十六方，大方万余人，小方六七千人，此即初期的教团组织，被称作"太平道"。

献帝时，张陵之孙张鲁在巴郡、汉中建立政权，实行政教合一统治，不设官吏，以"祭酒"治民。教民诚信，不欺诈。对犯法者先赦免三次，然后才用刑。有小过者，罚修路百步抵罪。据说当地民众都乐于服从其统治。东汉建安二十年（215年），曹操率军征讨汉中，张鲁率部投降，五斗米道也随之转移到北方，成为魏晋时期道教的主要流派。

西晋时，巴蜀地区的五斗米道恢复活动。到东晋末年，五斗米道在江南复兴，许多士族贵族信奉五斗米道。后因孙恩、卢循聚集徒众，发动起义，败后自杀。一些士族出身的道教徒认为五斗米道在民间传播，易被农民起义利用，于是，对五斗米道进行了改革。改革的代表人物是寇谦之。寇谦之是冯翊万年（今陕西临潼）人，曾拜仙人成公兴为师，先后入华山、嵩山修道七年，"精专不懈"。寇谦之自称遇太上老君，授其天师之位，赐其《云中音诵新科之诫》二十卷，假托神意，改造旧五斗米道教义，革除了收取租米钱税制度与男女合气之术等，代之以儒家礼教制度和神仙道教的服药养生之术。这些新道法符合统治阶级的需要，得到北魏太武帝的赏识。寇谦之被太武帝授为国师，每有军国大事，常与他询问"天意"。他的新天师道兴盛了一百多年。

魏晋时期，还产生了道教上清派、灵宝派和楼观派等新的教派。其中，最有影响的是楼观派。

楼观派是以陕西周至县终南山下的楼观台为中心传播于关陇地区的一个道派。相传，老子西游过函谷关。关令尹喜登楼观之，见有紫气东来，料有神人将至，乃迎老子至楼观问道。老子以《道德经》五千言授之。魏晋帝王崇尚道教，修葺楼观，遂使这里道士云集，形成楼观派。楼观成为"天下道林张本之地"。北魏后期，楼观道派成为北方的大道派。其教义和方术具有融合南北、杂采诸家的特点，而其组织制度则是典型的宫观式道教。

3. 道教的鼎盛时期——隋唐和北宋

隋唐和北宋，由于统治者对道教的崇奉，故道教得以兴盛。隋文帝杨坚曾下诏修造楼观屋宇，度道士百二十员，又于京师置玄都观，以楼观道师王延为观主，并请王延传授道戒。

唐初，道教被列为儒、释、道三教之首，道士的社会地位显著提高，人数不断增加，道教宫观遍布全国。道教的经典图书也日益增多，唐玄宗汇编成《道藏》。许多道教著名学者被皇帝延请入宫，参与政事，讲道说法。唐朝统治者为何对道教的发展特别重视和扶持呢？因为李唐皇室原本出身于鲜卑军户，并非名门望族。李渊父子在起兵反隋时，为了抬高其门第，争取贵族的支持，便利用自己同道教祖师老子同姓（实则"李"为赐姓，一说法认为是西凉国主李暠赐给李渊的祖父李虎的）的巧合，尊老子为先祖，宣称自己是神仙后裔，制造"君权神授"的舆论。李渊亲率文武百官千余人到楼观祭祀老君，降诏将楼观台改为"宗圣观"。从此，楼观台成为北方道教大丛林。其后李渊又下诏排定三教次序，以道教最先。李世民、李治继续推崇道教，使道教成为皇家宗教。李隆基更是狂热地尊崇道教祖师，对道教其他宗师、神仙也大加册封。开元年间撰成《道藏》，以道教经典为科举考试的特设科目，并设讲习道经的学校。

北宋初，太祖、太宗注意扶植道教，制造"天神授命"的神话，以神化其统治。编造赵氏"始祖"是道教尊神"九天司命天尊"，诏定赵氏圣祖名为"玄朗"。

由于统治者的尊奉，随着道教的兴盛，产生了诸多新的道派。其中，北宋影响最大的道派是茅山上清派。这一派有许多学识广博的宗师，他们受皇室尊崇，常被召请问道。他们著书立说，声名远扬，徒众遍及全国。其中最著名的是司马承祯和吴筠。司马承祯将隋唐道教的重玄学与上清派存神服气的养生仙术结合，提出"形神双修"、神仙可学的思想，对道教哲学从重玄学向内丹学的转变，有承前启后之功。还有北帝派（唐代道士邓紫阳创立）、镇元派（唐代道士翟法言创立）、金丹派（北宋著名学者张伯端创立）、内丹派、净明道等。

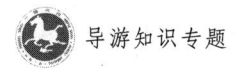

4. 道教的变革时期——南宋金元

北宋灭亡后，北方长期处于民族矛盾空前尖锐、战乱频繁的境地。受战乱之苦的人们，需要新的精神支柱和寄托。因此，道教内部发生了重大变革，出现了太一道、大道教、全真道等许多新兴道派。

太一道因奉祀太一神，传习"太一三元法箓"而得名。金代萧抱珍利用秦汉魏晋太一信仰所宣传的人首有太一帝君，统御身中诸神，修道者若闭目存思神名，并佩符念咒，可治病禳灾的方法（类似于"净土宗"）传播道教，影响很快遍及山东、河北等地。

大道教略晚于太一道，创始人为沧州刘德仁，时在金熙宗皇统年间。该派制定了九条训诫，颇能适应社会民众尤其是小生产者农民的愿望，因而吸收了不少信徒。加之其有利于社会秩序的稳定，故得到朝廷的保护，元宪宗赐名"真大道"，使大道教发展很快，"传其道者遍中国"。其教至元末犹不衰，但元以后逐渐衰微，终于消失。

全真道创始人王嚞，号重阳子，早年修习儒业，金熙宗时应试武举，得中甲科，做过小吏，因怀才不遇辞官回家。金海陵王正隆四年（1159年），他自称在陕西户县甘河镇酒肆中遇二仙人，授以金丹真诀，遂弃家入终南山修炼。凿穴而居，号其处为"活死人墓"。后结庐刘蒋村修行传道。金世宗大定七年（1167年），前往山东，在宁海、文登、福山等地建立五个教会，弟子甚众。其中最有名的是马钰、谭处端、刘处玄、丘处机、王处一、郝大通、孙不二（女）七人，号称"全真七子"。

全真道是北宋以后重要道派之一，在教义教制上有不少创新，首先提倡"三教（道、儒、佛）圆融"。其次，对早期修道成仙信仰作了较大改革，从追求肉体长生不死、飞升上天转变为精神超越长存而形体不离凡间。还要求信徒必须有克己忍辱、清修自苦的精神。对不守清规的弟子有严格的处罚条例，这是对唐宋以来道教奢侈之风的改革。

宋代，正一派、上清派、灵宝派等三大符箓道派在教义上也有许多革新和变化。元代三大教派合并为正一道。

5. 道教的停滞僵化时期——明清

明朝统治者对道教仍相当尊崇，据说明太祖朱元璋平定天下时，曾得真武神暗中佑助，因此，明朝建立后在南京立庙奉祀真武。燕王朱棣大讲真武"显灵"佑助他争夺帝位成功，即位后立即在全国掀起崇奉"北极真武玄天上帝"的热潮。传说武当山是真武大帝"得道显化去处"，明成祖朱棣便调动三十万军民，耗费大量钱粮，大举修造武当道教宫观，其规模宏伟壮丽，天下无匹。还特封武当山为"大岳太和山"，位于五岳之上。武当山成为官方控制的御用道场，真武神被钦定为明朝皇室的保护神。明英宗正统十年（1445 年）编成《正统道藏》，明神宗时，编成《万历续道藏》。正一道受朝廷尊宠，地位居道教各派之首，但至清代时趋于衰落。

明代全真道政治地位下降，教团发展亦受到限制，其势力远不及元代。全真道各派中，丘处机开创的龙门派势力较大，但在明代也相当沉寂。而全真教其他支派更为零落。清朝初期，全真道龙门派一度振兴。总的看来，道教在明清时期走向衰落，呈现出停滞的局面。中华人民共和国成立后道教重新得到了发展，近年来《道藏》也得到了重修出版。

（二）道教教义简介

1. 道教神学的创世论思想

道教继承和改造了道家的宇宙论，将《老子》书中所说的"道"，改造为人格化的至上神，称为"大道"或"太上道君"。唐代中叶以后人格化的至上神演变为"一气化三清"。老子即其中"道德天君"的化身，进而编造出上起宇宙初始，下及秦汉后，"太上大道君"开天辟地、化形降世辅助帝王、传经受戒、教化生民的故事。他们宣扬"大道者，包囊宇宙，系养群生，制万机者也。无形无象，混混沌沌，自然生百千万种，非人所能。自天地以下，皆道所生杀也。道受以微气，其色有三：玄、元、始气是也。玄黄为天，元白为道也。三气之中制上下。为万物父母，故为至尊至神。自天地以下，无不受此气而生者也。故长久之物，皆能守道，含气有精神，乃能呼吸阴阳。道生天，天生地，地生人，皆由三气而生。"这就是道教的神学创世思想。

而葛玄、葛洪，则编造了元始天王开天辟地、创世传教的神话。他们宣称：昔二仪未分，天地日月未具，状如鸡子，混沌玄黄。已有盘古真人，自号元始天王，经历四劫，始有天地，天形如巨盖，上无所系，下无所根，天地之外，辽属无端，玄玄太空，无响无声。复经四劫，二仪始分，相去三万六千里，元始天王在天中心之上，名曰玉京山，山中宫殿并金玉饰之，常仰吸天气，俯饮地泉。复经二劫，忽生天元玉女，在石涧积水之中，出而表言，人形具足，天姿绝妙。常游厚地之间，仰吸天元，号曰太元圣母。元始君下游见之，乃与通气结精，招还上宫。元始君经一劫，乃一施太元母，生天皇十三头，封扶桑大帝东王公，号曰元阳父；又生九光玄女，号曰太真西王母（"西汉夫人"）；天皇生地皇十一头，地皇生人皇九头。道教的这种宇宙生成论思想，实质上就是神创论世界观。

2.道教的重己贵生论

"重己贵生"是道教的人生观。庄子吸收了杨朱派重己贵生思想，强调要珍视个体生命的存在，不要"以身殉物"，只有放弃对名利物欲的追求，才能避免为物所累。但庄子更重视保全人的精神自由，主张顺应自然，追求精神自由和超越。这种人生观对魏晋的玄学家影响极大。他们认为人生有限而宇宙无限，个人只有投身于无限的自然物化之中，与无生死无始终的道体融合为一，才能解脱生无所系、死无所归的恐惧与感伤。著名道教学者葛洪在继承道家和玄学家重己贵生人生观的基础上摒弃宿命天定、自然无为的思想，积极追索生命的意义。他认为，人生可贵的是生命，"生之于我，利莫大焉。论其贵贱，虽爵为帝王，不足以此法比焉；论其轻重，虽富有天下，不足以此术易焉。"他还强调"我命在我不在天"，人之性命不完全取决于天命，人类有可能凭借自己的力量和智慧来改变生死命运；长生可为，方术有效，主张追求长生而积极探索生命的秘密。葛洪所追求的长生成仙固然是虚幻的，但这种积极进取的精神是可贵的。在我国历史上，葛洪及后来的许多道教学者之所以能在医学养生、化学和工艺技术等方面取得许多重要成就，与他们对人生的执着眷恋，对生命奥秘的不断探索是分不开的。

3.重玄学派的有无双遣论

道教重玄学派认为，在解释《老子》时，无论肯定道体是有是无，都是偏见，应该有无双遣，"既不滞有，亦不滞无"，而持非有非无的"中道观"，进而执中无中，将遣除偏执的念头也除去，这才是老子所说的"玄之又玄"的本义。玄之又玄就是重玄。重玄学者宣称道体非有非无，亦有亦无，有无不定；道无所不在，而在非道；道为万物之妙本，而万物实无本可本；道与物不一不异，而一而异；"道不离物，物不离道。道外无物，物外无道。用即道物，体即物道"，这段话是以既不肯定又不否定的辩证逻辑，来说明道体超言绝象的本性，唯有遣除分别有无、色空的主观想法，方可悟得道体，达到自我与道相通的境界。

重玄学家认为：道既非无有，亦非无无；而是有与无对立统一的"妙有真无"。这个真无妙有即是道性，众生皆含道性，本来清静澄明，具是一切功德智慧，但为后天尘缘染蔽，以致心动神驰，与道隔断。若能方便修行，断去烦恼，清除污垢，恢复本心，则能复归于道。这就是"澄心遣欲"。而澄心遣欲的要诀是"有无双遣"，使自心既不滞于有，又不滞于无；既不执着于境物，又能与物常应常静，此之谓常清静。能达到如此境界者，方可悟入真道。

（三）道教的经典——《道藏》

《道藏》是道教的经典统称。《道藏》的形成大约在唐高宗、武则天时期，当时又称《一切道经》。唐玄宗即位，曾敕令编撰《一切道经音义》百余卷，对京师所藏道经两千余卷注音解义。开元年间，首次由官方组织编修《道藏》。这部《道藏》总计 3744 卷（或曰 5700 卷或 7300 卷）。北宋时的宋太宗下令搜访道书，宋真宗时大举增修《道藏》，称《大宋天宫宝藏》，共 4565 卷，宋徽宗时刊印《万寿道藏》5481 卷。金章宗时又编成《大金玄都宝藏》6445 卷。元太宗于 1244 年印成《玄都宝藏》7800 余卷。因 1281 年元世祖下令焚毁《道藏》经版，使唐宋以来历代道士精心保存的大批道教经典惨遭浩劫。

明英宗正统十年（1445 年），编成《正统道藏》。神宗万历三十五年（1607 年）编成《续道藏》。明代《道藏》共收入道书 1476 种共 5485 卷。《正统道藏》刊成后，明清两代曾多次印刷，颁赐各地道教宫观。1900 年，八国联军侵入北京，《道藏》经版悉遭焚毁，各地所藏《道藏》印本也因战乱而保存下来的甚少。北京白云观所藏明代《道藏》一部，是迄今所能够见到的唯一保存完好的明代《道藏》。

《正统道藏》是一部内容庞杂、卷帙浩繁的大丛书。其中有大批道教经典、论集、戒律、符图、法术、科仪、赞颂、宫观山志、神仙谱录和道教人物传记等，是我们了解和研究道教教义及其历史的百科全书。《道藏》中也收入了儒家及诸子百家著作上百种，其中有许多种都是已经失传的古籍。因此《道藏》是研究我国古代学术思想史的重要资料。《道藏》中还收入了许多有关我国古代科学技术的著作，例如有关医药、养生的书，都是历史上医疗卫生、养生经验的总结，具有很高的价值。《道藏》中的外丹黄白术著作，为研究我国古代化学、冶金技术提供了丰富的史料。内丹方面的著作则对研究气功有重要价值。此外，关于天文历法、堪舆占卜方面的著作也不少。总而言之，《道藏》这部大丛书，是中国学术文化史上有重要价值的宝库。

《正统道藏》在清末时已罕见。民国初，以白云观所藏《道藏》为底本，由上海涵芬楼书馆印制，于1923~1926年间完成。1996年，由中国道教协会、中国社会科学院道家与道教文化研究所、华夏出版社联合组织编纂《中华道藏》，是继明代《道藏》之后，近五百年来中国首次对道教经书进行系统规范的整理重修，被列入"十五"国家重点图书出版规划项目。《中华道藏》于2004年出版发行，以明《正统道藏》《万历续道藏》为底本，全藏分为三洞真经、四辅真经、道教论集、道教众术、道教科仪、仙传道史和目录索引七大部类。各部类所收经书按道派源流和时代先后编排次序。在承载道教历史和信仰内容的同时，也包含了中国传统哲学思想、科学技术、社会风俗、伦理道德、医疗保健等方面的文献资源。

（四）道教的修炼和服食

1. 内丹道派的性命双修论

道教哲学的根本宗旨是"全命保真"，即保全个人生命和自然本性，追求生命的永恒和人性的解放。道教生命哲学从对生命现象的探索中，发现精气是生命源泉。人体小宇宙与天地大宇宙皆以元精元气的阴阳交感为生成本原，都依赖元气的周流运行而自在。从宇宙生生不息的事实中，产生了长生可为的信念。认为人通过道术修炼，模拟自然界阴阳消长的周期运行规律，达到"生道合一"之境，即可获得永恒的生命。在这一生命哲学的基础上逐步形成的内丹派"性命双修"理论认为：以自身为鼎器，精气为药物，经阳神控驭精气在自身中以阴阳法则循环运行，凝练成丹，即是内丹。宣称内炼成功，精气神在丹田中凝成不坏的"阳神"，可从顶门自由出入，飞升天界，超出生死。

2. 全真道的识心见性说

全真道经过王重阳及其弟子改革后，重新确立了道家全性保真，追求精神超越，与道合一的人生理想。"全真"二字是教义纲领。全真意思是"全其本真"，即保全作为人性命之根本的三要素，使其不受污损。"全精、全气、全神"，是全真修持的目标。"识心见性"为修仙正途。强调修行者若能在心地上做功夫，即可"心忘虑念即超欲界，心忘诸境即超色界，不著空见即超无色界"。这种精神超出三界的人，身在凡间而心在圣境，犹如莲根在淤泥之中而花开虚空之美。

全真道在倡导识心见性，除情去欲，忍耻含垢，安贫乐贱，刻苦勤劳修炼"真功"的同时，也要求信徒积极参与社会活动，济贫扶苦，行善积德修炼传道济世的"真功"。既要出世无为（修心体道），又要入世有为（行善济世），强调二者不可偏废。

3. 道教的服食

道教的服食修炼，主要是服气。服气就是服食空气。服气辟谷修炼法是道教历来讲究的道法。服气辟谷法是讲道士在修习服气法时，先要治疗自身原有的疾病，使五脏血气宣通，继而稍服缓泻剂，去掉肠胃里旧有的积滞，然后减食、节食，逐渐断绝五谷，不知五味。每日做三遍静卧服气功，就可以不饥不饿，返老还原，长生不死。服气辟谷法，以服气为主，服气即吞咽气体。但服气的种类众多，方法各异，有服食日气法、服食月气法等十余种，但总的来讲，就是要吞咽清新的气体，吐出废气，吐故纳新，达到强身健体之目的。在服气辟谷时虽不食五谷，但要添加辅助食品，如茯苓、大枣、胡麻、黄精等，将其经九蒸九晒，制成水丸或蜜丸，随时服用，用这些蛋白、高油脂药物来补养气血，补充生命元素。

服食修炼也包括服食五牙法。服五牙，即服食口腔中的唾液。唾液是人体必不可少的津液，具有杀菌解毒、抵抗某些疾病、增加消化功能的作用。但道教中说此功修成能达到"诸病不生、永除后患、老而不衰"，却并无科学根据。

另外，道士在修炼中，还提倡服食烧炼。服食烧炼，就是服食丹药。道士以丹砂、铅、汞等为原料，用炉火烧炼，得到金丹，认为服食它们就可以使身体不朽，凡人成仙。这些虽无科学根据，却对火药的发明、冶金工艺的发展做出了重要贡献。

（五）道教对中国文化的影响

道教对中国文化的影响可以说是全方位的。以下仅选择政治、哲学、伦

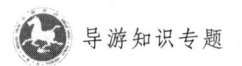

理道德、科技、文学艺术、民俗等方面作一简要介绍。

道教在历史上，曾对封建王朝的政权更迭，政治制度产生过一定的影响。隋唐的开国君主，均利用图谶为其夺取政权制造舆论。陈留（今开封东南）的老子祠有棵枯柏，世代传说老子将出关时曾讲，待枯柏东南生出新的枝条，就会有圣人出世。南齐时，枯柏果然生出新枝来，上指东南。夜中有三童相和唱道："老子庙前古枯树，东南状如伞，圣主从此去。"当时，仅为亳州刺史的杨坚，为应谶意，便亲自到祠下，表明自己为"圣主"种，足见其对图谶的关注。待其登基后，便取道门劫历"开皇"为年号，表明隋朝的建立已暗合道门之神学底蕴。

隋末，世上又有"老子度世，李氏当王"的谶语流行。李渊称帝后，一再宣称"李氏将兴，天祚有应""历数有归，实为天命"。他确认了老子为李唐王朝的先祖，并排定了"老先、次孔、末后释"的三教次序，确立了道教的优先地位，在唐代道教发展中起了政策导向作用。唐代大多数皇帝都将推崇道教视为既定方针。唐玄宗开元二十五年（737年），开始设置"玄学博士"之职，二十九年（741年）又令两京及各州置"崇玄学"，纳生收徒，学习《老》《庄》《文》《列》等书，参加科举考试。天宝二年（743年），改"崇玄学"为"玄学馆"，内置学士、直学士、大学士等教官。大学士由宰相担任。这些都说明道教对唐代政治制度产生了一定影响。

在道教的发展过程中，道教哲学对其他学术思想产生过一定的渗透和启迪作用。如魏晋时期的玄学家嵇康、阮籍等人，他们原本是儒生，但又都与道门中人接触，钻研《道德经》《庄子》《周易》等，与道门中人一起探究修行之理。唐宋以来，儒、释、道三教互相渗透的趋势加强。宋明理学的核心人物对道教哲学的理论框架有所借鉴，如周敦颐的太极学说、朱熹的易学等都吸纳了道教哲学的某些合理内容。

道教伦理教人向善，如尽忠为孝、恪守五伦、仗义疏财、诚实、勤劳、谦虚、简朴等。还教人遵守职业道德，指出为官应该正直清廉，经商应该公平有信。还反对赌博、吸毒等不良习气。这些对社会风气的改善有着积极的影响。

道教为追求长生成仙，继承和汲取了我国传统医学科学的成果，还积累了丰富的医药学知识和医疗技术，为我国医学发展做出了一定贡献。

历史上有不少医学名家同时也是道教学者或道教信士，其中有代表性的如华佗、葛洪、陶弘景、杨上善、王冰、孙思邈等人。华佗是在传统医学各个领域都有很高素养的名医，他发明的"麻沸散"是世界上最早的麻醉药，他的"五禽戏"则是我国历史上最早的健身体操；葛洪的《肘后备急方》对伤寒、温病、狂犬病、结核病、天花等的发生和对其病因的认识深刻，体现了当时一流的医学水平，他的《抱朴子·内篇》中记载了许多丹药治病偏方；陶弘景的《肘后一百方》同样丰富了丹药疗方。外丹烧炼，客观上推动了火药的发明和应用。而丹药的制作，无疑是开了化学药物治病的先河。隋朝的太医侍御杨上善是笃志于道的人，他所作的《黄帝内经太素》至今被中医学界列为十大经典名著之一；王冰所作的《黄帝内经素问注》被中医界视为医学古籍整理的典范而享有盛誉；至于隋唐名医孙思邈，更被人们称为"药王"。

此外，道教认为一切过度的精神情态活动都足以导致疾病，主张"将全其形，先在理神"，指出有些疾病是心理活动的失调，应该用调整心态来治疗，这是现代心理医学的滥觞。

在科技领域，道教有诸多独特的成就，在人类科技文明的发展史上有不可忽视的意义和贡献，对近现代科技的产生和发展曾产生重大的影响。

道教以浑天说解释宇宙结构，认为天是球形的蛋壳，包裹着大地，大地呈板状浮于天球之中，日月星辰附于天球之上，"纲维之气"的浮力使天地不至于下落。著名全真道士郝大通精通历算。赵友钦则进行了大规模的天文物理学研究，他进行了日食和月食的研究和光学实验，他的《革象新书》记载着某些实验和发现，当时在世界天文学史上居于遥遥领先的地位。古代道士们投入大量精力进行观星和绘制星图的活动，如二十八宿、北斗星图等。中国古代天学、星象学家中有不少是道士或受道教影响的人物，如唐代天文学家李淳风、袁天罡等。

道教经典文献中保存了古代的许多数学与物理学成果，对中国古代数学与物理学有独特贡献。道教的星占、太乙、遁甲等术涉及数学推算方法，在一定程度上推动了数学的发展。《数术记遗》首次记载了珠算。

历史上道教徒曾提出："测天地之机，晓造化之本。"道教徒在长期对自然的观察、模拟和修炼神仙活动中，产生了诸多物理学思想和成就。

道教对光学现象有独特感觉和认识。《抱朴子·遐览》中《明镜经》对平面镜的成像原理有所认识。《太清金液神丹经》中有凸透镜原理的记载。全真道士赵友钦曾经进行的大规模光学实验活动，颇为科技史家所重视。

著名的四大发明中，火药、指南针、印刷术的发明均与道教相关；水法炼铜技术是道士对世界冶炼技术的一大贡献；在机械制造领域，南北朝道教徒李兰发明的秤漏，在唐代以前的中国漏刻计时技术中曾经长期居于主要地位，在唐以后亦曾长期作为漏刻计时设备中的重要的组成部分；古代道教设想通过发明某种具有飞行功能的机械实现飞天之梦，为人类航天技术前史做出了独特的贡献。

道教文学是伴随着道教的产生而出现的，道教文学的主要体式有道教散文、道教小说、道教诗词和道教戏曲。有关道教内容的小说作品丰富多彩，其中如《三言》《二拍》《封神演义》《吕仙飞剑记》《四游记》《韩湘子全传》等，流传很广，影响深远。在道教文学中，诗歌数量之多，也是引人注目的，有炼丹诗、咒语诗、游仙诗、步虚词等。特别是南北朝以来，道教诗词勃兴，不仅一般能文之道士热心诗词创作，而且许多文人也运用诗词体裁歌咏道事。从隋唐诗人王绩、王勃、张九龄、李白、李贺、李商隐等文集中都不难找到反映道教生活、创造神仙境界的作品。在众多的诗作中，回旋着一股股仙风道气。与诗有密切关联的词也是道教文学的重要体式之一，有相当一部分词牌的得名即起于道教的有关神仙故事或成语、俗语和掌故。不论《瑶池宴》《解佩令》，还是《华胥引》《献仙音》其背后都有一段生动有趣的神仙故事。康熙五十四年（1715 年）刻印的《钦定词谱》中与道教活动有关的词牌就有 42 种，足见词的诞生与道教有不解之缘。

道教的绘画、雕塑、音乐已成为中国古代文化的有机组成部分，山西永乐宫的绘画、晋祠的宋代塑像等非常著名，是我们宝贵的文化财富。道教的戏剧、音乐保存了不少古代音乐遗产，今天仍受到格外的重视。

在长期的历史进程中，道教与民俗活动是结合在一起的。道教堪舆的步骤，如寻龙辨脉、察砂、观水、点穴、立向等与民俗中的堪舆相吻合，也迎合了世俗的求子得福、升官长寿的理想和以孝为本的道德要求。道教各种纪念日，也成为民间传统节日，如春节、中秋节、重阳节。此外，还有各种各样的神明诞辰节、升天节、喜庆节等。如正月初九是道教玉皇大帝诞辰节，在民间有禁止屠宰和将大小便等不洁之物拿出室外等禁忌；二月初二是龙抬头的中和节，这一天禁止推磨；五月十三是道教俗神关圣帝君降神日，这一天禁止磨刀；七月十五是中元地官圣诞节，这一天禁止出远门等。此类节日的习俗，在民间与道教组织内部都一样流行，说明道教对民间习俗的影响是不可忽视的。

五、中国的伊斯兰教

7世纪，伊斯兰教创建于阿拉伯半岛西部的麦加。由于战争和贸易，伊斯兰教在世界上传播与发展很快。当今，世界上近90个国家和地区都有它的教徒，总数达6.5亿。有的国家还把它定为国教。因此，伊斯兰教有很大的社会影响。自从伊斯兰教传入中国后，对中国的文化、经济和民族关系产生了一定影响。

（一）伊斯兰教的传入及其发展简况

伊斯兰教传入中国已有1300余年的历史。在中国传播过程中，伊斯兰教苏菲派与中国封建制度相结合，形成了有中国特色的门宦制度。目前，在我国56个民族中，有回、维吾尔、哈萨克、塔塔尔、塔吉克、柯尔克孜、乌孜别克、撒拉、保安、东乡10个少数民族信仰伊斯兰教，中国穆斯林人口2000多万人。

1. 伊斯兰教在中国的传入与传播

伊斯兰教传入中国的初始年代，众说不一。先后曾有"隋开皇中""唐武德中""唐贞观初年"以及"唐永徽二年"等多种说法。据《旧唐书·大食传》记载，在唐高宗永徽二年（651年），阿拉伯国王（哈里发）奥斯曼派使臣到唐京城长安朝见唐高宗，并谈了阿拉伯国家宗教信仰和国家社会风习问题。目前，史学界一般把这一年看作伊斯兰教最早传入中国的时间。但是，在此之前，通过丝绸之路，到中国经商的阿拉伯人、波斯人、大食人中，大部分为伊斯兰教徒。他们在中国停留、居住和过宗教生活。因此，伊斯兰教实际上在唐永徽二年之前已进入中国。关于伊斯兰教何时传入中国，在中国伊斯兰教史研究领域仍是一个需要探讨的问题。

伊斯兰教传入中国的主要路线分为陆路和海路。陆路经波斯及阿富汗抵达新疆天山南北，再经青海、甘肃直到长安一带，然后传入云南、河南、山

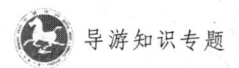

东、河北、辽宁等地。海路由波斯湾、阿拉伯海出发，经孟加拉湾，过马六甲海峡，至中国南海，到达广州、泉州、杭州、扬州等地。

伊斯兰教在中国的传播分为两个阶段。唐至宋的五六百年间，为早期传播阶段。南宋至元代为兴盛阶段。在这两个历史时期，不同的政治、经济环境以及战争为伊斯兰教在中国的传播提供了可能。唐代政治上对外开放，文化上兼容并蓄，农业生产兴盛，工商业特别是商业活动繁忙，丝绸之路畅通。当时，在京城长安、口岸城市广州和扬州，多有大食人、波斯商贾居住，多以买卖珠宝为业。尤其是中外在交流和军事方面的频繁接触，商贾往来络绎不绝。特别是当"安史之乱"危及朝廷时，为平定叛乱，唐肃宗借大食西域之兵20余万。这些士兵曾"客入长安"。战后，有些士兵自愿为唐帝国臣民，其中一部分被准允留居中国，这些人买田置宅，娶妻生子，以至于在当时长安出现了一个由3000阿拉伯裔中国籍伊斯兰教徒为主体的社会集团。以后留居中国的商人、工匠以及传教士愈来愈多，他们主要聚集在京师和通商口岸城市，居住在"蕃坊"，一般不参与"蕃坊"以外的事务。从唐时历五代到宋末的五六百年间，波斯、大食人留居中国的人数不断增多。五代十国时期，在我国新疆喀什噶尔一带，由西突厥人建立的喀喇汗王朝强迫占领地居民信奉伊斯兰教。宋代时，政府对外持和平友好政策，商业贸易日臻繁荣，大批大食、波斯商人留居中国，朝廷以礼相待，对其宗教信仰予以尊重和容纳。因此，这些人兴修规模宏大的清真寺，进行宗教活动。我国现存最古老的清真寺福建泉州清净寺和广州怀圣寺，就是这一时期的建筑物。蒙古成吉思汗兴起以后，同他的儿孙们东征西伐，建立起庞大的帝国。大批中亚和西域的穆斯林被补充到蒙古军中。同时元朝政府允许外来的伊斯兰教徒定居中国。由于伊斯兰教徒日益增多，元朝政府专设了管理伊斯兰教事务的政府机构，并设回民国子学，进行宗教教育，这些都促使了伊斯兰教在中国的快速传播。

元末明初，朱元璋的起义军中有许多回民将领和士兵，著名的回民将领有常遇春、沐英、胡大海等，这些人是明代的开国功臣。朱元璋一方面要利用这批开国元勋，一方面又对伊斯兰教徒怀有戒心。所以，明代政府对伊斯兰教徒采取了怀柔与限制的两面政策。所谓怀柔政策是指采取扶植措施，敕建清真寺，并御书《百字赞》褒颂伊斯兰教和穆罕默德，允许进行宗教活动；所谓限制政策是禁止使用胡服、胡语和胡姓。同时，在《明律》中规定，色目人不得自相婚配，"恐其种类日滋也"，允许回汉通婚，汉女嫁回男、汉男娶回女也都成为回民。但这种限制性的政策却有助于回民人口的增加。清代政府对伊斯兰教的政策，前期宽容，后期高压。由于清政府对伊斯兰教缺乏客观公正的认识，因此导致回汉之间、回民内部出现了错综复杂的斗争。不可否认的一点是，由于伊斯兰教信徒的日益增多，回族在明代的形成和回族社会生产的发展中，特别是明代在甘肃出现了门宦制度，陕西开始建立伊斯兰经堂教育，在江南一带出现汉文译著教义活动，这些都促使了伊斯兰教在中国的进一步传播。

伊斯兰教在中国传播过程中，不同时期对它的叫法、称呼也有不同，如唐朝称"大食教"，明朝称"天方教""回回教"，明末清初称"清真教"。中华人民共和国成立前，最普遍的叫法是"回教"。1956 年 6 月 2 日国务院颁发了"关于伊斯兰教名称问题的通知"，通知中指出：伊斯兰教是一种国际性的宗教，伊斯兰教也是国际通用的名称，今后对伊斯兰教一律不要使用"回教"这个名称，应该称"伊斯兰教"。

目前，我国信奉伊斯兰教的少数民族，大多数聚居在新疆维吾尔自治区、宁夏回族自治区以及甘肃、青海、云南等省。在我国其他各省、直辖市亦有其聚居区。

2. 伊斯兰教在中国的教派

伊斯兰教创立不久就逐渐形成了许多派别。唐宋时期，前来中国经商并长期居住的阿拉伯人和波斯人，以及元代大批东来的阿拉伯人和中亚一带各族人中就包含有伊斯兰教各派信徒。明末清初，伊斯兰教在中国的传播发展过程中由于苏菲派传入中国，同时受到我国封建制度、各族文化和佛教以及道教文化的影响，在西北地区逐渐形成了许多门宦教派。其中三大教派有：

格迪目：又称"老派"。该派奉行严格遵守伊斯兰教的基本信仰和基本的宗教职责的主张，实行互不隶属的单一教坊制，该派首先创立经堂教育制度和汉文译著活动，由此形成了独自的宗教思想体系，使伊斯兰教更适应中国的情况。该派信徒主要分布在我国内地各省和新疆部分地区。

伊赫瓦尼：又称"新派"。该派强调严格按照伊斯兰教法举行宗教活动和仪式、实行互不隶属的单一教坊制度，重视"汉（文）阿（文）兼修"的

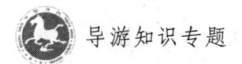

经堂教育。该派信徒主要分布在青海、宁夏、甘肃临夏，以及河北、山东、河南、上海等地。

西道堂：依据伊斯兰教义，以本国文化发扬伊斯兰教学理。在宗教功修上，主要是履行"天命五功"，可以教乘、道乘兼修。西道堂有两大特色，在宣教的同时，开展集体性的生产、经营活动；重视文化教育。

四大门宦为：

哲赫忍耶：该派是中国伊斯兰教四大门宦之一。四大门宦是伊斯兰教苏菲派与我国封建制度相结合，首先在我国甘肃地区出现的一种道门。这种门宦制度各设教主，教主被神化，实行世袭罔替制度。该派信徒除保持伊斯兰教的基本信仰外，必须唯教主的"口唤"是命，并以朝拜各代教主的"拱北"（坟墓）为虔诚。在礼拜时规定戴六角形帽。该派实行拱北、教区、教坊三级管理制度。该派信徒主要分布在宁夏的固原、吴忠，甘肃的张家川、平凉、兰州市以及云南省的一些地区。

虎非耶：中国伊斯兰教四大门宦之一。该派既主张伊斯兰教的基本信条，又主张在"五功"的基础上进行修道。该派也设教主，直接领导教坊。该派信徒主要分布在西北五省，其中以甘肃为中心。

夏底忍耶：也是中国伊斯兰教四大门宦之一。该门宦在形成过程中，受佛教、道教影响。该派除保留伊斯兰教"万物非主，唯有真主"这一最根本的信条外，对伊斯兰教教义、教律进行大胆改造。该派主张修道功课为参禅悟道（即坐静），默诵"无字真经"，叩拜拱北，敬香等。该派信徒主要分布在甘肃临夏、兰州、四川阆中、广元，陕西西乡、汉中，宁夏固原，青海西宁、化隆等地。

库不忍耶：中国伊斯兰教四大门宦之一。该派主张教务归各坊教长主持。目前，该派信徒分布在甘肃临夏一带和皋兰附近。

除上述各派外，中国伊斯兰教还有许多教派分布在全国许多地区。但总的看来，大多数为逊尼派，少数为沙斐尔派和苏菲派。历史上，中国伊斯兰教的不同教派虽然在宗教上的主张和具体宗教礼仪的做法上有所不同，但是总的趋势是"各遵其是，各行各得"，相互尊重，平等相处，互不歧视。

（二）伊斯兰教的教义

伊斯兰教教义基本上由宗教信仰、宗教义务和善行三部分组成。它是穆

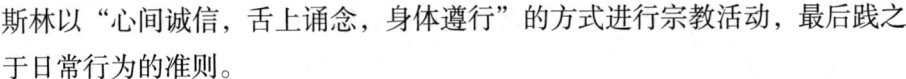

斯林以"心间诚信，舌上诵念，身体遵行"的方式进行宗教活动，最后践之于日常行为的准则。

1. 宗教信仰

伊斯兰教的宗教信仰是：安拉是唯一的主宰，宇宙间的一切都是安拉的创造物，穆罕默德是他的使者。后来在传教过程中，将这种宗教信仰具体为"六大信仰"。（中国伊斯兰教徒一般称安拉为"真主"，新疆和西北有些地方的穆斯林称安拉为"胡大"）

（1）信真主

真主是独一无二的。相信真主是宇宙万物的创造者、恩养者和唯一的主宰。

（2）信天使

"天使"是真主的助手。天使有多个，执行着各种不同的职责。

（3）信使者

伊斯兰教把受真主启示并向世人传播教义的人称为使者。

（4）信仰经典

伊斯兰教认为，《古兰经》是最神圣的经典，它的每个字、每句话、每个章节都是金科玉律，都应遵守不违。

（5）信仰后世

后世，也称来世。伊斯兰教认为肉体死后，灵魂便脱离肉体到另一个世界里居住。另一个世界有天堂和火狱之分。一生按照真主的话去做行善的人升入天堂，否则就打到火狱受苦。

伊斯兰教讲求善有善报，恶有恶报，现在所做的一切，后世必报。

（6）信前定

伊斯兰教相信世间一切都是由真主事先安排好的。人的富贵贫穷，吉凶祸福，生死寿限，都是由真主决定的。

2. 宗教义务

宗教义务，又称宗教功课，简称"五功"（念功、礼功、斋功、课功和朝功）。

（1）念功

念，主要指念诵"清真言""作证言"和《古兰经》。"清真言"和"作

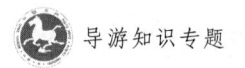

证言"是伊斯兰教基本信仰的纲领性表达，是穆斯林一生念诵最多的赞词。

（2）礼功

礼即礼拜，又称"拜功"，是穆斯林敬拜真主的宗教仪式，包括面向麦加"克尔白"端立、鞠躬、磕头、跪坐、诵经等一整套仪礼。

（3）斋功

斋，即斋戒。斋戒是许多宗教均提倡的一种抑制情欲、物欲，净化身心的戒律。

（3）课功

课即天课，原意为"净化""洁净"。天课源自这样的伊斯兰观念：富人的财产中有贫人的份额。天课的宗教意义在于：富裕者应将真主赐予的财富，拿出一部分与贫穷者分享，这样使自己的财产得到净化，从而获得占有和享有财富的前提。

（5）朝功

朝即朝觐，也称"朝功"。伊斯兰教规定：每个成年的穆斯林，无论男女，在身体健康、神志健全、经济宽裕、路途平安等条件下，一生中应至少去沙特阿拉伯麦加城内的"克尔白"朝觐一次。

朝觐主要分"正朝"和"副朝"两种。正朝（阿拉伯语为"哈吉"）即通常意义上的朝觐，也称"大朝"，时间确定为每年伊斯兰教历12月8~12日，共5天，是每个具备条件的穆斯林都应履行的宗教义务。副朝（阿拉伯语为"欧姆莱"）也称"小朝""巡礼"或"瞻礼朝"，没有时间限制，除正朝的5天（一说3天，即8、9、10日）外，一年四季都可以进行，没有时间限制。此外，还有"享受朝""连朝""单朝"以及"代朝"等其他。

3.善行

信徒必须按照伊斯兰教教义，约束自己的道德行为。

伊斯兰教义要求穆斯林做到虔诚、敬畏、坚韧、顺从、克己，对真主是这样，对社会也要这样，更要坚持公道、正义。

（三）《古兰经》与《圣训》

随着伊斯兰教的传入，其经典著作同时传入中国。《古兰经》和《圣训》亦在中国广泛流传，早年流传的均为所谓"旧本"手抄本。1862年，出现第一部《古兰经》刻本。我国最早的中文全译本是1927年在北京出版的李铁铮译的《可兰经》。1981 年中国翻译出版了《布哈里圣训实录精华》。

1.《古兰经》

《古兰经》是伊斯兰教徒的宗教思想指南，是伊斯兰教教长用以教诲教徒的思想和行为的唯一准则。过去称为《宝命真经》《天经》《可兰经》等。《古兰经》所包含的内容，大致可分为以下几方面：

（1）关于穆罕默德的崇信一主，反对多神信仰的宗教主张；

（2）关于伊斯兰教的宗教组织和政教合一的社会制度与伦理道德原则；

（3）关于阿拉伯半岛的古代一些原始部落毁灭的传说；

（4）关于穆罕默德传教过程中一些重要问题的记述；

（5）关于对《古兰经》本身的说法；

（6）关于真主安拉创造世界的说法。

2.《圣训》

《圣训》即《穆罕默德言行录》。在中国，"圣训"被称作"圣训经""至圣宝训""至圣宝谕""圣谕"等。

穆罕默德生前其言行并无记载，仅由其弟子和再传弟子代代传述。7 世纪末 8 世纪初，由于出现大量伪圣训，于是从 8 世纪下半叶起，圣训学家陆续编纂成书，以正视听。

随着伊斯兰教逐渐发展为世界性宗教，除《古兰经》外，伊斯兰教各派都企望还能从穆罕默德的言论或决定中去寻找根据，以支撑自己的观点。圣训最初一直是口耳相传。由于经过多人口头传述，圣训的内容必然各有所异。各种派别和政治集团，出自各自需要，对圣训作了不同的解释。因此《圣训》有多种。每部完整的"圣训"都包括两部分内容：传述的线索和传述本文。传述线索以辨别传述言行的真伪，传述本文主要涉及有关社会宗教等各领域的问题。

《圣训》一书可以理解为对《古兰经》的补充和解释。

六、中国的基督教

（一）基督教的传入及其传播简况

基督教是世界三大宗教之一，是信奉耶稣基督为救世主，以《圣经》为经典的各教派的统称。基督教于 1 世纪出现在巴勒斯坦地区，是从犹太教的一个下层教派发展起来的。"基督"一词译自英文 Christ，意为救世主。此词最早源于古希伯来文 Mashiah，汉语译为弥赛亚，意为受膏者。古代犹太在封立君主时，按犹太教的习俗要宰杀羊羔，由祭司把羊油涂于君主的前额、头发和胡子上，象征上帝对君主的承认与派遣。在基督教的信徒看来，创始人耶稣就是受膏者，就是救世主。

1 世纪，罗马皇帝征服了地中海沿岸欧洲、西亚、北非的大部分地区，建立了庞大统一的罗马帝国，基督教即开始在罗马帝国境内形成和传播。早期的基督教是奴隶、穷人、无权者、被罗马征服或驱散的人们的宗教，它在遭受迫害和排斥的情况下，经过两百多年的努力，于 392 年被罗马皇帝狄奥多西一世确立为国教。在当时疆域辽阔的罗马帝国境内，由于语言、文化、传统等方面的差异，以及最高统治集团内激烈的权力斗争，逐渐形成以罗马为中心的西派教会和以君士坦丁堡为中心的东派教会。395 年，罗马帝国分裂为东西两部分后，基督教的首席教会地位之争更激化了两派教会的矛盾。终于在 1054 年发生了基督教历史上的第一次分裂。东罗马地区的教会称为"正教"，意为"正统的"教会。西罗马地区的教会称为"罗马公教"，简称"公教"，意为"全世界的"和"普遍的"宗教。15、16 世纪，欧洲的经济、政治、社会和意识形态处于由封建主义向资本主义过渡的历史时期，新兴资产阶级势力的代表人物不满意教皇的封建统治，16 世纪初席卷欧洲的宗教改革再一次分裂了基督教，出现了路德宗、归正宗、安立甘宗三大新教主流派，后又陆续分化出其他许多宗派，这些宗派统称新教。

基督教这一称谓在中国有广义和狭义之分。广义的基督教，与英语中的 Christianity 同义，包括罗马公教（Catholic）、正教（Orthodox）、新教（Protestant）；狭义的基督教则是指其中的新教，即英语中的 Protestant。长期以来华人都习惯把新教称为基督教或耶稣教，而将罗马公教称为天主教，正教称为东正教。

据史料记载，基督教先后四次大规模传入中国。第一次是在唐贞观九年（635 年），基督教的一个分支聂斯托利派曾传入中国，史称景教。会昌五年（845 年）唐武宗灭佛，殃及基督教，流传了 210 年的景教在中原绝迹。

第二次是在 13 世纪末至 14 世纪中叶的元代，随着蒙古人入主中原，景教再次来到中国。景教也称"也里可温教""十字教"，是色目人和部分蒙古人信奉的宗教，故而社会地位颇高，并取得诸多特权，但流传不广。随着元朝的灭亡，兴盛一时的也里可温教也在中国销声匿迹。

第三次是在 16 世纪的明清之际，罗马公教随着西方殖民主义浪潮传入中国。传教士根据我国"敬天"的传统习惯，并借鉴中国文化"至高莫若天，至大莫若主"将所崇奉的神称为"天主"，因而译为"天主教"。1582年 8 月，耶稣会会士利玛窦抵达澳门。他以传播科学知识为媒介，以天主教教义与儒家思想相融合作为传教方针，为天主教在中国的广泛传播奠定了基础。至明末，耶稣会中国传教区已建立了 13 处传教会所，全国约有教徒15 万人。在官员和儒士中已不乏天主教教徒，其中较著名的有徐光启、李之藻、杨廷筠等人。清初，以耶稣会会士为主体的来华传教士基本上继承了利玛窦的传教方针。汤若望、南怀仁、徐日升等传教士在顺治、康熙两朝赢得信任，天主教有了进一步的发展。至 18 世纪初，教徒已达 30 万人，并有了中国主教和神父，其中有一定知名度的是 1685 年在广州祝圣为南京主教的罗文藻和由罗文藻祝圣为神父的吴渔山。[祝圣：基督教宗教仪式之一。认为由司祭（主教、神父）或牧师按照特定的宗教仪式，可使人或物"圣化"，以奉献上帝，为教会所用。如天主教使面饼和葡萄酒代表耶稣的"圣体""圣血"。新教有些教会（如圣公会）称授予主教圣职为"祝圣"。]随后，西班牙多明我会、方济各会、巴黎外方传教会传教士也纷纷进入我国，他们有人反对利玛窦的传教方针，干涉中国教徒参加"敬孔"和"祭祖"仪式，于是，出现了天主教史上的"中国礼仪之争"。1700 年起，论争发展为教皇与清朝皇帝的公开冲突，该年康熙皇帝声明，敬孔祭祖乃中国习俗，不含宗教意义。1704 年，教皇坚持严禁中国教徒行中国礼仪。1715 年，教皇发布《从这日起》通谕，重申不准中国教徒行中国礼仪的前禁，违者与异端同罪。康熙皇帝认为此乃干涉中国内政，遂拘捕传教士，禁止传教。1742 年，教皇本笃十四世重申 1715 年禁令，令传教士设法使中国教徒顺服教皇，清廷毫不退让，严禁传教，直至 1842 年。在清廷禁教后的 100 多年间，天主教徒人数锐减。直到 1939 年，罗马教廷才撤销有关中国礼仪的一切禁令。

1807 年，英国伦敦布道会派遣马礼逊到中国，他成为第一个到中国的新教传教士。1830 年，美国新教传教士也开始进入中国，由于清政府的禁教政策，至 1840 年，在华传教士仅 20 余人，30 余年中所收信徒不满百人。

第四次是 1840 年鸦片战争后，中国沦为半殖民地半封建的国家，传教士依仗不平等条约，在中国的土地上到处设立教堂、修道院，兴办学校、孤儿院，用各种方法传播、发展基督教的各个派别。帝国主义的侵略和宗教扩张激起中国人民的反抗，19 世纪中叶，大小教案不断发生，终于酿成规模空前的义和团运动。义和团运动后，爱国的中国教徒为了摆脱外国教会的控制，发起了中国基督教自立运动以及其后的本土化运动。中华人民共和国成立后，中国基督教会继承了这种爱国传统，发起了自治、自养、自传的"三自"爱国运动，有力地推动了中国教会的本土化。

（二）基督教的教义

基督教虽然在发展中形成了许多派别，但万流归宗，各派仍有共同信奉的教义，主要有以下内容：

（1）"三位一体"是它最基本的信条。各派都相信上帝是唯一的真神，而它包括了圣父（天主教称天父）、圣子、圣灵三个位格，三者互不混淆，但本质相同、神性相通，同具一个本体。世界万物都是由其所创造和主宰。其中，圣父是创造和管理万物的主，他是有理性和意志，但无形、无体的，他超乎万物之外，又贯乎万物之中。圣子耶稣基督，是上帝的独生子，是玛利亚由圣灵感孕而降世为人的。他是圣父为救世人而降生人间，宣传救世福音，最后为世人赎罪而被钉死在十字架上。他死后第三天复活，后来升天，将来还会再临人间，并在世界末日到来时进行最后的审判。那时，恶人将永堕地狱，地上将建立以基督为首的义人统治的新天地，即"神的国"。神的国将在世上统治一千年，所以又称"千年王国"。"圣灵"运行在世界和人类的心中，他使人知罪、悔改、成圣。信徒接受圣灵的感动，就会在生活中表现出种种美德，而且，世间一切真、善、美都来自上帝，都是通过圣灵的运行、启迪而表现出来的。

（2）基督教相信教会是由基督建立起来的，是"基督的身体"，它经信徒传下来，成为信徒组成的集体，信徒在其中一起参加宗教活动，负有在世上宣传福音的使命。

（3）基督教相信上帝按自己的形象创造了人，人有肉体和灵魂，人在心灵、良知、自由意志、道德观念等方面和上帝有着相似之处，上帝赋予人管理万物的权力。但由于人类始祖亚当和夏娃偷食"禁果"而犯了罪，这种罪世代相传，被称为"原罪"。它使人类陷入罪恶中，无法自拔，只有信基督才能使罪得以赦免，只有依靠耶稣基督才能得救，获得永生。

（三）《圣经》

基督教的各派都以《圣经》为其经典，《圣经》也称《新旧约全书》，由《旧约全书》和《新约全书》两大部分组成。英文"圣经"（Bible）是4世纪时君士坦丁堡的大主教——人称"金口"的圣约翰·克思索斯顿发明的。他把犹太人的圣书全集称为"Bible"，意思是"群书"。西方传教士来华后按中国人称重要著作为"经"的习惯，将其经典之名汉译为《圣经》。《旧约全书》是犹太教的圣书，犹太教因书中讲述上帝与犹太民族在西奈山订下盟约，故名《约书》。基督教继承此说，但认为基督以他的流血受死而在上帝与人之间建立了新约，乃称自犹太教承继下来的部分为旧约。《圣经》原文为希伯来文和希腊文。4~5世纪，全部《圣经》译成拉丁文。16世纪宗教改革运动前后，《圣经》在欧洲逐渐译成各国文字，对各国民族语言文字的形成与统一起了一定作用。西方文学艺术作品，尤其在中世纪，很多取材于圣经故事。

《旧约全书》所包括的经卷是基督教从犹太教经典继承而来的。全书的卷数和次序，各派略有不同。公认的39卷《旧约》包括自公元前11世纪末以来相传的犹太古代律法、典籍和各种文学作品，于公元前6至前2世纪之间逐渐形成。《旧约》大体可分为"律法书""先知书""圣录"三部分。主要内容为关于世界和人类起源的故事传说，犹太民族古代历史的宗教叙述和犹太教的法典、先知书、诗歌、格言等。

《新约全书》是基督教本身的经典，约在1世纪下半叶至2世纪末定型，于4世纪初确立。基督教认为它是基督的使徒和弟子著作的汇编，包括记载耶稣言行的"福音书"、叙述早期教会情况的"使徒行传"、使徒们的"书信"和"启示录"四个部分，共27卷。

基督教的经典统一于新旧约两经，其道理被认为取之不尽，用之不竭。

七、中国的民族民俗

（一）中国民族概况

中国是一个统一的多民族国家，在漫长的历史发展中，各民族相互依

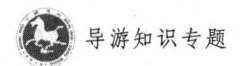

存、水乳交融，形成了休戚与共的中华民族命运共同体，各民族的优秀传统文化都是中华文化的组成部分，共同构筑起了中华民族共有的精神家园。

现代意义上的"民族"有狭义和广义两种概念。狭义的民族是指人们在一定的历史发展阶段形成的具有共同语言、共同地域、共同经济生活以及表现于共同的民族文化特点上的共同心理素质的稳定的共同体，如汉族、壮族等；广义的民族概念认为，民族一词的含义包括处于不同社会发展阶段的各种人们共同体，如古代民族、现代民族，或者用以指一个国家或一个地区的各民族，如我国是 56 个民族平等团结互助和谐的多元一体大家庭。中华民族是唯一代表中国现代民族的共同体名称。

按照 2020 年第七次全国人口普查统计的数据：汉族人口为 128631 万人，占 91.11%；其他 55 个兄弟民族人口为 12547 万人，占 8.89%，因为他们人口比例小，所以称为少数民族。与 2010 年相比，汉族人口增长 4.93%，各少数民族人口增长 10.26%。少数民族人口比重上升 0.40 个百分点，其中人口最多的民族是壮族。

中国人口的分布呈东南密、西北疏的格局。各民族在分布上的一大特点是大杂居、小聚居、交错居住。这种居住格局决定了我国各民族之间在政治、经济、文化等访民相互依赖的密切关系。

（二）中华民族"多元一体"格局

"中华民族"（英文：Chinese nation）最早是梁启超在 1902 年《论中国学术思想变迁之大势》一文中提出的概念。但作为一个自在的民族实体，几千年来早已存在。在中华大地上繁衍生息的各民族不断交融汇聚，特别是中国自秦汉形成统一多民族国家以来，大一统的理念深入人心，各民族在分布上交错杂居、经济上相互依存、文化上兼收并蓄、情感上相互亲近，最终形成了多元一体的中华民族。

1988 年，费孝通先生在香港中文大学参加学术会议期间，发表了其在国际人类学、民族学、社会学界引起巨大反响的著名演讲《中华民族的多元一体格局》。这篇名著的主要论点可概括为：①中华民族是包括中国境内 56 个民族的民族实体，并不是把 56 个民族加在一起的总称，因为这些加在一起的 56 个民族已结合成相互依存的、统一而不能分割的整体，在这个民族实体里所有归属的成分都已具有高一层次的民族认同意识，即共休戚、共存亡、共荣辱、共命运的感情和道义。这个论点后被陈连开先生引申为民族认同意识的多层次论。多元一体格局中，56 个民族是基层，中华民族是高层。②形成多元一体格局有一个从分散的多元结合成一体的过程，在这过程中必须有一个起凝聚作用的核心。汉族就是多元基层中的一元，但它发挥凝聚作用把多元结合成一体。③高层次的认同并不一定取代或排斥低层次的认同，不同层次可以并存不悖，甚至在不同层次的认同基础上可以各自发展原有的特点，形成多语言、多文化的整体。所以高层次的民族实质上是个既一体又多元的复合体，通过消长变化以适应于多变不息的内外条件，进而获得这共同体的生存和发展。

中华民族的多元一体格局中，"一体"指的是包括 56 个民族在内的中华民族。中华民族的"一体"首先是客观存在的国家的一体，版图的共有和完整，各民族血脉相连利害相关的不可分割性，各民族根本利益和长远利益的一致性，历史和文化发展的相互交融与不可分割。其次，在此基础之上，寻找各民族文化特质的共性，以及中华民族的认同与凝聚力等，使之为中华民族的真正形成而服务。再次，又体现在各民族的发展相互关联、相互补充、相互依存，与中华民族整体有不可分割的内在联系和共同的民族利益和理想。

中华民族的多元一体格局中，"多元"是民族的多元，本质是文化的多元，各民族各有起源、形成、发展的历史过程，文化、社会各具特点而区别于其他民族。"多元"与"一体"的关系，集中体现为祖国的统一和整个中华民族的大团结，表现为共同关心与争取祖国的统一与繁荣富强。中国历来以一个统一多民族国家形象屹立于世界民族之林。自古以来，中华大地上的各民族都是向往和努力追求国家最终的统一，这种维护祖国统一是建立在民族认同基础上的，生活在中国大地上的所有族群都公认自己属于中华民族。

正如 2019 年 9 月在全国民族团结进步表彰大会上习近平总书记所指出的：一部中国史，就是一部各民族交融汇聚成多元一体中华民族的历史，就是各民族共同缔造、发展、巩固统一的伟大祖国的历史。我们辽阔的疆域是各民族共同开拓的，我们悠久的历史是各民族共同书写的，我们灿烂的文化是各民族共同创造的，我们伟大的精神是各民族共同培育的。中华民族多元一体是先人们留给我们的丰厚遗产，也是我国发展的巨大优势。

（三）少数民族民俗选介

1. 壮族

壮族是我国少数民族中人口最多的一个民族，根据《中国统计年鉴2021》，中国境内壮族的人口数为1956万余人。主要聚居在南方，范围东起广东省连山壮族瑶族自治县，西至云南省文山壮族苗族自治州，北达贵州省黔东南苗族侗族自治州从江县，南抵北部湾。广西壮族自治区是壮族的主要分布区。

民族语言为壮语，属汉藏语系壮侗语族壮傣语支。壮族有自己的古文字，即古壮文又称（方块壮字），1955年，党和政府根据拉丁字母创制表音新壮文，20世纪80年代，完成《壮文方案》修订工作，使新壮文进一步通用化，已在壮族分布地区全面推行使用。

壮族崇拜祖先，信仰自然。唐、宋以后，佛教、道教先后传入，对壮族民众影响较深，民族宗教为摩教。《布洛陀经诗》是摩教的经文，它唱诵壮族祖神布洛陀创造天地万物，规范人间伦理道德。这部经诗贯穿着自然崇拜、祖先崇拜的原始宗教意识。《布洛陀经诗》各篇都可以独立成篇。因其相当多的内容是创造天地万物的，可以说是壮族的创世史诗；因其唱词是民歌，又是在祭祀时喃唱的，故又可以说是壮族宗教文学。

壮族文化悠久灿烂。广西左江花山岩画是壮族先民（古骆越人）创造的艺术画廊，已被列入世界文化遗产名录。壮族铸造使用铜鼓已有两千多年的历史，骆越人的青铜技艺高超，他们所制造的铜鼓，代表了铜鼓技艺的最高水平。壮医是具有独特民族风格一种医学。壮拳动作彪悍粗犷，沉实稳健，是古代广西狼兵在战场上格斗的武术，王安石曾称誉："粤右良兵，天下称最。"壮锦是壮族人民享有盛名的纺织工艺品，已有一千年的发展史，与南京的云锦、成都的蜀锦、苏州的宋锦并称"中国四大名锦"。

居住在坝区和城镇附近的壮族，其住房多与当地汉族相同。居住在山区的壮族，其村落房舍多数是土木结构的瓦房或草房，建筑式样常为"干栏式"。干栏，也叫木楼、吊脚楼，多为两层，上层一般为三开间或五开间，住人；下层为木楼柱脚，多用竹片、木板镶拼为墙，可作畜厩，或堆放农具、柴禾、杂物。一般干栏都依山傍水，面向田野。一个寨子一个群落，有些村寨，家家相通，连成一体，就像一个大家庭。居室格局，各处自有特点。

壮族的节日有春节、陀螺节、陇端节、吃立节等，最著名的是以对歌为主要活动的"三月三"歌圩节。三月三是广西壮、瑶、苗、侗、仫佬、毛南等民族最隆重的节日，民间盛传与歌仙刘三姐有关。2014 年确定为广西传统习惯节日并放假两天。每场歌圩人数少则几百人，多则成千上万，以歌传情，通宵达旦，其间还举行抛绣球、碰红蛋、踢毽子、抢花炮等文化娱乐项目，不仅是隆重盛大的民族节日，也是青年男女公开社交、挑选意中人的活动日。农历"三月三"这一天，壮族家家户户制作五色糯饭，染彩色蛋，杀鸡宰鸭，喝酒庆贺，有些地方比过春节还隆重。

壮族人忌讳农历正月初一这天杀牲；忌讳戴着斗笠和扛着锄头或其他农具的人进入自己家中，所以到了壮族家门外要放下农具，脱掉斗笠、帽子；火塘、灶塘是壮族家庭最神圣的地方，禁止用脚踩踏火塘上的三脚架以及灶台；吃饭时忌用嘴把饭吹凉，更忌把筷子插到碗里；夜间行走忌吹口哨；忌坐门槛中间。壮族十分爱护青蛙，有些地方有专门的"敬蛙仪"，所以到壮族地区，严禁捕杀青蛙，也不要吃蛙肉。

2. 维吾尔族

根据《中国统计年鉴 2021》，中国境内维吾尔族的人口数为 1177 万余人，维吾尔族主要聚居在新疆维吾尔自治区，主要分布于天山以南，塔里木盆地周围的绿洲是维吾尔族的聚居中心，其中尤以喀什噶尔绿洲、和田绿洲以及阿克苏河和塔里木河流域最为集中。

"维吾尔"是民族自称，意为"团结""联合""协助"之意。民族语言为维吾尔语，属阿尔泰语系突厥语族，分为中心、和田、罗布三个方言。

历史上，维吾尔族曾经信仰过萨满教、摩尼教、袄教、景教和佛教等。到了 15 世纪时，伊斯兰教在维吾尔族地区逐渐占据统治地位。维吾尔族的传统节日，有肉孜节、古尔邦节和诺鲁孜节，前两个节日都来源于伊斯兰教。

维吾尔族是一个能歌善舞的民族，民间音乐体裁多样，继承了疏勒乐、于阗乐、龟兹乐、高昌乐、伊州乐的的优良传统。"十二木卡姆"是一种包括歌曲、器乐曲和舞蹈在内的古典大曲形式，有喀什木卡姆、多朗木卡姆、哈密木卡姆等多种类型，由民间音乐家们在习俗节日、喜庆婚礼和娱乐晚会上表演。16 世纪杰出的维吾尔族女音乐家阿曼尼沙搜集整理各地流行的木卡姆，将其编为十二套歌舞大曲，使木卡姆形式趋于定型。2005年，"十二木卡姆"被联合国列入世界非物质文化遗产保护名录。维吾尔族民族乐器有弹拨、吹奏和打击乐器等数十种之多。"独他尔"和"热瓦甫"是最常用的独奏和合奏乐器，音色清亮、柔和。"达甫"是用手指敲击的羊皮鼓，鼓边木框镶有许多活动的小铁环。随着鼓声铿锵作响，多用于舞蹈伴奏。维吾尔族的舞蹈以旋转快速和多变著称。传统的舞蹈有顶碗舞、大鼓舞、铁环舞、普塔舞等。"赛乃姆"是最普遍的民间舞蹈形式。

维吾尔族的传统饮食以面食为主，喜食羊、牛肉，蔬菜吃得相对较少。主食的种类很多，最常吃的有馕、抓饭、包子、拉面等。馕，是用小麦面或玉米面制成的，在特制的火坑内烤熟，为形状大小和厚薄不一的圆形饼。抓饭，维吾尔语称"颇罗"，是用大米、羊肉、羊油、食油、胡萝卜焖成的一种饭食，味道鲜美，是节日和待客不可缺少的食品。

传统维吾尔族的男子外衣称为"袷袢"，长过膝、宽袖、无领、无扣，穿时腰间系一长带。

女子普遍穿连衣裙，外罩坎肩或上衣。妇女和姑娘都喜欢用天然的乌斯蔓草汁画眉，染指甲，戴耳环、手镯、戒指、项链等。维吾尔族不论男女老幼都喜欢戴"尕巴"（四楞花帽），用黑白两色或彩色丝线绣出各种民族形式的花纹图案。

维吾尔医药学是中国医药学的重要组成部分。"维吾尔族医药学"简称"维医"，有悠久的历史和比较完整的理论体系。维吾尔医学以"土、水、火、空气"为代表的"四大物质学说"和"血津、痰津、胆津、黑胆津"的"四津体液学说"为基本理论，创立了一整套诊断和治疗疾病的方法。

3. 回族

回族是我国分布最广的少数民族，全国绝大多数县市都有分布，主要聚居于宁夏回族自治区，根据《中国统计年鉴2021》，中国境内回族的人口数为1137万余人。

回族的通用语为汉语。在日常交往及宗教活动中，回族保留了大量的阿伯语和波斯语的词汇，在边疆民族地区，回族人民还通晓并使用当地民族的语言。

回族主要从事农业，也经营牧业、手工业。回族工匠在制香、制药、制革等方面较为著名。回族还擅经商，尤以善于经营珠宝玉石、运输和餐饮服务等业著称。

回族是全民信仰伊斯兰教的民族，回族的节日是伊斯兰教的三个传统节日：开斋节、古尔邦节和圣纪节。这些节日和纪念日都是以伊斯兰教历计算的。

回族服饰有鲜明的民族特色，在回族聚居区中，回族群众依然保持着中亚人的传统穿衣打扮。回族服饰的主要标志在头部：男子多带"礼拜帽"，女子带各种花色的"盖头"。

由于回族分布较广，食俗也不完全一致。如：宁夏回族偏爱面食，喜食面条、面片，还喜食调合饭。甘肃、青海的回族则以小麦、玉米、青稞、马铃薯为日常主食。油香、馓子是各地回族喜爱的特殊食品，是节日馈赠亲友不可少的。回族也喜饮茶和用茶待客，西北地区回族的盖碗茶很有名。宁夏回族还饮用八宝茶、罐罐茶也很有特色。青海西宁，回族著名的万盛马糕点影响很大。河北石家庄的金凤扒鸡、保定的马家卤鸡和白运章包子、辽宁沈阳的马家烧麦、义县的伊斯兰烧饼，陕西的牛羊肉泡馍，湖南常德市的翁子汤圆、绿豆皮、牛肉米粉在当地都很有名气。

回族穆斯林对肉食的选择比较严格，只食反刍类偶蹄动物的肉，如牛、羊、骆驼、鹿、山兔的肉等；忌食猪肉、狗肉、马肉、驴肉和骡肉，不吃未经信仰伊斯兰教者宰杀的和自死的畜禽肉；凡供人饮用的水井、泉眼，一律不许牲畜饮水，也不许任何人在附近洗脸或洗衣服。回族的日常饮食很注意卫生，凡有条件的地方，饭前、饭后都要用流动的水洗手，盛水容器中的剩水不能倒回井里。

4. 苗族

根据《中国统计年鉴2021》，中国境内苗族的人口数为1106万余人。主要分布于中国的黔、湘、鄂、川、滇、桂、琼等省区，其中以黔东南、黔南、黔西南等自治州最集中。

苗族有自己的语言，苗语属汉藏语系苗瑶语族苗语支，分湘西、黔东和川黔滇三大方言。由于苗族与汉族长期交往，有一部分苗族兼通汉语并用汉文。

苗族的主要信仰有自然崇拜、图腾崇拜、祖先崇拜等原始宗教形式，苗族传统社会迷信鬼神、盛行巫术。也有一些苗族信仰基督教、天主教，信仰佛教、道教的主要是东部方言苗族。

贵州，湖南苗族服饰不下 200 种，是我国和世界上苗族服饰种类最多、保存最好的区域，被称为"苗族服饰博物馆"。苗族服饰从总体来看，保持着中国民间的织、绣、挑、染的传统工艺技法，往往在运用一种主要的工艺手法的同时，穿插使用其他的工艺手法，或者挑中带绣，或者染中带绣，或者织绣结合，从而使这些服饰图案花团锦簇，溢彩流光，显示出鲜明的民族艺术特色。

黔东南、湘西、海南岛和广西融水的苗族，主食为大米，也有玉米、红薯、小米等杂粮；黔西北、川南、滇东北的苗族，则以玉米、土豆、荞麦、燕麦等为主食。酸辣二味是苗族生活中不可缺少之物。苗族人尤其喜欢吃酸，几乎家家户户都自制酸汤、酸菜、酸辣，腌制鱼肉，苗家的酸汤鱼肉嫩汤鲜，清香可口，闻名遐迩。苗族喜饮酒。平时劳作之余，喝一点酒，舒筋活血，消除疲劳；亲友来访，逢年过节，红白喜事，必以酒待客，久之形成了一套喝酒的传统习俗和礼仪，很多地方的苗族宴饮和敬酒时，还有唱酒歌的习俗。

苗族是一个讲究礼节的民族，岁时节庆独特鲜明。苗族传统节庆按功能含义分为：①农事活动节庆；②物质交流节庆；③男女社交、恋爱、择偶节庆；④祭祀性节庆；⑤纪念性、庆贺性节庆。按时序分，一岁分十二个月，每月都有一个以上的节庆日。主要有降龙节、吃新节、赶秋节、芦笙节、四月八等节日。

"四月八"是贵州、湘西、桂北等地的苗、布依、侗、瑶、壮、彝、土家、仡佬等少数民族的传统节日。各地节日内容不尽相同，其中，规模最为宏大、场面最为隆重、影响最为深远者，当首推贵阳市苗族的"四月八"庆祝活动。每年农历四月初八这天，贵阳市及邻县的苗族群众都要身着民族盛装，云集贵阳市中心喷水池一带。他们吹响芦笙、箫笛，唱着山歌，跳着苗家舞蹈，欢度自己的传统节日。"四月八"的由来传说甚多，主要是为凭吊"四月八"葬于今喷水池一带的古代苗族英雄"亚努"，辈辈相传，而成习俗。每逢阴历四月初八这一天，苗族人民披戴银饰，穿戴新衣，从山顶、山腰、平坝向四月八节日活动场地聚集，这一天要举行傩戏、上刀梯、下火海、狮子舞、打花鼓、赛歌、吹唢呐、吹木叶、打秋千、武术、茶灯等优秀的民族民间文艺表演。随着改革开放的深入发展，纪念活动又增加了经贸洽谈、艺术文化研讨、旅游观光等新内容，今天的苗族传统节日四月八已成为苗族人民展现民族文化，加强民族团结，招商引资，促进经济发展，建设精神文明的综合性盛会，吸引了越来越多的学者、游客和商贾。

有些苗族地区，忌随时洗刷饮甄、饭包、饭盆，只能在吃新米时洗，以示去旧米迎新米。随时洗刷会洗去家财，饭不够吃。在山上饮生水忌直接饮用，须先打草标，以示杀死病鬼。忌动他人放于路边的衣物，以免传染麻风病。忌孩子在家中乱要小弓箭，恐射中祖先。

5. 满族

满族分布于全国各地，以辽宁、河北、黑龙江、吉林和内蒙古自治区、北京等省、自治区、直辖市为多，根据《中国统计年鉴2021》，中国境内满族的人口数为1042万余人。满族岁时风俗，多与汉族相近，但又保持着不少满族特色。

满族有自己的语言、文字，满语属阿尔泰语系满—通古斯语族满语支，满族文字创立于16世纪末。满族人信仰佛教和萨满教。

满族重视礼节。过去少辈对老辈是三天一小礼，五天一大礼。少辈每隔三天要给长辈打千请安，隔五天见长辈得叩头，打千的形式男女有别，男人哈腰，右手下伸左手扶膝，似抬物状，女人双手扶膝下蹲。

历史上满族先民一年四季都穿袍服，因八旗制度而被称为"旗袍"。男子多穿带马蹄袖的袍褂，腰束衣带，或穿长袍外罩对襟马褂，夏季头戴凉帽，冬季戴皮制马虎帽。女子喜穿长及脚面的旗袍，或外罩坎肩。社会的发展，男式旗袍逐渐废弃，女式旗袍则不断演化，成为代表中华民族的一种女式服装。

满族民间农忙时日食三餐，农闲时日食二餐。主食多是小米和高粱米、粳米、干饭，喜在饭中加小豆或粑豆，如高粱米豆干饭。有的地区以玉米为主食，喜以玉米面发酵做成"酸汤子"。东北大部分地区的满族还有吃水饭的习惯。饽饽是用黏高粱、黏玉米、黄米等磨成面制作的，有豆面饽饽、搓条饽饽、苏叶饽饽、牛舌饽饽、年糕饽饽、水煮饽饽等。满族的饽饽历史悠久，清代即成为宫廷主食。满族点心"萨其玛"也是我国著名的传统糕点。

满族人忌害乌鸦、喜鹊、狗。认为鸦、鹊为吉祥之鸟，所以不伤害鸦鹊。有敬犬习俗，不准打狗、杀狗，不吃狗肉，不穿用狗皮。满族将西墙作

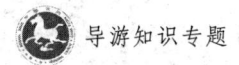

为供奉祖先的神圣部位，不准在此挂衣物，张贴年画；西炕俗称"佛爷炕"，供有"祖宗板子"。忌讳人们随便坐卧。通常客人也不得在西炕休息，更不许将狗皮帽子或鞭子放在这里。

思考题

1. 简述孔子的"仁学""礼制"思想。

2. 简述儒家的修养观。

3. 简述儒家在战国、西汉、宋明、现代四个时期所出现的流派及其主张。

4. 道家在战国、魏晋时期有怎样的变化？

5. 简述中原佛教八大宗派的基本理论。

6. 简述佛教传入我国的经过（包括汉传佛教、藏传佛教、上座部佛教）。

7. 中国主要佛教流派（包括汉传佛教、藏传佛教、上座部佛教）有哪些？

8. 举例说明佛教对中华文化的影响。

9. 佛教的"十二因缘"是什么？

10. 道家和道教有何不同？道教的主张是什么？

11. 简介历代《道藏》的编撰。

12. 简介道教对中国文化的影响。

13. 简述道教的"修炼"和"服食"。

14. 为什么伊斯兰教能在唐代得到传播和发展？伊斯兰教在中国传播的两个主要阶段是什么？

15. 简述伊斯兰教的"朝功"。

16. 伊斯兰教的门宦制度在中国是如何形成的？

17. 我国信仰伊斯兰教的少数民族有哪些？各自有哪些习俗？

18. 基督教在中国的名称有哪些？

19. 简述基督教四传中国的历史。

20. 《圣经》的内容由哪些部分构成？

21. 中华民族"多元一体"格局的内涵是什么？

专题五
建筑文化

只要有人类活动的地方，就有建筑。建筑不仅仅是人类赖以生存的实用生活设施，更是他们表达思想意念的重要载体。在一定程度上建筑承载了人类文明发展的足迹。

建筑是一门艺术，被列为包括绘画、雕塑、音乐、诗歌在内的五大艺术之首。建筑艺术对人类心灵潜移默化的塑造与感染影响深远。建筑文化作为一个多元、开放的专题，在审美趣味、价值观念、伦理思想、宗教感情等方面都起着巨大的作用。

从文化本质上讲，建筑是一种以一定物质材料与结构形式，与一定自然环境相结合，使一定社会生活内容抽象性地展现于空间，具有实用、认知、审美，有时兼崇拜诸种社会功能，同时渗融着艺术等人文因素的科学技术。更形象地说，建筑是反映社会生活和社会文化心理的最明亮的镜子，从建筑上，人们可以"读"出一个时代、一个地区、一个民族发展的几乎所有的印记。所以，在西方有人把建筑比喻为"石头的史书"。如果说这个比喻恰当的话，那么我们则可以把中国的传统建筑称为"土木的史书"。

一、中国建筑文化

（一）中国古代建筑
1. 中国古代建筑的总体特征
（1）多样性特征与主流体系
中国是一个地域广阔的多民族国家，各个地方的地质、地貌、气候等各

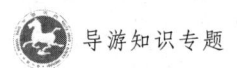

不相同，各个民族的历史背景、文化传统和生活习惯也呈现不同风貌，因而形成了许多具有不同特色的建筑风格。

也可以说不同地区的建筑形式与特征，正是这个地区的族群与悠久历史文化的结晶，呈现出不同的形式与个性，这与考古学上古老的区系类型文化延续相关。如从云南丽江至香格里拉公路沿途，山下是白族村寨的"一颗印"民居、中部是彝族聚集区的垛木房、海拔1500米以上是藏族居住区的二层楼阁式民居，呈现出各自不同的鲜明个性。在南方气候炎热、潮湿的山区有一种叫"干栏"的竹、木建筑，这种建筑下层用柱子架空，上层供人居住；北方游牧民族主要采用毡包式建筑，这种建筑由轻木骨架和覆盖于其上的毛毡构成，适宜于迁徙。

虽然中国各地的建筑风格差别很大，但是大部分地区普遍采用木构架承重的建筑，这种建筑广泛分布于汉、满、朝鲜、回、侗、白等民族地区，是中国历史上使用面最广、数量最多的一种类型。

（2）文化艺术的精神特征

中国建筑在世界建筑史上是延续时间最长、分布地域最广，有着特殊风格与体系的造型艺术。其文化艺术具有鲜明的人文主义特征，是中国传统伦理观、审美观、价值观和自然观的深刻体现。具体表现在：①在宫殿和都城规划中突出皇权至上思想和严密的等级观念；②在组合布局中特别注重群体组合的美；③在与环境的关系中注重与自然的高度协同，尊重自然；④在艺术表现中重视对中和、平易、含蓄而深沉的美的追求。

（3）实体空间的物质特征

中国建筑在漫长的发展过程中逐渐形成了独特的结构与空间处理方式，主要表现在以下几方面：

①木构架体系为主的实体建筑

为适应中国的地理环境和资源特征出现的木架建筑，是我国古代建筑成就的主要代表。它之所以如此长期、广泛地被作为一种主流建筑类型加以使用，是因为它与其他种类相比，具有取材方便、适应性强、抗震性好、施工快捷、便于修缮等优点。

木架建筑是由柱、梁、檩、枋等构件采用榫卯结合形成框架来承受屋面、楼面的荷载以及风力、地震的，墙则起着围蔽、分隔和稳定柱子的作用。木架建筑主要有穿斗式和抬梁式两种结构体系，还有少量的地区使用井干（han）式结构体系。

这种构架建筑体系的完善促使单体建筑造型也逐渐形成一定规格程式，如殿、亭等形制都由台基、屋身和屋顶组成，同时各部分之间都有一定的比例。尤其是到了清代，这种规格化已达极致，木结构的梁架组合形式所形成的体量巨大的屋顶以及坡顶、正脊和翘起飞檐的柔美曲线成为中国高等级建筑最突出的形式特色；室内空间处理则灵活多变，常用板壁、隔扇、帐幔、屏风、博古架隔为大小不一、富有变化的空间，产生迂回、含蓄的空间意象。

②结合环境布置的空间序列

沿着一条纵深的路线，依据地形地貌对称或不对称地布置一连串形状与大小不同的院落和建筑物是中国古代建筑群所特有的布局手法。它能烘托出种种不同的环境氛围，使人们在经受了这些院落与建筑物的空间艺术感染后，最终能达到某种精神境界——或崇敬，或肃穆，或有悠然出世之想。空间序列形式丰富，有以十字轴线展开的坛庙建筑；有以纵轴为主，横轴为辅的民居和宫殿建筑；有以曲折轴线展开的园林建筑等。不管哪种展开方式都强调抑扬顿挫，有前序、高潮、尾声的空间变化。此外，"天人合一"的风水论，也在"卜宅""相地"过程中对城镇、村落、祠堂的空间布局形成影响，通过对地形、地貌、地质、植被、水文、环境容量等进行勘察，究其利弊而后善择基址，按照地势高下、基址广狭以及河流、山川、道路的形式适当地布置建筑与村落城镇。

③多样化的院落组合

中国古代建筑的群体组合具体是通过运用院落的组合手法来达到各类建筑的不同使用要求和精神目标的。人们对所在建筑群的生活体验和艺术感受也只有进入各个院落时才能真正获得。可以说庭院是中国古代建筑群体布局的灵魂。

庭院是由屋宇、围墙、走廊围合而成的内向性封闭空间，它能营造出宁静、安全、洁净的生活环境。在古代易受自然灾害袭击和社会不安因素侵犯的社会里，这种封闭的庭院是最合适的建筑布局方案之一。另外，庭院能充分满足房屋采光、通风、排泄雨水的需要，也是进行室外及半室外活动和种

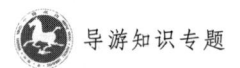

植花木以美化生活的理想环境。

（二）中国古代建筑的类型及其著名范例

建筑类型是因特定的社会需要而产生的，随着社会的日益复杂，建筑类型也越来越丰富，根据《中国建筑史》的建筑类型划分，综合起来，主要有：（1）居住建筑——各地区、各民族、各阶层的城市与乡村住宅；（2）政权建筑及其附属设施——帝王宫殿、中央政府各部门及府县衙署、贡院（科举考场）、驿站、公馆、军营、仓库等；（3）礼制建筑——以崇拜为中心的祭祀性建筑，是巩固政权的重要手段，成为古代特有的重要建筑类型，包括天坛、日月星辰之坛、地坛、社稷坛等，以及以祖先为核心的建筑，太庙、祠堂、帝王品官的陵墓及各种圣贤庙（如孔庙）等；（4）宗教建筑——佛教寺院、道教宫观、基督教教堂等；（5）商业与手工业建筑——商铺、会馆、酒楼、作坊、旅店、造船厂等；（6）教育、文化、娱乐建筑——官办学校有国子监（太学）、医学、儒学、阴阳学，私学则有各地的书院，观象台、藏书楼、戏台、戏场等；（7）园林与风景建筑——皇家园林、衙署园圃、寺庙园林、私家宅园以及风景区内的楼、馆、亭、台等；（8）市政建筑——为全城报时的钟楼、鼓楼、望火楼、路亭、桥梁以及官办慈善机构如惠民药局、养济院等；（9）标志建筑——风水塔、航标塔、牌坊、华表、门楼、钟鼓楼等；（10）防御建筑——城垣、城楼（门楼、箭楼、角楼等）、关隘、长城、烽火台等。现按其大类摘要介绍。

（1）住宅与聚落（邑）

住宅是人类最早的一种建筑类型。旧石器时期的天然洞穴、构木为巢、冬窟夏庐都是远古人的住宅方式。之后人类有了相对稳定的居民点，古代叫"邑"，这就是最初的聚落。人类的第一次劳动分工，即农业的出现形成了固定的居民点——聚落，人类的第二次社会分工，聚落分化成以农业为主的乡村和以非农业为主的城市。城市的住宅随着社会的发展有较明显的形制变化，乡村的住宅更多是在适宜技术上的不断演进，同时，二者互有影响和交流。

①住宅构筑类型

中国幅员广阔，民族区域多，不同历史环境、气候、风土人情、文化传承，在不同的地理环境下创造出风格各异的民居构筑类型，分述如下：

抬梁式、穿斗式与混合式构架是我国古代的木构架技术，在汉代便已成熟，此后在我国住宅建筑中得到非常广泛的运用。北方地区多用抬梁式，其中以北京四合院正房为代表；我国南方则多用穿斗式，如云南白族住宅的主体部分。而在皖南、江浙、江西一带则多采用抬梁和穿斗的混合式。

竹木构干栏式主要分布在广西、海南、贵州、四川等少数民族居住地，以竹、木梁柱架起房屋为主要特征。主要用于潮湿的山区或水域，房屋一边建于高地，一边临空，下面用支柱支撑，也称"吊脚楼"。

砖墙承重式主要分布在山西、河北、河南、陕西等地，多用于北方四合院住宅中。一般在前、左、右三面房屋正中间砌墙，除了解决架檩传载外，也可以合理安排火炕的位置，从而形成一间半式房屋。

土楼主要分布在福建、广东和江西南部，是自三国两晋以来为逃避北方战乱而迁移南方的中原移民客家人的住宅。建筑的体量庞大，占地可达上千平方米，一般能容纳几十甚至上百人居住，其主要材料为用当地质地黏重的红壤加工而成的土砖。土楼分布很广，各地的建筑形式也略有区别，有圆形、方形、组合型等。其主要特征是以祠堂为中心采用中轴对称形式，基本居住模式为沿周边布置并分割成一个个单元的房间。

而广东梅州、潮汕客家人的围龙屋、半围龙屋也是极具艺术特色的古代民间建筑典范。

窑洞主要分布于豫西、晋中、陇东、陕北和新疆吐鲁番一带，是向山体横向挖掘而成的洞穴式居住空间，尤以黄土高原数量最多。从建筑的布局结构形式上一般可划分为靠崖式、下沉（地坑式）式和独立式三种。

碉楼主要分布在西藏、青藏高原和内蒙古。碉楼外墙为厚实高大的石墙楼层，内为密梁木楼层的楼房。如西藏朗色林庄园的主体建筑即采用碉楼的形式，整个建筑高大壮观，功能清晰，采光合理巧妙。

毡包是内蒙古和新疆等地以游牧生活为主的牧民居住的建筑物。毡包搭建方便，构造简单。

另外，东北、云南等林区的木构井干式、新疆南部的阿以旺、云南省西双版纳的帽形屋、云南的"一颗印"及海南黎族的"船形茅屋"都各具特色。

②建筑范例

北京四合院北京四合院是北方地区院落式住宅的典型。平面布局以院为特征。有四合院两进院、三进院、四进院或五进院。四合院中轴对称，等级分明，秩序井然，宛如京城规制缩影。北京四合院做法规范成熟，素朴实用，体现出和京城相通的尊卑分明、秩序井然和雍容大气的气质。

福建永定客家楼客家人主要集居于岭南山区，由于移民之故，以群聚一楼为主要方式，楼高耸而墙敦实，用土夯筑，称为土楼。土楼以祠堂为中心，无论圆楼、方楼等，都中轴对称，保持北方四合院的传统格局。永定客家土楼，是客家住宅的典型，分为圆楼和方楼。圆楼以龙岩承启楼为典型。客家土楼南北兼得，又因地制宜，是移民文化在住宅中的典型表现。

安徽歙县棠樾村是聚落的一种形态，地缘和血缘是两大因素，地缘决定生存环境，血缘决定村之凝聚力，古人注重追求人与自然的和谐。安徽歙县棠樾村是经典实例。棠樾是鲍氏家族发展起来的村落，可追溯到南宋，此后作为鲍氏族人聚居地，经久不衰。棠樾选址，符合风水所谓"枕山、环水、面屏"的原则，是村居理想之地，成为高于一般农人境界又脱离市井的桃花源。

（2）政权建筑及其附属设施

①宫殿

宫殿（包括坛庙、陵墓）是中国古代最重要的建筑物之一。历代统治者都耗费大量人力、物力，使用当时最成熟的技术和艺术来营建此类建筑。三者在一定程度上反映了一个时期的建筑成就。它们是帝王权威和统治的象征，这些具有展示性的建筑物以群体布局见长，在因地制宜地塑造环境、空间处理等方面富有特色。北京故宫、山东泰山岱庙、曲阜孔庙、河北承德避暑山庄合称为古代四大宫殿建筑群。

中国宫殿建筑经历了"茅茨土阶"、高台宫室、前殿和宫苑结合、纵向布置"三朝"四个阶段。其主要的代表有：

唐长安大明宫是唐朝政治中心所在地，位处高地，居高临下，宫城面积约为明清北京紫禁城的4~5倍。整个宫域可分为外朝和内廷两部分，是传统的"前朝后寝"的布局，外朝以朝会为主，内廷以居住和宴游为主。大明宫的正门丹凤门以南，有宽176米的丹凤门大街，以北是含元殿、宣政殿、紫宸殿等组成的南北中轴线，含元殿前有70米的坡道，远望如龙尾，称"龙尾道"，宫内的其他建筑，沿轴线分布。唐大明宫是中国古代最为宏伟和最大的宫殿建筑群。

明清北京宫殿现存的北京宫殿始建于明永乐四年（1406 年），清代沿用旧宫，其间有重建、改建。宫城称为紫禁城，周围有护城河，内部仍为外朝、内廷两部分。外朝有三大殿、文华殿和武英殿，"外朝"后部分是"内廷"，包括乾清宫、交泰殿、坤宁宫和御花园。北京故宫是中国封建社会末期的代表性建筑之一，在利用建筑群来烘托皇帝的崇高与神圣方面达到登峰造极的地步。

清沈阳故宫是清朝入关前创建的宫殿，具有满族特色。分为三部分，分别有清帝举行大典及议政之处、八旗首领办事场所、日常朝会之处等，也属于前朝后寝制。西部文溯阁是乾隆时为存放四库全书而造的藏书楼。

②衙署、贡院、军营

中国现存古代衙署不多，现建成博物馆并开放的有近 20 个，著名者有河南内乡县的县衙博物馆以及河北保定的直隶总督衙门博物馆。内乡县衙是我国保存最完好的县衙之一。

贡院一般指国家级科举考试（会试）之地，其中最著名的是南京贡院（江南贡院、建康贡院）。南京经宋元开考场，到明清时，江南贡院仅考试号舍就有 20644 间，还有主考等官员住房千余间。还不算膳食、仓库等用房和水池、花园等用地。北京贡院也有特色。当然，在一些不是首都的城市也设立了"贡院"，如定州贡院（今河北正定）、川北道贡院（今四川阆中）等，主要为了省级考试使用。

军营建筑，现存者以北方为多，全部为遗迹性的"营盘"。以宁夏银川镇北堡（新堡）保存得比较完整以及作为《红高粱》等电影拍摄场地声名最著。秦皇岛的老龙头是明长城的东部起点，是万里长城唯一集山、海、关、城于一体的海陆军事防御体系，也是著名的军营建筑景观。

（3）礼制建筑

①坛庙

坛庙的出现源于祭祀，祭祀是对人们向自然、神灵、鬼魂、祖先等表示意向的活动仪式的通称。伴随着祭祀活动，相应地产生场所、构筑物和建筑，就是坛庙。坛庙主要有三类。第一类祭祀自然神。建筑包括天、地、日、月、风雨雷电、社稷、先农之坛，五岳、五镇、四海、四渎之庙等。其中天、地、日、月、社稷、先农等由皇帝亲祭。五岳、五镇是山神，四海、四渎是水神。五岳以东岳泰山为首，自汉武帝后，历代皇帝都以泰山封禅为盛典。第二类是祭祀祖先。帝王祖庙称太庙，臣下为家庙或祠堂。第三类是先贤祠庙。如孔子庙、诸葛武侯祠、关帝庙等。以孔子庙数量最多。北京天坛、社稷坛、太庙，太原晋祠，曲阜孔庙等都是代表性的坛庙。

②祖庙

历代建立新王朝的皇帝都要修建自己的祖庙来祭祀先祖。其中的用意很明确：一是祭祀祖先表示率行孝道，这是实施统治的策略；二是统治权的由来有根基，给其统治提供一个理论依据；三是依照"礼仪"而行，遵守左祖右社的规则，显示"正统"身份。北京太庙（劳动人民文化宫）即明清两代的帝王家族祖庙。

③祠堂

皇帝祭祀祖先，臣下依然。祠堂一般是家族祭祀祖先之所。但也有为有功劳的人"立祠"祭祀之例。这种祭祀具有地域的全社会纪念的意义。中国现存祠堂不少，著名者如山西太原的晋祠，最初是为纪念封于晋的叔虞及其母亲邑姜而建的。陕西韩城的"司马迁祠"（太史祠）是其后裔（改姓冯和同）为祭祀司马迁而建。广州市的陈家祠建于清光绪年间（1890—1894），是当年广东七十二县陈姓人祭祀祖先的宗祠，现在是岭南保存得最好的祠堂。

④陵墓

秦始皇开创了中国封建社会帝王埋葬规制和陵园布局的先例。汉制，皇帝登位第二年开始建陵。汉武帝在位年久，陵墓宏伟，殉葬品也最多。其后如唐太宗、明成祖等，都亲选茔地，拟就终制。从人类学和考古学角度说，埋葬制是伴随"魂灵观"出现而诞生的，陵墓属于礼仪性纪念建筑，其功能主要是体现帝王灵魂不朽，法统永存。因此要求建筑表现出某种肃穆、崇高、永恒的艺术气氛。在建筑处理上，有地上陵台、因山为陵与宝城宝顶的技术与形象流变。唐代以前多注重陵墓本身的造型设计，唐代开始重视环境，多在陵前设置很长的神道，用门阙、石刻加深序列层次，烘托出了浓重的纪念性，宋陵综合汉唐手法，并将帝陵后陵集中修建，环境总体气氛组织得比较好，明清陵墓艺术形象最突出，手法最成熟。代表性的帝王陵墓有秦始皇陵、汉武帝茂陵、汉宣帝杜陵、唐乾陵、宋永昭陵、明十三陵、清昌陵

（嘉庆帝陵）等。

（4）中国古代的宗教建筑

中国历史上曾出现过多种宗教，比较重要的有佛教、道教和伊斯兰教。不但留下丰富的建筑遗产（殿阁、寺观、佛塔、石窟、经幢、雕刻、壁画等），也对古代社会文化产生了深远影响。

①中国古代的佛教建筑

佛寺、佛塔、石窟被称为三大佛教建筑，它们记载了中国文化的发展和佛教的兴衰，具有重要的历史价值和艺术价值。

佛寺以佛塔为主的佛寺在中国出现最早，是随着西域僧人来华所引进的"天竺"制式，如建于东汉的首座佛寺——白马寺。最初的寺庙以塔为中心，四周用堂、阁构成方形庭园，至南北朝时期大规模兴建寺庙成风。根据地域的不同，中国佛寺主要分为汉传佛寺、藏传佛寺和南传佛寺三种类型。

汉传佛寺建筑在中国分布的数量很多，著名代表有洛阳白马寺、登封少林寺、福州华林寺、忻州南禅寺、佛光寺、晋中双林寺、苏州寒山寺、扬州大明寺、杭州灵隐寺、济南灵岩寺、上海龙华寺等。洛阳白马寺是中国官方营建的最早佛寺。它的营建与我国佛教史上著名的"永平求法"紧密相连，如今仍是许多国家佛教徒朝拜的圣地。

中国著名的藏传佛寺有格鲁派（黄教）的六大寺（分别是：拉萨甘丹寺、拉萨哲蚌寺、拉萨色拉寺、日喀则扎什伦布寺、甘肃夏河县的拉卜楞寺、青海湟中县的塔尔寺）、拉萨大昭寺、北京雍和宫、承德避暑山庄的"外八庙"、呼和浩特的许多召庙（大召、小召、席力图召等）。

南传佛寺在中国云南分布较多，但现存的寺院大部分规模都不太大，较著名的有云南西双版纳的曼阁佛寺、芒市菩提寺等。

佛塔我国古塔数量极大，分布极广，大都属于宗教建筑。所有古塔功用上分为两类：一类为昭示佛教护国佑民类的宝塔；一类是为圆寂高僧建造的骨塔，或称舍利塔。

我国佛塔在类型上大致可分为汉传佛教的楼阁式塔、密檐塔、单层塔、金刚宝座塔和藏传佛教塔以及南传佛教的佛塔等。

石窟佛教石窟寺首见于印度，随着佛教而传入中国。石窟实际上是僧房，是教徒们集会、诵经、修行的地方。中国的石窟主要用来供奉佛和菩萨。石窟建筑从西域传来，中国地面上新疆最先出现。现存石窟寺中最著名的有甘肃敦煌的莫高窟、山西大同的云冈石窟、河南洛阳的龙门石窟、甘肃天水的麦积山石窟等。新疆的克孜尔千佛洞是中国现存最早的石窟。石窟本身及窟外的建筑处理和石窟中陈示的佛教雕刻、彩塑或壁画充分反映了中国历史上各时代的建筑艺术面貌。

②中国古代的道教建筑

中国道教供奉神像和进行宗教活动的庙宇通常称为宫、观、庙。道教建筑主要是庙宇建筑组群，宋以后也有极少数的石窟和塔。

道教是中国本土宗教，宗教仪规肃穆庄严，历代帝王祭天祭地多由道教高功陪祭，有一整套完备的仪礼。道教集中国古代文化思想之大成，以道学、仙学、神学和教学为主干，并融入医学、巫术、数理、文学、地理、阴阳五行等学问。

我国现存道教宫观大部分为明清时建造或重建，早期遗物很少。著名的有山东泰山岱庙、山西永济市永乐宫、苏州市玄妙观、福建莆田玄妙观、四川青城山古常道观、青岛市崂山太清宫、湖北武当山紫霄宫、江西龙虎山正一观、北京白云观、四川成都市青羊宫、山西解州关帝庙、福建泉州天后宫，中国五岳坛庙旧时皆为道教持守，东岳泰山岱庙、南岳衡山南岳大庙、西岳华山西岳庙、北岳恒山庙、中岳嵩山庙等。

青城山古常道观位于四川省青城山上，也称天师洞，是纪念道教创始人张道陵（后人尊称为张天师）的庙宇，建筑色调给人古朴、素雅之感。

武当山紫霄宫位于湖北省武当山上，建成于明永乐十一年（1413年），是武当山八大宫观中规模宏大、保存完整的一处道教建筑。

解州关帝庙位于山西运城市解州镇西关，整体布局严谨，规模完整，建筑以春秋楼和崇宁殿最为精致。

泉州天后宫位于福建泉州市区南门万寿路口，俗称妈祖庙。祀奉莆田湄洲林默娘，是我国现有妈祖宫庙中年代较早、规模较大、保存较好的建筑。

衡山南岳庙位于南岳山下的南岳古镇，是我国五岳中规模较大、总体布局较完整的古宫殿式庙宇。

③中国古代的伊斯兰教建筑

伊斯兰教的宗教单体建筑包括礼拜寺（清真寺）、教经堂、教长墓等。

因宗教需要，一般由礼拜寺南礼拜殿（祈祷堂）、唤醒楼（邦克楼）、浴室、教长室、经学校、大门等建筑组成。

中国现存较大规模的清真寺主要分布在西北地区和南方少数城市中，较著名的有新疆喀什艾提尕尔清真寺、吐鲁番额敏寺、宁夏同心清真大寺、哈尔滨阿城清真寺、北京牛街清真寺、西安化觉巷清真寺、泉州清真寺等。

喀什艾提尕尔清真寺位于新疆喀什城外，建于 500 多年以前，现有面貌形成于 19 世纪后叶，是中国最大的伊斯兰礼拜寺。西安化觉巷清真寺位于西安市化觉巷内，建于明初，是现存年代较早规模较大的伊斯兰建筑。

④中国古代的基督教建筑

基督教建筑在中国与佛教、伊斯兰教等建筑迥然异趣，除局部装饰及部分建筑材料使用本土材料外，其建筑外形风貌完全采用西方特征。细分起来，其典型建筑实例有北京宣武门教堂（天主教）、西什库教堂（天主教）、崇文门内亚斯利堂（基督教）、哈尔滨圣·索菲亚教堂（东正教）、上海佘山天主教堂等。

（5）中国古代的商业、手工业建筑

①会馆

会馆即聚会之地。一般建有会场、会餐（或宴会）、演戏之所。当然又能够供人办公、食宿、会客等。会馆一般修建在政治或商业、手工业集中发达的城市。同一地域的称同乡会馆，同行业的称行业会馆。二者在大的建筑功能上要求相同。区别是前者可能设有供奉"乡贤"的所在，有的还设有供乡弟子上学的地方；后者则供奉行业神或祖师，酬神演出的戏台明显地位于主神大殿前。有时候二者还可结合起来，既是地域性的同乡会馆，又是同一行业的人聚集之处。各地现存的会馆不少，以北京的湖广会馆、天津的广东会馆、开封的山陕会馆比较著名。

②作坊

古代的手工业作坊因行业不同，其形式内容大相异趣。但建筑一般都比较简单，只要能适应其设备、工具等的需要就可以了。如 20 世纪 90 年代末发现的四川成都水井坊酿酒作坊遗址，虽然是一处前店后坊的综合经营场所，集生产和销售于一体，沿用从明代开始数百年未有间断，但其建筑并不存在特殊之处。还有中国从南到北从东到西的手工造纸作坊不下数百个，如

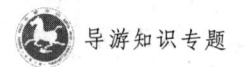

西安市北张村的造纸作坊，造纸历史可追溯到东汉蔡伦时期，唐代此地所造纸张远销朝鲜、日本，抗战时所造白麻纸曾风行延安。

（6）中国古代的教育、文化、娱乐建筑

①国子监

国子监是隋代以后国家兴办的"大学"。凡是京城都有。现存以北京国子监最著名。北京的国子监位于北京仅存有牌楼的街道——国子监街。街上有四座牌楼，东西街口各一座，额题"成贤街"，国子监附近左右各一座，额题"国子监"。国子监始建于元大德十年（1306年），既是元明清三代国家设立的最高学府，也是掌管国学政令的机关，是我国现存唯一一座古代官办大学建筑。辟雍学宫是国子监的核心建筑，梁思成誉其为北京"六大宫殿"之一（其他为故宫三大殿、天坛祈年殿、颐和园排云殿）。

②书院

书院一般由讲学、藏书和供礼三部分建筑构成。书院之风兴起于唐，宋代明理学大盛，书院大兴。历代有"北宋四大书院"之说：白鹿洞书院（江西庐山）、岳麓书院（湖南长沙）、嵩阳书院（河南登封）、睢阳书院（应天书院、南京书院，河南商丘）。一说无"嵩阳"，有"石鼓"（湖南衡阳）；又有"宋六大书院"之说，即在前"四大"中加入"石鼓书院"和"茅山书院"（江苏句容）；还有"宋代八大书院"之说，即在前"六大"中加入"龙门书院"（河南洛阳）和"徂徕书院"（山东泰安）。

③戏台

戏台最早始于唐，在宋金时正式形成，发展到明清时代形式种类众多。我国现存百年以上的戏台1万多座，都具有形象华丽和依附性强两个基本特征。金元时期其建筑具有仿四椽栿式、底层井口枋延长式、角梁式、角杠杆法四种梁架构造方式；明清时期戏台建筑具有亭式、集中式、分离式和依附式四种发展趋向。旧时中国乡村戏台多建于道教庙宇前，具有酬神娱人双重功用。

（7）中国古代的园林与风景建设

①概述

中国自古以来就有崇尚自然、热爱自然的传统，不论儒家的"上下与天地同流"，还是道家的"天地与我并生，而万物与我为一"，都将人与万物联系在一起，这种"天人合一"的思想促使人们探求自然、亲近自然并开发自然。对自然景观的开发及独树一帜的自然山水式园林就在这样的观念下得到源远流长和波澜壮阔的发展。

文明初期，自然环境是畋猎、渔樵、游娱的场所，如春秋楚国的章华台，越国的离台。汉代的帝苑则以上林苑规模最大。汉到南北朝，返璞归真的思想兴起，孕育了独立的山水审美意识，追求"应目""会心""畅神"的精神领略，中国特有的山水审美观及外化成果——山水诗、山水散文、山水画、山水园林四种艺术诞生。同时有新发展，是城郊风景点的兴起。由此，东晋和南朝是中国自然式山水风景园林的奠基时期，也是由物质转向美学认知的关键时期，唐宋到明清则是在此基础上进一步继承与发展，主要表现为：理景的普及化、园林功能生活化、造园要素密集化、造园手法精致化，推动着中国园林的繁荣。

②两宋园林

北宋东京（汴梁）城东北的艮岳是著名的皇家园林之一，它最具特色的便是"石"——以假山之石意象出真山真水的气质和意境，其撷山理水的造园手法堪称完美。南宋临安（杭州）的园林数量众多，大多围西湖而建，例如有诗句"疏影横斜水清浅，暗香浮动月黄昏"描述的延祥园等。此外，苏州的沧浪亭，理水叠山，林木掩映，十分雅致。

③明清皇家苑囿

清代中后期，皇家园林建设非常兴盛，规模宏大。现存著名的有河北承德避暑山庄和北京的西苑（三海）、颐和园等，还有圆明园遗址。

④明清江南私家园林

江南私家园林是以开池筑山为主的自然式风景山水园林。江南一带河湖密布，具有得天独厚的自然条件，又有玲珑的太湖石等造园材料，这些都为造园活动提供了非常有利的条件。代表性园林有拙政园、网师园、留园、个园、寄畅园等。

⑤风景建设

中国古代对自然景观进行艺术加工是多方位的，有人工造景为主的园林和庭院理景，也有利用自然山水适当开发、治理的各种景域，如村头风景、沿江景点、名山风景区等。在风景建设中，常用到的处理方式有：巧于因

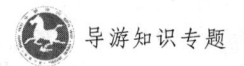

借、旷奥相间、塑造意境等。代表性理景实例有：江苏苏州虎丘、浙江绍兴兰亭、安徽歙县唐模村等。

（8）中国古代的市政建筑

①钟楼和鼓楼

中国古代的报时方式为"晨钟暮鼓"，所以每个城市都建有钟鼓楼。其建筑形式首先是选址在市中心；其次，高度要保证声音传到必须听见的地方；再次，建筑要形成具有"共鸣"效果的式样（尽量让声音传远）；最后，由于属于城市的形象建筑，要修建、装饰得华丽美观。北京城鼓楼、钟楼建于明代，崇宏壮丽，是北京中轴线上的主要建筑。迄今为止全国存在的古代钟鼓楼中以修建于明初的西安钟鼓楼为最大，保存也最完好。

②桥梁

中国古代的著名桥梁很多，其建筑的式样主要有梁桥、拱桥、索桥、浮桥四种。福建泉州的洛阳桥、河北的赵州桥、北京卢沟桥、广东潮州的广济桥被称为"中国四大古桥"。古代桥梁建筑中最早出现的是梁桥。名桥还有西安的灞桥、苏州的玉带桥、四川的泸定桥、杭州西湖的断桥、扬州的二十四桥、侗族的风雨桥、浙江泰顺、福建寿宁的廊桥等。

（9）中国古代的标志性建筑

风水塔

塔是古代中国最有特色的建筑物之一。佛教传入后进入佛寺的为佛塔；但是还有一些塔与佛教无关，例如风水塔，原本是为了改造或镇压风水、求吉祥而建的。风水塔在样式上与佛塔没有大的区别，一般取单数（阳）、白色，多六角形，名"文峰"。此种塔后来也起标识作用。风水塔保留到现在比较多的在南方，如四川合江至宜宾等城镇沿江；北方也有，如陕西韩城党家村文峰塔等。

（10）中国古代的防御性建筑

城垣

城垣是冷兵器时代最有效的防御体系，"城"字最初就是用武器（戈）保卫围起来的一方地域的意思。中国原始的城垣在距今5000～4000年前就出现了，无论浙江良渚文化还是陕北石峁文化中的城垣所起的作用都是为了防御。然而古代中国最著名的"城"是"万里长城"，被誉为世界古代建筑奇迹，作为文化遗产入选《世界遗产名录》。除了长城外，现存各地所保留的一些古代城垣也值得关注。一是作为文化遗产被列入《世界遗产名录》的山西平遥古城，二是保留得最完整的"诸侯王"级别的西安明代城垣，三是整修过后部分恢复的都城南京"石头城"和北京古城。

（11）中国古代的水利工程

水利是农业的命脉。我国古代有不少闻名世界的水利工程，这些工程不仅规模巨大，而且设计水平也很高。中国古代水利工程一般分为三种类型：灌溉及生活用水工程、运河工程及堤塘工程。历代帝王均重视水利工程建设，春秋战国时期，都江堰、郑国渠等一批大型水利工程完成；秦开通了秦渠、灵渠和江南运河；两汉时期农田水利地区特色明显。黄河流域以营建灌溉渠系为主，著名工程有六辅渠、白渠、龙首渠等；江淮、江汉之间以修治天然陂池为主，著名工程有六门陂；东南以排水筑堤、变湿淤之地为良田为主，著名工程有鉴湖等；西北主要利用雪水或地下水，修筑特殊的水利工程坎儿井；隋唐开通大运河有利于农田灌溉；元朝则开凿会通河。

①灌溉及生活用水工程

中国古代人们为了在干旱时解决灌溉、生活用水，在雨季时提早储存水源，专门修建了引水灌溉的水渠或水库。至今保留而且仍发挥一定作用的大型工程有四川都江堰、宁夏古灌渠等。

都江堰位于四川省都江堰市，是中国建设于古代并使用至今的大型水利工程，被誉为"世界水利文化的鼻祖"，开创了中国古代水利史上的新纪元，是由秦国蜀郡太守李冰及其子率众于公元前256年前后修建的，是全世界迄今为止，年代最久、唯一留存、以无坝引水为特征的宏大水利工程，都江堰至今仍是世界水利工程的最佳作品。

②运河工程

中国地理上的大型水系基本呈东西走向，缺乏南北之间的水系沟通。为了解决航运、疏浚等问题，中国很早就进行开挖运河等水利工程，其流程范围极广，常常跨越辽阔地区。著名的例子有秦代沟通湘江和漓江的灵渠，元代开通的京杭大运河。

京杭大运河是中国仅次于长江的第二条"黄金水道"，是世界上开凿最早、长度最长的一条人工河道。当前，京杭大运河的通航里程为1442公里，其中南起杭州，北到北京，途经今浙江、江苏、山东、河北、天津、北京六省市，沟通了海河、黄河、淮河、长江、钱塘江五大水系。2014年，京杭大运河成功入选世界文化遗产。

③堤塘工程

中国古代人们为了防御河流、湖泊泛滥，不使城市、农田受淹而筑成许多堤塘、大坝工程。至今仍保留的有位于浙江绍兴的鉴湖、浙江宁波的它山堰、浙江海宁的钱塘江海塘、广西桂林的相思埭等。

（12）中国古代的小品建筑

小品是一种文体的名称，建筑上借助文体"小品"之名，称小形体类的建筑。如公园里的花台、花架、休息椅，马路边的公共汽车站台，广告牌和布告栏，路灯和指路标，建筑前的标志等。与建筑本身相比，这些小品虽不是主要部分，但在点缀、充实、美化整个建筑环境中起到了不可忽视的作用。

①牌楼

牌楼有时称为牌坊，起源于建筑的院门。在古代城市中，大量存在的是里坊之门。牌楼被安置在一组建筑群的最前面，或者立在一座城市的市中心，或者在通衢大道的两头这些十分显著的位置上，最先进入人们的视线。因此，牌楼被当作一种标志性的建筑，它在城市和建筑群中起到划分和控制空间的作用，增添了建筑群体的艺术表现力。

②华表

关于华表的产生，一说源于古时的诽谤木，从汉、唐以来常用来作为标志。现在常见的明、清华表是在一个须弥座上立着盘龙石柱，柱头横贯着一块刻云纹的大板，叫作云板，顶上还有石兽等物，它常立在桥头、门的两旁或亭的四隅。作为一种标志性建筑，华表对主体建筑起到烘托作用，使这些华表石柱与主体建筑组成一个完整的群体。

③阙、墓表、五供座

阙、墓表、五供座都是古代陵墓建筑群体中的小品。阙源于古代一种单座望楼的建筑。从阙的功能看，最早的阙，又称观，无论土筑高台还是木构高楼，起到登临瞭望警戒之用。到了汉代，阙成为单纯的标志性建筑。

墓表外形是一根石头柱子，上面刻有文字，标明为某某的墓神道，也是一座墓的标志。有些墓表的柱子上取消了书刻文字的石板，所以已经失去了原来标明墓主人的墓表作用而成为一种很简单的石柱子，后来把这种墓表简称为望柱。

五供座是明清陵墓建筑中的小品建筑，放置在方城明楼的前面，处于建筑的中轴线上，是为祭祀用的供桌，基本形式是下面是石头基座，座上有石质的香炉一座，烛台两座，花瓶两只，共五件，故称五供座，或石头五供。香炉、烛台和花瓶的形式与真实的物件一样，所以五供座不仅有祭祀上的实用价值，而且有石雕本身的艺术观赏价值。

④须弥座

须弥原为佛经中的山名，所以在印度把须弥山作为佛像的基座。我国最早的须弥座见于云冈北魏石窟，是一种上下出涩、中为束腰的形式。宋代《营造法式》曾记载须弥座的形制是以叠涩（用砖或条石一层层向外垒砌挑出或向里一层层收进的做法）形式做基座的进出线脚。须弥座是一种石制基座，由土衬、圭角、下枋、下枭、束腰、上枭和上枋等组成，这种中间呈束腰状的基座是须弥座的最基本的形式。

须弥座广泛应用于宫廷、寺院、道观殿堂建筑基座；金刚宝座塔的基座；华表、碑石、经幢、佛台的基座；须弥座有方形、长方形、圆形，宋元、明清官式建筑中普遍使用。须弥座石雕普遍使用莲瓣纹饰。

⑤碑碣

碑碣，简称为碑，是人们熟悉的建筑小品。碑由碑首、碑身、碑座组成。仅有刻字的石板称为刻石，如墓志、帖石等；刻在山崖石壁的文字称为摩崖。碑的门类极多，雕刻各具时代特征，有寺庙记事碑，专门记载与寺庙有关的史事；也有记人的神道碑，立在坟墓前；记事碑多立在重要历史事件的发生地；寺庙碑多立在大殿之前。寺庙殿堂碑有时立在殿堂前廊或大殿里面，有的还嵌在墙上。

题名碑自然必须在原地，而记人的碑多立于其人的祖籍或者与其人一生中主要功绩相关的地方。造像碑则立于供奉神明处。历史名胜寺庙往往是碑刻最多最集中的地方，国内收存碑碣最多的地方是陕西西安碑林。历史上石碑受到重视在于其多方面的价值，如石碑记述着历史；石碑保留着历史书法家真迹；石碑印证了历代石雕艺术的面貌等。

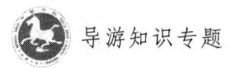

⑥石幢

石幢，又称经幢，是用石料制作的柱状物。早期许多佛寺的大殿里常见到圆筒伞盖状、上面写有经文的丝帛制品高挂在梁下佛座之前，称为经幢。

⑦堆石

堆石，常见于园林和住宅的庭院里。它的出现发展离不开古代园林的堆石造山。古代在帝王园林中用太湖石堆山，讲究"瘦、透、露、皱"，创造一种自然山林的环境，并逐渐形成为一种造园手法，称为叠山。古代园林主人欣赏的堆石，看上去只是这些石头堆砌出的形式之美，但实际上是借物抒情，寄情思于景，有着深刻的历史内涵，积淀了封建时代道德的、伦理的，乃至哲学的理念。

另外，建筑小品中还有狮子、香炉、日晷、嘉量、影壁、铜龟（或"四灵"）、鹤、门海（大水缸）等。

（二）中国近代建筑

1. 中国近代建筑发展历程

以 1840 年鸦片战争为标志，中国步入了半殖民地半封建的近代社会，直到 1949 年中华人民共和国成立，中国建筑属于近代时期。

从 19 世纪中叶开始，中国迈出近代城市化的步伐，城市的数量、分布、规模、功能、结构和性质都发生明显变化。中国近代城市发展主要从通商开埠、工矿业发展和铁路交通建设三方面内外力影响推进。其中最突出的是上海、天津、汉口、青岛等。其中的上海最早是作为租界主体崛起的大都市，是中国近代建筑数量最多、规模最大、类型最全的集中地，有"万国建筑博览"之称，造成了上海富于时代潮流、建筑文化与城市建设并进的特色。近代南京的建筑风貌是中西混合样式、西方折中主义样式、中国传统复兴式、现代式风格等。近代南京建筑类型齐全，呈现出中西兼容的特点，主要代表作品有：中山陵、金陵大学等。概而言之，洋式建筑、传统复兴和现代建筑三种主要类型表现了中国近代建筑的风貌。

可以说在这个时期，一方面是中国传统建筑文化的继续，一方面是西方外来建筑文化的传播，这两种建筑活动的互相作用、碰撞、交叉和融合，构成了中国近代建筑史的主线，也由此形成了新旧两大建筑体系并存的局面，是中国建筑发展史上承上启下、中西交会、新旧交替的过渡时期。近代中国建筑大致经历了三个发展阶段：

（1）19世纪中叶到19世纪末

这一时期建筑的特点表现为以外来文化为主体的、西方人在中国大量建筑的"洋风"时期。鸦片战争后，西方人在广州、厦门、福州、上海等地开辟居留地和租界，城内出现大量外国领事馆、教堂、银行、洋行、仓库、饭店等"洋房"建筑。在外来文化面前，中华传统建筑文化在整体上变成了弱势文化。这一时期属于近代建筑早期阶段，通过西方近代建筑的输入和引进，近代中国建筑体系逐渐形成。

（2）19世纪末到20世纪30年代末

这一时期租界和租界地、附属地城市的建筑活动频繁，为资本输出服务的建筑，如工厂、银行、火车站等的类型增多，建筑规模扩大，新建筑设计水平明显提高，多为西方古典主义和折中主义建筑，代表作如1923年的上海汇丰银行和1927年的上海外滩海关大厦。特别是上海，出现了10层以上的高层建筑。1929年中山陵建成，标志着中国建筑师规划设计的大型建筑群诞生。同时，欧洲新建筑运动也对近代建筑产生了影响，外国建筑师设计的工程，如沙逊大厦、汉弥尔顿大厦、国际饭店、大光明影院和百老汇大厦等都是此风格，这一时期是中国近代建筑的鼎盛阶段。

（3）20世纪30年代末到40年代

这一时期，中国陷入持续12年之久的战争状态，建筑活动很少。梁思成于1947年在清华大学营建系实施了"体形环境"教学体系，为近代中国建筑教育播撒了种子。

2. 中国近代建筑主要类型及典型范例

鸦片战争后，我国才渐渐的具有了近代城市的性质与特征。1842年的《南京条约》中规定，开放广州、福州、厦门、宁波、上海为对外通商口岸，也正是这些城市，最先从古代格局走向近代格局。不论是建筑上的复古思想、中西结合思想还是全盘西化思想，在这一时期都十分活跃。例如，以上海为例，如果从住宅建筑和公共建筑两个角度为切入点，近代的建筑格局及形式主要有：

（1）住宅建筑

近代城市的建筑类型的分类大多是以经济和社会职业层面为主，上海就

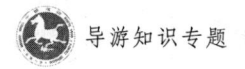

是很典型的例子，主要可分为棚户、里弄住宅、公寓以及独立别墅等。

①棚户

由于经济条件艰苦，多为下等职业，他们往往被归为城市边缘人，从事着繁重的体力劳动，但收入十分微薄。比如叫花子、拾荒者、黄包车车夫、卖报等，居住在条件特别差的"棚户""滚地龙"等地方。棚户的房屋简易，非框架结构，往往由木桩、石棉瓦、油纸布等构建而成。

②里弄住宅

里弄住宅是上海近代居住形态最多的一种建筑类型，石库门是里弄建筑的代表，最早出现在上海租界，它多为砖木结构的二层楼房，是典型的中西合璧建筑，有着江南传统二层楼的三合院或四合院的形式，总体布局采用了欧洲联排式风格。

③高层公寓

高层公寓是上海特有的一种居住建筑形式。比较经典的就是百老汇大厦，建成于 1934 年，高 22 层，总高 78 米余，是一幢早期现代派风格的八字式公寓结构。建筑外形端庄，轮廓线处理得当，主次分明，是上海近代高层建筑造型处理得比较成功的一座。

④独立式别墅

独立式别墅可以看作近代建造的最高档的住宅，不论在数量上还是种类上，在上海这座城市表现得尤为突出。有上海"最古怪的房子"之称的马勒住宅是一处典型的独立式别墅，它在 2017 年被列入"第二批中国 20 世纪建筑遗产"名录。

（2）公共建筑

①市政建筑

旧上海特别市政府。也就是中华民国上海市政府大厦，1933 年正式落成，作为当时中华民国上海市政府官员办公使用的大楼。它是一座具有现代功能和民族形式的建筑，也是三十年代中国建筑师设计的代表性优秀作品，属于上海市市级文物保护单位。1956 年起改名为上海体育学院。

②中国银行大楼

位于外滩的中国银行大楼建成于 1937 年，是外滩建筑群（上海外滩建筑群在 2016 年被列入"首批中国 20 世纪建筑遗产"名录）中唯一一幢由中国人自己主持联合设计和建筑的大楼，是中国银行乃至近代中国金融业最重要的物质文化遗产。

③文娱性建筑

上海音乐厅的建筑外形属欧式风格的建筑，气派十足，装修幽雅庄重。大跨度的穹顶可以还原真实的音色，配上极佳的音响设备，效果惊人。2002年底，这里因设轨道交通线，将这座建筑整体平移66米，并提升3.38米，获得成功，既保护了优秀建筑，在技术上又是一个了不起的创举。

除了上海的近代建筑，武汉的近代建筑也具代表性，最有名的是武汉大学早期建筑群，被誉为"近现代中国大学校园建筑的佳作与典范"，校园内中西合璧的宫殿式早期建筑群古朴典雅，巍峨壮观。

（三）中国现代建筑

1. 中国现代建筑发展历程（1949年中华人民共和国成立至今）

中国现代建筑可分为两个时期：一是1949年中华人民共和国成立到1978年十一届三中全会前，为自律时期。建筑总方针是适用、坚固、安全、经济、适当兼顾外形的美观。主要建筑的代表有：中国美术馆、人民英雄纪念碑、人民大会堂、民族文化宫、北京火车站、毛泽东纪念堂、重庆人民大礼堂、厦门大学建南楼群等。二是1978年至今，为开放时期。中国随着经济繁荣、政治环境宽松、思想束缚解脱、国内外交流频繁，建筑进入全面提高、兼收并蓄、立足创新、多元并存的新局面。代表作品有：北京香山饭店和苏州博物馆（美国贝聿铭）、北京长城饭店（美国贝克特设计公司）、上海金茂大厦（美国SOM事务所），还有深圳地王大厦、上海新锦江大酒店、曲阜阙里宾舍、广州白天鹅宾馆、北京奥林匹克中心、北京机场3号航站楼、上海东方明珠电视塔等。还有表现新古典风韵与"欧陆风"等作品。

2. 中国现代建筑典型范例

（1）1949～2000年的中国现代建筑

说到这一时期的优秀建筑，最需要关注的是由中国文物学会、中国建筑学会始创的"中国20世纪建筑遗产项目"的评选活动，这一时期的建筑是中国自鸦片战争、辛亥革命、北伐战争、抗日战争直至中华人民共和国成立、"文革"、改革开放等重大历史事件以及社会变革进程的见证。中国20世纪建筑遗产的评选活动，不但可以重新梳理中国建筑百年发展的脉络，而且对在国民中普及建筑文化审美，以及在新型城镇化建设中"留住乡愁"具有重要的意义。

"首批中国 20 世纪建筑遗产"在 2016 年公布，共有 98 项目入选，其中包括人民大会堂、民族文化宫、天津劝业场、上海外滩建筑群、厦门大学旧址等。第二批 2017 年公布，包括鼓浪屿近现代建筑群、开平碉楼、青岛八大关近代建筑、三坊七巷和朱紫坊建筑群、西安事变旧址等 100 个项目入选。第三批 2018 年公布，包括上海市图书馆、深圳国贸大厦、天津西开教堂、遵义会议旧址、东北大学旧址、国民政府外交部旧址等 100 个项目入选。

中国文物学会会长、故宫博物院原院长单霁翔说："认真阅读优秀的中国 20 世纪建筑，思考它们与当时社会、经济、文化乃至工程技术之间的互动关系，从中吸取丰富的营养，成为当代和未来世代理性思考的智慧源泉。文化遗产是有生命的，这个生命充满了故事，而 20 世纪遗产更是承载着鲜活的故事，随着时间的流逝，故事成为历史，历史变为文化，长久地留存在人们的心中。"

列举几处代表性的 20 世纪建筑遗产。

①鼓浪屿近现代建筑群

鼓浪屿近代建筑群位于福建省厦门市鼓浪屿，是融合了东方和西方、外来和本土、古典和现代的生活智慧与艺术趣味的历史风貌建筑，被喻为"建筑博物馆"。厦门大学教授林丹娅在其著作《鼓浪屿建筑》中赞誉建筑之美："无论是身置其中从各个细节感受它，还是身置其外，从海陆空三方遥眺它。无论是第一次登临它，还是最后一次告别它，在鼓浪屿这个中国最美的地方，第一个给你造成强烈视觉冲击的最美影像是建筑，最后一个留在心目中的最美印象，还是建筑。"

鼓浪屿最负盛名的建筑有大夫第与四落大厝、林氏府与八角楼、海天堂构、黄荣远堂、荣谷、杨家园、番婆楼、金瓜楼、汇丰公馆、菽庄花园、三一堂等。建筑之下人的故事，更为动人。或是文学大家林语堂，妇产科名医"南何北林"的林巧稚和何碧辉，抑或是黄家花园里黄奕住的发迹奋斗史以及女儿黄萱的故事，林氏府中林尔嘉淡薄仕途的一生，容谷中至情至性的李清泉与妻子颜敕的爱情，番婆楼里许经权对母亲的孝义，他们的成长、经历甚至是一生都在见证着鼓浪屿"创世纪"般的历史发展，鼓浪屿建筑是中国近代史、华侨史、建筑史等不可多得的实物载体，是不可再生、不可复制的文化财富。

②厦门大学旧址

厦门大学被誉为"中国最美大学"，校园衔山含湖、面朝大海，与世界文化遗产鼓浪屿隔海相望。厦门大学旧址入选"首批中国 20 世纪建筑遗产"名录，主要指的是厦门大学早期建筑，包括群贤楼群、芙蓉楼群、建南楼群共 15 幢建筑，是嘉庚建筑的精品之作。嘉庚风格建筑凝结着校主陈嘉庚的卓然智慧，形成了中西合璧的独特风格，呈现出闽南式屋顶，西洋式屋身，南洋建筑的拼花、细作、线脚等。其空间结构上注重与环境的协调。在选材用工上优先选用本地材料。著名建筑学家陈从周先生曾评价说"具有厦门地方性的陈嘉庚风格建筑，在近代建筑史上具有不可磨灭的地位"。

③武汉长江大桥

武汉长江大桥位于湖北省武汉市武昌区蛇山和汉阳龟山之间，于 1957 年通车。桥身共有 8 墩 9 孔，每孔跨度为 128 米，桥下可通万吨巨轮，它是中华人民共和国成立后在长江上修建的第一座公路铁路两用桥，被称为"万里长江第一桥"。武汉长江大桥建成伊始即成为武汉市的标志性建筑。

（2）21 世纪以来的中国现代建筑

21 世纪很多中外建筑师在中国境内都有新技术、绿色建筑等的创作。这些现代建筑成为见证中国社会文化多元发展的载体。代表作品有：

①国家体育场（鸟巢）

由瑞士建筑事务所与中国建筑设计研究院合作设计，是 2008 年第 29 届奥林匹克运动会的主体育场。整个体育场外形结构主要由巨大的门式钢架组成，结构的组件相互支撑，形成网格状的构架，外观看上去像树枝织成的鸟巢，中国传统文化中镂空的手法、陶瓷的纹路、红色的灿烂与热烈，与现代最先进的钢结构设计完美地相融在一起，已成为北京具有地标性的特级体育建筑和奥运遗产。

②国家游泳中心（水立方）

国家游泳中心（水立方），是 2008 年北京奥运会标志性建筑物之一，与国家体育场（鸟巢）分列于北京城市中轴线北端两侧，共同成为北京新地标。它的设计方案，是经全球设计竞赛产生的"水的立方"（$[H_2O]^3$）方案。最引人注意的是外围形似水泡的 ETFE 膜（乙烯 – 四氟乙烯共聚物）。ETFE 膜是一种透明膜，是世界上最先进的环保节能材料，能为场馆内带来更多的自然光，膜结构是世界之最，这种形态在建筑结构中从来没有出现过，创意奇特。国家游泳中心"方形"的外观与圆形的国家体育场（鸟巢）遥相呼应，相得益彰，"天圆地方"的设计思想将中国传统文化与建筑功能完美结合。

③国家大剧院

由法国建筑师保罗·安德鲁主持设计，是亚洲最大的剧院综合体，外部为钢结构壳体呈半椭球形，钛金属覆盖，整个钢结构壳体是目前世界上最大的穹顶，基础最深部分达到 –32.5 米，有 10 层楼那么高，这座"城市中的剧院，剧院中的城市"以一颗献给新世纪的超越想象的"湖中明珠"的奇异姿态出现，是传统与现代、浪漫与现实的结合，体现了人与人、人与艺术、人与自然和谐共融，同样成为北京的新地标。入选美国《商业周刊》"中国十大新建筑奇迹"、澳大利亚《悉尼先驱晨报》"北京十大最佳现代建筑"。

④中央电视台新楼

由荷兰建筑师库哈斯设计，具有强烈视觉冲击力，两座主体大楼像"利剑"般直刺苍穹，外形建筑呈"Z"形，更是匠心独具，完全打破了现有的建筑常规。是继美国五角大楼之后的世界第二大办公楼建筑，也是世界上最大的单体钢结构建筑。被评为 2013 年度全球最佳高层建筑奖。

⑤上海环球金融中心

上海环球金融中心位于上海陆家嘴，是中国最知名的摩天大楼之一，楼高 492 米，地上 101 层，是世界第四高楼、世界最高的平顶式大楼，由日本森大厦株式会社主导兴建。

⑥上海世博会中国馆

世博会中国国家馆建筑外观以"东方之冠，鼎盛中华，天下粮仓，富庶百姓"为构思主题，表达中国文化的精神与气质，红色斗拱造型的外观建筑更是表达了丰富的中国元素，水是贯穿始终的线索，展现了人与人、人与环境、城市发展与自然环境之间的和谐，并以精心挑出的"中国红"向世人传达喜庆、吉祥、欢乐、和谐的情感。

⑦上海中心大厦

上海中心大厦，是上海市的一座超高层地标式摩天大楼，坐落在浦东陆家嘴核心地区，占地面积 3 万多平方米，上海中心完工时是中国最高建筑，超越附近的上海环球金融中心达 140 米。它也是世界第二高建筑，仅次于迪拜的哈利法塔。世界高层建筑与都市人居学会认证上海中心高度为 632 米，地上 127 层及地下 5 层，可称为巨型高层建筑，是中国第一次建造 600 米以上的建筑，2015 年建成。作为超高型综合建筑，中心大厦业态丰富，功能齐备，建筑设计注重绿色环保，有多项最新的可持续发展技术运用在建筑施工中，无论是节能环保、高速电梯还是建造技巧、灯光展示，都堪称佳作，其中位于 118 层的"上海之巅"观光厅可 360°俯瞰上海城市风貌，第 125~126 层的阻尼器展更可以让游客在云端感受科技之美。

⑧港珠澳大桥

港珠澳大桥是中国境内一座连接香港、珠海和澳门的桥隧工程，于 2009 年动工建设；2018 年 10 月建成通车，全长 55 公里，分别由三座通航桥、一条海底隧道、四座人工岛及连接桥隧、深浅水区非通航孔连续梁式桥和港珠澳三地陆路联络线组成。其中三座大跨度钢结构斜拉主桥均有独特的艺术构思。港珠澳大桥的工程具有规模大、工期短，技术新、经验少，工序多、专业广，要求高、难点多的特点，为全球已建最长跨海大桥。

3. 中国现代城市规划与城市建设

1949 年以来的中国现代城市规划与建设的发展与中国社会发展密切联系。首都北京、直辖市上海、天津、重庆和各省省会、省单列市的城市规划与建设都发生了历史空前规模的变化，尤其是具有特色的沿海新兴城市、城市新区、旧城改造和历史文化名城保护取得很大进展。作为旅游业重要吸引力因素的历史文化名城代表了中国历史文化遗产保护工作的跨越，形成了由"文物古迹—历史文化保护区—历史文化名城"组成的完善的历史文化名城保护框架，历史文化名城的留存为今天的人们回顾中国历史打开了一个窗口。1982 年，为了保护那些曾经是古代政治、经济、文化中心或近代革命运动和重大历史事件发生地的重要城市及其文物古迹免受破坏，"历史文化名城"的概念被正式提出，"历史文化名城"是指保存文物特别丰富，具有重大历史文化价值和革命意义的城市。"从性质、特点看，历史文化名城可以分为七大类，分别是：古都类（北京、西安、洛阳、南京等）；传统城市风貌类（平遥、韩城、榆林等）；风景名胜类（承德、桂林、杭州等）；民族及地方特色类（拉萨、丽江、喀什、日喀则等）；近代史迹类（上海、延安、遵义、南昌等）；特殊职能类（泉州、张掖、敦煌、亳州等）和一般史迹类（济南、正定、襄阳等）。这些城市构成了中国最具特色的城市，也是旅游者向往的主要旅游目的地，截至 2022 年 3 月，中国共有国家级历史文化名城 141 座。

（四）港澳台建筑

1. 现代香港建筑

现代香港建筑的代表作有：香港中国银行大厦（旧楼）、香港新市政厅、香港艺术中心、中国银行大厦、香港国际机场、香港文化中心、香港公园、中环广场、香港会议展览中心等。

2. 澳门建筑

澳门建筑历史上有建于明代的妈祖阁、圣保罗教堂（大三巴牌坊）。现代澳门的建筑主流是中西混合的折中主义。现代澳门的建筑代表作品有：澳门圣保罗教堂遗址博物馆与澳门博物馆、葡京大酒店、澳门中国银行大厦、澳门国际机场、圣保罗传统商住楼改建、新轮渡客运中心等。

3. 现代台湾建筑

从 20 世纪 80 年代，台湾城市与建筑经历了萌动期、升腾期与拓展期三个阶段。其建筑代表作品有：台湾大学傅（斯年）园、台北孙中山纪念堂、台北故宫博物院、台北圆山大饭店、台北东海大学路思义教堂、台北 101 大楼、台北市立美术馆、台北宏国大厦等。

二、外国建筑文化

（一）外国古代建筑

外国古建筑，主要是指 19 世纪末叶以前的外国建筑。由于物质、气候、地理、交通的差异，每个地方的建筑各有特点，同时由于宗教、政治、经济、社会等的差异，每个时代的建筑各有特点，了解外国古代建筑，可以变换切入点和视角，从演变、艺术、建筑师的角度认知，对外国古建筑的认识重在深刻感受建筑的历史和文化内涵。

1. 古埃及建筑艺术

"世界上最宏大、最庄严、最经得起岁月磨炼，仿佛时间一般永恒的纪念性建筑，产生于古埃及。纪念性是一种心理效应，建筑给人一种视觉冲击，使人觉得和被纪念的人与物之间存在全面的差距，难以逾越。"我国著名建筑专家清华大学陈志华教授曾这样描述古埃及的建筑艺术成就。埃及是人类四大文明发源地之一，它曾在建筑史上做出了不朽的贡献。在这里产生了人类历史上最早的住宅、城市、陵墓、庙宇和其他类型的建筑，创造了人类第一批巨大的纪念性建筑物。雄伟的金字塔是古埃及建筑最突出的成就。

与此相关，古埃及的另一建筑类型太阳神庙也在这一时期确定，现存规模最大的是卡纳克和卢克索的阿蒙神庙。古埃及的巨石建筑在当时具有相当高的水平，并为早期柱式系统奠定基础，同时在建筑装饰上也达到很高的水平，成为古埃及突出的建筑成就。

金字塔

宏大、稳定的金字塔是人类最古老的里程碑，史学家比喻"如果说古埃及是西方最早的艺术宝库，那么金字塔便是宝库中一颗硕大的钻石"。金字塔这一简明形式走过了模仿、创造、定型的阶段，埃及第四王朝是金字塔建筑黄金时代的代表，公元前2732年起，在尼罗河三角洲的吉萨建了3座相邻的方锥体大金字塔和狮身人面像，其中胡夫大金字塔高146.5米，是埃及现存规模最大的金字塔，被誉为"世界古代七大奇迹"之一，金字塔确立了最简洁、最有感染力的构图，那高耸入云、坚如磐石的稳固典型是永恒的最好象征。

太阳神庙——卡纳克和卢克索的阿蒙神庙

公元前16世纪，埃及重新建立强大王权，这时候围绕太阳崇拜，祭司们设计了成套的礼仪将法老神化，而举行礼仪的场所就是太阳神庙。底比斯的卡纳克阿蒙神庙是新王国时期最大和最重要的神庙建筑。最早始建于中王国时期，总长366米，宽110米，前后6道大门，以第一座最高大，每当仪典，皇帝走出大门，太阳正在两座梯形石墙之间

冉冉升起，皇帝和太阳神的"合一"便戏剧性地表现出来。卢克索神庙建于公元前 16 世纪到公元前 4 世纪，规模也很大，总长 266 米，内部大殿的装饰比卡纳克神庙更精致，这两座神庙的建筑艺术已从金字塔的雄伟转到了庙宇的神秘和压抑。

2. 古希腊建筑艺术

古希腊对欧洲文明影响深远，同样，古希腊的建筑也是欧洲建筑的开拓者，并且影响到全世界。古希腊建筑风格的特点主要是和谐、完美、崇高。而古希腊的神庙建筑则是这些风格特点的集中体现者。古希腊建筑最有特色的是"柱式"建筑，其风格特点是，追求建筑的檐部和柱子的严格和谐的比例及以人为尺度的造型格式。古希腊最典型的柱式主要有三种，即陶立克（仿男体）、爱奥尼克（仿女体）和科林斯柱式。

雅典卫城建筑群

雅典卫城建筑群位于雅典中心一个约 70 米高的山丘上，四周陡峭，经人工修建形成台地，易守难攻，防卫坚固。公元前 6 世纪，雅典在卫城上重新修建了其保护神雅典娜神庙。庙的一圈柱廊用陶立克柱式。公元前 480 年，波斯大军摧毁了卫城上的全部建筑。驱逐侵略者之后重新修建，除新建雅典娜神庙（帕提农神庙）之外，卫城上还修建了大型建筑物山门，胜利神庙和厄瑞克忒翁神庙。并赋予雅典卫城建筑群三个主题：庆祝胜利；歌颂和装饰雅典；繁荣经济。

帕提农神庙

位于雅典卫城正中偏南最高处，是供奉雅典娜女神的最大神殿。采用八柱的陶立克式，有两个主殿：祭殿和女神殿。神庙浮雕精美丰富，历来被认为是希腊浮雕的杰作。帕提农神庙是希腊全盛时期建筑与雕刻的主要代表，有"希腊国宝"之称，其设计代表了全希腊建筑艺术的最高水平。

3. 古罗马建筑艺术

古罗马建筑艺术是古希腊建筑艺术的继承和发展，在建筑材料、结构、施工与空间创造等方面均有很大成就。罗马城有"永恒之城"的美名。古罗马的建筑理论家维特鲁威在《建筑十书》中指出，建筑的基本原则应当是"须讲求规例、配置、匀称、均衡、合宜以及经济"。古罗马建筑的结构特征是雄伟、实用和注重内部空间。

券拱结构是罗马建设和建筑最大的成就和特点，混凝土的使用促进了古罗马券拱结构的发展和定型。罗马的大型公共建筑中最常采用的建筑形式是券拱结构。

古罗马大斗兽场

位于意大利首都罗马市中心，是古罗马时期最大的圆形角斗场。建于公元72年至82年间，由4万名战俘用8年时间建造起来，现仅存遗迹。斗兽场专为野蛮的奴隶主们观看残忍的奴隶和奴隶、奴隶和野兽的角斗而造。从外观上看，它呈正圆形；俯瞰时，它是椭圆形的。这座庞大的建筑可以容纳近9万名观众。

潘泰翁神庙

又称万神庙，位于意大利首都罗马圆形广场的北部，是罗马最古老的建筑之一，也是罗马穹顶技术的最高代表。始建于公元前27年，公元80年被焚毁，后经几代帝王重新修建。到了近代，成为意大利名人灵堂，国家圣地。它曾经供奉过罗马最伟大的两位英雄的铜像，恺撒和奥古斯都。另外，图拉真广场、卡瑞卡拉浴场也是古罗马经典建筑的实例。

4. 古西亚（两河流域）建筑艺术

古西亚建筑是指由幼发拉底河和底格里斯河所孕育的美索不达米亚平原的建筑，《圣经》把美索不达米亚平原定名为"天堂"，并相信传说中的伊甸园就坐落其中。在长河落日的景观下产生了威严、凝重而优雅的古西亚建筑艺术。古西亚的建筑成就在于创造了以土为基础原料的结构体系和装饰方法；发展了券拱和穹隆结构；创造了可用来装饰墙面的面砖和彩色琉璃砖。这些使建筑的材料、构造和造型艺术有机结合的成就，对后面的拜占庭和伊斯兰教建筑产生很大的影响。典型代表如位于乌尔城的观星台、萨尔贡王宫、波斯波利斯王宫、空中花园等。

波斯波利斯王宫

波斯波利斯王宫始建于约公元前518年，整个宫殿的建造历时约120年。王宫是一个规模庞大的建筑群。王宫中最为气势宏大的大厅是议事厅，也叫"大会厅""百柱大厅"，大厅面积4000多平方米，石柱上精美的雕饰和大量采用的纯金银、象牙、大理石材料的装饰法，既有古埃及、古希腊的风格又有浓厚的波斯地方特色。

5. 拜占庭建筑

拜占庭建筑是在继承古罗马建筑文化的基础上发展起来的，同时，由于地理关系，它又形成了自己的建筑风格，并对后来的俄罗斯的教堂建筑、伊斯兰教的清真寺建筑都产生了积极的影响。拜占庭建筑主要有四个方面的特点，一是屋顶造型，普遍使用"穹隆顶"；二是整体造型中心突出，体量既高又大的圆穹顶，成为整座建筑的构图中心；三是它创造了把穹顶支承在独立方柱上的结构方法和与之相应的集中式建筑形制；四是大面积地用马赛克或粉画进行装饰。

圣索菲亚大教堂

坐落在土耳其伊斯坦布尔，是东正教的中心教堂，是皇帝举行重要仪式的场所，代表着拜占庭建筑艺术的高峰。圣索菲亚大教堂建于东罗马皇帝统治时期，由于地震和叛乱的烧毁，圣索菲亚大教堂经历过数次重修，后奥斯曼帝国的君主将圣索菲亚大教堂改为清真寺，在周围修建了4个高大的尖塔，现在的圣索菲亚大教堂是属于基督徒和穆罕默德信徒共有的一个宗教博物馆。

圣马可教堂

位于威尼斯市中心的圣马可广场上。始建于公元829年，重建于1043～1071年，曾是中世纪欧洲最大的教堂，也是一座收藏有丰富艺术品的宝库。教堂建筑循拜占庭风格，呈希腊十字形，上覆5座半球形圆顶，是融拜占庭式、哥特式、伊斯兰式、文艺复兴式各种流派为一体的综合艺术杰作。从外观上，它的5座圆顶是来自土耳其伊斯坦布尔的圣索菲亚教堂；正面的华丽装饰是源自拜占庭的风格；而整座教堂的结构又呈现出希腊式的十字形设计，这些建筑上的特色让人惊叹不已。

6. 哥特式建筑

哥特，原为参加覆灭古罗马帝国的一个日耳曼民族，其称谓含有粗俗、野蛮的意思。哥特式建筑是12世纪下半叶起源于法国，13～15世纪流行于欧洲的一种建筑风格。主要见于天主教堂，也影响到世俗建筑。哥特式教堂建筑的气氛显示了基督教的精神，形成了具有独创性的结构体系，首先采用尖券等建筑形式来减轻屋顶的重量，使得内部空间更高旷、轻巧。其次是形体向上的动势强烈，轻灵的垂直线直贯全身。哥特式建筑的总体风格特点是：空灵、纤瘦、高耸、尖峭。大作家雨果称巴黎圣母院"简直是石头制造的波澜壮阔的交响乐"；同样，歌德说出了他的名言"建筑是凝固的音乐""建筑是石头的史书"。这两位伟人对建筑艺术的著名论断，都因哥特教堂而起。可见哥特式建筑在文化史中地位的重要。最著名的哥特式建筑有：

法国巴黎圣母院

巴黎圣母院是一座哥特式风格的教堂，是古老巴黎的象征。位于塞纳河中西岱岛的东南端，是天主教巴黎总教区的主教堂。始建于1163年，历时180多年才全部建成。该教堂以其哥特式的建筑风格，祭坛、回廊、门窗等处的雕刻和绘画艺术，以及堂内所藏的13～17世纪的大量艺术珍品而闻名于世。圣母院的第三层，即顶层，也就是雨果笔下的钟楼，从钟楼可以俯瞰巴黎如诗画般的美景以及欣赏塞纳河上的风光。

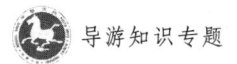

德国科隆大教堂

坐落在德国科隆市中心，是世界上第三高的教堂。科隆大教堂与巴黎圣母院大教堂和罗马圣彼得大教堂并称为欧洲三大宗教建筑。科隆大教堂始建于1248年，一直到1880年建成，经过了7个世纪。占地8000平方米，主体部分就有135米高，大门两边的两座尖塔像两把锋利的宝剑，直插云霄，教堂内共有10个礼拜堂，教堂顶上一共安置了12口钟，最重的是圣彼得钟，重达24吨，响钟齐鸣，声音洪亮，回荡于莱茵河畔。

除了上述经典实例外，还有意大利威尼斯总督府；西班牙的科尔多瓦大清真寺也是欧洲中世纪时代的建筑经典。还有俄罗斯圣母大教堂、意大利米兰大教堂、英国威斯敏斯特大教堂等也是哥特式建筑的代表作。

7. 文艺复兴时代的建筑

文艺复兴建筑15世纪产生于意大利，后传播到欧洲其他地区，形成了带有各自特点的各国文艺复兴建筑。文艺复兴建筑最明显的特征是扬弃了中世纪时期的哥特式建筑的特点：肋拱和尖形穹顶（尖券）技术，而在宗教和普通建筑上重新采用古希腊和罗马时期的柱式构图和筒形拱顶要素。文艺复兴式建筑提倡对古希腊、古罗马形式的运用，并强调建筑形式的思想性、观念性。

佛罗伦萨大教堂

又称"花之圣母大教堂"，位于佛罗伦萨市，是作为共和政体的纪念碑而建造的。佛罗伦萨大教堂由大教堂、钟塔和洗礼堂组成，大教堂是整个建筑群的主体部分。教堂平面呈拉丁十字形状，南、北、东三面各出半八角形巨室，巨室的外围包容有5个呈放射状布置的小礼拜堂。中央穹顶是整个建筑群中最引人注目的地方，综合了哥特式建筑（肋骨拱）、古罗马建筑（拱券、穹隆）、拜占庭式建筑（鼓座）的做法，使外观稳重端庄、比例和谐、水平线条明显。教堂的右侧有高85米的钟楼，用托斯卡那白、绿、粉色花岗石贴面，雄伟壮观。

圣彼得大教堂

罗马基督教的中心教堂，欧洲天主教徒的朝圣地与梵蒂冈罗马教皇的教廷，位于梵蒂冈，是全世界第一大圆顶教堂，也是第一大教堂。圣彼得教堂建于324年，整栋建筑呈现出一个十字架的结构，前后长两侧短，建于圣彼得墓穴的正上方。中央的圆顶由米开朗琪罗设计，两重结构，外暗内明。圣彼得大教堂的前广场和柱廊是典型的巴洛克建筑风格。教堂内部有大理石、镀金等装饰的墙壁与天花板，满眼金碧辉煌，教堂内还有米开朗琪罗、拉斐尔、贝尔尼尼等大艺术家的壁画和雕塑。

8. 巴洛克建筑与洛可可建筑

巴洛克建筑是17～18世纪在意大利文艺复兴建筑基础上发展起来的一种建筑和装饰风格。巴洛克建筑风格的基调是富丽堂皇而又新奇欢畅，具有强烈的世俗享乐的味道。其特征表现为四方面：一是炫耀财富；二是不囿于结构逻辑，常常采用一些非理性组合手法，从而产生反常与惊奇的特殊效果；三是充满欢乐的气氛；四是标新立异，追求新奇。巴洛克建筑的代表作有罗马耶稣会教堂、罗马圣卡罗教堂、德国十四圣徒朝圣教堂、奥地利维也纳舒伯鲁恩宫等。

洛可可建筑风格出现于18世纪20年代，产生于法国并流行于欧洲，是在巴洛克式建筑的基础上发展起来的，主要表现在室内装饰上。洛可可风格的基本特点是纤弱娇媚、华丽精巧、甜腻温柔、纷繁琐细，表现出自由、平等、博爱风格。洛可可装饰的特点是：细腻柔媚，常常采用不对称手法，喜欢用弧线和S形线，尤其爱用贝壳、漩涡、山石作为装饰题材，卷草舒花，缠绵盘曲，连成一体。

9. 新古典主义建筑

欧洲在18世纪到19世纪后期，经济、政治发生变化，法国、英国、德国等崛起，这一时期的建筑发展反映这一社会特点。法国从意大利复兴晚期开始接受古典主义建筑风格。以凡尔赛宫和卢浮宫的东立面为代表，进入古典建筑主义高潮。

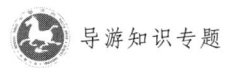

卢浮宫

位于法国巴黎市中心的塞纳河北岸（右岸），始建于1204年，历经800多年扩建、重修达到今天的规模。当时是用作防御目的，后来经过一系列的扩建和修缮逐渐成为一座金碧辉煌的王宫。从16世纪起开始大规模收藏的各种艺术品，充实了卢浮宫的收藏。卢浮宫整体建筑呈U形，宫前的金字塔形玻璃入口，是美籍华人建筑大师贝聿铭设计的。卢浮宫内艺术珍品丰富，藏品中有被誉为镇馆三宝的《维纳斯》雕像、《蒙娜丽莎》油画和《胜利女神》石雕，更有大量希腊、罗马、埃及及东方的古董，还有法国、意大利的远古遗物。

凡尔赛宫

位于法国巴黎西南郊外，建筑是古典主义的实例，内部装修属于巴洛克风格。是路易十三1624年在凡尔赛树林中造的狩猎宫，后改造成豪华的王宫。宫殿气势磅礴，布局严密、协调，形成对称的几何图案。宫顶建筑端正雄浑，被称为理性美的代表，室内装饰更是豪华富丽，内壁装饰以雕刻、巨幅油画及挂毯为主，配有17、18世纪造型超绝、工艺精湛的家具。宫内还陈放着来自世界各地的珍贵艺术品，其中有中国古代的精美瓷器。正宫前面是一座风格独特的法兰西式大花园，美不胜收。

10. 其他古代文明的建筑

（1）古印度建筑艺术

与印度复杂多变的政治文化历史相伴的，是它复杂多变的建筑体系，其中宗教如佛教、印度教等取得了令世人震惊的成就。著名建筑史学家詹姆斯·福格森曾评价：古希腊神庙是"知的建筑"，印度神庙是"情的建筑"。今天巴基斯坦境内的摩亨佐·达罗城，距今已有2000年历史，是迄今为止世界上最早的城市建筑之一。窣堵坡是埋葬佛骨的陵墓，还有石窟、佛塔，都是古印度建筑所特有的。印度尼西亚的婆罗浮屠、柬埔寨的吴哥窟、印度的阿部山维马拉寺等，都是典型的古印度建筑艺术的代表。

（2）伊斯兰教建筑艺术

伊斯兰教作为世界上最重要的宗教之一，在阿拉伯帝国时期，东西方建筑文化的成就，如拜占庭建筑的庞大规模、印度的弓形尖券和精工细镂的雕刻都对伊斯兰教建筑产生很大影响，它是建筑史上综合东西方文化的独特体系。耶路撒冷的金顶寺、阿克萨清真寺都是伊斯兰教建筑的代表作。1526年建立的莫卧儿帝国，使印度伊斯兰教建筑达到鼎盛，泰姬·玛哈尔陵是国王沙杰罕献给其王妃的陵墓，被称为"印度的珍珠"，是伊斯兰世界最美丽的建筑之一。

（二）外国近现代建筑

工业革命给西方建筑带来了前所未有的变化。18世纪60年代到19世纪末流行于欧美的建筑创作思潮表现为古典复兴、浪漫主义和折中主义。巴黎星形广场凯旋门、万神庙、巴黎歌剧院，德国的柏林勃兰登堡门、美国国会大厦、英国国会大厦等都是这一时期建筑的代表。19世纪后半叶，工业博览会给建筑提供了最好的条件与机会。最突出的建筑活动是1851年在英国伦敦建造的"水晶宫"展览馆和1889年在法国巴黎建造的埃菲尔铁塔与机械馆。19世纪下半叶至20世纪初，高层建筑在芝加哥和纽约等地涌现，美国大众将这种高楼称为Skyscraper，翻译为"摩天楼"，如纽约帝国州大厦、联合国秘书处大厦、美国费城自由之塔、马来西亚吉隆坡的双塔大厦。事实证明，摩天大楼为人们创造了密集且极富活力的生活、工作及休闲空间，一些城市不断刷新已有的超高层建筑高度，摩天大楼在全球广受赞誉，每一座摩天大楼都具有自己独特的背景和驱动力。另外，主张建筑具有艺术与技术的双重性的代表建筑作品有：悉尼歌剧院、圣路易斯大券门。

20世纪建筑历史发生深刻变化，第一次划时代地改变了建筑的面貌。传统的建筑类型如教堂、宫殿、城堡等已逐渐退出历史舞台，代之而起的是现代生活需要的车站、学校、商场、公司大楼、歌剧院等新建筑，它们数量巨大、讲究效率，是古代建筑无法相比的，同时，钢铁、水泥、玻璃等新建筑材料和新工业化施工方法及暖气、通风、电梯等新设备的出现，也导致了新的建筑形式出现。建筑领域的这些变化形成了一个新的建筑体系，即"现代建筑"体系，其特征主要表现在：建筑类型增多，房屋建造量增加；房屋商品化；建筑工程科学含量提高；建筑业与工业联手，工业化程度提高；新型

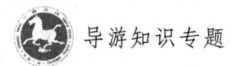

建筑师诞生；建筑地域性弱化；建筑艺术别开生面、建筑形态日益多样。二战后，高层建筑与大跨度建筑突出，体现出现代建筑的新技术威力。

"水晶宫"展览馆

是专为 1851 年伦敦第一届世界博览会而设计建造的展览馆，英国工业革命时期的代表性建筑。外墙和屋面均为玻璃，整个建筑通体透明，宽敞明亮，故被誉为"水晶宫"。这幢建筑的几何形状、建筑尺度的模数化、定型化、标准化，以及坚硬晶莹的玻璃墙壁和工厂化生产，使其成为世界上第一个体现初期功能主义风格的重要作品，是 20 世纪现代建筑的第一朵报春花。

埃菲尔铁塔

埃菲尔铁塔是一座于 1889 年建成位于法国战神广场上的镂空结构铁塔，总高 324 米。1884 年，为迎接世界博览会在巴黎举行和纪念法国大革命 100 周年，法国政府决定修建一座永久性纪念建筑。得名于设计它的桥梁工程师居斯塔夫·埃菲尔。铁塔设计新颖独特，是世界建筑史上的技术杰作，已成为法国首都的标志和巴黎最著名的景点。

悉尼歌剧院

悉尼歌剧院坐落在澳大利亚悉尼港湾，外形像三个三角形翘首于河边，屋顶是白色的、犹如贝壳的形状，是 20 世纪最具特色的建筑之一，已成为悉尼标志性建筑。2007 年被联合国教科文组织评为世界文化遗产，歌剧院不仅是悉尼艺术文化的殿堂，更是悉尼的灵魂。

纽约帝国大厦

也译成帝国州大厦，英语翻译为 Empire State Building，是位于美国纽约市的一栋摩天大楼，1931 年在曼哈顿岛建成，地面离屋顶高度 381 米，是美国经济复苏的象征，和自由女神一起成为纽约永远的标志。

蓬皮杜艺术文化中心

建于 1977 年，它是法国 20 世纪文化艺术的集中展示场所，与卢浮宫、奥赛博物馆共同串起法国文化发展史的清晰脉络。中心突出强调现代科学技术同文化艺术的密切关系，是现代建筑中重技派的最典型的代表作。

草原式住宅与流水别墅

是美国 20 世纪最重要的建筑师赖特的代表作品。他在美国西部建筑基础上融合了浪漫主义精神，而创造了富有田园情趣的"草原式住宅"，在后来发展为"有机建筑论"。流水别墅是现代建筑的杰作之一，最出色的地方在于建筑与自然的关系，是世界建筑珍品。

20 世纪后期，建筑流派与建筑形态呈现出千姿百态的发展趋向。主要的建筑思潮有：新理性主义、新地域主义、解构主义、新现代等，包括高技派的新发展与简约的设计倾向。从形象风格来看，主要有展现新现代主义风格、显示历史传统、显示地域性风格、解构—狂放风格、后现代风格、高技术风格等。这一时期的代表作很多，如威尼斯水上剧场、佛罗里达州迪士尼世界的天鹅饭店和海豚饭店、美国新奥尔良市意大利广场、德国维特拉家具博物馆、西班牙古根海姆美术馆、华盛顿越战军人纪念碑、美国波士顿码头建筑群、迪拜塔等。

总之，结合旅游，有的地方的现代建筑中出现了"观光台"式的建筑以及高山索道等，有其特色。前者如美国科罗拉多大峡谷观光台、各地的海底观光隧道，后者如马来西亚的"云顶"索道等。由于篇幅关系此处不再赘述。

三、中西古建筑艺术特征对比

（一）概述

在世界历史上，古老的中国、埃及、希腊和罗马都创造了灿烂的文明，每一个民族都有自己的建筑，建筑作为记载历史脉络的载体也见证着各个地区和国家的政治、文化艺术与科学技术的发展，例如帝王宫殿与陵墓、神庙与教堂、园林与府邸、纪念碑与凯旋门等。如果仔细浏览这些作为一个时代、一个地区物质与精神象征的中西建筑古迹，会发现无论外观还是所用材料以及空间布局等都存在着明显的差异。例如，中国的古代帝王和埃及的法老，都相信人死之后的灵魂不灭，追求到另一个世界永生，精心建造自己的陵墓。但二者的不同是明显的，埃及法老的陵墓是在地面上用大石块垒造巨大的金字塔，中国帝王的陵墓则是把人体埋入地下宫室而在地面建造如同帝王宫殿一样的建筑群体。为什么？这是由于地理环境、应用材料、结构体系以及文化、习俗等的不同造成的。

（二）"稳定"和"变革"

论及中西建筑艺术的差异，许多史学家概括为"稳定"和"变革"。中华民族的文化是世界上最连续、最悠久的，所以中国的建筑同样也是连续悠久的体系，中国文化重人、重融合且讲究并存与一体性，加上中国稳定的小生产经济结构，其表现出的建筑文化稳定性，世界上很难找到与之匹敌的第二家。因之中国木结构建筑体系和院落空间传统从早于夏代开始一直演绎到明清，是有序的、承上启下的渐进，故"稳定"在中国古代建筑艺术中占据主导地位。而西方文化重物，重视科学与宗教，注重不同时代或多种流派的独特精神。追求"新奇"和"变革"成为西方建筑文化观念的"主流"，所以在这种文化传统主导下西方就出现了众多的"流派"。

中西建筑艺术的总体特征主要差别是：

首先，是中国在传统指向下的创新求变。中国人崇尚"天人合一"，在自然与人的关系上，注重二者的和谐，强调的是顺其自然，因此中国建筑通过"建筑之意"表达文化，建筑艺术与功能相辅相成，形成了尺度自然、意境独特、礼乐并行的特色。同时，中国封建大一统的中央王朝延续2000多年，儒家学说尊重宗法和提倡中庸之道，所谓"天不变，道不变，祖宗之法不可变"，带有传统主义和稳定抗变的倾向，对于建筑文化不受外来干扰而独立发展有着很深的影响。

西方以人为中心，强调人对自然的征服与改造，强调人与自然的对立，以此求得人类生存与发展。因此，西方是在创新求变中对传统进行继承。

其次，对天人之间的不同的回响，中西建筑在"继承"中有不同的认识。上古时期，由于认识能力有限，人们对自然充满敬畏与仰慕，为了表示永恒，西方古代建筑强调建筑的个性，常有巨大的体量与超然的尺度，表达一种纪念。相对而言，中国建筑文化首先是"不求原物长存"（梁思成言），而是强调在对前朝的"继承"中达到"新陈代谢"的目的就可以了。例如新建王朝对前朝留下的宫殿建筑最后都是弃之不用而新建，甚至对本朝留下的建筑也要加以改造才能利用。正是因为如此，中国古代建筑的修葺原物之风远不及重建之盛。中国历代建筑至关重要的不是对真实物件的保存，而强调对"建筑传统"的维持。而西方人的观念则是重实轻虚，对于留存的古典建筑，均尽量保持历史的本来面貌，不人为加工和美化。西方人不忌讳古建筑的破败，在他们看来，破败才真正反映了时间的积累，才是历史的见证，如英国诗人拜伦在古希腊神庙前唱道："你消失了，然而不朽；倾圮了，然而伟大！"所以尽管我们现在强调"修旧如旧"，但名曰"修旧"的"古迹"还是"焕然一新"。

（三）中西方建筑的差异对比

1. 材料差异

中国建筑采用的是木料、斗拱式。木构传统源远流长，一脉相承，表达了中国人愿托乔木的文化情结。儒、道两家都讲"五行"的相克相生，而"五行"与建筑、形状与色彩均有关系。《左传》说"天生五材而并用之，废一不可"，这五材即金、木、水、火、土。"石"被排斥在"五材"之外，最多是作为附属于"土"的建筑材料而存在。古人的观念是，生人即活人居处必须有"烟火气"（土、陶、木等都具有这种性质），所以给活人居住的古建筑用得最多的是土、木以及陶。用石盖屋是给死人居住的——冥地幽宫，冰冷寂寞。所以除了砖石拱券结构使用在必须使用的大体量建筑中之外，纯粹的石拱结构（宫殿之类）只用于地宫里。另外，砖和木材料质地相对于石料疏软，可塑性强，且具有很好的采光和通风功能，便于体现中国美学虚实结合的意境。而西方以欧洲为代表的建筑体系以古典柱式为主要造型特征，故而以石构为基础的建筑质地坚硬，作为纪念物保存性能优越。中西古代建筑材料一木一石，一柔一刚，各具特色。

2. 外观差异

中国建筑体现与自然和谐的态度。建筑布局与形象特征以内收的凹线依附于大地，横向铺开来表达与自然相协调的意念，有虚有实。中国建筑对远景效果十分重视，多从整体上予以规划，以与周围的环境、气氛融为一体为上，呈现优美、柔和的外轮廓线。中国建筑中的斗拱与屋顶具有很高的审美价值，是中国传统建筑最奇特和最引人注目的部分。

西方建筑体现与自然的对抗态度，在外廓处理中有意强调建筑的几何体量，尤其是那些耸向天空的尖顶和巨大的穹顶，更是赋予向上和扩张的气势，并强调以外部空间为主，与自然山水的柔曲形成对比与反衬。然而西方古典建筑本体围柱式，其表现的成熟之美又是古今中外所羡慕的。

3. 装饰差异

中国传统建筑的色彩平和，具有较长时期的稳定性，并形成一定的规则。一些装饰色彩还因附着社会政治内容而成为标示等级观念的象征性符号。西方建筑的色彩变幻，一个时代有一个时代的特点。因为西方所追求装饰色彩不是中国传统强调的"祖宗之法"而是标新立异。

4. 布局方式差异

中国古代传统建筑大到国家、小到家庭，都崇尚"封闭型空间"。例如庭院布局，以内向性封闭空间为主，强调紧凑、聚气。这种观念来自传统的认识，但反过来又极大地影响了中国几千年的对外交往思想。

西方古代建筑则崇尚"开放空间"，把中心广场称为"城市的客厅""城市的起居室"等就是证明。有人把两种观念视为"黄土文明"（或黄色文明）和"海洋文明"（或蓝色文明）之别，有一定道理。

总之，中西建筑文化的差异，决定了建筑的不同艺术特征。除了上述差异外，在理念、群组形式、演变、情感表达方式等方面都表现出了不同。双方比较不存在谁优谁劣的问题，仅仅说明在观念、文化差异的前提下决定的建筑方方面面的不同。

四、建筑审美

建筑被黑格尔称为"最早诞生的艺术"，从不同层面都体现着人类对于美的追求，建筑表现出实用和审美的双重功能。建筑之美是建筑的审美属性和主体的审美需要在建筑审美活动中的契合产生的价值，建筑集结了音乐、雕塑和绘画，在建筑设计和建造活动中，艺术的成分和技术的成分同等重要。因此，掌握建筑审美，对于更好地欣赏不同时代不同类型的建筑典例具有重要意义。在旅游建筑审美活动中，导游要做的，就是"引人入美"，在给游客带来美的体验的同时，要进一步引导、帮助和鼓励游客形成对建筑美更全面的认知。

曾坚、蔡良娃在编著的《建筑美学》中，将建筑美学定义为："建筑美学是研究建筑及其环境美的本质及其规律，分析建筑相关要素之间的审美关系，以研究建筑审美经验为中心内容，并且探索建筑艺术实践的一门科学。"因此，导游人员在引领游客欣赏建筑的时候，应结合美学、社会学、心理学、逻辑等知识，建构建筑美学的知识层次体系。在《建筑美学》这本教材中，还将建筑美学分为了四个层次，其中第一层次，属于"美的哲学"层面，也就是首先掌握关于建筑美的本质、构成要素、美的法则等，从哲学层面把握建筑美的规律。第二层次，属于"社会学"层面，应多了解建筑艺术与物质环境、社会人文环境以及审美主体（人）的关系，以及建筑的形式与构成要素之间的关系、建筑的使用价值与审美之间的关系等。第三层面属于"审美心理学"层面，主要是从审美主体和客体之间的关系切入，探究人在欣赏建筑艺术时的审美感知、理解、情感等。第四层次属于"艺术实践"层面，涉及从建筑创作和技术角度，了解建筑的形式美、环境美、材料美、空间美、灯光夜景美等内容。基于此，唐孝祥在《建筑美学十五讲》中提到了建筑美学实质上是建筑学和美学相交而生的新兴学科。作为最实用的一门艺术，我们学习研究的目标就在于培养建筑审美的能力，探索建筑美学的规律，阐释建筑美学现象，指导建筑审美活动。

（一）建筑审美活动

建筑审美活动是一种以主体的审美需要为根据和动因的情感价值活动。是建筑美学的研究对象和逻辑起点，其中审美感知和审美体验式审美活动的主要阶段，作为情感价值活动，具有超功利性、主体性、审美快感的综合性等特征。也就是说，建筑审美活动首先让人对建筑对象"保持它的自由与无限"，从有限的、自私的占有欲中解放出来，超越了物质功利性的束缚，获得了一种自由。其次，审美主体可以发挥自主性和能动性，结合情感认知表达自己对建筑的感觉、想象和理解，使同一审美客体展现着不同的风采风貌，构成一个个迥异奇趣的审美对象。最后，建筑审美作为一种综合心理效

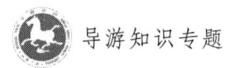

应，是感性和理性两种心理活动的互相渗透和融合。

（二）建筑审美主体与客体

1. 建筑审美的主体

建筑审美主体是指建筑审美活动的发出者和承担者，在建筑审美活动中起到主导作用，具有鲜明的感性特点，审美主体作为情感丰富的人，这样的情感始终引导和推动着审美主体的感知和体验。审美主体的生理层次、心理层次和社会文化层次共同构成了完整的审美结构，在建筑审美活动中，审美主体因其鲜明的特点起着主导作用，是建筑审美活动得以发生的关键，具有感性、情感性和自由能动性的特点。审美主体的心理要素包括审美认识心理要素（包括感觉、知觉、想象、理解等）和审美价值心理要素（包括欲望、兴趣、情感和意志等）两个方面。审美主体的审美心理结构可分为生理层次、心理层次和社会文化层次，相应表现出悦耳悦目、悦心悦意、悦志悦神的特征。在建筑审美活动中，主体的情感作用极为重要，主要表现为情感选择、情感加工和情感建构。

2. 建筑审美的客体

建筑审美活动是主客体双向互动的活动。建筑审美活动中的主客体两者在建筑审美活动中缺一不可，因此对建筑审美客体的本质规定性理解和研究必须放在建筑审美活动之中，作为与建筑审美主体相对应的一个概念来进行。建筑审美客体是人的一种对象性的存在，是审美价值的物质载体，是具有形象表现性、可以追问意义的客体。建筑审美客体的本质规定性决定了建筑审美客体的总体特征：形象性与感染性。

（三）建筑审美的维度

建筑是人类实用智慧的缩影，建筑审美本质上是一种人的精神活动，在具体的社会历史条件和文化背景下，表现出审美的情感、趣向等多元性。因此，无论从内容、意蕴，还是形式、风格、造型等方面，建筑都蕴含丰富的文化和审美特征，依据建筑审美活动的历时性特征，建筑审美的基本维度依次表现为造型审美、意境审美和环境审美。

1. 造型审美

建筑的造型审美是人们首先投注的审美情思。建筑的造型和风格在建筑艺术中具有举足轻重的地位。无论是单体建筑还是建筑组群，它们的造型都遵循形式美的法则，同时鉴于地理和文化差异，还表现出建筑意蕴的象征性和历时性、建筑风格的时代性和民族性以及建筑形式的和谐美和个性美。相比而言，中国建筑体系更强调建筑组群的气势和意境，欧洲建筑体系更侧重建筑单体的琢磨推敲，甚至精雕细刻。

2. 意境审美

建筑的意境审美是人们深层次的审美演进和情感体验。更多强调的是建筑的外观造型、平面布局、细部装饰、空间组合、环境景观所传达的价值取向和文化精神的观照，属于"建筑意"的体悟。如同梁思成和林徽因1932年在《平郊建筑杂录》中就已初步形成的对建筑美学的理解，"这些美的存在，在建筑审美者的眼里，都能引起特异的感觉，在'诗意'和'画意'之外，还使他感到一种建筑意的愉快"。由此可知，意境的主要作用在于使人通过对建筑具象的情感体验上升到对人生意义和生命精神的感悟。从有限到无限，从暂时到永恒，从物质到精神的追求，并达到精神自由和情感愉悦。古往今来的很多诗词佳句都有此记述。唐孝祥先生曾说，建筑意境通常是通过对建筑空间组合的环境气氛、规划布局的时空流线、细部处理的象征手法来表现，并付之以赋诗题刻、悬书挂画等加以点化。

3. 环境审美

建筑的环境审美是强调人与环境、人与自然融合协调的良好的人居环境。人与环境的关系是中国传统建筑环境观的核心，人不仅要在环境中获取赖以生存的物质资料，还寄情于环境，畅神于环境，既表现环境对人的物质价值，还表现环境对人的精神审美价值。中国传统文化追求的天人合一的环境思想、五位（东、西、南、北、中）四灵（青龙、白虎、朱雀、玄武）的环境模式、体宜因借的环境意向等都生动体现了丰富的人居环境美学思想。

（四）建筑审美的生成特色与文化精神

美是不能离开审美关系而独立存在的，来自主体的审美需求、客体的审美属性和具体的审美活动构成了建筑审美的生成机制，建筑之美不是预成的，而是生成的，这样的生成机制还表现出感性和理性两种心理活动相互渗透和融合的生成特色和文化精神。

中国的传统建筑，就表现出这样的美学智慧。中国传统建筑是中国文化的重要组成部分，反映了中国传统文化的基本精神，其中天人合一的审美思想、以人为本的价值取向构成了中国建筑艺术的基本特色，体现在传统建筑的选址布局、营造技艺、空间组合、装饰艺术等，具投射出浓郁的人文气息。

建筑的文化地域同样也凝练和浓缩着建筑的审美属性和美学特征。例如，中国的岭南建筑历史悠久、风格独特，无论是技术特征还是艺术品格，都承载着浓厚的岭南地域特色。按照夏昌世和莫伯治两位老先生的研究，岭南建筑主要指广东、闽南和广西南部地区的建筑，这些地区地理环境相似、人文习惯相通，是岭南文化精神的表现，岭南建筑自成一派，开放性、兼容性和创新性是其重要特点。例如广府侨乡建筑最能体现这些特点，展现了"中外建筑文化从接触到冲突到融汇创新的全过程"，特别是五邑地区的碉楼建筑，建筑外观很多都是华侨带回来的居住国建筑的印象碎片或者外国风光建筑明信片作为依据指导工匠建成，在建筑技术和造型艺术等方面都大胆吸收国外建筑文化，仅开平碉楼的建筑样式，就有罗马式、西班牙式、英国古堡式等，几乎囊括世界各式各样的风格流派。另外，在建筑细部的处理和装饰上，也展现建筑的审美追求，以岭南祠堂建筑最讲究，例如广州陈家祠的"七绝"装饰（木雕、石雕、砖雕、陶塑、灰塑、壁画、铜铁铸）就展现了浓郁的地域文化。

在建筑审美中，中外园林建筑的不同文化精神也是审美的重要特征。中国园林充满诗情画意，创造出极美的生存环境，无论是壮观富丽的北方园林还是精巧素雅的江南园林，抑或绮丽明快的岭南庭院，都具有趣味显著的审美特征。而外国园林则体现出重结构的理性的逻辑思辨或者"君神一体"的神授智慧。日本园林作为外国园林的重要组成，受到"神道教"的影响，表现的是"空灵体悟、追求禅意"的审美理想，茶庭是日本传统园林的重要类型，是茶道文化的展示空间，素雅宁静，意境深远。

总之，建筑审美植根于人的审美需要之中，从人对建筑审美态度的形成，到审美感受的获得、建筑审美体验的展开以及建筑审美的超越实现，这样的心理过程给了审美主体丰富的感受，由此获得的精神愉悦是建筑审美的最高境界。

思考题

1. 如何理解建筑的起源、概念及美学意义？

2. 中西建筑艺术的差异是什么？

3. 中国建筑的总体特征是什么？

4. 中国古代建筑的主要类型是什么？

5. 中国小品建筑的类型及代表实例有哪些？

6. 简述 20 世纪建筑遗产以及前三批公布的代表性建筑实例。

7. 简述古埃及、古希腊、古罗马、古西亚、拜占庭建筑、哥特式建筑的艺术特征并列举典型建筑实例。

8. 简述外国近现代建筑的发展历程。

9. 简述水晶宫、埃菲尔铁塔、悉尼歌剧院在外国近现代建筑中具有的意义。

10. 简述建筑审美。

11. 简述历史文化名城的概念及主要分类。

专题六
饮食文化

一、饮食文化概论

自有人类开始，就有了饮食。"文化"一词也是自古便有。文化可以从两个方面进行诠释：狭义的文化是指社会意识形态以及与之相适应的组织和制度，广义的文化是指人类社会历史实践过程中所创造的物质财富和精神财富。

饮食文化，即人类所创造的有关饮食原料和饮食产品的生产、加工、消费的方式方法以及有关饮食的制度、习俗、观念、意识等物质的和精神的关系的总和。众所周知，世界上有影响的、人口在千万以上的民族就有近百个，每个民族都有其独特的文化背景与生活特色，因此每个民族都往往能够形成一种独特的饮食文化。由于不同的国家和地区的发展历史有长有短。疆域面积有大有小，经济实力有强有弱，民族人口有多有少，社会构成、宗教信仰、政治性质、经济结构等方面也存在着诸多差异，各地区、各国便形成了丰富多彩的饮食文化，呈现出不同的饮食风格和饮食习俗。

关于世界饮食文化主要类型及流派的说法较多，如中西论、板块论、文化生态论等，一般采用以聂凤乔为代表提出的世界饮食文化三板块论，分为东方（以中国饮食流派为代表）、西方（以法国饮食流派为代表）和阿拉伯（以土耳其饮食流派为代表）三大饮食流派。然而饮食文化的外延大于饮食流派。

因为人类的饮食文化是自人类诞生之时就创造出的文化，而烹饪文化是人类的"熟食"文化，因此，饮食文化，可用"生食文化"和"熟食文化"（或烹饪文化）来概括。

人类的"熟食文化"从考古发现来看有大约 14000 年的历史。如果以人类在距今 300 万年左右出现为起始点，人类的饮食史相当于一天 24 小时，那么熟食史充其量相当于这一天的最后不到 7 分钟的时间长度。

人类在生食时期，就已经学会了用火。公认的观点，最早的火应该是雷击引发的森林火。后来人们发现，食用被大火烧死的动物，其味道和消化都优于生食，因而就出现了有意为之的熟食。当人们学会人工取火后，这种吃熟食的饮食习惯逐渐普及。当陶器被发明后，人类才真正解决了"水火"问题，真正迈进了熟食文化的大门。

关于陶器的产生，学界有三种观点。一种观点认为陶器的发明始于人们用黏土防止易燃烧容器的燃烧。摩尔根认为，陶器发明出于"人们将黏土涂于可燃烧的容器上以防火"。恩格斯也在《家庭、私有制和国家的起源》中指出：陶器的制造"是由于在编制的或木质的容器上涂上黏土使之能够耐火而产生的"。其后人们发现，经过灼烧的黏土会因发生板结而变得坚硬，其可具有一定的形状。因此，制陶术便慢慢地产生了。另外一种观点认为，陶器的发明始于人们将黏土包裹于食物外再进行烤制的烹饪探索。早在陶器发明之前，就出现了"炮"这种烹调方法，即将黏土包裹于需要烹制的食物外面，放在柴火上烧烤，从而使食物不宜焦煳，更加的美味。后来人们发现烧烤后的黏土层会发生板结且不透水，从而渐渐研究出了陶器的制造工艺。第三种说法是，中国古代传说中黄帝时代有一名叫宁封的人，偶然在灰火中得到烧过的硬泥，遂悟制陶之理而带领大家制造出陶器。

陶器的出现使烹调方法也由原始的、简单的直接熟烹法（如烤烙、石燔、包烧、坑煮、糖煨等）变为比较复杂的大量使用介质的熟烹法（如陶煮、陶燔、陶煎等）。当青铜、铁等金属烹具相继产生后，逐渐替代了陶器，其他烹饪工具也随着新的材质的出现而不断精致，或被创造并扩大种类范围（如刀具、火箸等）。调味开始是用当地天然的、易于得到的调味品调味，后发展到用复杂的，甚至是非当地所产的调味品调味。复合调味法、多味型的制作也被采用。饮食产品的种类和总量也大大增加。

之后，如由原始的渔猎进化到有意的蓄养，由采集到农作物的培养栽植

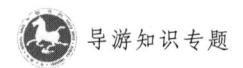
等；征服、利用自然的能力也有所提高，如海盐、湖盐的晒制等，使得烹饪原材料的获得范围不断扩大、种类不断丰富。其后，对烹饪各方面进行探讨和总结也开始了，如对饮食原料的生产加工，烹饪技术、工艺的探讨，产品的归纳总结，消费的方式方法，以及厨师、管理人员等人力资源的培养，烹饪理论建设和养生理论的系统化等。

中篇小说《美食家》的作者陆文夫说："饮食是一种文化，而且是一种大文化。所谓大文化是因为饮食和地理、历史、物产、种族、习俗，和社会科学、自然科学的各方面都有关联。我们简直可以从饮食着手来研究人类社会经济与文明的发展。"教育家蔡元培先生说："我认为烹饪是属于文化范畴，饮食是一种文明，可以说是'饮食文化'。烹饪既是一门科学，又是一种艺术。"国画大师张大千先生说："吃是人生最高艺术。"20世纪80年代末，钱学森在《美学、社会主义文艺学和社会主义文化建设》一文中写道："法国文化部在前年表示要建立第三文化，他们不但把工艺美术放到文化中，也要把烹饪放到文化中。我国的烹饪艺术更丰富，除了常说的菜饭点心外，还有别具一格的素餐，以及养生的药膳。烹饪也是生活美的需要，要与处境相融合。宋人句'寒夜客来茶当酒'。所以应列入文艺学中，成为一个门类。"余秋雨先生说，法国的厨师中一些人"还动笔写作，把烹饪经验上升到哲学和艺术，坚信自己与罗丹、德彪西不相上下，与萨特、毕加索只在伯仲之间。""中国很多学人总是把'文化'二字局限在书籍范畴之内，因此根本不承认美食可成为文化，饮茶可成为文化……如果到法国看一看，一个厨师的个人文集排列得如经典著作，随手一翻居然也有大量图表、引文、注释、实例、归纳，看我们的学人再如何来否认美食文化。"

二、中国饮食文化概述

（一）中国饮食文化发展简史

中国的饮食文化发展分为生食时期、熟食时期、现代烹饪期三个时期。其中，生食时期可分为使用天然火和学会人工取火两个阶段；熟食时期可分为陶烹阶段、金属烹饪阶段以及现代烹饪阶段。

1. 生食时期

中国大地上迄今发现的古人类北方有山西侯马芮城西侯度人，距今约

180 万年；南方有云南元谋猿人，距今约 170 万年。中国人类饮食文化的发端当在距今 180 万年前。利用自然火熟食是人类饮食文化发展的重要一步。距今约 50 万年的北京猿人遗址提供了确凿的使用天然火的证据，是古人类用火最早的范例。

人类学会取火，距现在最多不过两三万年。当时的人饮食极为简单，目的是维持生命和种群繁衍，还谈不上享受。进食的方式也很简单，直接手抓，配合使用一些砍砸或刮削器。尤其在遥远的旧石器时代，食物原料的获得很有限，挨饿是经常的事情。

2. 熟食时期

（1）陶烹阶段

2012 年，中国江西仙人洞发现了距今 20000～19000 年的陶器，被认为是距今发现的全世界最早的陶器。陶器的出现，使水在上火在下的"火食之道始备"，走入真正的熟食阶段。中国古籍中记载的"黄帝始蒸谷为饭，烹谷为粥""黄帝臣夙沙氏""煮海为盐"（均见《世本·作篇》）也是陶器发明后的事情。

金属烹饪工具产生后，陶器并没有完全退出历史舞台，直到现在，特殊的烹饪还在使用陶器。所以我们所讲的"某烹阶段"并不是不存在其他烹饪方式，只是讲这种烹饪工具是那个阶段出现的并作为其代表烹饪器具罢了。

新石器时期饮食文化大有进步，出现了粮食加工用的石盘磨、石磨棒、石碾、石杵、石臼，最初的火灶等，火灶不但有固定的，还有移动的（河姆渡陶炉）；固定火灶还出现了灶台、烟道、三连式、通过炕洞利用余热的等。

烹饪技法的蒸，是一大飞跃。今天被认为是最科学的熟烹方式"蒸"，在六七千年前的西安半坡时代就诞生了。世界上最早的"面条"实物在距今四千多年前的青海喇家遗址被发现。

人们在饮食消费中已经开始有意识追求审美和享受。

（2）金属烹阶段

当中国进入到夏王朝时代，出现了大量用金属铸造的烹饪器具。

①青铜器烹饪

中国的夏、商、周时代是青铜器时代，金属烹饪器具的质地为青铜。

夏、商、周三代的青铜饮食器具种类繁多，如炊具和盛具中有鬲、鬶、鼎、簋、敦、甗（甎）、釜、锅、簠等，水器、酒器、饭器有盉、罐、醽、瓶、壶、尊、盆、盘、碗、钵、觚、斝、爵、钵、匜、杯、盏等，辅助工具有箸、刀匕、案俎、勺挹等。仅以鼎论，如"后母戊大方鼎"，一个鼎可以煮一头牛；还有很多堪称精品的，如河南安阳殷墟出土的三连甗，能同时蒸煮多种食物；陕西宝鸡出土的连炉鼎，类似于现代的火锅；湖北随州曾侯乙墓出土的冰鉴，采用"失蜡法"制成，非常精美，能在夏天冰镇食物或食品原料。

青铜时代还有宴会设施设备（如大厅、筵席、器具）、服务的人员、演奏乐曲和跳舞的俳优等，均优于前代。

此时的食物原料比之前大大丰富，动植物原料、陆畜、水产均有，而且形成了一套"优选"理论，北方以粟、黍、麻等，南方以稻作物为"主食"的格局已经形成，蔬菜作物继前一阶段后大量种植，动物不同部位、加工方式和成品也有不同的名称；烹饪技法除继承前有的外，以《周礼》等书中所讲的潎瀸、淳熬、沃、渍、炮炖等为主，尤其是复合烹调法和复合调味法的使用，使烹饪技术跃上了一个新的高度。酿酒技术的提高，刀工技艺空前提高，饮食市场出现，宴会正规化并形成一定的程式，"礼"用饮食来体现，饮食审美的理论基础建立，南北饮食的地域分野（以《周礼》和《离骚》的记载为代表）也开始形成。以"西周八珍"为代表的系列美食的出现，饮食养生理论出现，中国数千年来传统的膳食结构形成，《吕氏春秋·本味》的出现，标志着中国传统烹饪理论基础建立。

②铁器烹饪

铁器烹饪从秦汉开始延续到改革开放，历时两千多年。在这一阶段里，中国饮食文化完成了传统传承的任务，为改革开放时期中国烹饪的大发展做好了准备。

铁器的出现引起了中国烹饪的质变。烹饪原料在这一时期从种类到数量、质量都是前阶段无法比拟的。这个时期豆腐的创造被誉为中国的"第五大发明"，植物油的出现使炒法成为经常并定型，西汉开始域外烹饪原料的大量引入，稻谷类的比例上升，蔬菜由自然生长发展到温室生产，新栽植方法的推广使南北水果的种类增多，原料名品被普遍种植。据不完全统计，到明清为止，见于各种书籍中的烹饪原料常用的接近 3000 种，可应用的总数接近 10000 种。从 3000 年前的西周开始，人类已经学会对动物的分档取料。

调味注意到多种味料和调味的方式方法，如一头牛可以"齐味万方"，酱油叫"八珍主人"，醋叫"食总管"等。

在烹调工艺上，仅《齐民要术》就记载了单独烹调法 20 多种。宋代据《山家清供》，常用法达 30 种以上。明代的《宋氏养生部》中，仅面点制法品种达 40 多种。新的烹调法如雨后春笋。如晋代发明了发酵法，唐五代的制葡萄酒法、熬糖法、红曲煮法、涮余法、套烤法、干脍法、焯水法、提汁法、鲽法、雕酥法、冷陶法，宋代的不去鳞清蒸鲥鱼、蟹瓢橙等。明代则在前代提清汁法基础上，创造出提虾、蕈（蘑菇）、笋等汁的方法。而唐代创造的"活烤法"虽然不符合现在的文明烹调要求，但在当时也是被推崇的。至明清出现用碱中和发酵面团酸度过大的办法，与此同时，出现了更多的面团种类，油酥面团、烫面团团的调制方法已发展成熟。清代时期，抻面技术进一步发展，已经能利用抻面技术制作出多种面点品种。粗粮细做技术也在这一时期发展起来，制作出许多精细的粗粮食品。此外，干货的涨发方法已日渐成熟并应用于菜肴烹饪之中。

元至明的"假"菜工艺也是新的创造，即运用高超的技法运用普通原材料仿制某种高档原料制作出的菜肴，如假鼋鱼、假熊掌、假蛤蜊、假腊肉等。制作变蛋（即松花蛋）、臭豆腐、火腿等食物的方法也在元明之际出现。

烹饪用火更加科学，火灶的火眼增多，南北地域的火灶分野出现，出现商业化和专用炉灶；明代已用风箱，火灶出现专用草火的，出现烤制不同原料的（如烤鸭、烤鹅）炉灶。用火讲究不同的区别（如急火、缓火、逼火、遥火、旧火、新火、文火、武火、文武火等）。

铁制刀具使烹饪的刀工技艺跃上新水平，唐代出现刀工机械、刀工专著《斫鲙法》；元代出现各种刀型名目，明代出现整鸡鸭出骨技术。明清时代，各种工具应有尽有，能满足各种加工烹调要求。

唐代开始，瓷器渐渐成为饮食的盛器。在坐具方面，五代时期彻底结束了席地而坐的"筵席"时代。

最初的"火柴"雏形——引火奴（也称火寸）在唐末五代时期被发明。清末则出现了白磷火柴。

这一阶段的饮食生产管理是以前时代所不能及的。抛开应付宫廷、官僚饮食的四司八局、厨娘制度不论，市肆饮食中出现了烹饪的专业化、集约化管理形式，三五百人的宴会可以"咄嗟立办"，这样的餐饮接待时至今日也不是一件轻而易举的事。

这一阶段的饮食名品可谓层出不穷、不胜枚举。这里可以举几个例子：马王堆一号墓里《遣册》中记录了100多种食品，《盐铁论》里记载的是西汉美食，《齐民要术》记录了北朝200多款食物，《食经》和《烧尾宴食单》记录了隋唐一百多道美食。仅据《太平御览》，记录了宋时食品70多种，据《梦粱录》《武林旧事》，记录了两宋京都的美食各达数百。明代的《宋氏养生部》收录菜肴1000多种，清代的《调鼎集》则多达1600余种。饮料也是琳琅满目，如西汉的兰英酒，北魏的白堕酒，隋的兰生、玉薤，唐代的云安曲米春、剑南烧春、醽醁、翠涛、著下春、石冻春、马乳酒、龙膏酒、西凤酒等，宋代有蓝桥风月、羊羔酒等，元代有阿剌吉酒，明代有桃园酒、香雪酒、泸州老窖等，清代名酒基本上流传到现在，如绍兴酒、汾酒等。饮料如隋的"五色饮"、唐的"四时饮"和杏酪、元代的紫玉浆（实为含有马奶酒的饮料）、明代的天香汤、清代的熟水和渴水、从西周一直到明清不断的酸梅汤等。中国很早就有饮茶的记录，汉代专卖，唐代陆羽茶道开饮茶之风。唐代名茶如蒙顶石花、顾渚紫笋、祁门方茶等；宋六安瓜片，元武夷岩茶，清西湖龙井、太湖碧螺春、云南普洱等。唐代延续到清代的"品水"，如扬子江中泠泉、庐山谷帘泉、济南趵突泉、北京玉泉等都一直吸引着"茶人"，被品评为"天下第一泉"。唐人的"吃茶"，宋人的"斗茶"，明人的"泡茶"等，饶有韵致。美食如菜肴中的蒸鲥鱼、佛跳墙、东坡肉、东坡豆腐、烤麸、生鱼脍、水晶脍、炙鸭、煨冬瓜、烧小猪、鲢鱼豆腐、套鸭、金边白菜、满汉全席、涮羊肉、马鞍桥、烧海参、九转大肠、叫花鸡、大煮干丝、麻婆豆腐、宫保鸡丁、太爷鸡、鲤鱼焙面、汽锅鸡、清真全席、罗汉斋等，小吃面点中的臊子面、麻食、饺子、绿豆糕、豌豆黄、驴打滚、牛羊肉泡馍、灌汤包子、糕团、过桥米线等都流传了下来。

北宋开始形成四大饮食风味流派，至清代完全形成。除地域风味外，民族、素食、市肆、寺观、民间等风味流派也完全形成，同时在南方，广东烹饪还汲取了西方烹饪的一些长处形成了自己的特色。

这一时期，对饮食消费的审美观念、饮食情趣已经形成并逐渐为一些高端群体所接受。例如，饮食消费需要的良辰、美景、可人、韵事、美食五大客观条件被认为是必备的。而且饮食审美在一些情况下变为其他审美的从属部分。唐代的曲江宴会是宴会已臻成熟的标志，清代的满汉全席则是传统烹饪宴会的全面总结和最后收官。

饮食医疗保健和养生方面，这一阶段在理论和实践上进行了全面的研究和探索，出现了专门的养生保健和食疗专著，很多医学著作对此也进行了大量的收录。以隋末唐初的孙思邈为代表，对中国传统的医疗保健和养生做出了伟大的贡献。

烹饪专著从西汉到清末累计有100种以上。至清代，中国传统的烹饪理论体系发展成熟，清代的袁枚在《随园食单》中做了最后的总结。

中国传统烹饪的大发展，不但来自社会经济和烹饪本身，还来自华夏汉族汲取了周边民族输入的新鲜内容。使中国烹饪呈现出百花齐放、百鸟争鸣的态势。

3. 现代烹饪期

严格地讲，从清朝灭亡至20世纪80年代初将近70年的时间是一个过渡期。对现代烹饪时期的概括，不能简单地归结到某一种器具的使用上。因为现代烹饪所呈现的状况不但复杂，而且处在相当快的变化之中。例如仅以能源论，有传统的柴和煤，也有管道煤气、瓶装天然气、沼气、太阳能、电能、燃油等；以炊具而论，真可谓五花八门、层出不穷。仅仅一个炊具，就有传统的铁锅、各种不粘锅、多微量元素锅、电饭煲、压力锅、电烤箱、微波炉等。即使如此，还没有算进那些专门化的烹饪器具，如家用豆浆机、榨汁机、电饼铛、热水器、和面机、压面机、包饺子机、馒头机、绞肉机、切片切丝机以及配套的抽油烟机、电冰箱（柜）、鼓风机、消毒机（柜）、洗碗机等。曾几何时，满目皆见的老式钢精锅被淘汰得不见踪影了。很多人还有一种看法，认为未来很可能是电子烹饪时代，别的能源可能会作为非主流而存在。

因此，现代能源烹饪时期最主要的特点是：从烹调器具、烹饪原料、技法一直到人们的思想观念等趋向多元化，并且变化速度日益变快；烹饪所有方面，可供选择的机会增多；传统的东西已经和正在退出历史舞台，被新的元素替代，如由于交通和生产技术的改进，过去的一些"时令"食物现在可以常年吃到，过去一些珍贵的现在变成了普通的（如鱿鱼）烹饪原料，而过去一些普通的变成价格高的（如马面鱼）。原料这种变化促使人们的思想观念也在变化。一是营养观念加强；二是保护意识提高。现代社会和自然生产状态下社会的发展相比，确实可以称得上是日新月异。人们由吃饭讲求只要味道好，营养搭配无所谓，而转变到首先追求的是营养，味道退居次要地位；曾经的"国问"（吃了没）悄悄地退出让位给其他问候了。

中国原来的烹饪风味流派不再固守自己过去的阵地，一是最大限度汲取别的风味流派的技法发展创新；二是更加正确地理解"正宗"内涵而与时俱进；三是向其他地方开拓。这是社会发展的必然。

总之，随着经济发展和社会进步，中国烹饪的变化是必然的。我们有信心，中国烹饪将走向全世界，把中国饮食文化推向各个地方，让全世界人民在领略中国美食的同时，享受中国饮食文化的美妙。同时我们相信，未来的中国饮食文化将摈弃那些陈旧的、不合时宜的"糟粕"，以一个崭新的、健康的、朝气蓬勃的形象屹立于世界烹饪之林。

（二）中国饮食文化的特点

中国饮食文化具有自己鲜明的特点，归纳起来有以下六条。

1. 中国饮食文化源远流长，历史悠久，世代传承

这一点是与中华民族的历史联系在一起的。中华民族在中国大地上一直繁衍生息，没有中断某个环节，饮食文化的传承是连续的，此处不再赘言。

2. 中国饮食文化内涵博大精深，世无伦比

中国饮食文化的内容涵盖面相当大，含义也相当深，这一点是世界上其他饮食文化无法比拟的。

仅举两个小小的例子：第一个例子，有人以为西方用刀叉进食是高度文明的表现，其实，西方人普遍使用刀叉距今不过二三百年。而中国早在2000年前就将使用刀叉进食的方式淘汰了，中国人当时认为使用刀叉太麻烦，已经认识到如果把烹饪原料切得小小的，既容易加工制熟，而且食用更加方便，所以抛弃了刀叉改用筷子作为日常进食的工具。近代时期，外国人"自信"地认为中国落后，处于不文明时期，用"两根棍子"往嘴里刨食儿。于是鸦片战争之后，英国西菲尔特有一家著名的公司，不远万里用轮船从西方

运来大批刀叉，准备让它们"文明"的火种在中国大地燎原，并就此发一笔横财。结果呢，那些刀叉无人问津，只好堆入库房锁起来了事。第二个例子，中国古人认为"礼起诸饮食"，饮食可以让一切"礼"得以显现。"礼"是什么？就是一些具体的仪式，封建社会用于约束人们遵守等级制度规定的一切行为规范。时至今日，"礼"已摆脱了封建的桎梏，继续在中国人的日常生活中发挥着作用。例如人每天吃饭，吃饭的"礼"便贯穿于整个饮食过程之中，宴请中该怎么走、怎么坐、怎么招呼、怎么吃喝、怎么结束等，无不体现出中国饮食礼仪的博大精深。

3. 中国饮食文化是兼收并蓄、海纳百川的文化

什么人都要吃喝，饮食文化的阶级性不那么尖锐明显。因此，中国的饮食文化在封建社会发展的高峰期汉唐时代表现出兼收并蓄、海纳百川的胸怀，在受西方列强欺侮时也能有为我所用的泱泱大国风度。

中国历史上出现过几次大的"胡食"风行现象，如西汉时张骞通西域，把很多西域的农作物品种带进中原，丰富了烹饪原料，并一直流传到现在；东汉灵帝时，皇帝喜欢并推行"胡饭"，致使"京都贵戚皆竞为之"；唐代"胡风"更盛，胡食大受欢迎。西域的波斯枣、印度胡椒、尼泊尔菠菜、浑提葱传入，泰国的甘蔗酒、印度尼西亚的椰花酒、越南的孔雀脯、朝鲜的茄子，西域的三勒浆、龙膏酒，还有搭纳、鹘突、婆罗门轻高面等均可在唐长安见到，"贵人御馔尽供胡食""时行胡饼，俗家皆然"。当时还出现了"逍遥座"——高脚凳的"胡床"和高桌子，让"席地而坐"的时代彻底结束。清代更鼓吹"满汉一家"，"全羊席""满汉全席"就是最突出的代表。

4. 中国饮食文化是敢于创新、敢于开拓的文化

在历史上，周边民族的饮食文化影响了中原。中原的饮食文化也影响了周边的民族。如藏族受到文成公主进藏的影响打制酥油、栽种萝卜等。现在流行在藏族、蒙古族、土族等少数民族中喝酒时蘸取少许酒在指尖弹出的仪式，就来自唐代的"蘸甲"。

有人说，现在世界上凡是有人的地方就有中国人，有中国人的地方就有中餐烹饪。此话不假，不过还需要修改：即使没有中国人的地方也有中国烹饪。如果说改革开放时间不长的阶段内，中国烹饪向世界各地扩展，那么现在，中国饮食文化正以新的姿态，充满信心地在全世界所有的地方开拓自己

的地盘。

5. 中国饮食文化民族特色鲜明

中国 56 个民族有 56 种风味流派，这些流派之间的差异甚至大于地域差异。其实，不同流派所反映的绝对不仅仅是食品的不同，而是各民族饮食习俗、习惯等形成的饮食文化差异。中国现代的 56 个民族共同组成的中华民族大家庭，作为一个整体，又具有鲜明的中华民族特色。在这一意义上，中国饮食文化就是中华民族饮食文化。

首先，中华民族的饮食文化既不同于西方的饮食文化，也不同于阿拉伯的饮食文化。说中华民族的饮食文化代表了世界东方的饮食文化，这是就东方各民族、各国家的"大同"方面讲的。然而具体地看，中华民族的饮食文化与日本大和民族、韩国的朝鲜族有着明显的区别，更别说与西方、阿拉伯等民族的差别了。

正是由于中华民族的饮食文化有自己独特的风格，所以它才能屹立于世界饮食文化之林，为其他国家、民族所赞扬欣赏。

6. 中国饮食文化稳定性强，生命力旺盛

中国的饮食文化由于其民族基础庞大、延续历史长久，民族特点突出，所以文化的稳定性特点尤其突出。饮食文化的变动一般说来滞后于政治等比较敏感的文化，中国的饮食文化更证明了这一点。例如帝国主义列强从 1840年到 1949 年 100 多年间侵略瓜分中国，中国文化的很多方面都变化了，唯独饮食文化顽强地坚守着自己的地盘，保持着昔日的辉煌，变化不大。因此孙中山等人才可以把中国饮食文化拿到世界上和其他国家相比。国家破碎，人心思变，唯独中华民族的饮食文化从传统形态向现代形态按照自己的规律过渡，表现出了强大的生命力。

现在，中国饮食文化正逢其时，它将以自己更加旺盛的生命力向全世界展示自己的风采。

三、中国饮食文化（上）

（一）中国的传统烹饪原料

中国烹饪原料经过历朝历代的发展，时至今日已经成为一个庞大的系统。这个系统中的每一个分子，细说起来都可以写出一篇文章。中国烹饪原材料的最大特色是博采广取、物尽其用。

中国幅员辽阔，横跨五个气候带，多样的自然条件孕育出了物产丰富的农作区，牛羊满地的畜牧区及海鲜丰富的渔业区等，这是中国烹饪原料"博采广取"所依赖的物质条件。极为丰富的原材料资源，使中国能够用于烹饪的原材料远多于其他的国家和民族，再加之中国厨师的精湛技艺和不断探索，使"凡可进口者皆能入馔"，极大地丰富了原材料的获得来源。

中国在两千多年前就积累了一套对动植物烹饪原材料的选择经验。如原材料的食用部分有"叶取初芽，茎取花前，根取壮后，实取已熟"之说，原材料的季节选择上有"春韭、夏苣、秋菰、冬笋，春蚌、夏鲤、秋蟹、冬鲢"之说。产自优良产区的原材料即名品，如"河鲤（黄河鲤鱼）""楚酪""吴醴""猩唇""貒跖（爪子）""象约（尾）"等（当时允许食用今天一些被保护的动植物）。所以，袁枚在总结烹饪原料的重要性时说：一味佳肴，"司厨之功居其六，买办（采购者）之功居其四"。

烹饪原料的"物尽其用"在中国烹饪中体现得淋漓尽致，如西方人不吃的动物"下水"、植物"下脚料"，西方人视之为"海中毛毛虫"的海参，经中国厨师之手后都可以成为别有一番滋味的美食。

另外，烹饪原料的命名上，也颇显中国饮食文化的"匠心"：先秦时祭祀，牛不叫牛，叫"一元大武"，猪叫"刚鬣"（《西游记》中猪八戒由此得名），羊叫"柔毛"，黍叫"芗合"，稻叫"嘉疏"等，后来就有把蟹称为"一品膏"者——认为蟹膏之味是天下第一；还有"红嘴绿鹦哥"——菠菜、"翡翠"——碧绿萝卜、"银芽"——白色豆芽等，自不待多言。烹饪原料的故事构成其文化中精彩的部分。雅致的如"葡萄美酒夜光杯""牧童遥指杏花村"等，通俗的有"人民公社食堂好，黑猪白猪满地跑，抓住一个就宰了，包你这顿吃得饱！"

在诸多烹饪原料中，有必要多说两句豆腐。有人说豆腐对人类的贡献之大恐怕是其他食物难以企及的。现在用豆腐制作的食品已经超过 1000 种。

其发明权归于距今两千多年前的西汉淮南王刘安，但"豆腐"两个字最早却始于距今 1000 年前的北宋，别名还有菽乳（直译豆奶）、脂酥、黎祁（犁其、黎其，看样子似乎是音译词）、没骨肉、小宰羊、鬼食、豆魂等。历代有关豆腐的诗文不少，都是赞美豆腐或借豆腐说事的。如元人郑久端的

《豆腐赞》："磨砻流玉乳，蒸煮结清泉。色比土酥净，香逾石髓坚。味之有余美，玉食勿与传。"明代苏平的《豆腐诗》："传得淮南术最佳，皮肤褪尽见精华。一轮磨上流琼液，白沸汤中滚雪花。瓦缶浸来蟾有影，金刀剖破玉无瑕。个中滋味谁最知？独在僧家与道家。"清代人张劲的《豆腐》诗："鹿球磨雪湿菲菲，炼作琼浆起素尘。出匣宁愁方璧碎，忧羹常见白云飞。蔬盘惯杂同羊酪，象箸难挑比髓肥。却笑比平思食乳，霜刀不切粉酥归。"豆腐富含营养，诗中比作髓、酪、乳，还没有逃脱形态的束缚，而把豆腐比作"羊""没骨肉"等则看到豆腐的营养价值了。所以袁枚说"豆腐得味远胜燕窝"，民间也有"青菜豆腐保平安"的说法。豆腐佳话也不少。袁枚是每有美食绝不放过，他不是赖着吃，而是千方百计弄到做法。有一道豆腐名菜叫"雪霞羹"，袁枚去求，人家讲"古人不为五斗米折腰，汝肯为豆腐三折腰，我即授汝。"袁枚真的恭恭敬敬地对豆腐三鞠躬。

语言上，中国的烹饪原料影响也不可忽视，如"巧媳妇难为无米之炊""鱼和熊掌不可兼得""青菜萝卜各有所爱""狗肉不上席""姜还是老的辣""滚刀肉""死了张屠夫，不吃混毛猪""雨后春笋""献芹"等。

（二）中国传统烹饪工具和餐具

在古代中国，最先作为烹饪工具的青铜器最后几乎都成为"礼器"，例如"鼎"已经不单单是做菜的炊具，而是被赋予了物外的含义，变成了权利的象征。夏禹铸九鼎代表九州，鼎就代表了国家政权。如果随便问别国的鼎有多重，问问题的人意在取而代之。定鼎，就是建立国家政权；鼎盛就是形容国家繁荣昌盛；鼎革就是指革命、革新。香港回归铸造"香港回归宝鼎"，中国走向新世纪铸造"中华世纪鼎"，道理就在此。当然，联系到鼎有三足，三足完备鼎就站立得稳当，所以，"三国鼎立""三鼎甲"的名词也出来了。

筷子在古代称之为"箸（筯）"。后来更名为筷子，还有这样一个传说：船家最忌讳的就是船不走——住，而"箸"正好与"住"同音，于是船家反其音而名之：称之为"快"，筷子之名便出现了。"筷子"一词据说最早出现于明代，也有学者认为筷子的出现时间要早于明代，这个在学界仍有分歧。宋代的姑娘出嫁，娘家陪送筷子，蕴含着"快生子"的意思。《红楼梦》中还有"以筷戏人"之事：一帮人为了取笑刘姥姥，给了她一双象牙镶金筷，刘姥姥不知其重，一拿就掉了下来，大家大笑。然而汉代将军巨毋霸，却要拿三斤重的筷子以显示自己勇武过人。筷子能显示人的财力，近代上海一名犹太裔巨商哈同在夫人寿诞请客时，为贵宾们配的都是金筷子，用完可以拿走。很多地方请客，主人一定要先拿起筷子，点着菜肴一边说"请请请"（请动筷）或"捣捣捣"，大家才可动筷子。但用筷子敲打桌碗瓢盆是很不礼貌的事。主人布菜要用"公筷"。客人把筷子平行横放在面前的盘子上，表示结束；如果竖着平行置于盘子上，表示还在吃的过程中。有的地方忌讳说"停筷"，忌讳把筷子插在食物上端给客人，因为这是给死人祭献的形式。一双筷子虽小，但使用它需要调动人体的30多个关节和50多块肌肉。因此，中国人的智商高据说是与跟长期使用筷子有关。中国在2000年前就淘汰了刀叉。在历史发展的前期阶段，中国人曾和西洋人一样用手抓着吃，所以品尝滋味用的第二根手指被成为"食指"。为了取食方便，人们变用刀叉去分割、取食食物。后来我国祖先认为"刀切叉扎"既不方便也不文雅，于是把食物原料事先切得小小的，一次性进食，使用刀叉进食的方法便被历史淘汰了。再后来"筷子"的出现大大加快了人们的进食速度，也使人们的进食过程更加的文雅，符合礼仪。

其他用具如酒具、茶具、服务于饮食的坐具、加工器具、设施等也是这样。

（三）中国传统烹调技艺

蒸。蒸的烹饪方法在六七千年前的半坡人那里就已经出现了。令人奇怪的是，西方人利用蒸汽推动轮机而引起了改变世界的工业革命，却不懂得把蒸的方法用于烹饪。这种文化差异，使中国能烹制出美味佳肴。目前蒸法被推崇为最科学的烹调方法。蒸的方法出现在古代的中国是因为古代中国以稷、粟、麦子、豆类等的"粒食"为主，所以蒸和煮的方法无疑最为简便。

炒。最早的"炒"仅指让粮食颗粒脱水，熟到能吃的地步。而炒菜意义的"炒"字最早出现于北魏贾思勰的《齐民要术》一书中。植物油的使用是"炒"烹调法产生的物质基础。植物油用于烹调在南北朝时期，有人认为南朝梁武帝笃信佛教倡导素食，也可能是炒法成为独特的烹调法的重要因素。一般认为，炒法最初产生的时间不可考，但作为一种烹调方法形成于南北朝时期有据可证。梁实秋先生说："西人烹调方法，不外乎油炸、水煮、烧烤，就是缺了我们中国的炒。因此，英文中没有相当于炒的单词存在。"

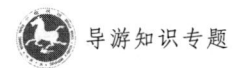

其实，中国的烹饪技艺之妙不单单是烹调技法，它表现在烹饪的方方面面。下面从刀工、造型等方面做一简单介绍。

刀工。片状"脍"的诞生就表示着刀工的出现。三国时期切片技术已能达到如"蝉翼"、似"叠縠"的水平，唐代则达到"轻可吹起"的程度。东汉出现了特殊工艺刀尖、阔、圆口、方头等，唐代的刀法之名有大晃白、小晃白、舞梨花、柳叶缕、对翻蝴蝶、千丈线等。古代中国已经把刀功和音乐节奏欣赏联系在一起，如"鸾刀"，就是带铃子的，操作起来叮叮当当很有节奏美。至于庄子用"庖丁解牛"来说明养生道理，如果当时的刀工很差，这个寓言就不会产生。

现在的刀功已非古代能比。仅雕刻食品用的刀具就多达四五十种，高手可表演在大腿上、人脊背上切肉丝，食品雕刻出的犹如艺术品，很多客人不忍下口。

造型。造型文化实际上是一种审美文化，孔子的"割不正不食"反映的是审美者的心理感受。烹饪造型中的显性造型让人一看就知道其意义，这是绝大多数食品造型所遵循的；另一类是含有寓意或具有象征意义的隐形造型，这一类需要欣赏者思考，当然也需要制作者费心。说到底，造型是为"吃"服务的，我们反对那种"走火入魔"的造型制作。钱学森先生讲过："我认为强调烹饪的味、嗅（触）还有现实意义，现在所谓高级餐厅甚至北京人民大会堂的国宴，都只注重形色，不讲究菜肴好吃不好吃，而实际是不好吃！这岂不是把祖国传统的烹饪艺术丢了！"

（四）中国传统饮食风味流派

饮食风味流派是中国饮食文化的一个重要组成部分。

中国传统地域饮食风味流派。从文字记载来看，中国地域饮食风味流派的形成，可追溯到春秋战国时期。当时最主要的是黄河流域（以《周礼·天官》中所记载的西周宫廷饮食"八珍"为代表）和长江流域（以传为屈原所作的《招魂》中描写的楚吴地面食品为代表）的南北两大流派。《黄帝内经·素问》中，还总结出"东方之民""食鱼而嗜咸"（华东一带近海，有鱼盐之利），"西方之民""华食"（食物华美，以关中为中心的地带是当时的经济中心，物产丰富），"北方之民""乳食"（北方少数民族以畜牧业为主，故多食牛羊奶），"南方之民""嗜酸而食胕"（有腐臭气味的食物，主要指南方少数民族喜食发酵食物）的饮食习惯。

古人对"风味流派"的划分并没有单独归纳出条款和标准，不过从其所言进行概括和归纳，可得出以下几点依据：原料依据、工艺依据、产品依据（含味型依据、产品生产者依据）、产品消费主体、方式、依据等。其主要类型有：地域（如四大风味流派）、民族、家常风味流派（生产和消费主要是社会中下层家庭）、市肆风味流派（生产者是商家，消费者是社会各层次）、宫廷风味流派（消费者主体是西周的王公、秦及其后的皇宫的统治层群体）、官府风味流派（消费者主体是官僚层及其接待群体）、荤食风味流派和素食风味流派（原料不同，素食流派可分为民间、寺观、宫廷三个流派）、食疗风味流派和保健风味流派（消费者为特殊需要群体）、食堂风味流派（消费者为不同层次的集合型群体）等12个。至于域外风味和快餐风味以及仿制风味因是否形成一个流派还在争论中，故不单独列出，仅予说明。

从宋代孟元老的《东京梦华录》看，宋代南北饮食风味的分野更加明确。陶文台先生认为，中国四大菜系（鲁、川、淮扬、粤菜系）至宋代才实际形成，元、明、清时有关地方饮食的著述更是汗牛充栋，至清代的《清稗类钞》出现，地域风味流派完全定型。

中国传统民族风味流派。中国传统民族风味流派指中华大地上、历史上存在过的和后来继续存在的少数民族创造的饮食文化流派，如北宋的党项族曾经存在并创造了灿烂辉煌的饮食文化（银川市据此创制了"西夏宴"），蒙古族则在元朝鼎盛时期把自己的饮食文化推向中原，《清稗类钞》还收录了"蒙古人"以及"回回""倮倮"（拉祜族）、"打箭炉"（彝族）等的饮食。

中国传统市肆风味流派。中国传统市肆风味在古籍中记录甚多，如较早的讲到一些如荆轲、樊哙等勇武之人，是市上"屠狗"的出身；近一点的从《都城纪胜》到《成都通览》，市肆风味蔚为大观，尤其是京城。可以讲，不管什么风味流派的饮食，只要有商业价值，都能在市面上见到。当然，借助于市肆，以前很多风味流派的饮食才流传至今。

中国传统家常风味流派。过去很多人认为家常风味流派只出现在家庭餐桌上，其实不然，现代出现在市肆上的自不必说，古代的很多名菜也是从家常风味中获取的制作灵感，如"天下第一菜"、唐代的"无心炙"等著名菜肴。现在的川菜、粤菜风靡全国，其起始于"家常"是其得以流传的、被

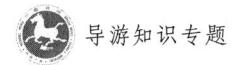

老百姓普遍接受的一个非常重要的原因。可以说，家常饮食是一切饮食的基础。

宫廷风味流派。宫廷风味流派在文字记载中出现得最早，那就是《周礼》等书中对西周宫廷饮食的记录。宫廷饮食是风味流派中最高端的，极尽天下之美和妙。这从唐代《卢氏杂说》记载中就可以知道。

官府风味流派。总体上讲，官府风味流派是仅次于宫廷饮食的风味流派。简单地讲，官府饮食风味流派的形成有四种形式：一是一官一时（一个朝代），如谭家菜；二是一府多时，如孔府菜；三是多官一时，如直隶官府菜（保定府）；四是多官多时，如西安官府菜。很多官府菜，尤其是后一种，常借市肆流传。官府菜也可称衙门菜。

中国传统素食风味流派。素食早有，但风味流派的形成一般认为始于南朝梁武帝时。两宋时市肆素食也得到大发展，社会上也有很多人提倡素食（如陆游、陈达叟）。清代的李渔说的"脍不如肉，肉不如蔬"被素食者奉为圭臬。

中国传统饮食保健风味流派。饮食保健风味兴起的观念和依据甚早。传说中的神农氏尝百草辨别食物和草药，给后代提供了"药食同源"的理论，所以在古代中国，人们对食疗食养很重视，这从很多著名文人的诗文和医书、专著中可以看到。尤其是饮食保健后来有专门的分野，如养颜、生育、求长寿等。所以形成流派是必然的。

中国传统食堂风味流派。食堂风味有必要一提。其实，大食堂的"大锅菜"并不是今天才有，古代官府里的公务人员高到朝廷官员、低到杂役人员等，他们在进行公务活动时进食就需要"大锅菜"。而且，"大锅菜"不一定档次低。例如唐代下朝官员的"廊下食"规格就很高，公府里"吏"的饮食就要高级一些。"廊下食"就是后代"食堂""食利"等名词及其风味流派的滥觞之处。

中国传统快餐风味和域外风味。快餐的饮食形式在我国古代已经出现，是市肆饮食的重要组成部分。有人说中国传统饮食中的很多食品（如饼、面条等）就是快餐食品，此话不错。说明中国古代的快餐食品不但丰富，而且讲究"美味"。现代西洋快餐打入中国给我们吹进来新风，我们要很好地借鉴。域外饮食古代就进来了，如东汉的"胡食"、唐代"胡风"中很多饮食品、烹调法、原料等。我们认为，只要没有转变为我们饮食品的一律视为"域外"，像蒙古族等的食品已经成为中华民族大家庭中的一员，即使没有为其他风味流派所用，也将其列入"民族风味流派"中。

"饮食风味流派"的定义是：饮食风味流派是指在一定的历史时期，一定的地域、民族、宗教、行业或群体范围内形成的具有共同特色的饮食品类及其原料选择、加工、消费等方式体系。中国现代地域饮食风味流派是传统地域风味流派的延续和改变。从大的范围看，可划分为五个：粤系风味（包括广东、广西、福建南部、台湾等）、川系风味（包括云南、贵州以及沿江而下的两湖、江西以及陕西的汉中、安康等嗜辣地区等）、淮扬系风味（包括淮扬地区、苏南、苏中、上海、浙江、安徽等）、鲁系风味（包括山东、河南、河北、天津、山西、内蒙古的中部和东部、整个东北、苏北等）、秦系风味（包括陕西的关中、陕北、内蒙古的西部、宁夏、甘肃、青海、新疆等）。从现在的行政区划分，可以宽泛地说每个省、市、自治区就是一个饮食风味流派。

四、中国饮食文化（中）

（一）中国传统饮食产品

作为物质文化的载体，林林总总、琳琅满目的中国传统饮食产品除满足人的生存和口腹之欲外，无疑也是一座文化宝库。这些饮食产品可以用多、精、美、奇、妙五个字概括。

多。中国的饮食品之多，是世界上其他的国家不能比拟的。据粗略统计，历代见于文字的饮食品不下 1 万种，而且记录下来的基本都是名品。其种类涵盖了菜肴、饭食、饮料（含酒精的硬饮料和不含酒精的软饮料）、小吃、面点、鲜果干果、加工食品（如干货等、调料）等，范围则包括了在中国产生的和所能听到和见到的域外以及少数民族的名品。

精。精食是中国传统饮食中向上的推动力量。对烹饪原料的精雕细琢不仅局限于山珍海味类的高档原材料，也可以是极其普通的原材料。《红楼梦》中对"茄鲞"的制作描述就是一个说明。选料精，初加工、烹调技术也要精，就能保证食品基本的精。中国人一贯认为，能使用普通原料烹制出美食的才是真正的高超，才是化腐朽为神奇的本领。

美。中国饮食的美是"精"的外在表现。色、香、味、形、器、名、营（养）、卫（生）、触（口感）九大标准最后都要集中表现为"美"，而"美"的载体、体现九大标准的都是饮食品。所以美就美在产品的方方面面。

奇。中国饮食产品往往以"出奇"而"制胜"。现在一些视为不人道的东西在历史上是允许的。唐代就有"生鱼脍"，而且当时可以生食的东西很多，如"虾生"。"生"就是活的意思，即活食虾。生鱼脍当然是活鱼作脍了。中国的"臭"菜，是"臭恶犹美"，很多人不是向往"双臭""臭鳜鱼"吗？

妙。此处仅讲菜肴命名之妙。如"象征"：步步高升（竹笋炒排骨）、全家福（大杂烩）、大丰收（各种生食菜）等；"联想"：炒西施舌（沙蛤可伸出壳外的舌状体）、游龙戏凤（炒鱿鱼鸡片）、贵妃鸡（用白嫩的鸡翅烧制）、金钩挂玉牌（黄豆芽炒豆腐片）、轰炸东京（锅巴肉片）、拨霞供（涮兔肉）等；"谐音"：发财（酿金钱发菜）、百年好合（莲子百合羹）、年年有余（烧全鱼）、发财多福（发菜豆腐）等；"诗词"：两只黄鹂鸣翠柳，一行白鹭上青天（嫩菜叶上卧双黄蛋，绿菜上缀一行蛋白片）、绿肥红瘦（青菜炒虾）等；"成语、熟语、吉祥语"：一帆风顺（器作帆船形）、龙凤呈祥（蛇鸡合烹）等；"典故传说"：霸王别姬（鳖鸡合烹）、饦汤（传说康熙私访问啥汤而得名的鸡汤）、佛跳墙（也可归入"联想"）；"状形色性等"：枣形肠、蝴蝶肉片、三色葫芦等；"直名"：龙井虾仁、白油豌豆、木耳肉片、青笋鸡丝等。东坡肉、叫花鸡、坛子肉、罐罐鸡、炒双脆、余鱼丸、山药拔丝、过油肉、腊味合蒸、汽锅鸡、扒烧海参、火爆腰块、生爆盐煎肉、鱼香肉片、香酥鸡、怪味兔丁、京酱肉丝、五彩蛇丝、梆梆肉、葫芦鸡、火鞭子牛肉、金边白菜、松鼠鳜鱼、口水鸡等。其实，这一种形式还要复杂，例如北京烤鸭、四川腊肉、德州扒鸡、板栗烧鸡、葱香焗肉蟹、孜然烤羊肉串、醋熘鸡、咸烧白、甜烧白、蟹瓤橙等。就这样还没有涉及原料的加工形状，如片、丸、块、丝、丁、串等。上述仅为举例性质，没有概括全部菜肴名称，更没有涉及饮食品的其他部分。

当然或许还要加上某个字，才可能说明中国饮食产品的某个特点。例如，加上"古"字，即可以展现中国饮食的历史悠久。据考古发现，青海喇家遗址发现了4000年前的面条。由此把面条的首创权确定在中国。还有，新疆吐鲁番出土了一千多年前唐代的饺子，可以证明在唐代时水饺便已经出现。

（二）中国的酒文化

中国古代传说酒是杜康或仪狄发明的，但据说在自然界，天然就会有"酒"——某些含糖的水果可以自己发酵"酿"成酒。如新疆有一个叫"果子沟"的地方，20世纪五六十年代，每到秋天，就会有很多无人采摘的野果掉到地上，一层又一层，自己慢慢变成"美酒"。走进沟里，不用喝，扑鼻酒气就可以让人醉倒。还有，传说中的"猿酒"（或"猴酒"）就是这种酒。

在敦煌藏经洞里发现的《茶酒论》（也叫《茶酒争功》）很有趣味，讲的是茶和酒争论谁的功劳大，最后水出来调停的故事。茶说自己可贵，是"百草之首，万木之花"，入于帝王之家，是供养佛菩萨的物品，高僧大德喝茶醒神悟道。而酒呢，喝多了絮絮叨叨，让人讨厌；还使人乱性，胡作非为，轻的破财败家，重的灭亡国家，简直是罪恶的帮凶。大家都知道有酒病、酒疯子的，谁并无茶病、茶疯之说君王将相无不饮酒，而且酒有辅助医疗、健身强体的功效。神仙隐士饮酒悟道，文人骚客饮酒激发创作灵感。礼法、军令要等待饮酒后才可完成仪式。酒能带给世人快乐，人称消愁药。

考古发现证明，早在夏代的仪狄之前，酒就被发明出来了。到了距今五六千年前的母系社会后期和父系社会时期，酿酒的技术已经很高超了。从出土的当时已经使用的器皿看，饮酒已不是罕见的现象。

对酒有着独特审美情趣的中国古人曾经给酒起了很多富有寓意的名字。例如，"杜康"之名来自曹操的"何以解忧？唯有杜康"；"黄流"之名来自《诗经·大雅·旱麓》"瑟彼玉瓒，黄流在中"；"欢伯"之名来自汉焦延寿《易林·坎说》"酒为欢伯，除忧来乐"。三国时的徐邈违反禁令在家饮酒，曹操派人叫他，他说正在和"圣人"议事，来人不知"圣人"是谁，吓得赶快回去报告，酒便有了"圣人"的雅号。此后，清酒才可称圣人，浊酒只能算贤人。而有人又把品质高的酒称"青州从事"，劣质酒叫"平原督邮"。酒还有很多外号，如"麴道士""麴秀才""麴居士""般若汤""玉蚁""绿蚁""玉蛆""浮蛆""忘忧物""扫愁帚""钓诗钩"。而"剑南烧春""云安曲米春"、葡萄酒的"醽醁""翠涛"等实名有了诗情般的寓意，其中含有古人赋予的审美特征，寄托着其审美情趣。

古人很能喝酒，不过在南宋之前喝的都是发酵酒——米酒之类，否则武松喝下十八碗白酒早就烂醉如泥了，还打什么蒋门神？现在说的白酒（烧酒、老酒）叫"蒸馏酒"，据说在相当于南宋的金代就有了，但最准确的记载是元代的——叫"阿剌吉"。古人喝酒也有说头，有"酒仙""醉圣"之誉的人，绝不是喝醉了倒头就睡的庸碌之流，更不是借着酒精盖脸大发酒疯的无德之辈，而是李白那样的"天子呼来不上船，自称臣是酒中仙"，并能在醉中写出《清平调》那样的好诗，而且能说外语写外文吓退"蛮使"的人（民间传说）。给自己起名"酒徒""醉翁""五斗先生"等名号的也不是一般人，一定要像"王绩"那样说些"眼看人尽醉，何忍独为醒"的话，再干些一般人不敢干也不能干的雅事的人。因此，刘伶一边喝还一边让人扛上铁锹跟着，说我喝死了躺在哪里就埋在哪里。阮籍可以借酒喝醉了不见人躲过烦心的事。政治家就可以借酒夺了兵权、借喝酒在宴会上除掉政敌、借酒大讲特讲谁是英雄（实政敌），勇武如武松者就可以去打蒋门神，如鲁智深者就可以大闹山门。喝酒误事的也多，否则宋江也不会上梁山，李逵也不会让张顺灌了一肚子河水。然而酒有其正面形象。霍去病出兵抗击匈奴，汉武帝赏他酒喝，他要激励士气，就把酒倒在泉水里和士兵们同饮。他不但打了胜仗，还落了个至今不变的地名——酒泉！

酒能激发艺术家的创作热情，使其思维活跃，进入一种特殊的精神境界。"李白斗酒诗百篇""酒入诗肠风火发"就是酒的功劳。被誉为"天下第一行书"的王羲之的《兰亭集序》，是王羲之酒酣时的作品，等酒醒后他自己也很吃惊写出了如此"神品"，于是还想再写一次，谁知写了一百多遍，没有能赶上那一张的，于是只得搁笔。唐代被誉为"草圣"的张旭，据说在写字前，先要把自己灌个半醉，然后"露顶踞胡床，长叫三五声。兴来洒素壁，挥笔如流星"。另一个草书高手怀素也是如此。画圣吴道子每画一幅画都要"酣饮"，唐伯虎画要入"神品"之列必定是醉画。宋代的包鼎画老虎很有名，但他画老虎时，要先把房间打扫干净，堵上门窗，只留一个小洞透光。之后喝下一斗酒，模仿老虎爬来跳去大吼大叫，等找到感觉，马上再喝一斗，乘着酒兴，"取笔一扫，尽意而去"。清代书画家、文学家郑板桥的字十分难求，但因郑板桥好酒，故当时有这样一种说法：要骗郑板桥的字清醒时不行，一定要设下机关灌醉他才能达到目的。有人说，如果没有酒，中国的艺术史恐怕就要重新书写了。

　　其实，酒被发明出来并不是让人做饮料大喝特喝的。酒在最早的时候是药，汉字医字从"酉"就是证明。酒有舒筋活血之功效，至今很多中药还要用酒来浸泡。适当饮酒是对健康有益而无害的。

　　喝酒除了上面讲的，更多的还是在交际、庆贺之时，"无酒不成席"，讲的就是酒的这一功能。在日常生活中，迎来送往、交流谈事，没有酒的参与，就会显得无情无绪。朋友相见，"酒逢知己千杯少"。"寒夜客来茶当酒"是没办法的事，说明了无酒的尴尬。在"礼"中，酬酢奠醑都要用酒，《酒箴》说："仰郊昊天，俯祭后土，歆祷灵祇，辨定宾主，啐酒成礼，则彝伦攸叙。"没有酒肯定不行。民间还有一句话："无酒不成欢"，酒能调动情绪，营造氛围，尤其是庆祝贺喜、欢度节日、相聚一堂之时，无酒场面会冷清，形不成欢乐高峰。酒精能使人兴奋，所以能达到娱乐目的。

　　酒在中国的少数民族那里，更是交际、庆贺不可或缺的东西。苗族的"三杯酒"不喝进不了寨门；彝族的"转转酒"不喝主人不高兴；藏族的青稞酒不喝大姑娘或小媳妇就会把酒杯举过头顶跪在地上一直把敬酒曲唱下去……

　　古代有酒令，目的是增加酒席间的欢乐气氛。自古，饮酒礼仪便有制度的色彩，包含在饮食礼仪之内。酒道则贯穿了理的精神，通过礼敬、欢乐、适宜，达到人际、社会、人与自然最恰当的和谐统一即"中和"的结果。这是群体（社会）饮酒的最好方式。

　　李白有一首诗《月下独酌》，便为喝酒寻找了理论根据，说"天若不爱酒，酒星不在天。地若不爱酒，地应无酒泉。天地既爱酒，爱酒不愧天"。有人把最后一句改为"我爱理当然"。不过诗中的"点睛之笔"却不是上面那几句，而是"三杯通大道，一斗合自然！"这恐怕是对酒的最高评价了。虽然李白接着说"但得酒中趣，勿为醒者传"，不过我们还是可以推测出他所谓的"大道"就是：通过酒认识人生的大道理——"一樽齐生死"——达到古人所谓"物我皆忘"的最高境界。这是饮酒所能悟出的最高哲学原则。

（三）中国的茶文化

　　世界上有三大饮料：咖啡、可可和茶。茶的故乡在中国，这是尽人皆知的事。那么中国最古老的茶树在哪里？最古老的茶是什么？有的人恐怕就茫

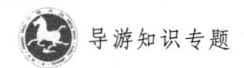

然了。一千多年前的陆羽也仅仅讲"茶者南方之嘉木也",他很谨慎,因为传说毕竟是传说。

最早的茶是用来治病的。神农氏尝百草一日遇七十二毒用茶来解不必说了,茶确实具有医疗功效。医书中总结了茶的医用功效:具有兴奋、提神、醒酒、利尿、止痢、防龋、抗癌和降血脂、降血压、防便秘等作用。陆羽说:茶"为饮最宜",因为"若热渴、凝闷、脑痛、目涩、四肢烦、百节不舒"时,"聊四五啜,与醍醐、甘露抗衡也"。汉代王褒的《僮约》讲到"武阳买茶"一事,恐怕主要也是用来清神醒脑、疗烦解闷的。只有到了唐代,茶才普遍作为饮料。

唐代人不说"喝茶",因为当时茶叶确实是用来"吃"的。法门寺地宫出土了一套唐皇室供奉给佛的茶具,属于当时最高等级的,茶还要调着"吃"。唐后期皇帝专门召见过陆羽,也让陆羽烹茶试验过。可见在陆羽之后,社会上茶的"吃"风很强大。即使是陆羽,除了不用别的调料外,茶汤中盐还是有的。

烹茶讲究水,陆羽自己勘察了一番,唐代的张又新还专门写了《煎茶水记》的专著来讨论和评定当时的名泉之水。唐人对烹茶之水的要求一直影响到现在,笼统地讲,即好茶必须要好水。除水之外,陆羽第一次全面地从茶的历史、当时的产茶区域、茶的制作、种类、名茶、烹茶的用具、方法、如何品尝等方面对茶进行了论述。陆羽自己制作了专门用于烹茶的"风炉",在上面体现了八卦文化,寄托了关心国家大事的情怀,总结了茶艺并上升到"道"的层次。因此陆羽被奉为行业之神("茶圣"是现代人封的),《茶经》也被作为有关茶叶的第一部专著成为行业的经典。

陆羽之后的宋代虽然不再像唐代那样"烹茶"了,却兴起了"斗茶"之风。当时的人用刚刚采下来的新茶,经过一番特殊的操作之后,让茶汤的表面浮上一层白色的沫状物,在其上或"点"出文字,或"点"出画面,看谁的茶"出彩"多、"点"出的停留时间长。

到了明代,炒青代替了蒸青,人们转向欣赏茶的芽叶、汤色、茶叶在杯子里上下浮沉的过程带来的情趣,于是冲泡茶也代替了以前的喝法。泡茶的方式方法一直流传到现在。

根据历朝历代审美观的更替,主流茶具也随之改变。唐代烹茶观色,陆羽认为越窑青瓷最好；宋代要求对比鲜明，建窑的黑盏最受欢迎；明代及其以后，白瓷、半透明、透明的杯子最吃香。

除了茶具，茶人（喝茶的人）很重要，与不懂的人一起喝被认为是糟蹋了茶。所以，喝茶很讲究"同心同调"的茶友。因为彼此有共同语言，有品赏能力，有情致、韵味。因而品茶有"一人得神，二人得趣，三人得味"的说法。品茶不是"解渴"，不能在干渴的时候去"品茶"。《红楼梦》里妙玉说"一杯为品，二杯即是解渴的蠢物，三杯便是饮牛饮了……"，便是这个道理。

古人品茶还讲究时间和环境。忙的时候不行，应酬的时候不行，一大堆吃喝摆在面前的时候也不行。当然烹茶不得法、器具不雅、一同品茶的人不合格也不行。什么时候行呢？《岕茶笺》说要选"无事、佳客（来）、幽坐、吟咏、挥翰、徜徉、睡起、宿醒"之时。环境则要求"精舍、云林、竹灶……松月下、花鸟间、青白石、绿鲜苍苔，素手汲泉，红妆扫雪，船头吹火，竹里飘烟""或会于泉石之间，或处于松竹之下间，或对皎月清风，或坐明窗静牖"。

品茶和饮酒一样，都要求达到最高的审美层次，即"探虚悬而参造化，清心神而出尘表"。要达到这一点，是"一人得神"呢，还是"与客清谈款话"的多于一人呢，就要看具体情况了。可以说，酒是在兴奋的状态下达到"物我皆忘"的，而茶要在清醒的状态下达到"物我皆忘"，所以"壶里乾坤大"的话不是虚说。

当然，茶给人带来的美感不单单是封建士大夫，也不单单只有达到他们的那个最高层次。下里巴人有下里巴人的乐趣。《儒林外史》第二十九回中讲挑粪的工人相约在下工后上永宁泉饮茶、到雨花台赏落日，不也挺美吗？过去订婚的"吃茶"、婚后的"奉茶"、潮州妇女的"打茶会"、少数民族如白族的"三道茶"等，不也蕴含着他们的品位、追求、情趣、愿望，甚至人生观等的美好之处吗？

和菜肴名品的起名一样，古人给茶叶起了很多美丽的名字。有以形似命名的有"雀舌""瓜片""竹叶""牡丹""水仙""乌龙""眉""珠""螺""针""芽""峰""毫""笋""兰""菊"等茶；根据茶叶特色（或生长特色）命名的，如"翠绿""雪绿""云雾""仙茗""佛茶""岩茶"等茶；有根据茶叶的香型或味型特点命名的"兰花香""苦茶""苦丁"等；有根据采摘的时间（或季节）命名的"明前""雨前""春""夏""秋"等；有根据加工工艺命名的"炒青""烘青""晒青"和"某某花"窨制及砖、坨、饼等；有根据茶叶种类（颜色）命名的，如"红""绿""黄""白""黑"等；有根据得名由来命名的，如"大红袍"等；有根据加工时间（或季节）+加工方法（或成型特点）命名的，如"伏砖"等。有根据添加的成分+茶种类命名的，如"柠檬红茶"等；有的不注明茶的种类，如"奶茶"等；还有一些茶命名用"茶"字，但其本质上不是茶，如"菊花茶""人参茶""明目茶""益寿茶"等。

当然还有一些茶因特殊的需求而命名，基本上不在我们所讨论的范围了，如"袋装茶""减肥茶""内销茶""出口茶"等。

除了个别的大宗产品茶和不需要标出地名的茶之外，有一个通例，凡茶都要把地名放在前边。有的干脆用地名命名，如"西湖龙井"，有的加上"茗茶"或"茶"字，如"商南茗茶"等。最有意思的莫过于"铁观音"了。此名堪比菜肴中的"联想"（当然，广义的联想"雀舌""牡丹""乌龙""翠峰"等均是）。铁，重量沉似铁；观音，无论观音托梦还是像观音都让人联想到救苦救难、大慈大悲的观世音菩萨。

茶的美名除了上述，还有佳茗、芳蕤、灵草、草中英、麒麟草等。茶美，历代文人多用美女比茶。苏轼说："从来佳茗似佳人。"当然也有把茶比作意象中的男性："苦口师""苦节君"。到底比作什么好？见仁见智，自己决定。

茶和酒相同的之处在于能以之交际。而茶让人更清醒。茶成为饮料后，汉族、少数民族都离不开它。唐宋的皇帝用它赐给臣下以至域外，以示优渥。茶马互易是北宋开始的对外贸易方式，成为控制周边民族的有力手段，并且为中央政府增加了不可忽视的税赋收入。茶在社会里、家庭中明等级、叙人伦的功用也不能小觑。如茶礼在古代起着犹如法律一样的作用。求婚的"敲门茶"、定亲的"下茶礼"、结婚夫妻喝的"合礼茶"，无论在汉族还是少数民族那里，都是带有确定意义的仪式，不得随意改变。在江西一些地方，更是流传有"喝茶定终身"之习俗。

茶代表着清廉，联系着的两端皆为君子，所以常有"酒肉朋友"之说，但无"茶肉朋友"之说。在古代，茶的地位很高，被社会广泛认同，其社交功能也被运用到了极致。例如，古代的"汤社"（后代叫"茶会"或"打茶围"）就是一种"君子之交"的组织。即使是黑社会，也乐于用"都是茶台上的朋友""吃讲茶"来解决矛盾。民间以茶结社笼络感情的事就更是层出不穷了。

茶既然可以雅志、养廉、砺节，所以真正喜欢它的是正人君子，因此赞扬它的是一些高风亮节的人。如唐代的韩愈、宋代的欧阳修、苏轼、明代的李贽等。他们把茶视为人，用茶的精神来要求自己、激励自己、磨炼自己，使自己具有不计清苦、先天下之忧勤，"不为身计"的高贵品质和牺牲精神，"竭力许国"，正像陆羽在烹茶的风炉上铸的那样，身游方外，志在济世。

此外，茶与佛道两教也有着非常之深的缘分。参道学佛坐久了容易打瞌睡，茶有兴奋作用，喝茶可解困。因此"茶禅一味"的话从中国流传到日本。禅宗的高僧赵州从谂禅师的口头禅就是"吃茶去"。从茶中可以悟道。唐代的卢仝有一首诗写道："一碗喉吻润，二碗破孤闷。三碗搜枯肠，唯有文字五千卷。四碗发轻汗，平生不平事，尽向毛孔散。五碗肌骨轻，六碗通仙灵。七碗吃不得也，唯觉两腋习习清风生！"通过茶悟出了什么？诗人没有讲，"两腋习习清风生"不外乎得道成仙了，结合前面所述，即"探虚悬而参造化，清心神而出尘表"之类。正由于茶有如此功效，古人才说茶具的盖、盏、托代表了天、人、地"三才合一"，陆羽的茶炉才铸上坎水、离火、巽风三卦，以示阴阳交泰平衡，人与自然和谐相通的思想。

（四）中国传统饮食消费

1. 食制

中国古代便存在饮食制度。饮食制度的形成一般是由习惯而来，即社会按照自然的昼夜交替和人体生理需求，在生产生活中形成的约定俗成的饮食时间、饮食内容、饮食方式等，因此古代民间便采用一日两餐或一日三餐的饮食制度。这一类民间的食制表现为风俗形式，没有规范的强制性。

另外就是通过行政命令，制定出一系列的饮食制度。这种食制具有强制性，必须遵守。因此"天子"及各级统治者的食制则出自规定。先秦时期一日两餐的制度很普遍。第一餐叫朝食，也叫饔食，一般在天亮时。早一点儿7点，迟一点儿9点。另一顿叫夕食或飧食、日晡（太阳偏西）食，一般在

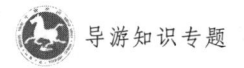

下午 3 点到 5 点。

秦汉是一个变化期，由两餐变为三餐。第一餐还是朝食，时间提前了一点儿，天明即可。第二餐叫中食，也称昼食或食，即中午 12 点的一餐。后来被饷代替，饷又被晌代替，所以现在一些地方把中午叫"晌"，太阳偏西后叫"后晌"或"晌后"。第三餐叫飧食或晡食。时间推后，可到晚上 7 时左右。现在还是如此。由于上述食制是由风俗习惯形成的，所以没有强制性。自由度大一些。

然而，据《周礼·天官·冢宰》记载，周代王室食制是有规定的。首先，周王室管理膳食的主要机构有 20 多个，有人统计，这些机构的工作人员共达 2330 多人，分工极为精细。其次，据"三礼"记载，天子、诸侯、大夫、士的进餐有严格规定，什么时间、什么人，吃什么，几道菜，放什么调味品，用什么食具，奏什么音乐等都有极其苛细烦琐的规定。

不同等级的人所用食器数量不同，如《礼记·礼器》载"天子之豆（形状似高脚盘的盛放食品的器皿）二十有六，诸公十有六，诸侯十有二，上大夫八，下大夫六"。而平民在"乡饮酒礼"中，"六十者（六十岁的）三豆，七十者四豆，八十者五豆，九十者六豆，所以明养老也"。

2. 礼制与饮食

除此之外，由于"礼"和饮食密切结合着，所以凡是在饮食活动中规定的形式都是饮食制度文化研究的对象。"食礼"作为制度，表现在社会的方方面面，像饭桌上的"座次"就是甚为重要的内容。这里由于篇幅的关系，只简单介绍一下。如《礼记·曲礼》载："贵贱不相逾。"饮食中要先让贵者、长者在前（贵者先于长者）；"共食不饱，共饭不泽手，毋抟饭，毋放饭，毋流歠，毋咤食，毋啮骨，毋反鱼肉，毋投与狗骨，毋固获，毋扬饭，饭黍毋以箸，毋嚃羹，毋絮羹，毋刺齿，毋歠醢。客絮羹，主人辞不能亨。客歠醢，主人辞以窭。"即不要吃饱，不要把手弄得湿淋淋的（古时用手取食）、不要搓饭团、不要返回多余的饭，不要大口喝汤，不要咂嘴，不要啃骨头，不要把拿过的鱼肉放回鼎里，不要给狗扔骨头，不要占食物，不要为使饭快点凉而簸饭，不要用筷子夹黄米饭，喝汤不要不加咀嚼而连菜吞下，不要自己往羹汤中加调料，不要当众剔牙，不要出声喝肉酱，客人如果要给羹调味，主人就要讲烹调得不好（请原谅），如果客人连吃肉酱时，主人要说食物备办得太少（请原谅）。《礼记》记载了吉、嘉、宾、军、凶五种礼，每一种都涉及饮食（有的礼本身就以饮食活动命名），所以一个人的一举一动一言一行在吃和喝时都要合乎礼的要求，不能失礼。这就是制度的约束力。

民间宴会除外，官方所举行的宴会有一定之规，如宴会前的请客（请束）、迎客、座位次序、饮食品的种类、多少，上菜的次序、席间的酬酢、布菜、散宴、配合宴会的音乐歌舞、服务人员等。

3. 饮食和习俗

饮食习俗（简称"食俗"）也和消费紧密结合，因此食俗作为行为文化的内容，也是饮食文化的重要组成部分。

中国的饮食习俗，主要表现在日常的婚丧生寿、欢庆祝贺、祭祀祈祷、迎送纪念、宗教活动以及节日等活动中，尤其是在不同的活动中什么时候吃什么喝什么、方式是什么等。可以说，每一个民族都有自己的饮食习俗。此处仅以汉族的节日食俗中的除夕、春节为例说明。

汉族的主要节日有除夕、春节、元宵节、清明节、端午节、中秋节、重阳节等。每一个节日都有内容独特的活动，尤其是有独特的饮食，而且含有一定寓意。

汉代把每年夏历的正月初一定为"正旦""元旦""元日"，但节日活动在初一的前一天晚上（即"除夕"）就开始了。"除夕"意味着旧的一岁将要"除"去，新的一年将要到来，辞旧迎新故要"守岁"，即一晚上不睡觉。两年交替之时要吃"饺子"。"饺子"意即"交子"，吃了饺子，意味着新的一年里平平安安，一帆风顺。大年夜老人要为孩子准备礼物和压岁钱，大年初一拜年，按照年龄，老年人先接受儿孙拜贺，古代要献"椒柏酒"（后来变为屠苏酒）、"桃汤"等。初二闺女拜娘家父母、朋友等开始。很多地方初五吃饺子，叫"破五日"，即一年开头的五天。过完初五，春节也基本上结束了。

4. 如何欣赏中国饮食

（1）欣赏中国的饮食品的九大要素

欣赏中国传统饮食品讲究四大要素：色、香、味、形。"雅"化的知识分子加进"器""名"两个元素，后来又有人强调"卫"（卫生），现代则讲求营养（营），还有人把口感［嫩、滑、酥、脆、筋、韧、绵、烂等，统称为"触"（触感）或"滋"］加进去，就形成了"九大要素"之说。

"色"原则：赏心悦目，惹人眼球，诱人食欲。要求：单纯色彩的不加杂色，如雪花里脊，主、辅料全白色；再如北京烤鸭，色泽红艳；踏雪寻梅，白色上点缀红色。多色：可两色以至更多的色，根据需要配制。如五色蛇丝。但忌讳色彩杂乱无章。

"香"原则：有"闻香立足"（或"闻香下马""闻香停车"）的效果。

"味"原则：味美。这里讲的"味"，不是"食无定味，适口者珍"的个性，而是《孟子·告子章句上》中的"口之于味，有同嗜焉"的味。即这种"美"是"共性"的美，也就是一般认为的味道好。

"形"原则：因材制宜，发人美思。有的全型为美，如去骨的鸡鸭、烧全鱼等；有的则以小块制胜，如"大盘鸡"。除原料外，还有装菜成型、宴会的总体成型等。总之，形状要求或一致，或搭配适宜为上。形还包含其他形状，如1986年，白天鹅宾馆为英国女王宴会所制作的"双龙戏珍珠"，以大龙虾、大明虾肉等加工的美味制成龙身，龙身之上置一对大龙虾头。再用萝卜雕成象牙球形的明珠，中心灯光闪耀，高耸于盘心，构成一幅双龙戏珠之形，人们无不啧啧称奇。汤菜"凤凰八宝鼎"，用八种主料制成羹汤，盛于雕刻着大熊猫和花环的冬瓜盅内，盅雕成中国古代的礼器鼎的形状，盅盖上站立着一只凤鸟，异常精美。

"器"原则：与饮食品的内在要求一致。目前商家很注意器皿和饮食品的搭配。如仿西周饮食则上仿青铜器器皿，"秦朝瓦罐"、农家乐的陶器等。这种经营适应了"雅致"的需求。在《随园食单·食器须知》中，袁枚也肯定了古人"美食不如美器"的说法。

"名"原则：闻名想其实，获得美感。美食、美器配以美名，方有风雅之美。现在人讲究"吃文化"，其他再美，名字恶俗，也会使人倒胃口，最起码对美食的美是要大打折扣的。例如唐代有一种食品叫"见风消"，但现在市肆上叫"泡泡油糕"则诗意丢尽。还有给"鞭"之类菜起名"太太乐"，简直是类同"恶搞"了。

"卫"（卫生）原则。中国古代没有把卫生列入欣赏序列中，并不是传统烹饪不讲究卫生，而是认为饮食卫生是理所当然的事，是一种贯穿于操作、进食过程始终的行为，不用指出，再则卫生不属于与色、香、味、形等同类的欣赏要素。其实孔子早就提出"食饐而餲，鱼馁而肉败不食""臭恶不食""（祭肉）出三日，不食之矣"等原则。顾仲《养小录》提出"洁"是饮食之"大纲"；袁枚《随园食单》指出讲究卫生才可称为"良厨"。

"营"（营养）原则。传统的营养结构包括饭和菜在内，进食时有饭必有菜，菜必配饭。同时，菜非单独一种，所以不用特别强调某一道菜中各种营养的搭配。

"质"原则：质感最适应者为最佳者，这根据不同的客人口感需要而变化。如年轻人一般要求嫩脆，老年人一般要求软烂。饮食品则酥的要酥、筋的要筋、爽的要爽。

（2）欣赏饮食消费

除了欣赏饮食品自身外，中国传统的饮食消费审美还包括美食之外的其他一些客观条件。离开这些，古人则认为美食也会不美，味道如同"嚼蜡"一般。那么，这些外在的客观条件都有些什么呢？

古人认为，良辰、美景、可人、韵事是不可少的，有了这四项，再加上美食，那才算是"五美俱全"了。如王羲之的兰亭集会，曲水流觞，极尽封建士大夫饮食消费的"雅事"。现在很有名的"滚滚长江东逝水"（明杨慎《临江仙》）脱胎于苏轼的词，就营造了一个"五美俱全"的环境。而欧阳修的《醉翁亭记》，简直就是"醉翁之意不在酒"了。

当然，饮食消费不单单是上述形式，杯盘笑语之时、酒茶清风之中的"亲情""友情"之欢，则更耐人寻味：

雪沫乳花浮午盏，蓼茸蒿笋试春盘，人间有味是清欢。——苏轼《浣溪沙》

草草杯盘供笑语，昏昏灯火话平生。——王安石《示长安君》

夜雨剪春韭，晨炊间黄粱。主称会面难，一举累十觞。——杜甫《赠卫八处士》

劝君更尽一杯酒，西出阳关无故人。——王维《渭城曲》

以上是文人雅士的饮食消费审美，一般人也有一般人的欣赏方法。有一篇小文《重庆人与火锅》讲的就是：

重庆人说，三天不吃火锅就浑身痒痒。不管男的女的老的少的挣钱多的

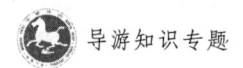

挣钱少的，火锅边一站，那简直是不知今夕何夕，只有火锅和我，其他什么都无视了！

重庆人吃火锅的最佳风景，并不在高级餐厅温文尔雅之中。要看就要挑最热的三伏天，街边。锅里浓黑的麻辣汤在翻滚，一群人围着猛吃海喝，嘴里吸吸溜溜，喝五吆六。吃到扎实处，满盘子一个一个端上来，空盘子一个一个撤下去。喝到畅快处，谁也不让谁：你是不怕辣，我是辣不怕；你是常山赵子龙，我姓东方名不败！叫的喊的笑的闹的，手之舞之，足之蹈之。最酣畅淋漓之时，小伙子干脆光起膀子，姑娘干脆绾起发髻，哪管它汗流浃背，江河滚滚！

说真话了，办实事了，矛盾消除了，关系融洽了……

要的就是这个结果：回家一冲，通身舒坦，大喊一声：格老子好安逸啊！

（3）去除中国饮食消费中的"糟粕"

毋庸讳言，中国传统饮食中还存在某些今天看来的"糟粕"，需要批判。原因是现在有的沉渣再一次泛起，有的竟然变本加厉，更需要被抛弃。

如食用不卫生的饮食品；食用在变态心理和变态欣赏心理支持下的饮食品；历史上食用过的当时、现在都不应该食用的原料；借用"人工饲养"之名把一些列入保护范围的动植物作为食用原料；讲"面子"造成的饮食浪费；公款大吃大喝等。

五、中国饮食文化（下）

（一）中国传统饮食养生文化

中国传统饮食养生文化很有特色，正因为它具有鲜明的民族特色，所以具有推向国际的基础。

中国素有"医食同道""医食同源"之说，神农氏"尝百草之滋味""一日遇七十毒"的神话传说就反映了原始采集时期，中华先民饮食生活与医药的共生关系。饮食的获取营养和医治疾病二者相互借助，逐渐产生形成了中国"食医合一"的宝贵传统，凡是可食之物亦食亦药，共为养生之用。以食入药，即以日常一种或数种食物作为药用，组成"食疗方"；也有以药配食，取一味或数味药物入膳，即所谓"药膳"，这是更为成熟的食疗方式。

而中华饮食养生还有比这更为宽广与深刻的意义，它不同于食疗，不是针对已发疾病的医治行为，而是通过饮食调理，以达到健康长寿的观点，那就是"适饮食""省嗜欲"的饮食养生观，也就是"饮食以卫生"的原则。

中国传统饮食养生文化建立在"天人合一"的基础上。古人认为人是天地所生，所以天地必然同时提供给人维持延续生命之物。因为人类是大自然的产物，因此其生存条件理所当然由大自然提供。然而人对饮食原料不能无限制地向大自然索取，否则会造成食物链条的断裂。"林麓川泽以时入""谷物菜果，不时不食。鸟兽鱼鳖，不中杀不食"。人类的饮食活动必须顺应大自然，与"天道"——自然规律保持一致，才能真正有效地做到"养生"，得其"天年"。天地之间阴阳合和才能育成万物，饮食中的五味调和如同天地协和、阴阳平衡，人只有在饮食中得到"和"、处于"和"的状态，养生才能起到作用，达到效果。"饮食"所体现的这种道理就是"天理"，不得违背。

养生所依据的饮食原理早在春秋战国时就已提出，就是揭示中国传统膳食原则的典籍《黄帝内经·素问》，书中将我国传统的膳食原则概括为："五谷为养，五果为助，五畜为益，五菜为充。气味合而服之，以补精益气。"在汉代就提出了"食饮有节，起居有常"的养生观点。之后各代都有养生家论述"饮食养生"的主张。如东晋葛洪认为"不欲极饥而食，食不过饱。不欲极渴而饮，饮不过多。凡食过则结积聚，饮过则成疾癖""不欲多啖生冷，不欲饮酒当风"。元代《饮食须知》的作者贾铭，生于宋末，明初时已经百岁高龄，明太祖朱元璋问其养生术，答："天主，只是注意饮食而已。"清代顾仲在其《养小录》中更阐明了饮食与养生的关系："养生之人，多清洁，务熟食，务调和，不侈费，不尚奇。食品多本，忌品不少，有条有节，有益无损，遵生颐养，以和于身，日用饮食，斯为尚矣。"

中国古代的饮食养生理论是一个完整的体系，阴阳学说是其哲学依据。"饮食养生"是其手段，"辨证施食""饮食有节"是其具体实施方法。因此，对于传统病症的治疗，强调食疗为先，有"宁可食补不用药补""食疗不愈，然后命药"之说。养生强调四季调味和原料、辅料等的配合，这就要求具体问题具体对待，药膳和功能类养生饮食也在这一理论指导下发展补充、完善起来。

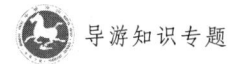

（二）中国古代有关烹饪的典籍

中国古代关于饮食的文字多得可以用"汗牛充栋"来形容。其中有食经、论著、茶经酒谱、相关类书，以及反映有关饮食的经史方志、医籍农书、笔记小说、诗词歌赋和散文等；有见于正史、野史、笔记、小说的，也有见于地方志等书籍中的，即"经""史""子""集"杂书类全有。作者当然都是那些封建社会的知识分子。中国古代有一个怪现象：社会上普遍瞧不起厨师，用"做饭的""炒菜的"等轻蔑的词概括，而那些"做饭的"之类确实处于社会底层。但那些有一定地位和经济实力的知识分子一旦从事烹调并写出有关文字，却被认为是"风雅"之事。其原因此处不再探索。林语堂曾说："没有一个英国诗人或作家肯屈尊俯就，去写一本有关烹调的书，他们认为这种书不属于文学之列，只配让苏珊姨妈去尝试一下。然而，清代戏曲家和诗人李渔却并不以为写一本有关蘑菇或者其他荤素食物烹调方法的书，会有损自己的尊严。另外一位诗人和学者袁枚写了厚厚的一本书（《随园食单》——作者注），来论述烹饪方法。"其实这正是中国传统文化的可幸和悲哀之处——幸就幸在中国"能写文章"的人并没有都像英国的"诗人或作家"那样；悲就悲在古代社会的厨师大字不识一个，只会掌勺炒菜，写作的专利让给了别人。

有人统计过，从汉代至清末的约2000年时间里，中国仅烹饪专著就出过100多部（可惜超过40%的已经失传），但仅仅就留存至今的烹饪专著数量来看，也是世界上任何民族所不能及的。《吕氏春秋》"五味篇"、《庄子》"养生主"篇、《韩非子》"五蠹"篇、《盐铁论》"散不足"篇等都属于专门的饮食论著。还有像虞悰的《食珍录》、陈仁玉的《菌谱》、释赞宁的《笋谱》、黄庭坚的《士大夫食时五观》、李渔的《闲情偶寄·饮馔部》、张英的《饭有十二合说》等，也都属于饮食烹饪论著的范围。其他涉及饮食烹饪内容的各类典籍志书更是不胜枚举。

正因为这些类目繁多、出处不一的饮食烹饪类典籍，我们今天才能推测出距今4000年前夏商周的饮食大致情况，才能得知最起码有1万种名饮名食曾出现在中国历史上，才能了解一些中国周边民族的饮食概括，才可认识到中国烹饪中还包括像林洪这样曾写出饮食著作的隐士高人，才晓得"甘薯"等常见烹饪原材料是怎样传入中国的，才知道辣椒是明末作为观赏植物传入中国、清康熙年间才开始用作调料。

（三）中国的饮食文化与哲学、政治等的关系

古代中国饮食文化和方方面面都联系着，但为了节省篇幅，此处只谈中国的饮食文化与哲学、政治的关系，其他概略地提一下。

1. 中国的饮食文化与哲学的关系

古代中国饮食文化与哲学的关系体现了饮食文化中最高层次的内容——意识观念形态的文化。主要集中表现在三方面：

①中国传统饮食文化中体现了"天人"观。我们的祖先并没有把大自然看成是人类可以放心地、毫无顾忌地去索取甚至去掠夺的源头，他们最早提出了要在对大自然的保护中取用。否则"上天"会予以报复。剔除那些为了吓唬人而说的迷信话，我们的理解是古人要求人类必须保持与大自然的和谐相处，在大自然面前既不能束手无策和动物一样，又不能去违背客观规律去强力"改造""征服"。否则，不吭不响的大自然只需轻轻打个喷嚏就可以摧毁人类赖以为荣的几十年（甚至更长时间）创造的"成就"！

②中国饮食文化体现了"中和"的哲学思想。"和"的实质是烹调各种不同味道的"和"，不是机械的"合"，要通过"调和"搭配，像谱写一曲美妙的旋律一样，有快慢刚柔、节奏疏密的变化，相互照应，相互补充，相辅相成，才能使所有的原料在烹调中成为一个和谐的有机整体，才能制作出美味。如果仅仅是同样的原料，哪有可口的食物可吃！这就是"和"，它不是同一事物的"混合"，而是在差别基础上达到的"同和"。这样才能出现一个有机体、完整体，达到"和谐"的境地。"中"就是"守中"，即把握一切以"中"为最好。"中"是恰到好处，无过无不及，"中庸（用）"之义。烹调要"守中"，饮食也要"守中"（不能饿过头也不能吃得太饱）。

③中国饮食文化体现了朴素的辩证观点。无须多说，"仓廪实则知礼节，衣食足则知荣辱"是对"民以食为天"的解释。近乎3000年前提出的这一观点符合马克思主义理论的基本出发点，符合马斯洛的人的需要满足由低到高、由保证生命到满足更高层次需求的理论。由此导致的"重农"思想也体现了对同一原则的认识。《吕氏春秋·本味》中所讲的"调味"理论充满了对事物性质因条件变化而变化、由量变到质变、掌握质变的度（关节点）的认识。"口之于味有同嗜焉"和"物无定味适口者珍"讲的是共性和个性的

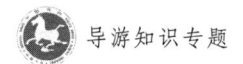

辩证关系;"巧妇难为无米之炊"讲的是内因和外因的关系问题;"巧厨师一把盐"讲的是抓主要矛盾的问题。

2. 中国的饮食文化与政治的关系

夏商周三代,尤其是商周的开国元勋、大政治家如伊尹、姜子牙都是烹调高手。为什么?因为烹调之道与治理国家的办法有相似之处。

历史上有"伊尹负鼎,以味说汤"的故事。借助《吕氏春秋·本味》篇和《史记·殷本纪》里的相关记载,我们可以了解到伊尹用烹调的滋味比喻为证的方法,说服商汤实行王道的故事。他用烹调打比方(光用嘴说不行,要当场制作出"美味"才能奏效),给商汤说明把一个国家要治理到尽善尽美有一定的道理和一套方法。总体来讲就是和烹调一样,把不同的人(包括不同利益的集团)的关系调整好,让他们在一个统一体中和谐相处,要像烹调一样,掌握好原料搭配,每一种料的用处、火候、调料投放的时间、多少、方法等,一道美食出现了,社会也得到了治理。这个道理直至春秋时的老子还津津乐道。老子把它总结为一句话:治大国若烹小鲜。

3. 中国饮食文化对其他方面的影响

每个人都要吃饭,所以中国饮食文化对其他方面如文学、语言、戏剧、观念甚至经营方式等都产生了巨大的影响。如很多诗词歌赋对联都讲到饮食,白居易的"晚来天欲雪,能饮一杯无"的意境、"面脆油香新出炉"的"胡麻饼",陆游"敢将食粥致神仙"的《食粥》诗等,历史上汉、南北朝、隋唐的"胡食"之风,唐代长安城边、曲江之滨著名的"胡姬酒店"等。这里仅举一个戏剧的例子一窥全豹。

一些演出场所边看演出边进餐,有的人就吹嘘这样的方式怎么有经营思路,怎么有创意、新颖等,岂不知这种形式"古已有之",而且比"边吃边看(现在基本改为'吃了再看')"还要先进,因为吃喝是戏剧的有机组成部分,去掉它戏剧就无法演下去了。这就是真吃真喝的戏。

川剧传统的"目连戏"中有《刘氏出嫁》和《刘氏开荤》两场戏。讲的是刘氏嫁到傅家,因傅家吃斋念佛,故前场戏是素筵。而后场戏《刘氏开荤》是荤筵了。两场戏中的演员吃,被邀为贵客参加宴会的观众也入席吃。在后场戏里,刘家的总管李狗监厨,在台上大喊:"上菜!""滚龙抱柱——黄鳝烧蒜薹!""大雁落在油锅头——炸全鸭!"一道道菜便依次上桌,而台上刘家的厨子肩搭毛巾，翻筋斗出场，12 只碟子一只只转出手，9 大碗正菜一碗碗抛出来。厨子抛，李狗接，如杂技表演，精彩火爆，让人眼花缭乱。这种让观众更有参与感、融入性的表演，在当今社会的餐饮界依然具备一定的借鉴意义。

六、西方饮食文化简述

从古至今，中外饮食文化的交流从未停止过，如始于政治目的的张骞出使西域或郑和下西洋，出自文化目的的玄奘求法与鉴真弘法，以及东南沿海地区庶民为了求生图存而持续出洋的活动等。在近现代几百年的时间中，更以"东食西渐""西食东渐"等更直接更广泛的方式，实现着中西饮食文化的相互影响与交融。

从世界大势看，中西烹饪的交流将会在未来更加深入和广泛，人们对于双方餐饮文化的区别将会越来越感兴趣；而现实中，双方的差别又会越来越小，中西融合的趋势更加明显。

此处所讲的西方饮食文化，是指以法国为代表的西餐饮食文化，在地域上包括欧洲和美洲。对西餐饮食文化的叙述，仅选取部分知识对西方饮食文化进行简要的概述。

西餐饮食文化与我国饮食文化一样，有着悠久的历史。距今 90 万~96 万年的法国阿布维利文化（旧名舍利文化，或名阿舍利早期文化）是欧洲最古老的旧石器时代文化。虽然至今未发现古人类遗骨（无用火痕迹），但发现了一些动物如南方象、古犀、河马、剑齿虎、巨河狸等的骨头化石。其典型的工具——手斧是用火石结核从两面打制而成的。

欧洲已知的最早陶瓷器是格拉维特文化小雕像（发现于捷克），距今 31000 年左右。可惜的是没有发现烹饪用陶器。新石器时代爱琴海的克里尔、迈锡尼文化都发源于大约距今 5000 年前，其时已经有烹饪用陶器了。

现代西餐烹饪十分讲究对原材料的选择，如制作"菲力牛排"，一定要用牛的里脊肉。而且对动物某一部位取下的某一种肉该如何进行烹调都有着非常严格、规范的要求。不食动物的"下脚料"（内脏、头、蹄等），当然这与欧洲物产丰富有关。同时，不食自然界中一些动物原料，如"海参"等。西方人现在很注意环境和动植物保护，视食用被列入保护名录的动植物和使

用残忍方式烹饪（活烹、活食）等烹饪行为为不文明、无教养的野蛮表现。

作为西餐代表的法国菜，其特点是选料广泛，如蜗牛、青蛙、鹅肝、黑蘑菇等。用蜗牛和蛙腿做成的菜，是法国菜中的名品。此外，还喜欢用各种野味，如鸽子、鹌鹑、斑鸠、鹿、野兔等。用料新鲜（使用季节性材料，品种能按季节及时更换，故新鲜），讲究色、香、味、形的配合，滋味鲜美。花式品种繁多，调味喜用酒。法国比较著名的菜是鹅肝酱、焗蜗牛、牡蛎杯、马令古鸡、麦西尼鸡、洋葱汤、沙朗牛排、马赛鱼羹等。

法国菜也有风味流派。如果按地域划分，有布根地、阿尔萨斯、诺曼底、普罗旺斯四大流派；如果按烹调风格分，有古典、家常、新派三大主流派系。

在烹调方式上，西餐的传统手段是煮、煎炸、烤炙、拌、制汤等。法国制作的菜肴，一般中国人会感觉比较"生"，难以接受。

在饮食消费上，西方人一般认为把时间浪费在"三餐"上是不明智的，在日常饮食中要求节省时间、速度吃得"快"，因此给食用者提供的食物品种相对中餐要简单，讲求每一种食物的营养搭配要"全面"（如三明治）。其"宴会"的目的不是"吃"而是交流，因此每道菜之间的间隔约30分钟。宴会的桌子根据需要和场地环境，圆形的和方长条状的均可。其座次的安排是女主人居第一位，其右手方是第一主宾，左手方是第二主宾，讲求邻近之人是准备"交谈"之人。为了凸显西方文化"女士优先"的原则，每一位女士旁尽量安排一位男士。宴会的规格虽然有所不同（主要表现在菜品质量、接待规格等上），但菜品的数量是基本一致的（主要有汤、凉菜即开胃菜、正菜、食物即中国所谓主食、甜品、水果和咖啡等）。客人不剩吃完最好。饭前喝"开胃酒"时可与友人广泛接触交谈，饭后"感谢"时可与主人寒暄。一般情况下食品可按照客人要求（如牛排是几成熟）烹制。如果上生食，则要求原料必须符合生食卫生标准。无饭后茶。当然法国讲究的宴会上要求所上菜品与喝的酒搭配有严格规定，如在饭前饮用较淡的开味酒；食用沙拉、汤及海鲜时，饮用白酒或玫瑰酒；食用肉类时饮用红酒；而饭后则饮用少许白兰地或甜酒类。香槟酒则用于庆典如结婚、生子、庆功等场合，不能"乱套"。西式宴会是一人一位，食品各是各的，互不干扰。不能"代客夹菜"，尤其不能用自己进食的用具给别人夹菜。敬酒不劝酒，别人愿喝多少由他自己，礼仪到位就行。

还有一整套诸如宴会前的准备（告知主人能否参加、在何地、按时到达、着装要求等）、宴会中的礼节礼仪（如进座位，餐巾、刀叉的正确使用，取食，用语，与主人、来宾、服务人员打招呼等）、其他注意事项（如自我介绍、别人讲话不插嘴、不大声喧哗、别把盘子端起来吃、把该吐的东西吐在餐巾上包起来换掉、不要打嗝、不可狼吞虎咽吃喝出声、打喷嚏时转过脸用餐巾遮住嘴巴然后说"Excuse me"、等主人先动刀叉等）。看上去，似乎古代中国的一些餐桌礼仪被西方人继承去了。

西方对美食的欣赏也非常注重其色、香、味、形。除此之外，他们也欣赏餐厅的典雅氛围、餐桌摆设的得体、用具的华美、餐具器皿与食物的搭配适宜、用餐礼仪的优雅等，把饮食消费作为一种享受生活的方式对待。

西方厨师，不但要制作出让人赞赏的美食，还要在学术上有所建树。因此不同于古代中国，在西方厨师的社会地位与社会上从事其他职业的人是一样的。尤其是法国的厨师，被称为"美食艺术家""饮食学者"等，在社会上具有较高的社会地位。

思考题

1. 什么是饮食文化？

2. 世界三大烹饪流派及其代表各是什么？

3. 叙述中国饮食文化的发展简史。

4. 中国传统饮食文化有何特点？

5. 举例简要讲一讲中国传统的烹饪原料文化。

6. 举例简要讲一讲中国传统的烹饪工具文化。

7. 举例简要讲一讲中国传统的烹调技艺文化。

8. 中国传统的饮食风味流派有哪些？

9. 举例简要讲一讲中国传统的饮食产品文化。

10. 简要讲一讲中国传统的酒文化。

11. 简要讲一讲中国传统的茶文化。

12. 举例简要讲讲如何欣赏中国传统的饮食消费文化。

13. 简要讲讲如何欣赏中国传统的饮食。

14. 简述中国传统饮食养生文化。

15. 简述中国古代有关饮食烹饪的典籍。

16. 简述中国传统饮食文化与哲学、政治以及其他领域文化的关系。

17. 简单比较一下中西饮食文化有何不同。

専題七
武术文化

　　武术是中华传统文化瑰宝中的一颗璀璨明珠。武术，古代曾称"手搏""技击""武艺"等，近代以来曾被称为"国术"，中华人民共和国成立后则统称为"武术"。海外将中国武术称为"功夫"。武术历史源远流长，其摄养生之精髓，集技击之大成，在实际应用和演变中形成了多门派和系统化的技术体系，功效显著。建国以后形成的以竞技为形式的散打、摔跤、擒拿、太极推手和套路演练等皆应是武术演变的结果。武术植根于中国传统文化之沃土，蕴含中国传统哲学之奥妙，由此形成了内涵深广、层次多元的庞大理论体系。加之中医之道，更独具中国特色的武术，在华夏百花园中焕发着异彩。

一、武术与武术文化

　　1988 年 12 月《全国武术研讨会纪要》认为："从广义看，武术是体育，又是文化。从武术作为体育项目这一狭义的理解看，武术的定义应当是：武术是以技击动作为内容，强身健体之功效，以套路和格斗为运动形式，注重内外兼修的中国传统体育项目。"中国武术按照运动形式分为套路、格斗、功法三大类。其中套路按照演练特征来分，主要分为拳术、器械和对练三大类。拳术，包括长拳、太极拳、南拳、形意拳、八卦拳、通背拳、地趟拳、象形拳等；器械，包括刀术、剑术、枪术、棍术、双刀、双剑、九节鞭、双节棍、绳镖、流星锤等；对练，包括徒手对练、器械对练、徒手与器械对

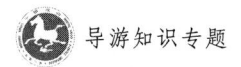

练；此外，还有集体演练、格斗技击等。武术作为中华文化大家庭中的一员，在今天已成为重要的旅游资源和魅力四射的演艺项目。

中国武术蕴含着丰富深刻的人生哲理、民族精神和辩证法思想，与中国古代哲学、医学、军事学、教育学、美学以及丰富多彩的健身术相互关联、渗透其间；武术文化是对武术的技击观、伦理观和价值观的综合反映。武术文化源远流长、博大精深，得到越来越多的人特别是国际友人的喜爱，成为吸引外国游客的重要因素，各种武术流派的发祥地也正成为国内外游客的旅游目的地，如以门派为代表的河南登封少林寺、四川峨眉派、湖北青城武当派；以地方为代表的河南温县陈家沟陈氏太极、河北沧州孟村八极拳、河北沧州戳脚、山东冠县查拳、山东烟台螳螂拳、广东佛山咏春拳；以拳种为代表的长拳如查华炮轰、华、炮、洪拳，南拳、太极拳、形意拳、八极拳、劈挂拳、翻子拳、地躺拳、象形拳等，各门各派各拳种的功法特点都独具一格，技术风格迥然不同，故形成了中华武术的繁荣与多样性。

二、中国武术的产生与发展概况

中国武术的源头，可以追溯到我国远古祖先的生产活动。早在 100 多万年前，我们的祖先就生息、繁衍在中华大地上。当时生产资料异常匮乏，先人们为了生存不得不进行狩猎等生产活动，并从中学会了使用木棒、石头击打野兽的方法。这些击打的方法多是基于本能的、自发的、随意的身体动作，人们还不可能有意识地把捕杀作为一种专门技能进行练习。但这些击打技能却是武术的源头之一。

人类进入旧石器时代晚期，生产工具已经有了很大改进，打制的石器器形已多样化，还广泛使用了复合工具，在劈、砍、击、刺等技术上初步积累了经验。当人类有目的、有意识地运用这些劈刺格斗技术时，就形成了武术的萌芽。早期萌芽状态的武术，比起远古时代基于本能的、自发的、随意的狩猎搏击原始形态已经发生了质的变化，这是第一次飞跃。但其技能本质上还是属于生产活动的范畴。

新石器时代末期，随着生产力的发展，私有制的萌发，各部落出现了频繁的战争。由于战争的需要，大量磨制锋刃的工具就逐渐转化为互相残杀的武器，其生产技能也随之转变为军事战斗技能，使用兵器的技艺及战争需要的格斗技术，也开始从生产技能中分离出来，成为独立的技术领域，这种战争中的军事格斗技术就是武术格斗的源泉。人与人的竞技格斗使武术脱离了生产技术，完成了从量变到质变的过程，产生了又一次质的飞跃。

公元前 21 世纪，进入阶级社会以来，我国古代武术已脱离了武术的原始属性，作为一种相对独立的社会现象出现在历史舞台上，并开始逐渐走向民间。以个人技艺为特征的搏技（手搏、角力）在民间形成了广阔的市场，"侠"和"士"开始出现。这一时期，武术功能的多样化发展使武术具有了表演性、竞赛性与娱乐性。同时，武术理论开始出现并逐步发展，这也成为中国武术体系初步形成的重要标志。

从公元前 221~公元 960 年，中国历史上经历了秦汉、三国、魏晋南北朝、隋唐、五代等多个朝代。在这漫长的历史进程中，出现了套路形式的"剑舞""刀舞""双戟舞"等。对抗性的手搏、角力也有了进一步发展，徒手和器械项目内容更加丰富，武术逐渐与养生相结合。道家提出的练养精、气、神思想对武术产生了深刻的影响。唐代（702 年）开始实行"武举制"，用考试办法录用人才。武举制的创立，对整个社会习武之风产生了广泛而又深刻的影响，利禄爵位的诱惑，使更多的人投入习武活动，促进了武艺的提高。

宋元时期，中国封建制度继续强化，商品经济有了显著的发展，为武术发展奠定了深厚的基础。首先表现在军事训练的程式化上，使兵器技艺进一步规范化。在军队训练方面，宋代使用了统一的训练操典——教法格，对训练内容、训练方式、使用器械都作了明确规定。由于教法格的实施，须有专职教习人员，"教头"便应运而生。这一时期，武术在民间进一步普及，拳械技艺进一步丰富，套路武艺有了发展，产生了单练和对练的运动形式等，同时出现了打擂比武的"露台争交"。

明清时期，武术得到巨大发展，流派林立，武星灿烂，呈现出蓬勃发展的繁荣局面。自明代始，以戚继光、程宗猷、茅元仪等为代表，对宋以来的武艺作了系统的总结和整理，把原来主要是口传身教的武术技术，用明确的文字、绘图记录下来，作为习武练艺的范本，大量的武术专著随之问世。尤其是民族英雄、抗倭名将戚继光撰写的《纪效新书》《练兵实纪》《练兵杂纪》等，不仅在军事上影响颇大，在武艺训练上也为后世所遵循。

1840 年鸦片战争以后，随着冷兵器逐渐退出历史舞台，武术基本上从军事中脱离出来，成为强身自卫的运动，并逐步成为中国近代体育的有机组成部分。从 19 世纪 60 年代开始，西方体育传入中国，在其影响下，我国武术也发生了一些变化。辛亥革命以后，曾把武术作为中国式体操。特别是 1910 年霍元甲在上海成立了"精武体育会"，该会以推广武术为主要活动，发展很快，先后在广州、佛山、汕头、顺庆等地相继成立了分会，成为当时维持时间最长、影响最大的体育团体。1917 年，全国中学校长还通过会议，把武术作为中学正式体操，试图用近代运动的形式，对传统武术进行改造。近代武术的内容庞杂，且武术与导引、气功等结合更为紧密，武术开始走向专门化、社会化、体育化。随着各项运动的开展，中国人也开始组织自己的体育团体，其中包括武术团体。

1927 年 6 月，张之江发起成立了国术研究馆，后易名为中央国术馆。随后有 24 个省市建立了国术馆，县级国术馆达 300 余所，许多区、乡建立了分馆，这样就形成了一个较为完备的国术馆系统。中央国术馆曾在 1928 年和 1933 年在南京举办过两届国术国考，进行了拳术、长兵、短兵、散手和摔跤等比赛，还组织过一些较大规模的武术表演活动。如 1929 年在杭州的国术游艺大会，1936 年中国武术旅行团访问东南亚，同年中国武术队赴柏林奥运会表演等。同时还举办各种国术训练班，组织进行武术方面的学术研究活动，编写了各种教材。中央国术馆在当时对武术的发展曾起过积极作用。由于那个时代军阀割据，政局动荡，不同思潮的激烈交锋以及连年战火等影响了武术的发展。但总体来看，这一时期的武术仍呈发展趋势，中国武术在走完了近代历程后，进入一个新的历史时期。

1949 年中华人民共国成立后，中央政府十分重视继承发扬祖国的传统文化和人民的健康，大力推广武术运动，使武术得到了空前的发展，这是中国武术史的鼎盛时期，大量埋藏在民间的拳种套路和技术被挖掘出来，武术开始向规范化、科学化迈进。20 世纪 80 年代以来，在中国国家体委的倡导下，8000 余人的队伍跋山涉水，深入全国各省、市、自治区，挖掘整理了 100 多种拳系，编成了《中华武术拳械录》，录制了 390 多小时的录像带，共征集到文物资料 482 本，古兵器 392 件，有关珍贵实物 29 件。为了弘扬中华武术，1982 年全国武术工作会议提出："要积极稳步地把武术推向世界。"中国举办了很多比赛和表演，派出武术团体出访与交流，促进世界对中国武术的了解。1990年在北京举行的亚运会上，武术第一次被列为正式比赛项目，向世界展示中国武术的魅力与风采。同时，国际武术联合会也正式成立，从此武术开始了走向世界的新历程。1994年10月，国际武术联合会被世界单项体育联合会正式接纳入会。随着武术运动的不断发展，武术的对外交流日趋频繁，到中国来学习武术的团体和个人络绎不绝，邀请中国武术专家、教练员去讲学授艺的国外团体和国家日益增多。国际及各洲的武术组织相继成立以及日趋活跃的国际武术竞赛活动，使武术运动进入了一个有组织发展的新阶段，推动了武术在世界的普及和运动水平的提高。2008年北京奥运会将武术列入表演项目，使中华武术在世界性体育舞台上大放异彩。

三、中国武术的文化内涵

中国武术之所以有如此强劲和长久的魅力，其根本原因就在于它根植于具有数千年历史的华夏文化的沃土之中，蕴含着深刻的东方哲学思想和伦理道德观念。

（一）武术与民族精神

武术源于狩猎、捕鱼和原始格斗等人类的生产斗争实践，武术的产生与发展是中华民族智慧的结晶，也是中华民族勤劳、勇敢的直接表现。武术是由中国古代以技击（攻防）技术为主要内容所形成的技击体系发展而成的民族形式体育运动项目；武术的最基本活动形式是人体运动，其健身价值更为突出。通过武术锻炼可以从多方面增进人体健康，对人的力量、耐力、速度、灵敏、柔韧等各种素质的发展有良好的影响。武术是我国参加锻炼人数最多的体育项目，分布极广，遍布全国，它在实现"全民健身计划"中更是一项举足轻重的体育健身项目。武术还反映了人们丰富的精神需求，武术锻炼除追求外在的"形"之外，更注重内在的"神""志""情"，这些都符合中国人的审美习惯；练武者自练自乐求得一种自我满足，可以陶冶人的情操；练武者在时间上坚持不懈，在技术上精益求精，这是意志品质的自我磨炼，从而培养了人对信念执着追求的精神；武术可供人们欣赏，以丰富人们的文化生活，满足人们的精神需要。中华民族尚武，热爱武术运动，既可强

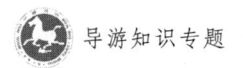

健体魄，又能振奋民族精神，体现出我们民族不畏强暴、敢于拼搏的精神，也表现出我们民族生机勃勃、团结向上的精神风貌。

（二）武术与道家哲学

道家的本体论思想主要表现在道论、气论、天人合一论三个方面。道家这种本体论思想也成了中国武术认识论的思想根源。

道家认为，"道"是万物之始，又是万物之宗，老子的道德经中写"道生一、一生二、二生三、三生万物"。中国武术汲取了这一思想，认为"道"也是武术最根本的特征，并由此"道"而生出阴阳、动静、刚柔、虚实种种相辅相成、互为因果的变化技艺。武术的核心与本源的"道"是非常玄妙、不可捉摸的，因为中国哲学的思辨方法是重直觉、重悟性，以形象感知来把握事物、理解事物，这也是武术文化思维方式的特色。武术的一招一式、进退开合、闪展腾挪等这些外在的表现形式是可以传授的，是可以观摩习练的，而中国武术的意境、神韵，武术之道的精微与真谛则是只可意会，却难以言传的，只能由学习者用直觉去领悟体验。这说明只有在日积月累的长期锻炼中才能掌握中国武术之道的本源与实质。

道家为了表述本体观，还用"气"来代表宇宙万物的根本。"气"即"道"的体现。在古代武术理论中，"气"占有很重要的地位，"气"被视为武术的原力与本根，是武术生命的精微所在，武术的功能、神韵、绝技等种种外在形态均为"气"的演化与体现。因此，在武术的习练过程中以"气"为基础与根本，以"功"为外在形式与表现。

天人合一的观念也是道家本体论的突出表现。所谓"天"，代表的是自然。"天人合一"有两层意思：一是天人一致，宇宙是大天地，人则是小天地，人是大自然中的一个部分。二是天人相应，人和自然在本质上是相通的，故一切人事均应顺其自然，方能获得生存与发展。天人合一就是指人与自然、人自我身心内外的高度和谐统一。中国武术在长期实践中体会到，作为武术运动对象的客体——人体自身与宇宙自然有着内在的必然联系，在武术实践中必须使人体自身适应宇宙自然，达到二者的统一，方能完满实现武术的目的。武功拳法模仿飞禽、走兽、昆虫、鱼类等图腾动物，寓意也在于此，既认为这些生灵为自然之精髓，像其形，取其意，当然也就获得了自然的精华，接近了自然的本质。这就是天人合一观念在武术中的体现。

（三）武术与《易经》哲学

《周易》是我国最古老的哲学经典，其主要哲学思想：一是以阴阳为代表的辩证观念；二是以八卦为代表的万物生成观念。《易经》最基本的思想是阴阳对立统一的朴素辩证法思想，它研究探讨的是阴阳变化的存在规律，指出了世界上万事万物神奇莫测的变化均为阴阳对立使然，由阴阳对应观念衍生出一系列诸如动静、刚柔、虚实、开合、内外、进退、起伏、显藏、攻守等对应概念。这一系列描述事物变化的原理，被广泛地运用于各类拳种、门派的武术理论之中。它们所代表的诸多对应因素的不同组合，及其对立与转化的种种演变，构成了中国武术极为丰富的各种技击原理与方法。武术要求"动静相生""刚柔互补""快慢相间""后发先至"，这些都是以阴阳辩证观念为哲学基础的。

《易经》是从人类两性、动物雌雄以及昼夜、寒暑、日月等自然现象来确证阴阳化生万物观念的，它用"—"代表阳，用"--"代表阴，由此组合成八卦以作为宇宙万物之根本，代表八种最基本的事物：乾天、坤地、震雷、离火、巽风、兑泽、坎水、艮山。又以八卦中两卦一组，错综配合，生出六十四卦和三百八十四爻。《易经》认为，这里的"卦"与"爻"代表了宇宙万物的基本性质和变化规律，体现着事物发生、发展的内在原因。武术中将八卦对应于人体"乾为首，坤为腹，震为足，巽为股，坎为耳，离为目，艮为手，兑为口"，按此卦象而制定步法、掌法、身法，如八卦游身连环掌就属于此。也有人按八卦的规律制定技术原则，创出八卦九宫图，为演练拳术之路线。清代以来流行于西北诸省之八门拳，也以八卦哲学为其技术思想。该拳汲取古代以八卦方位创造的"八阵图"精神，以"休、生、伤、杜、死、景、惊、开"八卦之八门，创造出粘、连、擒、捆、破、缠、滚、脱八门拳法，并遵循八卦阵图创造了八门拳诀与拳势布局、方向路线等。由《易经》八卦派生出的五行、太极学说也与中国武术的一些拳种有着密切的关系，如广为传播的太极拳就是明证。

（四）武术与《孙子兵法》

在古代兵法著作中，《孙子兵法》以其精深的哲学、博大的内涵和杰出的谋略，为我国及世界的军事科学都做出了巨大的贡献，也成为武术技击战略战术思想的直接渊源，《孙子兵法》已成为武术思想的重要基础。

"知己知彼，百战不殆""先为不可胜，以待敌之可胜""兵者，诡道也""奇正之变，不可胜穷也""善战者，致人而不致于人""兵因敌而制胜""兵之情主速"等均是正确指导战争的最为重要的先决条件，表现了孙子唯物主义的正确观点，被视为确定战略战术必须遵循的重要思想。中国武术各拳种、各流派均极为重视这一系列思想，强调在临阵应敌时应先了解对手的动静规律，查明敌我双方优劣利害之处，分析敌我计谋的得失，在充分了解掌握的前提下，再结合自身特点确定应敌战术，以己之长攻敌之短，最终达到克敌制胜的目的。

（五）武术与中国伦理

中国传统文化的主要特色无不贯穿着人生哲理的价值观与伦理观。根植于中华传统文化土壤中的武术，在其各方面始终具有浓厚的伦理思想，尚武与崇德成为密不可分的两方面。武术文化反映了伦理型文化、重视人际关系的人文精神。中国的伦理型文化强调人是社会的人，重视人与人关系的和谐和睦，武德观念正是在这一背景下产生的。

武术中的伦理道德精神首先表现在对习武的认识上。武术的本质是技击，技击的攻防格斗直接源于战斗，战斗则免不了流血牺牲，因此武术必然内含着残酷与暴力。但中国自先秦以来不仅十分重视武士的培养，而且更重视武德的修养。中华武术家把练武术作为人生品德修养的重要途径和方法，是练武与修身的统一，习武即修身。练武之内外兼修，内即指品行的修养，外即指技艺的修炼，习武者应将品德与技艺的修炼同时进行。

"仁"是中国古代伦理思想的最高境界。武德仁学的中心思想不仅体现在武家授徒主张择人从严上，也充分体现在武技运用上。武技之运用随武术社会功能的不同而呈多样性：用于保家卫国、除暴安良之战场，为武术社会实用之功能；用于竞技、较艺、健身、娱乐，则为武术竞技体育之功能。这两种功能性质迥异，却均可体现武术的仁学伦理思想。战场对敌，为克敌制胜，武术亦讲打击之稳、准、狠，所谓"一狠、二毒、三功夫"。因为这是善与恶的生死搏斗和存亡之争。但即使是这种社会实用性的战斗，武德亦有体现，所谓仁义之师，先礼后兵，争战杀伐乃不得已的最后手段。即使这类战斗，武术之仁德精神亦以制服对方为主，只要能制服敌手，则尽可能避免杀人取命。这表明中华武术具有可贵的人道主义精神，反映了中华民族善良、淳朴的美德。武术之对抗性竞技，即"较武""比试"，也是武术功能的一种运用，并于此武艺竞技中体现出对英雄高手的荣誉心理和征服对方谋求胜利的精神追求，但这与对敌交手毕竟是性质截然不同的另一种竞技。这种较武竞技中更应充分体现仁义、友爱的精神。因此，古代武家较艺主张所谓"君子之争"，也就是从仁爱出发，遵守一定的规章和法度来开展竞赛，并且十分强调应以正确的态度与胸怀来对待较艺，在比赛中"点到为止"，通过较武切磋技艺与交流感情，达到"以武会友"的目的。武德的仁学是仁爱主义的人伦观，也是泛和谐价值观的具体体现。中国武术有技击、养生、修性、教化、娱乐等多方面功能，而实现这些功能的伦理观念是和谐。中国武术视个体和谐为真，天人和谐为美，人际和谐为善。和谐观念是武术伦理思想的最高准则。

武德崇尚仁爱，同时倡导侠义精神。中国武术从来都是赞扬除暴安良、扶弱济贫的行为，专以惩恶扬善为己任。武家提倡仁慈，但绝非不杀生；武林讲忍让，但绝非对祸国殃民之罪恶听而不闻、视而不见。路见不平，拔刀相助，忧国忧民，扶危济困，保家卫国，血染战袍。这样的侠义英雄，才是武林人士崇尚的美德与人生追求。

中国武术还与中国传统艺术、文学和民俗、宗教及中华医学等多门学科密切相关。武术文化作为中国文化中的重要组成部分，我们只有在今后的实践中慢慢领会与品赏。

四、中国武术主要流派的特点及鉴赏

少林、武当、峨眉武功是中国武术宝库中著名的三大重要流派，是中国传统武术的三大支柱和重要组成部分，而且历史悠久，源远流长，影响深广，名扬海内外，深受广大人民群众和武术爱好者的喜爱。

（一）少林武术

少林武功闻名遐迩，起源于古代嵩山少林寺，并因此得名。少林寺位于河南登封市嵩山少室山五乳峰下，创建于南北朝时期的北魏太和十九年（495 年），是孝文帝为安置印度僧人跋陀前来嵩山落迹传教而建。

据考证，少林拳是以少林寺为中心的整个地区的拳术集合代表，是经过历代僧徒以及众多武术家长期演练、综合、充实、提高后逐步形成的一系

列拳术，达百余种，武术上总称"少林拳"。其中起过重要作用的是元代少林派白玉峰、觉远上人、李叟以及俞大猷等武术大师，他们精心研究少林拳法，注重拳法的整理和传授，从而形成了一系列有系统的少林拳法。

隋末唐初，少林寺方丈为了保护庙宇的安全，从寺僧中选出身强力壮、勇敢灵巧或善于拳击械斗者组成一支专门队伍，形成武僧，开始了有组织的、严格的僧兵训练，操练棍棒。这对少林武术的发展起了很大的作用。少林寺还经常到各地邀请武林高手到寺庙传授拳法、棍法，发展少林武功。五代十国时，高僧福居特邀18位著名武术家到少林寺演练三年，各取所长集成少林拳谱。明代抗倭名将俞大猷也到少林寺传授棍术，所以少林寺实际上成了一个有名的会武场所，群英荟萃，各显神通。少林寺博采百家，在汲取各路武艺之长后，又逐步发展成为包括马战、步战、轻功、气功、徒手以及各种器械等许多套路的武术流派，后代弟子结合中华民族固有的武技精华，融会贯通，发展充实为名扬中外的少林武功。

除嵩山少林寺外，相传少林寺先后在全国各地建立了十几个分院。明代在福建九莲山建立的一座少林寺，也以发展少林拳术著名，前清灭明后，不少爱国人士不满外族统治，削发为僧投入少林寺。达宗和尚结交三山五岳英雄，创立佛教洪门，培育和发展洪门弟子，极力鼓吹反清复明，秉正锄奸，南少林寺成为反清复明的大本营。洪门弟子的聚义厅，上上下下闪耀着精武强兵的刀光剑影，苦练杀敌本领。后来由于叛徒告密，遭到清官府派兵镇压，寺院被清兵烧毁。

辛亥革命前后，少林武功进一步在民间发展，各地武馆林立，不少爱国志士为了推翻清朝统治，积极学习少林武功。当时武术被用来作为革命的实战手段，许多地方纷纷建立"大刀队""梭镖队"，练武成风，在反清斗争中屡建奇功。

中华人民共和国成立后，党和政府非常重视少林武术的发展，许多省市成立了武术协会和体校武术训练班，进一步推广和发展少林武术。少林武功受到人们的景仰和喜爱，深深扎根于民众之中。

少林派拳术刚健有力，刚中有柔，朴实无华，利于实战，招招式式非打即防，没有花架子。身之收放，步之进退，手之出入起落，一气呵成，皆突出一个"打"字。少林拳套路多为直线往来，起落进退始终保持在一条线上进行运动，因为在实战中与对手短兵相接时，主要是从正面或侧面进攻与防守，所以直线运动最为有效。因此，在练习少林拳时，不受场地限制，有"拳打卧牛之地"一说。少林拳主刚，其风格主要体现一个"硬"字，攻防兼备，以攻击为主。拳势不强调外形的美观，只求技击的实用。步法进退灵活、敏捷，有冲拳一条线之说。在身形与出拳上，要求手法曲而不曲，直而不直，进退出入，一切自如。步法要求稳固而灵活，眼法讲究以目视目，运气要气沉丹田。其动作迅如闪电，转似轮旋，站如钉立，动如疾风，跳似轻飞。少林拳分南北两派，南派重拳，北派重腿，有"南拳北腿"之说，每派还分为许多小派。

（二）武当武术

武当武术也是中国武苑中的一朵奇葩。武林中素有"北崇少林，南尊武当"的说法，武当武功与少林武功齐名，声誉极高，名扬天下。追本溯源，武当派武术发源于湖北省西北部的武当山。武当山是道教名山，明初著名道士张三丰（真武）曾在此修道，明成祖朱棣即位后，极力推崇道教，敬奉"真武"，下诏遣使在武当山大兴土木达10年之久，建成净乐宫、复真观等8宫、2观、36庵堂、72岩庙、12亭台等。各种建筑各具特色，规模宏大，气势磅礴，现存紫霄宫仍保留完整，颇为壮观。张三丰武功深厚、医术精湛，当年在武当山修道传艺和治病救人，受到群众爱戴和尊敬，被尊为"通微显化真人"。他在研究太极阴阳八卦原理的基础上，创立了武当拳，把道家理学内功与民间武术融为一体。细查其拳理，皆与太极、阴阳，五行、八卦、九宫密切相关，其运行变化，相生相克，既对立又统一。他将道家的练精化气、练气化神、练神还虚之术融于拳理之中，使武当拳法具有了刚柔相济，以身领手、以意领气、以气运身的武术精华。

武当武术门类众多，内容丰富。拳术有武当太极拳、武当形意拳、武当长拳、武当八极拳、龙化拳、玄真拳、八卦掌、醉八仙等多种拳法。剑术有太和剑（武当单剑）、武当对剑、武当太极剑、龙化剑等。其他器械还有龙门十三枪、形意连环刀、三合刀、玄武棍等。在武当内功基础之上创立的武当太极拳更是驰名海内外。

太极拳是武当内家以柔克刚的拳术，练拳要求神气鼓荡，两股有力，两肩放松，主宰于腰，腰为太极。上于两膊相合，下于两腿相用，一动式，既轻又灵，一交手，四两拨千斤，先化后发，出奇制胜。其特点有以下几方面：一是轻松柔和。太极拳的架功，平稳舒展，动作柔和，绵里藏针，柔中有刚，动作要求轻松缓慢，不僵不硬，没有大起大落，没有剧烈运动。练太极拳要求放松身体，入静，慢练，即松、静、慢三字是其秘诀。老年人、中年人都极易练拳出功，养生祛病。二是均匀连贯。太极拳的动作，从"起势"到"收势"，不论虚实变化，都是连贯一气的，没有快慢的不同，速度均匀，前后贯串，好似长江大河滔滔不绝，又好似行云流水绵绵不断。三是圆活自然。太极拳的动作不同于其他拳术，它要求上肢每一动作处处带有半圆弧形，不可直来直往。这是符合人体关节自然弯曲状态的。通过圆弧形运动，达到圆活自然，体现出太极拳与众不同的柔和特点，也可以使身体各部分得到良好的运动。太极拳的自然运动，也体现了道的规律与哲学观点。四是协调完整。太极拳练习运动中，不论单式动作，还是套路组合动作，只要一动势，就要上下相随，内外一体，即周身上下内外一致，一动全身皆动。身体各部分之间要密切配合，协调一致。练太极拳时必须以腰为轴，上肢下肢的活动都由躯干来带动，并且相互呼应。

自太极拳开创以来，几百年间，代代相传，形成了许多流派的太极拳。然而，千拳为一理，万变不离宗。练时有法，用时无常。一切不离刚柔变化，一切不离阴阳生克。太极拳发展到今天，已成为世界流行最广、最受人们欢迎的武术健身项目之一。

（三）峨眉武术

峨眉武术发源于山川秀美、物产丰富、文化发达、人杰地灵的巴蜀大地，在明朝时期就与少林、武当鼎足而立。峨眉武术最早始于殷商时期，据《华阳国校注》记载，巴人是古代黄帝部落高阳的一个支脉，殷商时因从武王伐纣有功，封为子爵，称"巴子"。其作战以木板为盾，与人交战骁勇绝伦，被誉为"冲兵"。此书还记载，巴人首领范目曾率板盾军助汉王刘邦灭项羽有功，被封为三侯王。可见巴人英勇作战是有传统的。世代雄才勇将的涌现，与以峨眉山为代表的巴蜀之地人们的好武善斗密切相关。其地好武之风面广势大，长久不衰，其原因很多，其中与当地民风民俗不无关联。相传古代巴人就连选择自己的头领都要以投剑竞技的方式来决定，其好武善斗之风达到何等强烈程度可想而知。这是峨眉武术产生和发展的雄厚基础与良好条件。

　　峨眉山钟灵毓秀，峰峦台池泉井妖娆，集天地之灵气，蕴日月之光辉。自古以来，风流雅士、道士、僧人多居此山修炼，更给峨眉山冠以一道神秘的光环。相传居于寺观的僧道人家，在参禅静坐、念经拜佛之余，常常弄枪使棒，练拳踢腿，以武术来强身健体、延年益寿。到了隋末唐初，有河南少林寺高僧云昙云游至峨眉山，传入了少林拳法与功法。后来峨眉僧道以此拳法为基础，结合佛教修习禅观之法，吸收了道家的养身功和民间狩猎攻防技艺，融合一体，形成了自己的风格，开创了"僧门"派。南宋建炎元年（1127 年），峨眉山金顶白云禅师运用道家、医学家之阴阳虚实、人体盛衰的机理，结合僧门武术中的功法，经过多年琢磨，创编成《峨眉气功》，又称《峨眉十二桩》。又有德源长老集僧道武术之精华，结合自己的练功体会，编撰成《峨眉拳》一书。至此，峨眉武术已有了较系统的理论基础和实践经验。明右金都御史、代凤阳巡抚唐顺之（1507～1560 年）曾来峨眉山，在观看了一道人的武术表演后写下了《峨眉道人拳歌》。明末清初，峨眉武术的拳种流派已大有发展，在武林中有"一树开五花，五花八叶扶，皎皎峨眉月，光辉满江湖"之说。"五花"指峨眉武术流传的川东、川南、川西、川北、川中等区域，"八叶"指"僧、岳、赵、杜、洪、化、字、会"八个门派。峨眉武术不但以"功力拳、神力拳、铁臂金刚拳、火龙拳、余门拳、五虎拳、峨眉十二桩、三十六闭手等名拳和 32 个小拳著称于天下，而且以奇功异彩的稀有拳术闻名四海，其中有跛子拳、蟹拳、牛角拳、追魂拳、七步方脚拳等"。

　　峨眉拳术讲究刚柔曲直，属于内家拳技法，先练内，后练外，初练时先发力，再练拳、腿的攻防方法。在练习中，主张内外相重，强调"体用皆备，内外皆修"，即健身之道与练功技击相结合，内功外功相结合，善用五峰六肘之力（五峰：头、肩、肘、臀、膝；六肘：上肘、下肘、左肘、右肘、回闪、到肘）。峨眉拳术在攻防技巧上讲究手脚灵活，"腾、挪、闪、颠、浮、沉、吞、吐"是峨眉拳的主要技击方法。峨眉拳的动作特点是：走动含暗腿，掌指变化疾，步活势敏捷，身灵劲脆沉；以诱、随、逼、闪为主，脚走偏门，善使手法；要求重单手，讲化劲，以力为本，以快硬为上，以柔脆发劲，以闪化、巧变手法制敌。讲究借力巧打，手轻脚快，五峰六肘齐用，远踢近打靠身摔。有"脚似醉汉手如电，头似波涛身如柳"的说法。

由于数百年来动乱不断，峨眉武术不少已经失传，峨眉武术历代传授方法注重目传心授，代师收徒，正宗单传，加之门规戒律，长期在民间密传，故不少拳法仍鲜为人知。改革开放以来，大量峨眉武术资料被挖掘整理出来，在峨眉山和巴蜀人民的共同努力下，古老的峨眉武术正迸发出青春的活力，正为再创中华武术的辉煌做出贡献。

通过以上介绍我们可以看到，少林、武当、峨眉武术各有特色。少林派刚劲迅猛以功架见长，有外家拳术之称；武当派内修养气，以呼吸见长，有内家拳之名；峨眉派则主张内外相重、刚柔皆备。概括它们的特点，少林善刚、武当善柔、峨眉亦刚亦柔。

（四）近现代各门各派

很多杰出的习练者在继承、发展本门本派武术的基础上，拜访名师、多方试手、习练各地拳种，逐步树立了自己的特色和风格，在中华武林中开辟了新的门派和拳种特点，其中以万籁声的自然门，周永祥和周永福的鸳鸯门传播最为广泛、特点最为突出。值得一提的是自青岛国术馆走出来的周永祥、周永福两位先师，在继承形意、少林、八卦、螳螂、太极、摔跤、擒拿和器械等各门各派的技艺后，兄弟二人和弟子们博采众家之长，经潜心研究、实践、形成了独居特色的鸳鸯门派功夫，其套路具有单分阴阳、阴阳合一、以母为本、本衍子生、沾连粘随、不丢不顶、来叫顺送、引进落空、化中有打、打中有化、连消带打、处处可发、手无空出、腿无空回、变化莫测、招法奇特的特点。鸳鸯门第二代掌门人、原山东师范大学教授、研究生导师姜周存，在近40年练功、教学中，不断领悟两位先师传授的技艺，并完善和改进技术，同时又积极地与南北的名师交流，练就了一身融合太极、形意、八卦、螳螂、少林、八极、查拳等南北拳术于一身的独特身法和技艺，其在教授弟子和学生时招法：沾连粘随、不丢不顶、来叫顺送、引进落空、化中带打、招法奇特、变化莫测，深得弟子和海内外学生们的敬佩。姜周存教授成为鸳鸯门功夫继承与发展的集大成者，鸳鸯门也成为当今中华武术各派系中独具特色的一支。

五、现代武术主要赛事

武术在华夏大地历史悠久，百花争艳，异常活跃。但长期以来未能真正走出国门，只有到了改革开放以后才逐渐走向世界。1985年，在西安举行了首届国际武术邀请赛，并成立了国际武术联合会筹委会，这是武术发展的历史性突破。1987年在日本横滨举行了第一届亚洲武术锦标赛。1990年武术首次被列入第十一届"亚运会"竞赛项目。1999年，国际武联被吸收为国际奥委会的正式国际体育单项联合成员，这是武术发展中的一次历史性突破，2008年第29届北京奥运会上武术被列为特设项目，意味着"把武术推向世界"的宏伟目标有望在不远的将来实现。在现摘要列举国内外的重要赛事，以飨读者。

（一）全国武术锦标赛

全国武术锦标赛由国家体育总局举办，是全国最高水平的武术竞赛。分武术套路团体赛、武术套路个人赛，武术散打团体赛、武术散打个人赛，太极拳、剑、推手三大类比赛。1985年以前，全国武术比赛不分团体赛和个人赛，统称为全国武术比赛。1977年8月在内蒙古自治区举行的全国武术比赛，参赛和表演的拳、械套路有60多种，参赛单位有27个，运动员有438名。由于参赛运动员及参赛项目过多，不利于评定名次和裁判工作，也不符合体育公平竞争的原则。所以，自1985年开始，为促进各地优秀运动员技术水平的提高，全国武术比赛开始按团体赛和个人赛两种形式进行，上半年举行团体赛和个人资格赛，下半年举行个人赛。

（二）世界武术锦标赛

世界武术锦标赛是世界武术界最高级别的国际大赛。由国际武术联合会主办，每两年举行一届，各武术会员国轮流举办。所有参赛的国家或地区都须为国际武术联合会的成员。

首届赛事于1991年在中国北京举行，其后每两年举办一次；各项比赛均采用国际武联的竞赛规则进行。历届举办世界武术锦标赛的国家和城市如下：届份年份主办国家主办城市第1届1991年中国北京；第2届1993年马来西亚吉隆坡；第3届1995年美国巴尔迪摩；第4届1997年意大利罗马；第5届1999年中国香港；第6届2001年亚美尼亚埃里温；第7届2003年中国澳门；第8届2005年越南河内；第9届2007年中国北京；第10届2009年加拿大多伦多；第11届2011年土耳其安卡拉；第12届2013年马来西亚吉隆坡；第13届2015年印度尼西亚雅加达；第14届2017年俄罗斯喀山；

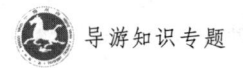

第 15 届 2019 年中国上海。

第 15 届世界武术锦标赛比赛项目设有武术套路（男女共设 26 个项目）、武术散手（男女共设 18 个项目）。

（三）亚运会武术比赛项目

武术运动第一次进入亚运会是在 1990 年北京亚运会，随后也成为第 14 届釜山亚运会的比赛项目。多哈亚运会的武术比赛共设 11 个小项，其中男子项目有长拳全能（包括长拳、刀术和棍术），太极拳全能（太极拳和太极剑），南拳全能（南拳、南刀和南棍），散打（52 公斤级，56 公斤级，60 公斤级，65 公斤级，70 公斤级）；女子项目有长拳全能（包括长拳、刀术和棍术），太极拳全能（太极拳和太极剑），南拳全能（南拳、南刀和南棍）。

（四）中央电视台举办的武林大会

《武林大会》自 2007 年 3 月 6 日首播以来，不断受到业界和电视观众的广泛关注与好评，更为中华健儿提供了一个展示自己的平台和机会，为弘扬中华武术、发掘民间武技提供了契机。用原汁原味的中国功夫，建成了中国自主知识产权的赛事。从赛事到市场，从运动员到衍生产品，形成一条完整的产业链，打造中国人自己的民族品牌，这是出品方——中视体育对《武林大会》做出的长远规划。

《武林大会》很好地继承了传统武术的真谛，采用传统武术擂台赛的方式，以"无拳套、无级别、无演绎"为核心理念，以"还原真实武林，传承功夫精髓"为宗旨，通过擂台对打的形式决出武林中的强者。这种比赛形式，区别于套路演练的表演形式和西方搏击竞赛形式，更接近中国武术的原本面貌。自节目开播以来，已经有五祖拳、梅花桩拳、心意六合拳等八个拳派登台开擂。《武林大会》以先继承再发展为原则来推动中国武术的发展，一定意义上保护、传承、发展了我们的瑰宝。

（五）河南卫视举办的武林风

《武林风》是河南卫视于 2004 年推出的一档以武术搏击比赛为主题，融武术、竞技、娱乐于一体的高端栏目，它是中国搏击标志性节目。雄霸河南卫视周六晚间黄金档，收视率居高不下。节目开播以来，迅速成为专业搏击高手及民间功夫爱好者一展身手的首选舞台，几乎所有中国搏击界精英都曾在《武林风》留下过足迹。栏目以娱乐元素提升武术魅力、以全球视野扩大武术影响、以打擂比武展示武术精髓，以宏扬中华武学文化、展示中原武术功力为己任，让观众在精彩与快乐中，体会"搏艺有道，娱乐无边"的魅力。

《武林风》国际赛事声誉远播，与世界拳击理事会（WBC）、世界泰拳协会（WMC）、世界自由搏击协会（WKA）、全球最大的自由搏击 K-1、泰国泰拳协会、伊朗武术协会、澳大利亚武术联盟等国际武术机构长期紧密合作，栏目组定期走进美国、澳大利亚、马来西亚、日本、德国等 10 余个国家和地区，或比赛，或演出，通过此类交流，《武林风》迅速在国际走红，成为具备国际水准的搏击组织和传播平台。

2013 年 8 月，由《武林风》倡导的世界自由搏击理事会（WLF）正式成立，这个在美国内华达州注册的世界性职业搏击认证机构是第一个由中国人倡导且具有广泛国际影响的职业搏击组织。《武林风》成为中国唯一一档拥有自己的搏击组织、播出平台、赛制模式和选手资源的武术搏击栏目，使中国在世界搏击界占据一席之地，对弘扬中国武术、让中国武术与世界搏击规则接轨产生深远而重大的影响。《武林风》栏目每年举行六大国际赛事（中美、中欧、中日、中泰、中伊、中越），为中国武术走向世界提供平台。

六、中国跤

中国跤是以摔的技术为主体，起源于徒手武术中的一门专门技术。它是中国武术中的踢、打、摔、拿四大主技之一。后来它和踢、打、拿分开了，集武术各个门派选取的精华徒手动作，自成一门。但现在和拳术仍有联系，只是各自发展了。"中国式"摔跤具有悠久的历史，源远流长，博大精深，是国粹，武术的一个重要分支。在汉朝就存在，当时的学名叫"步亏"，也叫"角力"。自古就有远踢近打，贴身摔的说法。摔跤不仅能培养人的力量、速度、灵巧、柔韧等身体素质，还能培养人的勇敢、果断、坚毅、顽强的拼搏精神。据史书记载：最早在战国时期"以为戏乐，用相胯示"秦汉称"角抵"，晋代又称相搏、手搏、相扑。三国时期魏主曹操将摔跤引入兵营，作为练兵的科目，唐代敬宗、庄宗、文宗都喜欢摔跤，致使摔跤猛发展到轻盈、敏捷相当的水平。"中国式"摔跤是中华民族优秀传统文化的一部分，是最能代表中国功夫的国技。

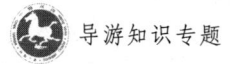

思考题

1. 什么是武术文化？怎样理解武术的基本概念？
2. 武术是如何产生的？怎样理解武术的发展过程？
3. 少林、武当、峨眉三大武术流派各有什么特点？
4. 如何理解中国武术丰富、深厚的文化内涵？
5. 请列举中国和世界的主要武术赛事活动。

中国传统医学——中医学

中医学是研究人体生理、病理以及疾病的诊断和防治等的一门科学。中医学是在中国古代道法自然论思想的指导下，通过长期的医疗实践，不断积累，反复总结而逐渐形成的独特的传统医学科学，是中国人民长期同疾病作斗争的极为丰富的经验总结，具有数千年的悠久历史，是中国传统文化的重要组成部分，是中国和世界医学史上的一颗璀璨明珠。

中医学体系博大精深，学派众多，文献浩如烟海。仅以学派而论，就有伤寒、温病、攻邪（攻下）、寒凉（河间）、医经、经方、时方、补土（脾胃）、易水、滋阴、温补、火神、中西汇通等。医家经典如《黄帝内经》《难经》《神农本草经》《伤寒杂病论》《金匮要略》《针灸甲乙经》《诸病源候论》《千金方》《唐本草》《外台秘要》《温疫论》《本草纲目》《医林改错》等。名医世代辈出，如古代的岐伯、扁鹊、张仲景、华佗、皇甫谧、孙思邈、李时珍等。中医学的发明人传说是黄帝和他的臣子岐伯，因此中医也称为"岐黄之术"；医家常在门前悬挂一个葫芦为标志，故有"悬壶济世"之说。

一、中医的发展史

中医理论主要来源于实践，并在实践中不断充实和发展。早在远古时代，我们的祖先在与大自然相处中，通过对大自然运行规律的思考与总结，逐渐形成了天人合一的原始中医学思想，并在实践中不断完善，形成了一套完整严密的中医理论和应用体系。

2000多年前的春秋战国时期，中国现存最早的中医理论专著《黄帝内经》（分为《素问》和《灵枢》两部分）问世（还有《黄帝内经》出现较迟的说法，但学术界一般认为书中所反映的内容不迟于春秋战国），该书总结了在此之前的治疗经验和医学理论，结合当时其他自然科学的成就，对人体的生理、病理及疾病的诊断、治疗和预防，作了较全面而系统的阐述，初步奠定了中医学的理论基础。

另一部可与《黄帝内经》媲美的古典医籍——《难经》，成书于汉朝以前，相传为秦越人所著，其内容补充了《黄帝内经》之不足。

《神农本草经》是成书于东西两汉期间的药学专著，由若干医家陆续写成。该书总结了汉朝以前人们的药学知识，载药365种，并记载了君臣佐使、七情和合、四气五味等中药药物学理论。

东汉著名医家张仲景著有《伤寒杂病论》，该书以六经辨伤寒、以脏腑辨杂病，确立了中医学辨证论治的临床体系，为临床医学发展奠定了基础。

西晋医家皇甫谧著成我国现存最早的一部针灸专书《针灸甲乙经》，其内容包括脏腑、经络、腧穴、病机、诊断、针刺手法、刺禁、腧穴主治等，对针灸医学的发展起了很大作用。

隋代巢元方等人集体编写的《诸病源候论》，分别对内、外、妇、儿、五官等科多种疾病的病因病机和症状作了较详尽而科学的描述，载列症候1700余条，是我国最早的病因症候学专著。

唐代组织苏敬等20余人集体编修本草，名为《唐·新修本草》（又名《唐本草》），是中国古代颁行的第一部药典，也是世界上最早的国家药典。

唐代医家孙思邈集毕生精力著成《备急千金要方》《千金翼方》，共载方7871首，并对临床各科、针灸、食疗、预防、养生等均有论述。

唐代医家王焘编著的《外台秘要》共40卷，50余类病证，方7000余首，几乎包括了临床医学各科，其中汇集了大量现已亡逸的医药学文献，并有诸多民间验方。

宋代对中医教育比较重视，设立"太医局"，作为培养中医人才的最高机构。还专设"校正医书局"，有计划地对历代重要医籍进行搜集、整理、考证和校勘，历时十余年，陆续刊行。

金元时期，出现了各具特色的医学流派，其中有代表性的是"金元四大家"。四大家中刘完素以火热立论，倡"六气皆从火化""五志过极皆能生火"之说，用药以寒凉为主，后世称他为寒凉派，他的学术观点对温病学说的形成以很大的启示；张从正认为病由邪生，"邪去则正安"，攻邪祛病，以汗、吐、下为攻邪的三个主要方法，后世称他为攻邪派；李东垣提出了"内伤脾胃，百病由生"的论点，治疗以补益脾胃为主，后世称他为补土派；朱震亨倡"相火论"，谓"阳常有余，阴常不足"，治病以滋阴降火为主，后世称他为滋阴派。

明代医药学家李时珍，亲自上山采药，到各地广泛调查，弄清了许多药用植物的生长形态，并对某些动物药进行了解剖和追踪观察，对药用矿物进行比较和炼制，参考文献 800 余种，历时 27 年之久，写成《本草纲目》，收载药物 1892 种，附方 10000 余个，对中国和世界药物学的发展做出了杰出的贡献。

温病学是我国人民长期与外感热病作斗争的经验总结。明代吴又可在《温疫论》中提出其病源"非风非寒非暑非湿，乃天地间别有一种异气所成"，其传染途径是从口鼻而入，而非从肌表而入。至清代，中医在温病的治疗方面积累了丰富经验，因而在理论上也有了新的发展，产生了以"卫气营血"和"三焦"对温病进行辨证施治的温热病学说，反映其成就的代表作有叶桂的《温热论》、薛雪的《湿热条辨》、吴瑭的《温病条辨》及王士雄的《温热经纬》等。

清代医家王清任重视解剖，著《医林改错》，改正古医书在人体解剖方面的错误，发展淤血致病的理论，对中医基础理论的发展做出了一定贡献。

清末著名伤寒学家郑寿全尽 20 余年之精力，探索《内经》《周易》《伤寒》三书的精髓，创立了著名的火神派，强调阴阳为纲，尤重心肾阳气，百病不离六经气化。传世著作有《医理真传》《医法圆通》《伤寒恒论》。

清末至民国年间，白族医学家彭子益寻幽探微，系统总结古中医学理论，其著作《圆运动的古中医》一书，化繁为简，使浩瀚复杂的中医变得明朗清晰，对后世中医临床治疗具有划时代的指导价值。

中华人民共和国成立以后，中医学进入了一个新的阶段，广大医学工作者在整理研究历史医学文献过程中，对传统中医已濒临失传的五运六气学说进行修复整理，使其在中医临床中又焕发出强大的生命力。同时运用现代科

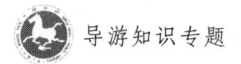

学方法研究中医基础理论，在经络与脏腑的实质以及治疗常见病、多发病、疑难病等方面均取得了很大成绩。

历史上，由于中国传统科学在自然科学层面上走了一条独特的道路，这条道路随着近百年中国国力的衰弱被忽视和遗忘了，而在中医基础理论中得到了系统保存。中医药仍然保持了传统的术语、理论和技术，"中医药"作为一个"活化石"和"金钥匙"，对它的系统继承和整理研究，将有助于重新揭示中国传统科学的独特思维方式、方法和技术体系，找到中国优秀文化传统的"活水源头"。

二、中医的理论基础和基本特点

（一）中医的理论基础

传统中医学的核心内容是建立在阴阳五行基础上的，所以欲认识中医必须先从认识阴阳五行开始。

1. 阴阳和五行

中医认为，人体就是一个小宇宙，即一个小天地。天地运行有规律、有阴阳二气充斥其间并相互作用，天地间的万物由金木水火土五行组成，人体也不例外。人体中的阴阳二气秉承天地而来，是先天的，故称为"元气"。元气充则阴阳平衡，人体健康；否则生病。阳亏生阳损之病，阴亏生阴损之病，阴阳两亏则生阴阳俱损之病，人体既然由"五行"构成，故药物中的五行之气可医治人体因阴阳五行失衡所致之病。如此体内的阴阳之气运行才能归于有序，重新达到平衡，身体则恢复健康。

原始的阳是指太阳照射到生物所在地面之光热。阴是指此地面的光热已过与再次到来之间的状况（伏羲画卦，阳阴卦之义即此）。阳性上升，阴性下压；阳性直上，阴性直下；阴阳交合，发生应力；彼此相随，遂成一个圆运动。阳性动，阴性静；静则沉，动则浮。由静而动则升，由动而静则降。升浮降沉一周，则生中气。中气者，生物之生命也。此即古人认为的"大气圆运动"之所由来，也是个体由大自然造就的道路。人就是秉承这种造化阴阳圆运动的大气所生。人的个体，即造化个体的遗传。先认识造化大气的阴阳，自能认识人体的阴阳。五行者，指在阴阳二气升浮降沉中，金、木、水、火、土五种物质的运动所呈现的各种状况。生物个体，皆有阴阳五行之气。大气中的阴阳五行变化出一年的四季和二十四节气的变化；个体中的阴阳五行之气变化出一个人在不同季节和不同时期身体所呈现出的各种状况。

2. 五行与四季的关系

一年大气所呈现的规律是春升、夏浮、秋降、冬沉，故春气属木、夏气属火、长夏（夏秋之间为长夏）属土、秋气属金、冬气属水。升浮降沉运动一周而为一岁。

春气属木。一年的大气圆运动春时为始。上半年夏时太阳射到地面之热，经秋时金气收而降于土下，又经冬时藏于土下的水中，火水化合生成水气，由于有火帮助，所以这种温暖的水气是往上升的，交春打春时出土，因此草木发生。所以春时大气温升而属木气。此时升气旺于东方，故东方属木气。

夏气属火。太阳射到地面的热为火；太阳射到地面的热一年四季里夏时为多。热气上浮，故夏时大气热浮，属火气。因夏时太阳旺于南方，故南方属火气。在传统观念里，春分至立夏的热，称为君火；小满至小暑的热，称为相火。

长夏属土。夏秋之间，地面的土气居于升浮降沉的中间阶段，是大气升降的交合的时段，所以夏秋之间的"气"是圆周运动的中气。由于中气居于地面，地为土，故中气属土气。

秋气属金。秋时太阳往南运动（实为太阳越来越斜射北半球），地面的压力渐大，即天气向寒冷的方向发展，天空中由"阴"生成的金气弥漫，压向大地。金气至立夏始生，立秋始显，故秋时大气降凉。由于古代认为造化之气为东升西降，因降气旺于西方，故西方属金气。

冬气属水。生物的生命，全是太阳射到地面的热所产生。当年夏天太阳射到地面的火热是来年生物生命之根。然此热必须秋时降入土中，藏于土下的水里，经过冬时，然后才能发挥其生发生物生命的作用。冬时大气寒冷故沉而能藏，沉而能藏的在五行中是水，所以冬时属水气。

金水木火土是大气"圆运动"的物质载体。这就是中医"五行之气"的来源。所以古人认为，人身也有春夏秋冬、金木水火土的运行，也有东南西北中的区别。

中国传统对人体的认识有其科学之处。首先认为人也是大自然的产物，也是运动着的小"宇宙",这既是"天人"观的起点,也是中医学的出发点;其次,人体作为一个运动着的"天体",必须遵守一定之规,如果这一规律紊乱,人体的阴阳五行就会失去平衡,就要生病;所以,大自然的运行和人体的运行是密不可分的,大自然的变化当然会引发人体身体状况的变化。

3.五行的相生相克

五行物质各有其功能:木气疏泄、火气宣通、金气收敛、水气封藏、土气运化。春气由冬气而来,故水能生木;夏气由春气而来,故木能生火;长夏之气由夏气而来,故火能生土;秋气由长夏之气而来,故土能生金;冬气由秋气而来,故金能生水;由此循环往复,以至无穷。

收敛能制约疏泄,故金能克木;宣通(泻热通散)能制约收敛,故火能克金;封藏能制约宣通,故水能克火;运化(运动化合)能制约封藏,故土能克水;疏泄能制约运化,故木能克土。此处的相生与相克有中医治疗上的实际作用。如相生相克显示的是大气圆周运动次序的先后和在运动中如何达到平衡的调整。相生为补其不足;相克为制其太过(过分、过头)。相生相克,大自然和个体都在各自的运动中保持平衡。气和平则无灾无病,运动圆满则和平,和平运动则圆满;相生补不足则和,相克制其过则平。五行之气的相生相克,是中医学的生理、病理、医理所依据的理论根基。

4.阴阳五行学说在中医学中的应用

传统中医认为,人秉木气而生肝脏与胆腑,秉火气而生心脏与小肠腑,秉金气而生肺脏与大肠腑,秉水气而生肾脏与膀胱腑,秉土气而生脾脏与胃腑,秉相火而生心包脏与命门腑。大气的五行是融合的、分拆不开的,人体的五行亦然。五行之病皆因运动出现了不符合规律的情况,其相互作用不能协调配合、不能融合所致。五行融合则病无由所生。在"五气"中并不是没有主次之分的。中气如轴,四维(东、南、西、北四气)如轮。轴运轮行,轮运轴灵。轴则旋转于内,轮则升降于外。这就是中医依据的道理。中医认为人生了病,就好比是轴不旋转、轮不升降而已。中医治疗,说透了就是让运动轴来促使轮的正常旋转。先天的不足,就好比由轮到轴出了问题;后天的病痛,就好比由轴到轮出了问题。

(二)中医的基本特点

中医学的基本特点主要体现在讲求整体观念和辨证论治等方面。

1. 整体观念

整体就是指统一性和完整性，中医认为人体是一个有机整体。无论在正常状态还是疾病状态，人是一个整体，人体的组织脏器是一个整体，人与自然也是一个整体，这就是中医的整体观理论。这一观念在认识疾病上与西医有很大的区别，西医在认识疾病的过程中，更重视的是人体病变局部的变化。近年来中医中的自然疗法，即不采用药物、手术等治疗手段的疗法，受到世界广泛欢迎和关注。中医自然疗法把人与自然、心理与生理、道德修炼与治疗保健很好地统一起来。据悉，美国不少医科大学成立了"自然疗法系"，专门研究以中医自然疗法为主的各种非药物疗法。

中医将人体分为五脏（肝、心、脾、肺、肾）、六腑（胃、大肠、小肠、胆、三焦、膀胱）、五体（筋、脉、皮、骨、肉）、五官（口、鼻、耳、目、舌）、九窍（五官的七窍加前、后阴二窍）等。五脏六腑以及形体组织虽然是各自独立的，然而在功能上却是密不可分的，如五脏中的肝脏和六腑中的胆在功能上相互依存，肝与五官中的目有一种有机的联系，即中医所说的"肝开窍于目"。肝与形体组织的筋也有关系，凡此种种，将五脏、六腑、五官、九窍和形体组织建立有机的关系，中医认为人体的生命活动是一系列综合性的整体统一活动，它们不是孤立进行的，而是相互联系、相互制约、相互依存的系列功能活动。

因此，在诊治疾病时可以通过五官、形体、色脉等外在变化了解体内脏腑的虚实、气血的盛衰以及正邪的消长。例如，临床上用清肝的方法治疗暴发火眼；用清心泻小肠火的方法治疗口舌糜烂；用清胃的方法治疗实火牙痛；用宣肺的方法治疗感冒咳嗽等。所以，中医治病时一定要树立整体观念，妥善处理局部和整体的关系，这样才能正确认识疾病，达到治愈疾病的目的。

2. 辨证论治

辨证论治是中医认识和治疗疾病的基本原则，是中医学对疾病的一种特殊的研究和处理方法，也是中医学的基本特点之一。

所谓"辨证（辨别证候）"，就是分析、辨别、认识疾病的证候。"论治"就是根据辨证的结果，确立相应的治疗法则。辨证是决定治疗的前提和依据；论治是治疗疾病的手段和方法，也是对辨证是否正确的检验。辨证和论治，是诊治疾病过程中相互联系不可分割的两部分，是理论和实践相结合的体现。

辨证论治之所以是中医学的一个特点，是因为它既不同于一般的"对症治疗"，也不同于西医学的"辨病治疗"，而是认为一种疾病的不同阶段，可以出现不同的证候；不同的疾病，在其发展过程中可能出现同样的证候。因此，同一疾病的不同证候，治疗方法就不相同；而不同疾病只要证候相同，就可运用同一治疗方法。由此可见，"辨证"的"证"，是疾病的原因、病位、性质以及致病因素和抗病能力相互斗争情况的概括。例如同是痢疾病，可见腹痛、下利、便脓血等症，在其发病及发展变化过程中，却有在气分、血分，属热、属寒，湿多、湿少的不同证候，故治疗时，就应根据不同的证候表现，施以不同的治疗方法。又如慢性肾炎、慢性心力衰竭等出现水肿而有阳虚的证候时，均可用温阳化气利水的方法治疗。这就是所谓"同病异治""异病同治"的辨证观。而西医学的"辨病治疗"和"对症治疗"，只要辨明是同一种疾病，则采用相同的治疗方法，并针对疾病的症状"对症治疗"。可见，中医治病不是着眼于"病"的区别，而是着眼于"证"的不同。这种针对疾病发展过程中不同性质的矛盾用不同的方法去解决的法则，就是辨证论治的精神实质。中医中所讲的"寒热、虚实、表里、阴阳"的"八纲辨证"就是如此。而且治疗讲求"标本兼治"，不能只治疗表面的症相而不深究病根。

（1）诊法

中医对病人进行观察和检查，收集与病人健康变化有关资料的方法叫作"诊法"。根据中医学理论，人体是个有机整体，身体表面的局部病变可以对身体内部产生影响，身体内部的病变也能够反映于体表。这就是说，外在的疾病表现可以反映出内在疾病的本质。所以，中医在诊断疾病时，主要通过综合病人的自我感觉和医生通过诊察了解到的病人的一些外在表现，来推断病人内部的病理变化。这与西医主要靠使用各种医学诊断仪器寻找病变部位的方法有很大的区别。

"以表知里"的诊法包括望诊、闻诊、问诊与切诊四种诊病方法。望诊指的是医师运用视觉，观察病人的神气、色泽、形体、动态及分泌物、排泄物等。因为"有诸内者，必形诸外"，观察病人外在的异常变化，可以了解疾病情况和人体内部的脏腑盛衰、气血盈亏。在望诊中，又以观察面部与舌最受重视，因为它们与脏腑、气血有着密切联系。

闻诊是指通过医师的听觉及嗅觉，来分辨病人语言、呼吸、咳嗽、声音与排泄物、分泌物的气味是否异常，借以判断病人患病情况。

问诊是医师对病人或其周围的人进行有目的的询问，来了解病人的症状、引起疾病或促使疾病变化的原因、病变过程、治疗经过，以及病人的生活习惯、周围环境、人事关系等，为诊断疾病及证候收集有关资料。

切诊是指医师用手在病人体表一定部位的脉管搏动处或身体的一些部位，如胸、腹、四肢、腧穴等处进行切按。根据手的触觉所得的脉象变化与局部的异常反应，来了解疾病情况。

望、闻、问、切四种诊法，在临床时各有其独特的功用，彼此不能取代。所以在诊断疾病时，必须同时采用才能正确地诊断疾病。单纯依赖一种诊法，可能产生偏差，导致误诊。

（2）四诊合参

中医在诊断疾病时，主要依靠感觉器官，通过病人体内的病理变化在体表所显示的异常征象与病人自我感觉的不适来判断疾病的本质。即诊断的准确性取决于医师的主观感觉，以及患者的主观感觉与自述。

症状是辨证的基础，若医师或患者的主观感觉与自述不符合实际情况，或症状短缺，辨证必然产生问题与困难，因而可能作出错误诊断。为了进行正确的诊断，特别是对于那些症状复杂多变的疑难重症，必须充分收集尽可能全面与详尽的资料，才能减少偏差。详细收集临床资料的根本办法是四诊合参，因为不同的感觉器官具有不同的感觉功能。望诊、闻诊、切诊是医师运用视觉、听觉、嗅觉与触觉来对病人进行诊察，而问诊则概括了病人的感觉及对疾病发生、发展的有关问题的叙述。它们之间只能相互补充，不能彼此取代。所以，只有全面收集四诊资料，才不致遗漏辨证所需要的内容，从而为正确诊断创造良好条件。清代李延星对四诊合参作了非常形象的比喻，他说"望闻问切，犹人有四肢也。一肢废不成其为人，一诊缺不成其为医"，由此可见古代医家对四诊合参的重视。

（3）辨别病证

在辨病的基础上进行辨证，是中医学固有的独特内容。先辨病，然后根据病人的不同表现进行辨证，以求获得确切的诊断。

中医在辨别病证时，寻求病因是主要内容之一。中医所谓的"因"有狭义、广义之分，狭义的"因"，是指一般常说的致病因子，如六淫、七情、饮食劳倦、虫兽、金刃所伤等。广义的"因"，则为除上述狭义的"因"之外，还包括在疾病发展过程中所产生的一些病理变化，如气滞、淤血、食积、痰饮等。此时，原始致病因素可能存在，也可能已消失。这些病理变化就成为疾病的主要矛盾或实质所在，是辨证论治的主要对象。

与西医不同的是，辨别病证的中心任务不是直接去寻找病原体或某器官的器质性病变，而是要根据患病时出现的各种异常变化来掌握疾病的本质。这个疾病的本质包括病因、病位、病性、病机、病人体质与周围环境等。总之，辨别病证就是在整体观念的指导下，运用四诊方法与辨证理论，对人体在致病因素影响下所出现的一系列症状进行细致的观察与分析，从错综复杂的现象中找出矛盾所在，确定所患疾病及所属证候。

辨别病证，既不同于西医的不考虑病人具体情况的单纯辨病，又不同于见热治热，见痰治痰的对症治疗。它能够对疾病的病名及证候作出诊断，从而为采用正确的治则与选取有效的方药奠定基础。例如，病人因发热二日而就诊，因发热是临床上最常见的症状之一，很多疾病均能引起，故应确定属何疾病。若病人伴有恶寒、头痛、咳嗽，可诊断为外感病；若兼恶寒重，发热轻，可进一步诊断为伤寒病。确定病名之后，再进一步辨证。由于恶寒发热齐作，口不渴，此属病位在表，加之脉浮紧，舌不红，无汗，病性属寒；病因为外感寒邪；病机是风寒袭表，肺卫失宣。辨证为伤寒表证，即太阳伤寒证。又如关节疼痛可属于"痹"，但我们还应进一步辨证。若出现游走性疼痛，是以风邪为主的行痹；疼痛剧烈的，是以寒邪为主的痛痹；肢体沉重，久病不愈的，多属湿邪为主的着痹，在治疗时应根据病人的不同情况选用相应方药。

据上所述，辨别病证可以比较全面地掌握疾病本质，对疾病作出确切诊断，因而在治疗疾病时，能够达到"治病必求其本"的要求。

3.治未病思想

中医的系统理论和思想一直在贯穿着一种理念，这就是养、防重于治。在中医看来治疗疾病是下策，而上策是养和防。因此，中医一贯倡导养生，并在长期的发展过程中，形成了别具特色的养生理论和方法。中医学的养生观博大高远，认为养生的动机应出自高尚的人生目的和社会责任感。养生的方法要求将养自我、养他人、养万物统一起来，讲明此三者相互促进，相互为用。在中医学看来，个人的健康、人类的健康和万物的协调发展是相需互依的整体。每一个人不仅要自己养生，还要帮助他人养生，还要保护生态环境，这样才能把精、气、神统一起来，才是完整的养生。养生思想中蕴含着中医治未病的天才思想，并成为日常生活中必不可少的一部分。如药食同源，利用日常饮食的选择与合理搭配，调整身体功能，达到预防疾病的效果。例如梨汁被称为"天生甘露饮"，甘蔗汁被称为"天生复脉汤"（恢复脉搏），西瓜汁被称为"天生白虎汤"（泻药）等。治未病，包含三层含义，第一层含义是指人体在健康无病之时，就要加强养生保健，并注意及时回避病气的侵害，主动地预防疾病的发生，这是治未病的最高境界；第二层含义是指人体即将要发生疾病之时，类似于现代所称的亚健康状态，就要及早预见将要发生的疾病，采取有效措施以阻止疾病的发生；第三层含义是指疾病已经发生，要特别注意预先察知疾病发展的趋向，及早采取有效措施阻断疾病的深入发展，这时候的治未病主要是指"先安未病之地"，防止疾病进一步加重，同时采取措施促使疾病及早康复，使身体尽量恢复未病的状态。由此看来，治未病看似简单，但包含了中医学丰富的预防学、养生保健学和康复学的思想和理论，直至今天仍不失其光辉。在这种观念的指导下，中国人将治未病的思想融入日常生活中，如正月初一饮屠苏酒以预防瘟疫，冬至开始服用膏方以补益身体，冬至灸足三里以强健身体等。

三、中医常用治疗手段

中医治疗手段丰富多彩，形式多样，包括中药、针灸、按摩、刮痧、火罐、药熨、药熏或药洗浴、气功、食疗、敷贴、水疗、蜡疗、泥疗、导引、捏脊、割治等多种治疗方法。下面将几种除中药以外的较常用的简易外治方法介绍一下：

（一）针灸

针灸，是对针刺疗法（针法）和灸法的统称。

1. 针法

针法是指用毫针刺激人体相应穴位，以达到治疗和缓解疾病的治疗手段。针法除用于治疗外，还可进行麻醉，即"针刺麻醉"。针刺所遵循的

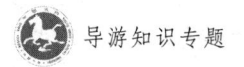

"经络学说"的传导机制现在还在探索中。

2. 灸法

灸法是指用艾叶温热人体相应部位以达到疾病的治疗手段。

针灸对于人体多用于中风偏瘫、风寒湿关节痛、感冒、头痛、失眠、牙痛、疝气等。但对各种孕妇、虚劳、出血、急性传染病、骨折脱臼和痈疽疔疮等，则需禁忌或酌情慎用。

（二）按摩

按摩，又名推拿。是用两手推拿，按摩于人体体表一定部位而治疗疾病的一种方法。按摩的手法，包括按、摩、揉、推、运、搓、摇、捻、刮、拍、打、点、压、弹、分、合等多种。

按摩对于成年人多适用于：中风偏瘫、风寒湿关节痛、呃逆、呕吐、感冒、头痛、失眠、跌打损伤、牙痛、疝气等。但对各种高热、孕妇、虚劳、肝硬化腹水、出血、急性传染病、骨折脱臼和痈疽疔疮等，则需禁忌或酌情慎用。

（三）捏脊

严格地说，捏脊也是一种按摩方法，有人称之为"捏租"。它是用双手沿着病人脊椎骨两侧，由上而下或由下而上地边捏边推的一种简易治病法。

捏脊多用于小儿消化不良、腹泻、哮喘、神经症、腰脊痛、高血压、月经失调、痛经等病症。

（四）刮痧

刮痧，是以治疗痧症而得名的。因刮痧常在背部进行，故亦名刮背，是一种民间常用的、较简易的瘀血疗法。

过去多用五分镍币，蘸油（植物油），或酒水各半，或水，沿着脊柱刮一行，斜行沿肋间刮 3~4 行，刮至局部皮肤出现深红或紫红色斑为止。现在，则多用中指、示指弯曲后的第一、第二关节背夹起局部的皮肤，旋又放松使皮肤弹回原处。如此反复地提捏和放松，以皮肤出现红紫色为度。除上述背部外，还可刮眉间、鼻梁山根、颈前颈后、肩、肘窝、前胸等处。因这种手法不是刮，而是拉或扯提皮肤，故有人称此为扯痧或拉痧。

刮痧适用于中暑痧症、感冒、急性胃肠炎、咽喉肿痛等症。

（五）火罐

火罐疗法，俗称拔火罐，是用一些罐状器具（主要有玻璃制、竹制、陶制三种）借燃烧或温热所产生的负压，使罐迅速吸附于局部皮肤或穴位上，以产生淤血，达到行气、活血、止痛、祛风、消肿、散寒目的的一种疗效好、操作简单的治疗方法。

拔火罐的适应证较多，效果显著的有感冒、哮喘、头痛、肌肉劳损风寒湿痹痛、虚寒腹痛、腹泻、急慢性扭挫伤、毒蛇咬伤等。

四、中药小常识选介

（一）有关中药的一些基本常识

中药，又称中草药，主要包括植物类药物、动物类药物和矿物类药物。根据药用部位的不同，植物类药物有的取全草，有的取根茎、花、果实、种子、植物皮等；动物类有小动物和大动物的不同，以及用药部位的区别；中药通过特定的加工方式加工炮制后可直接提供给药房配剂使用，或可提供给药厂作为制药原料制剂使用的，称为中药材。而通过精加工直接制成的成品药，包括丸、散、膏、丹、片、口服液、药酒等，称为中成药。

中药有"四气"之说，即有寒、热、温、凉四气，因此可以利用药物的寒热偏性来祛除导致身体生病的热邪、暑邪、寒邪等。例如金银花、板蓝根、桑叶、菊花等可以祛除身体里致病的温邪；黄连、黄柏、黄芩可以祛除身体里致病的热邪；干姜、肉桂、附子可以祛除身体里致病的寒邪等。

中药含有辛、甘、苦、酸、咸五味，辛味能散、能行，一般用于解表、气滞血瘀、风湿病等，如麻黄、桂枝；甘能缓、能和，常用于补药中，缓表示能止痛，针对于急症，和能调和药的毒性，如甘草；苦，能泄、能燥，泄针对的是气逆咳嗽、哮喘等，如杏仁、枇杷叶，燥针对的是湿证，如黄柏、黄连；酸，能收、能涩，其收涩作用主要针对滑脱不禁的白带、遗精、遗尿等症，如五味子；咸能软坚，主要能治疗肿瘤、结节、瘀血包块等，如穿山甲、水蛭、海带等。中药的五味和食物的五味既有相同的也有不同的，不能等同视之。如甘草在中药中味甘，味觉也是甜的；穿山甲在中药中味咸，但其肉味是淡而无味的。

中医治病，其目的在于祛除病邪，消去病因，纠正阴阳偏盛偏衰的病理现象，协调和恢复有关脏腑的生理功能。而中药之所以能针对病症发挥其治疗作用，是由各种药物的性能特点，也就是药物的偏性所决定的，即以药物的某种偏性来纠正病症所表现的阴阳偏盛偏衰等。凡能够消除或减轻阳热证的中药，其性味一般偏于寒或凉，如黄芩、板蓝根能治疗发热、口渴、咽痛、舌红、脉数等热症，故其药属寒凉性质；反之，能够消除或减轻阴寒证的中药，其性味一般偏于热性或温性，如干姜、附子能治腹中冷痛、舌淡、溲清、脉沉迟等寒症，故其药属温热性质。其他，如药物的五味、升降浮沉、作用归经、有毒无毒、补泻、配伍、宜忌等，也都是从药物作用于人体的某些部位的特殊作用所产生的疗效中看到和总结出来的。如桂枝、麻黄能解表发汗，木香能行气，红花能活血化瘀，菟丝子能滋肾等，这些药都具有辛味，所以概括为辛味能发散、行气、活血或滋养。又如杏仁、桔梗能治胸闷、咳嗽，羚羊角能止抽搐，朱砂能安心神，故知杏仁、桔梗归肺经而起药效，羚羊角入肝经，朱砂入心经而起药效。再如麻黄、桂枝治风寒表证，黄芪、人参、柴胡、升麻能治久泻脱肛及阴挺（子宫下垂）等病，故这些药性升浮，可治病势下陷的病症。枳实、大黄可治里实证的便秘，石决明、牡蛎能治肝阳上亢的头痛，故知这些药能沉降，可治疗病势上犯的病症。由此可见，中药的性能、功能既是根据人们的味觉和嗅觉辨别的，又是人们在长期的医疗实践中对药物反映出来的各种各样的客观效果的概括和总结。它与阴阳五行、藏象、经络、运气、治则等理论一起，组成了中医的独特理论体系。

中药根据其功效主治的不同，可以分成很多种类：如凡能疏散肌表，促使发汗，用于发散表邪，解除表证的药物，称为解表药，代表药物如麻黄、桂枝、荆芥、防风、薄荷、桑叶、菊花等；凡能攻积逐水，引起腹泻，或润肠通便的药物，称为泻下药，代表药物如大黄、芒硝、番泻叶、火麻仁、牵牛子、甘遂等；凡以清解里热为主要作用的药物，称为清热药，代表药物如石膏、知母、栀子、丹皮、青葙子、生地、金银花、黄连、地骨皮等；凡具有芳香辟浊，化湿醒脾作用的药物，称为芳香化湿药，代表药物如藿香、佩兰、厚朴、砂仁等；凡以通利水道，渗除水湿为主要功能的药物，称为利水渗湿药，代表药物如茯苓、泽泻、车前子、木通等；凡能祛除肌肉、经络的风湿之邪，可以解除痹痛的药物，称为祛风湿药，代表药物如独活、秦艽、五加皮、威灵仙等；凡能温里祛寒，用以治疗里寒证的药物，称为温里药，代表药物如附子、干姜、肉桂、吴茱萸、高良姜等；凡以镇静安神为其主要功效的药物，称为安神药，代表药物如朱砂、磁石、龙骨、牡蛎等；凡能调理气或血的药物，称为理气药或理血药，代表药物如橘皮、青皮、木香、丹参、川芎、桃仁等；凡能健运脾胃，促进消化，具有消导积滞作用的药物，称为消导药，代表药物如莱菔子、山楂、鸡内金、麦芽、谷芽等；凡以化痰为主要作用的药物称为化痰药，以止咳平喘为主要作用的药物称为止咳药，代表药物有半夏、天南星、苏子、贝母、瓜蒌、杏仁、枇杷叶等；凡具有补虚扶正作用，治疗人体虚损不足的药物称为补虚药，如人参、党参、黄芪、白术、鹿茸、杜仲、熟地黄、阿胶等。

（二）部分常用中成药简介

1.桑菊感冒片（冲剂）

［药物组成］桑叶、菊花、薄荷油、苦杏仁、桔梗、连翘、芦根、甘草。

［功用主治］疏风清热，宣肺止咳。主治风热感冒或瘟病初起所致发热头痛、微恶风寒，口微渴、咳嗽、鼻塞、咽微痛、舌苔薄白或薄黄、脉浮数等病症。

［临床应用］主要用于治疗感冒、流行性感冒、急性扁桃体炎、流行性结膜炎、急性咽喉炎等。

2.板蓝根冲剂

［药物组成］板蓝根、大青叶等。

［功用主治］清热解毒，凉血消肿。主治瘟毒发斑、痄腮、烂喉丹痧、大头瘟、丹毒、痈肿、发热、头痛、咽喉肿痛、舌质红、苔黄脉数等症。

［临床应用］主要用于治疗一切由热毒入侵肌体引起的病症。对普通感冒、流行性感冒、急性扁桃体炎、急性咽喉炎、急性腮腺炎、麻疹、传染性肝炎、流行性乙型脑炎、口疮丹毒等瘟热毒邪所致的疾病，均有明显的疗效。

3.牛黄解毒丸（片）

［药物组成］牛黄、雄黄、冰片、石膏、黄芩、大黄、桔梗、甘草。

［功用主治］清热泻火，解毒，主治热毒内盛。

［临床应用］主要用于火热毒邪炽盛于内的咽喉、牙龈肿痛，口舌生疮，

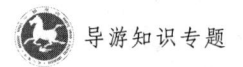

目赤肿痛，对急性胰腺炎、热结便秘者亦有效。

4. 十滴水

［药物组成］樟脑、大黄、干姜、桂皮、辣椒、小茴香、薄荷油或桉叶油。

［功用主治］祛暑除湿。主治由中暑引起的头晕、恶心呕吐、腹痛或胃肠不适。

［临床应用］用于夏季或高温环境下的中暑。

5. 仁丹

［药物组成］藿香叶、豆蔻、木香、冰片、朱砂、陈皮、儿茶、甘草、檀香。

［功用主治］清热开窍，祛暑解毒，主治中暑呕吐，烦躁恶心。

［临床应用］用于夏季中暑及高温作业时引起的全身不适。

6. 藿香正气水

［药物组成］藿香、大腹皮、白芷、紫苏、茯苓、半夏、白术、陈皮、厚朴、桔梗、甘草。

［功用主治］解表化湿，理气和中。主治外感风寒、内伤湿滞、霍乱吐泻、恶寒发热、头痛、脘腹满闷、舌苔白腻等症。

［临床应用］适用于四时感冒，特别是胃肠型感冒，小儿单纯性腹泻亦可应用。

7. 附子理中丸

［药物组成］人参、白术、干姜、甘草、黑附子。

［功用主治］脾肾虚寒，症见脘腹冷痛，舌淡苔白，脉沉迟弱。

［临床应用］主要用于治疗脾肾虚寒引起的胃痛、胃炎、食欲不振、上吐下泻、胃及十二指肠溃疡、脏器下垂、子宫脱垂、痛经等症。

8. 逍遥丸

［药物组成］柴胡、白芍、当归、茯苓、白术、炙甘草、薄荷、生姜。

［功用主治］疏肝解郁，健脾养血。主治肝郁血虚而致的两胁作痛，头痛目眩、口燥咽干、神疲乏力、月经不调、乳房作胀、脉弦而虚等症。

［临床应用］主要用于治疗肝炎、乳腺炎及乳腺增生、男性乳房发育症、慢性盆腔炎及盆腔瘀血综合征、痛经，情感性精神病、中心视网膜炎、鼻窦

炎等属于肝郁脾虚者。

9.牛黄蛇胆川贝液

[药物组成]人工牛黄、蛇胆汁、川贝母等。

[功用主治]清热化痰、止咳。主治热痰咳嗽，燥痰咳嗽。

[临床应用]治疗急性支气管炎；上呼吸道感染；痉挛性咳嗽、支气管肺炎等属于痰热窒阻者。

10.保和丸

[药物组成]山楂、神曲、麦芽、陈皮、莱菔子、半夏、茯苓、连翘。

[功用主治]消食和胃。主治一切食积，症见脘腹痞满胀痛，嗳腐吞酸，恶食呕逆或大便泄泻等。

[临床应用]用于消化不良、胃肠炎、肝炎、便秘、咳嗽、萎缩性胃炎、幽门梗阻、心肌梗死等。

11.麻仁丸

[药物组成]麻子仁、芍药、枳实、大黄、厚朴、杏仁、蜂蜜。

[功用主治]润肠通便。症见大便干结、小便频数、舌质红、苔黄干、脉浮涩。

[临床应用]主要用于胃有燥热、阴血不足引起的习惯性便秘、痔疮、不完全性粪便阻塞性肠梗阻、肛肠术后便秘、肠结核等。

12.锡类散

[药物组成]象牙屑、青黛、壁钱炭、人指甲、珍珠、冰片、牛黄。

[功用及临床应用]清热解毒，化腐生肌。主要用于急性扁桃体炎、急性咽炎、白喉、口腔溃疡、慢性非特异性结肠炎、食管炎、慢性细菌性痢疾、宫颈糜烂等。

13.复方草珊瑚含片

[药物组成]草珊瑚、薄荷等。

[功用及临床应用]疏风清热，消肿止痛，清咽利喉。主要用于急慢性咽喉炎、口腔炎、预防感冒等。

14.珍视明滴眼液

[药物组成]珍珠层粉、天然冰片等。

[功用及临床应用]明目退翳，清热解痉。临床用于治疗急性闭角型青

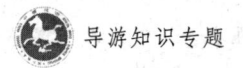

光眼、慢性闭角型青光眼及继发性青光眼、青少年假性近视、视疲劳、白内障。

15. 藿胆丸

[药物组成] 广藿香、猪胆膏。

[功用及临床应用] 清利湿热，芳香通窍。主要用于湿热蕴结型慢性鼻炎、慢性鼻窦炎。

思考题

1. 什么是中医学？

2. 简述中医的发展史。

3. 中医的理论基础和基本特点是什么？

4. 简述中医学中治未病的思想。

5. 中医常用的治疗手段有哪些？主要针对哪些病症？

6. 在旅游中常用的中成药有哪些？主要针对哪些症状？

专题九
陶瓷文化

一、中国陶瓷概述

（一）中国陶瓷发展概况

陶器的发明在人类社会发展史上具有划时代的意义，它是人类第一次通过物理、化学变化将一种物质改变成另外一种物质的创造性活动，是人类依靠自身力量改造大自然的开端。学术界认为，陶器和制陶术的发明，标志着人类蒙昧时代的结束和野蛮时代（指新石器时代至金属时代初期）的开始。

我国在新石器时代便发明了制陶术。据考古发掘资料证明，中国被确定为 2012 年全球考古十大发现的江西仙人洞发现了距今 20000～19000 年的陶器，被认为是全世界最早的陶器。以前，考古学家们把世界范围内陶器的出现定在距今 10000 年左右，就是说，在世界范围内，人类用陶器烹饪熟食的历史认为开始于 10000 年前。然而在中国古史传说中，黄帝时代一个名叫宁封的人，偶然在灰火中得到烧过的硬泥，遂悟制陶之理。所以，他曾在黄帝时期担任过管理陶器生产的官。传说迟于考古发现 15000 年左右，宁封可能是进入父系氏族社会后对制陶工艺有过重大贡献的代表。

我国原始社会的陶主要有红陶和黑陶两种。红陶是一种器表呈红色的陶器。红陶有土红色、砖红色、褐红色等。人类发明的最早的陶器就是红陶。红陶分细泥红陶和夹砂红陶两种，其主要原料是黏土。其烧成原理是：在陶器烧制到一定程度时将窑内火焰的性质控制为氧化焰，使陶胎中的铁转化为三价铁，器表便呈红色。仰韶文化、裴李岗文化、马家窑文化、马家浜文化等都以红陶为主。红陶最早发现于河南省渑池县仰韶村，其上多彩绘（以西安半坡的"人面鱼纹盆"为代表），故而仰韶文化的红陶文化也称彩陶文化。黑陶文化又称龙山文化，因发现于山东章丘龙山镇而得名，迟于仰韶文化，距今 4350～3950 年，分布于黄河中下游的山东、河南、山西、陕西等省，以大汶口文化、龙山文化为代表。屈家岭文化、良渚文化遗址中也发现了黑陶。有夹碳黑陶和渗碳黑陶。胎的断面，一种是胎表里外俱黑；另一种是外皮黑色，其胎呈灰色或红色。这一时期已进入父系氏族社会阶段，快轮制陶技术得到普遍采用，在器物烧成的最后一个阶段，从窑顶徐徐加水，使木炭熄灭产生浓烟，并有意让烟熏黑而形成的黑色陶器。黑陶精品薄如蛋壳，经磨光后表面光亮如漆。黑陶制作时期是中国制陶史上的顶峰时期。介于红黑之间的还有一种灰陶。

从陶器到瓷器，我国确实经过了数千年的演进和发展，到公元前 16 世纪的商代，才烧造成功原始瓷器，再到 1 世纪的东汉中晚期，浙江地区率先烧制出真正意义上的瓷器。瓷器是我国古代劳动人民的一项伟大发明，是我们的祖先对人类文明的一项重大贡献。中国是瓷器的原生地，是瓷器的故乡。

自从东汉中晚期发明瓷器以来，我国制瓷业得到了连续不断的发展，在2000 年的发展历程中，中国出现了为数众多的著名窑场和不朽名瓷。中国瓷器从青瓷开始，魏晋南北朝是中国陶瓷发展的第一个高峰，此间南方烧造青瓷的窑场迅速增多，烧造规模扩大；北方于南北朝时期烧制成功白瓷。白瓷的烧造成功是我国陶瓷史上的大事，它为陶瓷美术的发展开辟了一条广阔的道路。隋代时，瓷器日用品逐渐取代了铜器的地位。唐代是中国陶瓷的高度发展时期，南方以越窑青瓷为代表，北方以邢窑白瓷代表，一白一青遥相呼应，形成了"南青北白"的瓷业格局。此后中国陶瓷的品种和装饰技法，几乎都可以在唐代陶瓷中找到源头。宋代中国陶瓷进入了全面蓬勃发展的新阶段，后人常用五大名窑和六大窑系来表述宋代瓷业的繁荣。五大名窑是指南北官窑、南方的哥窑、北方的汝窑、定窑和钧窑，六大瓷系包括北方的定窑系、钧窑系、耀州窑系、磁州窑系和南方的龙泉窑系、景德镇青白瓷窑系，其中耀州窑和龙泉窑以烧制青瓷著称，磁州窑和吉州窑以装饰手法丰富多彩著称，景德镇窑以创烧青白瓷而闻名遐迩。元明清三代是景德镇瓷器独领风骚的时代，此间的景德镇先后为三个不同民族的统治者生产了大量精美绝伦的瓷器。元朝在统一全国的前一年就在景德镇设立了专为宫廷和官府服务的浮梁瓷局，加上高岭土的应用、青花瓷器的烧造成功等技术成就，使景德镇迅速成为"工匠八方来，器成天下走"的全国制瓷中心。明代景德镇瓷业分为官窑和民窑，前者专烧宫廷御器，质量精美，后者生产商品瓷器，风格活泼。清代将官搭民烧作为定制，出现官民竞市的局面，康熙、雍正、乾隆三朝，景德镇瓷业达到了历史的顶峰。

（二）中国的陶瓷文化

陶瓷的历史是人类物质文明史的一个重要组成部分。我国陶瓷文化源远流长，陶瓷文化是我国民族传统文化的一个重要组成部分。

陶瓷文化主要反映在两个方面：一是传统的陶瓷文化，它把陶瓷作为反映民族文化大趋向的一种凭借物；二是近代以来陶瓷研究进入多角度、多层次的专业化研究，陶瓷文化发展进入多种表现的时代。

陶瓷制品从新石器时代进入人类生活领域开始，其内容包括了饮食、储藏以及积水等日常生活用具，还有建筑饰件、祭祀用具、葬具、殉葬品等。随着社会的不断前进，陶瓷器的使用范围更加广泛，如灯具、茶具、坐具、寝具、玩具、文化用具、艺术用品等，不但渗透到物质生活的各个领域，而且更加广泛地深入精神生活的各个领域。

所以，陶瓷是从物质到社会意识形态多角度、多层次反映悠久的中国社会的重要文化载体之一。

因此，陶瓷艺术是艺术与科学的结晶，每一件陶瓷作品都是由陶瓷材质、造型和装饰三个基本要素有机统一组成的整体，具有物质和精神双重文化特征。

（三）中国的陶瓷艺术

陶瓷艺术表现在方方面面，但主要是装饰、器形、器用三方面。例如在装饰发展的历史长河中，没有哪一种装饰类型能达到陶瓷器那样巨大的流传影响。作为一种装饰方式，内容有动物、植物、人物、器物等，方法有精细的工笔线描，有豪放的大笔写意；有单纯一色的装饰，也有与其他色彩相结合的装饰方式。可以说，作为一种装饰，陶瓷所具有特殊的巨大的魅力，对各个时期其他艺术领域内的装饰风格也具有非常大的影响。

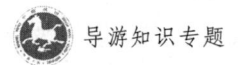

1. 陶瓷与民俗

陶瓷的民俗特征，主要表现在对民窑文化、宫廷文化、士大夫思想情趣、民间其他门类文化、宗教文化、域外文化的广泛吸收。中国陶瓷以汉民族节日习俗为主体，融合了瓷业生产、宗教祭祀和行帮行会的习俗活动。这些礼仪型、娱乐型的"良辰佳节"，既满足了人们追求喜庆、吉祥，调节生活节奏的普通心理，又适应了生产活动、宗教活动和行帮行会增强自身凝聚力的需要。全面展示了民俗事象的内在本相，赋予了一方水土独有的陶韵瓷魂。陶瓷文化的重要承载体与直接表征，在于无处不在、丰富多彩的陶瓷习俗、民俗事象。其所表现最主要的就是祥瑞题材。祥瑞题材主要围绕着福、禄、寿、喜、和合、吉祥如意等内容而展开。题材构成形式常分为两类：一是通过一个形象或花或鸟或人就能构成一个主题；二是通过两个或三个以上的形象互相搭配构成一个主题。因此，在选择题材表现寓意时，经常选用如下一些事物：猛兽类，经常选用龙（象征皇权、权威、至高无上，吉祥、威猛、生气勃勃，纹样常有"鱼龙变化、龙鲸进宝、宝马钱龙、龙凤呈祥"）、麒麟（象征高贵，也是王公的象征，纹样多为"麟吐玉书、麟游献瑞、麒麟送子"）珍禽类，经常选用凤凰（百鸟之王，象征大富大贵、大吉大利，凤凰相偕喻爱情）、白鹤（有清高、纯洁、长寿之喻）、白头翁（鸟的头部有白色的羽冠，寓意夫妇白头偕老、夫妇长寿）；竹木类中，经常选用松（象征长寿、气节）、竹（竹与祝同音，寓意百岁志喜、百寿安康）；花卉类，经常选用牡丹（百花之王，象征富贵、繁荣，称为"国色天香"，也是瓷饰中多见的纹样）、梅花（梅代表着中华民族的气质，因梅开五瓣，又有梅开五福之说，象征"五代同堂"，被喻为"宝寒凝香""铁骨冰肌"）。常见题材互相搭配类，蝙蝠捧寿桃寓意五福捧寿；白象驮宝瓶寓意太平有象；白头翁配牡丹寓意白头富贵；白头翁配梅花寓意白头齐眉；佛手、寿桃和石榴搭配，寓意福寿子三多。

祥瑞题材的产生是一种民族心理，也是一种民族文化和民族哲学的表现。天人合一观念认为人与自然是一种亲和的关系，赋予花、鸟、虫、鱼、兽等以祥瑞寓意，便是这种亲和关系的表现。另外，祥瑞鸟、哪吒闹海、龙舟、麻姑、寿星等，也是经常表现的题材。陶瓷艺术还广泛地关注社会生活和社会现象以及广袤的大自然，并非常贴近现实、亲和自然。

2. 陶瓷与服饰

陶瓷文化与服装服饰文化具有历史渊源上的关联性。中国的服装史，从宋往前看，直至服饰的起源之处，几乎都是以陶瓷为载体而流传的；宋之后，元朝青花瓷就以古典小说人物、戏曲人物、神话故事人物为绘制对象，明清时期的青花与粉彩，几乎记载了当时所有的服饰类型；20世纪20年代的中晚期，现代意义上的时装流行，大量的资料出现在瓷器粉彩人物仕女画上。

3. 陶瓷与茶文化

款式多样、釉色隽美、装饰丰富的茶具既满足了人们对茶的口腹之需，也满足了人们对饮茶之外的悦性怡情之求。唐的吃茶、宋的斗茶、元明以后的冲泡、清饮。无不以茶具为重要的欣赏对象之一。宋代饮茶斗茶风尚是全国性的，因茶色贵白，当配黑盏最为适宜，其中以兔毫盏、鹧鸪斑盏最为饮茶家所喜爱，其出自福建建阳的故名建盏，盏底刻有"供御"和"进琖"字样的是专为宫廷烧制的茶盏。建窑兔毫盏、景德镇青花茶壶、宜兴的紫砂壶等，都受到茶人追捧。

4. 陶瓷与文学、绘画和文字书法

把中国文学名著中和历史上的故事情节巧妙地用于陶瓷装饰，就使二者建立了艺术关系。如《萧何月下追韩信》《三顾茅庐》《空城计》《西厢记》《水浒传》《西游记》等。而赞美越窑青瓷的诗有"九秋风露越窑开，夺得千峰翠色来""巧剜明月染春水，轻旋薄冰盛绿云"。瓷枕上也常常题写诗词隽句，题写处世哲学，抒发情怀的诗句。如"左难右难，枉把功名干，烟波名利不如闲，到头来，无忧患""有客问浮世，无言指落花""春前有雨花开早，秋后无霜叶落迟"等。

其实，彩陶的装饰纹样（几何纹、虫草纹等）就是最早的绘画。唐代长沙窑瓷器的装饰开始引入国画艺术，彩绘装饰的内容有人物、花草、动物、山水云气等多种题材，组成了生动活泼、自然逼真的装饰画面；长沙窑釉下彩花鸟画的表现，与当时画坛发展正盛的花鸟画工笔宫廷绘画风格完全不同，用笔较率意奔放，画面有画在宣纸的效果，创作极富率性。宋代出现了以磁州窑为代表的陶瓷绘画，以含铁的矿物质（黑釉）在白釉底上画出莲花婴戏、马戏杂耍、花草雀鸟、龙凤麒麟、小桥流水人家、层峦叠嶂飞瀑等题材，用笔简练生动、洒脱流畅，写意味浓厚。也有类似工笔白描的画法。元代文人画进一步成熟，促进了陶瓷绘画风格的变化，如青花瓷绘画，画面有恬静的水墨之美。明代文人画成熟，直接影响了陶瓷绘画。以青花"岁寒三友"为代表，洪武窑的陶瓷绘画继续了元代的特点，但在布局上出现了苍松耸天、梅花盛开、竹石陪衬的特点；而永乐窑画面疏朗秀丽、笔意自然、清新典雅。画面构图赖于树枝花叶的盘曲交叉，纵横疏影。明青花已经极具国画风韵。清代瓷器以康雍乾三朝为代表，绘画吸收了名家画法，运用不同的深浅料色渲染，出现了大量的色彩纷呈，内容生动的瓷画。其内容上也出现了新的变化：人物故事、鱼虫禽兽、花鸟蔬果、吉祥如意等。康熙五彩受陈老莲的影响，发明了浓艳超过青花的釉上蓝花和有墨漆光泽的黑彩、金彩。直入中国绘画"气韵生动"的境界。粉彩瓷崇尚工笔画，珐琅彩则在工笔基础上吸收西洋用明暗来表现立体的技法。

除图画外，不仅仅是诗词隽句，有的茶具以文字为装饰，如"寿"字、"福"字等，同样达到美化的艺术效果。中国的汉字以陶瓷器为载体，也可以是书法驰骋的天地，陶瓷上的题记可以说是一部中国书法艺术发展史，陶瓷上的文字种类很多，有汉文、蒙古文、满文、藏文、西夏文、波斯文、西洋文、梵文等。以汉文为主，汉文的字体包含了中国古代书法字体中的楷、草、隶、篆四种主要字体。这些都能使人们在使用器皿的过程中，通过欣赏，获得愉悦享受，受到教育。或许正因如此，才使自己在研究、鉴赏和收藏方面的魅力经久不衰。

5. 陶瓷与宗教

我国陶瓷文化受宗教的影响非常明显。如很多陶瓷装饰都以佛教人物、八仙纹、八卦纹、太极纹、植物、标志等为题材。因为陶瓷文化的变迁与发展直接体现出同时代人们生活方式与审美情趣的演变，而佛教在我国的流传与发展极为广泛和久远，因此陶瓷文化必然对佛教艺术有一定的反映；佛教自从汉代传入我国以来，各类神佛头像、相关符号以及文字在我国广为流传，这些元素再经过我国人民的本土化改造，造型、颜色等方面都已经符合我国人民的审美标准。佛教文化逐步融入陶瓷装饰也就成为一种必然。例如佛教对景德镇陶瓷文化的影响可见一斑。如乾隆皇帝命景德镇御窑厂以瓷器仿制了大量佛堂供器，其中有"八宝"（法轮、法螺、宝伞、白盖、莲花、宝罐、双鱼、盘长，因其图案含有吉祥之意，得名八吉祥，由西藏喇嘛教流传而来，最早见于元代龙泉窑青瓷和景德镇窑卵白釉瓷上）、"七珍"（水珠、火珠、象宝、马宝、文官、武将、佛像）。这些瓷器直接服务于佛教活动。再如陶瓷观音、佛手、达摩、如来、布袋罗汉、十八罗汉等，陶瓷雕塑如《达摩面壁》《一苇渡江》《十八罗汉斗悟空》等。道教文化在景德镇瓷文化中的表现也比比皆是。如明代的嘉靖皇帝好道教长生方术，北京故宫就藏有许多用于他作道场的瓷器。

中国传统文化是以儒、佛、道的思想体系构建的，中国陶瓷文化以陶瓷为载体和纽带印证了儒、佛、道文化对中国社会的深刻影响。陶瓷装饰中有许多与儒家思想有关的画面或典故。如《孟母三迁》《精忠报国》《闻鸡起舞》等，还有以《水浒》《三国》《红楼梦》《西游记》等故事中的与儒、佛、道思想观念有关的画面。特别是花鸟题材《五伦图》，凤凰表示君为臣纲，仙鹤表示父为子纲，鸳鸯表示夫为妻纲，鸽表示兄弟之道，莺表示朋友之道，表现了"三纲五常"的伦理关系。

6. 陶瓷与音乐

陶瓷乐器作为我国传统乐器的一种（"八音"中的"土"），源远流长。长久以来，人们就用"声如磬"来形容陶瓷特殊的音色，可见陶瓷的声音是何等的优雅了。

据史料记载，远在原始社会，我国就盛行用"陶"和"瓷"制作的乐器。如陶埙、陶哨、土鼓（陶鼓）、陶铃、陶铙、陶缶（打击乐器）、瓷箫、瓷笛、瓷瓯（倒进不等量的水形成不同的音阶）等。现代则有音乐瓷盘、瓷瓯等。

7. 陶瓷与体育

体育运动为陶瓷作品的创作提供了大量的素材；同时，这些以体育运动为题材的陶瓷制品又对我们了解当时体育运动的历史具有不可替代的作用。

例如西安半坡村出土的"人面鱼纹陶盆"，可以让我们推知当时可能已经有了原始的游泳活动。又如河北古代科技文物展览会上展出的宋代瓷枕绘有《蹴鞠图》，为研究中国古代足球运动提供了重要的实物例证。考古还发现了四五千年前的陶球，表明原始社会的新石器时代的晚期可能有球类运动。此外，如21世纪初河北巨鹿发掘的陶枕上绘制有儿童捶丸图（中国古

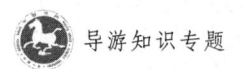

代的高尔夫）。再如瓷制围棋子和象棋子等，也有助于我们探寻这些传统体育项目的历史。

现代的礼品瓷、纪念瓷弘扬体育精神、丰富体育发展史也是其内容之一。

8. 陶瓷与旅游

陶瓷文化是我国五千年灿烂文化的重要组成部分，是中华民族艺术和智慧的结晶。学界对陶瓷文化研究的不断深入，再加上文化旅游的发展，陶瓷文化与旅游结合，开展各式各样的陶瓷文化旅游，通过陶瓷文化旅游来提升旅游地的形象，促进本地的旅游业发展；通过扩大陶瓷文化的影响力利用旅游宣传促进陶瓷产业的发展，从而取得"双赢"的效果。有的地方已将陶瓷变为一种旅游产品，或向旅游者兜售陶瓷产品，或让旅游者亲自参与，或将一系列与陶瓷生产历史及现代陶瓷业相关的景点向游客推广。

陶瓷文化旅游要求各陶瓷产地不断挖掘自身潜力，开发文化内涵，将陶瓷文化与旅游结合得更加紧密。元代的汪大渊与明代的郑和、意大利人马可·波罗、法国人昂特雷柯莱（中国名殷宏绪，在景德镇传教 7 年，他曾于 1712 年和 1722 年收集景德镇陶瓷工艺、风俗及文化等资料）和德国的李希霍芬（1869 年访问景德镇和安徽祁门，命名高岭和高岭土为 kaolin、kaolinite，至今通用）等大大加深了世界对陶瓷的认识，促进了陶瓷旅游的发展。1954 年国内最早的专业性陶瓷博物馆——景德镇陶瓷馆成立，标志着陶瓷旅游专题场馆的正式建立。目前我国陶瓷文化旅游景观众多，南北各陶瓷产区兴建了各类陶瓷展馆、景点和体验项目，陶瓷文化旅游如火如荼。陶瓷文化旅游景观主要有：陶瓷生产作坊旅游、陶瓷实体文化旅游（包括陶瓷博物馆、陶艺街、陶艺广场等）、陶瓷节事活动和陶瓷工业旅游。

（四）中国陶瓷对世界的影响

从唐至宋元明清，中国陶瓷通过"丝绸之路"和"陶瓷之路"不断远销到世界各地，遍及世界各地。中国古陶瓷的对外传播的陆路由长安起，西出玉门、敦煌，经天山南北两路，越葱岭，跨中亚细亚草原，西达地中海东部的希腊半岛。海路"陶瓷之路"是唐末至明初东西方之间进行贸易交换的大通道。商品主要是各种各样的陶瓷器，故称"陶瓷之路"。"陶瓷之路"包括两条，一条是自中国的东南沿海，沿东海、南海经印度洋、阿拉伯海到非洲的东海岸或经红海直达罗马等地中海国家；另一条是中日航线，从东南沿海直通日本和朝鲜。

宋元两代瓷器输出的规模空前扩大，20世纪70年代，在韩国新安海域打捞出一艘中国古代的沉船。这艘船是在从中国驶向日本的途中遇难的，时间在元至大三年到泰定二年（1310～1325）。这艘沉船上载有6000余件中国瓷器，甚至包括当时景德镇相传专门为元代官府机构"枢密院"制作的所谓"枢府器"（一种卵白釉瓷器）。据元代大旅行家汪大渊的《岛夷志略》记载，当时中国瓷器出口到世界上40多个国家和地区，其产品主要是影青瓷、白瓷和青花瓷器。除此之外，明王朝历代帝王还将瓷器作为礼品和赏赐品，赠送给前来纳贡的各国使臣和国王，在此期间，瓷器成为国家财政的重要来源之一。达到了瓷器外销史上的一个新高峰。清王朝虽然采取闭关锁国的政策，不许片帆入海。但由于当时各国商人的强烈要求，特别是国际资本主义的扩张，使这个古老的封建帝国终于又重新与世界经济发生了接触。从此，以景德镇为代表的中国瓷器再度遍销海外。当时欧洲人对中国瓷器的喜爱程度，绝不亚于奇珍异宝，举凡一般宫廷、富户，其餐桌上莫不摆设中国瓷器作为装点。俄国沙皇彼得大帝在位时，也在中国订购了许多瓷器。故宫博物院收藏的康熙年间景德镇烧造的五彩茶罐，上绘俄国双鹰国徽，便是那时的产品。直至今天，世界上仍有许多国家把古代中国瓷器作为国宝来珍藏。可见瓷器是我们古老的民族与东西方各民族友好交往的桥梁和纽带，是东西方文化交流的历史见证。

世界各国对中国陶瓷的追捧，自然引起了当地人们的争相仿制。朝鲜早在唐朝末年便从中国学会了制瓷方法，并设立了窑厂，于宋代开始仿制定窑产品，11世纪时，就制成了精美的青瓷器，其品质可与越窑媲美。后来的李王朝（相当于中国的明代），宫廷重白瓷，于是开始仿景德镇烧制白瓷，之后又仿制景德镇的青花瓷器成功。

日本从朝鲜学会了中国的制瓷技术，南宋时又派人到中国来学习制瓷方法。明正德元年（1506年），日本遣使了庵、桂梧来到中国，伊势松阪人五郎太夫、瑞祥随之前来。瑞祥在景德镇住了五年之久，学习了青花制作方法，归国后设窑造瓷。17世纪中叶，又派人来中国，不断吸取制瓷经验，遂使日本瓷器得以向前发展。

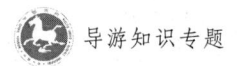

此外，越南、泰国、非洲的埃及，西亚的波斯、伊拉克、土耳其等国也仿制中国瓷器。

在欧洲，意大利威尼斯人首先从阿拉伯学会了制瓷术，并于1470年首次烧造成功轻薄半透明的瓷器。康熙年间，法国基督教传教士昂特雷柯莱（汉名殷宏绪）在景德镇居住长达七年之久。此间，他向教会写了两封长信，搜集了大量有关政治、经济、风俗和文化等方面的情报，并将景德镇制瓷技术系统而完整地介绍到了欧洲。后来，欧洲各国瓷器的早期制作工艺几乎与中国相同。

在世界历史上，中国陶瓷对外经济贸易与文化交流以及世界产生影响的除景德镇青花瓷器外，还有龙泉青瓷、宜兴紫砂陶和德化的"中国白"瓷。

二、景德镇瓷器鉴赏

景德镇的瓷器著名的有青花瓷、青花玲珑瓷、粉彩瓷、薄胎瓷等；中国瓷器的颜色釉著名的有铜红、祭（霁）红、朝霞红；影青、冰青；雾蓝、蓝色；春水绿、孔雀绿；黑色；白色；酱色；黄色；窑变；三阳开泰等十五种。

（一）青花瓷器

青花瓷器是我国陶瓷史上最优秀的瓷器品种之一，自元代诞生以来，一直是景德镇瓷业的主流产品。它以其特有的中国风格和中国气派，深受各国人民的喜爱，以致青花瓷器的生产历700多年而不衰。

青花瓷器是一种以氧化钴为着色剂，在瓷坯上进行绘画装饰，再上透明釉，经1300℃以上高温一次烧成的釉下彩绘瓷器。瓷器画面呈现蓝色花纹。其特点是成色鲜艳，发色稳定，纹饰永不褪色；明净素雅，层次丰富，表现力强，有中国水墨画的艺术效果；不含铅、镉等有毒元素，于人体健康无害。

青花瓷出现以前，中国瓷器的装饰手法以在坯体上的刻、画、印花为主，青花瓷的出现，使中国瓷器的刻画印花装饰逐渐退居次要地位，而让首位于彩绘装饰。青花瓷的烧制成功，是我国陶瓷史上具有划时代意义的事件，它使中国绘画技巧与制瓷工艺的结合更趋成熟，中国瓷器从此进入了彩瓷时代。

青花瓷是一种色彩单纯而又协调，艺术效果好，表现力强的瓷器装饰方法，具有中国水墨画的风韵，有着极其浓郁的民族特色。所绘青料融合于釉质之中，在光润洁白的瓷器表面透出鲜丽的蓝色图案，与瓷胎青白相映，相得益彰，艳而不俗，鲜而不佻，明朗而又安定，华丽而又沉着，艺术价值极高。

由于不同的运笔、不同的技法、不同的构思、不同的用料，使得各个时期的青花装饰产生不同的艺术效果，呈现出鲜明的时代特征。如元代青花气势磅礴，笔势飞动，讲究大效果而不拘泥于细枝末节，且构图严谨，空间狭窄，所用的青料也主要是从伊斯兰教区引进，风格与中东伊斯兰地区工艺品的装饰纹样一致，表明当时的青花瓷主要是为了满足伊斯兰国家的需求而产生的。元代在创烧青花的同时，还成功地烧制出青花釉里红瓷器。釉里红是以氧化铜为彩料的彩绘装饰，以铜红釉作着色剂，其烧制难度颇高，温度过低氧化则铜红釉会烧成绿色或非褐色，温度过高则又会把红烧飞。釉里红与青花相配合同时入窑烧成，发色青红相间，相互辉映，相得益彰。青花釉里红瓷器是我国历史上极其名贵的瓷器品种，因其烧制难度较大，元代产量极少，流传器物更少。现存一件标有"至元戊寅"名款的青花釉里红瓷器，是元代釉里红流传至今的真品。

明代是青花瓷器发展最为重要的时期，也是青花装饰风格最为多样化的时期。洪武时期的青花装饰开始改变了元代层次多、花纹满的风格，趋向于多留空白地，釉里红技术在明洪武时成熟，线描方法、绘制纹饰较元代更加丰富多样；永乐、宣德青花瓷以其胎釉精细、发色浓艳、造型多样、纹饰优美而负盛名，被称为青花瓷器的黄金时代，在青花发展史上处于鼎盛时期，有所谓"诸料悉精，青花最贵"的说法。所用青花料多为郑和出使西洋从伊斯兰地区带回的所谓"苏麻离青"，为能烧出富有特色的青花瓷提供了物质基础。明初青花在制作风格上，也改变了元代厚重稳健的风格，而趋于清新秀丽。明代中期的青花瓷器以成色淡雅的成化官窑青花为代表，装饰风格更趋向于轻松愉快。明代后期青花以嘉靖时期为代表，呈现一种蓝中泛红紫的凝重、鲜艳的色调。

元明两代青花的成就主要反映在官窑瓷器上，由于官窑瓷器从造型到纹样均由宫廷提供，工匠们只能依样而为，在绘画风格上显得庄重有余而鲜活不足。入清以后，主要成就在民窑青花，其中尤以康熙民窑青花最为突出。清代青花发色具有鲜丽明爽之感。康熙青花的成功和独到之处，主要表现在分水技法（渲染）的成熟，工匠以分水技法，运用蓝色的色阶变化，充分描绘景物的阴阳反侧，疏落茂密，使画面产生层次丰富、明净清朗的效果，具有较强的节奏感和立体感。同时，染与画的分工，表现了其时商品生产的发达和青花彩绘技术的成熟。清代青花色调明艳净丽、娇翠欲滴，加之青料研磨极细，画法精细挺秀，分色层次增加，甚至于一笔之中分出深浅浓淡的笔韵，其青花技法可谓达到了随心所欲、挥洒自如、出神入化、炉火纯青的境地，表现了我国青花艺术的高度成就。

（二）青花玲珑瓷

青花玲珑是把青花与玲珑在制作和艺术处理上巧妙加以糅合的产物，碧绿透明的玲珑和淡雅青翠的青花相互衬托，其釉面白里泛青，料色青翠欲滴，玲珑碧绿透明，釉中有釉，花里有花，结合得天衣无缝，展示着我国古代制瓷业高度的技术成就和艺术成就。

玲珑瓷又称"米花"，日本人称为"米通"，西方人把它叫作"嵌玻璃的瓷器"。它采用镂雕技法，先在瓷器坯体上镂出若干一定形状的玲珑眼，用特制的玲珑釉把眼填平，再绘以青花，施釉后高温烧成。青花玲珑以其玲珑剔透、幽静雅致、精巧细腻、朴素大方的艺术特色，给人以清新明快之感。

玲珑瓷器的产生源于产品缺陷。在宋代景德镇瓷器中有一种叫熏炉的产品，炉盖采用镂空装饰，在烧成过程中，由于釉料的高温流动性好，加之烧成温度往往控制不严，常使窑内温度过高，从而使釉料熔融后流动而将炉盖上的孔洞填平，出窑后对光一照，光亮透明。这种偶然的产品缺陷却使工匠们大受启发，终于在明永乐年间成功烧制出晶莹剔透的玲珑瓷器。到明中期的成化年间，景德镇不仅能够成批生产玲珑瓷器，还把晶莹剔透的玲珑与青翠幽雅的青花结合组成图案，烧造出闻名于世的青花玲珑瓷器，成为景德镇瓷器中的一代名品。

（三）粉彩瓷器

粉彩属于釉上彩绘装饰。釉上彩绘是在已经烧成的瓷胎上进行绘画装饰，然后经过800℃左右的低温烧烤以使画面熔融后固化在瓷器表面的装饰技法。早在宋元时期，景德镇瓷工就开始用含金属氧化物的彩料在瓷器表面进行装饰的尝试，到明宣德年间，御器厂成功烧造出釉下青花与釉上彩绘相结合的青花斗彩瓷器。明中期以后，以成化斗彩、万历青花五彩为代表的釉上彩绘瓷器发展迅速，至清初康熙年间釉上彩出现以后，釉上彩瓷器开始脱离青花的约束而成为一个独立的瓷器装饰门类。康熙五彩色泽厚实、浓艳，亦称之为"硬彩"，景德镇称其为"古彩"。

清雍正年间，景德镇瓷工又在康熙五彩的基础上，参照珐琅彩的制作工艺，把含有氧化砷的玻璃料掺入含铅的彩料中，使彩料产生发乳白色的效果，这种含砷的玻璃料被景德镇瓷工称为"玻璃白"。如果以康熙五彩为基础，在其彩料中加入玻璃白，会使所有颜色都"粉化"成带粉白的色调，如红色变成粉红色，绿色变成粉绿色等。这些温润的中间色不仅能给人以粉润柔和的感受，而且扩大了釉上彩的色调范围，使色彩可以渲染，层次、深浅、阴阳分明，画法可以更加细致入微。由于它的特点就是带粉白色调，所以人们便称之为粉彩，景德镇瓷工亦称之为"软彩"。

粉彩装饰的特点是颜色明亮，粉润柔和，色彩丰富，绚丽雅致，绘画工写俱全，在人物、山水、花鸟等题材的装饰上具有很强的表现力，富有国画风格。粉彩瓷在雍正年间最负盛名，釉上彩瓷器到了这个时期，已经发展到了一个百花争艳的阶段，它标志着我国传统的釉上彩瓷器的发展达到了极高的水平。

（四）薄胎瓷器

在景德镇众多的名瓷中，有一种薄似蝉翼、轻如浮云、晶莹剔透、精巧备至的特种工艺瓷，那便是蜚声中外并曾被外国人想象为鸡蛋壳加贝壳做成的薄胎瓷（亦称脱胎瓷）。这种"纯乎见釉，几乎不见胎骨""映着光可以照见指螺"的瓷器历来被视为景德镇瓷器中的珍品，素有"千金一器"之誉。

景德镇瓷工自宋代起即以高超的成型技艺而著称，宋代景德镇影青瓷器即以质地细腻、体薄釉润而见称。明永乐年间御窑厂出品的甜白脱胎瓷和万历年间所制的卵幕杯，胎薄如纸，晶莹光润，做得最薄而精细的薄胎瓷器，厚度只有 0.5 毫米。清康熙、雍正年间出品的白釉薄胎瓷器，已经达到了只见釉而不见胎的"真脱胎"程度。

薄胎瓷品种繁多，其中以薄胎碗最具代表性。制作得好的薄胎碗，从口沿到底足，厚薄一致，映着光看，如万里无云的晴空般清亮、明净、通体透明。古人用"只恐风吹去，还愁日炙销"的诗句来形容这种薄胎瓷器，确实是惟妙惟肖，而又恰如其分。

瓷器制成薄胎，其原有的使用价值虽已不复存在，但具有极高的艺术观赏价值。薄胎瓷的制作，虽不像当年欧洲人想象的那样神秘莫测，高不可攀，但从配料、利坯、上釉到入匣烧成，却须掌握一整套高超的技术和严格的工艺。对脱胎器的工艺要求尤其高。随着制瓷技术的不断进步和分工的专业化，薄胎工艺逐渐从一般瓷器的制作工艺中分离出来，形成了一整套独特而又严格的工艺规范。把瓷器制作成薄胎，是一件技术要求高、难度大而且极其精细的工作，其中最关键的工序就是利坯（坯体的旋削精修）。在薄胎利坯接近完成的时候，正是关键时刻，此时的操作真可谓争胜负于一丝一忽之间，定成败于一刀一息之上，少一刀则坯体嫌厚，多一刀则坯破器废，即便是一个大的喘息也可能导致前功尽弃。薄胎瓷从另一个侧面显示了景德镇瓷工的智慧和工艺技巧，体现了景德镇制瓷技术的高度成就。

（五）颜色釉瓷器

颜色釉是一种以金属氧化物为着色剂，在适当的气氛中经一定温度烧成后，能够呈现出某种色彩的釉料。按照烧成温度的高低，通常以1200℃为分界线，颜色釉大致可分为高温色釉和低温色釉。景德镇的颜色釉瓷绚丽多姿，晶莹夺目，"绿如春水初生日，红似朝霞欲上时""明媚有如江南的春水，洁净有如北国的坚冰"。它以其丰富多彩的釉色，精致完美的器物，风格迥异的造型，清亮耀目的光泽，成为世界工艺美术史上一颗闪耀着光彩的明珠，被誉为"人造宝石"。

景德镇的高温颜色釉是在五代的青瓷、宋代的影青基础上发展起来的。宋代景德镇烧制出的清淡高雅的影青釉，釉色介乎于青、白之间，青中有白，白里泛青，有"冰肌玉骨"之誉，艺术价值极高；元代青花和釉里红问世以后，蓝釉和铜红釉瓷器也烧制成功；明代景德镇高温颜色釉有了很大发展，最为宝贵的成就是永乐、宣德年间的鲜红釉，又称"祭红"或"霁红"，自古即有"永乐以鲜红为宝"的评价。与此同时，还有永乐年间的甜白釉、宣德年间的霁蓝、弘治年间的黄釉都冠绝一时，正德时的孔雀绿也很名贵。在清康熙、雍正、乾隆官窑在仿制历代名窑产品时，创造出许多新的颜色釉品种。窑变和开片是颜色釉瓷器的两种重要方式手段，在统一中的变化、完整中的残破，使得颜色釉瓷器在中国瓷器发展史上具有非常重要的地位，被誉为彩瓷之母，也被认为是陶瓷收藏的最高境界。

（六）综合装饰瓷器

所谓综合装饰，就是陶瓷工艺上根据作品的需求，采取多种技法给瓷器作装饰，以期更好地体现作品的主题思想，增加作品的艺术感。综合装饰方法是新中国成立之后才发展起来的。从传统的角度上看，景德镇过去只有釉上釉下的加彩、斗彩等装饰方法，而综合装饰需要多项技术熟练的专业人员相互配合，采用釉上釉下不同色料，运用绘画、雕刻等多种手法。由于综合装饰的表现天地十分广阔，可以充分表达设计者的意图，尽量发挥各种装饰方法的优点和工艺操作之长，使作品各部位的装饰与整个造型更为和谐，从而更具艺术魅力。

三、宜兴紫砂陶器鉴赏

紫砂是中国茶文化和陶文化相结合的产物，自 16 世纪起，茶事文化上最为理想的注茶器就是紫砂器。紫砂，泛指赭红色的一种无釉陶器。紫砂原料是一种矿物质，锻淘出的紫砂泥色彩天然且品种丰富，可塑性强，因此其手工艺自成体系。用紫砂材质制壶优于其他材质，尤其是造型在中国陶瓷壶类中最富风姿。如保持陶土自然质朴无华的本色，所制器物大受历代文人雅士的珍爱。壶艺与文人结合，赋予紫砂以书卷气，促使紫砂陶成为品茗中具有鉴赏价值的作品，这是紫砂对陶瓷事业的贡献。宜兴紫砂于 17 世纪末 18 世纪初与茶叶一同输往欧洲，被称为"红色瓷器"，其壶式泥色被当地陶匠争相模仿。晚清紫砂艺人金士恒应邀赴日传艺，对日本常滑烧煎茶茶具"急须"产业的确立和发展起到了推动作用。

（一）紫砂发展的本源

紫砂陶的烧制年代，始于北宋中期，盛于明清。宜兴山区富于紫砂矿藏和薪炭资源，为壶艺发展提供了物质基础，传统工艺基础为发展紫砂提供了可以借鉴的经验。宜兴是著名的阳羡茶产区，紫砂的兴盛和茶叶的制作与饮用方法的时风有直接关系；文人雅士吟诗作画，品茗赏壶之风亦是促进紫砂壶艺发展的因素。

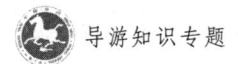

（二）紫砂壶艺的理和趣

紫砂泥是紫泥、本山绿泥（团山泥）、红泥（朱砂泥）的总称。紫砂泥属于沉积型二次黏土，具有类似中国南方传统古瓷原料的特点。紫砂的矿物组成属于黏土—石英—云母系，不需加任何配料，可以单独成陶。紫砂具备可塑性好、生坯强度高、干燥收缩率小等良好的工艺性能。

制作紫砂壶重在因材施艺。在紫砂的泥片镶接工艺中的"打身筒""镶身筒"的成型方法，使紫砂原料性能和壶艺品质得到充分发挥。其制作技艺的关键是脱空成型和坯体表层的精加工。精加工工序把泥料、成型、烧成三者有机地联系在一起，使紫砂器表面光洁、造型结构严谨。由精加工做成的表皮层，使产品的烧成范围扩大，表皮层容易烧结，降低了烧成温度使坯体烧成收缩小。精加工使器身存在一定的气孔率而不渗漏，这种细微密度高而具有较强吸附力的气孔，是构成茶器功能的关键所在。

（三）紫砂壶的良好功能

紫砂茶壶具有保持茶香清醇，茶水不易变质等良好性能。紫砂壶是具有双重气孔结构的多孔性材质，气孔细微、密度高，有较强的吸附力，有利于茶中香气物质浸出，蒸发量提高，茶汤香浓。它能吸收茶之香味，保持较长时间。它出瓷壶的导热系数低，保温性能好。紫砂无釉陶口盖合烧制作，准缝严密，位移公差小于 0.5 毫米，精者"不苟发丝"；而施釉瓷壶口壶盖的位移公差达 3 毫米左右，故此减少了空气流向壶内的渠道，相对推迟了茶汁变质发馊的时间。紫砂的酸碱度（pH）属于中性，对茶水适中，茶水不易馊。

（四）紫砂工艺与壶艺的表现空间

紫砂壶类造型有圆器、方器、塑器、筋纹器四大类，造型式样之多居壶类造型之冠。这些均得益于紫砂原料的优良性能，相对于瓷泥，紫砂的可塑性强，气孔率高，坯体强度高，仅有 10% 的干燥与烧成的收缩率，故而紫砂陶艺能容纳多种创意意念的实现。

紫砂工艺本身在形体与空间的处理上还有很多独到之处，也是其造型的表现力强的原因之一。例如方体造型，线面挺括、规矩平整；筋纹器造型，盖口的转合对应、准缝严密合度；塑器、圆器等的造型结构间线面过渡自然，浑然一体；壶体的截盖结构的轮廓线"贯气"等。还有如提梁结构空间的表现等，都是其他陶瓷原料难以达到的。

（五）紫砂的材质美感

紫砂材质除内在结构为品茗生活带来理想的功效，其质地还在视觉、触觉等感受层次上与使用者发生审美心理上的联系。紫砂以其陶质特有的温润质朴的砂质粒子（石英晶体和未被熔化的云母残骸），在光线照射下隐现闪烁。又因坯体表层在烧结中，由于泥料大小颗粒收缩不一，粗颗粒于壶胎表层微有凸起，呈现"梨皮状"的砂质粒子外观。让人在品茗中感受来自材质的自然美感。

紫砂无釉陶质地呈亚光效果。胎体中所含的莫来石结晶和残存石英颗粒晶体结构对光有吸收作用，无反射和散射，不产生有釉陶瓷在光照射下的釉面玄光。亚光对视觉无刺激性。因此，亚光的质地是紫砂陶光泽柔和、温润内涵的基因。

紫砂泥中所含的氧化铁，是紫砂呈棕红色的主要原因。泥料中还含有铜、钴、镍、铬等微量元素，赋予了紫砂壶特有的沉着朴雅的不同色质。

紫砂泥本身可以单独成陶或色彩泥相互调配。近年来，又试加少量氧化金属钴、锰、铬等着色剂，产生多种泥色，丰富了紫砂材质的色泽、肌理效果。除此之外，还有对泥料颗粒粗细的选择，煅烧的沙砾与泥料采用掺和调砂、铺砂、绞泥、化装泥以及坯体质表纹理的坯处理手段。近年来，还尝试紫砂与多种材料如竹、藤、红木、金属等相互搭配的综合工艺。

质朴沉实的紫砂陶，以自己泥土的个性涉足于茶文化领域，给其制作使用带来了极大乐趣，契合了文人寻幽探雅的情愫。

四、其他名窑瓷器鉴赏

（一）龙泉窑青瓷

龙泉窑是我国著名的历史名窑，它始创于三国两晋。龙泉青瓷的工艺特色和风格截然不同于其他青瓷，其特点有二。

一是胎骨多数似黑铁，通常叫"铁骨"，其釉层饱满，釉面具有纹片，有大小纹片，亦称文武开片。如储存久远有的还呈金丝铁线，纹片有冰裂纹、蟹爪纹、牛毛纹、流水纹、鱼子纹和白坂碎等。纹片碎路或疏或密，纵横交错，不规则又在规则之中，通常称为"碎瓷""碎纹"；它的特点是"紫口铁足"，因胎骨灰黑，底脚露胎，胎足如铁，器物边缘薄釉处隐现紫色，它与釉面的纹片相衬托，显得古香古色，典雅端庄，其造型规整，釉厚胎薄，清奇淡雅，古风朴朴，风韵别致，堪称瓷中珍品。

二是白胎厚釉，釉层丰润，釉色青碧，光泽柔和，晶莹滋润，可与翠玉媲美。釉面无纹片，釉色有粉青、梅子青、月白、豆青、蟹壳青、淡蓝、灰黄等不同色调，而以粉青、梅子青为最佳。弟窑青瓷以棱线处微露白痕出筋和脚呈朱砂色，与青翠似美玉的釉面相映而增添无限美感，其产品造型端庄工整，优雅精致，秀丽挺拔，器形大方，磊落不俗，活泼多姿，使其与优美的青瓷釉互相辉映，相得益彰。弟窑青瓷具有"青如玉，明如镜，声如磬"的特点，被誉为"瓷国明珠"和"青瓷之花"。

如今，龙泉青瓷生产企业已达 130 余家，龙泉青瓷工艺产品琳琅满目，品种繁多，对釉色的研究已经成功，现已投入生产。

（二）越窑青瓷

越窑青瓷被称之为"母亲瓷"。越窑从东汉创烧直到北宋末南宋初停烧，历时 1100 余年，从未间断，成为中国半部陶瓷史的缩影，是我国延续时间最长，影响范围最广，精神内涵最为丰富的窑系。在世界陶瓷研究中，越窑青瓷占有无可比拟的历史地位。曾有学者作了这样一个比喻："在古瓷系统树上，越窑相当于生物学上的'纲'这样一个大概念，从它分化出的'目''科''属''种'及'亚种'的不计其数的窑群和窑场，与之相对应的则是以县或窑址所在地命名的具体窑名。当越窑在越地终止绵延时，其旁生斜长之枝权却早已在更广阔的空间里别开生面，并继续分化出更多的类型。"

越窑的瓷窑分布，以浙江的上虞、慈溪境内最为集中，越窑生产早期上虞曹娥江两岸瓷窑林立，越窑青瓷大发展，至唐时已被慈溪上林湖所取代，上林湖成为越窑青瓷的中心产区，规模空前，超过以往任何一个时期。

越窑制瓷的技艺水平、装饰工艺和造型水平，均凌驾于其他瓷窑之上，成为其他瓷窑模仿借鉴和引进的对象，它是中国古代青瓷瓷窑的代表。

由于在北宋末南宋初失传，越窑青瓷更是被披上了神秘的面纱。历时 1000 多年后，它的神秘面纱终于被揭开。2001 年，越窑青瓷在慈溪市委、市政府和各有关部门的大力支持下，慈溪越窑青瓷有限公司在上林湖畔落成，并于同年 12 月，成功恢复了失传千年的越窑青瓷的生产，为越窑的研究和开发揭开了崭新的一页。现在可烧制不同规格、釉色、造型及其他作品,从而形成了一个独特的青瓷窑系。

(三)宋代官窑瓷器

宋代官窑在中国瓷器发展史上占有极重要的地位。"官窑"一名,最早见于南宋顾文荐《负暄杂录》:"宣政间,京师自置窑烧造,名曰'官窑'。"《饮流斋说瓷》亦根据《坦斋笔衡》云:"宋官窑有数种,南渡后即邵成章于修内司,烧造官窑,其后郊坛下别立新窑,亦曰官窑,是宋时已有旧京、修内司、郊坛下三种。"即北宋官窑、南宋修内司官窑和郊坛下官窑。

宋代官窑一改唐代绚丽夺目、鲜艳多彩的风格,追求优雅含蓄的韵味。瓷器造型端庄秀丽、凝重大方,特别是粉青色瓷,有碧玉般的质感,耐把玩、耐欣赏。宋代官窑的工艺技术、造型艺术,成为中国青瓷发展史上的一个辉煌顶点。北宋官窑于20世纪80年代在开封仿制成功,同时,南宋官窑在杭州仿制成功。后者在继承传统的基础上,创造了刻、画、浮雕与色釉结合的多种工艺,丰富了造型,增加了艺术感染力。

(四)汝窑瓷器

汝窑因地处汝州而得名,在中国陶瓷史上有"汝窑为魁"之美誉。北宋后期,汝窑被皇室垄断专为宫廷烧造瓷器,即"汝官瓷",简称"汝瓷"。宋徽宗继位废汝用钧,汝窑从此失传,南宋时已"近尤难得"。传世汝官瓷全世界仅存不到百件,分别存藏在北京故宫博物院、台北故宫博物院、上海博物馆、英国达维特基金会等几家大博物馆。

汝官瓷胎质细腻,工艺考究,它以名贵玛瑙入釉,色泽独特,随光变幻。观其釉色,如雨过天晴,温润古朴;釉面平滑细腻,如同美玉;呈蝉翼纹般细小开片,釉下有稀疏气泡,在光照下时隐时现,如晨星闪烁。在胎和釉接合处,迎光观察,微现红晕,给人以赏心悦目的感觉。大部分汝官瓷器物满釉支烧,器底有小如芝麻状支钉痕,形成"青如天,面如玉;蝉翼纹,晨星稀;芝麻支钉釉满足"的典型特色。汝官瓷技术失传八百年来,海内外陶瓷艺人为使天青釉再现于世,仿烧不断,但终因不得其秘诀而未能成功。因而世人有"造天青釉难,难于上青天"的说法,更是给汝官瓷蒙上了神秘的色彩。

(五)钧窑瓷器

钧窑创烧于河南省禹州市,因夏朝时禹州称"钧台"而得名。"钧窑"

所产之瓷曰"钧瓷"。当地有"南山煤，西山釉，东山瓷土处处有"的传说。始烧于唐代，鼎盛于北宋，金元时期影响北方诸窑，形成了庞大的钧窑系。钧窑遗址遍布禹州西部山区及禹州城内，现已发现窑址150多处。保留完好的为禹州市钧瓷研究所院内"北宋钧官窑遗址保护区"和神垕镇瓷区。在"神垕镇钧瓷文化区"建有"钧台钧窑遗址博物馆"供旅游者观光。

禹州制瓷业历史悠久，早在新石器时代已出现陶器，商周有原始青瓷。到了唐代，制瓷业更加繁荣，盛产一种以黑褐釉为主体，局部施以蓝白色斑的"花瓷"，被认为是钧瓷的前身，称之为"唐钧"。到了北宋初年，钧瓷在技术上和艺术上逐渐发展成熟，形成了独特风格，成功烧制出窑变蓝色汝光釉和铜红釉，打破了瓷器单一颜色一统天下的历史，变成入窑一色，出窑万彩，受到世人青睐。北宋末年的徽宗时期，以"钧台钧窑"为"官窑"，集中能工巧匠按照宫廷设计，不计工本，精工制作。其造型端庄古朴，胎质坚实，工艺严整；釉色五彩缤纷，莹光玉润，变化神奇自然；挑选严格，残次品一律砸碎深埋，禁止流入民间。这种高标准、严要求，对钧窑的制作工艺、烧制技术、艺术品位起到了升华作用，从而钧窑由一般的日用瓷上升到纯粹的艺术瓷，成为宋代五大名窑之一。民间有"纵有家财万贯，不如钧瓷一片"和"黄金有价钧无价"的评价。金元时期，由于钧窑的独特风格深受人们的喜爱，加之宫廷垄断的解禁，钧窑得到了迅速的发展，影响遍及河南、河北、山西、内蒙古等地，在我国北方形成一个规模宏大的钧窑体系。明清时期，钧窑风格影响到南方，出现了各种仿钧的瓷种，如广东佛山的"广钧"、宜兴的"宜钧"、景德镇的"祭红""釉黑红""卢钧"等，以及受钧釉影响而创新出的各种高温颜色釉。

今日禹州，已成为以钧窑为龙头，各种艺术瓷、日用瓷、建筑陶瓷共同发展、规模巨大的主要瓷区。

钧瓷历来被人们称为"国之瑰宝"，在宋代五大名窑中以"釉俱五色，艳丽绝伦"的奇特"窑变"而独树一帜。其艺术成就主要在于：在釉中铜铁等多种金属氧化物为呈色剂，通过氧化还原的特殊烧成方法而烧制出五彩渗化的窑变釉彩，结束了中国陶瓷单一釉色的历史，开创了我国彩釉瓷的新局面，对世界陶瓷产生了极其深远的影响。

现在，钧窑在尊重吸收传统工艺的基础上，结合现代的科学技术、审美趋向和精神需求，运用艺术、工艺、科技三位一体的创新理念，在造型艺术、釉料选取、成型工艺、烧成技术等方面不断创新研究，烧制出有着唐钧的活泼大胆、宋钧的端庄大方、元钧的粗犷豪放、清钧的小巧精美，又具有现代个性、符合当今审美观的各种现代陶艺和时代作品。

（六）耀州窑青瓷

耀州青瓷是一种在胚胎上画、刻、印出各种花纹，上釉入炉经高温烧成的釉下装饰清一色的单色釉青瓷；出产于陕西省铜川市黄堡镇。铜川旧称同官，宋代属耀州辖治，故名耀州青瓷。

在黄堡镇漆水河两岸十几里的范围内密集地分布着耀瓷作坊，史称"十里窑场"；自唐代创烧起就是当时中国陶瓷的集大成者。因为唐朝定都长安，全国的各种资源信息都奔这个中心而来；耀州距长安50多公里，所制有白瓷、黑瓷、青瓷、白釉绿彩瓷、花瓷和唐三彩等，几乎囊括了唐代的所有瓷种。五代以后青瓷居多，制作十分精良考究，杯盘碗碟规格趋于合理，素面的工整匀称，只在碗内心凸贴一个小龟或花头，精神而集中；单线匀画的纹样多在器物边沿上，流畅奔放而清丽飘逸；签押的内壁出筋道道，外帮沟槽深曲，俯视碗口却酷似海棠朵朵……多数采用满身施釉裹足的支钉烧法而使其更加珠圆玉润。奉命为皇家特制的瓷器为最早带有"官"字款的官家窑器。入宋以后，以马蹄窑炉燃烧煤炭的还原气技术率先在耀州窑场产生并能熟练运用，加上此时中华民族精神和文化意识圆满而形成了鲜明独特的民族时代审美观，使得耀州青瓷脱颖而出且占据了主导地位。

耀瓷归纳起来有四个特点：

一是碗盘种类最多，如"小海鸥"、水波洗等为该窑所独创，这些面向市场和广大老百姓生活实用的器具，不但折射了丰富文明的宋代社会生活程度，而且充分体现了耀瓷民间窑场的性质。

二是装饰纹样繁多生动，寓意宽厚诚善而独到深邃，尤其是刻花因在半干坯上进行，泥湿易刻而进刀宽深，匠工们技艺纯熟高超，专业工作年龄均在30年以上，所以刻花线条粗细乍变，宛若游龙惊鸿，十分流丽洒脱。被誉为"刻花之冠"，这一点是耀瓷最具特色和出众的地方。其后大量出现的一些陶范印花只是在敞口的碗碟内壁装饰，"由于原制陶范刻花的绝对高超水平，即便经过几次翻版亦是风韵犹存的"。

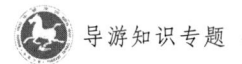

三是青瓷釉色玻璃质感强，透明度高，以橄榄绿中闪黄为上乘。釉面坚硬光润而温莹，是其他青瓷所没有的。这种釉色是泥、釉料里的铁离子在高温下同煤中的铁离子相化合产生的，即当地原料的独特性与窑工独特的烧成技术相结合的产物。

四是造型"方正浑厚、挺秀峭拔和敢于出奇"。其"碗盘"带有金银器的源象，再如倒装壶，出水口是半圆雕形紧贴壶顶的母子狮，完全没有倒装壶形式必须依赖的基本条件——长流，比现代人制倒装壶的设想还要大胆。

耀瓷被誉为"北方青瓷的典型代表"，是宋代"六大窑系"中最大的一个窑系，也是最早沿海上丝绸之路输销西洋的窑口。北宋靖康之变和金元兵火使耀州青瓷一落千丈，明初在黄堡镇彻底绝迹。随后虽然在铜川的陈炉镇、立地坡、上店村、玉华宫等地仍有烧造，但已绝非耀州青瓷的物品及概念，均是较粗朴的黑白釉和铁锈花瓷。

民国时耀州青瓷曾试复制，以败北告终。1974年，失传千载的耀瓷重放光彩。现已具有满足市场需求的生产规模，曾在香港、北京、广州等地和日本展览并获大奖。

（七）定窑白瓷

定窑是我国宋代五大名窑之一，产地在今河北曲阳，古属直隶定州，故称定窑。定瓷烧制始于唐、兴于北宋、失于元，是我国北方繁衍数代而影响深远的一个窑系。

定窑遗址规模宏大，东起北镇（龙泉镇）通天河畔，西至燕川山下，方圆20里，总面积达150多万平方米，俗称"一溜十八坡"。民间相传，当年"大窑三千六，小窑如牛毛"。定瓷给人们留下了宝贵的物质财富和文化启迪。

定瓷胎质坚密、细腻，釉色透明，柔润媲玉。定瓷以白色最为著名，《归潜志》有"定州花瓷瓯，颜色天下白"的赞誉。此外还有红、黑、紫、绿诸色。

（八）磁州窑陶瓷

河北邯郸是战国七雄之一赵国的国都。在邯郸西南约50公里的太行山东麓，凸起一座孤零零的山峰，南北长约25公里，人们称它为"鼓山"或"石鼓山"。太行山西麓的水汇入漳河，东麓之水汇入发源于鼓山脚下的淦水，形成淦阳河。淦阳河经漳河、卫河，入海河、运河，可达京师汇入渤海。地上青山绿水的环境中柴草茂密，地下蕴藏着丰富的煤炭资源，更重要的是有着取之不尽的与煤炭伴生的陶土，由此孕育了人类文明的伟大发明——陶瓷。我国北方最大的、窑火永不熄灭的民间陶窑群落就星星点点地散布在漳河与淦水上游地区。由于此地古属河南漳德府磁州、清属直隶省磁州，故名"磁州窑"。

由于磁州窑是采用煤炭烧制瓷器的窑炉，所以不受南方依山寻找适合一定坡度的山坡建窑的束缚。窑群密集在一起很是壮观。而窑炉的结构是圆形的个体，形如馒头，故也称"馒头窑"。最多时在不足 10 平方公里的区域内，窑炉密集三四百座，一年四季，烟火滚滚。

北朝至隋代，此地已烧制出精美的青瓷。唐代随着白瓷在北方的兴起，磁州窑也产出了精美的化妆白瓷。

磁州窑以满足广大民众生活必需品为其生产主流，生产在"使用"功能和"价格"承受相结合的民用陶瓷。采用用于陶瓷生产的原料进行彩绘，绘出了最早的釉下青花，而景德镇到元代才兴起青花，早景德镇 300 余年。

磁州窑在"金代"发明了"红绿彩"。这种技术是釉上彩的鼻祖。

磁州窑的民间性质，使其以瓷器为载体，记录、绘画出大量民俗生活与文化的场景，这些陶瓷艺术资料是我国民俗文化的一大宝库。

磁州陶瓷器以白地黑花装饰最为著名。古窑址分布在观台、临水、彭城等地，现建有陶瓷博物馆两座。

（九）建窑瓷器

建窑是中国宋代名窑之一，在世界陶瓷史上占有重要地位。古窑遗址位于闽北建阳市水吉镇，总面积 10 余万平方米。

建窑以烧造黑釉茶碗（俗称建盏）著称于世。其名贵品种有兔毫、油滴和曜变。兔毫盏是建窑主打产品，它的主要特征是黑釉表面上分布着兔毫状（或雨丝般条纹状）的析晶斑丝纹，兔毫有黄、白两色，称为金毫、银毫。油滴斑类似水面上漂浮的油花，也像鹧鸪鸟胸部羽毛的黑底白斑，因而被称为鹧鸪斑。"曜变"的典型特征就是圆环状的斑点周围有一层干涉膜，在强光照射下会呈现蓝、黄、紫等不同色彩，并随观赏角度而变。

（十）德化窑瓷器

德化窑始烧唐代，是我国南方的重要窑厂之一，尤以生产外销瓷闻名于世。虽历代的志书记载寥寥无几，但在德化县境内的地下却埋藏着一片片古代烧瓷窑厂的遗迹。就是德化这么一个不起眼的山区小县，宋元明清四个朝代为"海上丝绸（陶瓷）之路"生产了大批外销产品，为瓷国赢得了荣誉。

德化县位于福建省泉州市西北部，总面积 2232 平方公里，县城坐落在戴云山南麓。德化县地处中亚热带，受季风影响明显，气候温和，雨水充足，森林茂密。境内矿产资源丰富，品种多样，其中瓷土、铁矿尤甚。

德化瓷器早期（洪武至成化年间）质地较黑，釉色白中闪黄，俗称"象牙白"或"奶油白"。中期（成化至隆庆年间）出现了德化独特的"糯米胎"胎质，何朝宗作品（以"何来观音"为代表）不断创作成功。晚期（万历至清顺治年间）是德化窑生产水平和艺术水准发展的鼎盛期，出现透雕新工艺，器物质地洁白细腻，釉色莹润光亮，脂玉感强，产品俗称"猪油白"和"葱根白"。西方文化题材进入德化窑瓷的创作空间，是这一时期德化窑瓷对外贸易和文化交流的重要标志之一。

据文物考古调查统计，迄今为止，在德化境内已发现唐、宋、元、明、清的古窑址 250 处，其中唐代 1 处，宋元 42 处，明代 30 处，清代 177 处，分布在全县 18 个乡镇。"屈斗宫德化窑址"于 1998 年 3 月被国务院评为第三批全国重点文物保护单位，为世界陶瓷文明留下了一丰富的遗产。

德化窑历代以白瓷著称于世，是中国白瓷的代表，在世界白瓷生产史上有着重要的历史地位。德化窑属于民窑，历史上个体经济十分发达，窑业技术完善，器物个性化特征明显，是中国民窑的典型代表。德化窑是我国南方重要的外销瓷产区，在我国的对外贸易、文化交流史上具有重要的历史地位。

（十一）石湾窑瓷器

石湾窑位于广东佛山，是我国南方历史久远的民窑。石湾窑以善仿钧窑而著称。仿钧釉色以蓝色、玫瑰紫、翠毛釉等为佳，但仿中有创。钧窑的窑变釉是一层釉色，而石湾窑变釉却有底釉与面釉之分。石湾窑不仅善仿钧，而且善仿宋代各大名窑，宋代官、哥、汝、钧诸名窑产品，从材质运用、技法处理、艺术造型等各方面都仿得惟妙惟肖，而且有创造性的发展。在新石器时代，就已制作出精美严谨的印纹陶器。当时的陶质有夹砂陶、软陶和硬陶几大类，纹饰有绳纹、曲折纹、雷云纹等数十种之多。战国墓葬和汉代墓群出土了大量的陪葬陶器：屋、仓、井、灶、猪、牛、羊、马车、舞乐俑等，均是当地制陶技艺的有力佐证。在石湾的大帽岗和小塘奇石村更发掘到唐、宋的密集窑址，至今在石湾仍保留了建于明代的"南风古灶""高灶""同庆灶"，它们均是宋代龙窑的延续。

石湾窑的作品长期以来均以出口为主，故它在国内的认知及影响远不及在东南亚诸国及地区。它塑造的人物形象在写实的基础上夸张而传神，造型概括而简练，所施的釉彩古朴而浑厚；所塑造的动物既有浪漫而写意意味的神兽如龙、凤、麒麟等，也有栩栩如生的虾、蟹、鸭、牛等。它创作的艺术器皿包括了仿古、仿各窑系的造型及模仿蔬果鱼虫的形态；微型作品从3毫米到3厘米，包括了人物、动物的各种形态及茅舍桥梁等建筑物。石湾窑以鲜明的雕塑刻画、组成作品的明晰线条，塑造手法以刻、贴、捺、搓、捏等的综合运用，特别是含铁量高的红色胎泥和陶土的突出表现构成了鲜明的地方特色。石湾美术陶瓷厂是"石湾公仔"的"原产地"，"同庆灶"是至今现存烧制石湾公仔的"唯一古灶"。

20世纪50年代便完成了"抢救遗产"的艰巨历程，传统题材的创作得到恢复，现实题材的创作已逐步开展。

（十二）唐三彩陶器

唐三彩陶器是中国唐代以黄、绿、褐、蓝、紫等多种颜色为主要釉色的陶制品，俗称"唐三彩"。唐三彩属于陶器的范畴，原料胎体是白色的黏土制成；釉色上利用各种金属氧化物为呈色剂。

唐三彩的出现与发展和唐代厚葬风气有着直接的关系。三彩器作为一种随葬品出现在唐高宗至唐玄宗时期。常见的出土唐三彩产品有马、骆驼、仕女、酒具、水具、伎乐俑、枕头等。尤其是三彩骆驼，背载丝绸或乐队，仰首嘶鸣，赤髯碧眼的牵驼俑，身穿窄袖衫，头戴翻檐帽，再现了中亚胡人的生活形象，使人回忆起当年骆驼叮当漫步在"丝绸之路"上的情景。

唐三彩吸取了中国国画、雕塑等工艺美术的特点，采用堆贴、刻画等形式的装饰图案，线条粗犷有力，在陶坯上涂上的彩釉，在烧制过程中由于铅釉的流动，各色均呈现出浓淡的层次或各色巧妙地交织在一起，形成错综复杂、绚丽多彩的色釉，其色彩自然协调，花纹流畅，是一种具有中国独特风格的传统工艺品。

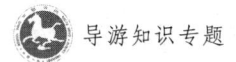

（十三）其他陶瓷器

1. 介休窑

介休窑位于山西省介休市介休镇，始烧于宋，历经金元明清。宋代以白釉为主，胎白纹细，除白釉尚有黑釉和白釉釉下褐彩瓷，黑瓷、白釉黑花及黄褐釉印花瓷等。装饰技法有印花、划花、剔花，釉下彩绘和镂雕。受定窑一定影响，碗盏里心都留有三个细小支烧痕，是其特征之一；金代烧黄褐釉印花器较多，器内多印花，尤以孩童荡船纹饰为多，富有特色。

2. 当阳峪窑

当阳峪窑在今河南修武当阳峪，为北方著名民间瓷窑之一，属磁州窑系，所烧器物以剔花品种最负盛名，纹饰流利洒脱，又以黑白、褐白对比强烈的色彩独具一格，其艺术感染力远在磁州窑系瓷窑同类装饰之上；绞胎也属于成功品种之一，用白褐两种色料绞在一起，组成与羽毛、木纹等相似的纹理，制作技巧高超。

3. 长沙窑

在今湖南长沙铜官一带，为唐代重要瓷窑。品种以青釉为主，兼烧少量褐釉、酱釉、绿釉和白釉等，装饰有釉下彩绘、印花、贴花和彩色斑点几种。釉下彩绘创始于长沙窑，中唐时开始出现单一的釉下褐彩，后演进出褐绿两种彩色；长沙窑釉下彩主要有褐色斑点、褐绿色斑点、绿彩、褐绿彩绘。贴花多装饰在壶罐腹部，在纹饰上多施以酱釉圆斑。

五、瓷器鉴别与选购的一般方法

（一）仿制瓷器的历史

仿制前朝瓷器，在我国已有很长的历史。仿古之风萌芽于宋代，在宋代就流行仿古瓷，当时已出现了大量仿制商周青铜器样式的瓷器。元代瓷器中就有不少仿宋代钧窑和定窑者，表现形式较为单一，比较突出的是霍窑仿古瓷。明清两代，仿前代瓷器更加兴盛，仿品的制作技术不断更新，有的达到乱真的程度，有的甚至超过了原有的水平，而不同时代的仿品，又有不同的风格，从而丰富了制瓷的工艺。

明代仿古瓷逐渐走向成熟，其规模、表现形式和工艺水平都比元代有了很大的进步。明代朝廷在景德镇设御厂，专烧供宫廷使用的瓷器。在生产御用瓷的过程中，造就了一批制作仿古瓷的名家。永乐、宣德、成化三朝是明代瓷业的黄金时期，这一时期在仿古瓷方面也颇有成就。此间景德镇御器厂仿烧的汝、哥、龙泉等宋代名窑瓷器，精美程度不亚于宋代真品。清康熙、雍正、乾隆三朝仿造前代瓷器已达到相当高的水平，所仿宋代五大名窑以及明永乐、宣德、成化等朝瓷器，在釉色、胎质、造型、纹饰方面多已达到理想境界。当时以郎窑、唐窑制品最为逼真。仅雍正后期短短几年间，便烧造出仿古品种40余种，另有创新品种十几种。乾隆时又有更多的品种问世。这一时期的仿古瓷技术上精益求精，但并无谋利目的。所以此时许多仿品并不仿写前朝年款，而是直书本朝年号。乾隆时并有"大清乾隆仿古"专款。

清末民初，中外人士搜求历代古瓷者渐多，因而仿古和造假能手亦相继涌现。由于绝大多数是出于冒充真品的目的，所以就不但要求"神似"，也极力追求每一点细节的"形似"，因此，仅就烧造瓷器中的赝品——假古董而言，这一时期的造诣可以说是达到了空前的水平。

（二）瓷品的鉴别

瓷器的鉴别是指对历代瓷器制品的产地、年代、品类、质量、真伪、价值等做出准确的判断，并对古瓷器具有的历史、艺术与收藏价值做出评定。

瓷品鉴别的主要内容，一是断代，即鉴别瓷器的相对烧造年代，同一窑口的产品，也有产于不同年代之别；二是断真伪，即辨别瓷器是否属于真品，区分瓷器的真品、仿品、伪作；三是断优劣，即判别古瓷的质量和价值，主要看其是否完整、是否有裂痕、变形等，以及是否为上乘之作、稀世珍品等；四是断窑口，即判断瓷器的产地，它一般包括：窑名、型制和各种工艺特色。

古瓷鉴定的依据主要有五个方面：一是"标准器"，即以带有真实纪年的瓷器和明确纪年的墓葬遗址中出土的瓷器为"标准器"，去比较不知烧造年代的瓷器；二是文献资料，在史籍中，常常有当时人直接或间接地记述当时瓷业或评述瓷器产品的史料，对古瓷鉴定有很大帮助；三是窑址的地层资料，有助于认识一个时代产品的整体面貌；四是看官窑与民窑之间的相互影响；五是考虑同时代姐妹艺术对瓷器的影响。

古瓷鉴别从器型、装饰、胎釉、土斑、包浆、制作工艺和装烧方法、款识等方面着手。器型主要看器物的形体特征，造型鉴定是古陶瓷鉴定中的第一要素，因为瓷器造型是器物产生时代的制瓷技术、社会习俗、文学修养与美学风格的集中体现；装饰主要看装饰方法、题材、构图、纹样形象、画风和彩料等方面所表现的时代特征和窑口特征等；胎釉主要根据不同窑口、不同时代因胎釉的原料选择、精致不同，所表现的产品的胎釉不同特征来加以鉴别，鉴别古陶瓷胎、釉的目的主要在于鉴定器物的产地；制作工艺和装烧方法主要是根据新工艺的出现和新窑具、新装烧方法的使用在产品上遗留的痕迹进行判断；款识主要是对瓷器底款的字体、笔致、排列形式、落款位置以及写款的彩料等进行鉴别，主要有纪年款、名家款、官家款、堂名款、明清官窑款识等。景德镇瓷器从明代永乐官窑瓷开始，就正式有帝王年号款，所以，鉴别明清御窑产品时，看款式特征是重要的一环。此外，瓷器和其他艺术品一样，地方风格、个人风格融会于时代风格之中，但又是时代风格的构成因素。因此把握好各时代瓷器的总体艺术风格，对鉴定也是十分必要的。高古陶瓷主要是元以前的出土陶瓷器，由于是从土中而来自然会留下明显的出土痕迹，其中表面的土斑就是最主要的鉴定依据。学会看包浆能够解决新瓷与古瓷、真品与赝品相区分的问题。

（三）选购瓷器的一般方法

选购瓷器最重要的是要对瓷器的质量进行检验。在检查瓷器的质量方面有个"四字诀"，即看、听、比、试。"看"就是要将瓷器上下内外细细观察一遍。一看瓷器釉面是否光洁润滑，有无擦伤、小孔、黑点和气泡；二看形状是否规整，有无变形；三看画面有无损缺；四看底部是否平整，须放置平稳，无毛刺；"听"就是听轻轻弹叩瓷器时发出的声音。如声音清脆、悦耳，则说明瓷胎细致密实，无裂损。如声音沙哑，就可断定瓷胎有裂损，或者瓷化不完全，这类瓷器经冷热变化易开裂；"比"就是比较。对配套瓷器，要比较各配件，看其造型及画面装饰是否协调一致；"试"就是试盖、试装、试验。有的瓷器带盖子，有的瓷器由几个元件组合而成，在挑选瓷器时，应将盖子试盖一下，将元件试组装一下，看看是否合适。

选购艺术瓷除上述"四字诀"外，还应该从成型、釉色、画工、烧成次数、作品数量及作者知名度等方面对艺术瓷的价值予以判定。成型方法主要是手工拉坯和注浆成型，手工拉坯的花瓶通常较重，且内部会有一圈一圈的纹路，而注浆成型的陶瓷，内部一定是平滑的，坯体上常常可以看到接合处所留下的缝线。一般说手工拉坯的瓷器价值较高；艺术瓷的釉料有些是从化工原料行购买的，有些是陶艺家自己调配的，其艺术价值自然有所区别；判别画工的优劣，一看色彩层次是否丰富，二看绘工是否精细，三看是手工绘制还是贴花或印花装饰。不同的装饰手法，其价值也有不同。当然，就艺术瓷器而言，作品的数量、作者在行业内的名气，都是直接影响艺术瓷器价值的重要因素。此外，一些忠于原作、制作精细的仿古瓷器也有比较高的艺术价值和收藏价值。

思考题

1. 简述中国陶瓷的发展概况。

2. 简述中国陶瓷对中国民俗、服饰、文学、绘画、文字书法、宗教、音乐、体育、旅游等领域的影响。

3. 中国陶瓷文化中怎样体现了中华民族的精神？

4. 中国陶瓷对世界的影响体现在哪些方面？

5. 简述景德镇瓷器的主要种类及其特点。

6. 怎样欣赏紫砂陶？

7. 宋代的"五大名窑"及其特点是什么？

8. "六大窑系"及其特点是什么？

9. 仿制建盏中的"曜变"为何难？

10. 简述德化窑的历史地位。

11. 简述石湾窑的特点。

12. 什么是唐三彩？其最初的用途是什么？现在有什么功用？

13. 介休窑、当阳峪窑、长沙窑的瓷器有何主要特点？

14. 何谓"官窑"？中国古代都出现过哪些"官窑"？

15. 为什么说"青瓷"是中国的"母亲瓷"？简述青瓷发展的历史。

16. 中国古代的陶有哪些著名的种类？其代表是哪些？

17. 中国号称陶瓷的故乡，请您简述中国陶发展为瓷的过程。

18. 瓷器的鉴别主要从哪些方面入手？

19. 选购瓷器一般要采用哪些方法？

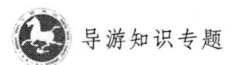

20.请讲一讲实用瓷和艺术瓷的区别。

21.不同产地的青花着色剂原料对青花瓷器的发色有什么影响？

22.列举不同时期中国各窑口的著名的单色釉瓷器。

23.简述中国瓷器发展史上官窑与民窑之间的区别。

24.简述元代青花和釉里红的发展过程和成就。

25.中国瓷器发展有哪几次高峰，为什么会出现瓷器发展的高峰？

专题十
珠宝玉石文化

　　中国珠宝玉石文化源远流长，历史悠久，博大精深，是我国文明史上的重要组成部分。在古代，人们对宝石的认识大多与玉有关，宝石即为玉石。由于受当时科技水平的限制，人们不能正确区分岩石和矿物，因此也不能科学区分宝石与玉石。东汉许慎的《说文解字》中明确地认为"玉，石之美，有五德"。中国古代文献对宝石一词的记载，始于北宋苏轼的《龙尾砚歌》，有"君看龙尾宝石材，玉德金声寓于石"之说。明代宋应星在《天工开物》中称"凡宝石自大至小，皆有石床包于外，如玉之有璞"，可知他已能够说出"宝石"和"玉石"之间有着显著区别，这在当时已属难能可贵。随着科技的发展，特别是随着结晶学、矿物学、物理学等学科的发展，人们对珠宝玉石的定义越来越科学。

一、珠宝玉石的概念及分类

（一）珠宝玉石的概念

　　广义的珠宝玉石（宝石）泛指一切经过琢磨、雕刻后可以成为首饰或工艺品的材料，这些材料包括矿物、岩石和某些生物质材料，包括天然和人工的单晶质、多晶质、有机质材料。狭义的宝石专指天然单晶质宝石。自然界只有满足美观、耐久和稀少这三个基本条件的矿物、岩石或者有机材料才能作为宝石。世界上已发现的矿物虽然已超过 3000 多种，但可作为宝石原料仅有 230 多种，其中常见的仅有 20 余种，可见，宝石是众多矿物岩石的精华。

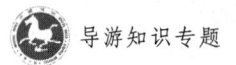

（二）珠宝玉石的分类

珠宝玉石的分类在各个国家有所差异，常用的是根据矿物学和实用价值进行分类。本教材是参照最新公布的中华人民共和国国家标准《珠宝玉石名称》（GB/T 16552—2017）中的规定进行分类命名的。

根据国家标准，珠宝玉石是对天然珠宝玉石和人工宝石的统称。天然珠宝石包括天然宝石、天然玉石和天然有机宝石，人工宝石包括合成宝石、人造宝石、拼合宝石和再造宝石。

在天然珠宝玉石中，天然宝石指的是由自然界产出，具有美观、耐久、稀少性，具有工艺价值，可加工成饰品的矿物单晶体（可含双晶）；天然玉石指的是由自然界产出，具有美观、耐久、稀少性和工艺价值，可加工成饰品的矿物集合体，少数为非晶质体；天然有机宝石，是与自然界生物有直接生成关系，部分或全部由有机物质组成，可用于饰品的材料。

在人工宝石中，合成宝石是指完全或部分由人工制造且自然界有已知对应物的晶质体、非晶质体或集合体，其物理性质、化学成分和晶体结构与所对应的天然珠宝玉石基本相同；人造宝石是由人工制造且自然界无已知对应物的晶质体、非晶质体或集合体；拼合宝石是由两块或两块以上材料经人工拼接而成，且给人以整体印象的珠宝玉石；再造宝石是指通过人工方法将天然珠宝玉石的碎块或碎屑熔压或压结成具有整体外观的珠宝玉石，可辅加胶物质。

根据最新国家标准《珠宝玉石名称》（GB/T 16552—2017），将珠宝玉石的分类和基本名称列简表如下：

表 1　珠宝玉石分类及基本名称

种类		基本名称
天然珠宝玉石	天然宝石	钻石、刚玉（红宝石、蓝宝石）、金绿宝石（猫眼、变石、变石猫眼）、绿柱石（祖母绿、海蓝宝石）、碧玺、尖晶石、锆石、托帕石、橄榄石、石榴石、水晶、长石、方柱石、柱晶石、绿帘石、董青石、辉石、蓝晶石、方解石（冰洲石）、斧石等
	天然玉石	天然玉石翡翠（硬玉）、软玉（和田玉、白玉、青白玉、青玉、碧玉、墨玉、糖玉、黄玉）、欧泊（白欧泊、黑欧泊、火欧泊）、石英质玉、蛇纹石玉（岫玉）、独山玉、查罗石、阳起石、绿松石、青金石、孔雀石、大理石（汉白玉、蓝田玉）、白云石、滑石、天然玻璃（黑曜岩、玻璃陨石）、鸡血石、黏土矿物质玉（寿山石、青田石）、云母质玉（白云母、锂云母）、绿泥石等

种类	基本名称	天然
人工宝石	天然有机宝石	天然珍珠（天然海水珍珠、天然淡水珍珠）、养殖珍珠（简称"珍珠"，海水珍珠、淡水珍珠）、海螺珠、珊瑚、琥珀（蜜蜡、血珀、金珀、绿珀、蓝珀、虫珀、植物珀）、煤精、象牙、猛犸象牙、龟甲（玳瑁）、贝壳人工
	合成宝石	合成钻石、合成刚玉（合成红宝石、合成蓝宝石）、合成绿柱石（合成祖母绿）、合成绿宝石（合成变石）、合成尖晶石、合成欧泊、合成水晶（合成紫晶、合成黄晶、合成烟晶、合成绿水晶）、合成金红石、合成碳硅石、合成翡翠
	人造宝石	人造宝石人造钇铝榴石、人造钆镓榴石、人造钛酸锶、人造硼铝酸锶、玻璃、塑料拼合宝石
	拼合宝石	蓝宝石拼合石、石榴石拼合石、拼合欧泊、拼合珍珠等
	再造宝石	再造宝石再造琥珀、再造绿松石等

二、珠宝玉石的收藏意义与应用价值

国际上将钻石、红宝石、蓝宝石、祖母绿、金绿宝石被称为"五大珍贵宝石"。天然玉石中，以翡翠与软玉为最珍贵。由于珠宝玉石的独特魅力，自古人们就赋予它们精神寄托，并且随着社会进步，珠宝玉石的应用价值也越来越大。

（一）玉的收藏意义

中华民族对玉情有独钟。在我国古代"石之美者"为"玉"，玉文化是中华传统文化的重要组成部分，我国自古就有爱玉、戴玉之风，有"君子佩玉"的习俗，玉石首饰也是具有中国特色和民族特性的饰物，也是我国古老文化的传承、道德的象征和人们对美好生活向往的代表。

古代玉器承载了中国古代社会的许多精神内涵。

1. 治理国家的礼器

玉制的礼器中有"六器"。《周礼·春官·大宗伯》："以玉作六器，以礼天地四方。以苍璧礼天，以黄琮礼地，以青圭礼东方，以赤璋礼南方，以白琥礼西方，以玄璜礼北方。"这是用适应天地四方颜色的不同玉器来祭祀它们。

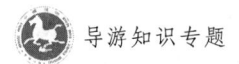

2. 代表着政治等级

古玉器的政治价值表现在古玉器是社会等级制的物化，是古代人们道德和文化观念的载体。出土玉器基本上出自有身份和地位的大中型墓葬中，春秋战国就有"六瑞"的使用规定，6种不同地位的官员使用6种不同的玉器，即所谓"王执镇圭、公执桓圭，侯执信圭、伯执躬圭、子执谷璧、男执蒲璧"；从秦代开始，皇帝采用以玉为玺的制度，一直沿袭到清代；唐代明确规定了官员用玉的制度，如玉带制度。

3. 代表着道德楷模

孔子认为："昔者君子比德于玉焉：温润而泽，仁也；慎密以栗，智也；廉而不刿，义也；垂之如队，礼也；叩之其声清越而长，其终绌然，乐也；瑕不掩瑜，瑜不掩瑕，忠也；孚尹旁达，信也；气如白虹，天也；精神见于山川，地也；圭璋特达，德也；天下莫不贵者，道也。《诗》云：'言念君子，其温如玉。'故君子贵之也。"（《礼记·聘礼》）其意思是，过去君子拿玉与德相比，说玉温柔润腻而有光泽，这是"仁"的品质；玉的质地细密而坚刚，这是"智"的表现；虽然有棱角但不割伤人，这是"义"；玉体端正向下垂着像谦恭待人的君子，是"礼"；玉制乐器敲击时声音悠长清越，不敲时就不声不响，这是"乐"；美丑互不掩盖，以事实为准，这是"忠"；色彩显露于外而不掩饰，这是"诚实"；精气如白虹冲天，是"通天"；埋在地下而灵气显现于山川，是"彻地"；圭或璋只要拿在手里，人们就知道你的身份地位，这是"德"；普天之下没有不看重玉的，这是懂得玉体现了"道"的精髓。《诗经》里有一句话是君子就像玉一样温柔，所以凡是君子都看重玉。

千百年来人们尊玉、爱玉、赏玉、玩玉，都是基于玉的这些含义而来。正因为如此，才有了"古之君子必佩玉""君子无故玉不去身"的话，流传下了"佩玉"的习惯。

4. 辟邪除祟和延年益寿

古人相信玉具有超自然的力量，认为将玉制品供人佩饰或使用，可增加精神上和心理上的抵抗力量，防御邪气的侵袭，扫除鬼祟的祸患，保障人和物的安全和吉祥。

总之，在中国玉文化中，玉是美石，也是美德；是物质，也是精神；它属于大自然界，也属于人类社会；是显耀权力的财富，是富有灵性的石头，是一种物化的美，也是一种人化的美。

（二）其他珠宝玉石的收藏意义

由于各国人民的风俗习惯、民族历史以及自然环境的不同，他们所喜爱的珠宝、玉石种类也不同，包含的寓意丰富多彩。大约从 16 世纪开始，人们又把珠宝玉石和人的诞生之时联系起来，以十二种珠宝玉石代表人们降生的十二个月，也就是人们常说的诞生石或生辰石，主要是用来纪念诞辰的具有吉祥象征含义的宝石，在不同的国家有不同的代表性宝石，常用的生辰石及寓意如下表所示。

表 2　十二月生辰石简表

月份	生辰石	象征和寓意
1 月	石榴石	忠诚、友爱、真实
2 月	紫水晶	诚实、正直、善良
3 月	血玉髓（或海蓝宝石）	襟怀坦白、豪放、勇敢
4 月	钻石	坚贞、纯洁、无瑕
5 月	祖母绿（或翡翠）	幸运、幸福、青春永驻
6 月	珍珠	富贵、健康、长寿
7 月	红宝石	爱情、热情、品德高尚
8 月	橄榄石（或缠丝玛瑙）	夫妻恩爱、家庭和睦
9 月	蓝宝石	谨慎、慈爱、德高望重
10 月	欧泊（或碧玺）	希望、灵活、安乐
11 月	黄宝石（或黄水晶）	团结、友谊、和平、长久
12 月	绿松石（或钻石、青金石）	抱负远大、事业成功和必胜

婚姻是人生大事，人们把珠宝玉石镶嵌在戒指或其他物品之上，作为订婚、结婚的信物，互相赠送，以表示永远相爱，百年偕老。同时用珠宝玉石来称呼结婚若干年并予以纪念意义。如结婚 15 周年为"水晶婚"，20 周年

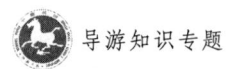

为"瓷婚"，25周年为"银婚"，30周年为"珍珠婚"，35周年为"珊瑚婚"，40周年为"红宝石婚"，45周年为"蓝宝石婚"，50周年为"金婚"，55周年为"绿宝石婚"，60周年为"钻石婚"，婚姻越长久越珍贵。

目前，如同国花一样，世界上已经有40多个国家都选定了本国人民喜爱的宝石定为"国石"。

表3　部分国家国石简表

序号	国石代表	国家
1	钻石	英国、南非、纳米比亚、荷兰
2	红宝石	缅甸
3	蓝宝石	美国、希腊
4	金绿宝石（猫眼石）	斯里兰卡、葡萄牙
5	祖母绿	哥伦比亚、秘鲁、西班牙
6	橄榄石	埃及
7	水晶	日本、瑞士、乌拉圭
8	翡翠	新西兰
9	欧泊	澳大利亚、匈牙利、奥地利、捷克
10	青金石	玻利维亚、阿富汗、智利
11	黑曜石	墨西哥
12	绿松石	土耳其
13	珍珠	法国、印度、菲律宾、阿拉伯联合酋长国
14	珊瑚	摩洛哥、阿尔及利亚、意大利
15	琥珀	罗马尼亚、德国

（三）珠宝玉石的应用价值及影响因素

在人类的发展中，宝玉石一直是权力、富有的象征，并与宗教和皇权也有密切联系。随着人们生活水平的提高，宝玉石也已走入寻常百姓的生活中，被用作爱情信物、生日礼品、服装配饰、收藏投资等，主要的应用价值有：装饰价值、交换价值、储备价值、收藏价值、投资价值、宗教礼仪价值、药用价值等。

影响宝玉石价值的因素主要是品种、质量、重量、加工工艺水平以及市场流行趋势等。在国际市场上，人们根据天然宝玉石的价值和稀有程度进行分类，可以分为高档宝石、中低档宝石和稀少宝石。质量评价主要包括颜色、透明度、净度、光泽强弱、色散高低以及是否具有特殊光学效应等。宝玉石的重量越大越珍贵。另外，宝玉石的加工工艺水平（珠宝题材构思、款式设计、艺术造型和加工精细度等）、市场流行趋势以及经济大环境等都是影响宝玉石价值的因素。

三、珠宝玉石鉴赏的基本方法

（一）珠宝玉石的鉴定

鉴定珠宝玉石，首先要明确宝石鉴定的目的，主要包括判断宝玉石的品种、判断宝玉石是天然产出还是合成的、判断宝玉石是否经过优化处理以及宝玉石可能的产地等内容。其次，要明确宝石鉴定的原则，也就是必须要保证宝石的无损检测。再次，掌握宝石鉴定的原理，主要是根据宝石的基本特征进行鉴定，如颜色、密度、折射率、硬度、色散、透明度、光泽、解理等，一些宝石还具有特殊光学效应，还可利用专业仪器进行鉴别。最后，熟悉宝石鉴定资格及证书的内容。一般来说，珠宝鉴定证书上有"CAL""CMA""CNAS"等检验章，则证明鉴定机构出具的结构有保障，分别代表质量监督授权认证、国家计量认证和中国实验室国家认可。一般认准"CMA"即可，可用于产品质量评价、成果及司法鉴定，具法律效力。

根据 2018 年 5 月 1 日正式实施的珠宝玉石鉴定标准（GB/T 16553—2017），我们重点了解天然珠宝玉石的基本鉴别步骤。

1. 总体观察（肉眼鉴定）

总体观察是宝玉石鉴定的基础，人眼是最有用和最方便的检测"仪器"，当然这也需要观测者积累丰富的经验，并经过严格训练，掌握珠宝鉴定的原理、方法和技能才可较为准确的确定宝玉石的某些特征，为后续鉴定打下基础。主要方法是通过肉眼观察珠宝玉石的颜色、光泽、透明度、形态、色散、特殊光学效应、解理、断口、裂开、硬度、掂重以及某些内、外部特征等。

2. 放大检查

放大检查是肉眼鉴定的进一步扩展。利用光学组件（放大镜和显微镜）将珠宝玉石的微小内、外部特征进行放大，以便于观察。主要是小型的鉴定仪器，最常见的是使用10倍专门的放大镜及聚光电筒，观察珠宝玉石的外部特征及内部结构。用显微镜观察内外部特征，例如宝石内部的包裹体特征等。

3. 其他仪器检测

不同的珠宝玉石材料具有不同的物理特征。可以利用偏光镜测量宝石的光性特征，用二色镜测试宝石的多色性等。可以用折射仪检测珠宝玉石的折射率或双折射率来判断珠宝玉石种属。或用比重仪测定其比重。另外，紫外灯、分光镜、滤色镜、天平等都是常规宝玉石鉴定仪器。

一些大型仪器的检测和现代测试技术也可以帮助获得宝玉石的重要参数。例如，使用傅立叶变换红外光谱仪、X射线衍射仪、电子探针、紫外—可见分光光度仪、核磁共振仪、拉曼光谱仪、阴极发光仪等仪器来进行珠宝玉石的检测。

（二）珠宝玉石的欣赏

古往今来，珠宝玉石的瑰丽多姿、晶莹可爱、让人如醉如痴地心驰神往，给人以美感和享受，使人愉悦怡情，寄托着人们美好的祝愿和对未来的憧憬。

欣赏珠宝玉石主要是欣赏其特色。

（1）欣赏其千姿百态的自然和人工造型。包括千姿百态的自然造型，能工巧匠的艺术造型。

（2）欣赏其独特的光学性能，尤其是猫眼、星彩和变色效应。据说有数十种之多的宝石在切割到位时都会出现不同的猫眼效应。当然，其颜色、光泽、透明度、发光等也是光学性能的表现。

（3）欣赏其质地。凡是高档的珠宝玉石都呈现出质地致密细腻、坚实光洁、没有裂纹等优点。如此其硬度才会高，才能耐久。

（4）欣赏其大小。大有大的优点，小有小的好处，尤其是当其成器后更是如此。作为原料，在品质优良的前提下，当然是越大越重越好。

（5）欣赏其产地。珠宝玉石的产地可以告诉喜欢它的人很多从其他渠道不能获得的信息，其中就包含令人心驰神往、获得精神享受和愉悦的。

（6）欣赏工艺美术大师。前面的都是欣赏物，此处是欣赏人。工艺美术师是珠宝玉石文化的直接创造者，"死"的物质之所以让人们追求，就是工艺美术师劳动的结果。很多器物成为"无价之宝"，尤其与"大师"们的创造性艺术活动分不开。

（7）欣赏珠玉宝石工艺品完成的时间。一般说，凡是越古老的价值就越高。探讨其年代对爱好者来讲也是一件饶有趣味的事情。

很多宝石由于其外形奇特、色彩艳丽、质地优良，不用加工就深得人们喜爱，这种珠玉宝石的原料本身就是艺术品，直接成为观赏品供人观赏，这一类可称为"观赏艺术品"。

有的珠玉宝石则要经过加工雕琢，它所具有的内在美才能显露出来，并获得最大的欣赏价值，如钻石等；还有的要做成一定形状的器物或做成一定的艺术品才能为人所欣赏，如玉器、首饰、花鸟鱼虫、神佛菩萨等。总之，借助于珠玉宝石的"天生丽质"，再赋予它艺术魅力，这就是人们欣赏珠玉宝石的内在动力。

四、主要的珠宝玉石鉴赏

（一）天然宝石鉴赏

1. 钻石

钻石，矿物名称叫金刚石，是世界公认的最珍贵的宝石，也是最受人喜爱的宝石之一，钻石是四月的生辰石，也是结婚 60 周年的纪念石。由于钻石具有很多优越性质，如硬度最大、折射率高、光泽强等，加工后不易磨损，永远光彩夺目，所以被誉为"宝石之王"。

迄今世界上最重的钻石是 1905 年发现于南非的"库里南"钻石，重3106ct（克拉 Cart，ct）的钻石，被命名为"非洲之星"。世界上最古老的、重 106ct 的、发现于印度的钻石，被命名为"光明之星"。1977 年，山东发

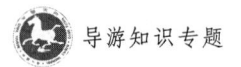

现了一颗重 158.786ct 的钻石，被命名为"常林钻石"，是我国发现的最大的钻石。

（1）基本性质

钻石的化学成分是碳 C，是单晶体矿物。钻石的晶体结构属于等轴晶系，多呈八面体、菱形十二面体等。金刚石颗粒大小不一，一般粒径为 2～10mm，最大可达数千克拉。原料金刚石多以单晶体小颗粒呈现。纯净的金刚石是无色透明的，其多姿多彩的颜色是其他微量元素混入或特殊结构的结果。摩氏硬度为 10，是已知天然宝石中硬度最高的，其绝对硬度是水晶的 1000 倍。密度一般为 $3.52g/cm^3$，折射率 2.417，为均质体宝石，无多色性。钻石的导热性能超过金属，这一性质在微电子领域具有广阔的应用前景。钻石的化学性能非常稳定。

（2）钻石的 4C 评价

钻石的质量等级直接影响钻石的价格，国际上的钻石品级评价主要是依托钻石 4C 分级，是随着钻石贸易而产生、发展和健全的。钻石的 4C 分级指的是从钻石的颜色（Color）、净度（Clarity）、克拉重量（Carat Weight）、切工（Cut）等四个方面，对钻石进行评价，进而确定钻石的价值。4C 分级体系在 20 世纪 50 年代由美国人李迪克先生（1918～2003，美国宝石学院创始人之一）提出。

钻石常用的重量单位是"克拉"，1ct=0.2g；对重量小的钻石常用"分"（Point，pt）1pt=0.01ct。钻石按颜色可分为无色类和彩色类，宝石级的钻石多无色和接近无色，以微黄、淡黄、浅黄为稍优，粉红、蓝、绿色的也可收藏，其他颜色的只用于工业。

根据国家标准《钻石分级》（GB/T 16654—2017），我国按钻石颜色变化划分为 12 个连续的颜色等级，由高到低用字母为 D、E、F、G、H、I、J、K、L、M、N、＜N 代表不同色级，也可用数字 100–90 表示，如表 4 所示。将钻石净度分为 LC 级（镜下无瑕）、VVS 级（极微瑕疵）、VS 级（微瑕疵）、SI 级（瑕疵级）、P 级（重瑕疵级）五大等级。切工级别分为极好（EX）、很好（VG）、好（G）、一般（F）和差（P）五个级别，切工的对称性和光洁度，是否有人工损伤都是判断钻石切工优劣的标准之一。

表4　钻石颜色分级体系对照表

美国宝石研究院（GIA）		国际钻石委员会（IDC）国际珠宝联盟（CIBJO）	中国		外观特征
D	白色类	极白 +	D	100	无色
E		极白	E	99	
F		优白 +	F	98	
G		优白	G	97	台面朝下，从亭部观察略带黄色调
H		白	H	96	
I	微带黄白色类	软白（微黄白）	I	95	明显带有黄色调
J			J	94	
K		次白（浅黄白）	K	93	
L			L	92	
M	黄色类	带色调一级黄	M	91	一般肉眼感觉到具有浅黄色调
N			N	90	
O		二级黄	<N	<90	有明显黄色
P					
Q		三级黄			
R					
R–Z	明显黄色类	黄			

（资料来源：牟维哲，徐玲玲主编，《宝石鉴定》，化学工业出版社，经修改）

　　钻石的款式多种多样，可由消费者按照喜好挑选。美国人塔克瓦斯基在1919年设计推出的"圆钻型"，欧洲予以改进的款型是现在国际上最流行的式样，被作为"国际标准型"对待。

　　（3）主要产地

　　目前世界上共有27个国家发现钻石矿床，其中大部分位于非洲国家、俄罗斯、澳大利亚和加拿大等。非洲南部是世界主要钻石产区。世界最大的钻石砂矿在纳米比亚，而且质量上乘，宝石级达95%。在亚洲，印度是世

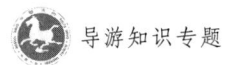

界上最早发现钻石的国家，古老而有名的大钻石如"莫卧儿皇朝"（787ct）、"光明之山"（186ct）、"摄政王"（410ct）等世界名钻均产于此，但至今未发现有原生矿床。我国是世界钻石资源较少的国家。

2. 红宝石、蓝宝石

红宝石、蓝宝石的矿物名称为刚玉。刚玉到宝石级的才可称"宝石"。刚玉也属于单晶质的矿物，硬度仅次于钻石，所以有称其与钻石为"姊妹宝石"的。红宝石用作七月生辰石和40周年结婚纪念石，被誉为"爱情之石"，而蓝宝石为九月生辰石和结婚45周年纪念石，象征忠诚和坚贞，被誉为"命运之石"，红宝石和蓝宝石是世界公认的两大珍贵的彩色宝石品种。

（1）基本性质

刚玉的化学成分是Al_2O_3，晶体多呈桶状、柱状、双锥状，少数呈板状。刚玉宝石属于他色宝石，几乎包括了可见光光谱中的所有颜色，除了无色刚玉外，有色的刚玉宝石均具有二色性。颜色越深，多色性越明显。刚玉的密度$3.95 \sim 4.10 g/cm^3$，硬度为9，折射率$1.762 \sim 1.770$，双折射率0.008，红、蓝宝石中可见金红石包裹体，常定向排列成三组或六组，在弧面宝石上则可见六射星光图案或十二射星光图案。

参照国家标准，红、蓝宝石品种从颜色上划分，红宝石是指颜色为中等至深红色调的刚玉族宝石，包括红色、橙红、紫色等色调；蓝宝石是指除去红宝石以外其他颜色刚玉族宝石的统称，包括蓝色、粉—橙色、粉色、黄色、紫色、绿色、无色、灰色、黑色等。红、蓝宝石从特殊光学效应划分，可以分为星光红（蓝）宝石和变色蓝宝石。

（2）鉴定与评价

目前市场上出售的红、蓝宝石，很多是经过改色处理的。最常见的是热处理，也有辐照和扩散处理的。合成的红、蓝宝石常常表现为颜色均匀，内部洁净，包裹体不但少而且单一，有圆形气泡。相对的天然红、蓝宝石，则生长线或色带平直，内部不同程度地含有绢丝状金红石包裹体和弥漫状气液包裹体等。

红蓝宝石的质量评价主要是颜色和火彩，其次是重量、净度、切工等。缅甸红宝石在国际珠宝市场有重要地位。斯里兰卡红宝石以透明度高，颜色柔和而闻名。蓝宝石就颜色而论，以印度所产"矢车菊蓝"和斯里兰卡的

"卡蓝"为最佳，印度克什米尔地区的"矢车菊"蓝宝石，一直被誉为蓝宝石中的极品。

（3）主要产地

红宝石的主要产地有缅甸、斯里兰卡、泰国、越南、巴基斯坦、柬埔寨、澳大利亚、坦桑尼亚、莫桑比克等。其中泰国的红宝石产量最大，缅甸莫谷的红宝石品质最好，名贵的"鸽血红"即产于此地。20 世纪 80 年代末，我国在云南元江也发现了有价值的红宝石矿床，质量较好，此外在安徽、青海和黑龙江等地也有红宝石产出。

蓝宝石矿床及产地要比红宝石多，主要产地有澳大利亚、印度克什米尔地区、缅甸、泰国、越南、柬埔寨、斯里兰卡、美国蒙大拿州、坦桑尼亚、马达加斯加等。其中澳大利亚的蓝宝石产量居世界首位，东南亚位居第二；我国东部江苏六合、福建明溪、海南蓬莱和山东昌乐都有蓝宝石产出，其中山东的产量最大。

3. 祖母绿与海蓝宝石

祖母绿、海蓝宝石是绿柱石中最常见的两个变种，也是最为重要和名贵的品种，被称为"绿色宝石之王"，作为五月的生辰石和结婚 55 周年的纪念石，代表着春天来临和幸运幸福。海蓝宝石因呈天蓝或海蓝色象征沉着、勇敢和聪明，被奉为"勇敢者之石"。

（1）基本性质

祖母绿和海蓝宝石的矿物名称是绿柱石，化学成分是铍铝硅酸盐，含铬的呈翠绿色，除天蓝、海蓝外，还有黄色、红色的。绿柱石属六方晶系，常见单形为六方柱，柱面上常有平行柱方向的条纹，晶面有玻璃光泽，透明到半透明，解理不完全，断口呈贝壳状。硬度 7.5 ~ 8，折射率 1.577 ~ 1.583，双折射率 0.005 ~ 0.009，比重 2.67 ~ 2.9g/cm³，多色性不明显。不同产地的祖母绿，其包裹体的特征不同。常见的包裹体有云母、阳起石、透闪石、铁矿物等。

（2）鉴别与评价

祖母绿的主要产地在哥伦比亚、巴西、津巴布韦、俄罗斯等地。哥伦比亚祖母绿具典型的气、液、固三相包裹体，裂纹较多，裂隙内有时充满褐色铁质薄膜，一般为较深的绿色，稍带黄色色调。俄罗斯祖母绿裂隙稍少，具

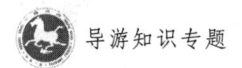

阳起石包裹体，外观很像竹筒（俗称竹节状包体），另外还常见页片状黑白云母包裹体，亦是祖母绿呈色的原因。印度产祖母绿呈"逗号"状包裹体。

天然祖母绿的包裹体含云母、透闪石、阳起石、黄铁矿等，合成品的包裹体中没有。天然祖母绿常见到液相包裹体形成的"羽状体"，而合成祖母绿的包裹体的"羽状体"呈"花边状"，二者完全不同。合成祖母绿主要是助熔剂法和水热法，鉴定的依据是内部特征以及红外光谱特征。祖母绿优化处理的方法主要有充填处理和覆膜处理两种。

祖母绿主要基于颜色、光泽度、净度、切工及重量等因素来衡量其价值大小。海蓝宝石一般以颜色深、透明度高、无瑕大颗粒者为佳。此类宝石大颗粒的较多，如巴西就产过重243磅的海蓝宝石大晶体。

（3）主要产地

哥伦比亚是世界上最大的优质祖母绿产地，其年产量占世界祖母绿年总产量的90%，此外，祖母绿的产出国还有巴西、俄罗斯、澳大利亚、坦桑尼亚、赞比亚、津巴布韦、巴基斯坦、印度、尼日利亚等。

世界优质海蓝宝石主要来自巴西，俄罗斯乌拉尔山脉和马达加斯加也是宝石级海蓝宝石的供应地。此外，海蓝宝石产地还有美国、缅甸、印度、坦桑尼亚、阿根廷、挪威、津巴布韦和北爱尔兰等。

中国海蓝宝石和绿柱石产地主要在新疆、云南、四川、内蒙古、海南等地，其中以新疆和云南产的海蓝宝石为最佳。

4. 金绿宝石

金绿宝石因具有特殊的光学效应（猫眼效应、变色效应）而闻名，其中最珍贵的是金绿猫眼和变石。二者都是由于光学特性的与众不同被看重。猫眼有丝状光泽和猫眼效应，在亚洲被视为好运气的象征；变石是因在阳光下呈绿色、在烛光和白炽灯下呈红色而得名，有"白昼里的祖母绿，黑夜里的红宝石"的美誉，变石象征健康、富裕和长寿，又被称为"康寿之石"。主要的品种有金绿宝石、猫眼、变石、变石猫眼、星光金绿宝石等。

（1）基本性质

金绿宝石的化学成分是铍铝氧化物。属于斜方晶系，呈短柱状和板状，颜色因所含元素不一而相异。通常为浅至中等黄色、黄绿、灰绿、褐色至黄褐色、浅蓝色。变石在日光下呈黄绿、褐绿、灰绿至蓝绿色等。透明到半透明。断口一般为玻璃光泽—油脂光泽。折射率 1.746～1.755，双折率 0.008～0.01，二色性明显，具猫眼和变色效应。硬度为 8～8.5，比重 3.71～3.758g/cm³，断口呈贝壳状。

（2）鉴别与评价

在金绿宝石的品种里，没有任何特殊光学效应的是金绿宝石，其中高透明度的绿色金绿宝石最受欢迎，价值也较高；具有猫眼效应的金绿宝石成为猫眼。在光线照射下，金路宝石猫眼表面呈现一条明亮光带，光带随着宝石或光线的转动而移动，当把猫眼放在两个光源下，随着宝石的转动，眼线会出现张开与闭合的现象，宛如灵活而明亮的猫的眼睛，目前，只有这种金绿宝石的猫眼无须注明矿物种而直称"猫眼"。猫眼可呈多种颜色，其中以蜜黄色为最佳。猫眼的眼线讲求光带居中、平直、灵活、锐利、完整，眼线与背景对比明显，并伴有"乳白与蜜黄"的效果。

变石则要求变色效应完美，绿、红是最佳的颜色，是祖母绿的绿色和红宝石的红色。但在多数情况下，变石的颜色呈绿色、蓝绿色和深红、紫红、褐红等色。如果变色效应与猫眼效应集中在一颗宝石上，那就极为罕见了，价值极高。

（3）主要产地

世界上最著名的猫眼石产地为斯里兰卡西南部的特拉纳布拉和高尔等地，素有"锡兰猫眼"之称。此外，巴西、印度、马达加斯加、津巴布韦、赞比亚、缅甸、澳大利亚和俄罗斯等地也发现有猫眼石，但是较稀少。世界上最好的变石产于俄罗斯的乌拉尔地区，质地透明，颜色在阳光下呈蓝绿色。目前变石最主要的来源是巴西和斯里兰卡。

5. 水晶

水晶的矿物名称是石英，石英是自然界最常见的矿物之一，也是珠宝届应用数量和范围较多的一类宝石。石英一般可分为单晶体和多晶集合体两种，其中单晶体石英统称为水晶。

（1）基本性质

水晶的化学成分是二氧化硅（SiO_2），纯净时形成无色透明的晶体，属于三方晶系，常见晶形为柱状。水晶的颜色可有无色、紫色、黄色、粉红色、不同程度的褐色至黑色，以及绿色。无色水晶透明度可以达到很高，清

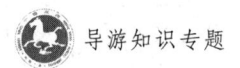

澈如水。摩氏硬度为7。

（2）品种与鉴定

水晶主要根据颜色、包裹体和特殊光学效应来进行品种的划分。按照颜色，可以将水晶划分为水晶、紫晶、黄晶、烟晶、绿水晶、芙蓉石、双色水晶等。按照包裹体划分，分为发晶、幻影水晶、水胆水晶和油胆水晶等。按照特殊光学效应，可以分为水晶猫眼和星光水晶等。

（3）主要产地

水晶在自然界分布广泛，是岩浆岩、沉积岩和变质岩的主要造岩矿物，也是花岗伟晶岩脉的主要组成矿物。几乎世界各地都有水晶产出。著名的彩色水晶产地有巴西、马达加斯加、美国阿肯色州、俄罗斯、缅甸等。我国水晶资源丰富，大多数省份都有产出，江苏东海的水晶最优质出名，被称为中国的"水晶之乡"。此外海南、新疆、四川也是高品质水晶的产地。

（二）天然玉石鉴赏

1. 翡翠

翡翠一词由来已久，在东汉许慎编著的《说文解字》中就有这个词："翡，赤羽雀也；翠，青羽雀也"，指一种鸟类。后来人们用"翡翠"表述色彩艳丽的玉石。翡翠颜色美丽，经久耐磨，是东方民族最喜欢的饰物，翡翠赌石的神奇、翡翠价值的巨大差异以及翡翠品种的繁多，使得中国人对翡翠形成了浓厚的文化情结。

（1）基本特征

翡翠是一种以硬玉矿物为主的辉石类矿物集合体，主要成分是硬玉，即不含水的硅酸钠铝，次要矿物有绿辉石、钙铁辉石、角闪石、钠长石、霓石等。总的来讲，翡翠有绿、红、紫、蓝、黄、灰、黑、白、无色等，含铬呈翠绿色，含钛呈黄色，含亚铁呈墨绿到淡绿色，含氧铁、氧铝呈黄、红、褐色等。"翡翠"，红者为"翡"，绿者为"翠"，绿是翡翠中的"宝"。对价值确定非常重要。

翡翠的抛光度好，所以光泽明亮。翡翠呈现的是柔和的玻璃光泽，透明到半透明状。优质的翡翠呈透明状，称为"玻璃地"。其韧性极强，硬度 $6.5 \sim 7$，比重 $3.25 \sim 3.4 \mathrm{g/cm}^3$，折光率近似 1.66。组成翡翠的主要矿物硬玉的解理面和双晶面的星点状、片状、针状闪光是人们常说的"翠性"，俗称

"苍蝇翅"或"沙星"，是鉴别翡翠的重要标志。

（2）品种和质地

按照翡翠产出状况，原石分为老山石和新山石两种。老山石是原生翡翠经风化、搬运、滚动后形成的次生砾状原石，具有粗细厚薄不同的风化壳和氧化层；新山石是新开采出来的原石，外表无风化"皮壳"。

翡翠的质地俗称"地子"或"地张"，简称"地"或"底"，指除颜色之外的其余部分，主要与翡翠结构有关，常见的翡翠质地有玻璃地（最高档）、蛋清地、冰地（水地）、糯米地、藕粉地、油地、豆地、干白地、瓷地、芋头地、灰地和狗屎地。

翡翠的"种"又称为种质、种份，是对翡翠颜色、透明度和质地细腻程度等品质因素的综合评价，常见的种有：老坑种（最高档）、玻璃种、芙蓉种、金丝种、冰种、糯种、白地青种、花青种、油青种、豆种、干青种、紫罗兰种、红翡和黄翡种、墨翠和乌鸡种、铁龙生种和黄加绿种。优质的翡翠品种细腻、杂质少，颜色符合正、阳、浓、匀、和等特点。

（3）鉴别与评价

在珠宝玉石的识别上，翡翠是较难判断的一类。原因是要先对翡翠原石进行识别，原石分为原生翡翠和次生翡翠。原生翡翠无风化外表皮，表面新鲜，也称"新山料""新厂玉"；次生翡翠常具有风化外皮，次生翡翠根据玉肉外露的情况（赌性），有未开口玉料（赌货）、开口玉料和片料之分。对于未开口的玉料（赌货）或开小口的玉料的鉴别很复杂，有"神仙难断寸玉"之说，需要通过翡翠外皮的颜色、质地、形态以及产地、结构等因素综合判断。

对翡翠的评价依据主要是颜色、质地、透明度、净度、切工和重量，其价格也因此有很大差异。其中颜色是翡翠质量评价的关键，经常从翡翠颜色的浓（饱和度要高）、阳（亮度要高）、正（色调要纯正）、匀（颜色分布均匀）、和（不同颜色分布和谐）等进行评价。

目前珠宝行业常常将没有经过任何优化处理的翡翠称为 A 货，经过漂白充填处理的翡翠称为 B 货，染色处理的称为 C 货。

（4）主要产地

缅甸是世界上 95% 以上优质翡翠的产地国，著名的优质翡翠矿床就位于缅甸北部乌龙河流域。另外，哈萨克斯坦、美国加利福尼亚州、中美洲地

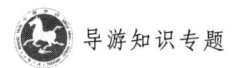

区的危地马拉以及日本均发现了翡翠矿床。

2. 软玉

软玉也称为和田玉、闪石玉，以色泽光洁柔美、质地细腻温润而受国人喜爱，其中以我国新疆和田产出的软玉品质最佳，且开采历史久远，故又称软玉为"和田玉""中国玉"或"新疆玉"。软玉的历史在中国玉文化中占据重要地位。

（1）基本特征

软玉的主要矿物组成是透闪石，次要矿物有阳起石、透辉石、滑石、蛇纹石、绿泥石、方解石等。软玉并非很软，它的硬度为 6~6.5，只是相对于翡翠（6.5~7，也称硬玉）稍低些，故称其为软玉。密度通常为 2.95g/cm^3，折光率近 1.61~1.63，一般为半透明或不透明，呈现油脂光泽。软玉的最大特点就是质地细腻，光泽滋润、柔和，颜色均一、光洁如脂，坚韧而光滑，呈半透明或不透明。

（2）品种和质地

软玉按照其外观颜色的不同划分为以下几类，包括白玉、青玉、青白玉、碧玉、黄玉、墨玉、糖玉等，市场上品质最好的白玉称"羊脂白玉"，质地细腻，光泽油润。按照产出环境，软玉可分为山料、山流水料、子料、戈壁料。

（3）鉴别与评价

软玉主要用来做雕件和各种饰品。对软玉的评价主要从颜色、质地、光泽、净度以及质量或体积等方面进行评价。"润泽以温"是软玉最佳品质的重要体现。古人对玉色的要求"白如截脂""黄如蒸栗""青如苔藓""绿如翠羽""黑如墨光"。

（4）主要产地

世界上软玉产地较多，主要生产国有加拿大、中国、俄罗斯、新西兰、澳大利亚、美国、韩国和朝鲜等 20 多个国家。我国新疆软玉主要分布于昆仑山、阿尔金山和天山地区，高档的羊脂白玉主要产在和田。此外，在青海、辽宁、四川、西藏、广西、甘肃、江西、福建、台湾等地也有产出。

3. 欧泊

欧泊的成分是蛋白石，具有变彩效应。所谓"变彩"，就是当转动宝石时，其表面顺着光源方向出现五颜六色的闪光或云朵状光彩，瑰丽鲜艳。高质量的欧泊被誉为宝石的"调色板"，以其具有特殊的变彩效应而闻名。

（1）基本特征

欧泊是含水的二氧化硅，俗称"水玻璃"。欧泊为非晶体，集合体多为葡萄状、钟乳状。性脆，呈透明到半透明状。其底色（基色）呈黑、乳白、浅黄等色。有玻璃光泽、珍珠光泽和蛋白光泽。断口为贝壳状。比重 $2.15 \sim 2.23g/cm^3$，折射率1.45，火欧泊通常为 $1.42 \sim 1.43$，硬度 $5 \sim 6$。

（2）品种和质地

天然欧泊是赋存于蛋白石中的变彩块体，一块欧泊含有无数彩片。按照底色分，欧泊可分为黑欧泊、白欧泊、火欧泊和晶质欧泊四种。黑欧泊底色为黑、深蓝、深绿、褐等色，由于底色深，变彩显示更为华丽，为欧泊中上品，以黑底色为最佳。白欧泊底色为透明无色或为乳白色，有蓝、绿、红单色变彩和二色、三色变彩，价值仅次于黑欧泊。火欧泊基色为橘红、橙黄、淡黄等色。变彩不如前者强烈鲜明。晶质欧泊具有变彩效应的无色透明或半透明状，底色为无色或淡黄色。

（3）鉴别与评价

欧泊在与其仿制品、易混宝石鉴别中，主要通过结构、密度、折射率以及包体等进行鉴别。对欧泊的价值评价主要从欧泊的底色、变彩性能、坚固性、形状大小、加工工艺等方面考虑。

（4）主要产地

澳大利亚是世界上最重要的欧泊产出国，其中新南威尔士所产的优质黑欧泊最为著名。其次有墨西哥、巴西、美国、洪都拉斯、捷克、斯洛伐克等。

（三）有机宝石的鉴赏

1.珍珠

珍珠来源于拉丁语，原意为"海之骄子"。与其他宝石不同，浑圆成型，色彩柔和，无须切割和打磨即可用于装饰，备受青睐，被誉为"珠宝皇后"。中国是最早发现和使用珍珠的国家之一，在古代有"真珠""明珠"等的称谓，预示健康长寿和荣华富贵。

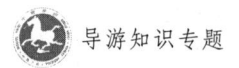

（1）基本特征

珍珠的化学成分主要是碳酸钙，形状多为球形、圆形、蛋形、泪滴形等，颜色有白、粉红、奶油黄、紫、黑等色。呈现标准的珍珠光泽。硬度2.5～4.5，折射率为1.53～1.68，无解理，化学性质不稳定，易溶于酸。

（2）分类

珍珠按照成因可分为天然珍珠和人工养殖珍珠。按照水域环境可分为海水珍珠和淡水珍珠；按颜色可分为白色珠、青色珠和杂色珠；按光泽可分为老光珠和新光珠。此外，还有按照大小、结构等来划分，在商业上习惯将珍珠按照产地分类，主要类型有：南洋珍珠（南太平洋海域沿岸国家）、塔希提黑珍珠（法属波利尼西亚的塔希提岛）、中国珍珠、akoya珍珠（较小的日本海水珍珠）和东方珍珠（波斯湾珍珠，曾是天然海水珍珠的代名词）等。

（3）鉴别与评价

评价珍珠主要依据大小、形状、颜色、光泽、光洁度、珠层厚度以及匹配性等，优质的天然珍珠具有质地细腻，结构均一，珍珠层厚，光泽强等特点，这些也成为选购以及收藏的标准。中国专门有关于养殖珍珠的分级标准。

（4）主要产地

天然珍珠主要产于中美洲、波斯湾和马纳尔湾，美国、苏格兰和北欧也有产出。巴黎是世界上天然珍珠的销售中心，世界上最优质的珍珠以波斯湾地区巴林岛为最佳。

世界上的养殖珍珠主要产于中国和日本。中国海水养殖珍珠主要分布于南海北部湾及南海海域，也称为"南珠"，以广西合浦县产的合浦珠最为著名；淡水养殖珍珠主要分布在江苏、浙江、上海等地。日本的海水养殖珍珠主要分布在三重、高知、爱媛、熊本、神户等地。黑珍珠主要产于波利尼西亚群岛，其所产的大溪地珍珠，颜色为天然黑色金属光泽，享有"皇后之珠"和"珠中皇后"的美誉。白色南海珍珠最大的产地为印度尼西亚。金色珍珠主要产于菲律宾、澳大利亚、缅甸和日本。

2. 琥珀

琥珀五颜六色、玲珑剔透，拉丁语意为"精髓"，古希腊人称其为"北部的黄金"。

（1）基本特征

琥珀是由地质历史中植物树脂脱落后被掩埋，经过地质作用固化而形成的有机物的混合体。形状为块或瘤。颜色有黄、棕、淡黄、橙等色。油脂光泽，有滑腻感。呈透明或半透明状，性脆易断裂。质轻，可漂浮于浓食盐溶液中。硬度 2～2.5，折射率 1.539～1.545。其内可以有生物遗体。开始软化的温度为 150℃，约在 250℃时熔化、燃烧。产生浓白色的烟雾，散发出芳香气味。

（2）分类

在商业中，常根据琥珀的成因、产地及特征分类，主要类型有血珀、金珀、香珀、虫珀、石珀、金绞蜜、花珀、蜜蜡、蓝珀和绿珀等；按照成因分为海珀、矿珀和沙珀；按产地分为波罗的海琥珀、西西里琥珀、中国琥珀或缅甸琥珀、罗马尼亚琥珀等。

（3）鉴别与评价

琥珀质地柔软，其质量评价依据主要是块体大小、颜色、透明度、内含物四个方面考虑。琥珀以越透明的红色、金黄色为佳，包裹体以虫珀价值最高。

（4）主要产地

琥珀产地众多，主要产地有欧洲波罗的海沿岸国家、西伯利亚北部、地中海西西里岛，如俄罗斯、波兰、乌克兰、丹麦、德国、芬兰等国；中美洲的多米尼加、墨西哥等；北美洲美国南部、加拿大等；大洋洲的澳大利亚、新西兰等。亚洲中国辽宁抚顺和云南保山、日本久慈和盘城、缅甸和泰国等地均有产出，我国辽宁琥珀虽产量不大，但质地坚硬，是制作各种装饰品和工艺品的好材料。

五、主要的珠宝玉石品牌简介

（一）国外著名珠宝玉石

1. 蒂芙尼（Tiffany）

是美国珠宝名门，1837 年在纽约开业。蒂芙尼的传奇故事非常精彩，1845 年蒂芙尼发布的美国境内首份直邮目录，为美国人带来豪华商品的《Blue Book》至今仍在发行；1853 年置于蒂芙尼第五大道旗舰店入口之上的

Atlas 时钟是纽约最古老的公共时钟；1862 年，亚伯拉罕·林肯总统为妻子购买蒂芙尼的小粒珍珠项链与耳环，她戴着它们参加了总统就职舞会；1878 年收购的一枚 287.42 克拉的彩黄钻，是全世界迄今为止最为精美的宝石之一，被切割命名为蒂芙尼传奇黄钻，永久展览在第五大道旗舰店；1885 年蒂芙尼重新设计了美国国玺，印制在现今的美元钞票上；1961 年在由奥黛丽·赫本主演的经典影片《蒂芙尼的早餐》中，蒂芙尼初次亮相，该电影立刻成为好莱坞经典，蒂芙尼随后还在《西雅图未眠夜》（1993 年）和《情归阿拉巴马》（2002 年）中登场；蒂芙尼是美国首个制定 925 纯银标准的公司。蒂芙尼是庄重与时尚的经典，背后的经典故事更是为人们带来不凡的体验。

2. 施华洛世奇（Swarovski）

为全球首屈一指的光学器材及精确切割仿水晶制造商，为时尚服饰、首饰、灯饰、建筑及室内设计提供仿水晶元素，是全球最大切割水晶产品制造商，从 1895 年成立至今 125 周年，由于它独特的水晶切割技术与漂亮的设计，施华洛世奇至今仍然是最受欢迎的珠宝品牌之一，尤为年轻人所钟爱。施华洛世奇公司于 1895 年由 Daniel Swarovski 创立，为家族企业，这家古老而神秘的公司仍保持着家族经营的方式，把水晶制作工艺作为商业秘密代代相传。《泰坦尼克号》中的海洋之心为施家作品。施华洛世奇的 LOGO 是一只低垂着头的天鹅，看起来高贵优雅，而蓝色又给人一种深邃宁静的感觉。

3. 御木本（MIKIMTO）

御木本是日本的著名珠宝品牌，诞生于 1893 年，日本珍珠之父御木本幸吉培育出第一颗完美的珍珠，并创立了该品牌，致力于养殖珍珠产品的培育、设计、生产、售卖等，通过精心挑选的顶级材料、细致精巧的独家设计、高超精湛的雕琢工艺，打造了世界一流的珠宝品牌，其中矢车是代表最先进首饰工艺的镇店之宝。"让珍珠妆点全世界女性的颈间"是其宣传口号。御木本 LOGO 主体取自英文首字母"M"，最上方是"O"，形状似一颗珍珠，代表主打的养殖珍珠产品，整体标志形似一顶皇冠。御木本揭开了日本现代珠宝发展的序幕，演绎珠宝之美，传播珠宝文化。

除此之外，卡地亚（Cartier）、尚美巴黎（Chaumet）、梵克雅宝（Van Cleef&Arpels）、宝格丽（BVLGARI）、宝诗龙（Boucheron）、蒂爵（Derier）、德米亚尼（Damiani）、戴瑞（Darry Ring）、格拉芙（GRAFF）、布契拉提

（Buccellati）等都是世界知名珠宝品牌，以创新的珠宝设计，引领全新时尚潮流，成就珠宝品牌典范。

（二）国内著名珠宝玉石

1. 周大福（Chow Tai Fook）

是中国珠宝市场的领先者。品牌创立于1929年，以产品设计、品质与价值闻名。其对创新与工艺的持久坚持和真诚永恒的核心价值，是中国最著名及最具规模的珠宝首饰品牌。1956年周大福由郑裕彤接受经营后，首创999.9黄金首饰，成为黄金首饰的成功典范。周大福经营黄金首饰、钻石、宝石、玉器、南洋珍珠等，注重"货真价实"，是全球最值得信赖的珠宝品牌。

2. 我愿意（I Do）

是恒信集团支持下的中国品牌，是全球婚戒的典范，成为年轻人最喜欢的珠宝品牌，"我愿意（I Do）"是一个因爱而生的名字，从名称到内涵，表达的是护佑圣洁真爱的永恒承诺。"我愿意（I Do）"专注于对完美婚戒的生产、设计、研发及销售，钻石全部来自世界顶级钻石出产地的南非，并完美切割，其对钻石文化的传播，引领潮流。

3. 老凤祥

是上市公司，中国500强企业，是百年民族品牌，创始于1848年，已有170多年的历史，其商标"老凤祥"的创意，源于老凤祥银楼的字号。将悠久的历史、深厚的文化底蕴，通过传承与创新，在品牌建设、发展规模、产业结构和产品结构等方面不断突破，已发展成为中国珠宝首饰业的佼佼者。

除此之外，周大生、六福珠宝、戴梦得、明牌、谢瑞麟、潮宏基、金伯利、周生生、老庙、中国黄金等，都是中国知名的珠宝品牌。

思考题

1. 在现代社会里，珠宝玉石的概念是什么？

2. 根据国家最新标准，如何定义天然宝石、天然玉石、天然有机宝石和合成宝石、人造宝石、拼合宝石、再造宝石？

3. 请说明每月的生辰石及代表的寓意是什么。

4. 简略讲一讲历史上中华民族喜爱玉的故事。

5. 珠宝玉石鉴定的基本方法有哪些？

6. 西方国家是如何以珠宝玉石表达"爱情"的？

7. 举例说明哪些国家把某个宝石定为"国石"。

8. 如何欣赏钻石？

9. 如何欣赏红、蓝宝石？

10. 如何欣赏祖母绿与海蓝宝石？

11. 如何欣赏金绿宝石？

12. 如何欣赏翡翠和软玉？

13. 如何欣赏欧泊、珍珠和琥珀？

14. 请说出世界知名的珠宝品牌有哪些？

15. 请说出国内的知名珠宝品牌有哪些？

16. 请列举国际知名品牌珠宝蒂芙尼的经典传奇故事。

专题十一
游客心理与服务

有人的地方就需要了解人的心理，旅游行业是一个与人高接触的行业，更需要了解人的心理。

对游客心理的有效把握是提升旅游服务品质的关键。

一、游客心理概述

游客心理是指游客在旅游活动中的心理现象及其规律，包括旅游心理过程和个性旅游心理。

旅游知觉、旅游动机、旅游态度、旅游人格等是游客心理最重要的几个方面。

（一）旅游知觉

人们对旅游客体和旅游环境的知觉是旅游行为产生的基础，是影响旅游行为的重要心理因素。实践表明，游客的旅游决策、旅游过程及对旅游活动的评价等都与游客的旅游知觉密切相关。在旅游活动中，游客总是按照某种需要、目的，自主地、有意识地选择部分旅游地或旅游景点作为知觉对象，有时也会无意识地被某一事物所吸引。

旅游知觉包括旅游物体知觉和旅游社会知觉。

1. 旅游物体知觉

旅游物体知觉是指游客对旅游条件、旅游环境、旅游景物等物质方面的知觉。

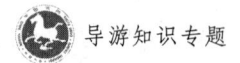

影响旅游物体知觉的因素包括客观因素和主观因素两方面。

（1）客观因素

指知觉对象的一些特性容易引起游客的知觉，主要包括以下几个方面：

较强刺激的对象易被感知。例如瀑布巨大的轰鸣声，奇幻的北极光。

反复出现的对象易被感知。例如多次看到的旅游广告、旅游宣传资料。

运动变化的对象易被感知。例如闪烁的霓虹灯，山谷中飘忽的云海。

新奇独特的对象易被感知。例如万绿丛中一点红，鹤立鸡群。

（2）主观因素

指游客的心理因素，主要包括以下几个方面：

兴趣。游客感兴趣的事物往往先被感知。例如对历史知识感兴趣的游客，就会把帝王古都、历史文物选择为知觉对象；对大自然感兴趣的游客，往往对高山、大海、流泉、飞瀑流连忘返。

需要与动机。能够满足游客的需要，激发旅游动机的事物，都能直接成为知觉对象，那些不能满足游客需要和动机的事物往往被忽略。

当人们想外出旅游时，有关旅游价格、线路安排以及旅游目的地天气的信息就成为主要的知觉对象。

比较富裕的游客对出行是否舒适、方便，服务是否周到，考虑较多；而经济能力一般的游客，则更多的考虑是否实惠。

情绪。情绪分为积极情绪与消极情绪两种。

当游客处于积极情绪状态时，会积极主动地去感知所接触的每一事物，虽顶风冒雪、风餐露宿，仍兴致勃勃；处于消极情绪状态时，会对一切事物毫无兴趣，甚至见花落泪、对月伤怀。

个性。不同个性的人在知觉的深度和广度上有很大的差别：性格内向的游客喜欢较安静的活动项目，青睐垂钓、下棋、读书等；性格外向的人对参与性强、有一定冒险性的活动项目表现积极，如登山、划船、漂流等。

知识与经验。在旅游活动中，知识和经验起到缩短感觉过程、扩大知觉体验的作用。游客凭借以往的知识和经验，可以把接触的旅游信息进行归类，加速知觉过程。

2. 旅游社会知觉

旅游社会知觉就是在旅游活动中对人的知觉。它是影响人际关系建立和活动效果的重要因素。

对人的知觉依赖于多种因素，从认知主体心理方面看，存在一些社会知觉误区，这些误区在导游活动中，直接影响着导游与游客的关系。主要表现在以下几个方面：

（1）第一印象。指与人初次接触产生的印象比较深刻，而且影响以后对此人的知觉，这种现象称为"首次效应"或"第一印象"。

"第一印象"良好，以后的交往就会顺利很多；"第一印象"不好，会对继续交往产生不利影响。游客的不断变化是旅游接待工作的一个显著特点，在与客人的短暂接触中，双方都来不及进行更多的了解，很难达到"路遥知马力，日久见人心"的境地，因此，对于旅游工作者来说，给游客留下良好的"第一印象"是非常重要的。

（2）晕轮效应。指由对象的某种特征推及对象的总体特征，从而产生美化或丑化对象的现象。

"晕轮效应"就像月晕一样，由于光环的虚幻印象，使人看不清对方的真实面目。如一名导游普通话说得标准，给游客留下深刻印象，游客就会认为此人可能其他方面的技能也很好，甚至推断他的品格也不错；或者一名导游衣冠不整，给游客留下深刻印象，游客可能会认为此人做事邋遢，人品欠佳。

从旅游服务的角度讲，为了使游客对旅游接待工作产生一个好的印象，在提供旅游服务时要避免每一个环节可能出现的劣质服务，以防由于晕轮效应使游客将不良印象扩大到整个服务中去；同时，要力争每一个服务环节优良化，使游客同样通过晕轮效应感受到整个服务的优质。

（3）刻板印象。指对某类事物或人物所持的共同的、笼统的、固定的看法和印象。

例如，人们一般认为年轻人有热情、敢创新而易冒进；老年人深沉稳重而倾向于保守。"刻板印象"一方面有助于人们对众多人的特征做概括了解；但另一方面，"刻板印象"具有明显的局限性，使得对人的知觉产生偏差。因此，在旅游工作中，知觉来自不同国家和地区的游客时，除了了解他们的共同特征之外，还应注意不受"刻板印象"的影响，对其进行具体的观察和了解，并注意纠正错误的、过时的旧观念。

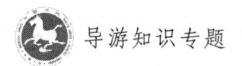

（4）期望效应。又称"皮格马利翁"效应，指在生活中人们内心的期望会变成现实的现象。

在与人交往过程中，要从心底尊重、喜欢对方，只有这样，才能把人际交往纳入良性循环的轨道，向着自己所期望的方向发展。旅游服务人员只有真诚对待游客，才能赢得游客对服务的良好评价。

（二）旅游动机

旅游动机是直接推动一个人进行旅游活动，并使人处于积极状态以达到一定目标的动力。

常见的旅游动机有：

1. 调节身心健康的动机

游客希望通过参观游览、休闲娱乐，消除身体的疲劳和心理的紧张感、枯燥感，使身心得到放松，以保持心理平衡。

2. 好奇探索的动机

游客由于好奇和探索心理的驱使，使他们要求旅游对象和旅游活动具有新异性、知识性和一定程度的探险性。

3. 审美求知的动机

游客为了满足审美求知需求，其旅游活动多指向奇异美丽的自然物象、丰富多彩的人文风情。

4. 社会交往的动机

人们为了探亲访友、寻根问祖、结识新朋友而进行的旅游，就是社会交往动机的体现。

5. 宗教信仰动机

许多宗教信徒到异地参与宗教活动，或在特定时间、特定地点，举行宗教庆典活动、民间祭祀活动；许多非教徒前往参观游览、考察；也有许多地方宗教庆典已成为民族传统节日，这些活动都会吸引大批游客。

6. 商务动机

商务动机是指人们为了各种商务活动或公务外出，而旅游消费。如到异地参加学术考察交流、洽谈业务、出差等所参与的旅游活动都属于商务动机。

人们的旅游动机是复杂多样的，大多集若干旅游动机于一体。不同地域、文化背景、年龄、性别、个性等都会影响到旅游动机，我们在进行导游活动中，应当充分考虑到不同类型的游客对旅游目的地、旅游内容和导游讲解等各方面的要求不尽相同，力争满足不同游客的需求。

（三）旅游态度

旅游态度是游客对旅游活动中的人和事物所持有的评价与行为倾向。

1. 旅游态度的构成

旅游态度由认知、情感、意向三种成分构成。

（1）认知成分

指游客对旅游活动中某一对象的认识、理解和评价。它是态度形成的基础。比如，某游客认为桂林是个好地方，山清水秀，环境优美，气候宜人，这就是游客对桂林的认知。

（2）情感成分

指游客对旅游活动中某一对象所做的情感判断。它是态度的核心，并和人们的行为紧密相连。比如，当游客对桂林做出了评价，有了印象后，认为"桂林是个休闲的、美丽的、值得向往的城市"，这里就清楚地看出其中有积极的情感成分。

（3）意向成分

指个人对态度对象的反应倾向。比如，某游客对桂林产生了积极肯定的情感，他在心理上就积极地做各种准备，一旦外部条件成熟就可能来桂林旅游。对于游客来说，他们中有的态度是积极的，而有的态度是消极的。如某游客听朋友或媒体介绍某旅游地旅游秩序如何不好，出现了欺客宰客现象，由于晕轮效应的作用，使游客对该旅游地的旅游商品和服务持否定或消极的心理倾向，阻碍了游客的旅游活动。

旅游态度位于旅游知觉与旅游行为之间，与行为有十分密切的关系，它在很大程度上决定着旅游消费行为的活动方向。旅游态度会导致游客购买某一旅游产品或拒绝某一旅游产品，因此，旅游接待方要关心和帮助人们对其产品产生积极肯定的态度，促进游客产生旅游行为，完成旅游活动。

2. 改变旅游态度的方法

改变旅游态度的方法，通常有以下几种：

（1）更新旅游产品，塑造优质品牌

旅游产品是游客在旅游过程中所购买的各种物质产品和服务的总和。

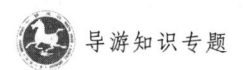

只有不断更新旅游产品，提高旅游产品质量，才能长期占有稳定的市场，保持源源不断的客源。

更新旅游产品，首先，要保证旅游基础设施的建设和设备的完好，包括交通、通信、金融、文化娱乐、宾馆饭店等旅游接待设施和设备；同时要加强对旅游市场的宏观调控和监督管理。其次，运用先进的科学技术，简化旅游服务过程，既节省了时间，又方便了游客，如智慧旅游等。再次，对旅游从业人员进行业务训练，使其面对旅游主客体的变化，学会满足国内外游客的多元需求，并顺应数字文旅的发展。最后，还可以运用价格策略。一般来说，旅游服务项目的价格是一个比较突出、比较敏感的问题。适当运用价格策略，可以使游客产生"公平合理""物有所值""物超所值"的感觉。

（2）重视旅游宣传，采取多样化营销手段

态度的形成依赖于游客对宣传对象的认知，通过旅游宣传，向游客输送新信息和提供新知识，有助于游客态度的改变。在进行宣传时，要进行全方位的宣传，通过各类广告、专题报道、邀请国内外旅游商和信息联络员进行合作、国内外旅游推介活动、国内外民族艺术表演、制作风光电影、微信营销、自媒体达人传播等。

（3）利用相关群体，引导人们参加旅游活动

要转变一个人的态度，必须引导他积极参与有关活动。组织一些旅游活动，邀请特定的人参加，让其亲身体验一下旅游活动所带来的乐趣，这个人可能从此改变对旅游活动的态度，从而成为旅游活动的积极参与者和宣传者。

除了上述三种基本方法以外，通过改变知觉或激发人们的潜在动机等也是促使游客态度改变的有效方式。

（四）游客人格

游客人格，指游客个体在旅游活动中表现出的独特而稳定的思维方式和行为风格。其特征与旅游行为紧密相关。通过对游客人格类型的分析，有助于旅游工作者更好地预测和引导游客的行为。

游客人格类型的划分，可以从不同的角度来进行。根据游客在旅游活动中的表现来划分，大致可以分为以下几种类型：

1. 理智型的游客

绝大多数游客属于这一类型。他们思维正确，有理性，也富有情感。对于理智型的游客，导游人员可以充分发挥自己的聪明才智，把各种服务充分有效地提供给他们。

2. 神经质型的游客

这类游客的特点是：脾气乖戾、易激动、事必挑剔、敏感。通常情况下这类游客比较少，但随着社会生活节奏日益加快，外在压力日益增大，人们体验到的失败感有所增加，导致神经质型的游客人数有增加的趋势。从旅游服务的角度来说，我们没有选择游客的权利，只能给游客舒适、抚慰和尊严。

3. 依赖型的游客

这类游客的特点是：羞怯、易受感动、拿不定主意。这类客人包括幼稚型人格者、初次出门的游客、年老和年幼者，以及不熟悉情况的外国客人。这类游客需要更多的关注和帮助。

4. 使人难堪型的游客

显著特点是：爱批评人、冷漠。这类游客很少理解和关心别人，他们也从不由己推人，进行心理换位。因此，对这类游客要谨慎、周到、注意细节。

二、游客的心理特点与服务

导游优质服务的关键在于"读懂"游客。只有充分理解游客的角色特征，掌握游客的心理特点，提供令客人舒适和舒心的服务，才能打动游客的心，从而赢得游客的认可。

（一）游客是有优越感的人

游客是导游的"衣食父母"，所以，在与导游的交往中，游客往往表现为居高临下，发号施令，习惯于使唤别人。

为此，在导游服务中，首先，必须表现出尊重，关注游客，主动向游客打招呼，主动礼让。其次，对于游客合情、合理、合法的要求，尽量给予满足。始终记住这样一个信条：再忙也不能怠慢你的游客。忽视游客，等于忽视自己的收入，忽视企业的利润。再次，用心服务，注重细节，力求完美，

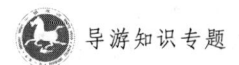

达到最佳服务效果。最后，必须注重策略。对待游客的无理要求或无端指责，我们同样要注意沟通艺术，采取引导和感化的方法，让游客自己作出更改的决策，使游客感受到正确使用权力的快乐。

（二）游客是情绪化的"自由人"

导游对游客必须懂得宽容和设身处地为他着想，提供人性化的服务。

首先，导游必须充分理解客人的需求。客人的需求是多种多样、瞬息万变的，它具有多样性、多变性、突发性的特点。而且，不同的游客又有不同的需求层次，其主导需求也是不尽相同的。这就要求导游人员既要掌握游客共性的、基本的需求，又要分析研究不同游客的个性和特殊需求；既要注意游客的静态需求，又要在服务过程中随时注意观察游客的动态需求；既要把握游客的显性需求，又要努力挖掘游客的隐性需求。只有充分预见和准确把握游客的需求，才有可能提供全面、到位的服务，才能使游客有好的旅游享受。其次，导游必须充分理解游客的心态。由于其行为举止不受各种职业规范制约，游客会显得特别放松而比较情绪化。当然，人性的某些弱点也会暴露无遗。对此，导游应意识到游客是需要帮助、关爱的朋友，应努力以自己的真诚和优良的服务去感化游客，要努力去发现游客的兴奋点，培养游客良好的情绪，以保证同游客的有效沟通。基于情感的爱心、诚心、耐心、细心、贴心，依然是导游打动游客情感的核心。最后，导游必须充分理解游客的误会与过错。由于文化、知识等方面的差异以及身体、情绪、利益等方面的原因，游客对旅游规则或服务不甚理解而拒绝合作，或采取过激的行为，导游应向游客做出真诚、耐心的解释。对于游客的过错，只要游客并不是有意挑衅，或损害其他游客的利益、侵犯导游的人权、侮辱导游的人格，导游均应给予足够的宽容和谅解，做出必要的礼让与化解。

（三）游客是来寻求享受的人

旅游服务不是生活必需品，而是享受品。游客旅游是出来享受的，这是其最基本的角色。作为消费者，游客有消费者所具有的追求"物有所值"的共性。对导游而言，不能心存任何侥幸心理提供"打折服务"。无论游客出于何种原因来旅游，都有一个共同要求，即享受。他们不管在单位和家里如何能干，但在旅游中总会表现出生活的"低能"。所以，导游服务必须环环紧扣，步步到位，保证向游客提供舒适、舒心的服务。首先，导游必须向游客提供标准化的服务。其次，导游努力向游客提供个性化的服务。在服务时应避免千篇一律，而要针对不同游客的多样化和多变性的需求和特点，投其所好，随机应变，提供具有个性化的服务，满足游客的个性化需求。最后，导游要努力为游客提供超常服务，即给游客以出乎意料或从未体验过的服务。一般情况下，游客在消费前都会根据个人需求、过去的感受和旅游宣传广告及传闻对旅游服务产生一定的期望，游客在接受服务后会形成对服务的实在感受，并与预期值加以比较，当两者相当时，表现为满意；当实际的感受值大于期望值时，产生惊喜，从而达到真正的享受。

导游人员在允许的范围内要尽量满足游客的个性化要求，使游客乘兴而来，满意而归，尽量避免旅游结束让游客产生"没意思，不值得一来"的想法。

（四）游客是爱讲面子的人

爱面子，喜欢听好话，这是人类的天性之一，也是大众中普遍存在的心理现象。作为游客，尤其如此。几乎所有的游客都喜欢表现自己，显得自己很高明，而且希望被特别关注，给以特殊待遇。对此，导游必须给客人搭建一个"舞台"，给游客提供充分表现自己的机会，让游客在旅游中多一份优越和自豪。首先，导游必须懂得欣赏和适度恭维游客的艺术，要善于发现游客的闪光点。其次，导游对待游客要像对待自己的朋友一样关注，体现真诚的人文关怀，营造一种"特别的爱给特别的你"的意境。

综上所述，导游人员应尊重客人；像对待朋友一样理解和关心客人。

三、旅游服务的特点与心理服务技巧

（一）旅游活动中客我交往的特点

游客对旅游活动的满意程度不仅取决于游客对旅游条件与旅游环境的评价，而且取决于游客与导游的人际交往，也就是旅游服务中的客我交往。在旅游服务行业中，由于导游的特定角色以及客人所处的特定地位，决定了导游与游客的交往不同于一般人际交往，其特殊性表现为：

1. 短暂性

旅游交通与市场经济的迅猛发展，使注重高效益的游客穿梭往返各地，形成了旅游服务交往频率高、时间短的活跃局面；或者疗休养的游客更喜欢

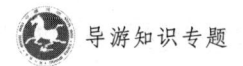

自由支配旅游时光，导游与游客之间相互熟悉了解的机会也随之减少，短暂性的特点愈加突出。

2. 公务性

一般情况下，导游与游客的接触只限于游客需要服务的时间和地点，而不涉及个人关系，更不可能了解对方的全部历史。

3. 不对等性

从心理学的角度来看，人与人之间人格上相互尊重，情感上相互共通，因此是平等的，导游与游客之间也不例外。但是，"平等"不是"平起平坐"。在特定的环境下，人与人之间由于职业角色的差异、交往时角色扮演不一，社会赋予它不同的责任和意义。在导游服务活动过程中，只能是游客对导游下达指令、提出要求，导游应服从和满足游客的合理意愿；而不存在相反的过程。从这个意义上来说，导游与游客的接触通常是一种不对等的过程，客我双方不可能平起平坐。因此，导游要摆正自己与游客的角色关系，不要把尊重自己与尊重客人对立起来。

4. 个人与群体的兼顾性

在旅游活动中，导游人员接待的是一些心理相异、具有不同消费动机和消费行为的个体游客，因此，在交往中依据每位游客的个性消费特征，向他们提供服务，就成为交往的主要方面。但旅游的复杂与特殊现象，使得一些同一阶层、同一文化、同一经济条件、同一职业的人聚集在一起组成同质旅游团，在消费过程中，便出现从众、模仿、暗示、对比等群体消费特征，因此，导游人员在客我交往中必须注意个体与群体的兼顾。

（二）旅游服务的双重性

游客在与导游的交往中不仅期待导游帮助他们解决种种实际问题，而且期待导游成为他们的"知心人"，帮助他们消除种种不愉快感受，获得愉快感受，留下美好回忆。所以，导游人员一方面要为游客提供优质的功能服务，另一方面还要为游客提供优质的心理服务。

旅游服务有双重性：旅游功能服务和旅游心理服务。

旅游功能服务是指帮助游客解决食、住、行、游、购、娱等方面的实际问题，使游客感到安全、方便和舒适。

旅游心理服务是指让游客在旅游中经历轻松愉快的人际交往，在人际交往中增加游客的亲切感和自豪感。

要实现优质服务，就要在为游客解决种种实际问题的同时，还能让游客得到心理上的满足；而且即使不能完全按照游客的要求解决他们的实际问题，也要在客我交往中让游客得到心理上的安慰。

功能服务的质量往往受旅游企业物质条件的制约，也取决于旅游服务人员所具有的知识技能；而心理服务的质量主要取决于旅游服务人员是否有爱心、满腔热忱，是否善解人意和具有一定的表现力。

下面仅就旅游心理服务进行探讨。

（三）旅游心理服务的技巧

为游客提供心理服务有两条要诀：一是让游客觉得你和蔼可亲，使游客获得更多的亲切感；二是让游客对自己更加满意，获得更多的自豪感。

1. 让游客觉得你和蔼可亲

导游人员在客我交往中，要为游客提供良好的心理服务，就必须用自己恭敬的态度、敏锐的观察力和恰当运用"有声语言"与"无声语言"的能力，在游客心目中树立一个富于人情味的、和蔼可亲的形象。远在异乡的游客，对导游的一句问候、一个简单的搀扶，都会心生温暖。

（1）谦恭的态度

要让游客觉得你和蔼可亲，导游人员必须首先做到对游客态度谦恭。

谦恭是一种良好的行为方式，是指对游客的感受非常敏感，避免言行上的任何冒犯。当导游没有听懂游客的问话时，不要简单地问："什么？你说什么来着？"而应该这样问话："请原谅，您能重复一遍吗？"或者："请您再说一遍，行吗？"不要告诉游客他们必须做什么，而应该采取建议的方式："我认为（怎样怎样）更合适，您觉得怎么样？"

总之，要做到能够使游客感觉你和蔼可亲，这才符合谦恭的行为方式。

（2）讲究措辞

在旅游活动中，游客与导游之间的人际交往主要通过语言进行沟通。说话在塑造良好的客我关系中是极其重要的，导游人员可以通过训练改进说话的方式、速度、语调及词句的选择，使游客觉得你和蔼可亲。

导游人员使用"文明礼貌语言"要形成习惯。要讲究"同样的话"有哪些"不同的说法"，一般情况下，用肯定的语气说话比用否定的语气说话会

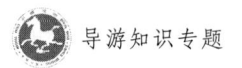

使人感到柔和一些。在客我交往中，特别是在表达否定性意见时，要尽可能采用那些"柔性"的，让游客听起来觉得"顺耳"的，而不是"刚性"的，让游客听起来觉得"逆耳"的表达方式。

当导游人员要对游客提出某种要求时，最好用肯定的说法，比如可以说"请您（如何如何）"；而不要用否定的说法，比如不要说"请不要（如何如何）"。

当导游不能马上满足游客的要求时，最好是向游客说明你过一会儿可能为他做什么，而不是仅仅说你现在不能为他做什么。

当导游不能接受游客的某个意见或建议时，最好是先复述游客陈述的内容，比如可以说"您的意见是（什么什么）吧""您的看法是（什么什么）吧"，这样可以表明导游耐心倾听并且明白了游客的想法，表示出对游客尊重的态度，然后表明自己的想法："我认为（怎样怎样）也许更合适，您看如何？"绝不要轻易地否定游客的意见或建议。

在拒绝游客的某些要求时，也可以先复述游客的要求，然后表明自己愿意为游客效劳，并说明由于什么原因不能完全遵从游客的要求，最后提出自己的建议，取得游客的谅解。

导游在与游客进行语言沟通时要遵守以下几个原则：

一是要选择准确表达思想内容的语句。"言不在多，达意则灵。"这就要求导游语言准确、实在，具有严密的逻辑性。言语不要啰唆重复，使游客听不出所以然，交谈时要慎重地斟酌措辞，不要造成歧义，使游客误解。

二是在语言的运用上，要注意语言的生动性。导游的语言必须生动形象，饶有趣味或发人深省才能起到引人入胜的作用。应使情景与语言交融，给人以美的享受。

三是语言交流要符合特定的交往环境。语言要适应不同对象的特点，不同环境采用不同的语言形式。如对文化水平较低者应通俗化，在游客观赏情绪高涨的场合解说应简洁明快。

（3）善于运用"无声语言"

导游在客我交往中不仅要善于运用"有声语言"，而且要善于运用"无声语言"，即体态语言，做到"有声语言"与"无声语言"并用，两种语言互相补充，配合得当。眼神、表情、体态、姿势等无声语言的表现，可以通过平时的训练来提高。

眼神和微笑是"无声语言"中最生动的表现。

眼神接触是一种有效的体态语言沟通方式，当导游人员与游客交谈时，注视着对方的眼睛，就意味着是在集中精力倾听游客说话，表示了对游客的尊重。有没有眼神的接触还意味着导游人员是否有信心，一般来说，有信心的人往往正视对方。一个优秀的导游员必须培养在与游客说话时正视对方的习惯，这种习惯在客我交往中能够使交往更加顺利地进行。

微笑是各国游客都能够理解和欢迎的世界语言。微笑在客我交往中意义重大，微笑意味着友善，象征着诚意，减少了不安，化解了敌意。当导游员和颜悦色、满面春风地对游客笑脸相迎的时候，微笑就向游客传递了"我们对您表示欢迎，我们愿意为您效劳"的信息。真诚的、热情的、发自内心的微笑最能够使游客觉得你和蔼可亲，是赢得游客满意最有效的手段。

我国古代就有"非笑莫开店"这样的俗语，微笑能使游客产生好感，给企业带来财富。如希尔顿酒店集团，它是世界上规模最大的旅游饭店集团之一，它的成功秘诀中最重要的一条就是其服务人员"微笑的影响力"，希尔顿酒店的微笑服务饮誉全球。希尔顿酒店集团创始人康拉德·希尔顿年轻时接受其母亲的忠告，找到了一种简单易行、不花本钱、行之持久的"法宝"——微笑。在他从业的五十多年里，无论到分设在哪个国家的希尔顿饭店视察，他对上至总经理下至一线服务的员工问得最多的一句话就是："你今天对客人微笑了没有？"康拉德·希尔顿先生有一个形象的比喻："如果旅馆里只有一流的设备而没有一流服务员的美好微笑，就好比花园里失去了春天的阳光与和风。"同样如果景区只有一流的风景而没有一流导游人员的美好微笑，也好比花园里失去了春天的阳光与和风。

（4）敏锐的洞察力

要让游客觉得你和蔼可亲，导游员必须善于洞察游客的情绪变化，及时作出恰当反应。

总之，只有充分了解游客的心理，才能作出适当的、能使游客满意的反应。

2.做游客的一面"好镜子"

（1）人际交往中，人们相互之间起着"镜子"的作用

人的自我评价与别人对其评价是紧密相关的，如果一个人经常从别人那

里获得肯定性的评价，他就会感到自豪；相反，如果经常从别人那里获得否定性的评价，他就会感到自卑。总之，人们都重视自己在别人心目中的形象，而且是从别人对自己如何反映来判断自我形象的。也就是说，人们总是把别人当作自己的一面镜子来看待。所以，我们说在人际交往中，人们相互之间都起着"镜子"的作用。

（2）扬游客之长处，隐游客之短处

导游在为游客提供服务时，必须考虑到自己就是游客的一面"镜子"，游客从我们这面"镜子"中看到了他们的自我形象。为了增加游客的自豪感，导游人员就应该做游客的一面"好镜子"。以恰当的方式发扬游客之长处，隐藏游客之短处，让游客在我们这面"镜子"中看到自己的美好形象。

所谓长处和短处，包括相貌和衣着方面的，言谈话语和行为举止方面的，知识经验和身份地位方面的等。

扬游客之长包括赞扬游客的长处和提供一个机会让游客表现他的长处。但要注意绝不能为了扬某些游客之长而使其他的游客受到伤害。

隐游客之短，一方面导游人员绝不能对游客的短处感兴趣，绝不能嘲笑游客的短处，绝不能在游客面前显示自己的"优越"；另一方面导游人员应该在众人面前保护游客的"脸面"，在游客可能陷入窘境时，帮助游客"巧渡难关"。

一般来说，客我交往中最敏感的问题是与游客的自尊心有关的问题。因此，服务人员应该牢记：绝不要去触犯游客的自尊心。如果导游人员能够恰当地为游客"扬其长，隐其短"，做游客的一面"好镜子"，就能够让游客对他自己更加满意。

增加自豪感是游客所得到的心理上的最大满足。因此，导游人员应该有这样一个信条：如果你能够让游客对他自己更加满意，他就一定会对你更加满意。

四、不同地域游客心理与接待技巧

以下从"共性"角度分析不同地域游客的"一般"心理状况及其表现形式，不可公式化地套用在每一位游客的身上，只为导游工作提供参考。

（一）我国内地游客心理分析及接待技巧

1.东北地区

主要指黑龙江、吉林、辽宁三省，位于我国高纬度地区，急剧变化的气候条件，以冷湿为基调的自然地理环境，白山黑水的显著自然景观特色，加上丰富多彩的东北民俗风情，影响着东北人的心理，造就了东北人鲜明的个性特点：

外向、豪气。"豪爽大气，火辣辣的关东人"是对东北人豪爽、大方、热情的形象描述。大多数东北人到外地旅游，只要经济许可，往往出手大方，不在乎别人算计自己那几个小钱。

讲义气、重朋友。东北人重感情、好交往、讲义气，他们的言语、行动都比较实在。

坦诚、直爽。东北人坦诚，喜欢直来直去，不喜欢绕弯子，有啥说啥。

幽默能侃、不拘泥。东北方言有着特殊魅力和表达方式，语言生动形象，入木三分，极具感染力。东北人能说，说起话来一套一套的。他们"捧起人来"让你张不开嘴，"贬起人来"也让你难有还嘴的余地。

针对该地区游客的心理特点，旅游接待时要注意以下几个方面：

接待东北游客时要热情大方。与他们协商接待方式时，要充分听取其意见；落实接待价格时要落落大方，特别注意不要斤斤计较。

要善于感情投资。东北游客讲义气，重感情，在接待时也要"够哥们，够朋友"。

要坦诚相待。接待东北游客时，要态度诚恳，语言坦率，同时要注重实际行动，即言行相符，表里一致。在旅游活动中对他们的耿直，中听中行的，要欣然笑纳，巩固友情；对他们不经意之中流露出的不满言语态度，不要太在意，更不要计较。

多使用幽默风趣的语言。在导游知识储备丰富的基础上，特别注意语言表达方式，如语音、语调、语速、语意的把握，使游客在听讲或相互交流中充分感受到生动有趣。

2.以北京为代表的华北地区

指以北京、天津为中心，包括河北、山东、山西等省区。该地区历史文化悠久，具有独特的燕赵文化韵味，即粗犷、豪放、激越、慷慨的雄风侠

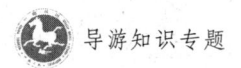

骨。因此在个性方面，也表现出较为突出的地域特点。

在此以北京人为代表予以描述：

待人真诚、人情味浓。北京人非常实际，不论他们做什么，都给人一种务实的感觉。他们崇尚真诚的人际关系，待人坦诚不欺，鄙薄奸诈不实的作风，具有一种君子风度。北京人的人际关系是最有"人情味"的，他们世世代代都遵循着中国传统观念中"礼之用，和为贵"和"中庸之道"的准则，人与人之间相互尊重，相互谦让，互相帮助。

开朗幽默、能言善侃。北京人的能言善侃让人望尘莫及。"侃"是北京人特有的休闲方式，他们注重的不是"侃什么"，也不是"怎样侃"，只是为侃而侃，既不要形式，大多也没有目的，大到国家大事，小到鸡毛蒜皮，侃的话题极为广泛。

文化素养较高、政治味较浓。居住在皇城脚下的人们，有一种对"家事、国事、天下事"事事关心的习惯爱好。

注重产品质量和品质消费。北京人消费逐渐向名、优、特转变。他们不赶时髦，但永远创造时髦，他们倾向于名牌、高档商品。

针对该地区游客的心理特点，旅游接待时要注意以下几个方面：

做一个好的倾听者。北京人对政治一往情深，几乎每个北京人对政治都有自己的一套观点和见解。满足北京人侃的欲望，是打开进一步交往大门的钥匙。

交流话题的文化性。北京人文化素质较高，可谈些有关文化的话题，且留有机会给他们发挥。

有品质消费。消费时最好是到品质较高，或是具有浓郁地方特色产品的场所。

另外，华北地区的山东人有着鲜明的个性特征：

中国历史上出思想家及哲学家最多的地方是山东，五岳至尊的泰山也在山东，鲁文化的儒家思想不仅熏陶了民众的性格气质，而且锤炼了他们的心理结构。人们对山东大汉的印象是身材魁梧，行侠仗义，面带敦厚，不善言辞，待人诚恳，最讲义气。这些基本上反映了山东人的主要性格特征。山东人常用"实在"二字来自我表白。

山东人大多恋乡恋土，看重家乡和同乡情谊。喜欢同乡结成小团体，人际交往中远近、亲疏分明，甚至本省内部各个地区之间也对待有别。

山东人思想保守而拘谨，过于耿直，自古多大将、多忠义之士。

清朝至民国以山东人为主的闯关东，使得很多东北人在山东沾亲带故。

山东男人责任感强，忠厚直爽，讲究孝道，外粗内秀，家庭观念强。女人勤劳、贤惠、顾家，说起话来实在、亲切。

山东人爱吃馒头、煎饼，好吃大葱、大蒜。吃大饼不用菜，有葱就行。

针对山东游客的个性特点，旅游接待时要注重礼节，说话真诚、坦率，多赞美他的家乡。在餐饮方面，尽量安排面食为主。

3. 以上海为代表的华东地区

主要包括上海、江苏、浙江等省区。长江流域历史悠久，是中华文化的发祥地之一，江浙一带自古为繁华之地，上海是全国最大的工商业中心。经济的繁荣促进文化艺术的发展，在优越的自然环境和独特的历史发展过程中，华东一带逐步形成了以灵毓秀雅、尚文崇慧为特色的吴越文化，因此也凸现出当地人的个性特点。

恋家情结深。例如上海，由于近百年来是西方经济文化通往中国的窗口，它一直是中国走向世界的重要门户之一。这种中西文化结合地的特殊位置，使上海人形成了一种优越的心理，在他们心中，上海是一流的城市，这自然使他们更热爱、依恋自己的家乡了。江浙人也恋家，"上有天堂，下有苏杭"，江浙的园林和自然山水是江浙人的骄傲。江浙多风调雨顺，是才子佳人辈出的地方。江浙男人的儒雅、女人的精巧，精致的古镇，可口的佳肴，都是江浙人引以为自豪的。

婉约缠绵、精明细心。发达的经济造就了上海人的精明，反映在日常生活中，既包括谋取个人利益的行为，更包括对个人权益、利益的维护，该得到的他们一分也不让。上海人细心，做事谨慎小心，很注重细节，喜欢事前先调查了解，充分掌握情况。

文化底蕴深厚。华东地区经济发达，教育也发达。人们的文化水平普遍较高，知识较为广博，也喜欢谈论文化事。

针对该地区游客的心理特点，旅游接待时要注意以下几个方面：

多谈历史人文话题。该地区人的文化底蕴比较深厚，可以在接待时，多谈论些历史人文的东西，以满足他们的自豪感。

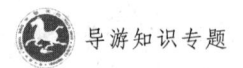

耐心详细的说明、讲解。对游览活动中增加的项目和所需费用要逐项向他们说清楚,讲解时要尽量详细些,耐心地解答他们提出的问题。

饮食清淡。饮食方面要尽量安排清淡些的食物,适当地加入一些具有当地特色的菜肴。

最后,需要说明的是安徽、江西,虽然在地域上属于华东地区,但安徽人、江西人的个性特征又各自有所不同,他们具有与周边地区类似的边缘性格,使得这两个省区的游客因在各省的地区不同,性格也出现明显差异,具有多样性。如邻近湖北、湖南地区的江西人,无论在饮食还是性格上更显华中人的特点;邻近河南的安徽人无论在语言的语调,还是生活习惯、待人礼仪上更具河南特色。

所以,在接待安徽、江西游客时,要根据其来自各省的不同地区因人而异。

4. 以广东为代表的华南地区

主要指广东、福建、海南等省区。相对于中原地区的文化,广东一带是具有异域色彩浓厚的岭南文化。自20世纪70年代末改革开放后,广东商贸繁盛,经济发达,集传统现代于一体,其个性特点鲜明:

时间观念强。以广东人中最具代表性的广州人而言,广州人是中国城市人中最忙碌的一群人,仿佛时间总不够用,永远是行色匆匆。在广东,人人都忙忙碌碌,为生意而忙碌,为挣钱而忙碌。

金钱观念强。在中国人传统的观念里,一般不谈金钱,否则被认为俗气。然而,广东人的金钱观念却很强烈。为了钱,广东人干得踏踏实实,他们没有心思,也没工夫空谈哲理、人生。

关心经济。广东人远离政治中心,政治似乎对他们的影响不大。即使是赚了大钱,腰缠万贯,他们对政治仍不会表示出太大的兴趣。因此与广东人交往谈论政治引不起广东人的兴趣,甚至可能会被认为华而不实而引起他们的反感。

富有开拓精神,敢为天下先。在广东人的性格中,只有"先"了才有意义,吃别人嚼过的馍没有味道。广东人喜欢"头啖汤",敢为天下先的品质是与勇于开拓、敢冒风险、善于变通、踏实肯干的习性联系在一起的,这使他们易于适应各种环境,一旦遇着机遇,就迅速发达起来。改革开放以来,广东人处处身体力行敢为天下先，这已成为他们的核心品质之一。广东人喜欢标新立异，喜欢做新的生意。因为新才没有竞争，没有对手。因此，他们一旦看准，敢冒风险，有着"不入虎穴，焉得虎子"的气势。

开放、包容。经商的传统使华南人性格开放，容易接受新事物，商品经济意识浓厚，和全国其他一些地方相比，他们排外性不强，通常只是以一种商人的眼光和方式热情接待每一位南来北往的客人。

自我表现意识强，讲面子，重派头。在生意场上，广东人总是以最能显示其实力的一面与你接触，他的服装一定是名牌，他的手表一定是世界名表；与人交往乘车，如有可能他绝不坐档次较低的汽车；办公室一般都豪华漂亮，老板桌尽可能大，沙发尽可能高档；他们首先从外形上充分显示自己有着雄厚的经济实力，即便其账面拮据，他们仍要给人以气派的感觉。

讲究避讳，喜忌心理重。广东人最讲意头，数字要"6""8"，他们的电话、手机、车牌等号码，尽量选择"6"与"8"。外出旅游的日期、住宿房号、饮食餐桌、购物店铺的门牌号码也以"6""8"为吉祥、金贵。因为其谐音寓意是"顺"和"发"。

针对该地区游客的心理特点，旅游接待时要注意以下几个方面：

尊重喜忌心理。与广东人打交道很有讲究："送礼要防'忌'，说话要注意，多用6与8，处处图吉利。"

尊重面子心理。接待时注意给足他们面子，用车的档次，餐厅的规格，宾馆的级别等都应做好相应的安排。

满足美食需求。广东人喜欢美食，晚上可以组织他们去吃吃夜宵，品尝当地的特色菜肴；可以与他们多谈论些生意经和饮食文化。

5.西南地区

主要是指广西、云南、贵州、四川、重庆等省市区。西南地区自古以来是多民族聚居地，民俗风情各异，地域文化独特。由于地理和历史上的原因，这一地区的经济比中原和沿海一带相对落后。在个性方面，也有其自身的特点。

淳朴厚道。西南少数民族淳朴憨厚，热情好客，讲究礼貌。总是以自己民族特有的礼仪接待远道而来的客人，给客人献上有地方风味的食品、有民族特色的歌舞。

能歌善舞。西南少数民族能歌善舞，不仅在逢年过节或有客人的时候，在平时，无论走在大街上、田野、山间，你也可以听到那具有浓郁民族风情的悠扬歌声。

勤俭节约、吃苦耐劳。西南地区经济较为落后，因此，勤俭节约是西南各民族的传统美德。在日常生活中，除有一些习俗禁忌外，他们对吃住一般都不挑剔。西南人能忍受各种磨难而不颓废，他们一般鄙视眼高手低、游手好闲、好高骛远的行为，特有的环境使他们养成了自强不息、勤劳朴实、脚踏实地的性格。

谨小慎微。西南人不愿冒险，也不喜欢过于冒险的活动。他们比较热衷于自然风景的旅游，特别是辽阔的海洋风光，广袤的草原风情。

针对该地区游客的心理特点，旅游接待时要注意以下几个方面：

热情友好。不能让他们有被冷淡的感觉，若能学些少数民族歌舞，对他们更有亲和力。

不要安排太多购物活动。他们崇尚节俭，购买欲望不是很强烈。

6. 西北地区

主要指宁夏、甘肃、新疆、陕西等省区。另外，内蒙古自治区、西藏自治区虽然在地域上分别属于华北地区、西南地区，但其个性更接近于西北地区，故并入此区介绍。

该地区，地域辽阔，地广人稀，有几十个民族聚居。广阔的荒漠与草原、交相辉映的雪峰与绿洲、充满传奇色彩的丝绸之路古迹、独特的民族风情与游牧文化，赋予了这片土地以独特的魅力。有史以来，该地区就是我国以游牧民族为主，北方少数民族生息繁衍的摇篮和最主要的活动舞台。由此形成了粗犷、豪放、热情的游牧民族的个性。

交相辉映的多民族文化。经过历史的演进，现在该地区有近50个少数民族居住。这些少数民族基本上呈"大分散，小聚居"的分布特点，既有利于保持各自的生活方式与民族特色，又有利于各族之间的接触与交流。由此也形成了本区以传统游牧文化、伊斯兰文化和藏传佛教文化为主要特色的多元民族文化。

粗犷豪放、热情好客。该地区不少民族曾长期在草原上过着逐水草而居的游牧生活，尤以蒙古族为典型。历史上的蒙古人几乎一生都在马背上和帐篷中度过，由此形成了强壮的体魄和热情、彪悍的性格。生活在这里的许多民族都能歌善舞、精骑善射，无论在他们的音乐舞蹈还是民间体育活动中，都透露着粗犷、豪放的草原风格。他们特别热情好客，这也是游牧文化的表现之一。

宗教信仰寄情思。本区藏族、蒙古族、土族、裕固族普遍信仰藏传佛教，锡伯族、柯尔克孜族、达斡尔族也有部分人信仰此教；而回族、维吾尔族、哈萨克族、柯尔克孜族、塔吉克族、乌孜别克族、塔塔尔族、东乡族、撒拉族、保安族10个民族都信仰伊斯兰教，信仰者自称穆斯林。甘肃、宁夏、新疆及青海等西北省区是我国穆斯林最主要的分布区域。

针对该地区游客的心理特点，旅游接待要注意以下几个方面：

尊重他们的民族习惯和宗教信仰。该地区穆斯林十分讲究卫生，在餐饮安排方面要严格注意饮食选择。

热情豪爽，仁义大气。接待来自这一地区的游客，绝不可畏畏缩缩、小肚鸡肠。如有些陕西人表面常"生、冷、蹭、倔"，实际上性格热情豪爽。导游员接待他们要有耐心，真心换真情，导游工作就能做好。

7. 以湖北、湖南等省区为代表的华中地区

秀丽的江南江北风光，传统的荆楚文化塑造出该地区人们鲜活的个性特点。

倔强不服输。华中人没有北方人的粗犷，但他们不服输的劲儿绝对不比北方人逊色；他们没有江浙人的耐心，但雌雄未绝之前，其耐劲儿是江浙人不能小看的。

刀子嘴，豆腐心。遇到问题说起话来，给人感觉火气冲天，内心却充满包容和宽厚。

重友情，肯帮忙。华中人很看重朋友之间的友谊，一旦有困难找他们帮忙，多半能得到有力的帮助。

爱面子。由于受儒家思想的影响，"保留面子""名誉比生命更重要"之类的话，是深刻在他们脑中的。尽管岁月流逝，好面子之风仍然在他们身上有所体现。

针对该地区游客的心理特点，旅游接待时要注意以下几方面：

留有面子，理解习惯。与华中人打交道时，要特别注意别损他们的面子；

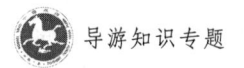

要充分理解他们说话的习惯，不要误认为是对自己的冒犯。

真诚、热情、友好。即使是短时间的旅游接待，也要做他们的真心朋友。

另外，河南在地域上属于华中地区，但河南人有着不同于湘、鄂地区华中人的个性特点。

河南人勤劳，能吃苦，头脑灵活；生活习惯历来以简朴著称，乡土观念很重；河南人讲究礼仪，无论日常生活的迎来送往，还是人生重大的礼仪活动都很讲究。

河南人喜欢谈古，河南有着辉煌的历史，我国十大古都中，四个在河南，分别是安阳、洛阳、开封、郑州；河南人不喜欢论今，因为河南在近几十年来发展速度低于发达地区。

针对河南游客的个性特点，旅游接待时要注意礼貌、尊重，多谈历史。

（二）我国港、澳、台地区游客心理分析及接待技巧

香港特别行政区、澳门特别行政区、台湾省位于我国东南部亚热带、热带地区，面对广阔海洋，背靠祖国大陆，是我国面向世界的重要窗口，在行政管理制度上具有一定的特殊性。

台湾居民在 1946 年以前，很多是从福建、广东两省移居去的，因此，台湾的生活习惯、民俗风情、民间节庆与闽粤两省几乎完全相同，但也有改变和发展。

港、澳居民大多为广东移民，生活习惯与风俗与广东相似。由于该地区是我国与海外连接的重要桥梁和纽带，因此，本地区一方面有着深厚的中国传统文化的根基，另一方面又受异域文化的影响，该地区人们的文化特征、生活习俗兼容了中西文化特征和生活习俗。

台湾人民的宗亲情结。半个多世纪以来，大陆与台湾遭到人为的隔离，台湾人民思乡心切，寻根情深，不少台湾同胞到大陆旅游的目的就是寻根认祖，通过寻根祭祖来加深对祖国和家乡的了解，了却他们的思乡之情。

信奉宗教和神灵。信教、崇拜神灵的习俗在港、澳、台地区比较盛行。港澳地区的宗教体现出中西文化交融的特征，除佛教、道教、儒教信仰为主体的民间信仰之外，也有天主教、基督教、伊斯兰教等，历史源远流长。台湾主要信奉佛教、道教、天主教和基督教新教。高雄的佛光山是台湾佛教中心。台湾民众极为崇拜天妃娘娘和保生大帝吴夲（音 tāo），有"出海靠妈祖，安居靠真人"之民谚。台湾庙宇很多，大小庙宇 7500 余座，"妈祖庙"分布十分普遍，现有 400 余座。

香港人好购物，高消费。在香港，人们买东西不是因为旧的坏了，而是嫌旧的过时了；再就是把买东西作为一种业余消遣，还愿意观赏拍卖主持人的幽默、从容、风趣。这种喜欢参与商品竞投的习惯，受欧洲特别是英国人影响很大，同时也是香港人的收入较高、不计较物品价格高低，只求型号、款式合潮流心理的反映。在香港，一般的中产阶层穿着讲型讲款，家中摆设的家具讲究淡雅古朴，就是购买一般的日用品也不去大众商店。高薪阶层讲穿戴，有的去商店一次就花近万美元，一些人用一半的月薪买服装、化妆品等，在这些方面花钱再多，他们也觉得是应该的投资。

喜欢吉祥号码、忌讳多。在香港，人们特别喜欢吉祥号码，电话号码是 666 或 888 的最受欢迎。在香港的单位，特别是家庭使用的车辆，人们尤其想配一个吉祥号码，像 2、3、8（粤语谐音"易""生""发"），正因为人们都想得到这样的车牌，运输署就准备了许多吉祥号的车牌，每年进行一次拍卖。

在香港，忌讳称丈夫或者妻子为"爱人"，因为"爱人"在英语中指"情人"，俗称"相好的"。所以，香港人介绍自己的丈夫或妻子时，总是说"他是我的先生"或"她是我的太太"，称别人的丈夫或妻子时，也是"您的先生""您的太太"。对中、老年人忌讳称"伯父""伯母"，因为"伯父""伯母"与"百无"谐音，就是一无所有的意思。所以，在香港无论商人、公职人员还是普通家庭主妇，都忌讳这种称呼，而是称"伯伯""伯娘"。探望病人和亲友时，切忌送剑兰、茉莉、梅花等花束，因为"剑兰"与"见难"（意为日后难相见）谐音；"茉莉"和"末利"谐音；"梅"与"霉"谐音，故被视为"倒霉""不吉利"的花卉。

酒家、饭馆的伙计最忌讳说"炒菜""炒饭"。因为"炒"字在香港有"解雇"（炒鱿鱼）的意思，不吉利。当然，香港的菜馆、酒家也有少数带"炒"的菜饭，但在菜谱上写的则是爆"××"、"炸××""干煎××""滑××"或"肉饭""叉烧饭"等，以避其讳。

香港生意人过节从不说"新年快乐""节日快乐"，平时写信也不用"祝您快乐"。因为"快乐"与"快落"（失败、破产的意思）谐音，听、说起

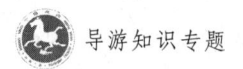

来都容易混淆，是犯忌讳的词语。所以，一般香港生意人过年见面时总说：
"恭喜发财""新年发财""万事如意"等。

台湾民俗与内地大体相同，衣食住行、节日庆典、婚丧喜庆、礼赠禁忌
方面，一般仍保持着闽、粤等地的特征。台湾民间送礼禁忌较为鲜明：禁
用甜果（年糕）、粽子送人；禁用鸭子赠"坐月子"的人；禁用扇子、手巾
（手帕）、雨伞、刀剪、镜子、钟等送人。

讲究吃的文化，喜欢新鲜食品。香港人爱吃新鲜食品，最讲究"鲜"
字，在餐馆和名菜中，都是鲜字当头。在香港，绝大多数人喜欢吃水果，也
会吃水果。据统计，仅属于水果的菜肴多达 200 多个，人们每日三餐，餐餐
都离不开水果。

在澳门，粤式饮食文化与葡式饮食文化发生激烈的碰撞，澳门人民以他
们的包容，汲取了西方饮食文化之精华，创造出了独具魅力的澳门饮食文
化，最受关注的点心之一就是蛋挞。

台湾居民则具有闽、粤地区的特点，如喜欢饭前喝茶、喝汤；喜欢喝
粥、好清淡食品；用膳时，不能"美人照镜"（将碟子端起倒菜），喝汤不要
出声，餐毕碗中不要留食；喝酒吃菜时，不宜手不离筷；上鱼时，鱼头要对
着客人方向；吃鱼时，不要翻转鱼身等。

针对该地区游客的心理特点，旅游接待时要注意以下几个方面：

历史文化与建设成就的宣讲。港、澳、台同胞对祖国的人文历史、改革
开放以来祖国的巨大发展和变化非常感兴趣，应该对他们多宣讲这方面的
情况。

交往中注意礼仪禁忌。要多了解他们的忌讳，以免产生不必要的误解。

活动安排丰富。他们的经济条件一般都比较宽裕，不太在乎花钱。可以
考虑多安排一些文娱活动，使他们玩得开心尽兴。

（三）我国境外主要客源地（国）游客心理分析及接待技巧

1. 东亚地区

日、韩两国与中国是一衣带水的邻邦，也是近年来华旅游的两大客
源国。

（1）日本

日本文化是基于岛国的地理、风土、历史渊源以及日本人的灵感等条件

形成的，既有中国文明的痕迹，也有欧洲文明的印记。在多元共存的文化熏陶之下，形成了日本民族独有的个性特征。

该地游客的心理特点：

模糊暧昧的语言行为和寡言少语的个性。日本游客多寡言少语、不善言谈，喜欢沉默，并视之为一种至高美德。日本人与人交谈时喜欢含蓄，留有余韵。多采用非限定意义的表达，如日本人习惯问别人："您住哪块儿？"而不是"您住哪里？"被问话人也习惯回答："……一带"等不明确的字眼儿。又如在使用数量词时，日本人爱加上表示约数的词，如"15分钟左右后集合""大约每小时吃一次"等。日本人说话还有一个特征，就是较少用判断句，多采用推测句来体现说话人的意见观点。如"我想可能会……""恐怕要……吧""可能是……吧"等委婉、暧昧、圆滑的形式来表达说话人已有相当把握的意见、观点。擅长向听话者表达弦外之音、言外之意。如，当听到邻居"您家孩子可真用功，每天练琴到那么晚"的夸奖时，善解人意的听话者会意识到对方是在说琴声打扰了他的休息。相反，如果说话人直接说出自己的不满，则会被视为不懂礼貌，缺乏教养。

注重礼节。日本人举止庄重，谈吐文雅。见面时一般都互相点头问候，即使是互不认识的人在单独碰面或人数较少时碰面都会相互点头鞠躬，以示礼貌。所以我们经常可以在酒店出入口或是通道里看到两个日本人在互相点头说早上好，但那两个人不一定认识。

很守纪律。日本是个岛国，山多平原少，在以前农耕社会的时候，需要集体协作才能抵抗旱涝灾害及进行地震后的复耕工作等，所以日本人有很强的集体主义精神。日本人时间观念也很强，不必过分担心他们会迟到。

饮食习惯和习俗禁忌：

日本的饮食方式有三种：传统饭菜（又称和食）、中国饭菜（又称中华料理）和西餐（又称洋食）。餐前、餐后喜欢喝绿茶。早餐喜食粥、牛奶、面包，午餐、晚餐的主食则为大米。爱吃鲜鱼，尤其喜欢生鱼片。白米饭佐以酱汤是日本传统式的早餐。日本人一般喜爱吃清淡、油腻少、味鲜带甜的菜肴。爱喝浙江的绍兴酒。

在日常生活和社会交往中，为图吉利，避凶祸，有不少忌讳：如忌"4""6""9"以及由它们组成的数字，如"14""16""19"等，忌"13"；

忌 3 人并排合影；忌荷花及荷花图案；忌讳舔筷（用舌头舔自己的筷子）、迷筷（手拿筷子，拿不定吃什么，在餐桌上四处游寻）、移筷（夹了一个菜后接着去夹另一个菜）、扭筷（扭转筷子，用舌头舔上面的饭粒、菜叶等食物）、剔筷（将筷子当牙签剔牙）、插筷（将筷子插在饭上或用筷子插食不太方便夹取的食物）、跨筷（将筷子架在碗、碟、盘上）、掏筷（将菜从中间掏开，扒弄着吃）8 种用筷子的方法，称"忌八筷"。

（2）韩国

韩国民俗文化丰富，民间歌、舞、剧特色鲜明。韩国人的节日也很多，并且很多节日与我国相似。

该地游客的心理特点：

儒教影响较深。韩国受儒教影响较深，在民间，韩国人仍比较讲究"男尊女卑"，重男轻女的思想意识及行为仍较明显。韩国人特别尊重长者，一般起床后，子女必须向父母问安；远行归来须向父母施跪拜礼；父母外出或归来，子女必须迎送并施礼。若遇年长客人临门时，一般父母要率先向客人施跪拜礼，然后令其子女向客人施跪拜礼，以表示对长者的尊敬。

礼貌而含蓄。韩国人交谈时有特殊的习俗。如他们说"是"，不一定表示对你观点的同意，也可能是表达"我听见了"。他们不希望说"不"，故有时用向后仰头并从牙缝中有声响的吸气来表示否定性的答复。韩国人遇到受窘、受伤害、受冲击等尴尬场面时，往往以大声笑来掩盖。

饮食习惯和习俗禁忌：

韩国多受中国和日本的影响，饮食习惯近似于我国东北人。他们以大米为主食，爱吃干饭、打糕和汤饺子、冷面等。汤饺子是朝鲜民族传统接待客人的食品之一。副食品肉类多烤制。口味一般不喜欢太咸，爱辣、甜、香、蒜味，喜欢吃中国的川菜。饭后有喝大米炒焦后制成的淡饮料和绿茶的习惯。

韩食以泡菜文化为特色，一日三餐都离不开泡菜。韩国传统美食烤肉、泡菜、冷面已经成了世界佳肴。

韩国人有诸多爱好与忌讳，如喜欢单数，不喜欢双数；词汇中也有很多忌讳，如认为"私""师""事""四"的发音同"死"的发音类同，应尽量避免；受西方习俗的影响，不少韩国人也不喜欢"13"这个数。在解释

"李"字的写法时，绝不能解说为"十八子"；在正式场合不要叉腿坐。

针对该地区游客的心理特点，旅游接待时要注意以下几个方面：

一是，日韩人都注重礼节，在整个接待过程中都要特别加以注意。

二是，日韩人很讲纪律，时间观念和集体主义精神都很强，不必过分担心他们会迟到。如果客人比约定的时间晚得较多时，要注意打电话询问是否需要帮助。

三是，在和韩国人交谈时，要避开韩国国内政治、日本贸易摩擦及男主人妻子等话题。

四是，韩国人由于受儒教影响较深，对中国文化有较深的敬仰，可多讲些中韩文化交流方面的事情。

五是，日韩两国人经济状况较好，可适当安排些文娱、购物等方面的活动。

2. 东南亚地区

东南亚，我国习惯称之为南洋。

饮食习惯和习俗禁忌：

东南亚一带，人们以大米为主食，也爱吃面食。副食尤爱吃海味品，喜欢吃香辣的食品。他们喜欢吃川菜、粤菜。

菲律宾人在日常生活中嗜嚼槟榔，并以之待客。

在新加坡，忌讳说"恭喜发财"，认为发财有"横财"，即"不义之财"之意；不喜欢数字"7"；忌讳乌龟。

马来人吃饭时不喝汤，而是把汤放在饭里和着吃。

在马来西亚，忌讳触摸头部，认为头部是神圣不可侵犯的；无论在什么公共场合都不能脱帽，也不能碰头上戴的帽子和头巾。忌讳公开亲热，讲究"男女授受不亲"。忌讳乌龟、狗；忌讳黄色，因为黄色是马来西亚王公贵族的专用色，亦忌用白色纸包装礼品，因为白色与办丧事有联系。

在泰国、印度尼西亚、菲律宾，也忌讳触摸头部；忌讳进门脚踏门槛，认为门槛下住着神灵，不可冒犯；鹤被视为"色情"鸟，龟被视为"性"的象征，因此，忌讳这两种动物以及印有其形象的物品。忌用左手给别人递东西。交谈时避免政治、宗教问题。

针对该地区游客的心理特点，旅游接待时要注意以下几个方面：

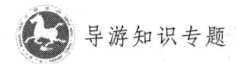

该地区有多种宗教信仰，其教徒恪守自己的宗教禁忌，因此在接待中一定要弄清客人的宗教信仰，以免失礼。

东南亚地区的国家经济都不是很发达，但只要组织和宣传得好，该地区的游客还是有一定的购物和参加活动的兴趣。

3. 太平洋地区

该地区以澳大利亚为主，是英联邦成员，农牧业发达。

澳大利亚原是蛮荒之地，当地居民多为外来移民，其习俗和性格特点大都与欧洲人相同，特别是与英国人相似。当然，澳大利亚人也衍生出了他们自己的一些独特的个性，他们散漫而悠闲，从容而平和。

饮食习惯和习俗禁忌：

澳大利亚人主食以面食为主。喜欢吃中国菜。澳大利亚人大都爱吃牛肉、羊肉，对于鸡肉、鱼肉、禽蛋也比较喜爱。他们忌食狗肉、猫肉、蛇肉，不吃动物内脏、头、爪。

澳大利亚人受基督教影响，忌"13""星期五"。他们特别忌讳兔子，认为碰到兔子是厄运来临的预兆。

澳大利亚人好热闹也很随和，但谈话时忌讳工会、宗教、个人问题、袋鼠数量的控制等敏感话题。

针对该地区游客的心理特点，旅游接待时要注意以下几个方面：

自尊心很强的澳大利亚人不喜欢别人把他们与英国人或美国人比较，或者评论他们之间的异同。

澳大利亚人好喝啤酒，喜欢晚上逛夜市。导游员要提醒游客在夜市购物时注意不要随陌生人而去，不要太晚回酒店等。

接团时，导游员要注意调整自己的英语发音，澳大利亚英语和英式、美式英语略有不同。

4. 北美地区

（1）美国

美国是世界第一经济强国，历史不长，但发展迅速。拥有世界最大的高等教育规模，在校大学生人数及接纳外国留学生人数均居世界第一。有著名的哈佛大学、斯坦福大学、麻省理工学院、加州理工学院、耶鲁大学等。

该地游客的个性特点：

喜欢交流、无拘无束。美国人非常看重别人对自己的印象。他们一致推崇那种受大家喜欢、具有吸引力的人，因此他们总是希望能同别人无拘无束地接触并结识更多的朋友。

独立进取、讲求实际。美国人互相交往时，不喜欢服从于别人，也不喜欢别人过分地恭维自己。独立进取精神非常强，同时很讲求实际，他们不喜欢依赖别人，也不喜欢别人依赖他们。他们不像法国人那样富于幻想，也不像英国人那样讲派头、要面子。

重视成功。美国人格外看重成功的价值。人们常说，美国人的性格是在激烈竞争的环境中形成的，生活在这样一个充满角逐的社会中，只有强者方能出头，只有打败所有的对手，才是成功者。在美国人的眼里，重要的不是一个人的家庭背景，而是他本人的才华和能力。

豪爽大方。美国游客的豪爽大方在世界范围内是有名的，在娱乐、购物、餐饮等方面的消费能力强。美国人市场机制观念也极强，如果他们认为服务到位，有给小费的习惯。

饮食习惯和习俗禁忌：

美国人在餐饮上比较随便，没有过多的讲究。但他们喜欢"生"（鲜嫩）、"冷"（凉菜）、"淡"（少盐）。美国人惯用西餐，菜肴多用煎、烤、炸法进行烹调。一般把酱油、醋、盐、味精、胡椒粉、辣椒粉等，放在桌上自行调味。他们对带骨的肉类都要尽量剔去骨头。喜欢中国的广东菜。不爱吃肥肉、清蒸和红烧的食品，忌食各种动物的内脏及奇形怪状的食品，如鸡爪、猪蹄、海参等。

美国人一般爱喝冰水、可口可乐、啤酒等，喝饮料喜欢放入冰块。餐前一般饮番茄汁、橙汁；吃饭时喝啤酒、葡萄酒、汽水；饭后喝咖啡。一般不饮烈性酒。

美国人非常重视个人隐私，这方面的禁忌很多，如忌讳询问他人财产、收入，也忌讳谈论他人的信仰、党派，对女性忌问婚否及年龄等。美国人忌讳"13""星期五"；忌蝙蝠和蝙蝠图案；忌穿睡衣迎接客人；美国人忌"老"，老年人绝对不喜欢别人恭维他们的年龄，对上年纪的人上楼梯、爬山时，不要主动搀扶他们。

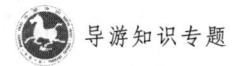

（2）加拿大

加拿大是一个移民国家，经济上受美国影响大。

该地游客的个性特点：

加拿大居民大多是英国、法国的移民及其后裔，其生活习俗分别与英、法大致相同，也受美国影响。

加拿大游客同样有美国式的禁忌，也有给小费的习惯。

饮食习惯和习俗禁忌：

加拿大饮食习惯与英、法、美相似，其独特之处是特别爱吃烤制食品。加拿大人喜欢饮酒，尤以白兰地、香槟酒为最爱，对饮料中的咖啡和红茶也很有兴趣。忌食虾酱、鱼露、腐乳和臭豆腐等有怪味、腥味的食物；忌食动物内脏和脚爪。

加拿大人不喜欢把他们国家跟美国进行比较，因此谈话时忌谈政治；他们也忌讳谈及死亡、灾难、性等方面的问题；忌"13""星期五"；忌百合花，认为与死亡相关；忌说"老"字，年纪大的被称为"高龄公民"，"养老院"被称为"保育院"；白雪在加拿大人的心目中有着崇高的地位，并被视为吉祥的象征与避邪之物，在不少地方，人们甚至忌讳铲除积雪；加拿大女性有美容化妆的习惯，不喜欢服务员送擦脸的毛巾。

针对该地区游客的心理特点，旅游接待时要注意以下几个方面：

一是，美国游客计划性强，喜欢了解接待日程表，包括细节，如何时抵达、离开等。导游员应于每次接待前向游客通报有关情况。

二是，"图轻松"是美国人的特色。凡是累、热、饿时，美国人多半都会拒绝游览而要求返回。如果是全体游客提出且领队、全陪同意，可报告地方接待社同意后返回。

三是，接待豪华团前，导游员应做到：不穿无领衫，头发要有型，胡子刮干净，衣服要烫过，皮鞋要锃亮。

四是，有些美国游客很喜欢就一些政治问题和导游员进行辩论。此时要注意有据、有理、有节，对于原则性问题要态度坚决。

接待加拿大团跟接待英美游客差不多，但加拿大魁北克有独立倾向，不可随便提及魁北克问题。

5. 欧洲地区

（1）英国

英国有不少举世公认的大文豪，如莎士比亚、笛福、拜伦、狄更斯、劳伦斯等，也有举世闻名的高等学府，如牛津大学、剑桥大学等。

居民多信基督教，教徒占全国人口近半数。

该地游客的个性特点：

内敛而自信。悠闲自得，比较保守，生性害羞。但遇到决策时，他们会毫不犹豫地做出决定；遇到纠纷时，也不会轻易地道歉，自信自己的所作所为是完美的。

注意逻辑、惯于社交。凡是所想到的事，他们总是想办法做出逻辑性很强的说明。懂规矩，体谅别人，惯于社交，善于应变，喜欢幽默。

外柔内刚、自主意识强。依自己的想法生活，而不随声附和他人的意思。

注重礼节，珍惜社会公德。英国人常说的两句话是"谢谢"和"对不起"，正是这样，他们的生活很和谐。和英国人说话应多使用些敬语，特别是对有身份的（如被授予爵位的）、年纪大的、职务高的更应如此。

导游员如果适度表现出绅士风度，较容易博得英国人的好感，如果能讲一些逻辑笑话则更佳。

饮食习惯和习俗禁忌：

英国人的饮食喜欢清淡、鲜嫩、焦香，量少而精，不爱蘸汁和辣。英国人以面包、三明治、汉堡包或点心为主食。英国人在进餐时，一般都爱先喝啤酒，尤其是苦啤酒或黑啤酒。还喜欢喝威士忌、金酒等烈性酒。

英国人特别喜欢喝茶。他们有早晨喝"被窝茶"、午后喝"下午茶"的习惯。他们喝茶比较定时，一般在上午10时或下午4时左右。喝茶时先在杯中放牛奶或糖，然后冲茶水。

和英国人交谈时，忌讳打听女性的年龄、婚否；日常交往不过问别人从哪里来到哪里去；忌问别人的收入、存款、房租等；也不要把政治倾向作为话题；忌"13"和"星期五"；忌"3"，尤其在点烟时，不论用火柴还是打火机，只能点到第二个人，然后要把火熄灭后，再给第三个人点；同时，英国人也忌讳四人交叉式握手；英国人还忌黑猫、大象、孔雀及其图案；忌墨绿色；忌讳百合花；忌讳把食盐碰撒，忌有人打破玻璃。

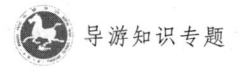

（2）法国

法国旅游业发达。其文学艺术是世界文学艺术宝库中的重要组成部分，文学家、艺术家群星灿烂，如雨果、巴尔扎克、莫奈等。

该地游客的个性特点：

性格开朗、喜好高雅；注重风度，讲究浪漫。法国人一般性格开朗，天性乐观，热情直爽，喜欢与人交往，且谈吐风趣，喜好高雅，尤其爱好音乐和舞蹈。"浪漫的法国人"是人们对法国人的评价。

时间观念和计划性很强。尤其是在出席宴会和重大活动时，他们从不迟到，也不提前，一般都是准时到达。

乐于助人、彬彬有礼。法国人乐于助人，待人彬彬有礼，平时礼貌语言不离口。法国人很注重在公共场合的形象，在公共场所，不能随便指手画脚，挖鼻孔、剔牙、掏耳朵，男子不能提裤子，女子不能隔着裙子提丝袜。男女一起看节目女子坐中间，男子则坐在两边。

饮食习惯和习俗禁忌：

法国人对吃喝很讲究，对菜肴和酒的搭配也很讲究，他们习惯饭前喝一杯度数不高的甜酒，称之为"开胃酒"；吃饭时要喝不带甜味的葡萄酒；吃肉时喝红葡萄酒；吃海味时喝白葡萄酒或玫瑰酒；饭后要喝带甜味的"消化酒"；每逢宴请还要喝香槟酒。

法国人讲究菜的色、香、味、形。法国菜是西方菜肴的代表。其特点主要偏重于鲜嫩，喜欢吃略带生、极为鲜嫩的菜肴。口味偏爱酸、甜、咸味。白蜗牛、鹅肝是法国制作名贵菜的原料。不爱吃无鳞的鱼。

在习俗禁忌方面，法国人视菊花为丧花，也忌讳黄色的花；忌灰绿色、墨绿色；忌黑桃、仙鹤图案；忌"13""星期五"等；忌讳打听别人的隐私。对老年妇女称呼"老太太"被视为一种侮辱性的语言。忌男性在一般情况下向女性赠送香水和化妆品。

（3）意大利

意大利是欧洲文艺复兴的发祥地，著名的文学家有但丁，其代表作如《神曲》《新生》《飨宴》等。

该地游客的个性特点：

无拘无束、热爱生活。意大利人热情，热爱生活，最喜欢的是足球、法拉利赛车。意大利人与法国人相似，无拘无束，喜欢悠闲，不喜欢节奏太快、时间太仓促的旅游行程安排。

平易近人、待人直率。意大利人平易近人，待人直率，有话一般当面直言不讳，出现问题只要及时得到纠正或者力所能及地服务，他们会表示理解。

饮食习惯和习俗禁忌：

意大利的烹调艺术具有悠久的历史，被誉为"西菜烹调艺术之母"。意大利菜肴的特点就是味浓，并且原汁原味。意大利菜肴要求六七成熟时就吃，一般都直接用食材内在的鲜味调剂。在吃烧小羊、乳猪时，意大利人通常不用刀叉，而用手抓。喜欢吃面食，仅用通心粉做成的面食就有 40 余种，广受大众欢迎。意大利的烤牛排是食中之王，其中数佛罗伦萨的烤牛排为最佳。意大利萨拉米香肠世界闻名。意大利人来中国对广东菜很感兴趣。

在意大利，男女几乎没有不喝酒的。他们在日常生活中，无论午餐还是晚餐都必须喝酒，即使喝咖啡，他们也要掺上一点酒，以增加味香。

向朋友赠送纪念性的礼物时，切不可送手帕，按照习俗，意大利人认为手帕是亲人离别时擦眼泪用的不祥之物。向意大利人送花时，切忌送菊花，甚至连带有菊花图案的礼品也属禁忌之列，因为意大利人认为，菊花是送给死人的。

（4）德国

德国经济高度发达，实力居欧洲之首。德国有着悠久的历史和文化渊源，有"诗人和哲人的国度"之誉，著名诗人有海涅、歌德、席勒等，著名哲学家有马克思、恩格斯、黑格尔、尼采等。德国也是音乐之乡，著名音乐家有巴赫、贝多芬、勃拉姆斯等。德国教育发达，特别重视基础教育，职业教育尤具特色。

该地游客的个性特点：

务实、真诚、勤勉、矜持。务实、真诚是德国人传统的性格特征。德国人待人接物严肃拘谨，即使是对亲朋好友、熟人，见面时一般也只行握手礼，只有夫妻和情侣见面时才行拥抱、亲吻礼。德国人还以勤勉、矜持、有朝气、守纪律、好清洁、爱音乐而著名。

重感情、热情好客。德国人很重感情，也非常好客。对远道而来的客

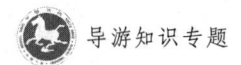

人，他们总是关怀备至，态度热情而坦诚。德国人不喜欢别人直呼其名，所以在称呼德国人时要称头衔。

求实、认真。德国人崇尚"踏实""诚实""求实"的准则，在旅游方面也有所体现，德国人旅游时，总要认真选择一个理想的目的地。在旅游过程中，他们要细细领略景物的独到之处，有可能还要到当地博物馆认真考证一番。

饮食习惯和习俗禁忌：

饮食方面，德国人除了以面包、土豆为主食外，肉食在一日三餐中占有重要地位。他们对早、午餐比较讲究，晚餐较为简单。他们不喜欢吃鱼、虾等海味，也不爱吃油腻、过辣的菜肴。口味爱清淡、酸、甜。用餐时喜欢关掉电灯，在幽淡的烛光下边饮边聊。德国人用餐很讲究餐具，宴请客人时，桌上要摆满酒杯、刀叉、盘碟等。习惯在喝不同的酒时使用不同的酒杯，吃肉、鱼、奶酪要分别使用不同的刀叉。

在德国，最禁忌"卐"（因为是希特勒纳粹党"Nazi"的标志）。忌讳"13"和"星期五"；忌蔷薇、菊花；忌随意送玫瑰花；忌吃核桃；忌四人交叉握手。

（5）俄罗斯

俄罗斯重工业和军事工业很发达。历史悠久，文化灿烂，尤其是它的文学、音乐、芭蕾舞艺术等在世界上享有极高的声誉，占有重要地位。著名的文学家有列夫·托尔斯泰、高尔基、契诃夫、普希金等，著名音乐家有柴可夫斯基、斯特拉文斯基、肖斯塔科维奇等。

该地区游客的个性特点：

意志坚强、开朗豪放。俄罗斯人具有坚强的意志，性格开朗豪放，能歌善舞，健谈，组织纪律性好，做事情喜欢统一行动。

讲礼貌，有修养。俄罗斯人见面总是先问好，再握手致意，而且见面时要称呼对方的名字和父名，因为他们认为光称呼姓是不礼貌的。朋友间行拥抱礼，并亲面颊。

俄罗斯人尊重女性，重视文化教育，热爱艺术。

俄罗斯人认为给客人吃面包和盐是最殷勤的表现。

俄罗斯人很爱清洁，习惯洗蒸汽浴。习惯晚睡早起。

饮食习惯和习俗禁忌：

　　俄罗斯人的主要食物有面包、土豆（被称为俄罗斯人的"第二面包"），还有牛肉、羊肉、牛奶、鱼子酱、蔬菜等。俄罗斯人用餐的特点是肉、奶量多，蔬菜量少。

　　早餐比较简单，面包夹火腿，喝茶、咖啡或牛奶；午餐、晚餐比较讲究。午餐通常都有三道菜，第一道菜之前是沙拉。第一道菜是汤，俄式汤类比较营养，有土豆丁、各类蔬菜，还有肉或鱼片，如著名的俄式红菜汤。第二道菜是肉类或是鱼类加一些配菜。第三道菜是甜点和茶、咖啡之类。按照俄罗斯的习惯，菜的顺序不能颠倒。菜汤加稀粥几乎餐餐上桌。

　　俄罗斯人不吃乌贼、海蜇、海参和木耳等食物。

　　俄罗斯人最爱喝的饮料是格瓦斯。酒类，特别爱喝烈性酒，如伏特加，而且酒量偏大。

　　俄罗斯人认为黑色是不吉利的颜色；也不喜欢黄色，认为黄色是叛徒、分手的象征；忌"13"和"星期五"；忌讳兔子，也不喜欢黑猫；忌讳打翻盐瓶，打破镜子；初次结识忌问私事；忌问女士的年龄。

　　针对该地区游客的心理特点，旅游接待时要注意以下几个方面：

　　一是，导游员如果适度表现出绅士风度，较容易博得英国人的好感，如果能讲一些逻辑笑话则更佳。

　　二是，英国人对礼节礼仪特别看重，导游员要注意保持整洁的衣着，礼貌的言行。

　　三是，中法两国都有着悠久的历史和灿烂的文化，导游员多谈文化方面的话题会受到欢迎。

　　四是，法国人花钱较谨慎，所以对计划外的活动，不要有太高的期望值。

　　五是，意大利人喜欢无拘无束，有时候，会有点拖拉作风，团队赶时间时导游员对此要有所防范。

　　六是，意大利是足球王国，如果导游员多讲些足球知识的话题，对带好意大利团会有相当大的帮助。

　　七是，德国人作风严谨，组织纪律性强，导游员本人要注意遵守时间。

　　八是，德国人崇尚"踏实""诚实""求实"的准则，在旅游方面也有所体现，导游员需对要讲解的内容做好详细的准备。

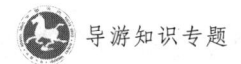
九是，俄罗斯人性格开朗豪放，对人真诚，男人喜欢喝些烈性酒。导游员在用餐时如能礼节性地敬酒，他们会把你当朋友对待。

五、游客投诉心理

游客投诉是指游客认为由于旅游服务工作上的差错，损害了他们的利益，而向有关人员或部门进行反映，或要求给予处理。

旅游投诉具有两重性，一方面，会影响旅游企业的声誉；另一方面，是旅游企业发现自身问题、弥补工作漏洞、搞好旅游工作，提高管理和服务水平的一个促进因素。

通过解决旅游投诉，消除投诉者的不良情绪，达到为游客构建美好旅游体验的目的。

（一）引起游客投诉的原因

游客的投诉既可能是旅游服务工作中确实出现了问题，也可能是由于游客的误解。

1. 主观原因

（1）有关服务态度的投诉

导游不尊重游客；待客不主动、不热情；不尊重游客的风俗习惯。

（2）有关服务工作的投诉

导游业务不熟练；游客买到伪劣产品；不按旅游合同操作等。

2. 客观原因

（1）有关设备的投诉

设施设备陈旧、损坏，未能及时更换、修理等。

（2）有关异常事件的投诉

无法买到车、船票；因天气原因飞机不能正常起飞等引起的投诉。旅游企业很难控制此类投诉，但游客希望旅游企业能够提供有效的帮助，导游应尽量在力所能及的范围内帮助解决由此给游客带来的困难。如实在无能为力，应尽早向游客解释清楚。

（二）游客投诉心理分析

1. 求尊重的心理

游客求尊重的心理每时每刻都是存在的。当游客受到怠慢时就可能引起投诉，投诉的目的就是找回尊严。游客在采取了投诉行动之后，都希望别人认为他们的投诉是对的，是有道理的，他们希望得到同情、尊重，并希望有关人员、有关部门高度重视他们的意见，向他们表示歉意，并立即采取相应的处理措施。

2. 求平衡的心理

游客在碰到令他们感到烦恼的事之后，感到心理不平衡，觉得窝火，认为自己受了不公正的待遇。因此，他们可能就会找到有关部门，利用投诉的方式把心里的怨气发泄出来，以求得心理上的平衡。

3. 求补偿的心理

在旅游服务过程中，如果由于旅游工作者的职务性行为或旅游企业未能履行合同，给游客造成物质上的损失或精神上的伤害，他们就可能利用投诉的方式要求有关部门给予物质和精神上的补偿，这是一种正常的、普遍的心理现象。由于职务性行为所带来的某些精神伤害，在法律上，游客也有权利要求物质赔偿。

（三）投诉的预防

旅游服务部门对游客投诉问题最明智的选择就是尽量避免投诉的发生。为游客提供力争完美的服务，使游客高兴而来，满意而归，这是旅游服务各部门追求的目标。

然而，受各种条件制约及一些无法预测因素的影响，游客对服务产生不满也是不可避免的。当服务工作已经出现了缺陷，客人产生了不满意时，旅游工作者必须尽一切努力，及时从"功能"和"心理"两个方面去为游客提供补救性服务，使问题得到妥善解决，让游客的不满意变为满意，避免游客带着遗憾和懊恼离去。

心理学研究认为：当一个人因为自己的需要未能得到满足或者遇到不顺心的事情而产生挫折感时，可以采用替代、补偿、合理化、宣泄等方式进行心理调节。

1. 让游客得到代偿性满足（替代、补偿）

替代是指人们在不能以特定的对象或方式来满足自己的欲望、表达自己的情感时，改用其他的对象或方式，使自己得到一种"替代"的满足或表达，用来减轻以至消除自己的挫折感的心理调节方法。

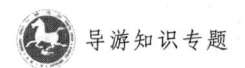

补偿是指一个人在某一方面的需要无法获得满足而产生挫折感时，到其他方面去寻求满足，使自己得到安慰的心理调节方法。

当游客由于服务的缺陷而感到不满意时，旅游服务人员要让游客得到某种"替代的满足"或者得到某种"应有的补偿"，以此来消除游客的不满意：

在不能完全按照游客的心愿去满足游客的要求时，要征求游客的同意，用其他的方式去满足游客的需要。遇到需要过一段时间才能让游客得到满足的情况时，最好马上给游客一点儿替代的满足。

对于那些觉得吃了亏的游客，应该设法让他们得到补偿。

在功能服务有缺陷时，常常可以通过心理服务来使游客得到补偿。

2. 引导游客往好处想（合理化）

当人们遇到自己不愿意接受而又不得不接受的事情时，用一种解释，使这种无法接受的事情"合理化"，为自己找到一个借口来进行辩解，以达到心理平衡。

当游客遇到不顺心的事情时，要尽可能引导游客看到事情也有好的一面，最好是能够经过努力把坏事变为好事。

当实在无法满足游客的要求时，要设法取得游客的谅解，让游客知道这确实是由于客观条件的限制，而不是导游不愿意为其效劳。

3. 让客人出了气再走（宣泄）

宣泄是指当一个人遇到某种挫折时，把由此而引起的悲伤、懊丧、愤怒、不满等感情痛痛快快地"发泄"出来的心理调节方法。能够把情绪发泄出来，就能比较理智地来对待这个挫折，以后也比较容易忘掉这个挫折，而不至于总是耿耿于怀。

当游客由于服务的缺陷而感到不满意时，导游人员也应该让游客"宣泄"自己的感情，让他们"出了气再说"或者"出了气再走"。

具体应做到以下几点：

如果没能做到让游客"消气"，那就应该让游客"出气"。让游客出了气再走要比让游客憋着一肚子气走好得多。

不要让有气的游客当着其他游客的面"出气"，更不要让许多游客凑在一起"出气"，要尽可能让有气的游客"分别出气"，"单独出气"。

当游客把一腔怨气全部发泄出来以后，情绪就会平息下去，这时再与客

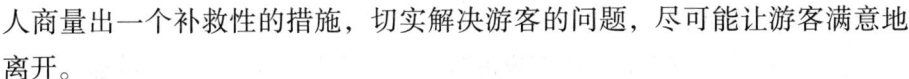

人商量出一个补救性的措施，切实解决游客的问题，尽可能让游客满意地离开。

（四）投诉的处理方法

旅游工作者要有这种认识：前来投诉我们企业服务质量问题的游客，即使是用夸大的言辞、激愤的态度，甚至带有挑衅的行为，他们的投诉也绝不是浪费我们的时间，反而对我们纠正企业服务质量中的问题大有好处。

接待游客投诉的过程也是向游客进行补救性心理服务的重要组成部分，我们必须耐心而诚恳地接待游客的投诉。

1. 把握正确的处理原则

（1）真心诚意解决问题

以"换位"思考的方式去理解游客的心情和处境，满怀诚意帮助游客解决问题，只有这样，才能赢得游客的信任，才有助于解决问题。

（2）不可与游客争辩

在游客情绪比较激动时，旅游工作人员更要注意礼节礼貌，给游客申诉或解释的机会，控制住局面，决不能与游客争强好胜，不可与游客争辩。

（3）尊重事实有理有节

旅游工作人员解答游客投诉意见时，要注意尊重事实，既不能推卸责任，又不能贬低他人或其他部门，避免出现相互矛盾，否则，游客会更加反感。

2. 处理客人投诉的程序

（1）要耐心、认真地倾听投诉人的叙述

游客来投诉时，一般要由领导出面接待，接待时要有礼貌。要耐心地听游客把话说完，游客可能说得比较多，言辞也可能很激烈，这是正常的，因为他的心里痛苦愤怒。作为受理投诉的人员，一定要耐心、宽容地倾听游客的述说，不能轻易打断，也不要急于解释、辩解，更不能反驳。否则，可能会激怒游客。千万不要让游客感到他的投诉无足轻重。要敏感地洞察对方感到委屈、沮丧和失望之处，不能无视对方的情绪。

可以用自己的语言重复一遍游客的投诉或记录投诉要点，这样做，可以使游客知道你在认真倾听他的谈话，并了解了他的问题；能使游客放慢说话速度，避免冲突，平息游客的不满情绪；还可以为自己赢得思考问题的时间。这样的反馈能够降低游客的抱怨，为顺利解决问题奠定基础。

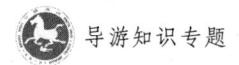

（2）要立即向游客道歉

不管在什么情况下，当游客投诉时，都应该虚心接受，表示歉意。如果是本企业的问题，即使接待的服务人员可能与投诉产生的原因毫无关系，也要代表旅行社表示歉意；感谢游客对本企业的关心，诚恳接受批评；不推卸责任，然后对产生问题的原因再作进一步说明。

美国人际关系学专家戴尔·卡耐基指出：假如我们知道我们势必要受责备了，先发制人，自己责备自己岂不是好得多？听自己的批评，不比忍受别人口中的责备容易得多吗？

有些投诉常常起因于误会，如果是游客误解了，工作人员仍然可以表示歉意，不要阻拦对方提出自己的要求，更不要指责游客错了，也不要马上进行自我辩解，与游客争吵是绝对不会取胜的。游客容易接受工作人员表示歉意的态度。即使游客真的错了，辩解也毫无益处，而道歉是不需要成本的，道歉使投诉者觉得你的态度诚恳，能够消除游客的怨气，怨气下去了，游客是会认识到自己不对的。

（3）要对游客表示安慰和同情

前来投诉的游客一般总是觉得自己受到了伤害，是带着一颗"烫伤的心灵"，把接待者当作救世主，来要求主持公道的。如果去触撞"烫伤的心灵"，一定会遇到强烈的反应。这时，投诉接待者必须对游客表示安抚和同情，比如可以说"我对您感到气愤和委屈的情绪非常理解，如果我是你，我也会有和你相同的感受"。对投诉的游客作出一些同情和理解的表示，是抚慰其已经受伤的心灵的最好办法，也是把他的注意力引向解决问题而不是拘泥于令人烦恼的细节和令人沮丧的情绪的唯一途径。

投诉者所说的事情有时可能不是真实的，但他仍然希望服务人员能够对他表示同情和理解，对于那些夸大其词、喋喋不休的投诉者仍需给予他们适当的关注，以安抚他们的情绪。如果他们还要纠缠不休，可以把他们带到上级主管部门，而不能把游客晾在那里置之不理。

如果游客大发雷霆，服务人员一定要镇定，保持冷静，不要计较客人过激的辞令，对他们某些过激的态度表示宽容，要理解他们气愤的感情，让他们宣泄不满的情绪，并设法平息事态。

能够说服游客的往往不是严密的逻辑推理或滔滔不绝的大道理，对游客的情绪做出一些同情和安慰的表示，才能唤醒游客的理性，引导事态向着对双方都有利的建设性方向发展。

（4）客观地确定事实真相，找到解决问题的办法

当游客投诉时，投诉受理者最好把事实经过、原委记录在案，并进行调查核实，以便客观地确定事实真相，及时采取补救或补偿措施。

游客抱怨的最终目的是希望问题得到解决，所以，服务人员必须明白游客的要求，然后根据游客的愿望，提出一个解决问题的办法。

如果问题比较复杂，一时弄不清真相，不要急于表达处理意见，给游客订立解决问题的程序和时间，而且一定要履行承诺。并督促、检查，全力协调解决问题。

（5）主动与游客联系，反馈解决问题的进程及结果

要把解决问题的方法、步骤和最后结果用书信、电话等通信方式通知有关游客，要确保诺言的兑现，并追踪一下，确定游客是否真正满意了事情的处理结果。

（6）记录全部过程并存档

将整个过程写成报告，存档。

（7）统计分析

处理投诉后，导游人员，尤其是管理人员应对投诉产生原因及后果进行反思和总结，并进行深入的、有针对性的分析，定期进行统计，从中发现典型问题产生的原因，以便尽快采取相应措施，不断改进服务，提升服务品质。

六、旅游突发事件的处理

（一）旅游突发事件的类型和特点

按照突发事件的性质、过程和机理的不同，将其分为自然灾害、事故灾难、公共卫生事件和社会安全事件。

（1）自然灾害。主要包括水旱灾害、气象灾害、地震灾害、地质灾害、海洋灾害、生物灾害和森林草原火灾等。

（2）事故灾难。主要包括工矿商贸等企业的各类安全事故、交通运输事故、公共设施和设备事故、环境污染和生态破坏事件等。

（3）公共卫生事件。主要包括传染病疫情、群体性不明原因疾病、食品安全和职业危害、动物疫情以及其他严重影响公共健康和生命安全的事件。

（4）社会安全事件。主要包括严重危害社会治安秩序的突发事件。

（二）重大自然灾害的避险方法

1. 地震

地震灾害最有可能造成惨重的人员伤亡和巨大的财产损失，引发的次生灾害也比其他灾害严重，甚至危害旅游业的发展。地震虽然具有不可抗拒性，但是人们依然可以通过一些措施来减少损害。

（1）现场自救

室内避险应就地躲避：躲在桌、床等结实的家具下；尽量躲在窄小的空间内，如卫生间、厨房或内墙角；可能时，在两次震动之间迅速撤至室外。

室外避险切忌乱跑乱挤，不要扎堆，应避开人多的地方；远离高大建筑物、窄小胡同、高压线；注意保护头部，防止砸伤。旅游团在游览时遇到地震，导游应迅速引导游客撤离建筑物、假山，集中在空旷开阔地域。

（2）遭灾者的自救

地震时被压在废墟下、神志还清醒的幸存者，最重要的是不能在精神上崩溃，而应争取创造条件脱离险境或保存体力等待救援。例如，若能挣脱开手脚，应立即捂住口鼻，以隔挡呛人的灰尘，避免窒息；设法保存体力，不要乱喊，听到外面有人时再呼救；若能找到水和食物，要计划使用，尽可能长地维持生命。

2. 洪水

洪水是形成洪灾的直接原因，洪灾是世界上最严重的自然灾害，一般多发生于夏季。我国的洪水灾害十分频繁，因此导游在带领游客到山地、河湖游览时，若遇暴雨或前一天下了暴雨，要特别注意洪灾的发生。

（1）洪水灾害的预防

为避免在游览中受到洪水的侵袭，导游应在出发前收听气象台的天气预报，尤其是汛期的天气预报，当听到气象台发出的红色预警 A 或橙色预警 B 时，应对计划的山区、河湖或低洼地区的游览采取相应的措施，如可同游客协商并征求其同意，适当调整旅游项目。

为应对在野外游览时突然遭遇到洪水的侵袭，导游平时应学习一些应对洪水的自救和救援知识。

（2）遭遇洪水时的应对

①洪水来临时的自救措施。不要带领游客去危险地带，如电线杆和高压线塔周围，危墙及高墙旁，河床、水库、沟渠与涵洞边，化工厂及储藏危险物品的仓库。带领游客迅速离开低洼地带，选择有利地形，将游客转移至地势较高的地方以躲避洪水。

②被洪水围困时的自救措施。若躲避转移没有及时完成，导游应带领游客选择较安全的位置等待救援，并用自身备有的通信器具，不断地向外界发出求救信号，以求及早得到解救。设法稳定游客的情绪，若离开原地要采取集体行动，不要让游客单独离开，以免因情况不明而陷入绝境。利用手机迅速报警，将游客受洪水围困的地点、人数和所处的险情一一报告清楚，请他们迅速组织人员前来救援。

3. 泥石流

泥石流多发生于山区，在我国的大多数山区都时有发生，尤其在我国西南山区尤为严重，每年雨季都有泥石流、滑坡等自然灾害发生。泥石流的主要发生原因是暴雨集中、山高、坡陡和植被稀疏等。泥石流发生频率高、破坏性大，对旅游业有较大的影响。遇到泥石流，导游要镇定地引导游客逃生。

（1）泥石流发生时，不能在沟底停留，而应迅速向山坡坚固的高地或连片的石坡撤离，抛掉一切重物，跑得越快越好，爬得越高越好。

（2）切勿与泥石流同向奔跑，而要向与泥石流流向垂直的方向逃生。

（3）到了安全地带，游客应集中在一起等待救援。

4. 台风

旅游团若遇强大风暴，尤其遇到龙卷风时，要采取自我保护措施。

（1）若在室内，最好躲在地下室、半地下室或坚固房屋的小房间内，避开重物；不能躲在野外小木屋、破旧房屋和帐篷里。

（2）若被困在普通建筑物内，应立即紧闭临风方向的门窗，打开另一侧的门窗。

（3）若被飓风困在野外，不要在狂风中奔跑，而应平躺在沟渠或低洼处，但要避免水淹。

（4）旅游团在旅游车中时，司机应立即停车，导游要组织游客尽快撤离，躲到远离汽车的低洼地或紧贴地面平躺，并注意保护头部。

5. 海啸

海啸是一种灾难性的海浪，通常由震源在海底下 50 公里以内、里氏震级 6.5 以上的海底地震引起。

（1）海啸逃生

①如果导游感觉到较强的震动，不要靠近海边、江河的入海口。如果听到有关附近地震的报告，要做好防范海啸的准备，注意电视和广播新闻。要记住，海啸有时会在地震发生几小时后到达离震源上千公里远的地方。

②如果发现潮汐突然反常涨落，海平面明显下降或者有巨浪袭来的现象，导游都应组织游客以最快速度撤离岸边。

③海啸前海水异常退去时往往会把鱼虾等许多海生动物留在浅滩，场面蔚为壮观。此时千万不要前去捡拾鱼虾或看热闹，应当带领游客迅速离开海岸，向内陆高处转移。

④发生海啸时，航行在海上的船只不可以回港或靠岸，应该马上驶向深海区，深海区相对于海岸更为安全。

（2）自救与互救

①如果在海啸来临时不幸落水，要尽量抓住木板等漂浮物，同时注意避免与其他硬物碰撞。

②在水中不要举手，也不要乱挣扎，尽量减少动作，能浮在水面随波漂流即可。这样既可以避免下沉，又能够减少体能的无谓消耗。

③如果海水温度偏低，不要脱衣服。

④尽量不要游泳，以防体内热量过快散失。

⑤不要喝海水。海水不仅不能解渴，反而会让人出现幻觉，导致精神失常甚至死亡。

⑥尽可能向其他落水者靠拢，这样既便于相互帮助和鼓励，又可因目标扩大更容易被救援人员发现。

⑦溺水者被救上岸后，最好能进入温水里恢复体温，没有条件时也应尽量裹上被、毯、大衣等保温衣物。注意不要采取局部加温或按摩的办法，更不能给落水者饮酒，饮酒只能使热量更快散失。

⑧如果落水者受伤，应采取止血、包扎、固定等急救措施，重伤员则要及时送医院救治。

⑨要记住及时清除落水者鼻腔、口腔和腹内的吸入物。具体方法是：将落水者的肚子放在你的大腿上，从后背按压，让海水等吸入物流出。如心跳、呼吸停止，则应立即交替进行口对口人工呼吸和心脏按压。

（三）旅游安全事故的预防与处理

1. 交通事故

交通事故在旅游活动中时有发生，有海、陆、空三种，最常见的是汽车事故。为此，在行车期间要保证司机注意力集中，不要和司机聊天；发现司机过度疲劳，要提醒他注意安全。交通事故不是导游所能预料、控制的。遇到交通事故发生，只要导游没负重伤，神志还清楚，应立即采取措施，冷静果断地处理，并做好善后工作。

（1）交通事故的预防

①司机开车时，导游不要与司机聊天，以免分散其注意力。

②安排游览日程时，在时间上要留有余地，避免造成司机为抢时间、赶日程而违章超速行驶。不催促司机开快车。

③如遇天气不好（下雪、下雨、有雾）、交通堵塞、路况不好，尤其是狭窄道路、山区行车时，导游要主动提醒司机注意安全，谨慎驾驶。

④如果天气恶劣，地陪对日程安排可适当灵活地加以调整；如遇有道路不安全的情况，可以改变行程。必须把安全放在第一位。

⑤阻止非本车司机开车。提醒司机在工作期间不要饮酒。如遇司机酒后开车，决不能迁就，地陪要立即阻止，并向领导汇报，请求改派其他车辆或换司机。

⑥提醒司机经常检查车辆，发现事故的隐患，及时提出更换车辆的建议。

（2）交通事故的处理

①立即组织抢救。导游应立即组织现场人员迅速抢救受伤的游客，特别是抢救重伤员，进行止血、包扎、上夹板等初步处理。立即打电话叫救护车（医疗急救中心电话：120）或拦车将重伤员送往距出事地点最近的医院抢救。

②立即报案，保护好现场。事故发生后，不要在忙乱中破坏现场，要设法保护现场，并尽快通知交通、公安部门（交通事故报警台电话：122），如果有两名以上导游在场，可由一个指挥抢救，一个留下保护现场。如果只有一名导游，可请司机或其他熟悉情况的人协助处理，并尽快让游客离开事故车辆，争取尽快派人来现场调查处理。

③迅速向接待社报告。地陪应迅速向接待社领导和有关人员报告，讲清交通事故的发生和游客伤亡情况，请求派人前来帮助和指挥事故的处理，并要求派车把未伤和轻伤的游客接走送至饭店或继续旅游活动。

（3）善后处理

①做好安抚工作。事故发生后，交通事故的善后工作将由交运公司和旅行社的领导出面处理。导游在积极抢救、安置伤员的同时，做好其他游客的安抚工作，力争按计划继续进行参观游览活动。待事故原因查清后，请旅行社领导出面向全体游客说明事故原因和处理结果。

②办理善后事宜。请医院开具诊断和医疗证明书，并请公安局开具交通事故证明书，以便向保险公司索赔。

③写出书面报告。交通事故处理结束后，需有关部门出具事故证明、调查结果，导游要立即写出书面报告。内容包括：事故的原因和经过；抢救经过和治疗情况；人员伤亡情况和诊断结果；事故责任及对责任者的处理结果；受伤者及其他游客对处理的反映等。书面报告力求详细、准确、清楚、实事求是，最好和领队联合报告。

2. 治安事故

在旅游活动过程中，遇到坏人行凶、诈骗、偷窃、抢劫，导致游客人身及财物受到不同程度的损害的事故，统称治安事故。

导游在带团时，要注意观察周围的环境，发现异常情况，立即采取措施，尽快把旅游团转移到安全地带。若遇到坏人抢劫或行凶，导游要敢于、善于应战，挺身而出保护游客生命财产安全，决不能置身事外，更不能临阵脱逃。

（1）治安事故的预防

导游在接待工作中要时刻提高警惕，采取一切有效的措施防止治安事故的发生。

①入住饭店时，导游应建议游客将贵重财物存入饭店保险柜，不要随身携带大量现金或将大量现金放在客房内。

②提醒游客不要将自己的房号随便告诉陌生人；更不要让陌生人或自称饭店的维修人员随便进入自己的房间；尤其是夜间决不可贸然开门，以防发生意外；出入房间一定要锁好门。

③提醒游客不要与私人兑换外币，并讲清关于我国外汇管制的规定。

④每当离开游览车时，导游都要提醒游客不要将证件或贵重物品遗留在车内。游客下车后，导游要提醒司机关好车窗、锁好车门，尽量不要走远。

⑤在旅游景点活动中，导游要始终和游客在一起，随时注意观察周围的环境，发现可疑的人或在人多拥挤的地方，要提醒游客看管好自己的财物，如：不要在公共场合拿出钱包，最好不买小贩的东西（防止物品被小贩偷去），并随时清点人数。

⑥汽车行驶途中，不得停车让非本车人员上车、搭车；若遇不明身份者拦车，导游提醒司机不要停车。

（2）治安事故的处理

导游在陪同旅游团（者）参观游览的过程中，遇到此类治安事件的发生，必须挺身而出，全力保护游客的人身安全，决不能置身事外，更不能临阵脱逃，发现不正常情况，立即采取行动。

①全力保护游客。遇到歹徒向游客行凶、抢劫，导游应做到临危不惧，毫不犹豫地挺身而出，奋力与坏人拼搏，勇敢地保护游客。同时，立即将游客转移到安全地点，力争在群众和公安人员的帮助下缉拿罪犯，追回钱物，但也要防备犯罪分子携带凶器狗急跳墙。所以，切不可鲁莽行事，要以游客的安全为重。

②迅速抢救伤员。如果有游客受伤，应立即组织抢救，或送伤者去医院。

③立即报警求助。治安事故发生后，导游应立即向公安局报警（110），如果罪犯已逃脱，导游要积极协助公安局破案。要把案件发生的时间、地点、经过、作案人的特征，以及受害人的姓名、性别、国籍、伤势及损失物品的名称、数量、型号、特征等向公安部门报告清楚。

（3）善后事宜

①及时报告。导游在向公安部门报警的同时要向接待社领导及有关人员报告。如情况严重，请求领导前来指挥处理。

②安抚游客。治安事件发生后，导游要采取必要措施稳定游客情绪，尽力使旅游活动继续进行下去。并在领导的指挥下，准备好必要的证明、资料，处理好受害者的补偿、索赔等各项善后事宜。

③写出报告。事后，导游按照有关要求写出详细、准确的书面报告，包括案件整个经过以及案件的性质、采取的应急措施和受害者及其他游客的情况等。

3. 火灾事故

饭店、景点、娱乐购物等场所发生火灾，会威胁到游客的生命和财产安全。导游平常就应熟悉饭店或游客常去场所的防火措施，了解安全出口、安全门、安全楼梯的位置，学习好火灾避难和救护的基本常识，才可能遇事不慌、妥善处理。

（1）火灾事故的预防

①做好提醒工作。提醒游客不要携带易燃、易爆物品；不乱扔烟头和火种，不要躺在床上吸烟。向游客讲清：在托运行李时应按运输部门有关规定去做，不得将不准作为托运行李运输的物品夹带在行李中。只有这样，才能尽可能地减少火灾。

②熟悉饭店的安全出口和转移线路。导游带领游客住进饭店后，在介绍饭店内的服务设施时，必须介绍饭店楼层的太平门、安全出口、安全楼梯的位置，并提醒游客进入房间后，看懂房门上贴的安全转移线路示意图，掌握一旦失火时应走的线路。

③牢记火警电话。导游一定要牢记火警电话（119）；掌握领队和全体游客的房间号码。一旦火情发生，能及时通知游客。

（2）火灾事故的处理

万一发生了火灾，导游应：首先报警；其次，迅速通知领队及全团游客；再次，配合工作人员，听从统一指挥，迅速通过安全出口疏散游客；最后，判断火情，引导游客自救。如果情况危急，不能马上离开火灾现场或被困，导游应采取的正确做法如下：

①千万不能让游客搭乘电梯或慌乱跳楼，尤其是在三层以上的游客，切记不要跳楼。

②应迅速戴上防烟面具，或用湿巾捂住口鼻，以防中毒、窒息。

③必须穿过浓烟时，可用水将全身浇湿或披上用水浸湿的衣被，捂住口鼻，贴近地面蹲行或爬行。

④若身上着火了，可就地打滚，将火苗压灭，或用厚重衣物压灭火苗。

⑤大火封门无法逃脱时，可用浸湿的衣物、被褥将门封堵塞严，或泼水降温，等待救援。

⑥当见到消防队来灭火时，可以摇动色彩鲜艳的衣物为信号，寻求救援。

（3）协助处理善后事宜

游客得救后，导游应立即组织抢救受伤者；若有重伤者应迅速送往医院，有人死亡，按有关规定处理；采取各种措施安定游客的情绪，解决因火灾造成的生活方面的困难，设法使旅游活动继续进行；协助领导处理好善后事宜；写出翔实的书面报告。

4. 中暑

（1）症状与体征

中暑是在烈日下或高温环境里，人体内热量不能及时散发，引起机体体温调节发生障碍的一种急性疾病。按中暑程度可分为轻症中暑和重症中暑。轻症中暑的症状有头昏、眼花、耳鸣、面色潮红、胸闷、皮肤灼热、体温升至38℃以上，甚至可出现面色苍白、恶心、呕吐、汗多、脉搏细弱、呼吸浅快等早期循环衰竭征象。重症中暑除出现以上症状外往往还会出现昏倒、痉挛或皮肤干热，体温超过40℃。

（2）预防常识

①做好防护工作。导游应提醒游客做好防护工作，如打遮阳伞、戴遮阳帽、戴太阳镜、涂抹防晒霜，外出时的衣服尽量选用棉、麻、丝类的织物，最好穿白色、浅色或素色衣服，少穿深色的化纤品类服装。

②避免在烈日下活动。带团时要注意劳逸结合，尽量避免游客长时间地在骄阳下活动，特别是在正午阳光最强烈时。另外，在气温高且无风的地方也不能逗留过久。

③多喝淡盐开水。夏季旅游出汗多，体内盐分减少，而多喝些淡盐开水，可以补充体内失掉的盐分，喝淡盐水时，要少量多次地喝，才能有作用。

④准备防暑用品。在夏季出游前应准备好预防和治疗中暑的药物用品，如十滴水、人丹、藿香正气水、清凉油、风油精等。

（3）处理常识

①迅速将患者抬到通风、阴凉、干爽的地方，使其仰卧并解开衣扣，松开或脱去衣服，如衣服被汗水湿透最好能更换干衣服。同时可用扇子轻扇，帮助散热。

②面部发红的患者可将头部稍垫高，面部发白者头部略放低，使其周身血液流通。

③最好在患者头部捂上一块冷毛巾，可用浓度50%的酒精、冰水、冷水进行全身擦浴，使末梢血管扩张，促进血液循环，然后用扇子或电扇吹风，促进散热。

④若患者已失去知觉，可让其嗅一些有刺激气味的东西或掐其人中，刺激其苏醒，醒后可喂一些清凉饮料或淡盐水。

⑤轻症患者经上述处理后，待体温降到38℃后，体征平稳可送其回酒店休息；重症中暑患者应该迅速与医院联系。

5. 溺水事故

溺水又称淹溺，是指人淹没于水中，由于水吸入肺内（湿淹溺90%）或喉挛（干淹溺10%）导致窒息。

（1）溺水事故的预防

为了防止溺水事故的发生，导游应做到以下几点：

①劝阻游客独自在河边、海边玩耍；②劝阻游客，请他们不要前往非游泳区游泳；③劝阻不会游泳者，使其不要游到深水区，即使带着救生圈也不安全；④提醒游客在游泳前要做适当的准备活动，以防抽筋。

（2）溺水时的自救方法

①不要慌张，发现周围有人时立即呼救；②放松全身，让身体漂浮在水面上，将头部浮出水面，用脚踢水，防止体力丧失，等待救援；③身体下沉时，可将手掌向下压；④如果在水中突然抽筋，又无法靠岸时，立即求救。

如果周围无人，可深吸一口气潜入水中，伸直抽筋的那条腿，用手将脚趾向上扳，以缓解抽筋。

（3）发现有人溺水时的救护方法

①可将救生圈、竹竿、木板等物抛给溺水者，再将其拖至岸边。②若没有救护器材，可入水直接救护。接近溺水者时要转动他的髋部，使其背向自己然后拖运。拖运时通常采用侧泳或仰泳拖运法。③特别强调：未成年人发现有人溺水，不能贸然下水营救，应立即大声呼救，或利用救生器材施救，救人也要在自己能力范围之内。

（4）岸上急救溺水者方法

①迅速清除溺水者口、鼻中的污泥、杂草及分泌物，保持呼吸道通畅，并拉出舌头，以避免堵塞呼吸道；②将溺水者举起，使其俯卧在救护者肩上，腹部紧贴救护者肩部，头脚下垂，以使溺水者呼吸道内积水自然流出；③进行口对口人工呼吸及心脏按压；④尽快联系急救中心或送去医院。

6.骨折

（1）症状与体征

骨折，指骨头或骨头的结构完全或部分断裂。一般骨折，伤者的软组织（皮下组织、肌肉、韧带等）损伤疼痛更剧烈，受伤部位肿胀瘀血明显。四肢骨折，可见受伤部位变形，活动明显受阻。若是开放性骨折，折断的骨骼会暴露在伤口处，而闭合性骨折，则皮肤表面无伤口。

（2）处理常识

①判断骨折。首先要考虑伤者受伤的原因，如果是车祸伤、高处坠落伤等原因时，一般骨折的可能性很大；其次要看一下伤者的情况，如伤肢出现反常的活动，肿痛明显，则骨折的可能性很大，如骨折端已外露，肯定已骨折；最后，在判断不清是否有骨折的情况下，应按骨折来处理。

②止血。如出血量较大，应以手将出血处的上端压在邻近的骨突或骨干上或用清洁的纱布、布片压迫止血，再以宽的布带缠绕固定，要适当用力但又不能过紧。不要用电线、铁丝等直径细的物品止血。如有止血带，可用止血带止血，如无止血带可用布带。上肢出血时，止血带应放在上臂的中上段，不可放在下1/3或肘窝处，以防损伤神经。下肢止血时，止血带宜放在大腿中段，不可放在大腿下1/3、膝部或腿上段。上止血带时，要放置衬垫。

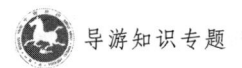

上止血带的时间上肢不超过 1 小时，下肢不超过 1.5 小时。

③包扎。对骨折伴有伤口的患者，应立即封闭伤口。最好用清洁、干净的布片、衣物覆盖伤口，再用布带包扎；包扎时，不宜过紧也不宜过松，过紧会导致伤肢的缺血坏死，过松则起不到包扎作用，同时也起不到压迫止血的作用。如有骨折端外露，注意不要将骨折端放回原处，应继续保持外露，以免引起深度感染。

④上夹板。尽可能保持伤肢固定位置，不要任意牵拉或搬运患者。固定的器材最好用夹板，如无夹板可就地取材用树枝、书本等固定。在没有合适器材的情况下，可利用自身固定，如上肢可固定在躯体上，下肢可利用对侧固定，手指可与邻指固定。

⑤搬运伤员。单纯的颜面骨折、上肢骨折，在做好临时固定后可搀扶伤员离开现场。膝关节以下的下肢骨折，可背运伤员离开现场。颈椎骨折，可一人双手托住枕部、下颌部，维持颈部伤后位置，另两人分别托起腰背部、臀部及下肢移动。胸腰椎骨折，则需要一人托住头颈部，另两人分别于同侧托住胸腰段及臀部，另一人托住双下肢，维持脊柱伤后位置移动。髋部及大腿骨折，需要一人双手托住腰及臀部，伤员用双臂抱住救护者的肩背部，另一人双手托住伤员的双下肢移动。伤员在车上宜平卧，如遇昏迷患者，应将其头偏向一侧，以免呕吐物吸入气管，发生窒息。

7. 食物中毒

游客因食用变质或不干净的食物常会发生食物中毒。其特点是：潜伏期短，发病快，且常常集体发病，若抢救不及时会有生命危险。

（1）食物中毒的预防

为防止食物中毒事故的发生，导游应做到以下几点：应安排游客去卫生有保障的旅游餐厅就餐；提醒游客不要在小摊上购买食物；如用餐时发现食物、饮料不卫生或有异味变质，应立即要求更换，并要求餐厅负责人出面道歉，必要时向旅行社领导汇报。

（2）食物中毒的处理

一旦发现游客出现上吐下泻、腹痛等食物中毒症状，导游首先应立即让游客停止食用可疑食物，同时拨打 120。在急救车到来之前，可采取以下自救措施：

①催吐：对中毒不久而无明显呕吐者，可以饮用5000~8000毫升的温清水，饮用后立即实行扣喉的催吐方法。催吐时要尽量避免逆行性呛咳，而且要尽量避免误吸；要尽量多催吐几次，使胃肠道内的呕吐物排出时尽量呈无色无味澄清状，以减少毒素的吸收。经过大量温水催吐后，呕吐物已变为较澄清液体时，可适量饮用牛奶以保护胃黏膜。如在呕吐物中发现血性液体，则提示可能出现了消化道或咽部出血，应暂时停止催吐。

②导泻：发生中毒后，如果游客进食时间已经超过2小时，但精神状态较好，此时可以选择导泻的方法，即服用泻药，促使受污染的食物尽快排出体外。泻药的种类和用量要根据患者的年龄不同而有所区别。

③保留食物样本：由于确定中毒物质对于治疗来说至关重要，因此，在发生食物中毒后，要保留导致中毒的食物样本，以提供给医院进行检测。如果身边没有食物样本，也可保留患者的呕吐物和排泄物，以方便医生确诊和救治。

④处理事故的同时也应及时将情况报告旅行社，并追究餐厅的责任。

8. 高原反应

高原一般是指地势在海拔2700米左右高度的地区。由于到达这一高度时，气压低、空气干燥、含氧量少，人体会产生高原反应。

（1）症状与体征

高原反应即急性高原病，是人到达一定海拔高度后，身体为适应因海拔高度而造成的气压低、含氧量少、空气干燥等的变化，而产生的自然生理反应，海拔高度一般达到2700米左右时，就会有高原反应。在进入高原后，如果出现了下列症状，应考虑已经发生高原反应：

①头部剧烈疼痛、心慌、气短、胸闷、食欲不振、恶心、呕吐、口唇指甲紫绀。②意识恍惚，认知能力骤降。主要表现为计算困难，在未进入高原之前做一道简单的加法题，记录所用时间，在出现症状时，重复做同样的计算题，如果所用时间比原先延长，说明已经发生高原反应。③出现幻觉，感到温暖，常常无目标地跟随在他人后面行走。

（2）处理常识

①在高原上动作要缓，尤其是刚刚到达的时候要特别注意，不可疾速行走，更不能跑步或奔跑，也不能做体力劳动。

②不可暴饮暴食，以免加重消化器官负担，不要饮酒和吸烟，多食蔬菜和水果等富含维生素的食品，适量饮水，注意保暖，少洗或不洗澡以避免受凉感冒和消耗体力。

③进入高原后要不断少量喝水，以预防血栓。一般每天需补充4000毫升液体。因湿度较低，嘴唇容易干裂，除了喝水，还可以外用润唇膏改善症状。

④学会腹式呼吸，即在行走或攀登时将双手置于臀部，使手臂、锁骨、肩胛骨及腰部以上躯干的肌肉作辅助呼吸，以增加呼吸系统的活动能力。

⑤尽量避免将皮肤裸露在外，可以戴上防紫外线的遮阳镜和撑遮阳伞，在可能暴露的皮肤上涂上防晒霜。

⑥高原反应容易导致失眠，可以适当服用安定保证睡眠，以及时消除疲劳，保证旅游顺利进行。

⑦提前服用抗高原反应药，如红景天、高原康、高原安等，反应强烈时，可以通过吸氧来缓解。

（四）特别重大突发公共卫生事件的应对

特别重大突发公共卫生事件主要包括：

第一，肺鼠疫、肺炭疽疫情在大、中城市发生并有扩散趋势，或肺鼠疫、肺炭疽疫情波及2个以上的省份，并有进一步扩散趋势。

第二，发生传染性非典型肺炎、人感染高致病性禽流感病例，并有扩散趋势。

第三，涉及多个省份的群体性不明原因疾病，并有扩散趋势。

第四，发生新传染病或有我国尚未发现的传染病发生或传入，并有扩散趋势，或发现我国已消灭的传染病重新开始流行。

第五，发生烈性病菌株、毒株、致病因子等丢失事件。

第六，周边以及与中国通航的国家和地区发生特大传染病疫情，并出现输入性病例，严重危及我国公共卫生安全的事件。

第七，国务院卫生行政部门认定的其他特别重大突发公共卫生事件。

《突发公共卫生事件应急条例》中规定：突发公共卫生事件发生后，国务院设立全国突发事件应急处理指挥部，由国务院有关部门和军队有关部门组成，国务院主管领导人担任总指挥，负责对全国突发事件应急处理的统一领导、统一指挥。国务院卫生行政主管部门和其他有关部门，在各自的职责范围内做好突发事件应急处理的有关工作。省、自治区、直辖市人民政府成立地方突发事件应急处理指挥部，省、自治区、直辖市人民政府主要领导人担任总指挥，负责领导、指挥本行政区域内突发事件的应急处理工作。县级以上地方人民政府卫生行政主管部门，具体负责组织突发事件的调查、控制和医疗救治工作。县级以上地方人民政府有关部门，在各自的职责范围内做好突发事件应急处理的有关工作。

1. 政府的应对措施

针对特别突发重大卫生事件，以 2019~2020 年冬春季节在湖北省武汉市首先爆发的新型冠状病毒肺炎为例，首先必须在政府层面采取相关的措施，积极应对。

（1）及时制定疫情防控战略策略

突发疫情出现后，我国政府根据"同舟共济、科学防治、精准施策"的总要求，将"坚持全国一盘棋、统筹各方面力量支持疫情防控"作为重要指示精神，把"控制传染源、切断传播途径"作为关键着力点，加强对疫情防控工作的统一领导、统一指挥、统一行动，提出"早发现、早报告、早隔离、早治疗"的防控要求和"集中患者、集中专家、集中资源、集中救治"的救治要求，把"提高收治率和治愈率、降低感染率和病亡率"作为突出任务来抓。

（2）加强对疫情中心地区的统一指挥

以 2020 年新型冠状病毒肺炎为例，根据"内防扩散、外防输出"的明确要求，采取严格、有针对性且有效的措施。2020 年 1 月 23 日武汉市封城，遏制住疫情扩散势头。同时我国举全国之力对武汉市、湖北省予以支援，29个省区市和新疆生产建设兵团、军队等调派 330 多支医疗队、41600 多名医护人员驰援武汉和湖北，迅速开设火神山、雷神山等集中收治医院和方舱医院，千方百计增加床位供给，优先保障武汉和湖北需要的医用物资，并组织19 个省份对口支援。正是这种对疫情中心地区的统一指挥，形成了全国一盘棋，集中有效地遏制住了疫情的扩散。

（3）统筹抓好其他地区防控工作

针对重大传染性突发公共卫生事件，我国各省区市应启动重大突发公共

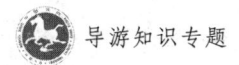

卫生事件一级响应，构建联防联控、群防群控防控体系。

（4）加强医用物资和生活必需品应急保供

打疫情防控阻击战，实际上也是打后勤保障战。我国采取积极措施，支持医用防护服、口罩等疫情防控急需医疗物资的生产企业迅速复工复产，通过多种方式扩大产能和增加产量，对重要物资实行国家统一调度，建立交通运输"绿色通道"，多措并举保障重点地区医用物资和生活物资供应。抓好农副产品生产、流通、供应组织工作，做好煤电油气等供应，保障了全国生活必需品市场的总体稳定。同时全力推进医药研发和临床应用，取得阶段性成果。

2. 导游的应对措施

（1）带团过程中导游的应对措施

①保持高度的敏感。在导游带团过程中，如出现突发重大公共卫生事件，尤其是类似 2020 年的新型冠状病毒肺炎疫情时，导游首先必须有极高的敏感度，能迅速注意到相关信息并积极采取应对的举措。

②积极主动的配合。当导游了解到相关信息后，应在核实信息的真实性后（一般以《人民日报》、央视新闻等官媒报道为准），迅速告知游客，并积极与游客沟通，做好对游客的宣传工作，提醒游客注意健康防护，请游客依法协助、配合、服从政府部门组织开展的防控工作。在出入机场（车站、码头）或景区时配合测量体温，出示健康码，依法接受相关机构有关传染病的调查、样本采集、检测、隔离治疗等预防控制措施，并如实提供有关情况。导游应从自身做起，自觉佩戴口罩、勤洗手，同时帮助游客增强防护意识、掌握防护知识，引导游客自觉佩戴口罩、遵守公共秩序、积极配合防控工作，推进文明旅游。除此之外，导游在景区讲解时应尽量使用耳机式讲解器，以免游客聚集在一起；观景时彼此保持 1 米的距离。在旅游车、火车上，如有足够的空间，导游应尽量安排游客分散就座，减少近距离接触。尽量带游客在人流量较少的地方活动。

③耐心细致的关心。在发生重大公共卫生事件发生时，尤其是遇到类似2020 年新型冠状病毒肺炎疫情时，导游需要更加密切地关注游客的身体状况，发现疑似病症，如发热、乏力、干咳、腹泻等，及时就近联系医院，按指导送医；按要求对疑似病人及时采取临时隔离措施，就地停止旅游活动，

一旦疑似病人确诊，全团游客包括导游均需要接受隔离观察。

④尽力完成带团工作。如果带团游览活动不在疫区中心地区，导游应尽可能在团队做好防护的前提下带团完成旅游活动。如果带团游览活动在疫区中心地区，导游需根据疫情实际情况与旅行社领导随时保持沟通，并直接征询游客意见，尽快带游客离开中心疫区。导游带游客回到客源地后，应告知游客回家后需要切实按照要求居家观察14日，每日向所在单位或者居（村）民委员会报告健康状况，配合做好相关部门对自我健康状况的随访或者电话询问。导游带团过程中如突发疫情，无论身处何地，都应马上完善旅游团队人员和行程资料信息，以便后续旅行社能做好旅游团队跟踪监测工作。

（2）非带团过程中导游的应对措施

如导游此时没有带团，在获知疫情的消息后，应根据之前自己所带团队的行程做出研判，善意提醒之前所带团队游客或散客注意关注疫情，做到佩戴口罩、勤洗手、不聚集，如游客有疫区旅游经历，则需提醒游客尽量进行居家隔离与医学观察。

在全国范围内旅游团队业务完全停止的时候，导游亦不能完全松懈下来，可趁此机会加强与老客户的沟通和联系，此时的关心相当于雪中送炭；可通过旅游企业的平台宣传旅游产品和所在地的特产，这也是一种加深加强游客对企业和导游印象的方法，这些方法均可增强与老客户之间的黏性。可以积极投身公益，筹措医疗防疫物资，成为抗疫一线的志愿者；也可借此机会，努力修炼内功，加强自身的学习，积极为复工复产做准备；还可以参与在线景点云游直播，积极用自己的力量为城市代言，为旅游业的复苏而努力。

思考题

1. 常见的旅游动机有哪些？

2. 影响游客知觉的因素有哪些？

3. 如何利用社会知觉的误区做好导游工作？

4. 在旅游活动中，游客的人格类型可分为哪几种？

5. 改变旅游态度的主要方法有哪些？

6. 旅游活动中客我交往有哪些特点？

7. 简述游客的心理特点与服务。

8. 何谓旅游服务的双重性？

9. 简述旅游心理服务的技巧。

10. 简述导游在与游客进行语言沟通时要遵守的原则。

11. 简述旅游服务中讲究的语言措辞及其注意事项。

12. 简述东北地区游客的心理特点与旅游接待技巧。

13. 简述广东游客的心理特点与旅游接待技巧。

14. 简述西北地区游客的心理特点与旅游接待技巧。

15. 简述华东地区游客的心理特点与旅游接待技巧。

16. 简述西南地区游客的心理特点与旅游接待技巧。

17. 简述东亚地区主要客源国游客的心理特点与旅游接待技巧。

18. 简述东南亚地区主要客源国游客的心理特点与旅游接待技巧。

19. 简述太平洋地区主要客源国游客的心理特点与旅游接待技巧。

20. 简述北美地区主要客源国游客的心理特点与旅游接待技巧。

21. 简述欧洲地区主要客源国游客的心理特点与旅游接待技巧。

22. 简述游客的投诉心理。

23. 怎样预防投诉的发生？

24. 简述正确处理投诉应遵循的原则。

25. 简述处理投诉的一般程序及各环节的恰当把握。

专题十二
自然和人文旅游资源

一、地质地貌景观资源

（一）花岗岩地貌景观

在我国的名山大川中，许多风景如画的山都是花岗岩山。如泰山、华山、衡山、黄山、九华山、三清山、天柱山、井冈山、五指山等。与其他岩性的山地比较，花岗岩山地的景观美感特征集中表现在形状、色彩和质感等方面。

花岗岩山地整体形状多危峰群立，峰秀如林。峰谷相间，颇为壮观；山峰雄伟、峭拔、险峻，顶部轮廓圆滑，形状犹如一枝枝含苞待放的莲花，阳刚中蕴含着阴柔。山上轮廓浑圆而造型奇特的山石，俯拾皆是。远望裸露的岩体，或呈肉红色，如黄山玉屏楼背后的崖壁，华山西峰的峭壁；或呈灰白色，如天柱山。近看裸露的岩面，在肉红或灰白的底色上，呈点状分布着黑色花纹。触摸着坚硬的、凹凸不平的岩面，给人一种内外统一而和谐的粗犷的美感。

花岗岩山地与石块为什么会形成如此与众不同的景观美感特征？还要归结于它的岩性、成山过程和球状风化作用。

1. 花岗岩岩性坚硬

花岗岩的坚硬性与它的成岩过程和组成结构密切相关。地壳基本由三大成因类型的岩石组成，岩浆岩（又称火成岩）、沉积岩（又称水成岩）和变质岩。岩浆岩中除喷发、满溢出地表的火山熔岩外，均为地壳内生成的岩石。当地壳岩层在水平积压力作用下发生褶皱隆起时，深层岩浆便随之侵入，填补发生褶曲的空间，凝固成岩，构成褶皱造成的核心部分。根据岩浆在地壳内冷却凝固成岩时的深度，分成深层和浅层侵入岩。花岗岩属于深层侵入的酸性岩，是由结晶矿物长石（70%）、石英（20%）和黑云母、角闪石（10%）等矿物组成的块石。长石为肉红色或灰白色、发玻璃光泽的粒状结晶体。

2. 花岗岩节理丰富

岩浆在冷凝时，体积发生收缩，岩浆侵入岩体中就形成了有规则排列的大小裂隙，地质学称节理。花岗岩一般是三组节理，可将岩体分割成规模不等的六面体。这大大小小的裂隙成为成山过程中外力分割巨大岩体，塑造一座座山峰的侵蚀切入点。

3. 花岗岩山地的形成过程

地壳表面的形态是内外营力共同作用的结果。花岗岩山地从成岩到成山，大致都要经过三个阶段。

第一阶段，花岗岩的形成过程。在地球内营力的高温挤压作用下，成岩地区的地壳发生褶皱和破裂。地壳下的岩浆沿着褶皱隆起的方向和破裂的缝隙向地壳表层上升侵入。侵入的同时，冷却凝结成岩，构成地表山地的地下核心部分。花岗岩是深层侵入岩，这种侵入岩体积庞大，水平方向上多在100平方公里以上。如此巨大又岩性单一的岩体为后期耸立的峰林奠定了雄厚的物质基础。

第二阶段，花岗岩出露过程。这是地壳持续抬升和外营力剥蚀同时作用的过程。这次的抬升，可能是上次构造运动的延续，也可能是又一次构造运动。然而，大自然的风化、侵蚀、搬运作用在山地一形成时就活跃起来。在内外营力的共同作用下，覆盖在花岗岩上面的山体表层被剥蚀掉，花岗岩直接露出地表。

第三阶段，花岗岩山地与石块景观特征的形成过程。这个过程中，地壳仍然处于持续抬升状态。当花岗岩体被剥去上覆的岩层，露出地表而持续抬升时，由于减去负荷以及地下有限空间的限制，岩体松膨。大气中的各种物理、化学风化作用在岩体裂隙处同时产生，固结在一起的矿物松弛，变成岩屑和矿物颗粒，被风或流水搬运到低处。岩屑、石块在搬运的过程中，磨蚀着途经的岩壁，就像锯子锯木头一样，将完整的岩体分割成一个个高耸、峭拔的山峰。

在山峰形成的同时，由于岩性结构在太阳暴晒和昼夜温差下产生层状物理风化作用，峰顶临空的棱角以及一些块体较小的山石的棱角逐渐消失，这叫球状风化。有的在干旱地区多风环境中，形成旋涡状侵蚀，构成大小不一、形态各异的圆洞状奇石景观，如新疆阿拉山口的怪石沟即是典型。

岩性坚硬，节理丰富，地壳抬升，流水切割，球状风化，花岗岩山地的石块与众不同的景观美感特征就是在上述五种内在原因与外在条件的基础上形成的。

（二）流纹岩山地景观

流纹岩是岩浆中的一种酸性喷出岩，一般色浅，多为浅红、灰白或灰红等色，由于在溢出地表后的流动中各种矿物分离、冷却、凝固，形成流纹构造，因此得名。流纹岩山地在中国浙闽沿海一带分布很广，以雁荡山为典型。地貌景观主要有造型多变的山峰、壁立如门的嶂谷、阳光照耀下五彩斑斓的崖壁、具有天然画廊之称的熔岩洞。

流纹岩垂直节理、断裂发育，经长期自然风化、水流侵蚀，以及在重力影响下裂隙崩塌的综合作用，形成了挺拔陡峭、岩柱耸立的山峰。沿断裂带形成两峰对峙，空间狭窄幽深的峡谷。

熔岩洞又称熔岩隧道，是喷出岩中较常见的一种洞穴地貌，与岩溶洞的成因截然不同，是经过物理过程形成的。熔岩溢出地表后，其表面冷却很快。当岩流还在流动时，其表面已经固结成壳。由于岩石导热性能很低，其内部可长久保持高温、流动状态。在岩流表面固结成壳时，内部岩流仍沿重力方向流向较低的地方。于是，早期固结的岩壳内部就形成空洞。洞壁上流纹的图案如同抽象派艺术家笔下的杰作。

（三）锥状火山群与熔岩台地景观

火山地貌与熔岩台地同属于熔岩地貌，是地壳深处的熔融岩浆从地下喷发或漫溢出来，就地堆积所形成的地貌。

火山分为活火山、死火山和休眠火山三种。典型的火山外形是一个拔地而起的锥形山丘，称"火山锥"。锥顶有圆洼形的火山口，口下有一个与地壳深处岩浆相连、为内部物质喷出的火山通道。这种火山爆发方式称为中心式，即地下岩浆沿着地层深断裂的交会处形成的筒形通道上涌、喷发、堆积，在地表形成火山锥体地貌景观。有的地方只有一座，有的地方是几座、十几座甚至几十座火山锥拔地而起，形成壮观的火山锥群。火山以其规则的外形和可以埋没、毁灭一切的巨大威力震慑着人类，也吸引着人类，因此是一项有价值的旅游风景地貌资源。

熔岩台地地貌平坦开阔，这是裂隙式火山喷发方式下形成的熔岩地貌。岩浆沿着地壳中的巨大裂隙不断上涌，以巨大的能量喷出地表，在流动的过程，覆盖流经地区的地面，形成广阔的熔岩台地。远望一片平地、结构单一的地貌似乎毫无观赏价值。然而走进台地，熔岩在流动的过程中翻转、涡旋、沸腾的形成均在凝结中留在地表，丰富的造型任人想象。有的侵蚀后突兀地表，形成方形山，如南京郊区的方山。

火山岩浆活动与地震同是地壳板块运动的表现，主要分布在地壳板块的边界地带。板块边界地带是地壳的破碎地带，这里地下断层非常发育，称为地壳薄弱带。因此板块边界带是地壳深处处于高温高压状态下的岩浆释放能量的首选地带，岩浆沿着岩层中的垂直裂隙上涌、喷发、堆积。当能量释放后，火山处于休眠状态，待能量再次蓄积到一定程度，就会重复上述的过程，火山锥与熔岩台地就是在这样周而复始的过程中堆积而成的。

中国是个多山的国家，在地质历史时期经历了多次的构造运动，因此火山较多，已发现的火山有800多座，大部分属于死火山。目前，中国的东部沿海是太平洋与亚欧大陆板块碰撞的边界地带，南部印度板块嵌入亚欧大陆板块下方，这不仅造成青藏高原的大幅度抬升，同时使地壳的不稳定性延伸到内陆的新疆地域。因此，中国的火山活动可分为两个带段，东部活动带的火山有五大连池火山群、长白山火山群、乔官火山群、大同火山群、大屯火山群、广东雷琼及安徽、江苏等地的火山；西部活动带的火山包括腾冲火山群、新疆等地的火山。其中最壮观、最著名的是五大连池火山群、长白山火山群和腾冲火山群。

五大连池位于黑龙江省的五大连池市境内，它在1719年、1720年和1730年都曾喷发过。熔岩流阻塞了白河河道，形成5个相连的湖泊，才得以产生五大连池的名称。五大连池的周围，分布有14座火山和60多平方公里的熔岩台地，总称五大连池火山群。这组火山群，拔地而起，形态各异，或孤山耸立，或双峰对峙，或状如伏虎，或形似走兽，或俨若笔架，或雷同菌蘑。在熔岩台地上，由于熔岩的流动、推挤和堆积，又形成了五大连池地区闻名世界的绮丽的台地火山地貌。这里不仅有凝固中形成的姿态万千的造型，还有罕见的熔岩洞穴。五大连池的火山地貌完整，景观壮丽，风光奇特，素有"火山博物馆"之称。

五大连池地处北纬 48°以北，然而矿泉四季保持 23℃~55℃，属低温泉，具有极高的饮浴医疗价值。山、水、森林融合在一起，构成了其他游览区看不到的特殊景观。五大连池火山群是我国第一个火山群自然保护区。

长白山火山群的形成经历了 2500 多万年的历史，经过两种喷发方式形成。在距今大约 2500 万年的时间里，长白山地区经历了 4 次裂隙式火山喷发活动，形成了广阔的熔岩台地。在距今 1500 万~60 万年期间，长白山区又发生 4 次火山爆发，爆发方式以中心式为特点，形成以主峰白头山为核心的火山群。在距今 15000~11000 年间，火山再次复活，喷发了大量的灰白、淡黄色浮岩，堆积在群峰顶部。在火山作用停止后，火山口内接受大气降水和地下水的不断补给，逐渐蓄水成湖，形成火山口湖。这就是闻名遐迩的长白山天池。长白山火山群的形成过程，使其在具有火山群雄伟壮观的共同特征外，还有独具魅力的火山景观特点。第一是世界上海拔最高的火山口湖——长白山天池（位于主峰白头山顶，海拔 2690 米高处），长白山天池是中国最深的高山淡水湖泊。第二是群峰顶部都具有淡黄色浮岩所构成的"山帽"，远望如盛开的莲花，近观淡黄的"山帽"与天池碧水交相辉映，美不胜收。第三是长白山峡谷中保留着大面积的罕见的熔岩林。黑龙江省宁安火山口森林构成别具一格的森林公园，火山口内原始森林树龄平均 300 年，最长的为 600 多年，为世界罕见。

腾冲火山群位于云南省保山地区，它地处世界瞩目的阿尔卑斯—喜马拉雅山地质构造带的印度板块和亚欧板块碰撞、聚敛的接合线上，地下断层非常发育，岩浆活动也十分剧烈，是中国著名的火山密集区之一。境内分布着大大小小的火山 97 座，构成了一个庞大的火山群景观，号称中国规模最大的休眠期天然火山博物馆。这里与火山群伴生的火山堰塞湖、火山口湖、熔岩堰塞湖瀑布、热海与温泉构成腾冲丰富的自然旅游资源。

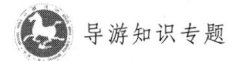

（四）岩溶地貌景观

岩溶地貌又称喀斯特地貌，是在巨厚的碳酸盐层上，由于水的化学溶蚀作用以及流水的冲蚀和崩塌等机械作用而形成的地貌，包括石芽、石林、峰丛、峰林、孤峰、溶蚀洼地、漏斗、落水洞、溶洞等主要类型。喀斯特是斯洛文尼亚西南部伊斯特拉半岛的石灰岩高原的名称。19世纪末，斯洛文尼亚学者斯威杰首先对该地区进行研究，并借用"喀斯特"一词作为岩溶作用以及所形成的地貌的名称。1966年，中国第二次喀斯特学术会议建议将"喀斯特"一词改为"岩溶"，1985年为与国际接轨，中国学术名词审定委员会又将其恢复为"喀斯特"，以致造成两名词并用现象。

石灰岩是一种在海、湖盆地中生成的沉积岩，其主要成分是碳酸钙。碳酸钙不溶于水，但在水和二氧化碳的共同作用下，碳酸钙发生化学变化生成可溶性的碳酸氢钙，这个过程称溶蚀作用，溶蚀作用的强度与外界的温度、湿度以及二氧化碳的浓度成正比。碳酸氢钙的化学性质很不稳定，很容易在空气中分解，释放出二氧化碳和水，还原成碳酸钙沉淀、堆积。这个可逆的化学反应过程就是喀斯特地貌中溶蚀地貌与堆积地貌的形成过程。

喀斯特地貌的形成除岩石自身性质的内在原因外，还有不可缺少的外部原因。首先是地壳构造运动，它不仅使石灰岩地层从海底（湖底）升到地面，同时使岩层在地球内应力的作用下发生褶皱和断裂。地表水或地下水就是在这个基础上塑造出丰富的石灰岩地貌形态。

喀斯特地貌在中国广袤的国土上分布很广泛，然而发育最完美，分布最集中的在长江以南的云贵高原及其边缘地区。传统的著名景观有广西桂林山水、云南石林、贵州黎平天生桥和六盘水天生桥，四川黄龙大规模的石灰华等。近年来发现并轰动国内外罕见的地质奇观有重庆奉节县境内的天坑、地缝，广西乐业县的天坑群以及湖南张家界市的天门洞。

四川的九寨沟、黄龙风景名胜区1992年已被列入《世界遗产名录》；云南石林、贵州荔波、重庆武隆等地的岩溶地貌以"中国南方喀斯特"的名称2007年被列入《世界遗产名录》。

1. 大型峰林与孤峰景观

桂林山水甲天下，这一美景指的是桂林到阳朔沿漓江两岸的风光。这里以挺拔秀丽的中尺度的造型地貌——峰林、峰丛、孤峰为主，清澈的漓江水在植被密布的峰林中蜿蜒穿行，构成一幅"江作青罗带，山如碧玉簪"的秀美画面。石芽、峰林、峰丛、孤峰是石灰岩地表溶蚀地貌发育不同阶段的产物，它们展示着云贵高原从历史上的高平原到现代山地景观的演化过程。

石芽是溶蚀初期的地貌形态，地表水沿可溶性岩石的节理裂隙和层面流动，不断地进行溶蚀和侵蚀，使岩石表面形成沟槽与突起相间分布的状态，突起部位称为石芽，此时地表起伏不大。

峰丛是继石芽之后形成的地貌形态。也称联座峰林，即整座山体顶部分割、底部完整。峰与峰之间形成"U"形的马鞍地形，峰顶至马鞍地形的高差不超过山体高度的1/3，一般在60米左右。峰丛间岩溶洼地、漏斗、落水洞很发育。

峰林是继峰丛之后形成的地貌形态。流水继续沿马鞍地强烈溶蚀，最终将山体分割成一个个独立的高耸、峭拔的圆锥形山峰，成群的山峰如林而立。此时，峰顶与地面的相对高差一般在100～200米。山峰四周的坡度一般在45°以上（山峰岩石碳酸钙的纯度越高，山坡的坡度越大，山峰越陡峭）。山峰的表面继续发育着石芽、溶沟，山体的内部发育着溶洞、落水洞以及暗河，共同溶蚀山体。

孤峰是在地壳相对稳定，岩溶地貌发育到后期的地貌形态。部分溶空的山体坍塌，留下来的山峰孤矗在岩溶平原上。孤峰的相对高度一般在十米到百余米，如桂林独秀峰和贵州万峰林。

2. 亚热带石芽景观

云南石林为小尺度的山石造型地貌，是亚热带石芽的一种特殊形态，形体高大，相对高度一般在20米左右，大的可达50米左右，山石挺拔坡壁峭立，坡壁上留有溶蚀形成的垂直的凹槽。山石上极少有植被，一座座巨大的灰黑色石峰拔地而起，远望如一片莽莽森林，俯视似刀枪剑戟矗立于地表，近看却是一个个惟妙惟肖的奇特造型。

云南石林的成因主要可以归纳为如下三点，其一是岩石中碳酸钙的纯度高，其二是岩层的垂直断层节理发育，其三是全年气温高而恒定，大气中二氧化碳浓度高，降水丰沛。因此，溶蚀作用强烈，地面分割破碎。

3. 溶洞的形成与发展

发育在地下的岩溶地貌是各种溶洞以及在洞顶、洞底和洞壁上形成的各种堆积地貌。溶洞是地表水与地下水沿着岩石的裂隙溶蚀而成的。地表水沿着垂直裂隙向下侵蚀，经过溶蚀洼地、漏斗、落水洞的发展过程，与地下洞穴连通，落水洞就成为溶洞的地面入口，而溶洞的出口多开在地层垂直断面的崖壁上，成为地下河的出口。在洞穴形成的同时，洞内的堆积地貌也在形成，由裂隙渗入的地下水中含有过饱和的碳酸氢钙，在洞顶露头后立刻分解，还原碳酸钙在洞内形成石钟乳、石笋、石花、石幔、石瀑和石柱等。溶洞的以后发展有两个方向，一种是塌方，变成山间谷地；另一种是被堆积地貌填满、关闭。典型的充水溶洞如辽宁水洞、贵州龙宫。

4. 壮观的石灰华阶地

发育在地表的堆积地貌像梯田一样顺着山坡或山谷阶阶下降，呈白色或淡黄色，这种地貌称作石灰华（或钙华），多分布在岩溶泉露头和泉水流经地区。大规模的石灰华地貌以美国西部的黄石国家公园，中国的黄龙、九寨沟自然保护区、香格里拉的白水台，土耳其的赫拉波利斯等最为典型，因此均被列入《世界遗产名录》。中国黄龙自然保护区的石灰华地貌无论单体规模还是群体数量都位居世界之首。

黄龙具有世界罕见的石灰华景观，这首先表现在石灰华景观类型的构成上。黄龙的石灰华景观，类型齐全，石灰华边石坝彩池、石灰华滩、石灰华扇、石灰华湖、石灰华塌陷湖、坑，以及石灰华瀑布、石灰华洞穴、石灰华台、石灰华盆景等一应俱全，是一座名副其实的天然石灰华博物馆。其次表现在景观规模上。黄龙地表石灰华景观是当今世界规模最大，保存最完好的喀斯特地貌之经典。黄龙沟连绵分布的石灰华景观段长达3600米，最长的石灰华滩长达1300米，最宽处达170米，总面积达8万多平方米；彩池数量多达3400余个；彩池边石坝最高达7.2米；扎尕石灰华瀑布高达93.2米。这些不仅是中国之最，也是当今举世无双的。由滩华构成的金沙铺地、由瀑华构成的飞瀑流辉、由边石坝构成的五彩池等构成了惟妙惟肖的龙头、龙尾、龙身，远眺黄龙，犹如一条金色的巨龙在山谷中盘旋，在雪山林海之中腾翻，实为自然奇观。最后是石灰华发育的过程完整。黄龙景区内石灰华景观集中分布在黄龙沟、二道海、扎尕沟三地。而这三地分别处于石灰华的现代形成期、衰退期和蜕化后期，给石灰华演替过程的研究提供了完整现场。

大自然是如何造就了黄龙独特的石灰华沉积，一直是科学家研究的课题。目前，对其成因有两种不同的解释。过去学术界普遍认为黄龙的石灰华是气候岩溶作用的产物，即形成石灰华的大量钙是由生物分解过程中释放的 CO_2 溶蚀补给石灰岩提供的，也就是说土壤中的 CO_2 在黄龙低温条件下大量溶解于水中，从而溶蚀石灰岩，为石灰华沉积提供所需要的钙。学者对当地的石灰华的起源和形成机理进行了深入研究，认为黄龙石灰华属于内生成因类石灰华，即形成黄龙沟石灰华的泉水具有很高的钙和重碳酸根离子浓度，而泉水的 CO_2 浓度显著高于大气和土壤生物分解所能产生的 CO_2 浓度。高浓度的 CO_2 来自地球深部。

　　5. 天坑、地缝

　　天坑是岩溶地貌中的一种负地形，从形态上看是地面上一个巨大的坑洞，雄伟的峭壁如斧劈刀削般森然直立，围成坑洞的四壁，远远望去，好像大地对着天空张开的嘴巴。其学名叫喀斯特漏斗，一般地面开口直径在 100 米以内，面积为 10 平方米到几百平方米，是地表水沿地层垂直节理裂隙不断溶蚀并伴有塌陷作用而成，底部往往被溶蚀残余物所充填，并常有落水洞通往地下。岩溶漏斗特别是巨大的漏斗不是在任何石灰岩地层分布区内都能形成的。特别是在低纬度地区发育的天坑，往往是地下原始森林的保留地，是古老的动植物的基因库。因此，天坑的发现不但具有很高的科学研究价值，同时对于开展揭开大自然的秘密的探险旅游也具有很高的旅游开发价值。近年来，在重庆和广西境内发现的大型天坑群引起各界人士的关注。目前全世界已有中国、巴布亚新几内亚和墨西哥等国家发现了天坑。中国是世界上发现天坑最多的国家。坐落于重庆奉节的小寨天坑是目前已知的世界上最大的天坑，而广西乐业是中国天坑分布最多、最集中的地区。

　　小寨天坑坑口地面标高 1331 米，深 666.2 米。坑口直径 622 米，坑底直径 522 米，四周坑壁陡峭，在东北方向墙壁上有小道通到坑底。坑壁有几处暗河从高处数十米的洞中飞奔而出，咆哮奔腾，再从坑底破壁穿石而出，形成美景如画的迷宫河。

　　广西乐业有着世界上最大的天坑群。据科学家考察发现，在方圆 5 公里左右的范围内，就已发现大大小小的天坑 17 个。乐业天坑群几乎囊括了各种类型的天坑，因此被认为是一座"天坑博物馆"和"世界岩溶胜地"。天坑群中最大的是大石围天坑，其深度为 613 米，坑口为东西走向的"椭圆形"，东西长 600 米，南北宽 420 米，容积约为 0.8 亿立方米。垂直高度和容积仅次于小寨天坑，居世界第二位。其坑底原始森林的面积达十几万平方米，居世界第一位。原始森里中生长着与恐龙同时代的古老植物桫椤。

这种天坑群体形成的现象并不只发生在广西乐业。继小寨天坑之后，重庆武隆境内又发现了由五个天坑组成的天坑群，天坑下面有溶洞，溶洞中还隐藏着更大的天坑。这种坑洞相连彼此叠加的现象更为奇特。

看了上述关于天坑的介绍，人们不禁要问，为什么中国南方能形成如此壮观的天坑地形？天坑的形成与当地的气候、岩石特性、地质构造和水文条件有着密切联系。中国南方有大规模的石灰岩地层，在距今 400 万~300 万年前的最近一次构造运动——喜马拉雅造山运动中，石灰岩地层被再次抬升，强大的挤压断裂作用使地层中形成丰富的断层节理。长江以南地区气候湿热，雨量充沛，年平均降水量在 1000~1400 毫米。雨水降落在石灰岩地面上，沿着岩石的裂隙渗入地下，一路溶蚀四壁，逐渐扩大。在地下形成大型的溶洞。溶洞的洞顶在重力的作用下，不断往下崩塌，直到最后洞顶完全塌陷，形成了喀斯特漏斗。在地表与地下长期的溶蚀作用下，漏斗越来越大。终于形成了我们今天看到的天坑。

与天坑共存的是另一种奇特的溶蚀地貌——地缝，大都以地下河与天坑相通。这种地形在小寨天坑和乐业天坑群都存在。与小寨天坑相通的天井峡地缝全长 14 公里，地缝两壁陡峭如刀切，是典型的"一线天"峡谷景观。与大石围天坑相通的百郎峡地缝长 4 公里，谷两边为 1000 多米的山峰石壁，紧夹一线蓝天，谷中分布着数十个形态不同的大小洞穴，洞穴里有千奇百怪的钟乳石和一些生物化石。地缝多为断裂带，破碎的岩石被溶蚀或被流水带走，从而形成峡谷。

6. 世界闻名的天门山

"1999 年 11 月举行的世界特技飞行大奖赛，完成了人类首次驾机穿越自然溶洞的壮举，天门山的名字一下子进入了世人的视野。"新闻媒体的报道使张家界市天门山景区世界闻名，"天门"成为一个新的岩溶地貌亮点，从而引人注目。

天门山是一座四处绝壁的"一"字形弧山，主峰东面绝壁上有一巨洞如门。洞底海拔 1264.7 米，洞门高 131.5 米，洞宽 37 米，洞深 30 余米。该洞为一穿洞，镶嵌在海拔 1518 米的断崖绝壁上，通透着两侧的天幕。这种地貌在湘西山区中多见，区别在于洞径的大小，洞小的多被称为天生桥。

根据历史记载，天门洞于三国吴永安六年（263 年）因地震崩裂而成。然而，究竟是先有溶洞后发生山地断裂抬升，局部溶洞随山体抬升形成穿洞，还是山体先抬升，后形成穿洞，目前学术界尚有争议。

（五）丹霞地貌景观

"丹霞地貌"是由中国学者命名的一种景观，它在巨厚的红色砂砾岩岩层上，有内外营力作用发育而成的方山、奇峰、赤壁、岩洞等特殊地貌。多发育在降水丰富的湿润地区，以广东省仁化县的丹霞山最为典型，故得其名。方山顶部平齐，四壁陡峭，断崖绝壁赤如朝霞，壁上往往有沿岩面发育的浅小顺直的岩洞。丹山碧水相辉映，其形态、色彩之美无与伦比。目前，中国已在 21 个省区发现近 400 处丹霞地貌，多分布在南方。广东的丹霞山是面积最大、类型最齐全、造型最丰富的地区。列入《世界遗产名录》的有：福建武夷山、广东丹霞山、江西龙虎山（包括圭峰）、湖南崀山、贵州赤水、福建泰宁、浙江江郎山等。

丹霞地貌主要发育在侏罗纪第三纪的水平或缓倾的红色地层中，发育始于第三纪晚期的喜马拉雅造山运动。本次构造运动使红色岩层大幅度抬升，并发生倾斜、舒缓褶曲和丰富的断层节理。流水沿岩层垂直节理进行侵蚀，岩层沿垂直节理发生大面积崩塌，形成高大、壮观的陡崖坡，其岩壁因红色而命名为"赤壁"；崖面的崩塌后退还使山体面积范围逐渐缩小，形成堡状残峰、石墙或石柱等地貌。

（六）"魔鬼城"

"魔鬼城"是内陆干旱区特有的一种风蚀地貌景观，在新疆维吾尔自治区、青海境内分布较多。其形态特点表现为低洼地与规模不大、造型各异的墩台相间分布，远望犹如房屋建筑和街道构成的城市景观，然而进入其间，不见人迹，毫无生气，有的却是像房屋、像人、像各种动植物造型的土丘。每当大风到来，黄沙遮天，大风在"城"里激荡回旋，凄厉呼啸，如同鬼哭，"魔鬼城"因此而得名。

"魔鬼城"的形成必须具备两个条件，第一是巨厚的、呈水平状态的河湖相沉积地层，第二是常年多大风且风向恒定。由于构成地貌岩石基础的不

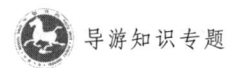

同，大致有两种类型，即雅丹地貌和风蚀地貌。

雅丹地貌是在尚未固结成岩的河湖相土状堆积物地区发育的风蚀地貌。其形态特征表现为长长的沟槽和陡坡的土墩相间分布，土墩一般高达 1~10 米，长 20~100 米，沟槽最窄的 1~2 米，最宽的几十米。这种地貌群在新疆罗布泊附近的雅丹地区发育得最为典型，分布面积最广，因而得名。"雅丹"是维吾尔语，意思是"陡峭的土丘"。19 世纪末至 20 世纪初，瑞典人斯文赫定和英国人斯坦因，赴罗布泊地区考察，在撰文中采用了这个词汇。于是，"雅丹"一词就成了世界上地貌学和考古学的通用术语，专指干燥地区的这种特殊地貌。罗布泊地区历史上是个巨大的湖泊，汇集着周围的河水，同时积淀着河水携带的泥沙。当湖泊干涸，湖底泥沙暴露在烈日下时，黏性泥质土干缩龟裂。盛行的大风沿裂隙不断吹蚀，裂隙逐渐广大，使原来平坦的地面演变成许多不规则的沟槽与陡坡的土墩相间分布的地貌群。

风蚀地貌是在已经固结成岩的河湖相沉积岩地区发育的风蚀地貌。新疆地区多发育有侏罗纪河湖相红砂岩地层。以克拉玛依市乌尔禾区的"魔鬼城"和昌吉州奇台县将军戈壁上的"五彩城"最为典型。在 1 亿多年前的白垩纪，这里是一个巨大的淡水湖，后来经过两次大的地壳变动，湖泊变成了"戈壁台地"。千百万年来，由于风雨剥蚀与雕琢，平整的地面变得凹凸不平，在深浅不一的沟壑间错落分布着奇形怪状的小山丘，有人用"集世界建筑、动物造型之大成"来形容它，使严酷的景观人性化。

"雅丹"和"风蚀"地貌都是风蚀的，只是二者形成所依据的基础不一样而已：前者是土层，后者是岩层。

（七）鸣沙山

鸣沙现象是沙漠地区发生的自然现象。经考察验证，这种现象广泛存在于许多沙漠带。全世界已发现 100 多处，多分布在北美、亚洲、非洲等大的沙漠地带。我国共发现五处：内蒙古自治区达拉特旗境内的响沙湾，宁夏回族自治区东部黄河南岸的沙坡头，甘肃省敦煌市月牙泉边的鸣沙山，新疆维吾尔自治区南疆的塔克拉玛干沙漠，以及北疆准格尔盆地东部古尔班通古特沙漠深处。

沙鸣的声响会因外界环境的不同和沙粒运动状态的不同而异。如甘肃敦煌的鸣沙山，据史书记载，天气晴朗，当风从沙丘掠过时，在高、陡的月牙形背风坡一侧有丝竹管弦之音，犹如奏乐。当狂风骤起，黄沙蔽日时，有鼓角雷鸣之声。又如内蒙古达拉特旗境内的响沙湾和新疆古尔班通古特沙漠深处的沙山，当人们坐着、从沙山顶向下滑行时，会听到像飞机掠过天空那样低沉而悠扬的轰鸣。

关于沙鸣的原因目前有很多解释，比较集中的是四种：

1. 电荷说

持这种解释的科学家认为，阳光照射下的石英沙粒会产生静电，带电的沙粒在外力作用下，彼此摩擦发出声音。为什么在敦煌市的鸣沙山会有丝竹管弦等不同的声响呢？由于鸣沙山丘的陡坡前是月牙泉，沙粒下滑时，发生沙粒和沙粒之间、沙粒和空气之间的摩擦。由于沙粒的成分、粒径大小、干湿程度以及沙粒表面光滑程度的不同，因而发出的声音不同。

2. 共鸣说

持这种解释的科学家认为，沙丘的构成状态就像一个天然的共鸣箱，沙粒滚动所发出的声音在共鸣箱的作用下被放大。

3. 碰撞说

持这种解释的科学家认为，声音是由于沙粒彼此碰撞而发出的。

4. 吐气说

持这种解释的科学家认为，在夏日炎热阳光的烤灼下，沙层增温后，内部的空气因膨胀顺沙粒间隙向外排出，导致声响。

二、水景景观资源

（一）喷泉与涌泉

喷泉与涌泉是上升泉家族中的两个基本类型，也是观赏型点状水景旅游资源中最受游客青睐的动态景观。喷泉与涌泉以其逆常规地表物体自然运动方向之奇，以及呼啸着直上蓝天的水柱、翻滚着的水花景观吸引着人们，满足着人们寻奇猎异的心理。然而在惊呼、雀跃之余，人们不禁要问，是什么动力将水柱托起或抛向空中的呢？为什么有的喷泉是间歇性的？

泉是地下水的天然露头，它以什么状态出露取决于地下含水地层的状况，以及在地壳板块结构中所处的位置。由于泉水出露于地表时方向的不同，泉分为下降泉和上升泉两种。

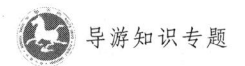

下降泉又称为山地裂隙水，即山体中含蓄的水体在地心引力的作用下，沿着山体中的裂隙自上而下地流出或滴落。

喷泉与涌泉都属于上升泉，这一点是相同的。但两者出露地表后的景观和动力来源截然不同。天然涌泉多为冷水泉，天然的喷泉多为间歇性的热水泉。

涌泉是地下承压水的露头。含蓄承压水的地层均倾斜呈楔状，含水层被上下两层不透水地层夹在中间，其中所含蓄的水就像在水管中一样，可以从高处流向低处。处于倾斜含水层低处的水承受着上部静水的压力，一旦低处的含水层暴露在地表，承受压力的水就会涌出地面，涌出水头的高度因承受的压力而异。只要倾斜含水层上部持续有水的补给，涌泉就不会停息。有泉城之称的济南市的七十二泉就是这类泉。涌泉的分布没有固定的规律，只要具备上述的地壳结构，有充足的水源补给就会形成。

喷泉多分布在地壳板块的边缘地带，即地壳活动地带。这里地热非常丰富，地壳的裂隙也非常丰富，这些裂隙成为地层间水或汽彼此流通的通道。地表水可以顺着裂隙渗入地下，在空隙的地方积聚。地层深处远超过沸点的地热使水变成过热的蒸汽在地下蓄积。巨大的蒸汽压力在寻找释放的途径中，沿着裂隙向地表冲去，同时将聚集在通道中的水一起呼啸着喷到数十米的空中。到地下能量释放完，喷泉也就停息了。喷出的水又回流、渗入地下，酝酿着下一次的喷发。著名的美国黄石国家公园和中国西藏羊八井地热区有大量的间歇性喷泉，也是世界著名的旅游地。

（二）温泉

人们通常按泉水的温度将其分为冷泉（＜25℃）、微温泉（25℃~33℃）、温泉（34℃~37℃）、热泉（38℃~42℃）、高热泉（43℃~99℃）、沸泉（＞100℃）等类型。热泉和高热泉常被称为"汤"。在中国的地名中，凡带有"汤"字的多因为当地有这类泉的分布。

温泉形成的原因一般有两种：一种是埋藏较深的地下水，受地热作用而升温。这种温泉的水温取决于地下含水地层的深度。在温带地区地壳常温层（温度不受大气温度季节性变化影响的地层）通常在地下30米处，在常温层以下，深度每增加100米，地温升高3℃。这种温泉的分布主要取决于地下一定深度上有无含水层。因此，其分布的规律性不明显。中国内陆的温泉多属于此种类型。比较著名的有黄山温泉、唐代著名的皇家行宫华清池温泉、清代皇家的龙脉温泉北京小汤山等。

另一种是受岩浆作用的地下水，这种温泉分布在地壳活动地带，即地壳板块的边缘地带，多与火山群或地热分布区相伴生。在世界陆地上集中分布在纵横两条地带上。纵向带为环太平洋带，著名的有美国黄石国家公园中的温泉群，日本国内的温泉群，中国东北的长白山温泉群、内蒙古阿尔山温泉以及福建、台湾沿海地区的温泉。横向带西起阿尔卑斯山系，经喜马拉雅山系，横断山脉，一直延伸到东南亚。中国境内集中分布在西藏的狮泉河——雅鲁藏布江大断裂带和云南的腾冲地区。这种温泉的水温普遍较高，多在70℃~80℃。有些甚至超过100℃，以蒸汽的形式喷出。温泉除了温度高以外，还因地质背景不同，含有各类矿物质和稀有元素、气体等，可以用于疗养治病。有些地区开采深层地下水，属于地热水，而不能称作温泉。不过，近年人工在地热水中加入一些有益的矿物质元素，形成新的仿温泉用于疗养健身。

（三）瀑布

瀑布是从河床纵断面断裂处或悬崖倾泻而下的水流。在水景中，属于声、形、色并茂的动态景观。瀑布的成因归纳起来大致有以下几种。

（1）在软硬岩层交互出现的河床中，由于岩石对流水侵蚀的抗蚀力的不同，在软硬岩石交界处，水流的差别侵蚀形成河床纵剖面上的岩坎，这是河流瀑布形成的主要原因。中国的也是亚洲的第一大瀑布——黄果树瀑布就是这种成因类型的一个典型。

（2）由于断层的不均衡升降运动，造成河床纵坡面的天然不连续所形成的瀑布。这是山地景区和沿海山地瀑布形成的普遍原因。这种瀑布又由于河流所处位置的不同，分为地上瀑和地下瀑两种。地上瀑可以形成在任何岩性的山地，河流与瀑布尽收眼底，例如，庐山、黄山、雁荡山的瀑布。地下瀑只形成在石灰岩分布区，为地下暗河水的跌落，如贵州龙宫瀑布，有的瀑布或是吊在溶洞的崖壁上，或是悬挂在峡谷的谷壁上。游人只见一泓清水头上落，不知清水何处来。

（3）由于火山的喷发物、满溢的熔岩流、地震崩塌物或泥石流等阻塞河道，形成天然"堤坝"，使上游河水水位提高，从天然"堤坝"溢出，形成

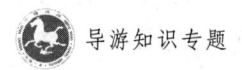

瀑布。最典型的是黑龙江省宁安市南部牡丹江上游，火山熔岩形成的镜泊湖吊水楼瀑布。新疆天山天池则是滑坡泥石流形成的高山湖泊。

（4）在第四纪冰川分布区，由于冰川运动对地表不均衡的刨蚀作用，造成沿途地表起伏跌宕。后来河流沿冰川谷地发育，在起伏悬殊的岩坎地带形成瀑布。这类瀑布中，世界上最壮观、最著名的是跨美国、加拿大两国的尼亚加拉瀑布。

（四）潮汐

潮汐是所有大陆海岸都会发生的海水涨落现象，在开阔洋面上或平直的海岸地区，潮差不明显；在狭窄的喇叭形海湾或河口，潮差就会很大，伴随潮起潮落出现壮观的涌潮现象。涨潮时，宽阔的湾（河）口涌进大量海水，随着海水向内推进，湾（河）口的宽度渐渐变窄，受两岸约束，潮水涌积，潮面升高，形成高耸的水墙，咆哮奔腾向前推进，发出雷鸣般的响声。其壮观的景象，雄伟的气势，犹如千军万马齐头并进，给人带来心灵的震撼、激荡之美感。

在世界各地，凡具有上述地文条件的海岸地带，都会发生涌潮现象，如中国浙江省海宁市的钱塘江、英国的塞文河和南岸的布里斯托尔湾、法国的塞纳河、印度的恒河、巴西的亚马孙河、北美的芬地湾等。国际地理学界将钱塘江与亚马孙河、恒河并列为"世界三大强涌潮河流"，其中，钱塘江涌潮最为典型、壮观，因此最为著名，被誉为世界一大奇观。每年农历八月十八是钱塘江口全年最大潮发生的时间，吸引数十万中外人士前来观潮。从潮高的平均状态比较，钱塘江口为 3.5 米，亚马孙河口为 5 米，比我国钱塘江大潮还要壮观。那么为什么国际学术界和世界游客却如此偏爱钱塘江大潮景观？为什么钱塘江大潮又年复一年地在农历八月十八出现呢？

归纳涌潮的形成、大潮周期性的出现、钱塘江大潮成为世界奇观的原因，大概有以下几点：

1. 天文原因

地球上的潮汐现象是日、地、月间的万有引力，地球自转产生的离心力共同作用于庞大的海水流体所产生的水面周期性升降现象。在三大天体中，由于月地间距离短，所以引潮力主要发生在月地之间，太阳只是在特殊时期对月球的引力起到加强作用。因此，一年间，海水水面的升降现象存在着三种周期性，即日周期、月周期和年周期。一昼夜间有两次高潮和两次低潮，当月亮处于天顶或天底（穿过地心另一端地面的天顶）时，海水开始上涨；当月亮处于地平线两端的天际时海水开始降落，此为日周期。一个月间有两次大潮和两次小潮。两次大潮分别出现在朔、望日（农历初一和十五），由于此时日、月、地三者处于一条直线上，太阳的引潮力与月球的引潮力叠加。因此，高潮水面为全月最高点，称大潮，低潮水面为全月最低点，称小潮，此为月周期。由于地球携带着月球在黄道上围绕着太阳公转，轨道呈椭圆形，黄道春分、秋分两点处于椭圆短轴两端，地球运转到此时距离太阳近，因此太阳叠加给月球的引潮力最大，如月大潮恰在此前后出现，称为分点大潮（小潮）。分点大潮是全年高潮潮高最高的，分点小潮是全年低潮潮高最低的，分点潮潮差最大。因此，一年有两次最大潮和两次最小潮，分别出现在春分和秋分前后，此为年周期。中国农历的八月十八恰在秋分的前后，是最大潮发生的时节。

2. 地文原因

喇叭形的湾或河，湾（河）口向内，水道宽度迅速缩窄，入侵海水在两岸的约束下只有一个发展空间的方向，就是向上。海水注入杭州湾，那儿的钱塘江河口宽达 100 公里，但钱塘江在六和塔附近的上游，宽度却不足 2 公里。如此悬殊的河道宽度差异使潮波上溯受到约束，能量相对集中，潮差明显增大，是潮墙形成的重要原因。以上两条是涌潮形成和最大潮周期性出现的共同原因。

在地文原因中还有其与世界各河不同的个性特点。钱塘江位于长江南面，由于沿岸横向海流的作用，把长江泄入海中的大量泥沙，不断地带到杭州湾来，在钱塘江口形成一个体积庞大、好像门槛一样的"沙坎"。当潮水向钱塘江口内涌去时，被拦门沙坎挡住了潮头，就形成了后浪推前浪、一浪叠一浪、汹涌澎湃、势如千军万马排山倒海的天下奇观。这是钱塘江大潮能形成世界著名大潮景观的个性原因之一。

3. 气候水文原因

由于天文原因，一年应出现两次最大潮，即上面所讲的分点潮。那么，钱塘江为什么只出现一次，即农历八月十八的秋分点大潮呢？这与钱塘江流域及其河口海面地带降水的季节分配密切相关。根据中国东部季风区锋面雨带的活动规律，春分时节，雨带还停留在大陆南面的南海海面。钱塘江江水补给主要来源于流域区内的降雨，因此春分时节江水水量不大。九月后，锋面雨带迅速从北方撤回到长江以南地区。由于雨量的丰沛，江水流量很大，江口也因丰沛的雨量而升高，向下奔腾倾泻入海的江水与倒灌的海水彼此顶托，这不仅更加助长了潮面升高的幅度，同时增加了汹涌澎湃的壮观气势。这是个性原因之二。

4. 人文原因

这是个性原因之三。人文原因包括三个方面，第一是护堤工程。钱塘江口两岸自古是江南富庶的鱼米之乡，为保护已开垦的良田不被倒灌的海水淹没，历史人民沿江两岸修筑了高高的护堤，加强了对倒灌海水的约束，助长了景观的气势。第二是"上有天堂，下有苏杭"的古城杭州的美誉对观潮游客吸引力的叠加。第三是悠久的观潮文化对现代人的影响。

中国悠久的观潮文化不仅在国内历代相传，而且伴随中外文化的交流传播到各国。正是这独特的自然原因与传统的东方文化的结合使钱塘江大潮景观成为世界之最。

（五）地表水景

在地表水面的命名与描述水面的文学、艺术作品中，往往使用色彩来突出它们的个性美感特征。例如，中国的黄河、黄海，阿拉伯半岛与非洲大陆之间的红海，越南境内的红河等；再如文学与艺术作品中常看到湛蓝、碧绿、湖蓝等词汇和画面。然而，自然界中还有文学家和艺术家无法用语言和画面描述与描绘的丰富的色彩，如被称作童话世界的九寨沟与黄龙景区中色彩丰富的水面。

水本身无色，自然界丰富的水色是由于它自身的物理性质、它所在的地理环境以及水生植物和水中所含的泥沙与矿物结晶体的颜色等诸多原因造成的。

纯净的水体对阳光的光波具有吸收和散射的物理作用，其对光波吸收的强度与光波的长度成正比，散射的强度与光波的长度成反比。自然水体所呈现的色彩与其水深密切相关。当水体很浅，不足以体现它的吸收与散射作用时，水是无色的透明体。当阳光射入较深的水体时，三原色中的红色光波首先被全部吸收。此时水色表现的是水体对剩余的两原色黄、蓝光波所构成的绿色系光波散射的结果，绿色的深浅度视水深由浅向深变化。这个变化的过程就是黄色的光波被逐渐吸收、削弱的过程。当黄色的光波也被全部吸收后，水体散射的就只有蓝色的光波了。

纯净水面还具有一种独特的物理性质，就是像镜子一样，对周围物体的成像作用，倒映出影像的色彩。这种色彩的体现与观景的角度密切相关，只有在你能看到水中的倒影时才能看到。

红海的颜色是密布海面的浮游藻类的颜色，河流的色彩则是其所携带的泥沙的颜色。

九寨沟与黄龙景区中的色彩丰富的水面成因是多因素的。两沟均发育在高山石灰岩地貌区，沟内大大小小的水面顺地势呈阶梯状自沟头向沟口排列。水景以高山彩湖、叠瀑、溪、潭为主，水中无砾石和泥沙，水体清澈见底。水景色彩除因水体深度所形成的水色外，更多的是蓝天、白云以及周围色彩斑斓的植物影像色彩。不同的是，九寨沟的水面比较开阔，水面间的落差较大，水边与水中多生长着茂密的植物，形成众多的瀑布与森林、水面与灌丛共生的景观。因此，九寨沟的水景色彩是水色、影色、水中植物色的综合画面色彩给游人视觉的感观，使人惊诧、感叹大自然的富有。黄龙是当今世界规模最大、保存最完好、结构造型多姿多彩的石灰华分布区，沟中水面被3000多个大大小小叠生的、淡黄色的、向前呈圆弧状轮廓的石灰华所分割，形成八个串珠状的彩池群。俯瞰景致如一块块镶着黄边的玉片叠置在沟内，在沟谷两侧茂密的植物映衬下，更显得冰清玉洁。走近一个个小湖，沉积在湖底的矿物晶体，生于湖中的藻类以及倒映在湖面的山石、林木、花卉、蓝天、白云的色彩，构成一幅幅五彩缤纷的画面，宛若金色巨龙身上的鳞片，闪烁出各种奇幻的色彩。

三、奇特的大气物理现象

（一）云海与云瀑

云海与云瀑是温暖湿润的山区或山区温湿季节所出现的气象奇观，是游人站在高出云层的山峰，居高临下，俯视脚下茫茫无际的云层所观赏到的奇特气象景观。在中国诸多的风景名胜山地都有规模不同的云海、云瀑现象，如泰山、衡山、峨眉山的云海，庐山、武陵源的天子山的云瀑等。但以黄山

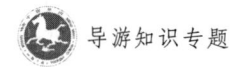

的云海、云瀑最壮观。

在黄山云、松、峰、泉四绝中以云海为首。黄山云海之绝,其一绝在云量之大,其二绝在云雾变换之快,其三绝在云日之多。黄山每年约有250天有云雾形成,如雪的白云似滔滔大海布满在千峰万壑之间,高耸的山峰变成一个个时隐时现的"小岛"。云海时而风平浪静,时而波涛汹涌、雪浪排空,时而急流奔泻,时而轻纱缥缈。瞬息万变的云海与小岛构成奇特的动态美景。

云系大气中水汽凝结的水滴与冰晶的集合体,水是云雾之源。黄山云日之多、云量之大是由于成云致雨的水汽来源充足。黄山地处长江中下游平原西南,东临钱塘江口,来自太平洋的暖湿气流可以长驱直入到达黄山,黄山峰峦高耸,使暖湿气流受阻。当暖湿气流沿坡上升,与冷空气发生激烈对流时,水分遇冷凝结,成云致雨。山区全年降水量多达2395毫升。黄山及其周边地区多湖、多泉瀑,山上植被茂密,这不仅对降水有巨大的涵蓄能力,使之不致流失,同时,水面的蒸发、植被的蒸腾是当地大气中水汽补给的又一个重要来源。

黄山云雾的瞬息万变与其特有的地貌结构和山体不均衡的受热密切相关。黄山峰岳林立、峰谷相间,由于峰顶与谷底地面白天受热增温与夜晚辐射降温的速度差异,产生山区特有的沿山坡滑升或跌落的山谷风。对于每一座山峰来讲都有向阳坡和背阴坡之分,太阳照射下,阴阳坡受热不均,近地面大气运动速度不同,便产生山谷中横向的气压差以及压差作用下的气流运动。云雾就是在这种复杂的气流推动下,在山谷中飘移、变换。

云瀑是流云在垂直方向上的一种动态景观。当流云在飘移的过程中遇到山口或悬崖时,就会像水一样倾泻而下,形成云瀑。由于云的状态变幻莫测,流云的运动没有疆界的限制,所以,云瀑比水瀑更多姿多态,薄云飘移时轻逸飘洒,浓云汹涌时气势磅礴,如天河倾泻。云瀑一般发生在早晨或雨后初晴的夜晚。在黄山云海出现的同时经常可以看到云瀑。黄山多云瀑是因山峰林立、高山与深壑相间的地貌结构中,山口、悬崖丰富所致。

观黄山云海以宿雨初晴时最好,这时地面水分丰富且蒸发容易,云量最大;同时,雨后的山区处于高气压的控制下,受上空逆温层的影响,云块既不易消散也不能上升,一般稳定在几十米至1500米。黄山云海分为南海、北海、东海、西海和天海，登天都峰、莲花峰和光明顶，可纵观黄山五海，神韵无限。黄山年均降雨日数 183 天，多集中于四至六月，此间，云海、云瀑景观发生的频率最高。

（二）霞与虹

霞是一种大气光现象，即日出前（朝霞）、日落后（晚霞）主要在太阳附近的天际空中及云层上出现的色彩缤纷的现象，从太阳升起或降落的地方顺天空向周围展现的扇形彩带，是由接近地平线的阳光经大气中的灰尘、水汽和气体分子散射后的剩余色光造成的。由于大气微粒对短波光线散射的强度大，并且接近地平线的大气层的厚度远大于天顶，所以在阳光穿过厚厚的大气层时，光线较短的各色几乎全部被散射掉，剩下的只是光波较长的红、橙、黄等色光。天边的云量越大，霞光的红色越浓。当霞光染红大地，与风物景致交相辉映时，常构成一幅幅壮美的画卷。置身于如此美妙的环境中，人们都禁不住触景生情、诗兴大发。因此，在中国许多风景名胜区内，都留下古今文人对其赞美的绝句。如泰山岱顶四大奇观之一的"晚霞夕照"；武陵源天子山四大奇观中的"霞日"；骊山的晚照；天台山赤城的霞光等。

霞光具有对未来天气发展趋势的预示作用。中国早就有"朝霞不出门，晚霞行千里"农谚之说。中国大部分地区处于中纬度，阴雨天气系统一般自西向东移动。日出前后出现鲜红的朝霞，说明天气中的水汽已经很多，而且云层已经从西方开始侵入本地区，预示未来天气会转阴雨。日落前后出现红色或金黄色的晚霞，表示在我们西边的上游地区已经转晴或云层已经裂开，阳光才能透过来造成晚霞，预示笼罩在本地上空的雨云即将东移，天气就要转晴。

虹景通常是雨后太阳对面天空中雨幕或雾幕上的七色光环，色序从外到内依次是红、橙、黄、绿、青、蓝、紫。在虹的外侧，有时还能看到色序与虹相反，宽度约为虹的两倍，亮度比虹弱的光环，称为霓。虹与霓的形成原理为：当平行线的太阳光束以一定入射角射入水滴，经过两次折射和水滴中一次内反射，七色光波被分散后又投射在空中，形成虹。若入射的光波经过两次折射和两次内反射后投射在空中，便形成霓。通常雨滴越大，彩虹的色彩越鲜艳明亮。除去雨后可以看见虹景外，在阳光入射角度得到满足的瀑布上空也可看见美丽的彩虹。虹景同样对未来天气发展趋势有预示作用。《诗

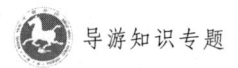

经》中记载"朝隮（音机）于西，崇朝其雨"，意思是说早晨看到西方有虹，不久就会下雨。

（三）佛光

佛光又称宝光，其景观为外红内紫排序的七色光环围绕着中心的人或物的影像，犹如传说中佛和菩萨"真相"的显露。又似西方人心目中宝石周围的光环。中国人称佛光，西方人称宝光。它与雨后的彩虹一样出现在太阳的对面。这种景观在湿润的山区、林冠茂密的林区和高空云层的上方都能发生。如中国的峨眉山、黄山、庐山、武夷山、东北林区和四川西岭雪山的密林中，都有佛光出现的记载，但以"峨眉佛光"最著名。国外则以德国哈茨山脉的布罗肯峰最著名，称"布罗肯宝光"。

佛光是大气中光通过折射、衍射而形成的一种奇幻景观。在山区常出现在观测者的前方或前下方。佛光出现的条件为：太阳的高度不大；观测者的前方要有云雾，天空晴朗无风，云雾层稳定；太阳、观测者与云雾排列在一条直线上，观测者位于中间。此时，人影投在前方的云幕上，若云滴间的空隙满足了光波衍射的现象发生的要求，奇观便呈现在观测者的面前。光环的大小与云滴间空隙的直径成反比，即满足衍射发生的空隙直径越小，光环的直径越大，反之越小。佛光出现的次数、光环美丽的程度，因云雾日的多少、空气湿度的大小以及大气的稳定程度而不同。"峨眉佛光"之所以著名，是由于峨眉山云雾天数多、空气湿度大、风速小，因此佛光现象出现的次数最多，色彩也最鲜艳。据记载，峨眉山金顶每年可以出现七八十次佛光现象。最佳观景点在金顶的舍身崖。最佳观景时在上午日出后半小时至九点左右，下午三点后至日落前一小时。此时，若金顶被白云围绕，人处于云海之上的舍身崖边，必可见到佛光奇观。

（四）蜃景

蜃景即海市蜃楼，是地面或水面景物反射的光线，在密度不同的稳定大气中传播，发生折射和全反射而形成的幻景景观。蜃景多出现在海洋、大江、大湖的水面上空或沙漠地带的陆面上空。海上蜃景奇观古人早已察觉，因不能做出科学的解释，便附会为蛟龙一类的"蜃"，吐气为楼构成海上神仙住所的传说。因而，这种由于大气光学作用所形成的幻景景观就得名为"海市蜃楼"。古人的解释虽然尚不科学，但也已注意到"气"与蜃景形成的关系。北宋科学家沈括进而认识到蜃景是其称之为"云气"的一种幻景。他在《梦溪笔谈》中写道:"登州(蓬莱)海中,时而云气,如宫室、台观、城堞、人物、车马、冠盖,历历可见,谓之'海市'。"

蜃景分"上现蜃景""下现蜃景"和"侧现蜃景"等类型。"上现蜃景"和"侧现蜃景"是水面上空出现的海市蜃楼,成正像。"下现蜃景"是沙漠地带出现的海市蜃楼,成倒像。

在水面或陆面上空的稳定大气层中,由于在垂直方向或水平方向上气温的急剧变化,空气密度也随之变化。当底层空气密度高,而上层密度低时,在实际景物上方的远处就会出现它的影像,此即"上现蜃景"。当水平方向上空气密度急剧变化时,在实际景物的一侧就会出现它的影像,此即"侧现蜃景"。当底层空气密度低,而上层密度高时,在实际景物的下方出现它的倒影,此即"下现蜃景"。

"上现蜃景"易出现在有逆温气层的水面上空。在中国渤海和黄海北部沿海以及江河、大湖的水面曾多处发生海市蜃楼现象。如辽宁大连,河北北戴河,山东蓬莱、长岛、青岛等地沿海的海面上,江苏南通的长江水面上,湖南洞庭湖上空等。出现的时间一般在春夏之交,其中以"蓬莱仙境"最为著名。

陆地水面上空产生逆温层通常有两种原因,第一是水面蒸发带走热量;第二是水体比热高。因此水面上空的温度低于陆面、当陆面上空的暖空气流动到近水面大气层的上方时,就出现逆温现象。海面上空出现逆温现象,除上述原因外,还有两种原因,第一是海水流动带走热量,第二是冷洋流的作用。

"蓬莱仙境"出现在山东省蓬莱市丹崖山对面的渤海海面上。"蓬莱仙境"之所以最为著名,是由于这里是中国海市蜃楼出现最多的地方,以至古人在丹崖山巅建起蓬莱阁,创造了人间的"仙境"。北宋著名文学家苏轼曾亲往蓬莱阁,用五天的时间,等待观赏蜃景,并为后人留下千古绝唱的著名诗篇《登州海市》。春夏之交的季节,渤海与黄海北部沿海是暖冷洋流交汇处。在蓬莱市丹崖山面对的渤海海面上,冷洋流靠近海岸,暖洋流远离海岸。受冷水面的影响,沿岸底层空气降温,并出现上暖下冷的逆温现象,致使空气密度下高上低差别显著,为"上现蜃景"的发生提供了最佳条件,因

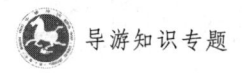

此出现频率高。

"下现蜃景"多出现在夏季的干旱地区。特别是沙漠地带。白天，因地面强烈增温，近地面空气受热上升，出现空气密度下低上高的垂直递增现象，为"下现蜃景"的形成提供了最佳条件。

世界上"侧现蜃景"景观最著名的是日内瓦湖。由于该湖被山体围绕，山体阳坡在太阳的照射下强烈增温，受热空气膨胀，密度变低，于是在水平方向上出现空气密度由低向高的递变现　象，为"侧现蜃景"的形成提供了最佳条件。

（五）极光

在地球南北两极附近地区的高空，夜间常会出现灿烂美丽的光辉。有时它像一条彩带，有时它像一团火焰，有时它又像一面五光十色的巨大银幕。这种壮丽动人的景象叫极光，位于北极地区称北极光，位于南极地区称南极光。

人们知道极光已有2000多年了，因此极光一直是中外许多神话传说的主题。如中国关于轩辕黄帝诞生的传说，《山海经》中对形貌如一条红色蛇的北方神——烛龙的描述都与极光有关。古罗马神话中将极光描述为晨曦与朝霞化身的黎明女神。极光这一术语正是来源于女神的拉丁名字——伊欧斯一词。

在世界各地很难找到两个一模一样的极光形状，科学家从科学研究的角度，按极光形态特征将其分成五种：一是底边整齐微微弯曲的圆弧状的极光弧（或称为弧状极光）；二是有弯扭褶皱的飘带状的极光带（或称为带状极光）；三是如云朵一般的片朵状的极光片（或称为片状极光）；四是像面纱一样均匀的帐幔状的极光幔（或称为幕状极光）；五是沿磁力线方向的射线状的极光芒（或称为放射状极光）。当人类用太空的视角来观察极光现象时，则呈现为环带状极光。

极光不仅形态丰富，更令人叹为观止的是极光的色彩，已无法用人类的语言去描述。自然本色是红、黄、蓝三原色以及它们彼此搭配所形成的红、橙、黄、绿、青、蓝、紫七色。然而，极光却像一个变幻莫测的万花筒，将色彩深浅浓淡、隐显明暗搭配、组合，根据不完全的统计，目前能分辨清楚的极光色调已达160余种。

极光最经常出现的地方是南北地磁纬度 67° 附近的区域内，大多数极光出现在地球上空 90～130 公里处。然而有时在许多以往看不到极光出现的纬度较低的地区，也能有幸看到极光。如 2000 年 4 月 6 日晚，在欧洲和美洲大陆的北部，出现了极光现象。同时，在地球北半球一般看不到极光的地区，甚至在美国南部的佛罗里达州和德国的中部及南部广大地区也出现了极光。当夜，红、蓝、绿相间的光线布满夜空，场面极其壮观。

极光究竟是什么原因产生的发光现象，为什么多出现在极地，又是什么原因使这种现象扩展到中低纬度地区，2000 多年以来一直是人类关注的问题。

极光是稀薄的大气层中产生的复杂电现象。这种电现象与霓虹灯的发光原理是相同的。即电流通过稀薄的气体时，电子撞击气体的分子或原子而产生的发光现象。道理是，带电粒子撞击气体的分子或原子，使之获得能量，外层电子脱离。而离散的电子还要回归，当电子回归时，分子或原子复原就要释放原来所获得的能量，释放的能量以不同波长的电磁波发出，即显现出不同波长的光线。高层大气是由多种气体组成的，不同元素的气体受袭击后所发出的光的颜色不一样，因而极光就得绚丽多彩，变幻无穷。

极地上空撞击气体分子或原子的带电粒子来自太阳活动放出的太阳风。作为太阳风的一部分荷电粒子在到达地球附近时，被地球磁场俘获，并使其沿磁力线飞向两极。地球磁场形如漏斗，尖端对着地球的南北两个磁极，因此带电粒子沿着地磁场这个"漏斗"沉降，逐渐形成密集的粒子群进入地球的两极地区。两极的高层大气，受到太阳风的轰击后发出光芒，形成极光，因此可以得出这样的结论：大气、磁场和太阳风是极光形成的缺一不可的三个条件。

极光形成的规模与太阳的活动息息相关，每逢到太阳活动盛期，可以看到比平常年更为壮观的极光景象。在许多以往看不到极光的纬度较低的地区，也能有幸看到极光。如上述 2000 年 4 月 6 日晚的极光现象就是一个实例。

黑龙江省漠河市地处大兴安岭山脉北麓，黑龙江上游南岸，位于北纬 53.5° 的高纬度地带，是中国北疆唯一可以看到极光现象的地方。在这里，北极光虽然一年四季都出现，然而唯有在每年的夏至前后 9 天左右内容易看到。因为在夏至前后，漠河经常出现万里晴空的天气，北极与漠河之间没有云阻隔。

在有中国"北极村"之称的漠河市,除"北极光"外还有另一个天然奇景——极地"白夜"。"白夜"现象也以夏至前后半个月最甚,每晚只有子夜时分一两个钟头,天色稍微昏暗一些,随后又是朝霞似锦,旭日高悬,黑夜变成了"白夜"。白夜的存在为看极光提供了有利条件。此时节的漠河气候温和,天气晴朗,是人们最佳的旅游观光季节。人们在观赏北极光和白夜奇观的同时,还可以看到晚霞与朝晖连成一片的红彤天宇。每逢夏至,前来观赏"北极光"和"极昼"的游人络绎不绝。目前,每年6月18日~22日,漠河市都要举办"大兴安岭漠河北极光旅游节"。

四、人文景观概述

(一)人文景观概念

人文景观是人类文化的结晶,它是自人类出现之日起,由人类活动所产生流传至今的物质化或精神化、经过开发达到引起旅游者兴趣和滞留目的的景观,包括建筑体、寺观、古城、雕塑、绘画、文艺、民俗、歌舞艺术等。

(二)人文景观的类型

(1)文物古迹:包括历史遗迹、建筑遗址等。

(2)民族文化及其载体:包括可视、可感、可参与的民俗礼仪、习俗风情、节日庆典、民族艺术和工艺等。

(3)宗教文化资源:包括参观游览型的宗教建筑艺术和这些宗教建筑和艺术本身营造的宗教活动场所。

(4)城乡风貌:具有视觉形象的历史文化名城、独具特色的现代都市风光、清新质朴的田园风光、古镇村落等。

(5)现代人文设施:富有特色、具有规模、有某种特殊意义和影响力的大型工程及文化设施。

(6)饮食购物:包括各种富有特色的地方风味美食、特产名品、特色市场与著名店铺等。

(7)有影响的国际性体育和文化事件。

(三)人文景观的主要特点

1. 历史人文性

人文景观都是人类历史发展的产物,其内容、形式、结构、格调等无不反映了历史特点。人文景观的内容都是人类生产、生活和文化艺术活动的结晶，是人类文明发展的社会表现。

2. 民族地方性

所有人文景观均是某一民族或几个民族共同的创造物，它的风格、造型、色调无不具有创造它的民族的特色。人文景观还具有浓郁的地方色彩，反映某一地域的民风民俗。

3. 科学实用性

人文景观旅游资源之所以能够长期保存，耐人寻味，供今人欣赏，因为它们在古代特有的条件下产生，适应当时的需要，具有历史的科学性和实用性。虽然以后随着时代的更替，这些用途可能出现某种变异。

五、中国的世界遗产

此处包括中国的世界自然和文化遗产。严格地讲，自然遗产应该在自然资源中讲述，放在这里，其一是中国的世界遗产中绝大多数或有人文内容；其二"自然与文化双重遗产"可以在这里开列；其三有些是纯粹的自然内容，如"成都、阿坝、雅安、甘孜等地的'四川大熊猫栖息地'"，为了提供一个完整的"遗产"概念，在这里一并讲述。

"人类口头和非物质文化遗产"也应该放在"文化遗产"中，但为了叙述明确起见，另辟"六"小题列出。特此说明。

（一）世界遗产名录的由来与管理机构

1972 年 11 月，联合国教科文组织在巴黎通过了《保护文化和自然遗产公约》，同时决定建立《世界遗产名录》。凡被通过加入《保护文化和自然遗产公约》的缔约国，其国家级的文化与自然遗产均可申请列入《世界遗产名录》，一经列入则作为全人类的共同遗产得到保护。

1975 年，根据公约的规定成立了"世界遗产委员会"和"世界遗产基金会"。该委员会的联合国实施公约的管理机构，负责审定各国准备列入《世界遗产名录》和《濒临危险的世界遗产名录》的遗产清单，以及支配基金援助列入名录的遗产保护。当时确定，世界遗产分三种类型，即文化遗产、自然遗产、文化与自然双重遗产。目前，前一种名录中增加了"文化景观"一类，故《世界遗产名录》共 4 类。

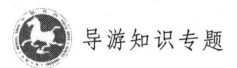

（二）中国列入《世界遗产名录》中的项目

1985 年年底，经全国人大常委会批准，我国正式加入《保护文化和自然遗产公约》。

截至 2021 年 7 月，中国共有 56 个项目被联合国教科文组织列入《世界遗产名录》。中国是世界上拥有世界遗产类别最齐全的国家之一，也是世界文化和自然双重遗产数量最多的国家，世界自然遗产位居世界第一（14项），超过美国和加拿大。中国首都北京是世界上拥有遗产数目最多的城市（7项）。

中国列入《世界遗产名录》项目名单

1. 山东泰山　1987 年　文化与自然双重遗产（后简化为"双重遗产"）

2. 北京长城　1987 年　文化遗产

3. 北京及沈阳的明清皇家宫殿（北京故宫博物院）　1987 年　文化遗产（沈阳故宫）　2004 年　文化遗产

4. 甘肃敦煌莫高窟　1987 年　文化遗产

5. 陕西西安秦始皇陵及兵马俑　1987 年　文化遗产

6. 北京周口店北京人遗址　1987 年　文化遗产

7. 安徽黄山　1990 年　双重遗产

8. 四川九寨沟风景名胜区　1992 年　自然遗产

9. 四川松潘黄龙风景名胜区　1992 年　自然遗产

10. 湖南张家界市武陵源风景名胜区　1992 年　自然遗产

11. 河北承德避暑山庄及外八庙　1994 年　文化遗产

12. 山东曲阜孔庙、孔林、孔府　1994 年　文化遗产

13. 湖北丹江口市武当山古建筑群　1994 年　文化遗产

14. 西藏拉萨布达拉宫历史建筑群　1994 年　文化遗产

2000 年　（大昭寺）文化遗产

2001 年　（罗布林卡）文化遗产

15. 江西九江庐山国家级风景名胜区　1996 年　文化景观遗产（下简为"文化景观"）

16. 四川峨眉山风景名胜区（包括乐山大佛风景区）　1996 年　双重遗产

17. 云南丽江古城　1997 年　文化遗产

18. 山西平遥古城　1997　年文化遗产

19. 江苏苏州古典园林　1997年　文化遗产（2003年增加5个即苏州艺圃、藕园、沧浪亭、狮子林和退思园作为苏州古典园林的扩展项目）

20. 北京颐和园　1998年　文化遗产

21. 北京天坛　1998年　文化遗产

22. 重庆大足石刻　1999年　文化遗产

23. 福建武夷山　1999年　双重遗产

24. 四川青城山和都江堰水利工程　2000年　文化遗产

25. 安徽皖南古村落——西递、宏村　2000年　文化遗产

26. 河南洛阳龙门石窟　2000年　文化遗产

27. 明清皇家陵寝　2000年　（湖北钟祥明显陵、河北遵化清东陵、河北易县清西陵）文化遗产

2003年　（江苏南京明孝陵、北京明十三陵）文化遗产

2004年　（沈阳盛京三陵）文化遗产

28. 山西大同云冈石窟　2001年　文化遗产

29. 云南三江并流保护地　2003年　自然遗产

30. 吉林集安和辽宁桓仁高句丽王城、王陵及贵族墓葬　2004年　文化遗产

31. 澳门历史城区　2005年　文化遗产

32. 四川大熊猫栖息地　2006年　（四川成都、阿坝、雅安、甘孜）自然遗产

33. 河南安阳殷墟　2006年　文化遗产

34. 中国南方喀斯特　2007年　（云南石林、贵州荔波、重庆武隆）自然遗产

35. 广东开平碉楼与村落　2007年　文化遗产

36. 福建龙岩、漳州土楼　2008年　文化遗产

37. 江西上饶三清山国家级风景名胜区　2008年　自然遗产

38. 山西五台山　2009年　文化景观

39. 中国丹霞地貌　2010年　（包括湖南崀山、贵州赤水、广东丹霞山、福建泰宁、江西龙虎山、浙江江郎山6处）自然遗产

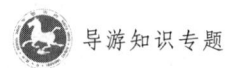

40. 河南登封"天地之中"历史建筑群 2010 年（岳庙、太室阙、启母阙、少室阙、会善寺、嵩阳书院、嵩岳寺塔、少林寺常住院、塔林、初祖庵等 8 处 11 项）文化遗产

41. 杭州西湖 2011 年 文化景观

42. 元上都遗址 2012 年 文化遗产

43. 云南澄江动物化石群 2012 年 自然遗产

44. 中国新疆天山 2013 年 自然遗产

45. 云南红河哈尼梯田 2013 年 文化遗产

46. 大运河 2014 年（北京、天津、河北、山东、河南、安徽、江苏、浙江）文化遗产

47. 丝绸之路：长安—天山廊道的路网 2014 年（河南、陕西、甘肃、新疆）文化遗产

48. 土司遗址 2015 年（湖南、湖北、贵州）文化遗产

49. 左江花山岩画 2016 年 文化景观

50. 湖北神农架 2016 年 自然遗产

51. 青海可可西里 2017 年 自然遗产

52. 鼓浪屿：历史国际社区 2017 年 文化遗产

53. 梵净山 2018 年 自然遗产

54. 良渚古城遗址 2019 年 文化遗产

55. 黄（渤）海候鸟栖息地（第一期）2019 年 自然遗产

56. 泉州：宋元中国的世界海洋商贸中心 2021 年 文化遗产

六、中国的世界非物质文化遗产

（一）世界非物质文化遗产概述

非物质文化遗产以非物质形态存在，与群众生活密切相关，世代相承。包括口头传统、传统表演艺术、民俗活动、礼仪与节庆、有关自然界和宇宙的民间传统知识和实践、传统手工艺技能等以及与上述传统文化表现形式相关的文化空间。

非物质文化遗产是以人为本的活态文化遗产，它强调的是以人为核心的技艺、经验和精神。在非物质文化遗产的实际工作中，认定的非遗的标准是由父子（家庭），或师徒，或学堂等形式传承三代以上，传承时间超过100年，且要求谱系清楚、明确。

1997年11月，联合国教科文组织第29届大会通过了建立"人类口头和非物质遗产代表作"的决议，联合国教科文组织将在各成员国申报的基础上，每两年宣布一次《人类口头和非物质遗产代表作》。2003年10月，联合国教科文组织第32届大会通过了《保护非物质文化遗产国际公约》。所谓非物质文化遗产，是指那些人类，特别是那些具有特殊知识、技艺与技能的人们在历史上创造并以活态的形式传承至今的，具有重要历史价值、艺术价值、文化价值与科学价值，足以代表一方地域文化并为当地民众、社会所认可，且具普世价值的知识类、技术类与技能类传统文化事象。这类遗产主要分布在民间文学、表演艺术、传统工艺技术、传统节日、传统仪式、生产知识、生活知识以及含有大量非物质文化遗产表现形式之文化空间等几个方面。

（二）中国进入《世界非物质文化遗产名录》的情况

2001年，中国的昆曲进入《世界非物质文化遗产名录》。

2003年，中国的古琴艺术进入《世界非物质文化遗产名录》。

2005年，中国的新疆维吾尔木卡姆艺术、蒙古族长调民歌进入《世界非物质文化遗产名录》。蒙古族长调民歌为中国、蒙古国联合申报。这是我国首次与外国就同一非物质遗产联合向联合国教科文组织申报并通过的项目。

2009年9月30日在阿联酋首都阿布扎比召开的联合国教科文组织保护非物质文化遗产政府间委员会会议决定：中国传统桑蚕丝织技艺、中国书法、中国篆刻、中国剪纸、粤剧、端午节等22个项目成功入选《世界人类非物质文化遗产代表作名录》（简称《代表作名录》）。中国的羌年、黎族传统纺染织绣技艺、中国木拱桥传统营造技艺三个项目进入《急需保护的非物质文化遗产名录》（简称《急需保护名录》）。

2010年11月15日至19日，联合国教科文组织保护非物质文化遗产政府间委员会第五次会议在肯尼亚内罗毕召开。在这次会议上，我国申报的京剧、中医针灸成功列入了《代表作名录》；麦西热甫、中国水密隔舱福船制造技艺、中国活字印刷术列入了《急需保护名录》。

2013年12月4日，联合国教科文组织保护非物质文化遗产政府间委员

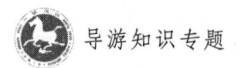

会第八次会议在阿塞拜疆巴库通过决议，正式将中国珠算项目列入教科文组织人类非物质文化遗产名录。

截至 2020 年年底，我国入选联合国教科文组织的非遗名录（含"急需保护名录"和"优秀实践名册"）的项目已达 42 个，是拥有世界非物质文化遗产数量最多的国家。

中国列入《世界非物质文化遗产名录》的项目名单（34 项）

1. 昆曲

2. 古琴艺术

3. 新疆维吾尔木卡姆艺术

4. 蒙古族长调民歌

5. 中国传统桑蚕丝织技艺

6. 福建南音

7. 南京云锦织造技艺

8. 安徽宣纸传统制作技艺

9. 贵州侗族大歌

10. 广东粤剧

11.《格萨尔》史诗

12. 浙江龙泉青瓷传统烧制技艺

13. 青海热贡艺术

14. 藏戏

15. 新疆《玛纳斯》

16. 甘肃花儿

17. 西安鼓乐

18. 中国朝鲜族农乐舞

19. 中国书法

20. 中国篆刻

21. 中国剪纸

22. 中国传统木结构营造技艺

23. 端午节

24. 妈祖信俗

25. 中国雕版印刷技艺

26. 蒙古族呼麦

27. 京剧

28. 中医针灸

29. 中国皮影

30. 中国珠算

31. 二十四节气

32. 藏医药浴法

33. 太极拳

34. 送王船——有关人与海洋可持续联系的仪式及相关实践

急需保护的非物质文化遗产（7项）

1. 羌年庆祝习俗

2. 黎族传统纺染织绣技艺

3. 中国木拱桥传统营造技艺

4. 新疆麦西热甫

5. 福建的中国水密隔舱福船制造技艺

6. 中国木版活字印刷术

7. 中国东北地区赫哲族的独特说唱艺术伊玛堪

非物质文化遗产优秀实践名册（1项）

1. 福建木偶戏传承人培养计划

思考题

1. 以黄山为例讲述花岗岩山地的美感特征及其形成的原因。

2. 简述花岗岩山地的形成过程。

3. 比较分析溶洞与溶洞的形成机理与景观特征的异同。

4. 锥状火山群与熔岩台地的形成过程与分布规律。

5. 讲述长白山火山群的形成过程及其独特的景观特征。

6. 对比分析桂林山水与路南石林景观特征的区别及成因。

7. 中国黄龙自然保护区的石灰华地貌何以堪称位居世界之首？

8.天坑、地缝同属于哪种岩石地貌，其形成的内外因条件是什么？

9.中国南方为什么能形成壮观的天坑群地形？

10.丹霞地貌形成的地址基础与外在条件。

11.雅丹地貌景观的形态特征与形成原因。

12.简述鸣沙山鸣沙的原因。

13.山东济南市的72名泉属于哪种泉，其形成的条件是什么？

14.简述钱塘江大潮景观形成的原因。

15.简述地表水体不同水色的成因。

16.黄山云绝绝在何处，为什么黄山会形成如此绝伦的云海景观？

17.简述佛光的景观特征及其形成条件。

18.简述蜃景的类型及其成因。

19.简述极光现象的景观特征及形成机理。

20.联合国教科文组织为什么要建立《世界遗产名录》？

21.用可持续理论来分析保护世界文化与自然遗产的重要意义。

22.简述非物质文化遗产的特点。